Wanckel
Foto- und Bildrecht

Foto- und Bildrecht

von

Dr. Endress Wanckel

Rechtsanwalt in Hamburg

3. Auflage

Verlag C. H. Beck München 2009

Verlag C. H. Beck im Internet:
beck.de

ISBN 978 3 406 58102 1

© 2009 Verlag C.H. Beck oHG
Wilhelmstraße 9, 80801 München
Druck: Nomos Verlagsgesellschaft
In den Lissen 12, 76547 Sinzheim
Satz: ES-Editionssupport, München
Gedruckt auf säurefreiem, alterungsbeständigem Papier
(hergestellt aus chlorfrei gebleichtem Zellstoff)

Vorwort

Medien brauchen Bilder. Die Herstellung und Verbreitung von Fotos berührt zahlreiche Rechtsgebiete, Fehler können teuer werden. Das LG Hamburg sprach Joschka Fischer wegen eines zum Kindergesicht verfremdeten Portraits eine Entschädigung in Höhe von € 200 000 LG zu, das LG München I setzte wegen eines Werbemotivs mit Boris Becker die Entschädigung sogar auf € 1,2 Millionen fest. Das „Fotorecht" ist nicht nur wegen der wirtschaftlichen Risiken ein besonders praxisrelevanter Aspekt des Medienrechts.

Dieses Werk versucht auch in der 3. Auflage, die alltäglichen Fragestellungen des Fotorechts praxisnah und prägnant zu beantworten. Auf aktuellem Stand wurde hierzu die Rechtsprechung systematisch ausgewertet. Der Begriff des Fotos wird in diesem Buch weit verstanden. Er umfasst alle Arten von Personen- und Sachaufnahmen, gleichgültig in welcher technischen Form sie entstanden sind oder verbreitet werden. Soweit dies nicht ausdrücklich anders gekennzeichnet ist, gelten die Ausführungen auch für bewegte Aufnahmen in Film und Fernsehen.

Das Fotorecht ist (wie das gesamte Medienrecht) ein Rechtsgebiet, welches aufgrund seiner Grundrechtsrelevanz oft von schwierigen Abwägungsfragen geprägt ist. Das vorliegende Buch orientiert sich im Interesse der Rechtssicherheit und des praktischen Nutzwertes an der Rechtsprechung, insbesondere – sofern vorhanden – des BGH und des BVerfG. Abweichende Ansichten und Fundstellen sind als solche gekennzeichnet, auf wissenschaftliche Weite wird bewusst verzichtet.

Die 2. Auflage dieses Buches war – wie schon die 1. – nach nur rund zwei Jahren vergriffen. Erneut bestand daher die willkommene Gelegenheit, das Werk zu aktualisieren und zu ergänzen. In die Neuauflage wurden über 120 neue, teilweise noch unveröffentlichte Urteile zum Fotorecht eingearbeitet.

Ein Schwerpunkt der jüngeren Rechtsprechung lag in der Umsetzung der Vorgaben des Europäischen Gerichtshofes für Menschenrechte in Straßburg im Fall Caroline (NJW 2004, 2647). Der nunmehr auch vom BGH (mit Billigung des BVerfG) vollzogene Schritt, von der Rechtsfigur der „absoluten Person der Zeitgeschichte" Abschied zu nehmen, kann als Meilenstein des Bildnisrechts bezeichnet werden. Die Neuorientierung hin zum Wortlaut des Gesetzes (§ 23 Abs. 1 KUG, „Bildnisse aus dem Bereich der Zeitgeschichte") wirft aber zahlreiche Fragen auf, die von den Gerichten noch nicht einheitlich beantwortet werden.

V

Neben diesen Urteilen betrifft die in der 3. Auflage dieses Buches neu eingearbeitete Rechtsprechung zahlreiche andere Aspekte des Fotorechts. Nur beispielhaft seien genannt die Lockerung des Verbots der Abbildung Prominenter in der Werbung durch das Urteil des BGH in Sachen Lafontaine/Sixt, die Präzisierung der Sorgfaltspflichten von Bildagenturen, die Reichweite von Einwilligungen und der Umfang von Unterlassungsansprüchen.

Aktualisiert und ergänzt wurden auch die Übersichten zur Höhe der Geldentschädigung und zum Schadensersatz nach Bildrechtsverletzungen. Im urheberrechtlichen Teil des Buches wurden die beiden Novellierungen des UrhG zum 1.1.2008 und 1.9.2008 eingearbeitet. Darüber hinaus werden auch wichtige neue Entscheidungen zum Zitatrecht, zur Panoramafreiheit, zur Abgrenzung der freien Bearbeitung zum unzulässigen Plagiat beim Nachstellen von Fotos und zu weiteren Auslegungsfragen des Urheberrecht behandelt.

Das Manuskript der 3. Auflage wurde im September 2008 abgeschlossen. Aktuelle Rechtsprechung konnte bis November 2008 in den Fußnoten berücksichtigt werden.

Der Autor dankt allen, die ihn bei der Erstellung dieses Buches unterstützt haben, insbesondere den Richtern zahlreicher Land- und Oberlandesgerichte, die unveröffentlichte Urteile zur Verfügung gestellt haben. Besonderer Dank gilt meinen Partnern in der Kanzlei Frömming & Partner. Für die Zusendung neuer unveröffentlichter Urteile zu den hier erörterten Themen und Hinweise jeder Art bin ich stets dankbar.

Hamburg, im September 2008 *Endress Wanckel*

Inhaltsverzeichnis

Literaturverzeichnis

I. Aufsätze

v. Becker	Rechtsfragen der Satire, GRUR 2004, 908
v. Becker/Wegner	Offene Probleme der angemessenen Vergütung, ZUM 2005, 695.
Beuthin/Hieke	Unerlaubte Werbung mit dem Abbild prominenter Personen, AfP 2001, 353
Bullinger/Garbers	Der Blick ist frei - Nachgestellte Fotos aus urheberrechtlicher Sicht, GRUR 2008, 24
Castendyk	Neue Ansätze zum Problem der unbekannten Nutzungsart in § 31 Abs. 4 UrhG, ZUM 2002, 332
Czychowski	Das Gesetz zur Verbesserung der Durchsetzung von Rechten des Geistigen Eigentums, NJW 2008, 265
Czychowski	Das Gesetz zur Regelung des Urheberrechts in der Informationsgesellschaft, NJW 2003, 2409
Czychowski	„Wenn der dritte Korb aufgemacht wird ...", GRUR 2008, 586
Dorf	Luftbildaufnahmen und Unverletzlichkeit der Wohnung, NJW 2006, 951
Engels/Jürgens	Auswirkungen der EGMR-Rechtsprechung zum Privatsphärenschutz, NJW 2007, 2517
Ernst	Zu den Rechtsfragen einer verfälschten Bildberichterstattung, AfP 2006, 529
Frömming/Peters	Die Einwilligung im Medienrecht, NJW 1996, 958
Gerhardt/Müller	Abschied von der absoluten Person der Zeitgeschichte ? (ZRP-Rechtsgespräch), ZRP 2007, 173
Gounalakis	Rechte und Pflichten privater Konzertveranstalter gegenüber den Massenmedien, AfP 1992, 343
Haberstroh	Notwehr gegen unbefugte Bildaufnahmen, JR 1983, 314
Hüper	Zum Schutz vor Nachfotografie und Nachbildungen von urheberrechtlich geschützten Fotoaufnahmen, AfP 2004, 511

Kitz	Rechtsdurchsetzung im geistigen Eigentum, NJW 2008, 2374
Klatt	Zur Reichweite des Laufbildschutzes bei der Frage der freien Benutzung i.S. des § 24 Abs. 1 UrhG, AfP 2008, 350.
Lettl	Kein vorbeugender Schutz des Persönlichkeitsrechts gegen Bildveröffentlichung? NJW 2008, 2160.
Lausen	Der Schauspieler und sein Replikant, ZUM 1997, 86
Maaßen	Urheberrechtliche Probleme der elektronischen Bildbearbeitung, ZUM 1992, 338
Mielke L. / Mielke G.	Allgemeine Liefer- und Geschäftsbedingungen im Fotobereich, ZUM 1998, 646
Neumann-Duesberg	Bildberichterstattung über absolute und relative Personen der Zeitgeschichte, JZ 1960, 114
Nordemann	Die MFM-Bildhonorare: Marktübersicht für angemessene Lizenzgebühren im Fotobereich, ZUM 1998, 642
Peters	Die publizistische Sorgfalt, NJW 1997, 1334
Rebmann	Aktuelle Probleme des Zeugnisverweigerungsrechts von Presse und Rundfunk und des Verhältnisses von Presse und Polizei bei Demonstrationen, AfP 1982, 189
Reber	Die Bekanntheit der Nutzungsart im Filmwesen – ein weiterer Mosaikstein in einem undeutlichen Bild, GRUR 1997, 162
Sahr	Die Marken- und Eintragungsfähigkeit von Persönlichkeitsmerkmalen, GRUR 2008, 461
Schertz	Bildnisse, die einem höheren Interesse der Kunst dienen, GRUR 2007, 558
Schlingloff	„Fotografieren verboten!" Zivilrechtliche Probleme bei der Herstellung und Reproduktion von Lichtbildern ausgestellter Kunstwerke, AfP 1992, 112
Spieker	Die fehlerhafte Urheberbenennung, GRUR 2006, 118
Spindler	Reform des Urheberrechts im „Zweiten Korb", NJW 2008, 9
Teichmann	Abschied von der absoluten Person der Zeitgeschichte, NJW 2007, 1917
Walter	Der zivilrechtliche Schutz vor Nachstellungen, ZUM 2002, 886

| *Wüstenberg* | Die Rechte des Berufsfotografen wegen mangelhafter Filmentwicklung, AfP 2003, 312 |

II. Kommentare, Handbücher und Monografien

Damm/Rehbock	Widerruf, Unterlassung und Schadensersatz in den Medien, 3. Auflage, München 2008
Hefermehl/Köhler/	Gesetz gegen den unlauteren Wettbewerb,
Bornkamm	26. Auflage, München 2008
Dreier/Schulze	Urheberrecht, 2. Auflage 2006
Dietel/Gintzel/	Demonstrations- und Versammlungsfreiheit,
Kniesel	14. Auflage, Köln 2005
Fezer	Markengesetz, 3. Auflage, München, 2001
Fromm/Nordemann	Urheberrecht, 9. Auflage, Stuttgart, 1998
Harte-Bavendamm/	UWG, 1. Aufl., München, 2004
Henning-Bodewig	
Helle	Besondere Persönlichkeitsrechte im Privatrecht, Tübingen,1991
Ingerl/Rohnke	Markengesetz, 2. Auflage, München, 2003
Kadner	Die Vereinbarkeit von Fotomontagen mit dem Recht am eigenen Bild, 2004
Koch	Handbuch zum Fotorecht, Sinzheim/Baden, 2003
Löffler	Presserecht, 5. Auflage, München, 2006
Loewenheim	Handbuch des Urheberrechts, München, 2003
Mielke, L.	Fragen des Fotorechts, Loseblattsammlung, 4. Auflage, Sinzheim/Baden, 1996
Möhring/Nicolini	Urheberrechtsgesetz, 2. Auflage, München, 2000
Nordemann	Die künstlerische Fotografie als urheberrechtlich geschütztes Werk, 1992
Palandt	BGB, 67. Auflage, München, 2008
Paschke/Berlit/	Hamburger Kommentar Gesamtes Medienrecht,
Meyer	Baden-Baden, 2008 (zit.: HH-Ko/MedienR/ *Bearbeiter*)
Peters	Fernseh- und Filmproduktion Rechtshandbuch, 1. Auflage, Baden-Baden, 2003
Prinz/Peters	Medienrecht, München, 1999
Rehbinder	Urheberrecht, 15. Auflage, München, 2008
Riedel	Fotorecht für die Praxis, 4. Auflage, München, 1988
Schönke/Schröder	Strafgesetzbuch, 27. Auflage, München, 2006
Schricker	Urheberrecht, Kommentar, 3. Auflage, München, 2006

Seitz / Schmidt / *Schoener*	Der Gegendarstellungsanspruch, 3. Auflage, München, 1998
Soehring	Presserecht, 3. Auflage, Stuttgart, 2000
Ströbele / Hacker	Markengesetz, 9. Auflage, Köln, 2006
Tröndle / Fischer	Strafgesetzbuch, 53.Auflage, München 2006
Wandtke / Bullinger	Urheberrecht, 2. Auflage, München, 2006
Wenzel	Das Recht der Wort- und Bildberichterstattung, 5. Auflage, Köln, 2003

I. Bildbeschaffung

Die Verwendungsformen von Fotos bewegten Bildern sind vielfäl- **1**
tig. Den größten Bedarf an Aufnahmen gibt es in der Verlags-, Fern-
seh-, Internet- und Werbebranche zur Bebilderung redaktioneller
Berichterstattung und von Werbemotiven sowie Werbespots. Auch
die Hersteller von Merchandisingartikeln greifen oft auf Bildmaterialien zurück, um mittels dieses visuellen Anreizes den gewünschten
Bezug zwischen dem Merchandisingprodukt und dem Imageträger,
auf den das Produkt Bezug nimmt, herzustellen. Des Weiteren werden Aufnahmen im privaten Bereich in unterschiedlicher Weise genutzt.

Alle Bildverwerter haben im Grundsatz zwei Möglichkeiten, das
benötigte Bildmaterial zu erlangen: Sie können dies selbst herstellen
oder herstellen lassen. Hierbei stellen sich in der Praxis die Fragen, was
überhaupt fotografiert werden darf, welche Genehmigungen eingeholt
werden müssen und ob es zum Zwecke der Herstellung von Aufnahmen an nicht allgemein zugänglichen Orten besondere Zutrittsrechte
gibt, um die Herstellung der gewünschten Motive überhaupt zu ermöglichen.

Diese Problembereiche werden nachfolgend im Einzelnen unter
den Rn. 3 ff. und 54 ff. erörtert, wobei zwischen der Herstellung von
Sachaufnahmen (Häuser, Gegenstände, Privatgelände etc.) und Personenaufnahmen zu differenzieren ist.

Die zweite Möglichkeit, benötigtes Bildmaterial zu erlangen, ist der **2**
Erwerb von bereits vorhandenen Aufnahmen aus den Archiven von
Fotografen, Bildagenturen, Verlagen, Sendern und anderen Medienunternehmen. Diese Form der Zweit- und Mehrfachverwertung von
Bildmaterial ist in der Regel preisgünstiger als die originäre Erstellung
individuellen Materials, löst aber in vielen Fällen einen gesteigerten
Rechercheaufwand aus. Das Auffinden geeigneter Aufnahmen wird in
heutiger Zeit durch online-Recherchemöglichkeiten in digitalen Archiven deutlich vereinfacht. Der Zeitaufwand und das Verlustrisiko
von Ansichtssendungen mit Originaldias oder sendefähigen Bändern
entfällt. Beim Erwerb von Aufnahmen sollte indes stets besondere
Aufmerksamkeit auf die Abklärung der Rechte des Fotografen/Kame-
ramanns und gegebenenfalls der abgebildeten Personen gelegt werden.
Insbesondere beim Fotoerwerb über Agenturen sollten ferner verbind-

liche Regelungen über die Haftung nach einer etwaigen rechtswidrigen Verwendung der Aufnahmen getroffen werden, da sich der Nutzer in der Regel auf die Angaben der Agenturen zur Reichweite erteilter Genehmigungen verlassen muss und keine eigene Recherchemöglichkeit hat. Die Fragen rund um den Vertrieb von Fotos werden nachfolgend in diesem Abschnitt unter Ziffer 3. erörtert und später im Abschnitt IV vertieft.

1. Herstellung von Aufnahmen von Sachen

3 Die Herstellung von **Sachaufnahmen** (z. B. **Häuser, Landschaften, Autos, Boote, Tiere, Pflanzen**) ist grundsätzlich ohne Zustimmung der jeweiligen Eigentümer zulässig. Die früher vereinzelt vertretene gegenteilige Ansicht[1] kann nach jüngeren Entscheidungen der Instanzgerichte und des BGH nicht mehr aufrechterhalten werden. Jedoch kann sich im Einzelfall ein Konflikt mit den Persönlichkeitsrechten der Eigentümer ergeben, wenn schon in der Herstellung ein Eingriff in die Privatsphäre liegt (hierzu Rn. 14 ff.). Ferner ist zu beachten, dass Gegenstände urheberrechtlich geschützt sein können. Dies ist der Fall, wenn die Gestaltung einer Sache die Schöpfungshöhe gemäß § 2 Abs. 2 UrhG erreicht, was nicht nur bei **Kunstwerken** (Gemälde, Skulpturen, Installationen), sondern auch schon bei besonderen Bauwerken und anderen Sachen mit einem kreativen Design der Fall sein kann.[2] Schon die Herstellung einer Aufnahme (nicht erst deren Verbreitung/Verwertung) eines urheberrechtlich geschützten Werkes kann wegen des damit verbundenen Eingriffs in das Vervielfältigungsrecht (§§ 15 ff., 97 UrhG) rechtswidrig sein (hierzu näher unten Rn. 85 ff.).

4 Zahlreiche Urteile beschäftigen sich mit den unterschiedlichen Fallgestaltungen im Zusammenhang mit Sachaufnahmen, wobei es im Einzelfall stets relevant ist, unter welchen Voraussetzungen die Aufnahme hergestellt werden konnte. In jüngerer Zeit gaben nicht nur Aufnahmen aus dem Bereich der Pressefotografie Anlass zu Streitigkeiten, sondern auch zunehmend Sachaufnahmen, die nicht oder jedenfalls nicht primär zum Zwecke der Medienberichterstattung angefertigt werden. So z. B. bei Aufnahmen im Wege der **Videoüberwachung**[3] oder bei der digitalen Erfassung ganzer **Straßenzüge**

---

[1] Vgl. *Riedel,* 7.23.
[2] Siehe z. B. LG Leipzig NJW-RR 2002, 619 ff. – *Hirschgewand.*
[3] Z. B. BGH AfP 1995, 597 ff.; LG Itzehoe NJW-RR 1999, 1394 ff.; AG Frankfurt a. M. NJW-RR 2003, 158 ff.; OLG Karlsruhe NJW 2002, 2799 ff.; AG Zerbst NJW-

und Viertel zum Aufbau einer elektronischen **Straßen- und Gebäudedatenbank**[4].

Der aktuelle Stand der Rechtsprechung lässt sich wie folgt zusammenfassen: Fotografien von Sachen verletzen grundsätzlich weder das **Eigentums-** noch das **Persönlichkeitsrecht**, wenn die Aufnahme von einem öffentlich frei zugänglichen Ort oder mit Zustimmung eines Berechtigten hergestellt wurde, also ohne Verstoß gegen das **Hausrecht** entstanden ist. Das OLG Brandenburg[5] hat z. B. hierzu entschieden, dass ein Gebäudefoto, welches im Zuge der Berichterstattung über einen Eigentumsstreit um ein Ost-Grundstück mit Zustimmung einer der Streitparteien auf dem Grundstück gefertigt wurde, zulässig ist (Schlagzeile: „Keine Angst vor Wessi-Kuckuck: Anwalt will Ostberliner vom Grundstück vertreiben"). Das OLG sah den Nutzer des Grundstücks, der sich auf alte Pacht- und Nutzungsverträge berief, hierbei als Besitzer und Hausrechtsinhaber an, der berechtigt sei, derartige Aufnahmen ohne Zustimmung des (neuen) Eigentümers zu gestatten.

Ferner darf die Aufnahme auch nicht in die **Privat- oder Intimsphäre** (hierzu Rn. 14 f.) eingreifen. Dies wäre z. B. der Fall, wenn unter Benutzung besonderer technischer Hilfen zwar von einem öffentlichen Ort aus fotografiert wird, hierbei jedoch die **Wohn- oder Schlafzimmeransicht** bildlich fixiert wird, die vom Durchschnittsspaziergänger aufgrund äußerer Umstände (Entfernung, Lichtverhältnisse, Blickwinkel o. ä.) nicht einsehbar ist. Aber auch eine **Außenansicht eines Privatwohnhauses** kann unzulässig sein, wenn die konkrete Verwendung der Aufnahme zu einer Bekanntgabe der Adresse führt und der Hausbewohner diese geheim gehalten hat[6]. Zu den urheberrechtlichen Beschränkungen wird auf die nachstehenden Ausführungen unter Rn. 85 ff. verwiesen.

a) Eigentum

Grundlage der aktuellen Rechtsprechung ist die zentrale Weichenstellung, die der BGH in der „**Friesenhaus-Entscheidung**"[7] vorgenommen hat. Dort wurde über die Frage befunden, ob die ungenehmigte Herstellung von Aufnahmen eines typischen, historischen Friesenhauses auf der Insel Sylt, erbaut 1740, sowie die Nutzung einer Frontansicht dieses Hauses in einem Werbeprospekt zulässig ist. Der 5

RR 2003, 1595; LG Zweibrücken NJW 2004, 85; OLG Zweibrücken, NJW 2004, 374.
[4] Z. B. LG Waldshut-Tiengen AfP 2000, 101 ff.; VG Karlsruhe NJW 2000, 2222 ff.
[5] NJW 1999, 3339 ff.
[6] OLG Hamburg NJW 2005, 414; KG Berlin AfP 2008, 399, 400.
[7] BGH NJW 1989, 2251 ff.

I. Bildbeschaffung

BGH gelangte zu der Auffassung, dass dies auch ohne Zahlung einer Vergütung an den Eigentümer erlaubt ist. Hierzu wurde ausgeführt[8]:

„Der Senat hat die Frage, ob das Fotografieren einer in fremdem Eigentum stehenden (beweglichen oder unbeweglichen) Sache ohne Zustimmung des Eigentümers eine zur Abwehr nach §§ 903, 1004 BGB berechtigende Einwirkung auf das Eigentum darstellt, bislang offengelassen (…). Die Frage ist mit dem Berufungsgericht jedenfalls in den Fällen zu verneinen, in denen es – wie vorliegend – um das Fotografieren einer Sache von einer öffentlichen Strasse aus geht (…).

Bei der Frage, ob das in Rede stehende Fotografieren als Beeinträchtigung i. S. d. § 1004 BGB anzusehen ist, ist auf den Begriff und Inhalt des Eigentums zurückzugehen. Der Eigentumsbegriff wird (mittelbar) durch § 903 BGB dahin umschrieben, dass der Eigentümer einer Sache, soweit nicht das Gesetz oder Rechte Dritter entgegenstehen, mit der Sache nach Belieben verfahren und andere von jeder Einwirkung ausschließen kann. Diese Zuordnung positiver und negativer Befugnisse bringt zum Ausdruck, dass das Eigentum als das umfassende Herrschaftsrecht zu begreifen ist, das die Rechtsordnung an einer Sache zulässt (…). Dieses Herrschaftsrecht schließt die rechtliche Verfügungsmacht und die sich insbesondere im Besitzen und Benutzen äußernde tatsächliche Herrschaft ein (BGH NJW 1975, 778 – Schloss Tegel). **In rechtlicher Hinsicht ist davon auszugehen, dass der Fotografiervorgang als Realakt die Verfügungsbefugnis des Eigentümers unberührt lässt.** Eines Rückgriffs auf § 59 UrhG, wie ihn das Berufungsgericht vorgenommen hat, bedarf es insoweit nicht. Es fehlt aber auch an einer tatsächlichen Einwirkung auf das Eigentum. Diese kann nach der Rechtsprechung zwar nicht nur durch eine Substanzverletzung, sondern auch durch eine sonstige die tatsächliche Herrschaftsmacht des Eigentümers treffende Einwirkung auf die Sache erfolgen (…). Es handelt sich dabei um Fälle, in denen der Eigentümer in der tatsächlichen Nutzung seiner Sache beeinträchtigt wird, indem deren Benutzung be- oder verhindert wird (…). Darum geht es beim Fotografieren eines Hauses von einer allgemein zugänglichen Stelle aus nicht. **Der Fotografiervorgang hat keinerlei Auswirkungen auf die Nutzung der Sache selbst. Er hindert den Eigentümer nicht daran, mit der Sache nach Belieben zu verfahren und stört ihn auch nicht in seinem Besitz. (…) Dem Eigentümer verbleibt kraft der Sachherrschaft, die ihm das Eigentum verleiht, die Möglichkeit, andere vom Zugang zu der Sache bzw. vom Anblick auf die Sache (bei einem Gebäude z.B. durch eine Grundstücksbepflanzung) auszuschließen und ihnen damit die Nachbildungsmöglichkeiten abzuschneiden oder doch weitgehend zu erschweren** (vgl. BGH NJW 1966, 542 – Apfelmadonna). Stellt danach bereits das Fotografieren keine zur Abwehr berechtigende Einwirkung auf das Hauseigentum dar, so kann auch die gewerbliche Verwertung solcher Fotografien (…) jedenfalls nicht unter dem Gesichtspunkt der Beteiligung an der Herstellung der Fotografie das begehrte Verbot rechtfertigen. (…) Der Eigentümer kann die gewerbliche Verwertung derartiger Fotografien danach grundsätzlich nicht aus seinem Eigentumsrecht unterbinden.“

Entsprechend dieser Grundsätze wurden **Klagen von Hauseigentümern** wegen ungenehmigter Aufnahmen in der Vergangenheit von zahlreichen Gerichten **verworfen.**[9]

---

[8] BGH NJW 1989, 2251, 2252 f.
[9] LG Freiburg GRUR 1985, 544 ff. – *Fachwerkhaus als Postkartenmotiv;* OLG Düsseldorf AfP 1991, 424 ff. – *Jugendstilhaus in Werbung für Altbau-Modernisierung;* LG Olden-

4

Diese Grundsätze gelten nicht nur für **Häuser**, sondern auch für **6**
andere unbewegliche und bewegliche Sachen entsprechend. So ist
z. B. der Eigentümer einer bekannten Rennyacht vor dem LG Hamburg[10] wegen der Nutzung eines Fotos seiner **Yacht** in Anzeigen eines
Fernglasherstellers mit einer Klage gescheitert.

Die Feststellung, dass Aufnahmen nach h. M. keine Eigentumsver- **7**
letzung darstellen und insoweit nach den oben dargestellten Grundsätzen zulässig sind, bezieht sich in erster Linie auf die **Herstellung** von
Aufnahmen. Sie sind nicht uneingeschränkt auf die **Veröffentlichung**
solcher Aufnahmen übertragbar. Denn bei der Veröffentlichung kann
sich eine Unzulässigkeit durch den **Kontext der Aufnahme** ergeben,
wenn z. B. zu einem Hausfoto der Name des Eigentümers und dessen
Wohnort preisgegeben wird. Darin kann – nach Abwägung der Umstände des Einzelfalls – eine Persönlichkeitsrechtsverletzung liegen. In
einem derartigen Fall hat das AG Rüsselsheim sogar einen Zahlungsanspruch zugesprochen, weil es sich um eine **Werbebroschüre** handelte und das Gericht deshalb von einer Verletzung des Persönlichkeitsrechts des Eigentümers ausging.[11] Anders hat das LG Oldenburg
den Fall einer redaktionellen Berichterstattung über ein Haus mit
Grasdach unter Abbildung des Hauses und Namensnennung des Eigentümers entschieden. Da berechtigte Informationsinteressen der
Öffentlichkeit anerkannt wurden, war die Presseveröffentlichung zulässig.[12]

Die rechtlichen Voraussetzungen der Veröffentlichung von Sachfotos werden näher unter Rn. 77 ff. dargestellt.

b) Hausrecht

Aufnahmen, die unter Verstoß gegen das **Hausrecht** gefertigt wer- **8**
den, verletzen das allgemeine Persönlichkeitsrecht aus Art. 2 Abs. 1
i. V. m. Art. 1 Abs. 1 GG, welches als sogenanntes **Unternehmens-
persönlichkeitsrecht** auch juristischen Personen zusteht.[13] Teil des
Hausrechts ist das Recht zu bestimmen, unter welchen Voraussetzungen (z. B. Fotografierverbot; Entgelt) das Betreten und die Nutzung
des dem Hausrecht unterliegenden Bereichs für die Herstellung von
Aufnahmen gestattet wird.[14] Wie vorstehend unter a) dargestellt, ge-

---

burg AfP 1988, 167 ff. – *Haus mit Grasdach in redaktioneller Berichterstattung einer Regio-
nalzeitung;* LG Waldshut-Tiengen AfP 2000, 101 ff. – *digitale Erfassung von Gebäude-
Straßenansichten auf CD-ROM mit Gebäudedatenbank* (siehe hierzu auch die verwal-
tungsgerichtliche Entscheidung des VG Karlsruhe NJW 2000, 2222 ff.).
[10] AfP 1994, 161 f.
[11] AG Rüsselsheim AfP 2003, 83 ff.
[12] LG Oldenburg AfP 1988, 167 ff.
[13] KG Berlin NJW 2000, 2210 ff.
[14] BGH NJW 2006, 377 – *Hörfunkrechte;* KG Berlin NJW 2000, 2210, 2211.

steht die höchstrichterliche Rechtsprechung dem Eigentümer einer Sache ausdrücklich das Recht zu, durch praktische Schutzmaßnahmen die Herstellung von Aufnahmen zu verhindern oder zu erschweren.[15] Auch hieraus ergibt sich, dass es dem Eigentümer eines Grundstücks frei steht, selbst zu bestimmen, ob und zu welchem Zweck das Grundstück betreten werden darf. Hieraus folgt, dass auch Fotografen der Zutritt verwehrt werden darf oder Aufnahmegenehmigungen unter bestimmten Voraussetzungen, z. B. gegen Zahlung eines Entgelts oder gegen das Versprechen, die Aufnahmen später vor einer Veröffentlichung genehmigen zu dürfen, erteilt werden können.[16] Schon vor längerer Zeit hat z. B. das KG Berlin entschieden, dass Aufnahmen in einem **zoologischen Garten** erlaubnispflichtig sind und Genehmigungen gegen Gebühr und unter weiteren Auflagen (Verbot der kommerziellen Nutzung der Aufnahmen, Übertragung der urheberrechtlichen Verwertungsrechte auf den Zoo) erteilt werden dürfen. Derartige Aufnahmegenehmigungen müssen aber klar und deutlich abgefasst sein.[17] Die Einhaltung der üblichen Zutrittsvoraussetzungen, wie z. B. der Erwerb einer **Eintrittskarte** oder eines **Fahrscheins** zum üblichen Preis ist nicht gleichzeitig eine Fotografiererlaubnis oder Drehgenehmigung, da die allgemeine Zutritts- und Nutzungsgestattung nicht die Herstellung von Aufnahmen einschließt.[18]

9   Wer sich über konkrete Ge- und Verbote hinwegsetzt, handelt rechtswidrig. Der Wunsch eines Journalisten, sich innerhalb eines nicht allgemein zugänglichen Geländes Informationen zu verschaffen, rechtfertigt nicht dessen Eindringen ohne Erlaubnis des Hausrechtsinhabers, formulierte das Hanseatische Oberlandesgericht und qualifizierte heimliche Aufnahmen in einer **Pelztierfarm** zu journalistischen Zwecken folgerichtig als **Hausfriedensbruch** gemäß § 123 StGB.[19] Ungenehmigte Aufnahmen verletzen das **Hausrecht**, ohne dass weitere schädigende Umstände hinzutreten müssen.[20] Wer Aufnahmen herstellen will, muss die Rechtslage seinerseits aktiv klären. In vielen Fällen enthalten bereits die an den Eingängen von öffentlich zugänglichen Gebäuden ausgehängten **Hausordnungen** entsprechende Ge-

---

[15] BGH NJW 1989, 2251, 2252 – *Friesenhaus.*

[16] Vgl. *Prinz/Peters,* Rn. 887 unter Bezugnahme auf BGH NJW 1975, 778 ff. – *Schloss Tegel;* KG Berlin NJW 2000, 2210, 2211.

[17] KG Berlin Schulze (1969) KGZ 52, 1 ff.

[18] So auch BGH NJW 2006, 377, 379 hinsichtlich der Hörfunkübertragung aus Fußballstadien; für Fotos: KG Berlin NJW 2000, 2210, 2211, dort ausdrücklich offen gelassen für „private Erinnerungsfotos".

[19] OLG Hamburg, Urteil vom 23.8. 2005, 7 U 39/05 – *Pelztierfarm,* unveröffentlicht; LG Hamburg ZUM 2008, 614, 615 – *Schweinestall.*

[20] vgl. VG Berlin AfP 2001, 437 – *Bundestag.*

und Verbote, so auf **Bahnhöfen** der Bahn AG. Unabhängig davon sah das KG Berlin[21] auch Filmaufnahmen in **Zügen** ohne Genehmigung als Verstoß gegen das Hausrecht und damit rechtwidrig an. Sind konkrete Hinweise nicht vorhanden oder nicht auffindbar, bedeutet dies somit nicht, dass Aufnahmen ohne weiteres zulässig sind. Es ist jeweils eine ausdrückliche Erlaubnis einzuholen.[22] Fertigt ein Fotograf seine Aufnahmen in bewusst unklarer Lage oder unterliegt er einem Rechtsirrtum, macht dies die Aufnahmen weder zulässig, noch lässt dies das Verschulden entfallen. Es liegt nahe, die Anforderungen an die Erkundigungs- und Sorgfaltspflichten hier entsprechend der Rechtslage im Urheberrecht streng zu handhaben.[23]

Das **Hausrecht**, zivilrechtlich aus §§ 858 ff., 1004 BGB abgeleitet, **10** beruht auf dem Grundstückseigentum oder -besitz.[24] Es steht grundsätzlich dem Eigentümer zu. Es kann von diesem jedoch zur Ausübung auf Dritte (z. B. Mieter, Pächter)übertragen werden. So wird z. B. der Eigentümer eines **Veranstaltungsortes (Halle, Arena, Stadion, Festplatz, Sportstätte, Studio, Atelier** etc.) dem Veranstalter einer dort stattfindenden Veranstaltung ausdrücklich vertraglich oder konkludent in Zusammenhang mit der Nutzungsverabredung seine Befugnisse übertragen. Es steht dann dem Veranstalter frei zu entscheiden, ob und unter welchen Maßgaben er Aufnahmen während der Veranstaltung zulässt. Demgemäß gelten die obigen Ausführungen zum Hausrecht auch bei **Sport- und Kulturveranstaltungen (Ausstellungen, Aufführungen, Konzerte** usw.) sowie an den unterschiedlichsten Örtlichkeiten (**Betriebsgelände, Schulen, Kirchen, Hotels** usw.).

Kommt es ohne Zustimmung eines Unternehmens zu Aufnahmen **11** auf einem **Betriebsgelände**, wird der Fortsetzung der Dreharbeiten und der Veröffentlichung des Materials oft mit dem Argument des Rechts am eingerichteten und ausgeübten Gewerbebetrieb (kurz: Recht am Unternehmen) widersprochen. Nach einer Entscheidung des BGH[25] aus dem April 1998 kann dieses Argument jedoch nur im Ausnahmefall durchgreifen. Das OLG Düsseldorf hatte – wie schon

---

[21] NJW 2000, 2210, 2211.

[22] BGH NJW 1975, 778 ff. – *Schloss Tegel;* OLG München OLGZ (1986) 293, 1, in Bezug auf Außenaufnahmen eines Klinikums, die nur nach Betreten des Geländes hergestellt werden konnten.

[23] Vgl. zum Urheberrecht: Fromm/Nordemann/*Nordemann,* Urheberrecht, § 97 Rn. 33 f.; Wandtke/Bullinger/*v. Wolff,* UrhR, § 97 Rn. 49 ff.; Schricker/*Wild,* Urheberrecht, § 97 Rn. 51 ff., jeweils m. w. N. aus der Rspr.; zur ähnlichen Problematik der Sorgfaltspflichten bei der Einholung der Einwilligung zur Nutzung des Rechts am eigenen Bild, §§ 22 ff. KUG, siehe unten unter Rn. 147 ff.

[24] BGH NJW 2006, 337, 379.

[25] NJW 1998, 2141.

das LG in erster Instanz – Aufnahmen verboten, die ohne Genehmigung des Reiseunternehmens in einer von diesem Veranstalter belegten **Ferienanlage** hergestellt worden waren. Der BGH hat dieses Verbot aufgehoben, in seiner Begründung aber auf die besonderen Umstände des Einzelfalls abgestellt. Im Grundsatz bestätigte der BGH zwar die Auffassung der Instanzgerichte, wonach ungenehmigte Aufnahmen auf Betriebsgeländen einen rechtswidrigen Eingriff in das Recht am Unternehmen darstellen.[26] Da jedoch im konkreten Fall die Ferienanlage nicht im Eigentum des Reiseveranstalters stand, sah der BGH die Anlage nicht als Teil des Geschäftsbetriebs an. Gleichzeitig merkte der BGH kritisch an, dass nicht jede ungenehmigte Aufnahme auf Betriebsgeländen das Recht am Unternehmen ohne weiteres verletze. Denn jedenfalls im Bereich der Herstellung von Aufnahmen für die Medienberichterstattung sei im Grundsatz davon auszugehen, dass nicht allein die Rechtswidrigkeit der Informationsbeschaffung (hier: einer etwaigen Verletzung des Hausrechts nach spanischem Recht) auch zur Rechtswidrigkeit der Verbreitung führt. Zudem sei in jedem Einzelfall der Inhalt der Aufnahmen zu prüfen und mit den Informationsbelangen der Öffentlichkeit abzuwägen.[27] Leider hat der BGH davon abgesehen, nähere Kriterien zu formulieren. Der Entscheidung ist jedoch zu entnehmen, dass alleine der Umstand, dass die Aufnahmen zur Bebilderung einer kritischen Auseinandersetzung mit dem Geschäft des Reiseveranstalters kein ausreichender Grund für die Begründung der Rechtswidrigkeit von Aufnahmen auf Betriebsgeländen ist. Demgemäß ist in der Praxis bis zu einer höchstrichterlichen Klarstellung davon auszugehen, dass Aufnahmen auf Betriebsgeländen nur bei besonders belastenden Umständen im Einzelfall (z. B. unfreiwillige Preisgabe von geschützten Betriebsgeheimnissen) eine Verletzung des Rechts am Unternehmen gemäß §§ 823 Abs. 1, 1004 Abs. 1 BGB darstellen.

12   Die Rechtslage ist leider auch nach einer Entscheidung des BVerfG zu ungenehmigten Filmaufnahmen in einem **Tierversuchslabor** nicht klarer geworden. Das BVerfG hat dort offen gelassen, ob juristischen Personen (Unternehmen) ein „Recht am eigenen Bild" wie Privatpersonen zusteht. Jedenfalls wäre sein Schutz schwächer, als das entsprechende Recht einer lebenden Person, welche sich auf die Menschenwürde (Art. 1 I GG) berufen kann.[28] Das BVerfG hält jedenfalls die Verbreitung ungenehmigter Aufnahmen von Betriebsgeländen dann für zulässig, wenn hierdurch keine falschen Eindrücke

---

[26] BGH NJW 1998, 2141.
[27] BGH NJW 1998, 2141.
[28] BVerfG NJW 2005, 883 – *Versuchslabor*.

vermittelt werden und ein überwiegendes öffentliches Informationsinteresse besteht (im entschiedenen Fall die wahrheitsgemäße Information über Versuchsaffen in einem pharmazeutischen Labor). Zur Zulässigkeit der Veröffentlichung derartiger Aufnahmen siehe unten unter Rn. 257 ff.

In **wettbewerbsrechtlicher Hinsicht** war nach der Rechtspre- **13** chung des BGH jedoch die Herstellung von **Testfotos** in den **Geschäftsräumen** zur Dokumentation etwaiger Wettbewerbsverstöße unter dem Gesichtspunkt der Behinderung unzulässig nach § 1 UWG a.F. bzw. §§ 3, 4 Nr. 10, 5 UWG n.F.[29] Der BGH ging regelmäßig von einer Verletzung des **Hausrechts** des Geschäftsinhabers aus, da mit der allgemeinen Erlaubnis, das Geschäft als Kaufinteressent zu betreten auch ohne ausdrückliches Verbot keine stillschweigende Fotografiererlaubnis erteilt wird. Das Anfertigen von Fotos zähle nicht zu dem „normalen Kundenverhalten", mit welchem der Geschäftsinhaber bei der Öffnung seines Ladens rechnet und führe – so der BGH in seiner älteren Rechtsprechung – zu der Gefahr der Störung des Betriebsablaufs. Dies gelte auch dann, wenn mit Kleinstkameras unauffällig und ohne Blitzlicht fotografiert wird. Ausdrücklich offen gelassen hat der BGH jedoch in diesem Zusammenhang die Frage, ob an dem generellen wettbewerbsrechtlichen Verbot von Testaufnahmen in solchen Fällen festgehalten werden kann, wenn ohne die Aufnahmen eine wettbewerbswidrige Handlung überhaupt nicht verfolgt werden kann. In der Praxis stehen jedoch regelmäßig andere Beweis- und Glaubhaftmachungsmittel zur Verfügung, wie z. B. beschreibende Aussagen von Beobachtungspersonen und Gedächtnisskizzen.[30] In einer jüngeren Entscheidung hat der BGH inzwischen angesichts der technischen Fortschritte der Digitalfotografie und des dadurch veränderten allgemeinen Fotografierverhaltens die Herstellung von Beweisfotos in fremden Geschäftsräumen ausdrücklich für zulässig erklärt, wenn der mutmaßliche Wettbewerbsverstoß nicht anders dokumentiert werden kann (z.B. hinsichtlich der Gestaltung eines Werbeschildes).[31]

c) Privatsphäre

Nicht abschließend geklärt ist die Frage, ob bereits die Herstellung **14** von Aufnahmen im Bereich der **Privatsphäre**, z. B. **sichtgeschützte Gärten, Innenaufnahmen in Wohnungen**, unzulässig ist oder erst

---

[29] BGH NJW-RR 1997, 104 f. – *Testfotos II; von Strobl-Albeg* in: *Wenzel*, Kap. 7, Rn. 91.
[30] BGH a.a.O.
[31] BGH NJW-RR 2007, 1335, 1338 – *Testfotos III.*

deren Veröffentlichung (zur Veröffentlichung solcher Aufnahmen siehe unten unter Rn. 78 ff.).

Die Privatsphäre eines Menschen umfasst in erster Linie den **häuslichen Rückzugsbereich**, in den andere nur mit seiner Zustimmung Einlass finden. Anerkannt ist mittlerweile aber auch, dass es zudem einen „thematischen" Bereich der Privatsphäre gibt, der unabhängig von seiner räumlichen Erstreckung existiert. Das BVerfG nennt insoweit beispielhaft die Bereiche Sexualität, Krankheiten, Tagebuchaufzeichnungen, vertrauliche Kommunikation.[32] Ferner hat das BVerfG bestätigt, dass es auch außerhalb der eigenen vier Wände und des befriedeten Besitztums eine „mobile Privatsphäre" gibt, z. B. an **Ferienorten**. Da diese Abgrenzungsproblematik in der Regel bei der Veröffentlichung von Personenfotos relevant wird, werden die Einzelheiten in diesem Zusammenhang dargestellt (unten Rn. 224 ff.).

15   Die h. M. hält bereits die **Herstellung von Aufnahmen** aus der Privatsphäre für rechtswidrig.[33] Für diese Ansicht spricht, dass mit der Herstellung der Aufnahmen eine Fixierung privater Lebensverhältnisse vorgenommen wird, durch die dem Betroffenen die Kontrolle über den späteren Umgang mit diesem Material verloren geht und dieses als Vorbereitungshandlung eine Gefahrenquelle für spätere Verletzungshandlungen schafft (das BVerfG spricht insoweit im Zusammenhang mit dem Recht am eigenen Bild von einer **„datenmäßigen Fixierung"**[34]). Gegen diese Ansicht spricht jedenfalls im Bereich der Herstellung solcher Aufnahmen für ausschließlich journalistische Zwecke die aus dem Grundrecht der Pressefreiheit (Art. 5 Abs. 1 GG) folgende **Recherchefreiheit**. Die Herstellung einer Aufnahme ist im Bereich des Bildjournalismus eine Vorbereitungshandlung bei der Recherche und Erstellung eines Beitrags. Erst in der **Schlussredaktion** wird verbindlich entschieden, welche Aufnahmen in welchem Kontext veröffentlicht und damit dem breiten Publikum bekannt gemacht werden. Für den Bereich der Textberichterstattung ist anerkannt, dass Vorbereitungshandlungen wie Rechercheanfragen, Beschaffung und Zusammenstellung von Unterlagen von der Pressefreiheit gedeckt sind.[35] Dem ist entgegenzuhalten, dass die Recherchefreiheit zwar die Ermittlung von Örtlichkeiten und Fotografiermöglichkeiten abdeckt,

---

[32] Vgl. BVerfG NJW 2000, 1021, 1022.
[33] Vgl. OLG Hamburg AfP 1991, 437 f.; OLG Düsseldorf NJW 1994, 1971 ff.; *Soehring,* Rn. 21.36; *Helle,* S. 56; *von Strobl-Albeg* in: *Wenzel,* Kap. 8, Rn. 25 ; *Prinz/Peters,* Rn. 888 m. w. N.
[34] Vgl. BVerfG NJW 2000, 1021, 1022.
[35] Vgl. die Nachweise bei *Prinz/Peters,* Rn. 329.

mit der Anfertigung der Aufnahmen aber bereits die konkrete Umsetzung beginnt.[36] Angesichts dieser Rechtsunsicherheit sollte in der täglich Praxis davon ausgegangen werden, dass Aufnahmen, deren Veröffentlichung unzulässig wäre (z. B. wegen einer Verletzung der Privatsphäre) auch nicht hergestellt werden dürfen.

d) Videoüberwachung

Je weiter sich die Vision von der Orwell'schen Totalüberwachung rea- **16** lisiert, um so mehr gewinnt das Problem der Herstellung von Aufnahmen bei der **Videoüberwachung** an praktischer Bedeutung. Der Gesetzgeber hat datenschutzrechtlich mit der Schaffung des **§ 6 b BDSG** reagiert und dort die „Beobachtung öffentlich zugänglicher Räume mit optisch-elektronischen Einrichtungen" unter (allerdings sehr weit formulierte) Zulässigkeitsvoraussetzungen gestellt. § 6 b BDSG findet nur auf die öffentlichen und nicht-öffentlichen Stellen gemäß der Definition in § 1 II BDSG Anwendung und ist ein Schutzgesetz im Sinne von § 823 II BGB, kann also in Verbindung mit § 1004 BGB auch zivilrechtliche Unterlassungs- und Beseitigungsansprüche begründen. Als **Datenschutznorm** dient die Vorschrift dem Schutze des **Rechts auf informationelle Selbstbestimmung** von Personen. Die Norm ist somit in erster Linie dann einschlägig, wenn die Videoüberwachung auch Personenbildnisse erzeugt und ist daher im Bereich der Herstellung von Personenaufnahmen zu behandeln (unten Rn. 17 und 53 ff.). Unabhängig von § 6 b BDSG sind bei Einrichtung und Betrieb von Videoüberwachungseinrichtungen immer auch die allgemeinen Rechtsnormen zu beachten, insbesondere die Persönlichkeitsrechte der Betroffenen.

Das Problem der Videoüberwachung berührt naturgemäß sowohl den in diesem Abschnitt primär zu erörternden Aspekt der Herstellung von Aufnahmen von Sachen als auch der Herstellung von Personenaufnahmen. Je nachdem, ob die Aufnahmen aufgezeichnet oder übertragen werden oder lediglich in Echtzeit auf einem direkt angeschlossenen Monitor verfolgt werden können, ist eine Videoüberwachungsanlage auch unter den Aspekten der Herstellung und der Veröffentlichung (Verbreitung) von Sach- und Personenaufnahmen zu beurteilen.

Die bei Videoaufzeichnungen zwangsläufig entstehenden **Aufnahmen von fremden Sachen** sind in der Regel nach den vorstehenden Grundsätzen unproblematisch. Eine Ausnahme besteht nur insoweit, wenn bereits hierdurch in die Privatsphäre eines Menschen

---

[36] In diesem Sinne *Prinz/Peters,* Rn. 331.

eingegriffen wird, wie es z. B. der Fall ist, wenn mittels einer Video-überwachungsanlage ein privater Lebensbereich ausgespäht wird, der ansonsten nicht frei einsehbar ist (siehe Rn. 14 f.).

17 Das Hauptproblem besteht jedoch in der **Herstellung von Personenaufnahmen** im Rahmen der Videoüberwachung. In einer Entscheidung zur **Videoüberwachung** eines öffentlichen Zugangsweges durch einen Anlieger führte der BGH auf Klage des Eigentümers des gegenüberliegenden Grundstücks aus[37]:

> „Das Berufungsgericht geht zutreffend davon aus, dass niemand allgemein Schutz davor verlangen kann, außerhalb seines befriedeten Besitztums, insbesondere auf öffentlichen Wegen, durch andere beobachtet zu werden. Andererseits muss der einzelne auch in diesem Bereich keineswegs dulden, dass jedermann von ihm Bildnisse, insbesondere Filmaufnahmen mittels einer Videokamera, fertigt. (…)
>
> Zu Recht geht das Berufungsgericht (…) davon aus, dass (…) **die Herstellung eines Bildnisses ohne Einwilligung des Abgebildeten einen unzulässigen Eingriff in dessen nach § 823 Abs. 1 BGB geschütztes allgemeines Persönlichkeitsrecht bedeuten kann** (…). Dabei wird das allgemeine Persönlichkeitsrecht des Betroffenen nicht nur im Fall einer „Bildniserschleichung" verletzt, indem etwa Abbildungen einer Person in deren privatem Bereich gefertigt werden in der Absicht, sie der Öffentlichkeit zugänglich zu machen (hierzu BGHZ 24, 200, 209). Vielmehr kann auch die Herstellung von Bildnissen einer Person, insbesondere die Filmaufzeichnung mittels Videogerät, in der Öffentlichkeit zugänglichen Bereichen und ohne Verbreitungsabsicht einen unzulässigen Eingriff in das Persönlichkeitsrecht des Betroffenen darstellen. **Ob und in welchem Umfang bereits die Fertigung derartiger Bilder rechtswidrig und unzulässig ist, kann nur unter Würdigung aller Umstände des Einzelfalls und durch Vornahme einer unter Berücksichtigung aller Umstände des Einzelfalls und durch Vornahme einer unter Berücksichtigung aller rechtlich, insbesondere auch verfassungsrechtlich geschützten Positionen der Beteiligten durchgeführten Güter- und Interessenabwägung ermittelt werden.**
>
> Entgegen der Auffassung der Revision ist das Berufungsgericht zutreffend zu dem Ergebnis gelangt, dass die von der Beklagten durchgeführte Überwachung des Zugangsweges mittels Videoaufzeichnung hier zu einer die Kläger in ihrem allgemeinen Persönlichkeitsrecht verletzenden Herstellung von Bildaufnahmen führt.
>
> Es geht hier nicht darum, dass nur schlicht ein öffentlicher Weg in Rahmen einer Videoaufnahme erfasst wird, die, wie dies etwa bei Foto- und Filmaufnahmen von Touristen oder dergleichen der Fall ist, in erster Linie dem Festhalten eines Stadt- und Straßenbildes oder von baulichen Anlagen dienen soll, wobei vorübergehende Passanten zufällig mit einbezogen werden; **derartige Fertigungen seines Bildnisses muss ein Passant, der öffentlichen Wegraum benutzt, allerdings ohne weiteres hinnehmen.**
>
> Vielmehr betreibt die Beklagte eine gezielte Überwachung eines bestimmten Stücks eines öffentlichen Weges über längere Zeiträume und mit Regelmäßigkeit. Diese Überwachung ist darauf angelegt, Benutzer des Weges in einer Vielzahl von Fällen abzubilden und aufzuzeichnen. Dabei geht es um den Zugangsweg zu Wohngrundstücken, darunter demjenigen der Kläger, die der Videoaufzeichnung nicht ausweichen können, wenn sie sich auf dem Wege von oder zu ihrem Grundstück befinden. Die Kläger können weder beeinflussen, wann sie bei solchen Gele-

---

[37] AfP 1995, 597 ff.

genheiten aufgenommen werden, noch können sie jeweils feststellen, ob solche Aufzeichnungen gefertigt worden sind oder nicht. Sie müssen daher ständig mit der Überwachung dienenden Aufzeichnungen ihres Bildes rechnen."

Im weiteren Verlauf seiner Begründung stellt der BGH darauf ab, dass die ständige Kameraüberwachung zu einer **ständigen Kontrolle** führe, wobei auch festgehalten werde, wann und mit welcher Begleitung die Anwohner den Weg begangen haben und mit welchem Gesichtsausdruck, in welcher Stimmung. Schon die Herstellung der Videoaufzeichnungen führe so zu einer unkontrollierbaren Fixierung, die die Betroffenen nicht hinnehmen bräuchten.[38] Ausdrücklich offen ließ der BGH die Frage, ob derartige Aufzeichnungen gefertigt werden dürften, wenn sie auf Grund eines begründeten Verdachts der **Beschaffung von Beweismitteln** zur Verfolgung konkreter unzulässiger oder strafbarer Handlungen dienen. Das generelle Interesse, Unratablagerungen zu vermeiden, reiche aber nicht aus.

Dieser Fall zeigt auf, dass schon bei der Herstellung von Aufnahmen von Sachen oft ein unvermeidbarer Sachbezug zum Persönlichkeitsrecht der Eigentümer oder Nutzer der abgebildeten Sache besteht, aus welchem sich die Rechtswidrigkeit der Aufnahmen ergeben kann. Der BGH hat hier den Schutz des Persönlichkeitsrechtes recht früh angesetzt, da schon die Gefahr der bildlichen Überwachung ohne nachgewiesene Verbreitungsabsicht der Aufnahmen als ausreichend angesehen wurde, die Videoüberwachungsanlage für unzulässig zu erklären. Maßgeblich war hierbei aber ersichtlich der Umstand, dass es sich um den **Zugangsbereich zu einem Privatwohnhaus** handelte. Die Entscheidung ist somit nicht unbesehen auf Videoüberwachungsanlagen an Örtlichkeiten mit breiter Öffentlichkeit (z.B. **Kaufhäuser, Bahnhöfe, Plätze, Tankstellen**) zu übertragen, wo es naturgemäß schon regelmäßig an der Unbefangenheit der abgebildeten Passanten mangelt, da sich diese nicht unbeobachtet fühlen oder jedenfalls nicht damit rechnen dürfen, unbeobachtet zu sein. Gleichwohl sollte auch an öffentlichen Orten deutlich sichtbar auf Videoüberwachungsanlagen und ihren verantwortlichen Betreiber hingewiesen werden, damit sich die Passanten darauf einrichten können. In den Fällen, in welchen das Bundesdatenschutzgesetz Anwendung findet, ist dies ausdrücklich gesetzlich vorgeschrieben (§ 6 b Abs. 2 BDSG). Nach Auffassung des AG Hamburg ist die Videoüberwachung in einem **Café** mit Selbstbedienung im **Kundenbereich** mit Tischen und **Sitzgelegenheiten** ohne konkrete Gefahrenlage unzulässig[39]. Zulässig ist hingegen auch ohne besonderes Gefahrenpotential

---

[38] BGH AfP 1995, 597, 598.
[39] AG Hamburg, Urteil vom 22.4.2008, 4 C 134/08, rechtskräftig.

die Überwachung der **Warenregale** und des **Kassenbereiches**.[40] Entsprechend dürfte grundsätzlich in **Restaurants** die Überwachung der Tische, an denen die Gäste verweilen, unzulässig sein, sofern nicht ausnahmsweise ein nachweisbares besonderes Risiko für Straftaten besteht.

18 Die **Videoüberwachung öffentlicher Plätze** durch **staatliche Stellen** bedarf hinreichend bestimmter gesetzlicher Ermächtigungsgrundlagen, die den allgemeinen datenschutzrechtlichen Grundsätzen und der Verhältnismäßigkeit entsprechen.[41]
Das AG Frankfurt a. M. hat zur **Videoüberwachung** in **Gemeinschaftseigentumswohnanlagen** entschieden, dass schon die Installation einer Überwachungskamera ohne Aufzeichnungsmöglichkeit im Eingangsbereich der Zustimmung aller Wohnungseigentümer bedürfe.[42] Anderenfalls läge eine Verletzung der Persönlichkeitsrechte der Bewohner vor, auch wenn diese nur in Rückenansicht erfasst würden und die Kameraanlage nicht ständig in Betrieb sei, was auch erkennbar wäre. Entsprechende Eigentümerbeschlüsse müssen inhaltlich klar und bestimmt formuliert sein.[43] Das OLG Düsseldorf hält die Videoüberwachung eines **KFZ-Stellplatzes** auf dem Garagenhof einer **Wohneigentumsanlage** von einem Balkon aus für unzulässig, wenn andere Wohnungseigentümer den überwachten Teil notwendigerweise begehen müssen.[44] Das LG Bonn hat einen Grundstückseigentümer in einem Nachbarstreit nach §§ 1004, 823 I BGB verurteilt, Kameras und **Kameraattrappen** zu beseitigen, weil diese beim Nachbarn einen „**Überwachungsdruck**" erzeugen, der das Persönlichkeitsrecht auch dann rechtswidrig verletzen, wenn keine Aufzeichnung erfolge.[45] Hinsichtlich der **Verwertbarkeit** von Aufnahmen der Videoüberwachung als **Beweismittel** stellt die Rechtsprechung auf eine Interessenabwägung im Einzelfall ab.[46]

19 Die **Videoüberwachung am Arbeitsplatz** unterliegt dem **Mitbestimmungsrecht des Betriebsrates** nach § 87 I Nr. 6 BetrVG[47]. Hierbei ist zunächst zu unterscheiden, ob es sich um einen Arbeitsplatz in einem öffentlich zugänglichen Raum mit Publikumsverkehr

---

[40] AG Hamburg, Beschluss vom 24.4.2008, 4 C 134/08.
[41] BVerfG NVwZ 2007, 775.
[42] AG Frankfurt a. M. NJW-RR 2003, 158 m. w. N., a. A. OLG Zweibrücken NJW 2004, 374.
[43] BayObLG NJW-RR 2005, 384.
[44] OLG Düsseldorf NJW 2007, 780.
[45] LG Bonn NJW-RR 2005, 1067; a.A. LG Koblenz NJW-RR 2006, 1200.
[46] Z.B. OLG Karlsruhe NJW 2002, 2799 ff. – *Unverwertbarkeit bei Stellplatzüberwachung;* AG Zerbst NJW-RR 2003, 1595 – *Verwertbarkeit bei „wildem Urinieren" im Keller;* LG Zweibrücken NJW 2004, 83 f. – *Verwertbarkeit bei Betriebsdiebstahl.*
[47] BAG NJW 2005, 313.

handelt (z.B. Verkaufsräume), in denen § 6 b BDSG Anwendung findet, oder um nicht öffentlich zugängliche Räume (z.B. Büros und Lager ohne Publikumsverkehr). Dort gilt § 6 b BDSG nicht, es ist aber unter Beachtung des **Verhältnismäßigkeitsgrundsatzes** eine Güterabwägung zwischen den schützenswerten Interessen des Arbeitgebers (z. B. Verhinderung von Straftaten, Qualitätssicherung) und den Persönlichkeitsrechten der betroffenen Mitarbeiter vorzunehmen. Dies gilt insbesondere für die Entscheidung darüber, in welchem Umfang eine Videoüberwachung durchgeführt wird und ob bzw. wie lange die Aufnahmen gespeichert werden. Eine **verdeckte Videoüberwachung** wird in der Regel ebenso wie eine **verdachtsunabhängige dauerhafte Mitarbeiterüberwachung** unzulässig sein.[48] Bei einem konkreten Anfangsverdacht von Straftaten oder anderen schweren Verfehlungen durch Mitarbeiter kann hingegen eine zeitlich beschränkte anlassbezogene Überwachung zur Aufklärung und Beweissicherung zulässig sein, wenn keine anderen Möglichkeiten zur Verfügung stehen. Das BAG hielt diese Maßnahme z.B. zur Aufklärung von Inventurdifferenzen in einem Getränkemarkt durch gefälschte Leergutbons bei konkretem Tatverdacht einer Mitarbeiterin für zulässig, wobei der Fall allerdings noch vor dem Inkrafttreten des § 6 b BDSG entschieden wurde.[49] Strenger ist das BAG in einer jüngeren Entscheidung gewesen, in welcher kein konkreter Anfangsverdacht vorlag. Die auf maximal 50 Stunden pro Woche begrenzte Videoüberwachung durch sichtbare Kameras in einem Briefverteilzentrum hielt das BAG für unverhältnismäßig, obwohl dort in einem Zeitraum von knapp 2 Jahren immerhin über 18000 Briefe verloren gemeldet wurden und eine weitere Dunkelziffer wahrscheinlich war.[50]

e) Gesetzliche Fotografierverbote

Während sich in den vorstehend erörterten Fällen nach einer Güter- und Interessenabwägung die Herstellung von Aufnahmen als rechtswidrig erweisen kann, sind einige gesetzliche Fotografierverbote stets zu beachten. Nachdem das generelle Verbot von **Luftaufnahmen** im Luftverkehrsgesetz aufgehoben wurde (hierzu unter Rn. 34 ff.), beschränken sich die gesetzlichen Fotografierverbote auf **Gerichtsverhandlungen** und den **militärischen Bereich** (Rn. 21 ff., 28 ff.). **20**

---

[48] *Grimm/Brock/Windeln* ArbRB 2006, 179, 180 f.
[49] BAG NZA 2003, 1193.
[50] BAG NJW 2005, 313, 315 f. mit ausführlichen Erwägungen zur Güterabwägung.

aa) Gerichtsverhandlungen, Aufnahmen in Gerichtsgebäuden, Strafvollzugsanstalten und Behörden

21 Ausdrücklich gesetzlich verboten sind Film- und Fernsehaufnahmen während **Gerichtsverhandlungen** aller Art einschließlich der Verkündung der Entscheidungen. Dies ergibt sich aus § 169 GVG für alle Gerichtszweige, also nicht nur für Strafgerichte, sondern auch für Zivil- und Verwaltungsgerichte (entsprechende Verweisungen finden sich in § 55 VwGO, § 52 Abs. 1 FGO, § 61 Abs. 1 SGG, § 52 ArbGG). Das ausnahmslose Verbot ist in den vergangenen Jahren mehrfach mit Verfassungsbeschwerden von Fernsehsendern angegriffen worden, die sich auf die Berichterstattungsfreiheit (Art. 5 Abs. 1 GG) berufen haben. Das BVerfG hat jedoch bestätigt, dass § 169 GVG verfassungsgemäß ist, das generelle Verbot von Kameras im Gerichtssaal während der Verhandlung also Bestand hat.[51] Begründet wurde dies in erster Linie mit der ungestörten Wahrheits- und Rechtsfindung und den Persönlichkeitsrechten der Verfahrensbeteiligten. Die Entscheidung wurde allerdings mit knapper Mehrheit getroffen, da drei Verfassungsrichter in einem abweichenden Votum im Hinblick auf die Belange der Medienöffentlichkeit und des Grundsatzes der Gerichtsöffentlichkeit eine differenziertere gesetzliche Regelung befürworteten.[52] Diese ist jedoch in absehbarer Zeit nicht zu erwarten. In eigenen Angelegenheiten gibt sich das BVerfG offener. Aufgrund der Sondervorschrift in § 17 a BVerfGG sind bei dortigen Verfahren Aufnahmen bei der Urteilsverkündung und zu Beginn der mündlichen Verhandlung bis zum Ende der Feststellung der Personalien zulässig. Diese dürfen live oder zeitversetzt ausgestrahlt werden. Für den BGH gibt es eine solche Sonderregelung nicht.

22 Das Verbot in § 169 GVG gilt seinem Wortlaut nach nicht für Fotos, da das Gesetz ausdrücklich von Fernseh- und Filmaufnahmen, also Bewegtbildaufzeichnungen, spricht. In der Praxis wird es aber entsprechend auf **Fotos** angewendet. Rechtlich beruhen die entsprechenden Verbote auf Anordnungen des Vorsitzenden des jeweiligen Gerichts, der während der Verhandlung im Sitzungssaal das Hausrecht ausübt und über sitzungspolizeiliche Befugnisse verfügt.[53] Zugelassen werden indes in der Regel Zeichnungen, wobei jedoch das Recht am eigenen Bild der Verfahrensbeteiligten zu beachten ist (hierzu unter Rn. 195, 248).

---

[51] Vgl. BVerfG AfP 2001, 48 ff. zum sog. Politbüro-Prozess gegen Egon Krenz u. a.

[52] BVerfG a. a. O.

[53] *Soehring,* Rn. 9.19.

1. Herstellung von Aufnahmen von Sachen

Ähnlich verhält es sich mit sonstigen Aufnahmen (Bewegtbild und **23** Fotos) in Gerichtsgebäuden, insbesondere mit Aufnahmen in Gerichtssälen vor und nach einer Verhandlung. Letztere kann der Vorsitzende Richter im Rahmen seiner sitzungspolizeilichen Befugnisse gemäß § 176 GVG untersagen.[54] Zu den **sitzungspolizeilichen Befugnissen** des Vorsitzenden zählt auch die Beschlagnahme von Aufnahmen, sofern ausnahmsweise die Voraussetzungen einer **Beschlagnahme** dem Grunde nach wegen einer unmittelbar absehbaren rechtswidrigen Veröffentlichung gegeben sind.[55] Ebenfalls ist es zulässig, wenn der Vorsitzende nach einem Verstoß gegen eine Generalanweisung, welche die vorherige Einholung einer schriftlichen Genehmigung vorsieht, einen Fotojournalisten von einer Bildberichterstattung auszuschließen.[56] Ob der Vorsitzende berechtigt ist, weitere Einzelheiten der Herstellung von Aufnahmen im Zusammenhang mit Gerichtsverhandlungen im Wege von sitzungspolizeilichen Verfügungen **(Auflagen)** zu regeln, ist von der Rechtsprechung noch nicht im Einzelnen geklärt. In jedem Fall muss der Vorsitzende bei der Ausübung seiner sitzungspolizeilichen Befugnisse den Grundsatz der Verhältnismäßigkeit beachten und darf weder willkürlich noch einseitig zulasten der freien Medienberichterstattung entscheiden.[57] Ein vollständiges Verbot von Aufnahmen kommt daher nur in Ausnahmefällen in Betracht, in welchen ansonsten eine gravierende Verletzung von Persönlichkeitsrechten oder sonstige schwerwiegende Beeinträchtigungen der Verfahrenbeteiligten zu befürchten wären. Das BVerfG sah in einer Eilentscheidung im Zusammenhang mit der Berichterstattung über einen spektakulären Entführungsfall mit Todesfolge eine Verfügung des Vorsitzenden, nach welcher **Aufnahmen des Angeklagten** nur durch solche Pressevertreter zulässig waren, die sich zuvor verpflichten, die **Aufnahmen** vor Veröffentlichung und Weitergabe zu **anonymisieren,** nicht als schwerwiegenden Eingriff in die Rechte der Journalisten an, obwohl es ein erhebliches öffentliches Interesse an einer aktuellen und authentischen Berichterstattung über die Hauptverhandlung erkannte.[58] In einem anderen Eilverfahren hielt das BVerfG hingegen die Anordnung des Vorsitzenden, Kameras im Sitzungssaal nur bis 15 Minuten vor Beginn der Verhandlung und erst 10 Minuten nach deren Ende zuzulassen, für unverhältnismäßig. Der

---

[54] BVerfG NJW-RR 2007, 1053.
[55] BGH NJW 1998, 1420.
[56] BVerfG NJW-RR 2007, 1053.
[57] Vgl. BVerfG AfP 2000, 454, 455 f.; Beschluss des BVerfG vom 19.12.2007, 1 BvR 620/07.
[58] BVerfG NJW 2003, 2523 f. – *Fall von Metzler,* ähnlich Beschluss des BVerfG vom 19.12.2007, 1 BvR 620/07.

Vorsitzende hatte mit dieser Anordnung den Prozessbeteiligten (Richter, Schöffen, Anwälte) die Möglichkeit geben wollen, anonym zu bleiben; es ging ein der Verhandlung um einen öffentlichkeitswirksamen Fall der Misshandlung von Rekruten durch Berufssoldaten.[59] Ebenso rügte das BVerfG[60] die Vorgehensweise eines vorsitzenden Richters einer Strafkammer, den Verhandlungssaal zusammen mit seinen Beisitzern erst nach dem förmlichen Beginn der Verhandlung zu betreten (also nach Eingreifen des gesetzlichen Kameraverbots nach § 169 GVG). In diesem Strafverfahren ging es um den Verkauf verdorbener Fleischwaren in großem Umfang. Das BVerfG ordnete im Hinblick auf das öffentliche Informationsinteresse an, Aufnahmen der Richter vor der Verhandlung zu ermöglichen. In einem weiteren Fall (Strafverfahren gegen einen ehemaligen Kölner Oberstadtdirektor wegen Bestechlichkeit) hat das BVerfG ebenfalls den Anspruch der Medienvertreter und der Öffentlichkeit auf Bildnisse der Richter vor und nach der Verhandlung bestätigt.[61]

24   In anderen Teilen des Gerichtsgebäudes (Flure, Eingangsbereich etc.) ist ebenfalls eine Drehgenehmigung erforderlich, welche kraft seines Hausrechts vom Gerichtspräsidenten erteilt werden kann. Zulässig sind auch generelle Anordnungen, welche die vorherige Einholung schriftlicher Genehmigungen regeln.[62] Die Praxis der einzelnen Gerichte ist unterschiedlich. Häufig hat der Gerichtspräsident die Entscheidungsbefugnis auf die Gerichtspressesprecher delegiert, sodass diese um eine Drehgenehmigung zu ersuchen sind.

25   Häufen sich die Anfragen nach Drehgenehmigungen zu einem besonders öffentlichkeitswirksamen Prozess, weshalb eine Zusage an alle Berichterstatter aus organisatorischen Gründen nicht möglich ist, kommt die sogenannte „Pool-Lösung" in Betracht.[63] Hierbei müssen sich alle Interessenten auf ein Drehteam verständigen, welches sein Material dann allen anderen diskriminierungsfrei und ohne Zeitverzögerung gegen Kostenerstattung zur Verfügung stellen muss. Letzteres ist in der Drehgenehmigung als Auflage verbindlich festzulegen, damit eine Gleichbehandlung zwischen allen Interessenten gewährleistet wird. Nach einem Urteil des KG Berlin können jedoch nur solche Journalisten die Herausgabe von Bildmaterialien aus dem Pool verlan-

---

[59] BVerfG NJW 2007, 986; bestätigt durch Beschluss des BVerfG vom 19.12.2007, 1 BvR 620/07.
[60] BVerfG NJW-RR 2007, 1416.
[61] BVerfG AfP 2007, 551.
[62] BVerfG NJW-RR 2007, 1053.
[63] BVerfG NJW-RR 2008, 1069; BVerfG NJW 2008, 977 (Rn. 49).

gen, die vorher Mitglied des Pools geworden sind oder wenigstens ernsthaft versucht haben, eine solche Mitgliedschaft zu erwerben.[64] Drehgenehmigungen für Aufnahmen und Fotos in Gerichtsgebäu- **26** den sind unabhängig davon erforderlich, ob Aufnahmen zu Zwecken der Berichterstattung oder im Rahmen von **Dreharbeiten für Filmproduktionen** gefertigt werden. Letztere werden – wenn überhaupt – nur gegen Gebühr erteilt. Ein Anspruch auf Erteilung von Genehmigungen besteht in diesen Fällen nicht. Bei der tagesaktuellen Berichterstattung müssen hingegen bei der Erteilung oder Versagung von Genehmigungen die berechtigten Belange der Information der Öffentlichkeit berücksichtigt werden. Besteht ein erhebliches berechtigtes Informationsinteresse der Öffentlichkeit an der Berichterstattung, sind generelle Verbote unzulässig. Vielmehr muss durch geeignete Anordnungen sichergestellt werden, dass unter Wahrung der Persönlichkeitsrechte der Verfahrensbeteiligten und bei Gewährleistung eines geordneten Verfahrensablaufs Aufnahmen hergestellt werden können. Die höchstrichterliche Rechtsprechung ist in den letzten Jahren zunehmend liberaler geworden. Nach Auffassung des BVerfG gehören zu einer sachgerechten Berichterstattung über Prozesse von allgemeiner Bedeutung Aufnahmen vor der Verhandlung im Sitzungssaal. Entgegen einer entsprechenden Anordnung des Vorsitzenden im El-Kaida-Prozess wurde dem OLG Frankfurt daher vom BVerfG im Wege einer einstweiligen Anordnung aufgegeben, jeweils für fünf Minuten vor Beginn der Verhandlung einem Fernsehteam von maximal drei Personen im Wege der sog. Pool-Lösung (s. o. Rn. 24) Aufnahmen im Gerichtsaal unter Anwesenheit der Angeklagten zuzulassen. Zum Schutze der Persönlichkeitsrechte wurde hierbei aber angeordnet, dass die Gesichter aller abgebildeten Personen durch ein technisches Verfahren unkenntlich gemacht werden müssen, damit nur eine anonymisierte Verwendung des Materials möglich ist.[65] Derartige Anordnungen kommen aber nur bei Prozessen von gesteigerter öffentlicher Bedeutung in Betracht. Hierbei handelt es sich um besonders spektakuläre Kriminalfälle wie z. B. die Anschläge vom 11. September 2001 oder die Aufarbeitung des SED-Unrechts und Grundsatzentscheidungen der höchsten Gerichte in Angelegenheiten von allgemeiner Bedeutung wie z. B. die Verhandlungen des BVerfG in Sachen Kruzifix oder Auslands-Einsätze der Bundeswehr.

Auch in **Strafvollzugsanstalten (Gefängnissen)** kann gedreht **27** oder fotografiert werden, allerdings nur mit Genehmigung des Anstaltsleiters, der das Hausrecht ausübt. In einigen Ländern werden die

---

[64] KG Berlin NJW-RR 1997, 789 f.; bestätigt durch BVerfG NJW-RR 2008, 1069.
[65] BVerfG AfP 2003, 213.

Genehmigungen auch von den Justizministerien erteilt, so dass es sinnvoll ist, Anfragen zunächst an den dortigen Pressesprecher zu richten. Genehmigungen können mit bestimmten Auflagen erteilt werden. Üblich ist z. B. die Auflage, abgebildete Personen unkenntlich zu machen, auch wenn der Abgebildete einverstanden wäre. Einen Anspruch auf die Erteilung einer Genehmigung gibt es nicht. Genehmigungen für Zwecke außerhalb der redaktionellen Berichterstattung werden in der Regel – wenn überhaupt – nur gegen Gebühr erteilt. Die Beträge pro Drehtag reichen von € 250,– für kulturelle und wissenschaftliche Zwecke bis über € 5000,– bei Werbefilmen.

Für **Aufnahmen in Behörden und sonstigen Amtsgebäuden** gelten obige Ausführungen entsprechend. Anfragen sind an die Pressestelle des jeweils zuständigen Ministeriums zu richten. Für einige Gebäude bestehen besondere Hausordnungen, die spezielle Zugangs- und Verhaltensregeln enthalten. So ist z. B. nach § 5 der Hausordnung des **Deutschen Bundestages** für dortige Aufnahmen eine ausdrückliche Drehgenehmigung erforderlich. Eine einfache Tagesakkreditierung der Pressestelle, die Journalisten das Betreten des Gebäudes gestattet, erlaubt nicht gleichzeitig die Herstellung von (heimlichen) Fotos.[66]

bb) Militärische Anlagen und Wehrmittel

28   Bestimmte Gebiete, die **Verteidigungszwecken** dienen (z. B. **Kasernengelände, Militärflughäfen, Aufklärungseinrichtungen**) können nach dem Schutzbereichsgesetz[67] zum Schutzbereich erklärt werden. Derartige Schutzgebiete dürfen dann nicht mehr ohne Genehmigung fotografiert werden. Das jeweilige Landesrecht bestimmt, welche Behörde Gebiete zu **Schutzgebieten** erklärt. In der Regel sind dies die Landkreise und kreisfreien Städte, in denen das zum Schutzbereich erklärte Gebiet liegt. Diese örtlichen Behörden erteilen auch Auskünfte und gegebenenfalls Genehmigungen.

29   Von Bedeutung ist in diesem Zusammenhang auch die **Strafvorschrift** § 109 g Abs. 1 StGB (**„Sicherheitsgefährdendes Abbilden"**). Nach dieser Vorschrift ist es bei Geldstrafe oder Freiheitsstrafe bis zu fünf Jahren verboten, Abbildungen von militärischen Anlagen und „Wehrmitteln" zu fertigen, wenn dadurch die Sicherheit der Bundesrepublik Deutschland oder die „Schlagkraft der Truppe" gefährdet wird. Eine Sicherheitsgefährdung im Sinne dieser Vorschrift liegt vor, wenn die **Außenverteidigung** der Bundesrepublik Deutschland konkret gefährdet wird. Dies ergibt sich aus der systematischen Stellung

---

[66] VG Berlin AfP in 2001, 437, 439 f. – *Bundestag.*
[67] Vom 7.12.1956, BGBl. I S. 899.

der Norm im StGB.[68] Eine nähere gesetzliche Definition enthält auch
§ 92 Abs. 3 Nr. 2 StGB nicht, wo die Gefährdung der Sicherheit der
Bundesrepublik Deutschland als Bestrebungen, die äußere oder innere
Sicherheit der Bundesrepublik zu beeinträchtigen, definiert wird. Aus
dem systematischen Zusammenhang der Vorschrift lässt sich schließen,
dass es um solche Gefährdungen geht, die originär aus der Herstellung
der Aufnahmen herrühren, also z. B. durch die Enttarnung und das
Ausspionieren von militärischen Zielen mittels Fotos. Unter dem
Begriff der „Schlagkraft der Truppe" ist die Einsatzfähigkeit der **Bun-**
deswehr zu verstehen, wobei die Rechtsprechung schon vergleichsweise geringfügige Beeinträchtigungen als ausreichend angesehen hat.[69]

Die Strafbarkeit besteht nur bei direktem Vorsatz (dolus directus).[70] **30**
Straflos bleiben somit z. B. Aufnahmen, die zufällig und unwissentlich
militärische Anlagen zeigen und solche, hinsichtlich derer kein Vorsatz
der Sicherheitsgefährdung besteht. Die Vorschrift wird deshalb nur im
Ausnahmefall zur Anwendung gelangen, z. B. in Fällen der Anfertigung
von Aufnahmen im Rahmen nachweisbar vorsätzlicher Spionagetätig-
keiten.

„Wehrmittel" sind nicht nur **Militärfahrzeuge** und **Waffen**, son- **31**
dern auch alle anderen Gegenstände, die für den Kampfeinsatz bestimmt sind, wie z. B. **Radargeräte, Funkgeräte, Entfernungs-**
messer.[71]

Militärische Anlagen sind alle Einrichtungen der Bundeswehr, **32**
ohne dass diese in deren Eigentum stehen müssen. Beispielhaft zu
nennen sind insoweit **Kasernen, Übungsgelände, Munitionslager,**
Flugplätze und Hallen, Marinestützpunkte.[72] Gleiches gilt für
militärische Anlagen in Deutschland stationierter NATO-Truppen.[73]

Nach § 109 g Abs. 2 StGB ist es zusätzlich bei Androhung von **33**
Geldstrafe oder Freiheitsstrafe bis zu zwei Jahren verboten, aus der
Luft Aufnahmen herzustellen, wenn hierdurch die Sicherheit der
Bundesrepublik Deutschland gefährdet wird.

cc) Luftaufnahmen

Bis Mitte des Jahres 1990 waren gemäß § 27 Abs. 2 **Luftverkehrs-** **34**
gesetz Aufnahmen aus der Luft außerhalb des Linienverkehrs nur mit
ausdrücklicher Genehmigung zulässig. Dieses Verbot ist jedoch im

---

[68] Vgl. *Schönke / Schröder – Eser,* § 109 e Rn. 12.
[69] Vgl. *Schönke / Schröder – Eser,* § 109 e Rn. 12.
[70] Vgl. *Schönke / Schröder – Eser,* § 109 g Rn. 11.
[71] Vgl. *Schönke / Schröder – Eser,* § 109 e Rn. 3.
[72] Vgl. *Schönke / Schröder – Eser,* § 109 g Rn. 7.
[73] *Soehring,* Rn. 9.20.

Zuge des Dritten Rechtsbereinigungsgesetzes 1990[74] aufgehoben worden.[75] Es besteht somit kein generelles Verbot mehr, Fotos aus einem gemieteten **Hubschrauber** oder während einer Heißluftballonfahrt anzufertigen. Zwei Einschränkungen sind bei Luftaufnahmen jedoch noch immer zu beachten:

35 Aus Gründen der **Landesverteidigung** ist es nach § 109 g Abs. 2 StGB verboten, aus einem Luftfahrzeug (z. B. Flugzeuge, Hubschrauber, Luftschiffe, Ballons, Drachen, Fallschirme, auch unbemannte Fluggeräte) Aufnahmen anzufertigen, die die **Sicherheit der Bundesrepublik Deutschland** oder die „Schlagkraft der Truppe" (zu den Begriffen siehe Rn. 29) gefährden. In beiden Fällen muss die Handlung „wissentlich", also mit direktem Vorsatz erfolgen. Deshalb ist die praktische Relevanz dieser Strafvorschrift im Bereich der Alltags- und Pressefotografie gering. Findet sie jedoch Anwendung droht Freiheitsstrafe bis zu zwei Jahren oder Geldstrafe. Auch der Versuch ist strafbar. Ebenso die Weitergabe einer derart hergestellten Aufnahme.

36 Außerhalb des verteidigungsrelevanten Bereichs besteht die bereits zuvor erörterte Beschränkung von Luftaufnahmen bei Eingriffen in die **Privatsphäre**. Dies ist dann der Fall, wenn in abgeschirmte Bereiche wie z. B. **Gärten und private Parks**, die von ebener Erde (aus „Passantenperspektive") nicht einsehbar sind, hineinfotografiert wird, um so private Vorgänge bildlich zu fixieren, die sonst nur ausgewählten Gästen zugänglich wären. De facto geht es hierbei um die besondere Form der **Paparazzi**-Fotografie mittels **Leitern, Teleliften, Hubschraubern** oder ähnlichen Fluggeräten.[76] Grundsätzlich ist ein Eingriff in die Privatsphäre gegeben, wenn unter Überwindung bestehender Hindernisse oder mit Hilfsmitteln der räumliche Lebensbereich eines anderen ausgespäht wird. Hierbei kommt es nicht darauf an, ob auf den Fotos Menschen erkennbar abgebildet werden.[77] Denn die Privatsphäre wird schon verletzt, wenn die optische Begebenheit des privat-häuslichen Rückzugsbereichs[78] via bildlicher Fixierung den Augen des Publikums preisgegeben wird.[79] Maßgeblich ist insoweit, wie eng die von den Aufnahmen festgehaltenen Gegenstände mit der Person des Bewohners verbunden sind. Bilden die fixierten Details z. B. wegen des Stils der

---

[74] BGBl. 1990 I S. 1221.

[75] Näheres hierzu bei www.luftrecht-online.de.

[76] BGH NJW 2004, 762 und 766 – *Luftfoto/Feriendomizil I und II*; Vorinstanz LG Berlin AfP 1999, 525 f.

[77] BGH NJW 2004, 762, 766; LG Berlin AfP 1999, 525 f.

[78] Hierzu BVerfG NJW 2000, 1021, 1022.

[79] A. A. OLG Oldenburg NJW-RR 1988, 951 f. in einem besonderen Einzelfall, in welchem die Luftaufnahmen nur den Bewohnern des fotografierten Grundstücks zum Kauf angeboten wurden; kritisch ebenfalls *Helle*, S. 56.

Einrichtung und der individuellen Auswahl und Anordnung der Gegenstände die höchstpersönlichen Lebensumstände des Bewohners ab, liegt nach der hier vertretenen Auffassung eine Privatsphärenverletzung vor. Doch selbst wenn die Aufnahmen dokumentieren, dass es bei dem (prominenten) Bewohner genauso aussieht, wie in Millionen anderer Gärten auch, liegt darin ebenfalls eine Sachaussage über die private Lebensgestaltung des Betroffenen, über deren Preisgabe der Betroffene im Rahmen seiner Selbstbestimmung hinsichtlich der öffentlichen Darstellung seines Privatlebens selbst entscheiden darf. Anderes kann gelten, wenn die aus der Luft aufgenommenen Einstellungen auch ohne Einsatz von Luftfahrzeugen einsehbar wären (z. B. der einsehbare Teil eines **Wohnungsbalkons**[80]).

Nach Auffassung von *Riedel* lässt sich aus dem Eigentumsrecht ge- **37** mäß § 905 BGB eine „**Herrschaftsbefugnis**" des Eigentümers bezüglich des **Luftraums** über seinem Grundstück ableiten. *Riedel* leitet hieraus ein Verbotsrecht her, wenn die „Aufnahme von einem Punkt über seinem Eigentum aus nicht zu großer Höhe gemacht wird".[81] Somit dürfte dieser Aspekt – selbst wenn man dieser Ansicht folgt – in der Praxis zu vernachlässigen sein. Die moderne Aufnahmetechnik erlaubt scharfe Detailfotos aus größter Höhe – man denke an Satellitenfotos, auf welchen sogar noch einzelne Personen erkennbar sind. Ferner kann das Recht aus § 905 BGB niemals eingreifen, wenn „seitlich" von einem Punkt neben dem Luftraum des Eigentümers auf sein Grundstück fotografiert wird.

f) Zutrittsrechte

Wer eine Aufnahme in einem **umgrenzten Raum** herstellen will, **38** muss Zugang finden. Doch im Regelfall kann der Zutritt nicht rechtlich erzwungen werden, wenn der Berechtigte Fotografen und Kamerateams keinen Einlass gewährt.

aa) Grundsätze

Wie bereits dargestellt kann der Eigentümer des Gebäudes bzw. der **39** von ihm ermächtigte Inhaber des Hausrechts (z. B. Mieter, Pächter) daher selbst entscheiden, ob und unter welchen Voraussetzungen er der das Betreten der Örtlichkeit gestatten will.[82] Grundsätzlich hat

---

[80] Vgl. KG Berlin AfP 2007, 573, 574 f.; OLG Celle MDR 1980, 311 f., allerdings leider ohne nähere Differenzierung in einem Fall, wo die Aufnahmen ausschließlich als Beweismittel in einem Rechtsstreit hergestellt wurden; *Helle,* S. 56.

[81] *Riedel,* Rn. 7.21.

[82] *Soehring,* Rn. 9.17; OLG München AfP 1985, 222 – *Flohmarkt;* so auch BGH NJW 2006, 377 im Zusammenhang mit der Hörfunkberichterstattung aus Fußballstadien.

kein Fotograf oder Kamerateam einen klagbaren Anspruch darauf, Einlass zu finden. Das OLG München hat beispielsweise eine Klage eines Pressefotografen auf ungehindertes Betreten eines gepachteten **Flohmarktgeländes** abgewiesen.[83] Dies gilt auch dann, wenn es sich um größere **öffentliche Veranstaltungen** von erheblicher Bedeutung wie z. B. **Konzerte** oder **Sportveranstaltungen**[84] handelt. Dies gilt grundsätzlich auch, wenn die Aufnahmen ausschließlich für redaktionelle Berichterstattungszwecke gefertigt werden sollen. In derartigen Fällen werden die Veranstalter allerdings schon aus Gründen der eigenen Öffentlichkeitsarbeit Bildjournalisten Zutritt gewähren. Ein durchsetzbarer Anspruch darauf besteht jedoch – trotz langjähriger Forderung der Journalistenverbände – nicht.

bb) Anspruch nach dem Landespressegesetz

40   Ein Anspruch auf Zutritt zu öffentlichen Veranstaltungen lässt sich insbesondere nach h. M. nicht aus dem allgemeinen Informationsanspruch der Presse, geregelt in § 4 der Landespressegesetze (Ausnahme Hessen § 3 LPG), herleiten. Nach dieser Vorschrift sind nur **Behörden** verpflichtet, Journalisten Auskünfte zu erteilen, die diese zur Erfüllung ihrer öffentlichen Aufgabe benötigen. Gemeint ist damit die sachgerechte Information der Öffentlichkeit über Vorgänge von allgemeiner Bedeutung.

41   Bei **privaten Veranstaltern** sind die presserechtlichen Informationsansprüche nicht anwendbar. Eine analoge Anwendung der Vorschriften über den behördlichen Auskunftsanspruch auf Private kommt nicht in Betracht.[85] Verbieten Veranstalter Aufnahmen oder werden Fotografier- und Drehgenehmigungen an Bedingungen geknüpft, die Journalisten als inakzeptabel empfinden (so sind z. B. Fälle bekannt, in denen Konzertveranstalter sich alle Aufnahmen zur Autorisierung vorlegen lassen und kostenlose Nutzungsrechte für eigene Zwecke beansprucht haben) kann nur auf die Berichterstattung verzichtet werden. Als Protestmaßnahme gegen zu restriktive Arbeitsbedingungen ist auch schon ein gemeinschaftlicher Berichterstattungsboykott aller betroffenen Bildjournalisten vorgekommen. In der Praxis kommt es indes nur selten zu derartigen Konflikten. Vielmehr hat sich die Praxis etabliert, Bildjournalisten nach Akkreditierung zu bestimmten Zeiten unmittelbar vor der Bühne Zutritt zur Anfertigung von Aufnahmen zu gewähren, z. B. während der ersten fünfzehn Minuten eines Pop-konzerts und/oder zum Schlussapplaus, um einen angemessenen Aus-

---

[83] OLG München AfP 1985, 222.
[84] BGH NJW 2006, 377 im Zusammenhang mit der Hörfunkberichterstattung aus Fußballstadien.
[85] Vgl. *Burkhardt* in: *Löffler*, § 4 LPG Rn. 71.

gleich zwischen Berichterstattungsinteressen und der Gewährleistung eines ungestörten Veranstaltungsablaufs für die Zuschauer zu gewährleisten.

Sofern sich ein privater Veranstalter für die Zulassung von (Bild-) **42** Journalisten zu seiner Veranstaltung entscheidet, muss er nach einem Urteil des OLG Köln den **Gleichbehandlungsgrundsatz** berücksichtigen. In diesem Fall hatte der Präsident eines Fußballvereins einen örtlichen Sportredakteur als Reaktion auf dessen kritische Berichterstattung von der Teilnahme an Pressekonferenzen und dem Betreten des Vereinsgeländes ausgeschlossen. Das Gericht sprach dem Journalisten das Recht zu, genauso behandelt zu werden, wie seine Berufskollegen. Auch wenn sich dieses Urteil nicht ausdrücklich mit dem Zutrittsrecht zum Zwecke der Anfertigung von Aufnahmen beschäftigt, ist davon auszugehen, dass es entsprechend auf die Gleichbehandlung von Fotografen und Kamerateams anzuwenden ist. Allerdings merkte das Gericht bei dieser Gelegenheit an, dass einzelne Journalisten im begründeten Einzelfall ausgeschlossen werden können, wenn sie die Veranstaltung stören oder allgemeine Verhaltensregeln verletzen.[86]

Im staatlichen („behördlichen") Bereich lässt sich aus dem in den **43** Landespressegesetzen geregelten Informationsanspruch im Regelfall kein Anspruch auf Zutrittsrechte zur Anfertigung von Aufnahmen herleiten lassen, da die gesetzlich geschuldeten Auskünfte in der Regel eine bildliche Information nicht erfordern. So kann z. B. über einen kommunalpolitisch umstrittenen innerbehördlichen Vorgang auch ohne Fotos sachgerecht berichtet werden. Andererseits ist zu berücksichtigen, dass die höchstrichterliche Rechtsprechung in den vergangenen Jahren im Hinblick auf die zunehmende Visualisierung der Informationsarbeit der Medien auch die **Bebilderung** der Berichterstattung ausdrücklich dem **Schutz der Pressefreiheit**, Art. 5 Abs. 1 S. 2 GG, unterstellt hat.[87] Das BVerfG hat mit dieser Entscheidung den tatsächlichen Begebenheiten der heutigen Medienlandschaft Rechnung getragen. Bei der Prüfung der Frage, ob ein auf § 4 LPG gestützter Informationsanspruch auf Antrag auch durch eine Fotografier- oder Drehgenehmigung erfüllt werden muss, ist somit künftig ein großzügigerer Maßstab anzusetzen, als in früheren Jahren. Ein Anspruch dürfte sich z. B. ergeben, wenn eine sachgerechte Information der Öffentlichkeit nur durch eine Abbildung des „corpus delicti" erreicht werden kann. Denkbar ist dies beispielsweise bei einer Berichterstattung über steuerfinanzierte Umbaumaßnahmen in öffentli-

---

[86] OLG Köln NJW-RR 2001, 1051 ff.; hierzu auch *Burkhardt* in: *Löffler*, § 4 LPG Rn. 151 ff.
[87] BVerfG NJW 2000, 1021, 1024.

chen Gebäuden. Auch in solchen Fällen sind jedoch stets die in § 4 LPG geregelten Ausnahmen zu prüfen, wonach Auskünfte z. B. verweigert werden dürfen, wenn hierdurch ein schwebendes Verfahren beeinträchtigt werden könnte, Verschwiegenheitspflichten oder Rechte Dritter verletzt würden.[88] Zu den schutzwürdigen Belangen Dritter können insbesondere das Recht am eigenen Bild und das Persönlichkeitsrecht von Beamten und sonstiger Beteiligter zählen, sodass eine Beschränkung etwaiger Aufnahmegenehmigungen auf Sachaufnahmen ohne Personenbildnisse geboten sein kann.

44 Aus den **Informationsfreiheitsgesetzen**, die bereits in einigen Bundsländern (z.b. Brandenburg, Berlin, Schleswig-Holstein und Nordrhein-Westphalen) in Kraft sind, ergeben sich keine weitergehenden Zutrittsrechte zur Anfertigung von Aufnahmen.

cc) Anspruch nach dem Versammlungsgesetz

45 Nach § 6 Abs. 2 des **Versammlungsgesetzes** (VersammlG) ist Pressevertretern Zutritt zu öffentlichen Versammlungen in geschlossenen Räumen zu gewähren. Obwohl der Veranstalter einer **Versammlung** grundsätzlich befugt ist, bestimmten Personen den Zutritt zu ihren Veranstaltungen zu versagen (§ 6 Abs. 1 VersammlG), soll mit dieser Vorschrift der freie Zutritt von Berichterstattern gewährleistet werden, damit diese ihren Informationsauftrag gegenüber der Öffentlichkeit ungehindert erfüllen können.[89] Der Veranstalter ist berechtigt, die Legitimation der Berichterstatter durch Vorlage des Presseausweises zu überprüfen. Pressevertreter müssen nur zum Zwecke ihrer unmittelbaren Berufsausübung eingelassen werden. Von weiteren Bedingungen kann der Zutritt nicht abhängig gemacht werden. Insbesondere ist es aus Gründen der Pressefreiheit, Art. 5 Abs. 1 Satz 2 GG, nicht zulässig, nach der Tendenz der erwarteten Berichterstattung zu differenzieren.[90] Es kommt nicht darauf an, ob es sich um **festangestellte Mitarbeiter** eines Verlages bzw. Senders handelt, oder um **freiberuflich tätige Journalisten**. Soweit dies erforderlich ist, muss nicht nur der redaktionell arbeitende Journalist, sondern auch dessen **technisches Hilfspersonal** eingelassen werden, bei Filmteams somit auch der Kamera- und Tonmann, der Beleuchter, die Kabelhilfe etc., soweit dies zur Realisierung eines Drehs geboten ist.[91]

46 Trotz dieses dem Grunde nach weiten Zutrittsrechts ist sein praktischer **Anwendungsbereich stark begrenzt**. Denn nicht jede Großveranstaltung ist eine Versammlung im Sinne des Versammlungsgeset-

---

[88] Hierzu eingehend *Burkhardt* in: *Löffler*, § 4 LPG Rn. 89 ff. m. w. N.
[89] Vgl. *Dietel/Gintzel/Kniesel*, § 6 Rn. 16; *Burkhardt* in: *Löffler*, § 4 Rn. 151.
[90] *Burkhardt*, a. a. O.; *Dietel*, § 6 Rn. 7.
[91] *Dietel*, § 6 Rn. 11.

zes. Zum anderen ist das oben genannte Zutrittsrechtsrecht nur bei jedermann öffentlich zugänglichen Versammlungen gegeben. Veranstaltungen mit einem von vornherein ausgewählten eingeladen Teilnehmerkreis fallen somit nicht unter § 6 VersammlG. Keine Versammlungen sind deshalb z. B. **Mitgliederversammlungen** oder **Parteitage.** Ferner gilt das Zutrittsrecht nur bei Versammlungen in geschlossenen Räumen. Die Vorschrift des § 6 VersammlG steht eng im Zusammenhang mit dem Grundrecht der Versammlungsfreiheit, wie es in Art. 8 GG verankert ist. Danach sind Versammlungen grundsätzlich stets zulässig, um den Bürgern auch in dieser Form die Möglichkeit zu geben, sich gemeinsam am demokratischen Willensbildungsprozess zu beteiligen. Eine Versammlung im Sinne des VersammlG liegt somit nur vor, wenn sich eine Mehrheit von Personen zusammenfindet, um gemeinsam eine Meinung zu bilden oder zu äußern.[92] **Wahlkampfveranstaltungen** sind deshalb nur dann im Ausnahmefall Versammlungen, wenn sie der überwiegenden Anzahl der Besucher nicht zu Informationszwecken dienen, sondern die Teilnehmer eine bestimmte politische Einstellung zum Ausdruck bringen. Kulturelle und wissenschaftliche Veranstaltungen wie **Kongresse, Volksfeste, Rockkonzerte und Sport- sowie Eventveranstaltungen** werden daher von der herrschenden Meinung nicht als Versammlungen angesehen, da die Teilnehmer nicht mit dem Ziel der öffentlichen Meinungsbildung oder -kundgebung zusammentreffen.[93]

In letzter Konsequenz wurde daher auch vom BVerfG bestätigt, dass es sich bei der Berliner „**Love Parade"** trotz eines jährlichen Mottos ebenso bei der Gegenveranstaltung „Fuckparade" nicht um Versammlungen handelt.[94] Das BVerfG bestätigte damit eine entsprechende Entscheidung des OVG Berlin. Der Versammlungsbegriff sei eng zu fassen:

> „Volksfeste und **Vergnügungsveranstaltungen** fallen unter ihn genauso wenig wie Veranstaltungen, die der bloßen Zurschaustellung eines Lebensgefühls dienen oder die als eine auf Spaß und Unterhaltung ausgerichtete öffentliche Massenparty gedacht sind, einerlei ob der dort vorherrschende Musiktyp ein Lebensgefühl von so genannten Subkulturen ausdrückt oder dem Mehrheitsgeschmack entspricht."

Eine derartige Veranstaltung werde auch nicht dadurch zur Versammlung, dass bei ihrer Gelegenheit auch Meinungskundgaben erfolgen.

---

[92] Vgl. z. B. BVerwGE 56, 63, 69; VGH Mannheim NVwZ 1998, 761, 763; NVwZ-RR 1995, 271 f.; HessVGH NJW 1994, 1750 f.; OVG NW NVwZ-RR 1992, 360 f.

[93] BVerfG NJW 2001, 2459, 2460; BayVGH NVwZ-RR 1994, 581 f.; ThürOVG DVBl. 1998, 104, 105; VGH Mannheim NVwZ 1998, 761, 763; OVG Berlin NJW 2001, 1740 f.

[94] BVerfG NJW 2001, 2459 ff.

47   Auch wenn nach den obigen Voraussetzungen eine öffentliche Veranstaltung im Sinne des VersammlG vorliegt, ergibt sich aus dem Zutrittsrecht des § 6 Abs. 2 VersammlG nicht in jedem Fall auch eine
Fotografier- oder Dreherlaubnis. Da das Gesetz nur von einem
Zutrittsrecht spricht und der Zweck der Vorschrift in der Wahrnehmung des öffentlichen Informationsauftrags der Medienvertreter liegt,
ist in jedem Einzelfall zu prüfen, ob für eine sachgerechte Berichterstattung die Herstellung von Aufnahmen erforderlich ist. In vielen
Fällen wird dies nicht der Fall sein, da sich die zur Berichterstattung
anstehenden Vorgänge innerhalb der Versammlung ohnehin nur in
textlicher Form hinreichend niederlegen und vermitteln lassen. Allerdings darf bei der Bewertung angesichts der jüngsten Rechtsprechung
des BVerfG kein zu enger Maßstab angelegt werden, da das BVerfG
auch die Entscheidung, ob und wie ein Medienbeitrag bebildert wird,
der Pressefreiheit unterstellt und damit in die Hände der Medienvertreter gelegt hat.[95] Mit dem Zutrittsrecht wird daher auch ein Recht
zur Herstellung von Aufnahmen einhergehen, wenn die (auch) visuelle Darstellungsform inhaltlich sachlich geboten ist oder die Visualisierung der Informationen durch Aufnahmen dem Wesen des Mediums
entspricht, wie es beim Fernsehen der Fall ist.

48   Aufgrund der Ermächtigungsnorm in §§ 12 a, 19 a VersammlG darf
die **Polizei** bei öffentlichen Versammlungen in geschlossenen Räumen und unter freiem Himmel Aufnahmen anfertigen, wenn Anhaltspunkte für eine Störung der öffentlichen Sicherheit und Ordnung
vorliegen, also zu erwarten ist, dass es zu Ausschreitungen kommt
oder andere Straftaten begangen werden. Derartige Aufzeichnungen
müssen allerdings unverzüglich vernichtet werden, wenn sie nicht
benötigt werden.

dd) Kurzberichterstattungsrecht

49   Für **Fernsehveranstalter** kann sich ein Zugangsrecht zu öffentlichen Veranstaltungen aus dem Recht auf Kurzberichterstattung gemäß
§ 5 Rundfunkstaatsvertrag (RfStV) ergeben. Jedem in Europa zugelassenen Fernsehveranstalter steht zu eigenen Sendezwecken das **Recht
auf Kurzberichterstattung** über Veranstaltung und Ereignisse, die
öffentlich zugänglich und von einem allgemeinen Informationsinteresse sind, zu. Dieses Recht schließt ausdrücklich auch eine Befugnis
zum Zugang ein (§ 5 Abs. 1 RfStV). Der Fernsehveranstalter braucht
sich also grundsätzlich nicht darauf verweisen zu lassen, dass ihm Aufzeichnungen zur Verfügung gestellt werden. Dem Veranstalter bleibt
es allerdings vorbehalten die Übertragung oder Aufzeichnung der

---

[95] BVerfG NJW 2000, 1021, 1024.

Veranstaltung insgesamt auszuschließen oder unter bestimmten Voraussetzungen einzuschränken (§ 5 Abs. 5 RfStV). Der Veranstalter darf ferner das allgemein vorgesehene Eintrittsgeld und den Ersatz von Aufwendungen verlangen, die ihm im Zusammenhang mit der Wahrnehmung des Kurzberichterstattungsrechts entstehen (§ 5 Abs. 6 RfStV). Seit einer **Grundsatzentscheidung des BVerfG** zum Kurzberichterstattungsrecht[96] dürfen die Veranstalter bei „berufsmäßig durchgeführten Veranstaltungen" zusätzlich ein angemessenes Entgelt verlangen, über welches im Streitfalle im Rahmen eines schiedsrichterlichen Verfahrens nach den §§ 1025 ff. ZPO entschieden wird (§ 5 Abs. 7 RfStV).

Entsprechende Regelungen finden sich in den Landesrundfunkgesetzen, die insoweit auf § 5 RfStV verweisen.

Fernsehveranstalter, die ihr Recht auf Kurzberichterstattung 50 wahrnehmen wollen, müssen sich spätestens 10 Tage vor Beginn der Veranstaltung beim Veranstalter **anmelden**. Bei kurzfristigen Veranstaltungen hat die Anmeldung zum frühestmöglichen Zeitpunkt zu erfolgen (§ 5 Abs. 8 RfStV). Wenn die räumlichen und technischen Gegebenheiten des Veranstaltungsortes für eine Berücksichtigung aller Anmeldungen nicht ausreichen, haben gemäß § 5 Abs. 9 RfStV solche Veranstalter Vorrang, die vertragliche Vereinbarungen mit dem Veranstalter geschlossen haben. Ansonsten steht dem Veranstalter ein **Auswahlrecht** zu, wobei er vorrangig solche Fernsehveranstalter berücksichtigen muss, die eine Ausstrahlung in dem Land, in welchem die Veranstaltung stattfindet, gewährleistet. Die ausgewählten Fernsehveranstalter sind dann verpflichtet, ihr Signal und die Aufzeichnung unmittelbar anderen Fernsehveranstaltern gegen Ersatz der angemessenen Aufwendungen zur Verfügung zu stellen, damit auch diese eine **nachrichtenmäßige Kurzberichterstattung** vornehmen können (§ 5 Abs. 10 RfStV).

Da das Recht aus § 5 RfStV auf die nachrichtenmäßige Kurzberichterstattung beschränkt ist, sieht § 5 Abs. 12 RfStV zur Vermeidung von Missbräuchen des hergestellten **Materials** vor, dass die nicht verwendeten Teile spätestens drei Monate nach Beendigung der Veranstaltung zu **vernichten** sind.

Der Anspruch auf Kurzberichterstattung war die Reaktion des Ge- 51 setzgebers auf die zunehmende **exklusive Vermarktung** von Übertragungsrechten im Sportbereich, insbesondere im Hinblick auf Fußballspiele. Der Anwendungsbereich der Vorschrift ist jedoch nicht auf Sportveranstaltungen beschränkt und erfasst somit z.B. auch Konzerte.[97]

---

[96] BVerfG NJW 1998, 1627 ff.

[97] Näher *Gounalakis* AfP 1992, 343 ff.

I. Bildbeschaffung

Das BVerfG hat im Jahre 1998 zum Kurzberichterstattungsanspruch in § 3 a WDR-Gesetz Folgendes ausgeführt[98]:

„Der angegriffenen Regelung liegen vernünftige Gemeinwohlerwägungen zugrunde. Der Gesetzgeber wollte mit § 3 a WDRG eine ausreichende Information über Ereignisse oder Veranstaltungen von allgemeinem Interesse im Medium des Fernsehens sicherstellen. Dabei ging es ihm aber nicht allein um die Gewährleistung flächendeckender Versorgung der Fernsehteilnehmer. Dass diese bei der anfangs noch geringen technischen Reichweite der privaten Programme gefährdet war, gab zwar den Anstoß zu der Regelung. Ihr Zweck reicht aber weiter. Sie bezieht sich außer auf das Fernsehpublikum auch auf die Veranstalter und die Qualität der Information. Sämtliche Fernsehveranstalter sollten in die Lage versetzt werden, eigenständig zumindest nachrichtenförmig über Ereignisse und Veranstaltungen (...) zu berichten. Damit werden zugleich die Voraussetzungen dafür geschaffen, dass die im Fernsehen übermittelten Informationen nicht aus einer einzigen Quelle stammen, sondern unterschiedlicher Herkunft sind und damit in Bezug auf ein und denselben Gegenstand verschiedene Blickwinkel, Wahrnehmungen und Deutungen zur Geltung kommen können.

Dabei handelt es sich um Gemeinwohlgründe von erheblichem Gewicht. Die Gewährleistung freier Informationstätigkeit und freiem Informationszugang bildet ein wesentliches Anliegen des Grundgesetzes. Das Fernsehen ist zwar nicht das einzige Medium, das Informationen über Ereignisse von allgemeiner Bedeutung bietet. Es ist aber das einzige Medium, das zugleich in Bild und Ton über das Ereignis zu berichten vermag. Wegen des dadurch vermittelten Anscheins der Authentizität und des Miterlebens und einer bequemen Verfügbarkeit ist es mittlerweile zu dem Medium geworden, aus dem der größte Teil der Bevölkerung seinen Informationsbedarf deckt (...).

Die Informationsfunktion des Fernsehens beschränkt sich nicht auf politische Informationen im engeren Sinne. Die Meinungsbildung erhält ebenso von anderen Gegenständen des öffentlichen Interesses Nahrung, ohne dass objektive Kriterien für Relevanz vorgegeben werden könnten. Deswegen gehört zur Information im Sinne des klassischen Rundfunkauftrags (...) die gegenständlich uneingeschränkte Information über alle Lebensbereiche unter Zugrundelegung publizistischer Kriterien (...). Dazu zählen gerade auch Berichte über herausragende Sportveranstaltungen, die im Zentrum der Auseinandersetzung um das Kurzberichterstattungsrecht stehen. Die Bedeutung solcher Sportereignisse erschöpft sich nicht in ihrem Unterhaltungswert. Sie erfüllen darüber hinaus eine wichtige gesellschaftliche Funktion."

52 Wie sich unmittelbar aus dem Gesetzeswortlaut ergibt, gilt das Kurzberichterstattungsrecht nur bei Veranstaltungen und Ereignissen, die öffentlich zugänglich und von einem allgemeinen Informationsinteresse sind. Beide Merkmale sind begrifflich weit zu verstehen. **Öffentlich zugänglich** sind alle Veranstaltungen, die von einem individuell nicht abgegrenzten Personenkreis besucht werden können, auch wenn ein Eintrittsgeld gezahlt werden muss. Auch eine Zugänglichkeit durch die Medienöffentlichkeit soll ausreichen.[99] Ausgeschlossen sind aber z. B. auch größere Privatveranstaltungen, zu denen nur ausgewählte, geladene Gäste Zugang haben. Ein **allgemeines Informa-**

---

[98] BVerfG NJW 1998, 1627, 1628.
[99] HH-Ko/MedienR/Held 75/23 mwN.

tionsinteresse liegt bei kulturellen, gesellschaftlichen, politischen und sportlichen Veranstaltungen in der Regel vor, da nach journalistischen Kriterien zu entscheiden und der Begriff weit zu verstehen ist. Schon die Tatsache, dass ein Veranstalter (exklusive) Übertragungsrechte erworben hat, bietet im Regelfall ein Indiz für ein derartiges Informationsinteresse.[100] Auch lokale Ereignisse und Veranstaltungen können betroffen sein, weil kein besonderes Informationsinteresse, sondern schon ein „allgemeines" ausreichend ist. „Allgemein" bedeutet insoweit aber nicht, dass die Veranstaltung von bundesweitem Interesse sein muss.

Die Beschränkung auf eine **„nachrichtenmäßige" Kurzbericht-** 53 **erstattung** ist in erster Linie zeitlicher Natur. Sie bedeutet indes nicht, dass nur innerhalb von Nachrichtensendungen berichtet werden darf. Ausgeschlossen ist aber die vollständige Übertragung, ebenso die Aufzeichnung und Sendung weiter Teile oder die Vermittlung des Unterhaltungswertes der Veranstaltung. Hingegen dürften die Höhepunkte zusammengefasst werden.[101] Aus § 5 Abs. 4 RfStV ergibt sich in der Regel das Recht auf eine Zusammenfassung der wichtigsten Szenen in einer Länge von **maximal 90 Sekunden.** Gleichzeitig stellt die Vorschrift aber klar, dass sich die zulässige Dauer stets im Einzelfall nach der Länge der Zeit bemisst, die notwendig ist, um den Informationsgehalt der Veranstaltung zu vermitteln. Somit können sich im begründeten Einzelfall auch Sendelängen von über eineinhalb Minuten ergeben. Die amtliche Begründung geht von einer Obergrenze bei drei Minuten aus. Durch die Begrenzung auf das Notwendige und die Informationsaufgabe der Fernsehsender ist sichergestellt, dass das Kurzberichterstattungsrecht nicht unverhältnismäßig zu Lasten der Vermarktungsfreiheit der Veranstalter ausgenutzt werden kann.

Bei so genannten **Großereignissen** im Sinne von § 4 RfStV, die verschlüsselt und gegen besonderes Entgelt ausgestrahlt werden, ist der Veranstalter verpflichtet, zu ermöglichen, dass das Ereignis auch über ein freies Programm, welches in mindestens zwei Dritteln aller Haushalte empfangbar ist, ausgestrahlt wird. Als Großereignisse sind in § 4 RfStV derzeit definiert: Olympiaden, Spitzenspiele der Fußball-WM und EM, Halbfinale und Endspiel des DFB-Pokals, die Spiele der deutschen Fußballnationalmannschaft sowie die Endspiele der Champions League und des UEFA-Cups bei deutscher Beteiligung.

---

[100] HH-Ko/MedienR/Held 75/24 mwN.
[101] HH-Ko/MedienR/Held 75/28.

2. Herstellung von Personenfotos

54   Die Herstellung von Personenfotos berührt das **allgemeine Persönlichkeitsrecht** aus Art. 2 Abs. 1 GG i. V. m. Art. 1 Abs. 1 GG, stellt aber keinen Eingriff in das Recht am eigenen Bild des Abgebildeten dar, da die Vorschriften im Kunsturhebergesetz (KUG) erst die Verbreitung und öffentliche Zurschaustellung von solchen Aufnahmen von der Einwilligung des Betroffenen abhängig machen (§ 22 KUG). Es wäre aber verfehlt, aus dieser Feststellung zu schließen, das Personenfotos jederzeit ohne Zustimmung hergestellt werden dürfen und erst für den Fall einer Veröffentlichung nach einer Einwilligung gefragt werden muss. Die Zulässigkeit der Herstellung von Personenfotos hängt in erster Linie davon ab, zu welchem Zweck sie verwendet werden sollen. In der Praxis steht dabei die Frage im Mittelpunkt, ob eine Veröffentlichung der Aufnahme zulässig wäre.

Unter den besonderen Voraussetzungen des **§ 201 a StGB** kann schon die Herstellung eines Personenfotos strafbar sein (hierzu näher unter Rn. 308 ff.). Die **rechtswidrige Veröffentlichung eines Personenfotos** ist eine **Straftat** (§ 33 KUG), und die Herstellung der Aufnahmen kann als Vorbereitungshandlung zur Begehung dieser Straftat angesehen werden. Dieser Umstand kann u. a. zu einem polizeilichen Einschreiten zur Verhinderung einer künftigen Verletzung des Rechts am eigenen Bild führen.[102] Auch der Betroffene selbst kann einen zivilrechtlichen (vorbeugenden) **Unterlassungsanspruch** geltend machen, wenn schon die Herstellung eines Fotos unzulässig ist oder sich im Einzelfall darlegen lässt, dass auf die Herstellung der Aufnahmen eine rechtswidrige Veröffentlichung folgen wird (also keine Ausnahme gem. § 23 KUG eingreift, hierzu Rn. 174 ff.). Bei Pressefotografen und Kamerateams von Fernsehsendern liegt es auf dem ersten Blick nahe, eine Veröffentlichungsabsicht zu unterstellen. Selbst bei solchen professionellen Bildnisherstellern ist aber angesichts des tatsächlichen Umfangs des zunächst im Wege der Recherche und zur redaktionellen Auswahl gefertigten Materials regelmäßig keine Begehungsgefahr im juristischen Sinne zu vermuten. Denn längst nicht jedes Foto wird veröffentlicht, nicht jede Minute eines Mitschnitts gesendet.[103] Einzelheiten zur Begehungsgefahr unter Rn. 265 ff.

---

[102] So z. B. OLG Bremen NJW 1977, 158 ff.; OLG Celle NJW 1979, 57 ff.; VG Karlsruhe NJW 1980, 1708 ff.; vgl. auch *Helle,* S. 69 f.; kritisch *Soehring,* Rn. 9.10.

[103] A. A. *Helle,* S. 70 f., dem allerdings darin zuzustimmen ist, dass jedenfalls bei freiberuflichen Pressefotografen eine Veröffentlichungsabsicht zu vermuten ist, weil sie nur durch diese Verwertung ihren Lebensunterhalt verdienen können.

2. Herstellung von Personenfotos

In Literatur und Rechtsprechung ist anerkannt, dass schon das un- **55** genehmigte Herstellen eines Personenfotos eine **Verletzung des allgemeinen Persönlichkeitsrechts** aus Art. 2 Abs. 1 i. V. m. Art. 1 Abs. 1 GG darstellen kann[104] und zwar nach der Rechtsprechung des BGH[105] auch dann, wenn hinter der Herstellung der Aufnahme **keine** – nachweisbare – **Veröffentlichungsabsicht** steht. Dieser Auffassung liegt die zutreffende Erwägung zu Grunde, dass der Betroffene schon mit der Herstellung einer Aufnahme die Kontrolle über sein Bildnis und über dessen spätere Verwendung verliert. Hat ein Fotograf erst einmal ein Bildnis angefertigt, besteht zumindest die Möglichkeit, dass das Bildnis später auch veröffentlicht wird, möglicherweise auch lange Zeit nach der Herstellung und in einem verfälschenden Zusammenhang.[106] Zudem empfinden Betroffene in vielen Fällen bereits die Anfertigung einer Fotografie als belästigend oder verunsichernd und verlieren ihre natürliche Unbefangenheit.[107] Das KG Berlin[108] hat hierzu in einer jüngeren Entscheidung ausgeführt:

> „Auch die bloße Fertigung von Bildnissen kann zu einem Verstoß gegen das allgemeine Persönlichkeitsrecht führen. So bewirkt bereits die Anfertigung von Fotoaufnahmen eine bestimmte Herrschaft über persönliche Belange und kann durch die Verabsolutierung eines aus einem Handlungsverlauf herausgerissenen Momentes eine Überzeichnung oder Verzeichnung zur Folge haben (...). Schon das Wissen um die Fertigung von unerwünschten Bildnissen, schafft beim Betroffenen eine Unsicherheit, die regelmäßig die Unbefangenheit in privaten Situationen des Alltags erheblich beeinträchtigt, abgesehen davon, dass es zudem belastend ist, nicht zu wissen, was mit den gefertigten Bildnissen geschieht (...). Ob und in welchem Umfang schon das bloße Herstellen von Bildnissen zu einer Verletzung des Persönlichkeitsrechts führt, kann allerdings – wegen der Eigenart des Persönlichkeitsrechts als Rahmenrecht – wiederum nur unter Würdigung aller Umstände des Einzelfalls und durch Vornahme einer Güter- und Interessenabwägung ermittelt werden."

Im entschiedenen Fall hielt das KG Berlin die Herstellung und die Veröffentlichung von Aufnahmen eines Prominenten kurz nach der Bekanntgabe der Trennung von seiner Ehefrau für rechtswidrig. Der Fotograf hatte vor dem Wohnhaus gewartet und Fotos geschossen, als

---

[104] *Steffen* in: *Löffler*, § 6 LPG Rn. 123; *Helle*, S. 71 ff.; *Prinz/Peters*, Rn. 809; Schricker/*Götting*, Urheberrecht, § 22 KUG Rn. 5, 34; Wandtke/Bullinger/*Fricke*, UrhR, § 22 KUG Rn. 9; BGH NJW 1957, 1315, 1316 – *Spätheimkehrer*; BGH NJW 1966, 2353 ff. – *Vor unserer eigenen Tür*; BGH NJW 1975, 2075, 2076 – *Demonstration*; KG Berlin NJW-RR 2007, 1196, 1198; OLG Frankfurt GRUR 58, 508 ff.; OLG Hamburg AfP 1983, 41 ff.; OLG Hamburg NJW-RR 1990, 1000; VG Köln AfP 1988, 182 f.; AG Charlottenburg, Urteil vom 2. 3. 2005, 212 C 242/04, unveröffentlicht; VGH Baden-Württemberg, AfP 2008, 539, 541.

[105] BGH AfP 1995, 597 ff. – *Videoüberwachung*.

[106] Vgl. *Helle*, S. 68.

[107] Vgl. *Prinz/Peters*, Rn. 816; das LG Bonn NJW-RR 2005, 1067 spricht von „Überwachungsdruck".

[108] KG Berlin NJW-RR 2007, 1196, 1198.

der Prominente seine Tochter zu einem Ponyhof fahren wollte. Dabei setzte sich der Prominente handgreiflich zur Wehr.

56 Das BVerfG hat den Bildnisschutz ebenfalls ausdrücklich auf die Anfertigung und Verwendung von Fotografien bezogen.[109] Nach den Ausführungen des BVerfG sind dem Einzelnen Einfluss- und Entscheidungsmöglichkeiten zu gewährleisten, die ihn wirksam vor einer **„datenmäßigen Fixierung"**[110] seines Erscheinungsbildes und dessen beliebige Überführung in eine unüberschaubare Medienöffentlichkeit schützen. Insbesondere die Gefahr der Kontextänderung durch eine vom Entstehungsanlass losgelöste Verwendung der Aufnahmen begründet nach Auffassung des BVerfG das Schutzbedürfnis der Menschen. Hierbei hat das BVerfG berücksichtigt, dass der Fortschritt der (digitalen) Aufnahmetechnik die **Gefahr des Kontrollverlustes** noch gesteigert hat. Wenn man sich vergegenwärtigt, dass heutzutage fast alle Mobiltelefone Personenfotos in hoher Qualität herstellen und sogleich an jeden beliebigen Punkt der Erde versenden können und Digitalkameras hochwertiges Bildmaterial in Dateiform auch unter schlechten Bedingungen erzeugen können, welches ebenfalls über Datennetze (Internet u. a.) verlustfrei binnen kürzester Zeit an Verwerter gesendet werden kann, ist dem BVerfG zuzustimmen.

57 Für die **Praxis** gilt der **Grundsatz**, dass nur solche Aufnahmen hergestellt werden sollten, mit denen der Betroffene einverstanden ist, oder die gemäß §§ 22 ff. KUG auch ohne Einwilligung veröffentlicht werden dürfen[111] (ausführlich zur Zulässigkeit der Veröffentlichung unten Rn. 174 ff.). Dies bedeutet, dass der **Verwendungszweck** bereits vor der Herstellung einer Aufnahme definiert werden muss und die – oft nicht einfache – Prüfung der Zulässigkeit einer einwilligungslosen Veröffentlichung nach § 23 KUG bereits zu diesem Zeitpunkt erfolgen muss, wenn der Betroffene nicht mit der Herstellung der Aufnahmen einverstanden ist. Damit verlagert sich die stets anhand aller Umstände des Einzelfalls vorzunehmende Güter- und Interessenabwägung zwischen dem Persönlichkeitsrecht des Abzubildenden und den Interessen des Fotografen bzw. des von ihm verfolgen öffentlichen Informationsinteresses (im Bereich der Medienberichterstattung) bereits auf die Situation „vor Ort" oder bei der Planung eines Aufnahmetermins, vor der Herstellung der Aufnahmen.[112] Für den Bereich der Pressefotografie zu Berichterstattungszwecken weißt die Rechtsprechung hierzu aber darauf hin, dass ein generelles Verbot

---

[109] BVerfG NJW 2000, 1021, 1022.
[110] Vgl. BVerfG a. a. O.
[111] Im Ergebnis ebenso *von Strobl-Albeg* in: *Wenzel,* Kap. 7, Rn. 25; vgl. auch KG Berlin NJW-RR 2007, 1196, 1198.
[112] Ähnlich bereits vor der o. g. Entscheidung des BVerfG *Helle,* S. 76 ff.

der Anfertigung von Bildnissen zu einer Einschränkung der **Presse-freiheit** führen würde. Die Anfertigung von Pressefotos sei daher nur dann unzulässig, wenn ihre Verbreitung in jedem auch nur denkbaren Kontext unzulässig ist, sowie generell bei Eingriffen in die **Intim-sphäre,** die **Menschenwürde** und bei der **Bildniserschleichung.**[113]

Unzulässig ist die Herstellung von Personenaufnahmen nach diesen **58** Grundsätzen in der Regel z.B. beim Umziehen oder teilweise unbe-kleideten (Sonnen-)Baden[114] oder beim vertraulichen Umgang mit Mitmenschen. Zuzustimmen ist auch einer Entscheidung des OLG Karlsruhe[115], in welcher die Herstellung von Aufnahmen eines pflege-bedürftigen **Wachkomapatienten** als unzulässiger Eingriff in dessen Persönlichkeitsrecht angesehen wurde. Entsprechendes muss auch im Grundsatz für andere **Kranke, Verletzte** und Personen in **hilfloser Lage** gelten.

Unzulässig ist in der Regel auch die Praxis der **Belagerung**[116], **59 Nachstellung**[117], insbesondere bei der sog. **Paparazzi-Fotografie,** bei welcher unter Einsatz leistungsstarker Kamerasysteme aus weiter Entfernung oder aus getarnter Position unbemerkt in den Privatbe-reich hineinfotografiert wird, um so unter Ausnutzung der Arglosig-keit der Betroffenen, die sich unbeobachtet fühlen, Einblicke in das **Privatleben** auszuspähen und zu fixieren. Der BGH spricht insoweit von einer „**Bildniserschleichung",** die unter bestimmten Vorausset-zungen auch bei hochrangigen Prominenten unzulässig ist.[118] Auch das **Hineinfotografieren in Geschäftsräume** oder die Fortsetzung solcher Aufnahmen nach eindeutiger Aufforderung, dies zu unterlas-sen, ist als unzulässig angesehen worden.[119]

Führt der Betrieb einer **Videoüberwachungsanlage** (siehe hierzu auch Rn. 16 ff.) zur Herstellung von Personenaufnahmen – was in der Regel der Fall ist – ist zusätzlich die **datenschutzrechtliche Vor-schrift** in § 6 b **BDSG** zu beachten. Danach ist die Beobachtung öffentlich zugänglicher Räume mit optisch-elektronischen Überwa-chungsanlagen nur zulässig, wenn dies zur Aufgabenerfüllung öffentli-cher Stellen, zur Wahrnehmung des Hausrechts oder zur Wahrneh-mung berechtigter Interessen für konkret festgelegte Zwecke erforderlich ist. Sicherzustellen ist nach BDSG ferner, dass keine

---

[113] KG Berlin NJW-RR 2007, 1196, 1199.
[114] Vgl. z.B. OLG Hamburg AfP 1982, 41.
[115] NJW-RR 1999, 1699, 1670f.
[116] hierzu KG Berlin NJW-RR 2007, 1196, 1197.
[117] BVerfG NJW 2008, 1793, 1797.
[118] BGH NJW 1996, 1128, 1130.
[119] Vgl. BGH NJW 1957, 1315 ff. – *Spätheimkehrer;* OLG München AfP 1992, 78, 79 – *Anwaltsbüro;* LG Berlin ZUM 2004, 578 – *Autohaus;* siehe auch *Prinz/Peters,* Rn. 813 m. w. N.

schutzwürdigen Interessen der Betroffenen überwiegen, die Aufnahmen nur für den vorher festgelegten Zwecks genutzt werden und die Beobachtung unter Angabe des Verantwortlichen durch **Hinweisschilder** o. ä. bekannt gemacht wird. Dem BDSG unterliegen Bundesbehörden, aber auch nicht – öffentliche Stellen (§ 1 BDSG). Letztere werden in § 2 IV BDSG weit definiert. Es handelt sich neben juristischen Personen und Gesellschaften auch um natürliche Personen und privatrechtliche Personenvereinigungen. Deshalb unterfällt z. b. auch ein **Kaufhaus,** welches eine Videoüberwachungsanlage betreibt, den Vorgaben des § 6 b BDSG, welcher als **Schutzgesetz** im Sinne von **§ 823 Abs.** 2 BGB angesehen wird und damit in Verbindung mit § 1004 BGB zivilrechtliche Unterlassungsansprüche begründen kann[120]. Das AG Berlin-Mitte hat beispielsweise einem Berliner Kaufhaus auf Antrag eines regelmäßigen Passanten den Betrieb einer Außenüberwachungsanlage teilweise untersagt, weil es die Interessen des Kaufhauses (Verhinderung und Verfolgung von **Straftaten,** wie z. b. Sachbeschädigungen, Diebstähle, Überfalle und Verkehrssicherungspflichten) insoweit als geringwertiger ansah, als das Recht auf informationelle Selbstbestimmung des Klägers. Die gesetzliche Regelung des § 6 b BDSG setzt die Datenschutzgrundsätze der Datenminimierung, der Zweckbindung und der Verhältnismäßigkeit (Erforderlichkeit) bei der Datenerhebung in Bezug auf die Videoüberwachung um. Deshalb ist grundsätzlich auch nur eine **anonyme Videoüberwachung** zulässig. Werden die Aufnahmen bestimmten Personen zugeordnet, sind diese gemäß § 6 b IV BDSG zu benachrichtigen, was de facto eine solche Zuordnung in vielen Fällen rechtlich unmöglich machen dürfte. Aufnahmen sind gemäß § 6 b V BDSG zeitnah zu löschen, wenn sie für Ihren Zweck nicht mehr erforderlich sind. Die Löschung wird z. B. in solchen Fällen, in denen eine Überwachung zur Verhinderung und Verfolgung von Straftaten eingesetzt wird, spätestens nach 12–14 Stunden vorzunehmen sein, weil dann feststeht, ob die Aufnahmen zur Beweissicherung benötigt werden und auch der Abschreckungsgedanke keine längere Speicherung rechtfertigt. Anders können Sachverhalte zu beurteilen sein, in denen sich die Relevanz einer Aufnahme naturgemäß auch erst zeitlich später ergeben kann, z. B. beim Missbrauch von Geldautomaten, weil rechtswidrige Abhebungen oder Manipulationen oft erst nach Wochen entdeckt werden.

---

[120] AG Berlin-Mitte NJW-RR 2004, 532 – Videoüberwachung im Außenbereich eines Kaufhauses; Weitere Beispiele aus der Rspr. s. o. Rn. 16 f.

3. Erwerb von Fotos

Nachdem vorstehend die Rechtsfragen rund um die originäre Her- **60** stellung von Sach- und Personenaufnahmen erörtert wurden, ist nun die andere Alternative der Bildbeschaffung, der **Erwerb von Bildmaterial,** darzustellen. Als Bezugsquellen kommen hier die Fotografen, Bildagenturen und andere Archive in Betracht.

a) Erwerb vom Fotografen

Beim Erwerb des benötigten Fotomaterials vom Fotografen sind **61** grundlegend **zwei Erscheinungsformen** zu unterscheiden. Der Fotograf kann beauftragt werden, bestimmte Aufnahmen auf Kundenwunsch zu erstellen, z. B. Aufnahmen einer Feierlichkeit, eine Fotostrecke für eine Zeitschrift oder Symbolfotos zur Bebilderung eines Themas. Der Fotograf kann aber auch **Nutzungsrechte** an vorbestehendem Fotomaterial aus seinem Archiv einräumen. Der Kunde wählt hierbei die gewünschten Motive nach Ansicht aus und trifft mit dem Fotografen eine Vereinbarung über den Umfang seiner Nutzungsberechtigung in zeitlicher, räumlicher und ggf. auch thematischer Hinsicht sowie das zu zahlende **Honorar.**

In der Praxis entlasten sich viele Fotografen von dieser Verwaltungstätigkeit, indem sie die Verwertung ihrer Fotos **Bildagenturen** überlassen. Hierzu wird auf die nachfolgenden Ausführungen unter Rn. 316 ff. verwiesen.

Wird ein Fotograf mit der Produktion neuer Aufnahmen beauftragt, **62** sollten Fotograf und Kunde zu Beginn der Zusammenarbeit **verbindliche Vereinbarungen** treffen. Dies gilt nicht nur hinsichtlich der - üblichen Punkte wie z. B. Honorar, Anzahl der Aufnahmen, Fertigstellung der Aufnahmen und Umfang der späteren Nutzungsberechtigung durch den Besteller, sondern auch hinsichtlich solcher Punkte, die in der Praxis oft nicht bedacht werden und später zu rechtlichen Auseinandersetzungen mit **Beweisschwierigkeiten** und Prozessrisiken auf beiden Seiten führen. Hierzu zählt insbesondere die exakte Umschreibung der zu erstellenden **Motive,** z. B. hinsichtlich der **Location,** des **Models,** des **Verwendungszwecks** und auch **technischer Vorgaben.** Der Besteller sollte sich zudem vor der Beauftragung eines Fotografen anhand von zuvor hergestellten Fotoserien über dessen Stil informieren, da einem Fotografen eine **künstlerische Freiheit** zusteht (siehe Rn. 322). Stilistische und fototechnische Vorgaben können in der zu treffenden Vereinbarung auch durch eine Bezugnahme auf solche Vergleichsarbeiten definiert werden.

I. Bildbeschaffung

Ein häufiger Streitpunkt ist auch die **Erstattung von Auslagen**, die dem Fotografen bei der Produktion der Bilder entstehen. Ist eine Pauschalvergütung ohne nähere Differenzierung vereinbart worden, besteht die Gefahr, dass der Fotograf seine Auslagen selbst tragen muss. Umgekehrt ist vielen Auftraggebern nicht klar, dass bei Vereinbarungen, in denen ausdrücklich nur ein Honorar für die Arbeitszeit und die Nutzungsrechte festgehalten wurde, weitere Kosten auf sie zukommen können. Es sollte also im Interesse beider Vertragsparteien vor Beginn der Produktion vertraglich geklärt werden, wer **Kosten** z. B. für Fotomaterial und Kameraassistenz, Transport und Reise, Unterbringung, ggf. Maske/Stylistin und andere weitere Mitarbeiter, Miete für Location und Requisiten, Studiomiete, Modellhonorare und – falls erforderlich – Nutzungsrechte Dritter (z. B. bei der Abbildung urheberrechtlich geschützter Werke in den zu erstellenden Motiven) trägt.

63 Regelungsbedürftig ist ferner neben der Frage der Nutzungsrechte an den hergestellten Fotos auch die Frage des **Eigentums am Fotomaterial** (hierzu auch Rn. 352 ff.). Denn **Eigentumsrechte** und **Urheberrechte** fallen **nicht „automatisch" zusammen**. So ist z. B. nach einem Urteil des LG Wuppertal[121] ein Berufsfotograf, der mit der Herstellung von Fotos einer Hochzeitsfeier beauftragt ist, nicht ohne ausdrückliche vertragliche Vereinbarung verpflichtet, die Negative an den Auftraggeber herauszugeben.

64 Der Besteller von Aufnahmen sollte ferner daran interessiert sein, sich vom Fotografen zusichern zu lassen, dass die hergestellten Fotos **frei von Rechten Dritter** sind, also unter keinem rechtlichen Aspekt das Risiko besteht, von Dritten wegen der Nutzung der Fotos in Anspruch genommen zu werden, z. B. wegen einer Verletzung des Persönlichkeitsrechts oder Urheberrechts. Der Verwender von Fotos trägt nach der Rechtsprechung eine eigene **Sorgfaltspflicht**, auch wenn er die Aufnahmen nicht selbst hergestellt hat. Seine eigenen Prüfungs- und Erkundigungspflichten hinsichtlich des Vorliegens erforderlicher Einwilligungen o. ä. entfallen auch dann nicht, wenn er das Bildmaterial von einem Berufsfotografen oder einer Agentur erworben hat (siehe Rn. 149). Gleichzeitig ist es dem Besteller in vielen Fällen praktisch kaum möglich, diese Aufklärungspflichten durch Nachfrage bei Dritten zu erfüllen. Der Besteller sollte sich dann wenigstens eine vertraglich abgesicherte **Regressmöglichkeit** gegen den Fotografen schaffen. Ist bei rechtlichen Zweifelsfragen im Zusammenhang mit der Herstellung von Motiven die Einholung von Rechtsrat durch einen

---

[121] GRUR 1988, 54 f.

Anwalt erforderlich, sollte auch insofern eine Kostentragungsregelung vor Beginn der Zusammenarbeit getroffen werden.

Der Fotograf hat ungeachtet seiner ohnehin bestehenden gesetzli- **65** chen Rechte aus dem Urhebergesetz (§§ 13 f. UrhG) ein berechtigtes Interesse daran, sein Recht auf **Namensnennung** bei der Nutzung der Aufnahmen und seinen Schutz gegen entstellende **Bearbeitungen** seiner Fotos ausdrücklich und differenziert vertraglich auszugestalten. Werden die Fotos für ein gemeinschaftliches Projekt des Fotografen mit Dritten in Auftrag gegeben (z. B. für einen **Bildband** oder einer Ausstellung) sollten die Parteien auch Fragen der **Werbung** und **Öffentlichkeitsarbeit** im Zusammenhang mit dem Projekt und wechselseitige **Mitwirkungspflichten- und rechte** regeln. Nähere Einzelheiten zu den Rechtsbeziehungen zwischen Fotograf und Verwertern werden unter Rn. 316 ff. behandelt.

Durch die Inanspruchnahme künstlerischer Leistungen, zu denen **66** auch die Beauftragung von Fotoproduktionen zählt, entsteht in der Regel beim Verwerter die Pflicht zur Zahlung einer **Künstlersozialabgabe** nach dem **Künstlersozialversicherungsgesetz (KSVG)**. Hierfür ist zunächst eine formlose Meldung an die Künstlersozialkasse in Wilhelmshaven erforderlich.[122] Der Kreis der Sozialabgabepflichtigen ist in § 24 KSVG definiert und weit gefasst. Ausdrücklich benannt sind z. B. Verlage, Presseagenturen, Bilderdienste, Fernsehanbieter, Galerien und Werbeagenturen. Auch weitere Unternehmer anderer Branchen können abgabepflichtig sein, z. B. wenn sie Werbung und Öffentlichkeitsarbeit in eigener Sache betreiben oder mit der Nutzung der Werke Einnahmen erzielt werden sollen.[123] Bemessungsgrundlage sind alle in einem Kalenderjahr an selbständige Künstler gezahlten Entgelte (§ 25 KSVG). Die Höhe der Abgabe wird durch jährliche Abgabesätze ermittelt. Für das Jahr 2008 galt ein Abgabesatz in Höhe von 4,9%, für 2009 wurde ein Satz von 4,4 % angekündigt (Stand September 2008). Seit dem 1.7.2007 ist die Deutsche Rentenversicherung für die Prüfung der Einhaltung der Abgabepflicht zuständig. Die gesteigerte Kontrolle hat zu einer Erhöhung des Abgabevolumens und damit zur Reduzierung des Abgabesatzes geführt.

---

[122] Einzelheiten unter www.kuenstlersozialkasse.de.
[123] Zur Künstlersozialabgabepflicht bei Gemäldefotos BSG ZUM-RD 1998, 585 ff.; zur Einordnung von Pressefotografen LSG Rheinland-Pfalz AfP 1996, 99 ff.

b) Erwerb von Agenturen

67 Viele Fotografen lassen ihre Fotos durch eine oder mehrere Bild-agenturen vermarkten. In der Regel wird die Bildagentur hierbei vom Fotografen beauftragt und ermächtigt, die Nutzungsrechte an den Fotos selbständig in eigenem Namen und auf eigene Rechnung zu vergeben. Im Innenverhältnis hat der Fotograf zuvor der Agentur die erforderlichen Nutzungsrechte eingeräumt und die Materialien über-geben. Die Aufteilung der Erlöse erfolgt nach einem frei verhandelba-ren prozentualen Schlüssel (oft 50 % : 50 %, bei Spitzenfotografen kann der Anteil des Fotografen auch höher sein). **Agenturverträge** sollten – auch und gerade wenn es sich um vorbereitete Standardver-einbarungen handelt – immer äußerst sorgfältig geprüft werden, da auch die Musterverträge bekannter Agenturen nicht immer in allen Details hinreichend präzise und aktuell nach neuester Rechtslage sind. Standardverträge werden auch oft nicht den Interessen besonderer Fotografen gerecht, z. B. bei künstlerischen Fotos.

68 Der **Bundesverband der Pressebild-Agenturen und Bildar-chive** e. V. in Berlin (**BVPA**; www.bvpa.org) gibt jährlich ein **Ver-zeichnis** der rund 100 Verbandsagenturen heraus („Der Bilder-markt"), aus welchem sich die thematischen Schwerpunkte der Agenturen ersehen lassen. Dies kann die **Bildrecherche** erheblich vereinfachen, ebenso die dortige Übersicht über ausländische Agentu-ren, die mit einer deutschen Partneragentur kooperieren. Der BVPA betreibt auch eine **Fotosuchmaschine** im Internet (www.photo-search.de).

69 Bildagenturen beziehen sich im Tagesgeschäft der Rechtsvergabe an vorbestehendem Fotomaterial oft auf ihre **Allgemeinen Geschäfts-bedingungen (AGB)**. Diese müssen jedoch wirksam vereinbart worden sein und den allgemeinen rechtlichen Anforderungen an AGB gemäß §§ 305 ff. BGB gerecht werden (hierzu unten Rn. 360 ff.). Muster-AGB für die Lieferungen von Bildmaterial zur Vergabe von Nutzungsrechten stellt unter anderem der BVPA seinen Mitgliedern zur Verfügung.

70 In haftungsrechtlicher Hinsicht gelten für den Erwerber von Fotos auch bei dem Erwerb über Bildagenturen die obigen Ausführungen (Rn. 64). Der Erwerb von anerkannten Bildagenturen befreit den Verwerter der Fotos nicht von der Einhaltung der eigenen Sorgfalts-pflichten bei der Nutzung der Fotos (siehe Rn. 149). Es ist somit auch hier sinnvoll, sich die Freiheit der lizenzierten Fotos von Rechten Dritter zusichern zu lassen und dabei per Personenfotos auch das Vor-liegen der erforderlichen Einwilligungen des Models („model release") zu prüfen. Da es **keinen gutgläubigen Erwerb von Rechten**, auch nicht von urheberrechtlichen Nutzungsrechten gibt, sollte sich der Erwerber insbesondere vertraglich vor Ansprüchen schützen, die gegen ihn geltend gemacht werden können, wenn er die „Rechte" an Fotos erworben hat, hinsichtlich derer die Agentur überhaupt nicht zur Rechteeinräumung berechtigt war.

Der **Umfang der Nutzungsrechtseinräumung** sollte im Interesse beider Vertragsparteien in zeitlicher, räumlicher und inhaltlicher Hinsicht klar festgeschrieben werden. Hierbei kommt es im Wesentlichen auf den **Nutzungszweck** an, der ebenfalls vertraglich fixiert werden sollte, da er nach der sogenannten **Zweckübertragungstheorie** (siehe Rn. 331 f.) bei der Vertragsauslegung von Bedeutung ist.

c) Verwertungsgesellschaften (VG Bild-Kunst)

Die für den Fotobereich relevante **Verwertungsgesellschaft (VG)** 71 ist die VG Bild-Kunst in Frankfurt, Bonn und Berlin. Sie ist **keine Bildagentur** in eigentlichen Sinne, sondern ein Zusammenschluss von Urhebern nach dem Urheberrechtswahrnehmungsgesetz (UrhWG). Die wohl bekannteste deutsche Verwertungsgesellschaft ist die GEMA (Gesellschaft für musikalische Aufführungs- und mechanische Vervielfältigungsrechte) in Berlin für den Musikbereich.

Verwertungsgesellschaften sind zwar **privatrechtlich organisiert** (zumeist als rechtsfähiger Verein oder GmbH), unterliegen aber einer staatlichen Aufsicht und benötigen eine Zulassung nach dem Urheberrechtswahrnehmungsgesetz. Gemäß § 1 UrhWG bedarf der Erlaubnis, wer fremde Nutzungsrechte oder Vergütungsansprüche nach dem Urhebergesetz für mehrere Urheber zur gemeinsamen Auswertung wahrnimmt. **Bestimmte Ansprüche** nach dem Urhebergesetz können **nur** von derartigen **Verwertungsgesellschaften** geltend gemacht werden, so z.B. die Vergütung für die Aufnahme von Werken in Pressespiegel gemäß § 49 Abs. 1 UrhG, die pauschalen Kopiergerätevergütungen nach § 54ff. UrhG, die Vergütung für die öffentliche Zugänglichmachung für Unterricht und Forschung nach § 52 a UrhG und für die Nutzung an elektronischen Leseplätzen in Bibliotheken (§ 52 b UrhG) sowie für den Kopienversand durch öffentliche Bibliotheken auf Bestellung (§ 53 a UrhG). In der Erhebung und Verteilung solcher Vergütungsansprüche (sog. **pauschale Urheberrechtsabgaben**), die in der Praxis massenhaft anfallen und die von den einzelnen Urhebern nicht erhoben werden könnten, liegt die bedeutendste Aufgabe der Verwertungsgesellschaften.

An der Verteilung der Erlöse nehmen allerdings nur die jeweiligen 72 **Mitglieder der Verwertungsgesellschaft** teil. Ein Fotograf oder Kameramann muss also erst einer Verwertungsgesellschaft beitreten, um in den Genuss einer anteiligen Ausschüttung zu kommen. Nur so kann er überhaupt an den gesetzlichen pauschalen Urheberrechtsabgaben teilhaben, da eine individuelle Erhebung praktisch unmöglich und rechtlich unzulässig wäre. Der Beitritt zu einer Verwertungsgesellschaft erfolgt durch den Abschluss eines sogenannten **Wahrnehmungsvertrages** mit der jeweils einschlägigen Verwertungsgesellschaft. Die Einzelheiten regeln die Satzungen der Gesellschaften. Mitglieder der VG Bild-Kunst können u. a. Fotografen, Bildjournalisten, Designer, Karikaturisten, Pressezeichner, Bildagenturen und Verleger sein (sog. Berufsgruppe II). Für diese Urheber nimmt die VG Bild-Kunst die Bibliothekstantiemen, die Fotokopiervergütungen, die Pressespiegelvergütung und die Lesezirkelvergütung wahr. Mitglieder in der sog. Berufsgruppe III können u. a. Kameraleute und Filmproduzenten sein. Für sie werden die Videogeräteabgabe, die Videoleerkassettenvergütung, die Videovermietvergütung und die Weitersendevergütung wahrgenommen. Die Mitgliedschaft in einer Wahrnehmungsgesellschaft ist zunächst beitragsfrei, bei der jährlichen Verteilung der Einnahmen wird jedoch ein Kostensatz zur Deckung der Verwaltungskosten erhoben, der z. B. im Jahre 2006 grundsätzlich bei 5,62 % lag, aber bei einigen Rechten 10 % beträgt (siehe www.bildkunst.de).

73 Nach § 6 UrhWG sind Verwertungsgesellschaften gesetzlich verpflichtet, die zu ihrem Tätigkeitsbereich gehörenden Rechte und Ansprüche auf Verlangen der Berechtigten zu angemessenen Bedingungen wahrzunehmen. Über eine Mitgliedervertretung können die Berechtigten eine Kontrolle ausüben. Die **Verteilung der Einnahmen** muss nach einem **festen Verteilungsplan** erfolgen, dessen Grundsätze in der Satzung der Verwertungsgesellschaft definiert sein müssen (§ 7 UrhWG). Damit soll ein willkürliches Vorgehen bei der Verteilung ausgeschlossen werden.

74 Die Verwertungsgesellschaft ist gesetzlich verpflichtet, jedermann auf schriftliches Verlangen darüber Auskunft zu geben, ob sie Nutzungsrechte an einem bestimmten Werk oder Rechte und Ansprüche eines Urhebers wahrnimmt (§ 10 UrhWG). Dieser **Auskunftsanspruch** ist bei der Klärung der Rechte zum Zwecke des ordnungsgemäßen Erwerbs von Nutzungsrechten in der Praxis insbesondere deshalb von Bedeutung, weil einzelne Fotografen und andere Urheber die VG Bild-Kunst über die Wahrnehmung der pauschalen Urheberrechtsabgaben hinaus mit der Wahrnehmung ihrer Rechte beauftragen können. Die VG Bild-Kunst ist dann insoweit auch wie eine Bildagentur tätig. Allerdings mit dem Unterschied, dass zwar die Nutzungsrechte bei ihr erworben werden können, in der Regel aber keine Versendung des Bildmaterials erfolgt. Vielmehr teilt die VG Bild-Kunst bei Bedarf lediglich mit, wo das lizenzierte Bildmaterial angefordert werden kann. Bei der Rechterecherche ist deshalb immer eine Anfrage bei der VG Bild-Kunst zu empfehlen. Die VG veröffentlicht auf ihrer Homepage hierzu als erste Hilfestellung eine Liste der von

ihr vertretenen Künstler mit Suchfunktion (www.bildkunst.de). Ferner werden dort Tarife für zahlreiche Nutzungsarten bekannt gegeben.

Die VG Bild-Kunst ist als Verwertungsgesellschaft gesetzlich verpflichtet, jedermann auf Verlangen hinsichtlich der von ihr wahrgenommenen Rechte zu angemessenen Bedingungen **Nutzungsrechte** einzuräumen oder Einwilligungen zu erteilen (§ 11 UrhWG). Ein Fotograf, der seine Rechte von der VG Bild-Kunst wahrnehmen lässt, verliert somit insoweit seine Vertragsfreiheit, da ansonsten ein derartiger Kontrahierungszwang nicht besteht. Dieser Abschlusszwang schränkt den Grundsatz der Vertragsfreiheit gravierend ein, ist jedoch als notwendige Folge der faktischen Monopolstellung der Verwertungsgesellschaften anzusehen.[124] Das Gesetz definiert den Begriff der „angemessenen Bedingungen" nicht. Was als angemessen angesehen werden kann, ist in Literatur und Rechtsprechung unverändert umstritten.[125] Maßstab ist im jedem Falle eine adäquate finanzielle Beteiligung des Urhebers an der wirtschaftlichen Nutzung seines Werkes. Wo **übliche Tarife** vorhanden sind, bilden diese die Grundlage der **Angemessenheitsprüfung.** Allerdings ist stets zu prüfen, ob das Tarifwerk die konkrete Nutzungsform exakt erfasst und ob besondere Umstände vorliegen, die eine Abweichung im Einzelfall begründen können. **75**

Damit eine Werknutzung nicht durch langwierige Streitigkeiten über das angemessene Honorar vereitelt wird, besteht gemäß § 11 Abs. 2 UrhWG im Falle des Scheiterns der Honorarverhandlungen die Möglichkeit, nur den unstreitigen Betrag an die VG Bild-Kunst zu zahlen und den streitigen Differenzbetrag nur unter Vorbehalt zu leisten oder beim Amtsgericht zu hinterlegen (im allgemeinen Hinterlegungsverfahren nach § 372 ff. BGB und der Hinterlegungsordnung). Dann gelten kraft Gesetzes die Nutzungsrechte als eingeräumt. Das Werk kann genutzt werden, währen der Streit um die Angemessenheit der Vergütung gerichtlich geklärt wird. Für den Verwerter birgt dieses Vorgehen allerdings die Gefahr, im Falle einer Entscheidung zugunsten der VG Bild-Kunst die volle geforderte (hinterlegte oder unter Vorbehalt gestellte) Vergütung zahlen zu müssen, wenn die entsprechende Nutzung bereits erfolgt ist. **76**

---

[124] Vgl. Wandtke/Bullinger/*Gerlach,* UrhR, § 11 WahrnG Rn. 1 f.
[125] Hierzu näher *Gerlach,* a. a. O., Rn. 3 ff. m. w. N.

II. Veröffentlichung von Fotos

1. Veröffentlichung von Sachfotos

Die Veröffentlichung von Fotos von Sachen (Sachfotos) stellt grund- **77** sätzlich wie die Herstellung solcher Aufnahmen keinen rechtlich relevanten Eingriff in die Eigentumsrechte dar. Gleichwohl ist die Veröffentlichung von Sachfotos nicht uneingeschränkt ohne Zustimmung zulässig. Eine bedeutsame Grenze ergibt sich aus dem Schutz der Privatsphäre, insbesondere hinsichtlich der Veröffentlichung von Wohnhäusern oder Innenaufnahmen von Wohnungen, und im Einzelfall aus dem Schutz des Eigentums (hierzu Rn. 78 ff.). Ferner können Urheberrechte an der abgebildeten Sache einer Veröffentlichung entgegenstehen (hierzu Rn. 85 ff.). Insbesondere im Bereich der Werbung können sich aus der Abbildung von fremden Sachen auch wettbewerbsrechtliche Probleme ergeben. Hierbei sind auch fremde Marken- und sonstige gewerbliche Schutzrechte beachtlich (hierzu Rn. 109 ff.).

a) Privatsphäre und Eigentumsschutz

Unzulässige Eingriffe in die geschützte **Privatsphäre** eines Men- **78** schen ergeben sich in erster Linie durch Personenbildnisse. Der Begriff der Privatsphäre wird daher unten in diesem Zusammenhang näher erläutert (Rn. 224 ff.). Privatsphärenverletzungen können aber auch durch die Veröffentlichungen von reinen Sachaufnahmen ohne Abbildung von Personen auftreten. In erster Linie handelt es sich hierbei um Fälle von Aufnahmen von Gegenständen, die im engsten Zusammenhang mit dem persönlichen Umfeld des Besitzers oder Eigentümers stehen und deshalb Rückschlüsse auf dessen Persönlichkeit zulassen. Nicht entscheidend ist hierbei, ob sich die Sache an einem frei zugänglichen Ort befindet oder von der Öffentlichkeit abgeschirmt ist. Denn Fotoveröffentlichungen erweitern den Kreis derjenigen, die Einblicke gewinnen stets um ein Vielfaches gegenüber der abgrenzbaren und meist überschaubaren Anzahl solcher Personen, die die abgebildete Sache aus persönlicher Ansicht kennen und einer bestimmten Person zuordnen. Das LG Berlin hat z.B. die Abbildung des **Privathauses** eines Geschäftsmannes in einem Nachrichtenmagazin als unzulässigen Eingriff in dessen Privatsphäre angesehen.[126] Das Foto war in einem

---

[126] LG Berlin, Urteil vom 11.2. 2003, Az. 27 O 994/02, unveröffentlicht; a.A. LG Berlin AfP 2004, 149, 150; AfP 152, 154.

Artikel über die geschäftlichen Aktivitäten des namentlich genannten Mannes ohne Angabe der Adresse veröffentlicht worden, um seinen gehobenen Lebensstandard zu illustrieren. Das Magazin hätte die berechtigten Informationsinteressen der Öffentlichkeit an der beruflichen Tätigkeit des Mannes auch ohne bildliche Darstellung der **Villa** erfüllen können. Die Privatsphäre sei berührt, da die Preisgabe der Wohnverhältnisse Aufschluss über wirtschaftliche Verhältnisse und persönliche Vorlieben erlaube. In der bei Eingriffen in die Privatsphäre stets erforderlichen Güterabwägung war für das Gericht mit entscheidend, dass die Preisgabe der Wohnverhältnisse Neid, Begehrlichkeiten Dritter und eine erhöhte Gefahr, Opfer einer Straftat zu werden, auslöse. Ähnlich hatte bereits zuvor das LG Hamburg hinsichtlich der Veröffentlichung eines ländlichen **Ferienwohnhauses** einer Prominenten in einer Zeitschrift entschieden.[127] In diesem Fall ging das Gericht von einer Verletzung des „eigentumsrechtlichen Ungestörtheitsanspruchs" aus §§ 903, 1004 BGB aus, da es sich um ein Grundstück handelte, welches nur über einen Privatweg erreichbar war und das Foto von einem Standort auf dem Grundstück gefertigt worden war.

79 **Außenaufnahmen von Wohnhäusern Prominenter**, die von frei zugänglichen Positionen außerhalb des Grundstücks gefertigt wurden, sind in den letzten Jahren häufig Gegenstand gerichtlicher Auseinandersetzungen gewesen. Solche Aufnahmen werden vorzugsweise in Publikationen der Unterhaltungspresse veröffentlicht. Die juristische Gegenwehr der betroffenen Bewohner ist Ausdruck des – in vielen Fällen gerade wegen der beruflich bedingten öffentlichen Aufmerksamkeit nachvollziehbaren – Wunsches, den privaten Rückzugsbereich geheim und dadurch frei von Beobachtung und Belästigungen zu halten. Die beiden BGH-Entscheidungen „**Feriendomizil** I/II"[128] behandeln diese Problematik nicht direkt. Dort ging es um Luftaufnahmen von Feriendomizilen zweier bekannter deutscher Fernsehmoderatorinnen auf Mallorca, die zur Überwindung vorhandener Sichthindernisse aus einem **Hubschrauber** gefertigt worden waren. Der BGH sah darin grundsätzlich einen Eingriff in die Privatsphäre, hielt die Aufnahmen aber aus Gründen der konkreten Einzelfälle gleichwohl für zulässig. Die beiden Moderatorinnen hätten ihre Feriendomizile zuvor in anderen Publikationen präsentiert und damit ihre Privatsphäre zugunsten der Öffentlichkeit geöffnet. Entscheidungserheblich war für den BGH ferner der Umstand, dass die Luftaufnahmen für sich genommen nicht zu einer Aufhebung der Anonymität der Anwesen führten, weil hierfür noch

---

[127] LG Hamburg, Urteil vom 15. 3. 1996, Az. 324 0 578/95, unveröffentlicht.
[128] BGH NJW 2004, 762 und 766 – *Luftaufnahmen/Feriendomizile I und II.*

eine **Wegbeschreibung** erforderlich war (welche auch nach Auffassung des BGH unzulässig war).[129] Auch bei Aufnahmen, die von ebener Erde und von frei zugänglichen öffentlichen Grundstücken aus gefertigt werden, aber Privatwohnsitze zeigen, kommt es in der Güterabwägung darauf an, ob die Aufnahmen unter Einbeziehung ihres **Kontext** (Bildunterschriften) zur **Bekanntgabe der Adresse** führen. Die Zulässigkeit derartiger Veröffentlichungen lässt sich daher nur anhand der individuellen Umstände jedes Einzelfalls beurteilen. Ausgangspunkt der Prüfung ist jeweils das **Recht auf Selbstbestimmung bei der Offenbarung persönlicher Lebensumstände**[130], welches auch Prominente grundsätzlich davor schützt gegen ihren Willen für die Öffentlichkeit verfügbar gemacht zu werden. Dieser Schutz ist dann besonders ausgeprägt, wenn es sich um den Familienwohnsitz handelt, weil der Schutz der Familie und die elterliche Hinwendung zu minderjährigen Kindern den Schutz der Privatsphäre auch zugunsten der (prominenten) Eltern stärkt[131] (hierzu auch unten Rn. 183, 228, 232).

Die Identifizierbarkeit des Objekts setzt nicht zwingend die **Nen- 80 nung der Adresse** oder einer **Wegbeschreibung** voraus. Sie kann sich im Einzelfall bereits optischen Auffälligkeiten des Objekts zusammen mit der Nennung des Stadtteils ergeben, sodass das Haus gesucht und gefunden werden kann. Immer ist jedoch Voraussetzung, dass der **Name des Bewohners** genannt wird und er seinen Privatwohnsitz bisher geheim gehalten hat. Nur dann liegt ein persönlicher Rückzugsbereich vor, der dem Schutz der Privatsphäre unterfällt. Nach einem Urteil des OLG Hamburg reicht es aus, wenn Nachbarn und Passanten die Identität des Bewohners oder Eigentümers zur Kenntnis gebracht wird (Bildunterschrift: „G's Luxusvilla im Berliner Stadtteil Zehlendorf"), auch wenn aufgrund der Größe des genannten Stadtteils nicht davon ausgegangen werden kann, dass auch andere das Haus allein aufgrund der Informationen aus der Veröffentlichung ausfindig machen können[132]. Anders liegt der Fall hingegen nach Ansicht des OLG Hamburg, wenn nur der **Rohbau** eines **Ferienhauses** einer Prominenten gezeigt wird. Auch dann liegt zwar ein (geringer) Eingriff in die Privatsphäre vor, der jedoch hingenommen werden muss, wenn sich aus dem Kontext der Veröffentlichung keine weite-

---

[129] BGH NJW 2004, 762 , 764f.; 766 ,767. Hierzu auch BVerfG NJW 2006, 2836.
[130] BGH NJW 2004, 762 , 763.
[131] BVerfG NJW 2000, 1021, 1023; KG Berlin NJW 2005, 2320, 2321.
[132] OLG Hamburg NJW-RR 2005, 414; ähnlich KG Berlin AfP 2008, 399, 400; a.A. KG Berlin AfP 2006, 564.

ren Informationen zur Lage des Objekts finden.[133] Gleiches gilt nach Ansicht des OLG Hamburg, wenn nur eine **Wohnanlage** gezeigt wird, in der sich irgendwo auch eine Prominentenwohnung befindet, wobei nur die Stadt, nicht aber auch der Ortsteil oder die Strasse genannt und auch nicht die Eingangstür der Wohnung gezeigt wird.[134] Bei der Abwägung der Interessen kann auch berücksichtigt werden, ob es sich um ein gedrucktes Foto oder nur um eine flüchtige Sequenz in einem **Film** handelt.[135]

Das KG Berlin (9. Senat) hat die Veröffentlichung einer Außenansicht der Einfriedung (Mauer und geöffnete Toreinfahrt) einer Prominentenvilla mit der Nennung des Stadtteils („im Kölner Hahnwald") nur deshalb (ausnahmsweise) für unzulässig gehalten, weil der Ortteil Hahnwald mit wenigen Quadratkilometern Grundfläche, weniger als 20 Straßenzügen und ca. 2200 Einwohnern besonders klein ist.[136] Ein anderer Senat des KG Berlin hat hingegen Aufnahmen von Privatwohnhäusern unter Namensnennung ihrer Bewohner grundsätzlich für unzulässig gehalten und schon die Gefahr der Beeinträchtigung des Hauses als Rückzugsort für ausschlaggebend gehalten (Bildunterschrift: „Die Villa in Potsdam ist der einzige Luxus, den sich die Familie J. leistet").[137] Auch verurteilte **Straftäter** (im entschiedenen Fall ein RAF-Terrorist) können nach Auffassung des KG Berlin beanspruchen, dass ihre Anonymität gegenüber den Nachbarn nach ihrer Entlassung nicht durch die Veröffentlichung des Wohnhauses unter Namensnennung und Mitteilung der begangenen Straftaten beeinträchtigt wird.[138]

81   Das **Innere einer Wohnung** zählt ebenfalls zur geschützten Privatsphäre und darf nur mit Einwilligung des Wohnungsinhabers fotografiert und veröffentlicht werden.[139] Entsprechendes gilt für **Arbeits- und Geschäftsräume** und **Büros**[140], sofern nicht überwiegende öffentliche Informationsinteressen gerade die visuelle Darstellung der inneren Räumlichkeiten erfordern, was nur in seltenen Ausnahmesi-

---

[133] OLG Hamburg, Urteil vom 14.2.2006, 7 U 92/05; rechtskräftig, eine Nichtzulassungsbeschwerde wurde vom BGH mit Beschluss vom 9.10.2007, VI ZR 60/06, zurückgewiesen.

[134] OLG Hamburg AfP 2006, 182.

[135] OLG Hamburg AfP 2006, 182, 183.

[136] KG Berlin, Hinweis vom 20.12. 2005, 9 U 101/05; die Berufung des Verlags gegen ein Verbotsurteil des LG Berlin vom 5.4. 2005, 27 O 84/05, wurde daraufhin zurückgenommen; ähnlich: KG Berlin AfP 2006, 564.

[137] KG Berlin NJW 2005, 2320, 2321; ebenso KG Berlin AfP 2008, 399, 400; a.A. LG Berlin AfP 2004, 149, 150.

[138] KG Berlin AfP 2008, 396, 399.

[139] OLG Düsseldorf NJW 1994, 1971, 1971; LG Hamburg NJW-RR 2005, 1357, 1358; *Prinz/Peters*, Rn. 887.

[140] OLG München AfP 1992, 78, 80; LG Berlin ZUM 2004, 578, 579; *Prinz/Peters*, Rn. 887.

tuationen der Fall sein dürfte. Das LG Berlin[141] führte in einem Fall, in welchem vom öffentlichem Grund von außen während einer Feier mit Egon Krenz in das Innere eines **Autohauses** in Rostock hineinfotografiert wurde, aus:

„Entscheidend war vorliegend, dass die Antragsstellerin (Anm.: die das Autohaus betreibende GmbH) begründetermaßen davon ausgehen durfte, den Blicken der Öffentlichkeit nicht ausgesetzt zu sein. Es handelte sich um eine geschlossene Gesellschaft. Das Betriebsgelände der Antragstellerin liegt in einem **Gewerbegebiet**, in dem (...) nicht mit Passantenverkehr zu rechnen war. Auch wurden die einzelnen Fotos mittels eines Teleobjektives angefertigt, also unter Zuhilfenahme einer technischen Vorrichtung, ohne die die streitgegenständlichen Fotos jedenfalls nicht in dieser Schärfe hätten angefertigt werden können. Damit liegt, auch wenn von der Strasse aus fotografiert wurde, ein Eindringen in den räumlich-gegenständlichen Bereich der Privatsphäre vor. (...) Denn es ging der Antragsgegnerin gar nicht um eine allgemein einsehbare Außenansicht des Betriebsgebäudes (...), sondern um möglichst detailgenaue Fotos vom Inneren des Hauses und der sich darin aufhaltenden Gäste. Das Innere der Geschäftsräume war gerade nicht ohne weiteres einsehbar, dies bedurfte vielmehr der Zuhilfenahme technischer Hilfsmittel. (...) Die grundgesetzlich geschützte Pressefreiheit, (...) wiegt vorliegend weniger schwer, als das allgemeine Persönlichkeitsrecht der Antragstellerin. (...) Die Möglichkeit zur geschäftlichen Betätigung würde erheblich eingeschränkt, wenn es innerhalb des eigenen Betriebsgeländes nicht möglich wäre, Kundenveranstaltungen durchzuführen und Geschäfte abzuwickeln, die der allgemeinen Öffentlichkeit entzogen sind. (...)“

Luftaufnahmen privater **Häuser** mit Blick in **Gärten** und auf **Terrassen** sind vom LG Berlin ebenfalls als unzulässiger Eingriff in die Privatsphäre der Bewohner angesehen worden[142], der BGH[143] hielt die Aufnahmen hingegen im konkreten Fall für zulässig, weil die Klägerinnen zuvor ihren Privatbereich der Öffentlichkeit geöffnet hätten (s. o. Rn. 79). Gleichzeitig stellte der BGH hierbei klar, dass es grundsätzlich unzulässig ist, den räumlichen Lebensbereich eines Anderen gegen seinen Willen unter Überwindung bestehender Hindernisse oder mit Hilfsmitteln auszuspähen, um daraus ein Geschäft zu machen und die so gewonnenen Einblicke Dritten gegen Bezahlung zur Verfügung zu stellen. Das BVerfG hat diese Rechtsprechung im Wesentlichen bestätigt.[144]

Andere Gegenstände sind in der Regel auf Grund fehlender besonderer Erkennungsmerkmale nicht einer bestimmten Person zuordenbar und deshalb zumeist hinsichtlich der Persönlichkeitsrechte des Eigentümers und Besitzers unproblematisch. Bei der Veröffentlichung von **Autos** ist das Abdecken der **Kennzeichen** und sonstiger indivi- **82**

---

[141] LG Berlin ZUM 2004, 578, 579.

[142] LG Berlin AfP 1999, 525, 528 f.; a. A. aus besonderen Gründen des Falls BGH NJW 2004, 762.

[143] BGH NJW 2004, 762 , 764f.; 766 ,767.

[144] BVerfG NJW 2006, 2836.

dualisierbarer Merkmale (besondere Aufkleber o. ä.) zu empfehlen, um Bezüge zum Halter auszuschließen. Im Bereich der **kommerziellen Nutzung** von Gebäudeaufnahmen (z. B. als **Ansichtskarten, Poster**) ist nach der Rechtsprechung des BGH eine ausdrückliche Einwilligung des Eigentümers erforderlich, wenn das Betreten des Grundstücks zur Anfertigung der Aufnahmen erforderlich war.[145] Dies gilt auch dann, wenn das Betreten des Grundstücks und die Anfertigung von Fotos dort allgemein erlaubt ist. Der BGH führte hierzu in einem Fall[146], in welchem es um den Vertrieb von Ansichtskarten des denkmalgeschützten Schlosses Tegel ging, aus:

„(…) Die Klägerin kann auf Grund ihres Eigentumsrechts Unterlassung verlangen (§§ 903, 1004 BGB). Dem kann nicht (…) entgegengehalten werden, das Fotografieren sei keine beeinträchtigende Einwirkung auf das Bauwerk im Sinne der §§ 903, 1004 BGB. Selbst wenn das richtig wäre, (…) wäre das für die Entscheidung des Streitfalls unerheblich. Denn Gegenstand des Rechtsstreits ist (…) nicht das Verbot, das Schloss zu fotografieren, sondern fotografische Aufnahmen als Ansichtspostkarten oder in Bildkalendern zu veröffentlichen und zu vertreiben, mithin solche Aufnahmen gewerblich zu verwerten. Die gewerbliche Nutzung des Eigentums steht unbeschadet der sich aus der Rechtsordnung ergebenden Sozialbindung des Eigentums im Grundsatz dem Eigentümer zu. Lässt sich die Ansicht eines Gebäudes durch den Vertrieb von Ansichtskarten usw. gewerblich auswerten, so liegt es nahe, das Recht solcher Nutzung dem Eigentümer vorzubehalten, der es errichtet hat oder unterhält. Ob dies allgemein zu gelten hat, bedarf hier keiner Entscheidung, mag auch durchaus zweifelhaft sein, da nach § 59 UrhG die Verbreitung – auch die entgeltliche – der Lichtbilder sogar von unter Urheberschutz stehenden Gebäuden zulässig ist, die sich bleibend an öffentlichen Wegen, Straßen oder Plätzen befinden. Liegt ein Gebäude dagegen wie hier auf einem Privatgrundstück und kann es nur fotografiert werden, wenn dieses Grundstück betreten wird, so steht es dem Eigentümer grundsätzlich frei, den Zutritt zu verbieten oder doch nur unter der Bedingung zu gewähren, dass dort nicht fotografiert wird. Der Eigentümer hat somit in einem solchen Fall auf Grund seiner Sachherrschaft die rechtliche und tatsächliche Macht, sich die Möglichkeit, auf seinem Gelände Aufnahmen anzufertigen, ausschließlich vorzubehalten.

Anders kann es zwar liegen, (…) wenn die Sozialbindung des Eigentums im Einzelfall Veranlassung gibt, den Eigentümer zu zwingen, auch Dritten solche Aufnahmen zu gestatten. (…) Zwar besteht ein allgemeines Interesse, künstlerisch oder sonst bedeutsame Bauten kennenzulernen. (…) Die Kl. entspricht diesem öffentlichen Interesse durch den Vertrieb eigener Ansichtskarten. (…)

Nun ist zwar im Streitfall ein Fotografierverbot nicht ausdrücklich – etwa durch Aushang – erklärt worden. Die Bekl. behauptet sogar, dem Fotografen, von dem sie die fraglichen Aufnahmen erworben habe, sei das Fotografieren ausdrücklich gestattet worden. Selbst wenn dies zutreffen sollte, hätte hieraus jedoch die Bekl. nicht folgern dürfen, die Kl. habe damit auch gestattet, diese Aufnahmen des Schlosses Tegel als Ansichtskarten oder in Bildkalendern zu veröffentlichen und zu verbreiten. Denn die Bekl. hat selbst nicht geltend machen können, der Fotograf habe bei

---

[145] BGH NJW 1975, 778 ff. – *Schloss Tegel.*
[146] BGH NJW 1975, 778 ff. – *Schloss Tegel.*

seiner Frage, ob er fotografieren dürfe, zu erkennen gegeben, dass er ein Berufsfotograf sei, der eine gewerbliche Verwertung der Aufnahmen beabsichtige. Wird aber eine Fotografiererlaubnis in Fällen der vorliegenden Art ohne ausdrückliche Einschränkung auf Aufnahmen für private Zwecke erteilt, ergibt sich eine solche Einschränkung in der Regel stillschweigend daraus, dass es das natürliche Vorrecht des Eigentümers ist, den gewerblichen Nutzen, der aus seinem nur gegen seine Erlaubnis zugänglichen Eigentum gezogen werden kann, für sich zu beanspruchen. Wer Ansichtskarten eines im Privateigentum stehenden Gebäudes, das nicht frei zugänglich ist, gewerblich herstellt und verwertet, macht sich dabei nach natürlicher Betrachtung einen fremden Vermögenswert nutzbar. Er darf – auch ohne ausdrückliches Verbot – nicht damit rechnen, dass der Eigentümer gewillt sei, jedermann eine solche Auswertung ohne Entgelt zu gestatten. (…)

Das BerG hat nach alledem zu Recht die Bekl. als Störer im Sinne des § 1004 BGB zur Unterlassung verurteilt."

Entsprechendes muss für andere Gegenstände gelten, die nur nach **83** Betreten von Privateigentum fotografiert werden können. Sachen, die **an öffentlich zugänglichen Orten** sichtbar sind (z. B. eine **Segelyacht**) dürfen nach Auffassung des LG Hamburg[147] auch kommerziell (z. B. in der Werbung) ohne Zustimmung des Eigentümers verwertet werden.[148] Gestattet hingegen der Eigentümer Aufnahmen von seinen Sachen, die er ausschließlich in seinen nicht öffentlich zugänglichen **Privaträumen** verwahrt, liegt darin nur eine konkludente Einwilligung zur Nutzung dieser Aufnahmen für private Zwecke. Eine gewerbliche Verwendung solcher Aufnahmen fremder Sachen ist nur mit ausdrücklicher Zustimmung des Eigentümers zulässig.[149] Ebenso unzulässig ist die Veröffentlichung von Fotos nicht öffentlich zugänglicher Sachen, wenn überhaupt keine Zustimmung zur Anfertigung der Aufnahmen vorlag, sich der Fotograf also eingeschlichen hat.

Im besonderen Ausnahmefall kann die Veröffentlichung von Sachfotos **84** auch außerhalb der Privatsphäre eine Verletzung des Persönlichkeitsrechts darstellen oder sogar strafrechtlich relevant sein. Da Fotos bei entsprechender Gestaltung ähnlich wie reine Textwerke Äußerungen transportieren können, sind bei Zusammenstellungen, **Fotomontagen** und **Kollagen** die Grenzen des **Ehrenschutzes** und der **Beleidigungstatbestände** (§§ 185 ff. StGB) zu wahren. Das LG Berlin sah z. B. in der bildhaften Gegenüberstellung von nicht artgerecht gehaltenen Tieren und Holocaustopfern auf **Plakaten** einer Tierschutzorganisation eine Beleidigung und **Ehrverletzung** der jüdischen Kläger.[150] Grundsätzlich können jedoch auch Fotomontagen und Bilderkollagen ihrerseits als **visuelle Form der Meinungsäußerung** den Schutz des Art. 5 GG für sich in Anspruch nehmen, was in der

---

[147] AfP 1994, 161, 162.
[148] BGH NJW 1989, 2251, 2252 f. – *Friesenhaus,* zitiert oben Rn. 5.
[149] OLG Köln NJW 2004, 619, 670 – *Schattentheaterfiguren.*
[150] LG Berlin AfP 2004, 461.

Güter- und Interessenabwägung zu berücksichtigen ist. Rechtswidrige oder gar strafbare Zusammenstellungen von Sachfotos dürften daher die absolute Ausnahme bleiben.

b) Urheberrechtliche Beschränkungen

85   Fotografische Abbildungen von urheberrechtlich geschützten Werken sind **Vervielfältigungen** im urheberrechtlichen Sinne (§ 16 Abs. 1 UrhG) und bedürfen deshalb der Zustimmung des Urhebers (§§ 11, 15, 31 ff. UrhG). Die Verbreitung von Fotos urheberrechtlich geschützter Werke tangiert das **Verbreitungsrecht** (§ 17 Abs. 1 UrhG), wenn die Verbreitung in körperlicher Form geschieht, also z. B. in Zeitschriften oder als Poster, Postkarten etc. Die Verbreitung in unkörperlicher Form, z. B. durch die Wiedergabe im Fernsehen oder im Internet greift in das **Recht der öffentlichen Wiedergabe und Zugänglichmachung** (§§ 15, 19a UrhG) ein und ist deshalb – ebenso wie die körperliche Verbreitung von Vervielfältigungsstücken – ebenfalls nur mit Zustimmung des Urhebers zulässig. Sowohl die ungenehmigte Herstellung als auch jede Verbreitung fotografischer Abbildungen von urheberrechtlich geschützten Gegenständen bedarf somit im Grundsatz der Zustimmung des Urhebers.[151] Es gibt jedoch einige relevante Ausnahmetatbestände aufgrund der gesetzlichen Schranken des Urheberschutzes (§§ 45 ff. UrhG), die nachfolgend (Rn. 85 ff.) erläutert werden.

86   Problematisch ist in der Praxis bei der urheberrechtlichen Prüfung der Zulässigkeit eines Fotomotivs mitunter schon die Beantwortung der Frage, ob der abzubildende Gegenstand überhaupt (noch) den Schutz des Urhebergesetzes genießt (§ 2 UrhG). Oft ist bereits das Alter der Sache und der Urheber unbekannt, somit auch, ob die urheberrechtliche **Schutzfrist** bereits abgelaufen ist. Das **Urheberrecht erlischt** gemäß § 64 UrhG siebzig Jahre nach dem Tode des Urhebers oder bei mehreren Urhebern des längst lebenden Miturhebers, § 65 UrhG (zur Berechnung der Frist siehe Rn. 374).

aa) Geschützte Werke

87   Nach der Legaldefinition des § 2 Abs. 2 UrhG sind dies „persönliche geistige Schöpfungen", also nur Sachen, die in einer über das übliche, handwerkliche Schaffen eines Durchschnittgestalters hinausgehenden Weise individuell ästhetisch-kreativ gestaltet sind. Wann die erforderliche „Schöpfungshöhe" für den Urheberschutz erreicht ist, lässt sich nicht generell festlegen. Vielmehr entscheiden die Gerichte

---

[151] BGH NJW 2002, 2394 ff. – *verhüllter Reichstag;* BGH NJW 2000, 3783, 3784 – *Parfumflakon.*

im Einzelfall, wobei hinsichtlich der verschiedenen Werkarten unterschiedliche Anforderungen gestellt werden.

§ 2 Abs. 1 UrhG zählt einige Werkarten in nicht abschließender Form auf, wobei hinsichtlich der hier zu erörternden Thematik in erster Linie die in § 2 Abs. 1 Nr. 4 UrhG genannten **„Werke der bildenden Künste einschließlich Werke der Baukunst und der angewandten Kunst"** relevant sind. Bei Aufnahmen von Kunstwerken wie z. B. Gemälden und Statuen, aber auch künstlerisch gestalteten Bauwerken sind somit stets die Urheberrechte der Werkschaffenden zu beachten.

Urheberrechtsverletzungen durch Fotos sind aber auch bei anderen **88** dort ausdrücklich genannten Werkarten möglich, so bei den **„pantomimischen Werken einschließlich der Werke der Tanzkunst"** (§ 2 Abs. 2 Nr. 3 UrhG), bei den **„Darstellungen wissenschaftlicher oder technischer Art, wie Pläne, Karten, Skizzen, Tabellen und plastischen Darstellungen"** (§ 2 Abs. 1 Nr. 7 UrhG), bei den **Filmwerken** (§ 2 Abs. 1 Nr. 6 UrhG) und den **Lichtbildwerken bzw. Lichtbildern** (§§ 2 Abs. 1 Nr. 5, 72 UrhG). Das ungenehmigte **„Abfotografieren"** eines Fotos ist beispielsweise immer eine Verletzung des Urheberrechts des Fotografen des Ausgangsfotos, da Fotos ungeachtet der Schöpfungshöhe ihres Motivs immer dem Schutz des Urhebergesetzes unterliegen (hierzu näher Rn. 378, 415). Durch die Herstellung eines Fotos vom Foto kann auch der Urheberschutz eines auf dem Ausgangsfoto abgebildeten Werkes nicht umgangen werden.[152] Wer z. B. ein geschütztes Gemälde nicht direkt, sondern von einer fotografischen Abbildung in einem Ausstellungskatalog, Bilderband oder ähnlichem ungenehmigt abfotografiert, verletzt sowohl das Urheberrecht des Künstlers des abgebildeten Gemäldes, als auch den urheberrechtlichen Schutz des Fotografen, der das Foto im Katalog hergestellt hat.

Urheberrechtlich geschützte Werke können nicht nur die „typi- **89** schen **Kunstwerke"** wie **Zeichnungen, Gemälde, Statuen, Installationen** oder **Skulpturen** sein, sondern z. B. auch künstlerisch gestaltete **Hausfassaden** oder **Gebrauchsgegenstände** wie **Kleidung, Möbel, Landkarten** und **Stadtpläne, Inneneinrichtungen, Bühnenbilder, Gartenanlagen, Baupläne, Schmuck** und **(Comic-)Figuren.** Wegen der umfangreichen Judikatur zum urheberrechtlichen Werkschutz wird ergänzend auf die Kommentierungen zum UrhG verwiesen.

Das LG Leipzig hat beispielsweise einem mit dem Motiv eines röhrenden Hirschs versehenen **Kleid** Urheberschutz zugesprochen und

---

[152] Vgl. *Schlingloff* AfP 1992, 112, 114.

der Urheberin, einer Modedesignerin, wegen der Abbildung eines ca. 5 x 5 cm großen Fotos dieses Kleides in einer Messe-**Präsentationsmappe** gemäß § 97 Abs. 1 UrhG eine Lizenzgebühr in Höhe von DM 2000,– zugesprochen.[153] Die Abbildung des „**Neonreviers**" einer zeitlich befristeten **künstlerischen Lichtinstallation** auf der Hamburger Außenalster in einem Jahresbildband über die Stadt Hamburg wurde von LG Hamburg ebenfalls als Verletzung der Urheberrechte des Künstlers angesehen und das Gericht hat ihm Schadensersatz zugesprochen.[154]

bb) Schranken des Urheberrechts

90   Auch das **geistige Eigentum**, welches vom Urheberrecht geschützt wird, unterliegt in bestimmten Grenzen wie das materielle Eigentum der **Sozialbindung**. Die in den §§ 45 ff. UrhG normierten Schranken des Urheberrechts sind Ausdruck dieser Sozialbindung. Da jedoch der Urheberschutz seinerseits **Verfassungsrang** hat und das Urheberrecht **Eigentum** im Sinne von **Art. 14 Abs. 1 GG** ist,[155] sind diese **Schrankenbestimmungen in §§ 45 ff.** UrhG grundsätzlich eng auszulegen und einer **analogen Anwendung** nur in seltenen Ausnahmefällen zugänglich.[156]

91   Einen solchen seltenen Ausnahmefall beschreibt das Urteil des BGH[157] zur Abbildung eines künstlerisch gestalteten **Parfumflakons** in einem **Werbeprospekt**. Hintergrund dieses Rechtstreits war, dass das Parfum nach dem Willen seines Herstellers nur über ein ausgewähltes Händlernetz vertrieben werden sollte, es aber gleichwohl in legaler Weise im Wege eines „Parallelimportes" auch im Vertrieb eines Kaffee-Filialisten angeboten wurde. Der BGH entschied hier zugunsten der Verkehrsfähigkeit der Waren und brachte den **Erschöpfungsgrundsatz** aus **§ 17 Abs. 2 UrhG analog** zur Anwendung. Nach dem Gesetzeswortlaut ist gemäß § 17 Abs. 2 UrhG nur der Vertrieb (die **Verbreitung**) eines legal auf den Markt gekommenen Werkstücks, also z. B. der Weiterverkauf eines geschützten Gemäldes oder Fotodrucks, zulässig, nicht jedoch dessen Vervielfältigung, wozu auch die fotografische Abbildung eines Werkes zählt (s. o.). Der BGH versteht § 17 Abs. 2 UrhG aber über seinen Wortlaut hinaus als allgemeinen Grundsatz, dass das Urheberrecht ebenso wie andere Schutzrechte gegenüber dem Interesse an der Verkehrsfähigkeit von Waren zurücktreten muss, wenn die Waren in irgendeiner Weise mit

---

[153] LG Leipzig NJW-RR 2002, 619 f. – *Hirschgewand.*
[154] LG Hamburg GRUR 1989, 591 ff. – *Neonrevier.*
[155] Ständige Rechtsprechung des BVerfG, vgl. z. B. NJW 2003, 1655, 1656.
[156] BGH NJW 2000, 3783, 3784 – *Parfumflakon.*
[157] BGH NJW 2000, 3783, 3784 – *Parfumflakon.*

Zustimmung des Berechtigten in den Handelsverkehr gelangt sind.[158] Daher ist nicht nur die fotografische Abbildung eines Parfumflakons im Zuge des legalen Vertriebs zulässig, sondern beispielsweise auch die Abbildung eines **Bucheinbandes** in einem **Bücherkatalog** oder die Abbildung eines **Designerstuhles** in einer **Anzeige eines Möbelhauses**, welches diesen Stuhl legal vertreibt, ausnahmsweise ohne Zustimmung zulässig, auch wenn damit eine Vervielfältigung im Sinne von § 16 UrhG verbunden ist.[159]

Neben der soeben erläuterten besonderen Anwendung des Erschöpfungsgrundsatzes hinsichtlich der Abbildung von Waren im Geschäftsverkehr sieht das Urhebergesetz in § 45 ff. UrhG noch folgende **Ausnahmetatbestände** vor, die hinsichtlich der Verbreitung von Sachfotos von praktischer Bedeutung sind: **92**

Die wohl in der Praxis bedeutendste Ausnahmevorschrift zur Herstellung von Sachfotografien unter freiem Himmel ist § 59 UrhG. Nach dieser Vorschrift dürfen Werke, die sich bleibend an öffentlichen Wegen, Straßen und Plätzen befinden, fotografisch vervielfältigt und verbreitet werden. Diese sogenannte **„Panoramafreiheit"** dient der Freiheit der fotografischen Wiedergabe des **Straßenbildes** als Teil der Realität, die nicht durch Urheberrechte unangemessen beschränkt werden soll. Die Abbildung eines Straßenzuges oder Marktplatzes einer Stadt wäre praktisch unmöglich, wenn zuvor geprüft werden müsste, ob das Motiv urheberrechtlich geschützte Werke enthält, deren Schutzfrist noch nicht abgelaufen ist, und wer gegebenenfalls der zustimmungsberechtigte Urheber bzw. Rechtsinhaber ist. In der Praxis betrifft die Vorschrift in der Regel die fotografische Abbildung von **Kunstwerken** an öffentlichen Orten wie z. B. **Statuen, Brunnen** aber auch **Fassadenmalereien** und **Bauwerke** (**Fassaden** u. ä.). § 59 Abs. 1 Satz 2 UrhG stellt hierzu ausdrücklich klar, dass sich die Fotografierfreiheit nur auf die äußere Ansicht eines Bauwerks bezieht, also nicht auf Innenhöfe, Kuppeln, Treppenhäuser oder gar Wohnungen.[160]

Abgebildet werden darf nur dass, was ohne Einsatz von Hilfsmitteln **93** von öffentlichem Grund aus einsehbar ist. Der BGH[161] hat entschieden, dass eine Aufnahme des Wiener **Hundertwasser-Hauses**, welche von einer **erhöhten Perspektive** aus einer gegenüberliegenden Privatwohnung angefertigt worden war, nicht ohne Zustimmung des

---

[158] BGH NJW 2000, 3783, 3785 – *Parfumflakon*.

[159] BGH a. a. O.

[160] OLG München GRUR 2005, 1038, 1039 – *Hundertwasserhaus II;* Wandtke/Bullinger/*Lüft*, UrhR, § 59 Rn. 3.

[161] BGH NJW 2004, 594, 595 – *Hundertwasserhaus;* OLG München GRUR 2005, 1038, 1039 – *Hundertwasserhaus II*.

Künstlers *Hundertwasser* als Poster vertrieben werden darf. § 59 UrhG erlaubt nur Ansichten, die von allgemein zugänglichen Orten angefertigt werden können. Auch Aufnahmen aus Hubschraubern, von Leitern oder nach dem Überwinden von Zäunen oder anderen Schutzvorkehrungen sind somit nicht von § 59 UrhG gedeckt. Umstritten ist, ob auch Ansichten, die sich von frei begehbaren **Privatgrundstücken** ergeben, z. B. frei zugänglichen **Privatwegen**, nach § 59 UrhG erlaubt sind. Eine im Eigentum einer Stiftung stehende, aber frei zugängliche Gartenanlage (die Künstlergärten Weimar) sah das LG Frankenthal als öffentlichen Platz im Sinne der Vorschrift an[162]. Die bisher überwiegende Meinung versteht unter „öffentlichen Wegen" solche, die im Gemeingebrauch stehen und kein Privateigentum sind.[163] Da § 59 UrhG eine eng auszulegende Ausnahmevorschrift ist und der Gesetzeszweck keine Weiterungen gebietet, ist der bisherigen Mehrheitsmeinung zuzustimmen.

94   Das abgebildete Werk muss sich **bleibend** an öffentlichen Wegen, Straßen oder Plätzen befinden. Zeitlich begrenzte Installationen zu besonderen Anlässen sind somit nicht erfasst.[164] Der BGH sah deshalb den Vertrieb nicht autorisierter Postkarten des **„verhüllten Reichstages"** als rechtswidrig an und gab einer Klage des Künstlerpaares *Christo und Jeanne-Claude* statt, weil die Verhüllungsaktion auf zwei Wochen begrenzt war.[165] Den Zeitraum von zwei Wochen sah der BGH trotz des Umstandes, dass dies die gesamte Lebensdauer des Werkes war, als nicht ausreichend an. Es kommt nicht darauf an, ob das Werk mit seinem Abbau untergeht oder an anderem Orte fortbesteht. Der BGH führt aus:[166]

> „(…) § 59 UrhG (ist) wie alle auf der Sozialbindung des geistigen Eigentums beruhenden Schrankenbestimmungen der §§ 45 ff UrhG grundsätzlich eng auszulegen ist (st. Rspr.; vgl. BGHZ 144, 232 [235f] = GRUR 2001, 51 = NJW 2000, 3783 – Parfümflakon, m. w. N.). Dies hat seinen Grund weniger darin, dass Ausnahmevorschriften generell eng auszulegen wären, sondern beruht darauf, dass der Urheber an der wirtschaftlichen Nutzung seiner Werke tunlichst angemessen zu beteiligen ist und daher die ihm hinsichtlich der Werkverwertung zustehenden Ausschließlichkeitsrechte nicht übermäßig beschränkt werden dürfen. (…) In jedem Fall sind neben den Interessen des Urhebers die durch die Schrankenbestimmungen geschützten Interessen zu beachten und ihrem Gewicht entsprechend für die Auslegung der gesetzlichen Regelung heranzuziehen.

---

[162] LG Frankenthal GRUR 2005, 577 – *Grassofa.*
[163] Vgl. Fromm/Nordemann/*Nordemann,* Urheberrecht, § 59 Rn. 2; Schricker/*Vogel,* Urheberrecht, § 59 Rn. 9; Möhring/Nicolini/*Gass,* UrhG, § 59 Rn. 14; a. A. Wandtke/Bullinger/*Lüft,* UrhR, § 59 Rn. 3; Dreier/Schulze, § 59 Rn. 3.
[164] LG Hamburg GRUR 1989, 591, 592f. – *Neonrevier.*
[165] BGH NJW 2002, 2394 ff.
[166] NJW 2002, 2394, 2395.

1. Veröffentlichung von Sachfotos

Indem das Gesetz für an öffentlichen Orten befindliche Kunstwerke Einschränkungen der Ausschließlichkeitsrechte vorsieht, trägt es dem Interesse der Allgemeinheit an der Freiheit des Straßenbildes Rechnung (...).

Im Schrifttum besteht weit gehend Einigkeit darüber, dass das Merkmal ‚bleibend‘ jedenfalls dann zu bejahen ist, wenn sich ein Kunstwerk für seine natürliche Lebensdauer an einem öffentlichen Platz befindet (Vogel, in: Schricker, § 59 UrhG Rdnr. 11; Nordemann, in: Fromm/Nordemann § 59 UrhG Rdnr. 2; Schack, Rdnr. 506 jew. m.w. Nachw.). Die Revision möchte – hieran anknüpfend – den Schluss ziehen, dass ein für die gesamte Dauer seiner Existenz an einem öffentlichen Ort ausgestelltes Kunstwerk sich dort i. S. von § 59 I 1 UrhG bleibend befinde. Sie kann sich dabei auf einen Teil des Schrifttums berufen, der das Merkmal ‚bleibend‘ ebenfalls mit ‚für die gesamte Dauer der Werkexistenz‘ gleichsetzt (...). Dem widersprechen allerdings zahlreiche Stimmen im Schrifttum, die eine solche Sichtweise als mit dem Gesetzeswortlaut unvereinbar ablehnen. (...)

Dieser zuletzt genannten Auffassung ist zunächst insofern zuzustimmen, als es für das Merkmal ‚bleibend‘ nicht darauf ankommen kann, ob ein vorübergehend aufgestelltes Werk nach dem Abbau weiterhin besteht und gegebenenfalls an anderer Stelle erneut aufgestellt werden soll oder ob es mit der Deinstallation untergeht (vgl. auch Ernst, ZUM 1998, 475 [477]; Müller-Katzenburg, NJW 1996, 2341 [2344]; Hess, S. 94). Denn damit würde ohne sachliche Rechtfertigung nach der Art des Kunstwerks unterschieden: Während der Urheber einer vorübergehend an öffentlichem Ort aufgestellten Skulptur durch § 59 UrhG in seinen Ausschließlichkeitsrechten nicht eingeschränkt wäre, müsste der Schöpfer einer ebenfalls vorübergehend zu einem bestimmten Anlass erstellten, durch die Umgebung definierten Installation ungeachtet ihrer zeitlichen Befristung hinnehmen, dass sein Werk in zweidimensionaler Form auch zu gewerblichen Zwecken vervielfältigt und verbreitet werden könnte. Für eine solche Differenzierung bietet das Gesetz keine Grundlage (...).

Für eine sachgerechte Abgrenzung kommt es vielmehr auf den Zweck an, zu dem das geschützte Werk an dem öffentlichen Ort aufgestellt worden ist. Der gesetzlichen Regelung, die dem Urheber im Falle einer nur vorübergehenden Aufstellung oder Errichtung seines Werks weiter gehende Rechte vorbehält als im Falle einer auf Dauer gedachten Installation, liegt die Erwägung zu Grunde, dass es nicht gerechtfertigt wäre, die Befugnisse des Urhebers auch im Falle einer (vorübergehenden) Aufstellung seiner Werke an öffentlichen Orten über das im Gesetz ohnehin vorgesehene Maß hinaus (vgl. etwa §§ 50, 53, 57, 58 UrhG) einzuschränken. Auch das Interesse der Allgemeinheit an der Freiheit des Straßenbildes gebietet eine solche Einschränkung der Urheberbefugnisse nicht. Dieses Interesse ist darauf gerichtet, dass öffentliche Straßen und Plätze etwa auf Postkarten, auf einem Gemälde oder einem Stich, in einem Bildband oder in einem Film wiedergegeben werden können, ohne dass hierfür – falls sich dort urheberrechtlich geschützte Werke befinden – die Zustimmung der Berechtigten eingeholt werden muss. Geht es dagegen um die Wiedergabe von Werken der bildenden Kunst, die vorübergehend auf öffentlichen Plätzen im Kontext einer Ausstellung präsentiert werden, besteht kein Anlass zu einer entsprechenden Begrenzung urheberrechtlicher Befugnisse.

Maßgeblich ist danach, ob die mit Zustimmung des Berechtigten erfolgte Aufstellung oder Errichtung eines geschützten Werks an einem öffentlichen Ort der Werkpräsentation im Sinne einer Ausstellung dient, wobei der gesetzlichen Regelung allerdings die Vorstellung einer zeitlich befristeten Ausstellung, nicht einer Dauerausstellung zu Grunde liegt. Bei Anwendung dieser Maßstäbe können sich die Bekl. nicht auf eine nach § 59 I 1 UrhG privilegierte Nutzung berufen. Die von den Kl. geschaffene Verhüllung des Reichstags wurde von ihnen in der Art einer Ausstellung präsentiert. Ausstellungen, die zeitlich befristet sind, werden üblicherweise in Wochen und Monaten, nicht dagegen in Jahren bemessen. Die hier in Rede stehende kurze Dauer von zwei Wochen unterstreicht den Ausstellungscharakter der Präsentation."

Hingegen ist ein Kunstwerk, welches nach dem Willen des Urhebers als sog. **„work in progress" mit offenem Ausgang** über mehrere Jahre auf einer öffentlich zugänglichen Fläche steht, nach Ansicht des LG Frankenthal auch dann „bleibend" im Sinne des § 59 I UrhG (und darf somit frei fotografiert werden), wenn der Künstler sich später doch für eine vollständige Beseitigung entscheidet[167].

95   Wer aufgrund des § 59 UrhG eine Vervielfältigung durch fotografische Abbildung vornimmt ist gemäß § 63 UrhG verpflichtet, die **Quelle** deutlich anzugeben.

Änderungen dürfen an der fotografischen Abbildung des fremden Werkes gemäß § 62 UrhG nicht vorgenommen werden. Gegen dieses **Änderungsverbot** verstößt nicht, wer ein Werk fotografiert, welches von Dritten verändert worden ist. In diesem Fällen ist aber eine fotografische Verwertung des veränderten Werkes problematisch, wenn die Veränderungen zu einer **Entstellung** (§ 14 UrhG) des Werkes führen. Das LG Mannheim verbot beispielsweise einem Fotografen die Verbreitung von Fotografien des sogenannten **„Holbein-Pferdchens"**, einer an einer Freiburger Strasse aufgestellten Fohlenplastik aus Zementguss, die von unbekannten Dritten durch Bemalung und sonstige Umgestaltungen erheblich verändert worden war. Das LG beurteilte die Umgestaltungen wie die Kläger als unzulässige Entstellung der Plastik. Der Fotograf wirke an der durch die Entstellung begangenen **Urheberpersönlichkeitsrechtsverletzung** mit, wenn er Postkarten, Bücher und Kalender mit Fotos des entstellten Fotos vertreibe. Nur die Verbreitung von Aufnahmen zur **Berichterstattung** über die Entstellungen könne ausnahmsweise zulässig sein.[168]

96   Im Bereich der redaktionellen Berichterstattung ergibt sich aus § 50 UrhG eine weitere praktisch bedeutsame Ausnahme des Urheberschutzes bei der Abbildung von Sachen. Gemäß § 50 UrhG dürfen zur **Berichterstattung über Tagesereignisse** durch Funk oder ähnliche technische Mittel, in Zeitungen, Zeitschriften und in anderen Druckschriften oder sonstigen Datenträgern, die im Wesentlichen Tagesinteressen Rechnung tragen, sowie im Film, fremde Werke, die im Verlauf der Ereignisse wahrnehmbar werden, in einem durch den Zweck gebotenen Umgang gezeigt werden. Auch in diesem Fall gilt die Pflicht zur Quellenangabe (§ 63 UrhG) sowie das Änderungsverbot (§ 62 UrhG). Die

---

[167] LG Frankenthal GRUR 2005, 577 – *Grassofa*.
[168] LG Mannheim GRUR 1997, 364, 365 f. – *Holbein-Pferdchen;* anders Vorinstanz AG Freiburg i.Br. NJW 1997, 1160.

1. Veröffentlichung von Sachfotos

Vorschrift dient der wirklichkeitsgetreuen, sachlichen Schilderung aktueller tatsächlicher Begebenheiten und ist damit Ausdruck des von Art. 5 Abs. 1 GG geschützten Informationsauftrags der Medien. Eine sachgerechte Information der Öffentlichkeit über eine Ausstellungseröffnung wäre nicht möglich, wenn nicht wenigstens einige der Exponate im Bild gezeigt werden dürften.[169] Ein Bericht über die Einweihung eines besonderen Bauwerks wäre in den visuellen Medien unzureichend, wenn das Bauwerk nicht gezeigt werden dürfte.

Die Vorschrift ist wie alle Schranken des Urheberrechts zugunsten **97** der Urheber eng auszulegen. Ein Geschehen, bei dem es der Öffentlichkeit nicht auf eine aktuelle Berichterstattung ankommt, ist kein Tagesereignis im Sinne des § 50 UrhG.[170] Die Berichterstattung muss sich auf aktuelle Tagesereignisse beziehen und im zeitlichen Zusammenhang mit dem Ereignis erfolgen. Bei Tageszeitungen wird dies regelmäßig der Fall sein. Bei Zeitschriften ist auch die Erscheinungsweise des Mediums zu berücksichtigen.[171] Wochenmagazine dürfen auch noch dann bildlich berichten, wenn das Ereignis sechs Tage zurückliegt. Bei Fachmedien mit längeren Erscheinungsintervallen (monatlich oder vierteljährlich) wird jedenfalls dann ein großzügiger Maßstab angezeigt sein, wenn das Ereignis den originären Themenbereich des Mediums betrifft. Das LG Hamburg hat jedoch die bildliche Darstellung eines temporären Kunstwerks auf der Hamburger Außenalster in einem Jahresbildband über die Stadt Hamburg als nicht mehr von § 50 UrhG gedeckt angesehen, da es sich nicht mehr um „Gegenwartsberichterstattung" handele.[172]

Der BGH hält die **Wiedergabe fremder Fotos** im Rahmen der **98** Berichterstattung nach § 50 UrhG in besonderen Fällen für zulässig, wenn z. B. das Foto als Beleg eines Vorwurfs, der als „Tagesereignis" zu werten ist, dient[173] (siehe auch unten Rn. 397). Das OLG Köln sieht das **Fernsehprogramm** jedenfalls am Sendetag als „Tagesereignis" gemäß § 50 UrhG an, weshalb die Verwendung einzelner **Standbilder** aus den Sendungen zur Illustrierung des Inhalts in (elektronischen) **Programmführern** für zulässig gehalten wurde.[174] Unzulässig war hingegen nach einem Urteil des OLG Frankfurt die Übernahme von 20 Sekunden aus einer Reportage des Hessischen Rundfunks in der Sendung „TV Total" wenige Tage später, weil eine

---

[169] Vgl. hierzu auch BGH GRUR 1983, 25 ff. – *Kunstwerkwiedergabe und Presseberichterstattung.*
[170] BGH NJW 2008, 2346 – *TV-Total*; hierzu *Klatt* AfP 2008, 350.
[171] Wandtke/Bullinger/*Lüft*, UrhR, § 50 Rn. 4.
[172] LG Hamburg GRUR 1989, 591, 592 – *Neonrevier.*
[173] BGH NJW 2002, 3473, 3474 f. – *Bohlen/Feldbusch.*
[174] OLG Köln ZUM 2005, 233 – *Programmführer.*

Reportage über eine „Landpartie in Hüttenberg" (übernommen wurde hiervon ein missglücktes Interview mit einer Jodlerin) kein Tagesereignis sei.[175]

99 § 51 UrhG erlaubt auch bei der Herstellung von Fotos in engen Grenzen **Zitate** fremder Werke. (Zu den Grenzen des Bildzitats bei der Übernahme von fremden Fotos in eigene Werke siehe Rn. 398 ff.) Zitate fremder Werke dürfen nur erfolgen, wenn ein hinreichender **Zitatzweck** verfolgt wird und sich die Anleihe aus dem fremden Werk, also das Zitat, in dem von dem Zweck gebotenen Umfang hält.[176] Das Zitatrecht ist kein Freibrief zur Übernahme fremder Werke im beliebigen Zusammenhang. Erforderlich ist, dass das Zitat auf Grund einer inhaltlichen Erörterung des zitierten Werkes geboten ist. Geschützt ist das Interesse an einer **geistigen Auseinandersetzung mit dem fremden Werkschaffen.**[177]

100 § 51 UrhG definiert drei Erlaubnistatbestände, in denen Zitate im gebotenen Umfang zulässig sind. Von den drei gesetzlichen Regelbeispielen können im Zusammenhang mit Fotos nur zwei relevant werden. Nach § 51 Nr. 1 UrhG dürfen „einzelne Werke nach dem Erscheinen in ein selbständiges wissenschaftliches Werk zur Erläuterung des Inhalts aufgenommen werden" (sog. **wissenschaftliches Großzitat**). Diese Fallgruppe ist in der Regel nicht einschlägig. § 51 Nr. 2 UrhG erlaubt es, wenn „Stellen eines Werkes nach der Veröffentlichung in einem selbständigen Sprachwerk angeführt werden" (sog. **Kleinzitat**). In der Literatur wird auch ein sogenanntes „großes Kleinzitat" als von § 51 Nr. 2 UrhG gedeckt angesehen, wenn sich aus der Natur der Sache ergibt, dass die zitierten Werke nicht nur „stellenweise", sondern vollständig gezeigt werden müssen und das Zitat einen besonders hochrangigen Zweck im Sinne der von Art. 5 GG gewährleisteten Meinungs-, Kommunikations-, und Kunstfreiheit dient, z. B. im politischen Meinungskampf oder bei der künstlerischen Auseinandersetzung mit fremdem Werkschaffen (z. B. beim **Bildzitat** durch ein **„Bildzitat im Bild"** bei **Collagen**[178]). Auch dann ist aber darauf zu achten, dass die Zitierfreiheit nicht als Vorwand der bloßen Übernahme missbraucht wird, denn § 51 UrhG erlaubt auch in der seit dem 1.1.2008 geltenden Fassung nur Zitate, „sofern die Nutzung in ihrem Umgang durch den besonderen Zweck gerechtfertigt ist". An das Vorliegen des Zitatzwecks und an den erforderlichen Umfang werden strenge Anforderungen gestellt.

---

[175] OLG Frankfurt ZUM 2005, 477, 481, bestätigt durch BGH NJW 2008, 2346 – *TV-Total*.

[176] Vgl. Fromm/Nordemann/*Vinck*, Urheberrecht, § 51 Rn. 4.

[177] Vgl. Wandtke/Bullinger/*Lüft*, UrhR, § 51 Rn. 1.

[178] Hierzu *Schlingloff* AfP 1992, 112, 115 m. w. N.

1. Veröffentlichung von Sachfotos

Welche Anforderungen die Rechtsprechung an den Zitatzweck und **101** die weiteren Voraussetzungen der Zitierfreiheit stellt, zeigt eine Entscheidung des LG Berlin[179]: Eine Tageszeitung hatte ein Thema aus einem am Tage zuvor ausgestrahlten Fernsehbeitrag aufgenommen und den eigenen Artikel mit sieben sogenannten **Screenshots** aus dem Fernsehbeitrag bebildert. Bei den Screenshots handelte es sich um Standbilder aus dem Fernsehbericht, die Szenen aus dem dort ausgestrahlten Bildmaterial zeigen. Der Fernsehbeitrag unterlag gemäß § 87 UrhG dem Leistungsschutzrecht des Sendeunternehmens. Das LG sah die Bildübernahme nicht als zulässiges Zitat an, weil die Aufnahmen nicht als **„Beleg"** zu einer **inhaltlichen Erörterung** des vorangegangenen Beitrags „zitiert" worden seien, sondern sich die Zeitung schlicht eigene Ausführungen und Aufwendungen zur Bebilderung der als Anregung übernommenen Thematik erspart habe. Ein zulässiges Zitat läge auch deshalb nicht vor, weil die Zeitung überhaupt nicht gekennzeichnet habe, dass sie fremdes Material übernommen habe und somit auch die Pflicht zur Quellenangabe gemäß § 63 UrhG verletzt habe.

Angesichts der strengen Voraussetzungen ist die Abbildung von urheberrechtlich geschützten Sachen nur in den seltensten Fällen als Zitat nach § 51 UrhG gerechtfertigt. Das OLG Frankfurt verneinte z. B. die Voraussetzungen des § 51 UrhG bei der Übernahme eines Sendeausschnittes des Hessischen Rundfunks in die Sendung TV Total, weil der Zitatzweck nicht erfüllt sei.[180]

§ 57 UrhG gestattet die Vervielfältigung, Verbreitung und öffentli- **102** che Wiedergabe von Werken, wenn sie als **unwesentliches Beiwerk** neben dem eigentlichen Gegenstand des Motivs anzusehen sind. Der Begriff „Beiwerk" verdeutlicht bereits, dass der abgebildete Gegenstand nicht im Mittelpunkt des Motivs stehen darf. Von erheblicher Bedeutung ist aber auch das Merkmal „unwesentlich". Denn es bedeutet, dass die abgebildete Sache **nebensächlich** sein muss. Es reicht in der Regel nicht aus, dass die Sache nur im **Hintergrund** oder am Bildrand zu sehen ist. Vielmehr ist die Abbildung einer urheberrechtlich geschützten Sache nur dann unwesentliches Beiwerk, wenn sie auch weggelassen werden könnte, ohne die Wirkung des Bildes auch nur im geringsten zu verändern.[181] Die Anforderungen sind streng, denn auch diese Schranke des Urheberschutzes ist eng auszulegen. Es ist daher nicht verfehlt, wenn *Nordemann*[182] davon spricht, dass nur

---

[179] NJW-RR 2001, 1054 f. – *Screenshots.*
[180] OLG Frankfurt ZUM 2005, 477, 481, bestätigt durch BGH NJW 2008, 2346 – *TV Total.*
[181] Vgl. Fromm/Nordemann/*Nordemann,* Urheberrecht, § 57 Rn. 2.
[182] Fromm/Nordemann/*Nordemann,* Urheberrecht, § 57 Rn. 2.

solche Werkwiedergaben unwesentliches Beiwerk im Sinne des § 57 UrhG sind, die „unvermeidlich" ins Motiv geraten. Jedenfalls muss die Abbildung zufällig und nebensächlich ohne Bezug zum eigentlichen Gegenstand abgebildet werden.

103 Kein unwesentliches Beiwerk im Sinne des § 57 UrhG ist daher z. B. die Abbildung eines **Gemäldes** im Hintergrund einer **Wohnlandschaft** in einem **Möbelkatalog**, wenn das Gemälde mit den abgebildeten Möbeln harmoniert, auch wenn die Auswahl des Gemäldes zufällig erfolgte und auch ähnliche Bilder einen vergleichbaren Gesamteindruck des Motivs geschaffen hätten.[183] Hingegen war nach Auffassung des OLG München in einem jüngeren Urteil[184] die Abbildung eines künstlerisch **gestalteten T-Shirts**, welches ein junger Mann trug, auf der Titelseite einer **Zeitschrift** zur Bebilderung der **Titelgeschichte** „Beruf und Karriere. Was soll ich werden?" nach § 57 UrhG zulässig, weil kein thematischer Zusammenhang zwischen dem T-Shirt-Motiv und der Titelgeschichte bestand.

104 § 58 UrhG erlaubt unter bestimmten Voraussetzungen die Abbildung von **Werken in Ausstellungen**, im **öffentlichen Verkauf** und in **öffentlich zugänglichen Einrichtungen**. Die Vorschrift wurde im September 2003 im Zuge des Gesetzes zur Regelung des Urheberrechts in der Informationsgesellschaft[185] vollständig neu gefasst. Die bisher zur Auslegung maßgeblich herangezogene Entscheidung des BGH[186] ist daher nur noch von beschränktem Nutzen. § 58 Abs. 1 UrhG n. F. erlaubt dem **Veranstalter** zur **Werbung** die Vervielfältigung, Verbreitung und öffentliche Zugänglichmachung von **öffentlich ausgestellten oder zur öffentlichen Ausstellung oder zum öffentlichen Verkauf bestimmten Werken der bildenden Künsten** (z. B. Gemälde, Skulpturen) und Lichtbildwerken (künstlerische Fotos), soweit dies zur Förderung der Veranstaltung **erforderlich** ist. Die Neufassung stellt nunmehr klar, dass die Rechte nur dem Veranstalter zustehen und erfasst jetzt den gesamten Bereich der Werbung im erforderlichen Umfang, während § 58 UrhG in seiner alten Fassung auf ausstellungsbegleitende **Kataloge** beschränkt war, also z. B. die Werkwiedergabe auf **Ausstellungsplakaten** nicht zuließ.[187] Andererseits bleibt die neugefasste Vorschrift in ihrem Anwendungsbereich deutlich hinter § 58 a.F. zurück, da **Ausstellungskataloge** nicht als Werbemaßnahme angesehen werden können und somit bei

---

[183] OLG München NJW 1989, 404, 405 – *Möbelkatalog.*
[184] OLG München, Urteil vom 13.3.2008, Az. 29 U 5826/07; ebenso Vorinstanz LG München I AfP 2008, 218.
[185] BGBl. 2003 I Nr. 46 vom 12. 9. 2003.
[186] AfP 1995, 402 ff. – *Ausstellungskatalog.*
[187] Vgl. Fromm/Nordemann/*Nordemann,* Urheberrecht, § 58 Rn. 3.

der gebotenen strengen Auslegung Werkwidergaben in solchen Katalogen nicht mehr von § 58 Abs. 1 UrhG n. F. erlaubt sind.[188]

§ 58 Abs. 2 UrhG erweitert in diesem Zusammenhang den Anwen- **105** dungsbereich dieser Ausnahmevorschrift. Die in Abs. 1 genannten Werke dürfen in **inhaltlichem und zeitlichem Zusammenhang** mit einer **Ausstellung** oder zur **Dokumentation von Beständen** in **Verzeichnissen** abgebildet werden, sofern hiermit **kein eigenständiger Erwerbszweck** verfolgt wird. Berechtigt sind aber nur öffentlich zugängliche **Bibliotheken, Bildungseinrichtungen** und **Museen**, also z. B. keine privaten oder gewerblichen Ausstellungsveranstalter.

In allen Fällen der nach § 58 UrhG erlaubten Abbildungen ist gemäß § 63 UrhG eine deutliche Quellenangabe erforderlich.

§ 53 UrhG gestattet die Herstellung einzelner Vervielfältigungen **106** eines Werkes zum **privaten Gebrauch,** sofern sie **weder unmittelbar noch mittelbar Erwerbszwecken dienen** und zur Vervielfältigung nicht eine offensichtlich rechtswidrig hergestellte oder öffentlich zugänglich gemachte Vorlage (z. B. ein eine „Raubkopie" oder eine illegale „Tauschbörse") verwendet wird. Da auch eine Fotografie eines urheberrechtlich geschützten Werkes eine Vervielfältigung im Sinne des Urheberrechts ist, ist die Privilegierung des reinen Privatgebrauchs auch auf die Herstellung von Aufnahmen urheberrechtlich geschützter Sachen anwendbar.[189] Nach dieser Vorschrift ist somit z. B. die Herstellung eines **privaten Urlaubs- oder Erinnerungsfotos** vor einer geschützten Statue oder Gemäldes zulässig, sofern dies nicht durch andere Umstände, z. B. eine Haus- oder Benutzungsordnung, die Aufnahmen verbietet, unzulässig ist. Ein solches Foto darf aber nicht – auch nicht zu einem späteren Zeitpunkt – selbst oder durch Dritte veröffentlicht oder kommerziell genutzt werden. § 53 Abs. 2 und 3 UrhG nennen weitere Fälle **sonstigen eigenen Gebrauchs,** in denen ebenfalls die Herstellung von Vervielfältigungen ausnahmsweise zulässig ist. Diese Fälle können aber bei der Herstellung von Fotos kaum Relevanz entfalten. Denkbar sind noch Fälle des § 52 Abs. 2 Nr. 1 UrhG, wonach die Herstellung einer Vervielfältigung im gebotenen Umfang zum eigenen **wissenschaftlichen Gebrauch** zulässig ist. Hiernach kann es z. B. zulässig sein, im Zuge eigener ernsthafter kunsthistorischer Forschungen eine Aufnahme eines seltenen Kunstwerks zu fertigen, wenn es nicht in anderer Weise bildlich zugänglich ist und die wissenschaftliche Arbeit eine visuelle Darstellung erfordert.

---

[188] Wandtke/Bullinger/*Lüft*, UrhR, § 58 Rn. 7.
[189] Wandtke/Bullinger/*Lüft*, UrhR, § 53 Rn. 11.

107   Nach § 45 UrhG darf zu Zwecken der **Rechtspflege** und der **öffentlichen Sicherheit** in fremde Urheberrechte eingegriffen werden. Erlaubt ist unter anderem ausdrücklich die (auch fotografische) Vervielfältigung von Werken zur Verwendung vor Gerichten und Behörden. Es ist also z. B. nach § 45 UrhG zulässig zu **Beweiszwecken** Aufnahmen fremder urheberrechtlich geschützter Werke herzustellen und vorzulegen. Auch hier gilt natürlich das Änderungsverbot gemäß § 62 UrhG und die Pflicht zur Quellenangabe, § 63 UrhG.

108   Weitere besondere Ausnahmetatbestände, nach denen auch Fotos urheberrechtlicher Werke zulässig sein können sind in **§ 45 a UrhG** zugunsten **behinderter Menschen**, in **§ 46 UrhG** hinsichtlich Sammlungen für den **Kirchen-, Schul- oder Unterrichtsgebrauch** sowie in **§ 47 UrhG** für **Schulfunksendungen** enthalten. Die Vorschrift des **§ 52 a UrhG** regelt ferner ein Recht zur öffentlichen Zugänglichmachung kleinerer Werkteile für Zwecke des **Unterrichts und der Forschung**, wozu nach § 52 a Abs. 3 UrhG auch die erforderlichen Vervielfältigungen hergestellt werden dürfen, aber eine angemessene Vergütung an eine Verwertungsgesellschaft gezahlt werden muss (§ 52 a Abs. 4 UrhG).[190]

Die Schranken des UrhG ermöglichen in den vorstehend aufgezeigten Fällen nicht nur die fotografische Abbildung von urheberrechtlich geschützten Werken, sie können vielmehr auch die Urheberrechte des Fotografen an seinen Bildern einschränken. Hierzu wird auf die Ausführungen unten, Rn. 400 ff., verwiesen.

c) Wettbewerbsrechtliche Beschränkungen und sonstige gewerbliche Schutzrechte

109   Die Verwendung von Fotos fremder Waren in der **Produktwerbung** war nach dem alten UWG wettbewerbswidrig, wenn es hierdurch zu einer unlauteren **Rufausbeutung** kommt (§ 1 UWG a. F.). Im Zuge der Liberalisierung des Wettbewerbsrechts und der Neufassung des Markengesetzes hat sich die Thematik ins Markengesetz (dort § 14 Abs. 2 Nr. 3 MarkenG) verlagert. Ältere Entscheidungen sind daher kritisch zu überprüfen, wenn sie auf aktuelle Fälle angewendet werden sollen. Die Leitentscheidung zum alten UWG ist das Urteil des BGH aus dem Jahre 1982 in Sachen Rolls Royce:[191] Ein Whiskyhersteller hatte in einer **Werbeanzeige** ein Motiv veröffentlicht, auf welchem der Kühlergrill eines **Rolls Royce** nebst der bekannten **Kühlerfigur** („Flying Lady") und dem Emblem „RR" deutlich zu sehen war. Der BGH hielt dies für wettbewerbswidrig, weil die Wert-

---

[190] Hierzu *Czychowski* NJW 2003, 2409, 2410.
[191] BGH GRUR 1983, 247 ff.

schätzung und der gute Ruf als Vorspann für die eigene Werbung ausgenutzt worden sei. Diese Rufausbeutung sei auch dann wettbewerbswidrig und somit unzulässig, wenn es sich nicht um unmittelbare Konkurrenzerzeugnisse handelt.

In heutiger Zeit sind derartige Darstellungen aber eher zulässig als früher, wie auch ein jüngeres Urteil des BGH zeigt. Die Abbildung fremder Produkte in der Werbung ist unter § 14 Nr. 2 Satz 3 MarkenG jedenfalls dann zulässig, wenn ein hinreichender sachlicher Bezug besteht, z. B. bei der Abbildung eines **Porsche** in der Werbung für Aluräder, die an diesem Fahrzeug benutzt werden dürfen. Die Abbildung dient dann einem Hinweis auf die bestimmungsgemäße Verwendung, die darin möglicherweise zugleich liegende Anlehnung an den Ruf und Erfolg des Porsches ist zulässig.[192]. Ebenso zulässig ist die Abbildung eines rechtmäßig erworbenen **Ferrari**, der im Zuge eines **Gewinnspiels** zur Werbezwecken verlost wird.[193] In derartigen Fällen kommt der markenrechtliche Erschöpfungsgedanke (§ 24 MarkenG) zur Anwendung, wonach der Inhaber einer Marke nicht berechtigt ist, anderen die Nutzung seiner Marke zu untersagen, wenn diese auf einem Produkt angebracht ist, welches rechtmäßig in Verkehr gebracht wurde (zur Erschöpfung im Urheberrecht siehe auch Rn. 383).

In der unauffälligen Wiedergabe einer Luxusuhr (Cartier) auf einer anderen Ware (im konkreten Fall T-Shirts), welche in der Sicht des Verkehrs keinen erkennbaren Bezug zur Qualität der vertriebenen Ware aufweist, ist ein sittenwidriges Ausbeuten des fremden guten Rufs nach Ansicht des BGH[194] nicht zu sehen. Wie in allen wettbewerbsrechtlichen Fragen folgt das Ergebnis stets aus einer einzelfallbezogenen Interessenabwägung.

Neben der Rufausbeutung kann auch eine **Herabsetzung** oder **110** **Verunglimpfung** eines Produkts durch eine bildliche Darstellung wettbewerbswidrig sein. Dies insbesondere wenn es sich um eine **vergleichende Werbung** handelt, die die Wertschätzung des Wettbewerbers beeinträchtigt (§ 2 Abs. 2 Nr. 4 und 5 UWG a.F., jetzt § 6 Abs. 2 Nr. 5 und § 4 Nr. 9 b UWG). Die Unzulässigkeit wird sich in derartigen Fällen in der Regel nicht allein aus der Abbildung, sondern aus dem Zusammenspiel zwischen Fotomotiv und Text ergeben. So hat z.B. das LG München I[195] die **Abbildung eines Wasserhahns** mit einem Mineralwasseretikett in einer Werbung für Leitungswasser mit dem Slogan „Hängen sie noch an der Flasche?" als unzulässigen herabsetzenden

[192] BGH GRUR 2005, 163 – *Aluminiumräder.*
[193] BGH GRUR 2006, 329.
[194] GRUR 1996, 508 ff. – *Uhren-Applikation.*
[195] NJWE-WettbR 2000, 177 ff.

Vergleich angesehen. Ob dies angesichts der zunehmenden Liberalisierung und der Gewöhnung der Verbraucher an derartige ironische Anspielungen unter dem neuen UWG noch haltbar ist, erscheint zweifelhaft. So hielt der BGH die Abbildung eines **Lottoscheins** in der Werbung eines Wirtschaftsmagazins mit dem Slogan „Um Geld zu vermehren, empfehlen wir ein anderes Papier" für zulässig.[196] Es kommt auch hier auf die Umstände des Einzelfalls an.[197]

111 Auch der wettbewerbsrechtliche Tatbestand der **Irreführung** (§ 3 UWG a.F., jetzt § 5 UWG) kann durch die Abbildung von Sachen in der Werbung erfüllt sein. Der BGH[198] geht von einem Schutzbedürfnis vor Irreführung aus, wenn es sich um eine Werbung handelt, die der durchschnittlich informierte, aufmerksame und verständige Verbraucher üblicherweise mit einem eingeschränkten Grad der Aufmerksamkeit wahrnimmt. Der BGH sah z. B. die Abbildung eines ohne weiteres erkennbaren, zweieinhalb Mal so teuren Scanners des Marktführers statt des beworbenen Geräts in einer Zeitungsbeilage als irreführend an. Eine unzulässige Irreführung gemäß § 3 UWG a. F. und zugleich auch eine **unlautere Herabsetzung fremden Rufs** gemäß § 1 UWG a. F. sah das OLG Karlsruhe[199] in der hervorgehobenen Abbildung eines Peugeot Cabriolets und der Nennung der Marke Peugeot in einem Werbeschreiben, mit welchem ein **Gewinnspiel** eines Versandhandelsunternehmens angekündigt wurde. Der Kraftfahrzeughersteller Peugeot hatte mit diesem Gewinnspiel nichts zu tun. Das abgebildete Peugeot Cabriolet war nicht zu gewinnen, sondern Pfeffermühlen mit Peugeot-Mahlwerk.

112 Im **redaktionellen Umfeld** ist die **Abbildung von Produkten** hingegen zulässig, sofern nicht durch weitere Umstände hierdurch falsche Sachaussagen in Bezug auf die dargestellte Ware getroffen werden. Die Rechtsprechung ist insoweit großzügig und lässt die Möglichkeit, dass einige Leser oder Zuschauer aus der Verbindung einer textlichen Sachaussage und einer Produktabbildung falsche Schlüsse ziehen, nicht ausreichen, um Ansprüche des Herstellers zu begründen. Der BGH hat z. B. eine Klage eines Herstellers von Absperrpfählen („Poller"), dessen Produkte in einem Fernsehbeitrag über einen Korruptionsprozess gezeigt wurden, abgewiesen, obwohl er nichts mit dem Vorfall zu tun hatte.[200]

---

[196] BGH GRUR 2002, 828, 829 f.; ebenso Vorinstanz OLG Hamburg GRUR 2000, 243, 244.
[197] Vgl. auch *Sack* in Harte/Henning, UWG, § 6 Rn. 154 f.
[198] GRUR 2002, 715 ff. – *Scanner.*
[199] GRUR 1999, 353, 354 – *Peugeot.*
[200] BGH NJW 1992, 1312, 1313 – *Poller.*

1. Veröffentlichung von Sachfotos

In einer umstrittenen und fragwürdigen Entscheidung hat das LG Stuttgart die Verbreitung von privaten Filmausschnitten von Amateurfußballspielen auf einem von den Vereinen und dem Verband nicht autorisierten Internetportal als Verstoß gegen das Wettbewerbsrecht (§ Nr. , UWG) angesehen.[201] **113**

Bei Fotografien kommt auch ein Konflikt mit **geschützten Marken** in Betracht. Während dieser Aspekt in der Rechtsprechung zum Fotorecht bisher eine nur untergeordnete Rolle spielte, haben sich einige Probleme nach neuem Recht vom UWG ins MarkenG verlagert, insbesondere die Problematik der Rufausbeutung. Seit Prominente zunehmend versuchen, ihr Bildnis auch markenrechtlich durch Eintragung einer Bildmarke zu schützen, stellt sich diese Problematik nicht nur bei **Sachaufnahmen** von Markenzeichen, sondern auch bei der kommerziellen Verwendung von **Personenfotos**. Das Bundespatentgericht hat indes entschieden, dass die Porträtaufnahme einer bekannten Schauspielerin nicht als Marke eintragungsfähig ist.[202] Soweit ein durch eine „Personenbildnismarke" begründeter Anspruch denkbar erscheint, dürfte indessen immer schon der ohnehin im deutschen Recht stark ausgeprägte Schutz des Personenbildnisses gegen kommerzielle Nutzungen durch Dritte, insbesondere in der Werbung, eingreifen (siehe hierzu unter Rn. 216 ff.). **114**

Marken sind alle Zeichen und Zeichenkombinationen, insbesondere Wörter und Abbildungen, die geeignet sind, Waren und Dienstleistungen eines Unternehmens von denjenigen anderer Unternehmen zu unterscheiden (§ 3 MarkenG). Auch sogenannte **Bildmarken** oder **Wortbildmarken**, also z. B. Kombinationen aus einem Firmennamen und einer Grafik, können geschützt werden. Markenschutz entsteht im Regelfall durch die **Eintragung des Zeichens** in das vom Deutschen Patent- und Markenamt (DPMA) geführte **Markenregister**, in welches im Internet unter www.dpma.de genommen werden kann. Die dortigen Ergebnisse erfassen aber nicht europäische oder internationale Marken mit Schutzwirkung für Deutschland. Auf der Homepage des DPMA findet man zahlreiche weitere nützliche Informationen zum Umgang mit Marken. Unter der besonderen Voraussetzung eines erhöhten Bekanntheitsgrades können Marken auch ohne Eintragung geschützt sein (§ 4 Nr. 2 und 3 MarkenG).

Das Markenrecht gibt seinem Inhaber ein ausschließliches Recht der Nutzung seiner Marke (§ 14 MarkenG). Dritten ist es untersagt, im **geschäftlichen Verkehr** ein identisches oder verwechslungsfähiges Zeichen zu benutzen, wobei § 14 MarkenG zahlreiche Tatbestän-

---

[201] LG Stuttgart, Urteil vom 8.5.2008, Az. 41 O 3/08 – *hartplatzhelden.de*, JurPC Web-Dok. 87/2008, n.rkr.

[202] BPatG GRUR 2006, 333 – *Porträt Marlene Dietrich*; hierzu *Sahr* GRUR 2008, 461.

de unzulässiger Nutzungen definiert (§ 14 Abs. 3 und 4 MarkenG) sowie Unterlassungs- und Schadensersatzansprüche normiert (§ 14 Abs. 5 und 6 MarkenG). Kontrovers diskutiert wird noch immer die Frage, wann eine markenrechtlich relevante Benutzung vorliegt, die Ansprüche nach § 14 MarkenG begründen kann.[203] Nach der überwiegenden Meinung kommt hierfür nicht jede Benutzung, also auch nicht jede visuelle Wiedergabe einer geschützten Marke in Betracht. Vielmehr setzen Ansprüche aus § 14 MarkenG eine markenmäßige Benutzung des geschützten Zeichens voraus.[204] Diese liegt insbesondere dann vor, wenn mit der ungenehmigten Wiedergabe der Marke eine **Herkunftstäuschung** bezüglich einer angebotenen Ware oder Dienstleistung verbunden ist.[205] Bei einer bloßen fotografischen Wiedergabe einer Marke wird dies in den seltensten Fällen gegeben sein.[206] Jedenfalls im redaktionellen Umfeld ist eine Markenrechtsverletzung durch die fotografische Abbildung eines Markenzeichens somit im Regelfall ausgeschlossen, da im Rahmen einer Berichterstattung keine Herkunftstäuschung eintreten kann.[207] So hat auch der BGH – allerdings noch vor Inkrafttreten des neuen Markengesetzes – beispielsweise die Abbildung des bekannten Emblems der Bildzeitung in einem kritischen Artikel in einer Gewerkschaftszeitung als zulässig angesehen.[208] Es ist daher auch zulässig, z. B. im Rahmen der Wirtschaftsberichterstattung zu **Illustrationszwecken** geschützte Marken der erörterten Unternehmen abzubilden.[209] In einem besonders gelagerten Einzelfall hat das OLG Hamburg die Abbildung des Vereinslogos eines Fußballvereins auf dem Umschlag eines Buches als unzulässig angesehen, weil durch die konkrete optische Gestaltung des Titels der unzutreffende Eindruck entstehen konnte, das Buch sei eine Publikation des Vereins oder zumindest von diesem gestattet und lizenziert.[210]

Außerhalb der redaktionellen Verwendung, insbesondere bei der **Gestaltung von Werbemitteln** ist bei der Abbildung fremder Mar-

---

[203] Zum Streitstand *Ströbele/Hacker,* § 14 MarkenG, Rn. 42 ff.; *Fezer,* § 14 MarkenG, Rn. 29 ff. m. w. N.

[204] KG Berlin GRUR 1997, 295, 296 – *„Alles wird teurer";* OLG Hamburg AfP 1999, 287, 287 – *Fit for Fun; Ströbele/Hacker,* § 14 MarkenG, Rn. 61.

[205] Vgl. *Soehring,* Rn. 22.49.

[206] Vgl. LG Düsseldorf, NJW-RR 2007, 920 – *Borussia Vereinswappen* hinsichtlich der Abbildung eines markenrechtlich geschützten Vereinslogos in einem Gemälde.

[207] Vgl. *Soehring* a. a. O.

[208] BGH NJW 1980, 280 – *Metallzeitung;* ähnlich auch OLG Hamburg NJW 1999, 1960 – *Bild Dir keine Meinung* und OLG Hamburg AfP 1999, 287 – *fit for fun.*

[209] Vgl. OLG Köln AfP 2000, 581, 582 – *Emblem eines Jagdverbandes auf der Internetseite eines Tierrechtsmagazins;* OLG Frankfurt AfP 2000, 189, 190 – *Marke ACC in Spiegel-Bericht; Ingerl/Rohnke,* § 14 MarkenG, Rn. 157 m. w. N.

[210] OLG Hamburg AfP 2000, 382, 382 f. – *FC Schalke 04.*

ken schon auf Grund der zuvor erörterten Aspekte Zurückhaltung geboten. § 14 Abs. 3 Nr. 5 MarkenG erfasst ausdrücklich die Nutzung von **Marken in der Werbung** und erklärt diese im Regelfall für unzulässig.

Im gewerblichen Geschäftsverkehr kann sich die Unzulässigkeit der **115** Veröffentlichung von Sachaufnahmen im Einzelfall auch aus dem **Geschmacksmusterrecht** nach dem deutschen Geschmacksmustergesetz (GeschmMG) und der Europäischen Geschmacksmusterverordnung (GGV) ergeben. Geschmacksmusterschutz nach dem GeschmG besteht nur – anders als der Urheberschutz –, wenn der Gegenstand in das **Musterregister** beim **Deutschen Patent- und Markenamt** in München eingetragen ist. Zu beachten ist aber, dass nach der GGV ein auf drei Jahre beschränkter Schutz auch ohne Eintragung bestehen kann (Art. 4 Abs. 1, 11 Abs. 1 GGV). Geschmacksmusterschutz wird für Gestaltungen gewährt, die neu und eigentümlich sind (§ 2 Abs. 1 GeschmMG). Obgleich der Schutz als Geschmacksmuster nicht den hohen Anforderungen des Urheberschutzes gleichzustellen ist, muss die **Gestaltung** (das **Design**) über die alltägliche durchschnittliche Gestaltungsleistung hinausgehen.[211] Ein Gegenstand muss sich ferner in seinem Gesamteindruck vom bisherigen Formenschatz abheben. Die Einsicht in das Musterregister steht jedermann frei, der sein berechtigtes Interesse glaubhaft gemacht hat (§ 22 GeschmMG). Geschmacksmusterrechtlich geschützte Gegenstände finden sich in allen Produktbereichen.

Das Geschmacksmuster gewährt seinem Inhaber nach §§ 38, 40 **116** GeschmMG das ausschließliche Recht, es im gewerblichen Bereich zu benutzen. Er kann Dritten verbieten, es ohne seine Zustimmung zu nutzen. Das GeschmMG nennt als unzulässige Nutzungen insbesondere die Herstellung, das Anbieten, das Inverkehrbringen, die Ein- und Ausfuhr und den Gebrauch von Erzeugnissen mit dem Geschmacksmuster. Einschränkungen nennt § 40 GeschmMG. §§ 42 ff. GeschMG begründen in Verletzungsfällen Beseitigungs-, Vernichtungs-, Unterlassungs- und Schadensersatzansprüche. Imitate dürfen auch nicht mit Fotos beworben werden. Das OLG Frankfurt sprach z.B. (noch unter Geltung des alten GeschmMG) einem Uhrenhersteller Schadensersatzansprüche wegen der Bewerbung eines Uhrenimitats mit fotografischer Darstellung des Imitats in einem **Versandhauskatalog** zu.[212]

Bei der Werbung für **Arzneimittel, Medizinprodukte und Kos-** **117** **metika** sind die Beschränkungen des *Heilmittelwerbegesetzes* (HWG) zu

---

[211] BGH GRUR 1981, 269, 270 – *Haushaltsschneidemaschine II.*
[212] OLG Frankfurt a.M. GRUR-RR 2003, 204 ff.; BGH NJW-RR 2006, 184 – *Catwalk-Uhr.*

beachten. Das HWG kann schon in der **Krankenhauswerbung** bei der bildlichen Darstellung von Personen in medizinischer Berufskleidung einschlägig sein.[213] Gemäß § 11 Abs. 1 Nr. 4 HWG darf u.a. für Arzneimittel, medizinische Verfahren und Behandlungen nicht mit bildlichen Darstellungen von Personen in **Berufskleidung** geworben werden, wenn sich die Werbeaussagen auf die Erkennung, Beseitigung oder Linderung von Krankheiten, Leiden, Körperschäden oder krankhaften Beschwerden bei Mensch oder Tier beziehen. Ebenso sind vergleichende bildliche Darstellungen des Körperzustandes vor und nach der Behandlung („**vorher/nachher-Bilder**") unzulässig (§ 11 Abs. 1 Nr. 5 HWG). Diese Beschränkungen gelten jedoch nicht bei der Werbung innerhalb von Fachkreisen oder bei reiner Imagewerbung.[214]

2. Veröffentlichung von Personenfotos

118 Die Frage, unter welchen Voraussetzungen Personenfotos veröffentlicht werden dürfen, beurteilt sich nach dem **Recht am eigenen Bild**. Das Recht am eigenen Bild ist ein gesetzlich geregeltes sog. **besonderes Persönlichkeitsrecht**. Das Recht am eigenen Bild hat in den letzten Jahren auf Grund einer Reihe von Urteilen des BGH und des BVerfG, mit denen auf die „Caroline-Entscheidung" des EGMR reagiert wurde, eine dynamische Entwicklung erfahren. Die Einzelheiten des Bildnisschutzes sind von der Rechtsprechung geprägt. Gleichwohl finden sich die Rechtsgrundlagen noch immer in einem Gesetz aus dem Jahre 1907, welches als Bundesrecht fortgilt. Gemäß § 22 ff. Kunsturhebergesetz (KUG) dürfen „Bildnisse" (also Aufnahmen von Personen und auch sonstige bildliche Darstellungen eines Menschen, zum Begriff des Bildnisses näher unten Rn. 121 ff.) grundsätzlich nur mit Einwilligung des Abgebildeten **verbreitet** oder „**öffentlich zur Schau gestellt**" werden (§ 22 Satz 1 KUG). Bei **Verstorbenen** ist während eines Zeitraumes von 10 Jahren nach dem Tode die Einwilligung der Angehörigen des Abgebildeten erforderlich (§ 22 Satz 3 KUG).

Die Begriffe der **Verbreitung** und öffentlichen Zurschaustellung sind weit zu verstehen. Insbesondere ist nicht erforderlich, dass es sich um eine öffentliche Verbreitung im Sinne von § 17 UrhG handelt. Vielmehr reicht schon das Verschenken oder Verleihen im privaten Bereich aus. Erst Recht liegt eine Verbreitung dann vor, wenn eine

---

[213] BGH NJW-RR 2007, 1338 – *Krankenhauswerbung*.
[214] BGH NJW-RR 2007, 1338, 1339 m.w.N.

Bildagentur Fotos aus ihrem Archiv an eine Zeitschrift übergibt, die es dann veröffentlicht.[215] Jede technische Art der Veröffentlichung ist eine öffentliche Zurschaustellung, z. B. in Druckwerken, im Fernsehen und im Internet, aber auch die Versendung von Fotoabzügen auf Bestellung.[216] Das Merkmal der **öffentlichen Zurschaustellung** ist schon dann erfüllt, wenn dies nur für kurze Zeit vor einem begrenzten Personenkreis erfolgt, z.b. wenn bei einer Pressekonferenz mit 20 Teilnehmern ein Plakat mit Personenbildnissen hoch gehalten wird.[217] Im **Internet** kann eine öffentliche Zurschaustellung i.S.d. KUG nach Auffassung des OLG München schon dann vorliegen, wenn ein Text mittels eines **Links** auf Fotos anderer Internetseiten illustriert wird.[218]

Diese auf den ersten Blick sehr strenge vorkonstitutionelle Regelung des § 22 KUG (grundsätzliches Verbot mit striktem Einwilligungsvorbehalt) ist verfassungskonform, wie das BVerfG mehrfach entschieden hat. Allerdings bestehen in § 23 KUG Ausnahmeregelungen, die zu Gunsten der **Pressefreiheit**, Art. 5 Abs. 1 GG, **verfassungskonform ausgelegt** und angewendet werden, wenn es um Veröffentlichungen in Massenmedien geht.[219] Nach § 23 KUG dürfen in den dort näher bestimmten Fällen Aufnahmen auch ohne die grundsätzlich nach § 22 KUG erforderliche Einwilligung veröffentlicht werden. Am wichtigsten ist insoweit die Ausnahmeregelung des § 23 Abs. 1 Nr. 1 KUG, die „Bildnisse aus dem Bereiche der **Zeitgeschichte**". Nach § 23 Abs. 2 KUG finden diese Ausnahmetatbestände wiederum eine Einschränkung, wenn durch eine Veröffentlichung „ein berechtigtes Interesse des Abgebildeten" verletzt wird. Es muss also eine **doppelte Güter- und Interessenabwägung** auf zwei Ebenen stattfinden, bevor die Frage beurteilt werden kann, ob ein Personenfoto auch ohne Zustimmung des Abgebildeten veröffentlicht werden darf. Nach der Rechtsprechung des BGH sind die Informationsinteressen der Allgemeinheit hierbei schon auf der Ebene des § 23 Abs. 1 Nr. 1 KUG zu beachten und mit dem Persönlichkeitsschutz abzuwägen.[220]

Das Verständnis dieser Einzelfallabwägung wird erleichtert, wenn **119** man sich vor Augen hält, warum das Recht am eigenen Bild als be-

---

[215] LG Frankfurt/M. AfP 2008, 417, 418 - *Jahrhundert-Mörder*.

[216] OLG Frankfurt/Main ZUM-RD 2004, 576 − *Fotoversand; Dreier*, § 22 KUG, Rn. 11.

[217] BerlVerfGH NJW-RR 2007, 1686 − *Polizistenplakat*.

[218] OLG München, Urteil vom 26.6.2007, 18 U 2067/07, JurPC Web-Dok. 147/2007 = K&R 2007, 531 mit kritischer Anmerkung von *Wimmers/Schulz*. In urheberrechtlicher Hinsicht sieht der BGH hingegen in einem Link keine öffentliche Zugänglichmachung, BGH GRUR 2003, 958 ff. − *Paperboy*.

[219] BVerfG NJW 1973, 1226 ff.; BVerfG NJW 2000, 1021, 1023 f.

[220] BVerfG a. a. O.

sonderes Persönlichkeitsrecht gesetzlich geschützt ist. Das BVerfG hat im Verfahren um die Zulässigkeit von heimlich hergestellten Paparazzifotos von Prominenten grundsätzlich zur Funktion und Reichweite des Rechts am eigenen Bild ausgeführt:[221]

> **„Das Recht am eigenen Bild (…) gewährleistet dem Einzelnen Einfluss- und Entscheidungsmöglichkeiten, soweit es um die Anfertigung und Verwendung von Fotografien oder Aufzeichnungen seiner Person durch andere geht.** Ob diese den Einzelnen in privaten oder öffentlichen Zusammenhängen zeigen, spielt dabei grundsätzlich keine Rolle. Das Schutzbedürfnis ergibt sich vielmehr (…) vor allem aus der Möglichkeit, das Erscheinungsbild eines Menschen von einer bestimmten Situation von diesem abzulösen, datenmäßig zu fixieren und jederzeit vor einem unüberschaubaren Personenkreis zu reproduzieren. Diese Möglichkeit ist durch den Fortschritt der Aufnahmetechnik, der Abbildung auch aus weiter Entfernung, jüngst sogar aus Satellitendistanz und unter schlechten Lichtverhältnissen erlaubt, noch weiter gewachsen. Mit Hilfe der Reproduktionstechnik lassen sich die Formen der Öffentlichkeit ändern, in der der Einzelne erscheint. Insbesondere kann die überschaubare Öffentlichkeit, in der man sich bei normalem Auftreten bewegt, durch die Medienöffentlichkeit ersetzt werden. (…) Überdies kann sich mit dem Wechsel des Kontext, in dem eine Abbildung reproduziert wird, auch der Sinngehalt der Bildaussagen ändern oder sogar absichtlich ändern lassen."

Das Recht am eigenen Bild schützt demnach die Selbstbestimmung des Menschen über den Umgang mit seiner visuellen Erscheinung. Hierbei spielen in jüngerer Zeit vor allem die **neuen technischen Möglichkeiten** eine Rolle. Aufnahmen sind mittlerweile fast immer digitalen Dateien, die anders als früher in hochwertiger Qualität sofort zur weiteren Verwendung und Bearbeitung zur Verfügung stehen und binnen kürzester Zeit weltweit via Telefon- und Datennetze versendet werden können, auch an zahlreiche Adressaten gleichzeitig. Ferner können Aufnahmen unauffälliger und daher unbemerkt hergestellt werden, man denke an Kleinstkameraobjektive in der Größe eines Streichholzkopfes oder Digitalkameras, die in Mobiltelefone (Handys) integriert sind, millionenfach mitgeführt werden und geradezu dazu einladen, Zufallsbeobachtungen vertraulicher Szenen unbemerkt zu fixieren und (gegen Honorar) der Unterhaltungspresse zuzuspielen. Im Bereich der Profifotografie haben in den letzten Jahren die Leistungsstärke der Teleobjektive und die Möglichkeiten der elektronischen Archivierung und Nachbearbeitung von Aufnahmen die Verletzlichkeit des Rechts am eigenen Bild gesteigert. Hinzu tritt im Medienbereich das verstärkte Interesse an Personenaufnahmen durch den allgemeinen Trend der Personalisierung von Nachrichten und die Tendenz vieler Medien, die dem Privatleben von Prominenten ebenso viel Aufmerksamkeit schenken wie dem weltpolitischen Geschehen. Von

---

[221] BVerfG NJW 2000, 1021, 1022; BGH NJW 1996, 1128 ff.

ungebrochener Aktualität ist daher eine Aussage aus einem Urteil des BGH aus dem Jahre 1966:[222]

> „Hat die Bildberichterstattung infolge der Entwicklung des Fernsehens, der Kinematographie und der Bild-Zeitungen heute eine sehr große Bedeutung erlangt, so darf deshalb der Rechtsschutz der Einzelpersonen gegenüber einer von ihr nicht gestatteten Fixierung und Vorführung eines Bildnisses nicht abgebaut werden. Sind durch die Fortschritte der Technik die Möglichkeiten erleichtert worden, heimliche Bildnisaufnahmen herzustellen, sie zu vervielfältigen und einer breiteren Öffentlichkeit zuzuführen, so muss ein besonderer Anlass bestehen, auf eine Wahrung der vom Recht gesetzten Schranken zu achten und einem Missbrauch des leichter verletzbar gewordenen Persönlichkeitsrechts vorzubeugen. **Das Recht darf sich in diesem Punkt der technischen Entwicklung nicht beugen** (...)‟

Da aber das BVerfG auch die redaktionelle Entscheidung, ob und wie ein Beitrag bebildert wird, der Pressefreiheit unterstellt und auch Infotainment und Unterhaltung als legitime Beiträge zur öffentlichen Meinungsbildung ansieht[223], müssen anhand der gesetzlichen Vorgaben des KUG im Bereich der Medienberichterstattung die Belange des Persönlichkeitsrechts und der Pressefreiheit in jedem Einzelfall miteinander abgewogen werden.[224]

Aus dem Gesetz ergibt sich folgendes **Prüfschema**:   **120**

1. Liegt ein Bildnis vor (Erkennbarkeit)?
2. Liegt die Einwilligung des Abgebildeten vor?
3. Liegt eine Ausnahme gemäß § 23 Abs. 1 KUG vor („Bildnis aus dem Bereich der Zeitgeschichte"/„Beiwerk" etc.)?
4. Verletzt die Verbreitung des Bildnisses die berechtigten Interessen des Abgebildeten (§ 23 Abs. 2 KUG)?

Die erforderliche Einzelfallabwägung findet hierbei unter den Punkten 3. und 4. statt. Zuvor ist aber stets zu prüfen, ob es sich überhaupt um ein „Bildnis" im Sinne des Rechts am eigenen Bild handelt, insbesondere ob die **Erkennbarkeit** gegeben ist. Ferner kann neben einer ausdrücklichen (mündlichen oder schriftlichen) Einwilligung auch eine Zustimmung durch schlüssiges Verhalten vorliegen (konkludente Einwilligung), wodurch gegebenenfalls ebenfalls weitere schwierige Abwägungsfragen entfallen können. Die einzelnen Prüfungspunkte werden nachfolgend anhand der Rechtsprechung eingehend erläutert, da hier in der Praxis in der Regel die Hauptstreitpunkte um die Veröffentlichung von Bildnissen liegen.

---

[222] BGH NJW 1966, 1353, 1354.
[223] BVerfG NJW 2000, 1021, 1024.
[224] BVerfG NJW 2000, 1021, 1025.

a) Begriff des Bildnisses

121 Ein „**Bildnis**" im Sinne der Terminologie des Rechts am eigenen Bild gemäß § 22 KUG liegt vor, wenn ein Mensch in seiner äußeren Erscheinung bildlich dargestellt wird. Der Begriff des Bildnisses ist weit zu verstehen.[225] Auf die **Beschaffenheit des Trägers** der bildlichen Darstellung, also des Verbreitungsmediums, kommt es nicht an. Neben den üblichen Darstellungsformen in Printmedien und in elektronischer Form (Fernsehen, Online-Dienste) sind daher auch bildliche Darstellungen von lebendigen oder verstorbenen Menschen auf Gegenständen aller Art Bildnisse, die nach dem Recht am eigenen Bild beurteilt werden müssen, so z. B. die Darstellung von *Willy Brandt* auf einer Gedenkmedaille[226] oder von *Bob Dylan* auf einem CD-Cover[227]. Auch Abbildungen von **Körperteilen** können Bildnisse im Sinne des § 22 KUG sein, wenn trotzdem die Erkennbarkeit gegeben ist, z. B. durch Namensnennung (hierzu näher Rn. 125 ff.).

122 Bildnisse sind nicht nur Fotos und Filmaufnahmen, sondern auch alle anderen Abbildungsformen, insbesondere **zeichnerische Darstellungen** aller Art[228] einschließlich **Karikaturen** und der Darstellung als **Comic-Figur**[229] oder **Puppe**.[230] Maßgeblich ist in diesen Fällen, dass die individuellen Züge der äußeren Erscheinung des Abgebildeten in einer Weise übernommen werden, dass dieser als Person erkennbar ist (zur Erkennbarkeit sogleich näher unter Rn. 125 ff.).[231] Auch technisch und/oder künstlerisch verfremdete Personenfotos bleiben unter dieser Voraussetzung Bildnisse und unterfallen dem Recht am eigenen Bild. Dies gilt auch dann, wenn sie Teil von (satirischen) **Fotomontagen** sind (hierzu Rn. 250 ff.)

123 Auch der Einsatz von **Doubles (Doppelgängern)** greift in das Recht am eigenen Bild ein, sobald der Betrachter in dem Double die Person erkennt, die nachgestellt wurde.[232] Nach der Rechtsprechung liegt sogar dann ein Bildnis eines Schauspielers vor, wenn dieser auf einem nachgestellten Szenenbild in einer bekannten Rolle abgebildet

---

[225] *Steffen* in: *Löffler*, § 6 LPG, Rn. 121 f.; Wandtke/Bullinger/*Fricke,* UrhR, § 22 KUG Rn. 5, jeweils m. w. N.

[226] BGH GRUR 1996, 195.

[227] BGH NJW 1997, 1152.

[228] OLG Hamburg AfP 1983, 282 ff. – *Tagesschausprecher,* OLG Hamburg, Urteil vom 13. 1. 2004, Az. 7 U 41/03 – *PC-Spiel mit Oliver Kahn.*

[229] Wandtke/Bullinger/*Fricke,* UrhR, § 22 KUG Rn. 5; *Prinz/Peters,* Rn. 825 m. w. N.

[230] AG Hamburg NJW-RR 2005, 196 – *Kanzlerpuppe.*

[231] LG München AfP 97, 559 – *Gustl Bayrhammer/Pumuckl.*

[232] H.M.: OLG Karlsruhe AfP 1996, 282 – *Rebroff;* LG Düsseldorf AfP 2002, 64, 65 – *Beckenbauer,* Wandtke/Bullinger/*Fricke,* UrhR, § 22 KUG Rn. 7.

wird. So hat der BGH die Nachstellung des „Blauen Engel" als Verletzung der Rechte der Darstellerin **Marlene Dietrich** angesehen.[233] Lediglich in Fällen, in denen eine Person in einem Werk mit dokumentarischen Zügen durch **Schauspieler** nachgestellt wird, die keine besondere Ähnlichkeit mit der nachgestellten Person haben und auch nicht durch Maske, Bewegung und Sprechweise deren Erscheinung imitieren, kann nach Auffassung des OLG München ausnahmsweise kein Bildnis im Sinne des Rechts am eigenen Bild (§ 22 KUG) vorliegen (zur Erkennbarkeit siehe auch unten Rn. 125 ff). Die Zulässigkeit der Darstellung ist dann am Maßstab des allgemeinen Persönlichkeitsrechts zu prüfen.[234]

Auch **Replikanten**, d. h. im Wege der Computeranimation erzeugte wirklichkeitsgetreue visuelle Darstellungen von lebenden oder verstorbenen Personen, sind Bildnisse im Sinne des Rechts am eigenen Bild.[235]

Bei **zufälligen Ähnlichkeiten** trifft im Streitfalle den Anspruchsteller die Darlegungs – und **Beweislast**, dass tatsächlich er auf der streitigen Abbildung zu sehen ist.[236]

Das Recht am eigenen Bild ist eine besondere Ausprägung des allgemeinen Persönlichkeitsrechts und steht damit nur realen Personen zu. **Fantasiefiguren**, wie z. B. **Comicfiguren**, haben kein Persönlichkeitsrecht und sind daher weder von §§ 22 KUG noch vom allgemeinen Persönlichkeitsrecht aus Art. 2 Abs. 1 i. V. m. Art. 1 Abs. 1 GG geschützt. Dies gilt auch, wenn es sich um besonders populäre und in einem längeren Zeitraum in einer konkreten Darstellungsform niedergelegte Figuren handelt. Hinzuweisen ist jedoch darauf, dass die zeichnerische Darstellung einer fiktiven Figur urheberrechtlich geschützt ist, wenn sie die erforderliche Schöpfungshöhe hinsichtlich der geistigen Kreativität bei der zeichnerischen Darstellung aufweist. Dies dürfe in der Regel der Fall sein.[237] Dann liegt ein Werk im Sinne von § 2 UrhG vor und es gelten die allgemeinen Regeln der bildlichen Darstellung von urheberrechtlichen Werken (hierzu Rn. 85 ff.).

Bei der Benutzung einer zeichnerischen Darstellung einer realen Person kann daher die Zustimmung des Abgebildeten und des Zeichners erforderlich sein, da zwei Rechtsgüter, das Persönlichkeitsrecht des Abgebildeten und das Urheberrecht des Zeichners, betroffen sind.

124

---

[233] BGH NJW 2000, 2201; OLG München NJW-RR 2003, 767; kritisch *Fricke,* a. a. O.

[234] OLG München NJW-RR 2008, 1221.

[235] Hierzu *Lausen* ZUM 1997, 86 ff.

[236] OLG München, Beschluss vom 5. 11. 2004, 18 U 3694/04, unveröffentlicht.

[237] Vgl. z. B. BGH GRUR 1994, 191 – *Asterix*.

b) Erkennbarkeit

125 Ein Personenfoto oder eine andere bildliche Darstellung einer Person ist hinsichtlich des Rechts am eigenen Bild unerheblich, wenn der Abgebildete **nicht erkennbar** dargestellt wird. Dies klingt zunächst selbstverständlich, führt in der Praxis jedoch des Öfteren zu Rechtsproblemen, weil die Rechtsprechung geringe Anforderungen an die Erkennbarkeit stellt, was nicht nur für juristische Laien in manchen Fällen zu überraschenden Ergebnissen führt. Bei Eingriffen in die Intimsphäre (z.b. durch Abbildungen des nackten Körpers) ist keine Erkennbarkeit oder Identifizierbarkeit erforderlich.[238]

126 Die Erkennbarkeit ergibt sich zwar häufig, aber nicht ausschließlich aus der Abbildung der **Gesichtszüge**. Auch **Statur, Haltung, Frisur** können – z.B. bei **Rückenansichten** – zur Erkennbarkeit führen.[239] Es reicht schon aus, dass Betrachter, die den Betroffenen kennen, ihn erkennen können.[240] Bei allgemein bekannten Persönlichkeiten mit charakteristischen Merkmalen ist die Erkennbarkeit daher in der Regel auch ohne die Wiedergabe des Gesichts gegeben. Der BGH hat z.B. im Jahre 1979 die Erkennbarkeit einer Rückenansicht des Torwarts *Sepp Maier* auf dem Spielfeld u.a. auf Grund seiner krummen Beine und seiner Frisur bejaht.[241] Das LG Frankfurt hielt eine Frau trotz **gepixeltem Gesicht** aufgrund **Oberkörper, Händen und Haaren** für erkennbar.[242] Auch eine **alterbedingte Veränderung** der optischen Erscheinung einer Person schließt die Erkennbarkeit nicht aus.[243] Hingegen vertrat das KG Berlin die Auffassung, eine Erkennbarkeit sei nicht gegeben, wenn eine namentlich nicht benannte Frau nur seitlich von hinten mit „**Allerweltskleidung**" und „Durchschnittfrisur" (mittellange schwarze Haare) abgebildet wird, die sich zudem noch in räumlicher Entfernung von ihrem prominenten Begleiter befindet und daher nur als zufällige Passantin erscheine.[244]

Die Rechtsprechung zieht bei der Prüfung der Erkennbarkeit von Abgebildeten auch den Kontext der Aufnahme heran. So wurde in einer vielfach kritisierten Entscheidung bei einer Abbildung des Kopfes eines Segelfliegers in der Größe eines Stecknadelkopfs in der Kan-

---

[238] LG Frankfurt AfP 2006, 380.

[239] BGH NJW 1979, 2205 – *Fußballtorwart*; LG Frankfurt/M. NJW-RR 2007, 115, 116.

[240] BGH a.a.O.; LG Frankfurt/M. AfP 2008, 417, 418; Schricker/*Götting*, Urheberrecht, § 22 KUG Rn. 17; *Steffen* in: *Löffler*, § 6 LPG, Rn. 122, Wandtke/Bullinger/*Fricke*, UrhR, § 22 Rn. 6.; *Schertz* in Handbuch des Urheberrechts, § 18, Rn. 6.

[241] BGH NJW 1979, 2205.

[242] LG Frankfurt/M. NJW-RR 2007, 115, 116.

[243] LG Frankfurt/M. AfP 2008, 417, 418.

[244] KG Berlin AfP 2006, 567.

zel seines Flugzeugs mit Kennzeichen von einer Identifizierbarkeit des Piloten ausgegangen.[245] Die Erkennbarkeit eines Reiters wurde vom OLG Düsseldorf durch sein Pferd als gegeben angesehen.[246] Das LG Hamburg sah die **Abbildung** eines zum Schutze vor Fotografen vollständig in Textilien **verhüllten Babys**, von welchem kein Körperteil und keine Konturen mehr erkennbar waren, als Verletzung des Rechts am eigenen Bild des Kindes an. Die Erkennbarkeit sei aufgrund der Begleitumstände der Veröffentlichung gegeben. Die prominente Mutter wurde mit abgebildet, sie hielt das „Bündelchen" beim Verlassen des Krankenhauses nach der Entbindung auf ihrem Arm. Der Artikel berichtete über die Geburt des Kindes. Ein Personenbildnis läge auch dann vor, wenn der Abgebildete weitestgehend oder vollständig in Textilien gehüllt sei, wenn der Betrachter noch die Darstellung eines menschlichen Körpers zu erkennen vermag.[247]

Anders können nur Sachverhalte zu beurteilen sein, in denen zwar durch den **Kontext** eine **Assoziation** auf eine Person hervorgerufen wird, aber weder die Andeutung eines Gesichts noch einer menschlichen Kontur zu sehen ist.[248]

In der Praxis sollte daher davon ausgegangen werden, dass nach den Maßstäben der Gerichte eine Erkennbarkeit von Abgebildeten in der Regel gegeben ist. Maßgeblich sind immer alle Umstände des Beitrags. So kann auch die **zugehörige Textveröffentlichung** zur Erkennbarkeit führen, insbesondere wenn dort der Name – auch abgekürzt – genannt wird.[249] Auch sonstige **Hinweise im Begleittext**, die Rückschlüsse auf die Identität des Abgebildeten zulassen, führen zu dessen Erkennbarkeit. Eine Erkennbarkeit soll auch vorliegen, wenn eine Aufnahme unscharf oder unvollständig veröffentlicht wird, zuvor aber vollständig veröffentlicht wurde.[250] **127**

Da sich nach der Rechtsprechung die Erkennbarkeit auch aus allen Umständen außerhalb einer Bildnisveröffentlichung ergeben kann, ist die in der Praxis häufig anzutreffende Anonymisierung von Personenaufnahmen durch **Augenbalken** oder eine **„Verpixelung"** des ganzen Gesichts (bei elektronischen Medien) rechtlich in vielen Fällen nicht ausreichend. Augenbalken sind oft zu klein gehalten, um überhaupt von einer wirksamen Unkenntlichmachung sprechen zu können **128**

---

[245] OLG Nürnberg, Urteil vom 26.10.1975, in Schulze OLGZ 141.

[246] OLG Düsseldorf GRUR 1970, 618.

[247] LG Hamburg, Urteile vom 7.1. 2000, Az. 324 0 441/99; 324 0 431/99; 324 0 426/99, unveröffentlicht.

[248] So OLG Karlsruhe AfP 2004, 557, 558 in einem besonderen Einzelfall.

[249] BGH NJW 1965, 2148, 2149 – *Spielgefährtin; Prinz/Peters,* Rn. 827.

[250] LG Bremen GRUR 1994, 897; kritisch Wandtke/Bullinger/*Fricke,* UrhR, § 22 KUG Rn. 6.

und haben nur Alibifunktion. Eine unzulässige Bildnisveröffentlichung wird aber dadurch nicht rechtmäßig. Auch wenn das ganze Gesicht unkenntlich gemacht wird, ergibt sich häufig aus dem Kontext der Berichterstattung um wen es sich handelt. Wenn z. B. über einen Arzt berichtet wird, der in einer namentlich genannten Stadt an einem ebenfalls bezeichneten Krankenhaus Operationen ausführt und darüber hinaus die Behandlung eines bestimmten Patienten geschildert wird, reichen diese Textinformationen aus, um die Identifizierung des Arztes zumindest in dem betroffenen Personenkreis zu ermöglichen. Damit ist die Erkennbarkeit im rechtlichen Sinne gegeben.

In der Praxis erweisen sich daher derartige **Anonymisierungsversuche** im Streitfall vor Gericht in der überwiegenden Anzahl aller Fälle als unbehelflich.[251] Selbst wenn – ausnahmsweise – im Einzelfall die Erkennbarkeit nicht gegeben sein sollte und damit kein Eingriff in das Recht am eigenen Bild vorliegt, kann eine einwilligungslose Bildnisveröffentlichung das allgemeine Persönlichkeitsrecht des Abgebildeten verletzen, insbesondere wenn es sich um Nacktbilder handelt.[252] Es ist somit in aller Regel nicht lohnend, über das Merkmal der Erkennbarkeit Rechtsstreitigkeiten zu führen bzw. im Vorfeld zu versuchen, die Erkennbarkeit durch Anonymisierungsmaßnahmen zu beseitigen. Bedeutsamer und zielführender ist stets die Prüfung, ob eine rechtswirksame Einwilligung des Abgebildeten vorliegt, oder eine Personenaufnahme auf Grund der Ausnahmebestimmung des § 23 KUG einwilligungslos veröffentlicht werden darf. Diese Aspekte werden nachfolgend näher erläutert.

c) Einwilligung

129 Nach dem eindeutigen Gesetzeswortlaut sind Bildnisveröffentlichungen nur mit **Einwilligung** des Abgebildeten zulässig (§ 22 KUG). In der Praxis sind trotzdem in vielen Fällen Fotoveröffentlichungen auch ohne ausdrückliche Zustimmung rechtmäßig, weil entweder eine konkludente Einwilligung vorliegt (hierzu Rn. 136 ff) oder das Foto in den Bereich der Berichterstattung über die Zeitgeschichte fällt (§ 23 Abs. 1 Nr. 1 KUG, hierzu Rn. 175 ff.).

Das Einwilligungserfordernis ist Ausdruck des verfassungsrechtlich garantierten **Rechts auf Selbstbestimmung über die Darstellung der Person in der Öffentlichkeit,** welches sich aus dem allgemeinen Persönlichkeitsrecht ergibt.[253]

---

[251] Vgl. z. B. LG Frankfurt/M. NJW-RR 2007, 115, 116; OLG Hamburg AfP 1993, 590; OLG Karlsruhe NJW 1980, 1701; OLG München AfP 1983, 276.

[252] BGH NJW 1974, 1947.

[253] Vgl. BVerfG NJW 1973, 1226 ff.; BVerfG NJW 2000, 1021 ff.; *Steffen* in: *Löffler,* § 6 LPG Rn. 124.

2. Veröffentlichung von Personenfotos

Die **Rechtsnatur der Einwilligung** ist umstritten. Nach der über- **130** wiegenden Meinung handelt es sich um eine **Willenserklärung** gemäß §§ 104 ff. BGB.[254] Demgemäß finden auf sämtliche Auslegungsfragen, die sich aus einer Einwilligung ergeben können, wie auch auf die Frage, ob und wie eine Einwilligung angefochten oder widerrufen werden kann, die allgemeinen Bestimmungen des BGB Anwendung.[255] Die praktische Erfahrung zeigt, dass sich aus der Einwilligung eine Vielzahl von streitträchtigen Fragestellungen ergeben kann. Es ist daher dringend zu empfehlen, die Einwilligung und ihre Modalitäten schriftlich niederzulegen. Dies sollte zweckmäßigerweise bereits bei der erstmaligen Erstellung einer Aufnahme erfolgen, kann jedoch auch anlassbezogen vor einer späteren Nutzung geschehen. Da Einwilligung vorherige Zustimmung bedeutet (§ 183 BGB) muss die Erklärung jedenfalls vor der Nutzungshandlung vorliegen. In der Einwilligungserklärung sollte auch der gegenständliche, zeitliche und gegebenenfalls räumliche Umfang der Einwilligung niedergelegt werden.

Aus Sicht des Abgebildeten empfiehlt sich eine präzise Eingrenzung **131** der Erlaubnis, um die Kontrolle über die Nutzung zu behalten. Wer sich z. B. anlässlich einer Veranstaltung fotografieren lässt, kann vereinbaren, dass die Aufnahmen nur für die tagesaktuelle, redaktionelle Berichterstattung über die Veranstaltung genutzt werden dürfen. Auch **Exklusivitätsabreden** sind denkbar. So kann z. B. die Einwilligung beschränkt auf ein bestimmtes Medium und eine einmalige Veröffentlichung in einer bestimmten Sendung bzw. einem bestimmten Artikel erteilt werden. Bei **Werbeaufnahmen** sollte festgelegt werden, für welches Produkt, welche Kampagne und für welchen Zeitraum die Einwilligung erteilt wird. Ferner kann eine räumliche Beschränkung vereinbart werden, z. B. nur Deutschland oder nur außerhalb Deutschlands. Bei längerfristigen Einwilligungen sollte erwogen werden, die Voraussetzungen eines Widerrufs niederzulegen, z. B. bei Berufswechsel des Abgebildeten, Heirat des (Nackt-) Modells. Unzulässige Nutzungen können mit Vertragsstrafen bewehrt und so abgesichert werden.

Fotografen und andere Bildnisverwerter sind hingegen in der Regel **132** bemüht, äußerst **umfassende Einwilligungen** zu erhalten. Dies ergibt sich häufig aus dem Sachzwang, dass die spätere Nutzung und Verwertungsmöglichkeit der Aufnahmen zum Zeitpunkt ihrer Herstellung noch nicht feststehen. Insoweit ist zu beachten, dass Nutzungen, die

---

[254] LG Hamburg NJW-RR 2005, 1357, 1358; *Frömming/Peters* NJW 1996, 958; Wandtke/Bullinger/*Fricke*, UrhR, §§ 22 KUG Rn. 13; *Helle*, S. 103, 117; *Prinz/Peters*, Rn. 833; *Soehring*, Rn. 19.44; *Schertz*, Handbuch des Urheberrechts, § 18 Rn. 9.

[255] *Steffen* in: *Löffler*, § 6 LPG Rn. 124; BGH NJW 1980, 1903, 1904; BGH NJW 1992, 108 ff.

besonders weitgehend in das Persönlichkeitsrecht des Abgebildeten eingreifen oder die so ungewöhnlich sind, dass das Modell mit ihnen nicht rechnen muss, ausdrücklich genannt sein sollten. Dies gilt z. B. für die Verwendung in Werbung, PR und Merchandising, Fotodatenbanken und Bildagenturen, Veröffentlichungen mit sexuellem Bezug oder herabwürdigendem Kontext. Ebenfalls sollte die Einwilligung etwaige Bearbeitungen des Bildmaterials (elektronische Verfremdungen, Fotomontagen) definieren, wenn derartige Nutzungen beabsichtigt sind. Auch das Recht, Aufnahmen an Dritte zur dortigen Verwendung weitergeben zu dürfen, sollte zur Klarstellung aufgenommen werden, falls der Fotograf entsprechend über das Material verfügen will.

133   Nach § 22 Satz 2 KUG gilt die Einwilligung in Zweifel als erteilt, wenn der Abgebildete hierfür eine **Entlohnung** erhalten hat. Diese Entlohnung muss jedoch wirtschaftlich adäquat zu der Nutzungshandlung sein. Es reicht deshalb z.b. nicht aus, dem Abgebildeten einen Abzug des Fotos zu überlassen, wenn das Bildnis zugleich hundertfach als Werbemotiv veröffentlicht wird. Es wird auch die Auffassung vertreten, dass die kostenfreie Überlassung von Abzügen niemals zu einer Einwilligung nach § 22 Satz 2 KUG führt.[256] Ferner ist auch in diesen Fällen erforderlich, dass die Nutzung dem entspricht, was dem Abgebildeten bei der Herstellung der Aufnahme mitgeteilt wurde. So deckt z.b. eine Entlohnung nicht eine Veröffentlichung, die den Betroffenen für ihn **unerwartet** in einen **abträglichen Zusammenhang** stellt.[257] Die Entlohnung muss direkt für die Veröffentlichung erfolgt sein.[258] Ein **Arbeitnehmer**, der lediglich sein übliches Gehalt für seine normale Arbeitsleistung erhält, erhält damit keine Entlohnung im Sinne des § 22 KUG, auch wenn er bei der Berufsausübung fotografiert wird.[259]

134   Bei **Minderjährigen** muss die Einwilligung von den **Erziehungsberechtigten/Eltern** erteilt werden, so weit das Kind geschäftsunfähig ist. Ist es bereits einsichtsfähig und beschränkt geschäftsfähig, was nach in der Regel ab 14 Jahren der Fall ist, muss zusätzlich das Kind selbst zustimmen.[260]

135   Bei **Verstorbenen** ist binnen zehn Jahren nach dem Tode die Einwilligung der in § 22 Satz 4 KUG benannten **Angehörigen** erforderlich, hierzu näher unter Rn. 246.

---

[256] OLG Stuttgart AfP 1987, 693, 694; *Prinz/Peters,* Rn. 836; *Helle,* S. 108.

[257] *Steffen* in: *Löffler,* Presserecht, § 6 LPG Rn. 126; OLG Hamburg AfP 1981, 386.

[258] *Prinz/Peters,* Rn. 836.

[259] OLG Nürnberg GRUR 1957, 296.

[260] LG Bielefeld NJW-RR 2007, 715 – *Super Nanny;* Wandtke/Bullinger/*Fricke,* UrhR, § 22 KUG Rn. 14.

aa) Stillschweigende Einwilligung

Eine Einwilligung kann auch stillschweigend erteilt werden, z. B. **136** durch konkludentes Handeln.[261] Der bloßen **Duldung** einer Aufnahme **ohne Gegenwehr** wird jedoch in aller Regel mangels Erklärungsgehalt **keine stillschweigende Einwilligung** zu entnehmen sein.[262] Anders jedoch, wenn sich jemand vor laufender Kamera den Fragen eines Journalisten stellt, bei einer Veranstaltung vor den Fotografen posiert oder mehrere Tage aktiv an Dreharbeiten für eine bekannte Fernsehsendung mitwirkt.[263] Für eine wirksame konkludente Einwilligung muss dem Abgebildeten **Zweck, Art und Umfang der geplanten Veröffentlichung** bekannt sein.[264] Unklarheiten gehen dabei nach der Rechtsprechung zu Lasten des Verwenders, z.b. wenn die **thematische oder dramaturgische Ausrichtung** eines Beitrags oder das **Niveau** einer Sendung nicht hinreichend deutlich offen gelegt wird. In einem Fall, indem ein verlaufenes Kind auf einem Campingplatz durch ein zufällig anwesendes Fernsehteam gefilmt wurde, wobei die Mutter des Kindes vor laufender Kamera interviewt wurde, nachdem das Kind von der Rezeption wieder zum elterlichen Zelt gebracht wurde, führte das OLG Karlsruhe[265] aus:

„Der Senat (ist) davon überzeugt, das sie (die Mutter) mit den Filmaufnahmen auch einverstanden war, denn anders kann der Umstand nicht gedeutet werden, dass sie die Fragen (...) ohne Unwillen zu zeigen beantwortet hat und dabei auch in die auf sie gerichtete Kamera geschaut hat. Dadurch hat sie aber nicht zugleich zum Ausdruck gebracht, auch mit der Ausstrahlung der Szene im Rahmen des Magazins S – das den Zuschauer mit den kleinen Skurrilitäten des Alltags unterhalten will – einverstanden zu sein. (...) Auch in einem solchen Fall kann eine stillschweigende Einwilligung nur für die Verbreitung in einem Rahmen angenommen werden, der nicht in einem Missverhältnis zu der Bedeutung steht, die der Betroffene selbst in erkennbarer Weise der (...) Thematik beilegt. Im vorliegenden Fall waren Gegenstand des (...) Interviews die Verzweiflung der Mutter nach dem Verschwinden ihrer Tochter und ihre Erleichterung, nachdem das Kind wieder aufgetaucht war. (...) Die stillschweigend erteilte grundsätzliche Einwilligung (...) hätte daher die Ausstrahlung in einer der oberflächlichen Unterhaltung dienenden Sendung wie dem Magazin S nur dann gedeckt, wenn sie über die Einzelheiten der geplanten

---

[261] BGH GRUR 1996, 195 ff., 196; Schricker/*Götting,* Urheberrecht, § 22 KUG Rn. 43; *Steffen* in: *Loeffler,* § 6 LPG Rn. 126.

[262] OLG Hamburg AfP 1991, 437, 438, AfP 1991, 626, 627; OLG Frankfurt a. M. GRUR 1991, 49 ff.; *Prinz/Peters,* Rn. 834; LG Münster NJW-RR 2005, 1065, 1066; OLG Hamburg NJW-RR 2005, 479, 480; OLG Karlsruhe NJW-RR 2006, 1196, 1199.

[263] LG Bielefeld NJW-RR 2008, 715, 716 – *Super Nanny.*

[264] OLG Hamburg NJW-RR 2005, 479, 480; OLG Karlsruhe NJW-RR 2006, 1196, 1199; LG Bielefeld NJW-RR 2008, 715, 716 – *Super Nanny.*

[265] OLG Karlsruhe NJW-RR 2006, 1196, 1199.

Verbreitung – insbesondere über das Niveau der Sendung und den Zusammenhang, in den das Interview gestellt werden sollte, unterrichtet worden wäre."

Mit dieser Begründung verbot das Gericht die erneute Ausstrahlung und sprach der Mutter sogar eine Geldentschädigung in Höhe von € 2500,– sowie weitere € 2500,– für das Kind zu.

Eine stillschweigend erteilte Einwilligung ist verbindlich und kann nicht „zurückgenommen" werden[266], sofern nicht eine wirksame Anfechtung oder Widerruf erfolgt (hierzu unten Rn. 161 ff.).

137 Weitere Beispiele aus der Rechtsprechung: Die spontane Mitwirkung bei Dreharbeiten für einen redaktionellen Beitrag (im konkreten Fall eine Fernsehumfrage zum Thema „Männer") deckt z. B. nicht die spätere kommerzielle Verwertung der Aufnahmen. Nach Ansicht des LG Berlin fällt schon der **Trailer zur Ankündigung der Sendung** in den Bereich der **kommerziellen Nutzung**.[267]

Wer sich für eine redaktionelle Veröffentlichung fotografieren lässt (z. B. für eine **Reportage** in einem Feinschmeckermagazin) erklärt sich dadurch nicht mit der Verwendung dieses Fotos in einem **Werbeprospekt** (für Küchenherde) einverstanden.[268]

Die Mitwirkung an kleineren Veranstaltungen, bei welchen üblicherweise keine Pressefotografen anwesend sind, z.b. bei einer **Theateraufführung**, stellt ohne Hinzutreten weiterer Umstände **keine konkludente Einwilligung** in die Verbreitung von Aufnahmen dar, auch wenn sich die Veröffentlichung mit dem Ereignis beschäftigt.[269] In solchen Fällen kommt aber eine zulässige einwilligungslose Veröffentlichung nach § 23 Abs.1 Nr. 1 KUG in Betracht, wenn es sich bei dem Auftritt um ein Ereignis der Zeitgeschichte handelt.

Ein für eine **Modenschau** engagiertes Mannequin willigt in die Verbreitung der dort von ihr gemachten Fotos im Rahmen eines Presseberichts über die Modenschau ein, wenn sie von der Anwesenheit der Presse bei der Modenschau weiß. Die konkludente Einwilligung gilt nicht für die werbliche Verwertung eines solchen Fotos in einer **Werbeanzeige** für die präsentierte Mode.[270]

Die Mitwirkung eines Prominenten an einem **Werbespot** ist keine Einwilligung in die Verwendung eines ihn zeigenden Ausschnitts aus diesem Spot in der Eigenwerbung des ausstrahlenden Fernsehsenders.[271]

---

[266] LG Bielefeld NJW-RR 2008, 715, 716 – *Super Nanny*.
[267] LG Berlin, Urteil vom 3. 6. 2003, Az. 27 O 109/03, unveröffentlicht.
[268] AG Frankfurt a. M. NJW 1996, 531 f.
[269] LG Saarbrücken NJW-RR 2000, 1571 – *Theateraufführung*.
[270] OLG Koblenz GRUR 1995, 771 f.; LG Düsseldorf AfP 2003, 469, 470.
[271] LG München I AfP 2000, 473, 474.

2. Veröffentlichung von Personenfotos

Die **hervorgehobene Präsentation der eigenen Person** bei ei- 138
ner **größeren öffentlichen Veranstaltung**, bei welcher **Fotografen
offiziell zugelassen** sind und erkennbar fotografieren, kann als stillschweigende Einwilligung gedeutet werden. Allerdings besteht dann
hinsichtlich der Reichweite der Einwilligung eine strenge Zweckbindung an die Berichterstattung über die Veranstaltung (siehe zur
Reichweite auch Rn. 154 ff.).[272]

Die Teilnahme an **öffentlichen Aufzügen, Umzügen und Para-** 139
den stellt jedenfalls dann keine stillschweigende Einwilligung in die
Veröffentlichung von Aufnahmen dar, wenn sich der Abgebildete dort
nicht in hervorgehobener Weise den Fotografen präsentiert und sich
nicht besonders „in Szene setzt".[273] In solchen Fällen können jedoch die
Voraussetzungen einer zulässigen einwilligungslosen Veröffentlichung
nach § 23 Abs. 1 Nr. 1 und 3 KUG gegeben sein (hierzu unten Rn.
175 ff. und 208 ff.).

> Allein der Umstand, dass sich eine Person an einem **öffentlichen Ort** aufhält,
> beinhaltet in der Regel keine stillschweigende Einwilligung in die Verbreitung dort
> hergestellter Fotos. Wer sich z. B. unbekleidet in einem **Park** sonnt, bewilligt damit
> nicht konkludent die Veröffentlichung seines Fotos im Zusammenhang mit einem
> Bericht über „Nackte im Englischen Garten".[274]

Auch aus dem Umstand, dass sich jemand im **Studio** eines Fotogra- 140
fen ohne nähere Zweckbestimmung für Aufnahmen zur Verfügung
stellt folgt keine stillschweigende Einwilligung in die umfassende
Verwertung dieser Fotos, insbesondere keine kommerzielle Nutzung
des Fotomaterials. Das OLG Hamburg sah aus diesem Grunde die
Verbreitung von **Studioaufnahmen** der „*Backstreet Boys*" in einem
Starkalender ohne ausdrückliche Genehmigung als rechtswidrige
Verletzung des Rechts am eigenen Bild an.[275]

> Wer Fotos von sich bei der Ausübung eines Hobbys oder einer **Freizeitbe-**
> **schäftigung** ins **Internet** stellt oder dieses duldet, erteilt damit keine stillschwei-
> gende Einwilligung in die Verwendung dieser Bilder im beruflichen Zusammen-
> hang (in konkreten Fall: **Paintball**-Fotos eines **Rechtsanwalts**).[276]

Eine **stillschweigende Einwilligung** kommt auch bei Interviews 141
und der aktiven Mitwirkung an Aufnahmen nicht in Betracht, wenn
der Abgebildete den tatsächlichen Verwendungszweck und themati-

---

[272] BGH GRUR 2005, 74, 75 – *Charlotte II/Reitturnier*.
[273] LG München I, Urteil vom 21.7. 2005, Az. 7 0 4742/05, rechtskräftig, unveröffentlicht – *Christopher street day*.
[274] OLG München NJW 1988, 915, 916.
[275] OLG Hamburg AfP 1999, 486, 487 f.
[276] OLG München, Urteil vom 26.6.2007, 18 U 2067/07, JurPC Web-Dok.
147/2007 = K&R 2007, 531.

schen Zusammenhang nicht erfassen kann oder gar bewusst darüber im Unklaren gelassen wird (siehe auch oben Rn. 137). Dies ist insbesondere oft in Situationen der **Überrumpelung** der Fall. Einen solchen Sachverhalt hatte das OLG Frankfurt a. M. zu entscheiden:[277] Ein Fernsehjournalist, der an einem Filmbericht über den Datenschutz in Deutschland arbeitete, hatte in der Mülltonne eines Steuerberaters Unterlagen gefunden, die zwar zerrissen waren, Name und Anschrift eines Mandanten jedoch noch erkennen ließen. Der Journalist hat daraufhin telefonisch um ein Gespräch nachgesucht, ohne allerdings Grund und Zweck dieses Gesprächs mitzuteilen, wodurch er verhindern wollte, dass die im Müll aufgefundenen Unterlagen zwischenzeitlich beiseite geschafft würden. Später hat der Journalist an der Tür des **Steuerberaters** geklingelt und diesen mit den Worten „Kommen Sie doch mal gerade heraus, ne Sekunde. Ich will Ihnen mal was Schönes zeigen zum Thema Datenschutz" aufgefordert, mit ihm vor die Tür zu treten. Erst auf dem Weg zur Mülltonne hat der Journalist seinen Namen genannt und mitgeteilt, dass er vom Fernsehen komme. Dabei begann ein **Kameramann** aus einer Entfernung von ca. 10 m mit Filmaufnahmen. Am Müllcontainer angekommen, verwickelte der Journalist den Steuerberater in ein Gespräch über den Datenschutz, das mit der Ankündigung des durch den Vorfall sichtlich betroffenen Steuerberaters endete, sich einen Reißwolf beschaffen zu wollen. Der Steuerberater hatte zwar im Verlauf des Gesprächs bemerkt, dass das Gespräch gefilmt und aufgezeichnet wurde und dagegen zunächst nicht protestiert. Er wurde aber nicht auf den **Zweck des Gesprächs** und die Art der Verwertung der Aufnahmen hingewiesen. Erst später erhielt er davon Kenntnis, dass die Aufnahmen in einem Fernsehbericht über den Datenschutz verwendet werden sollten, nachdem er sich beim Sender erkundigt hatte ob der Journalist dort als Fernsehjournalist bekannt sei. Hierzu führte das OLG Frankfurt a. M. aus:[278]

„Unter diesen Umständen kann die Duldung der Aufzeichnung des Gesprächs der Parteien nicht als Einwilligung des Antragsgegners in die Veröffentlichung gewertet werden. Die Verbreitung und Zurschaustellung von Bildnissen setzt, sofern nicht die Ausnahmen der §§ 23, 24 KUG vorliegen, die vorherige Einwilligung des Abgebildeten voraus. Diese Einwilligung kann zwar auch stillschweigend erteilt werden, wobei eine stillschweigende Einwilligung im Allgemeinen anzunehmen ist, wenn die Anfertigung des Bildnisses unter Umständen erfolgt, die eine spätere Veröffentlichung nahelegen (BGH GRUR 1962, 211, 212 Hochzeitsbild; v. Gamm, Urheberrechtsgesetz, Einführung Rdn. 110 mit weiteren Nachw.). Auch eine solche stillschweigende Einwilligung setzt aber voraus, dass dem Abgebildeten Zweck und Umfang der geplanten Veröffentlichung erkennbar sind (Schricker-

---

[277] GRUR 1991, 49, 59 f.
[278] GRUR 1991, 49, 59 f.

2. Veröffentlichung von Personenfotos

Gerstenberg, Urheberrechtsgesetz, § 60 Anhang, § 22 KUG Rdn. 16 mit Nachw.). Im Streitfall hat der Ag. (Journalist) den Ast. (Steuerberater) bei der ersten Kontaktaufnahme bewusst im Unklaren über Inhalt und Zweck des verabredeten Gesprächs gelassen. Der Ast. hatte daher keine Veranlassung anzunehmen, dass er in einer Fernsehsendung öffentlich mit dem Vorwurf unzureichenden Datenschutzes konfrontiert werden sollte. Erst während der laufenden Aufzeichnung erfuhr der Ast., worüber der Ag. mit ihm zu sprechen wünschte. Dass die Aufzeichnung in einem Fernsehbericht über den Datenschutz gesendet werden sollte, hat der Ast. erst in Erfahrung gebracht, nachdem er sich beim Hessischen Rundfunk über die Person des Ag. vergewissert hatte. Danach hat der Ast. zwar die Aufzeichnung des Gesprächs geduldet, aus dieser Duldung lässt sich aber nicht herleiten, der Ast. habe auch in die Veröffentlichung dieser Aufzeichnung in einem Bericht über den Datenschutz eingewilligt, da ihm dieser Zweck der Aufzeichnung erst auf spätere Nachfrage bekannt wurde. Gerade wenn der Abgebildete in einem seiner Ehre oder beruflichen Tätigkeit schwer abträglichen Zusammenhang dargestellt werden soll, müssen Zweck und Umfang der geplanten Veröffentlichung entweder ausdrücklich klargestellt oder nach den Umständen so offensichtlich sein, dass über ihren Inhalt seitens des Einwilligenden keine Unklarheiten bestehen. Davon kann bei dem Vorgehen des Ag. keine Rede sein, vielmehr hat er den Ast. über Ziel und Zweck seiner Vorsprache bewusst im Unklaren gelassen. **Duldet der solchermaßen von einem Fernsehjournalisten Überrumpelte zunächst die Aufzeichnung ohne zu wissen, wie und wo sie veröffentlicht werden soll, dann kann aus dieser Duldung nicht auf eine Einwilligung in die Veröffentlichung der Aufzeichnung geschlossen werden.**"

In ähnlicher Weise hat das OLG Hamburg einen Fall entschieden, in welchem ein **Fernsehteam** die **Polizei** bei einer **unangemeldeten Vernehmung** in der Wohnung eines Beschuldigten begleitet hatte. Obwohl der Beschuldigte die Aufnahmen duldete und im Anschluss an die polizeiliche Vernehmung noch einige Fragen des Reporters vor spontan laufender Kamera beantwortete, verbot das Gericht die Ausstrahlung dieser Aufnahmen, weil dem Betroffenen der **Zweck**, die **Art** und der **Umfang** der beabsichtigten Sendung nicht bekannt gemacht worden war.[279]

Von der Frage, ob überhaupt eine stillschweigende Einwilligung vorliegt, ist die Frage zu trennen, auf welchen **Veröffentlichungszweck** sich diese Einwilligung bezieht. Eine konkludente Einwilligung macht nicht die Veröffentlichung zu jedem beliebigen Zweck zulässig. Vielmehr ergeben sich in der Regel **thematische Beschränkungen** des Veröffentlichungszwecks, zuweilen auch zeitliche Grenzen. (Zur Reichweite der Einwilligung siehe sogleich unter Rn. 154 ff.).

142

---

[279] OLG Hamburg NJW-RR 2005, 479, 480.

bb) Ausdrückliche Einwilligung

143   Eine **ausdrückliche Einwilligung** kann mündlich oder schriftlich erteilt werden. Aus Gründen der Rechtssicherheit und der Beweisführung sind schriftliche Einwilligungserklärungen zu bevorzugen. Diese sollten die Aufnahmen und deren Verwendungszweck einschließlich etwaiger inhaltlicher, zeitlicher oder sonstiger Einschränkungen exakt definieren. Auch das Recht zur **Bearbeitung** (z. B. digitale Retuschen oder Fotomontagen), sowie ein etwaiges **Widerrufsrecht** des Abgebildeten sollten ausdrücklich vereinbart werden. Falls erforderlich, sollte auch die Frage, unter welchen Voraussetzungen die Aufnahmen an Dritte weitergegeben und von diesen genutzt werden dürfen, einvernehmlich niedergelegt werden.

144   **Verwendungsformen**, die besonders gravierend in die Persönlichkeitsrechte des Abgebildeten eingreifen oder außergewöhnlich sind, sollten ausdrücklich aufgeführt werden. Dies gilt insbesondere für die kommerzielle Nutzung von Aufnahmen **(Werbung/Merchandising)** und Veröffentlichungen mit **erotisch-sexuellem Bezug**. Die ausdrückliche Formulierung solcher Nutzungen ist zu empfehlen, weil derartige Nutzungen oft nicht von pauschalen Einwilligungserklärungen abgedeckt sind. Ferner erfüllt die ausdrückliche Bezeichnung solcher Verwendungsformen eine **„Warnfunktion"** für den Abgebildeten, damit dieser sich über die Tragweite seiner Einwilligung bewusst ist. Er kann sich dann später nicht mehr mit Erfolg darauf berufen, er habe mit bestimmten Nutzungen seines Bildnisses nicht gerechnet.

145   Die tatsächlichen Erscheinungsformen von ausdrücklichen Einwilligungserklärungen sind vielfältig. Einseitige Erklärungen werden häufig als **„model release"** oder (schlichter) als **„Einwilligungserklärungen"** bezeichnet. Begrifflich unsauber, aber in der Branche üblich, ist auch die Bezeichnung als **„Verzichtserklärung"**. Bei größeren Fotoproduktionen werden auch sogenannte **Produktions- oder Modellverträge** geschlossen, in welchen auch die Vergütung des Modells, Produktionsort und -zeit, Auslagenerstattungen, Rechnungsstellung und andere Nebenpunkte geregelt werden. Eine einheitliche Terminologie hat sich noch nicht herausgebildet. So werden derartige Vereinbarungen z. B. auch als **„Mitwirkendenvertrag"** bezeichnet. Vereinzelt finden sich Einwilligungserklärungen auch in **Agentur- oder Managementverträgen**, die ein Model mit seiner beruflichen Vertretung abschließt.

cc) Beweislast/Sorgfaltspflicht

Die **Beweislast** für die Erteilung und den Umfang einer Einwil- **146** ligung trägt der Verwerter des Fotos, nicht der Abgebildete. Wer sich auf die Erlaubnis des Abgebildeten beruft, hat nachzuweisen, dass der Abgebildete mit Art und Weise der Veröffentlichung einverstanden war.[280]

Schon aus dieser **Beweislastregel** ergibt sich die praktische Notwendigkeit für alle Bildnisverwerter, vor der Nutzung eines Fotos sorgfältig zu prüfen, ob die beabsichtigte Verwertungshandlung zulässig ist. Darüber hinaus legt die Rechtsprechung den Verwertern strenge **Sorgfaltspflichten** beim Umgang mit Fotos auf. Wer ein Personenbildnis veröffentlichen will, muss sich zuvor vergewissern, dass die Einwilligung des Abgebildeten tatsächlich vorliegt oder ob eine rechtliche Ausnahme im Sinne von § 23 Abs. 1 KUG einschlägig ist.[281] Der BGH stellt folgende Grundregel auf:[282]

„Jeder, der das Personenbild eines anderen verbreiten will, ist von sich aus zur Prüfung gehalten, wie weit seine Veröffentlichungsbefugnis reicht."

Zu prüfen ist dabei nicht nur, ob überhaupt eine Einwilligung des Abgebildeten vorliegt, sondern auch, ob sie zeitlich räumlich und inhaltlich die geplante Verbreitung deckt sowie wie weit die vorliegende Einwilligung reicht.[283] Fahrlässig handelt daher z.B., wer nach einer erlaubten Ausstrahlung eines Privatvideos in einer Fernsehreportage ohne Nachfrage unterstellt, der Abgebildete sei auch mit einer erneuten Verwendung in einer anderen Sendung einverstanden.[284]

Die **Prüfungspflichten** erstrecken sich also auf tatsächliche und **147** rechtliche Aspekte. Ausgehend von § 22 KUG, wonach Bildnisse im Grundsatz nur mit Einwilligung des Abgebildeten veröffentlicht werden dürfen, ist somit zunächst zu prüfen, wer auf dem Foto abgebildet ist. Schon diese Sachverhaltsprüfung kann Schwierigkeiten bereiten, insbesondere bei älteren Archivfotos. Es ist daher empfehlenswert, die

---

[280] *Steffen* in: *Löffler,* § 6 LPG Rn. 128; BGH NJW 1956, 1554 – *Dahlke;* BGH NJW 1965, 1374 – *Satter Deutscher;* LG Nürnberg-Fürth AfP 2007, 496, 498 - *Mein Feind der Nachbar;* OLG München NJW-RR 1996, 93, 94; OLG Karlsruhe NJW-RR 2006, 1198.

[281] Vgl. BGH GRUR 1962, 211, 214 – *Hochzeitsbild;* BGH NJW 1971, 698, 700 – *Pariser Liebestropfen;* BGH NJW 1985, 1617, 1619 – *Sexualkundebuch;* BGH NJW 1980, 994, 995 – *Wahlkampfbroschüre;* LG München I, NJW 2004, 617, 618; Schricker/*Götting,* Urheberrecht, § 60 UrhG/§ 22 KUG Rn. 45 ff. m.w.N; Wandtke/Bullinger/*Fricke,* UrhR, § 22 KUG Rn. 21; *Prinz/Peters,* Rn. 841.

[282] NJW 1985, 1617, 1619.

[283] LG Nürnberg-Fürth AfP 2007, 496, 498 - *Mein Feind der Nachbar;* OLG München ZUM 1996, 160, 163.

[284] LG Nürnberg-Fürth AfP 2007, 496, 498 - *Mein Feind der Nachbar.*

vollständigen Namen und Anschriften der Abgebildeten bereits bei der Bildnisherstellung mittels Personalausweis verlässlich festzustellen und zu dokumentieren und diese Informationen gemeinsam mit dem Bildmaterial in fester Verbindung zu archivieren. Die Aufnahme der Adresse nebst Telefonnummer ist empfehlenswert, um später erforderliche Rückfragen zu ermöglichen. Denn die Sorgfaltspflicht gebietet es, gegebenenfalls auch hinsichtlich des konkreten Verwendungszwecks nachzufragen, wenn die Einwilligungserklärung nicht eindeutig ist oder nur eine konkludente Einwilligung vorliegt, die naturgemäß nicht schriftlich fixiert ist. Unklarheiten gehen zu Lasten des Verwenders, weshalb auch unter diesem Aspekt schriftliche Einwilligungserklärungen zu empfehlen sind, die die erlaubten Verwendungsarten und die Laufzeit der Einwilligung klar definieren. Derartige schriftliche Einwilligungen sind ebenfalls fest verbunden mit dem Bildmaterial zu archivieren, damit sie jederzeit vorgelegt werden können.

Zur Sorgfaltspflicht zählt auch die rechtlich eindeutige Auslegung der inhaltlichen Reichweite von Einwilligungserklärungen nach den oben dargelegten Regeln des Zweckübertragungsgrundsatzes. **Rechtsirrtum** entschuldigt nicht. Erforderlichenfalls ist deshalb fachkundiger juristischer Rat einzuholen. Führt auch dies nicht zu einer eindeutigen Klärung, ist erneut beim Abgebildeten nachzufragen. Ist dies nicht möglich, hat die Bildnisveröffentlichung im Zweifel zu unterbleiben.

148   Liegt keine Einwilligung vor oder verbleiben unaufklärbare Zweifel ist rechtlich zu prüfen, ob die einwilligungslose Veröffentlichung nach den Vorschriften in § 23 KUG zulässig ist. Hierbei gehen **Rechtsfehler** zu Lasten des Verwerters, weshalb sich in derartigen Fällen ein erhebliches Risiko hinsichtlich der § 23 KUG immanenten **Güterabwägung** ergeben kann. Ein „erlaubtes Risiko" wird hierbei von den Gerichten nicht anerkannt. Geht im Streitfalle die Interessenabwägung anders aus, als vom Verwerter bei seiner Veröffentlichung angenommen, liegt eine Sorgfaltspflichtverletzung vor.

149   Die **Sorgfaltspflicht** besteht **unabhängig von der Herkunft der Aufnahmen**. Insbesondere schafft der Bezug eines Fotos von einer **Bildagentur**[285] oder einem **Berufsfotografen** keinen rechtlich relevanten Vertrauenstatbestand hinsichtlich der Reichweite der Verwertungsbefugnis. Dies ist die Konsequenz aus der Rechtsprechung zu den eingeschränkten Sorgfaltspflichten von Bildagenturen. Der Betreiber einer Bildagentur muss vor der Herausgabe von Bildmaterial nicht

---

[285] LG Hamburg AfP 2007, 385 – *Désirée Nick*.

in jedem Falle prüfen, zu welchem Zweck dies verwendet werden soll.[286] Der Verwerter muss auch in diesen Fällen die rechtlichen Voraussetzungen der Veröffentlichung selbst prüfen und sich ggf. über das Vorliegen den Inhalt der Einwilligung vergewissern.[287] Durch entsprechende Zusicherungen und Freistellungserklärungen kann er jedoch sein Haftungsrisiko vertraglich minimieren, indem er sich eine rechtlich abgesicherte Regressmöglichkeit schafft. Ohne derartige ausdrückliche Zusicherung haftet eine **Bildagentur** grundsätzlich nicht für eine spätere rechtswidrige Veröffentlichung durch einen Kunden und zwar weder bezüglich Unterlassungs- noch bezüglich Schadensersatzansprüchen.[288] Eigene **Prüfungs- und Hinweispflichten einer Bildagentur** bestehen aber anlassbezogen, wenn aufgrund besonderer Umstände offenkundig mit einer rechtswidrigen Veröffentlichung zu rechnen ist. Derartige Umstände können sich aus dem Foto bzw. seinem Entstehungshintergrund selbst (z.b. Nacktaufnahmen oder Kinderfotos) oder aus der Person oder dem Anliegen des anfragenden Kunden ergeben.[289] Nach Auffassung des LG Frankfurt/Main gehen die Prüfungspflichten etwas weiter. Die Agentur muss grundsätzlich prüfen, ob die von ihr herausgegebenen Bilder nach § 23 Abs. 1 KUG auch ohne Einwilligung veröffentlich werden können. Eine individuelle Prüfungspflicht hinsichtlich des konkreten (geplanten) Beitrags, den die Agentur in der Regel auch nicht kennt, besteht aber auch nach dieser Auffassung nicht.[290]

Der Nutzer des Bildnisses muss also grundsätzlich die erforderlichen Prüfungen und gegebenenfalls Nachforschungen selbst vornehmen. Er kann sich auch dann, wenn er die Druckvorlagen von Dritten, z.B. einer **Werbeagentur**, entwerfen und herstellen lässt, seiner eigenen Sorgfaltspflicht nicht entziehen. Will er diese Aufgabe delegieren muss er durch konkrete Anweisungen und Kontrollen dafür sorgen, dass Rechtsverletzungen ausgeschlossen werden.[291]

---

[286] LG Frankfurt/M. AfP 2008, 417, 419 – *Jahrhundert-Mörder.*

[287] KG Berlin NJW-RR 1999, 1703, 1705 m.w.N.; Schricker/*Götting,* Urheberrecht, § 60 UrhG/§ 22 KUG Rn. 46 m.w.N; Wandtke/Bullinger/*Fricke,* UrhR, § 22 KUG Rn. 21; *Prinz/Peters,* Rn. 841; LG München I, Urteil vom 21.7. 2005, Az. 7 O 4742/05, rechtskräftig, unveröffentlicht – *Christopher street day* unter Bezugnahme auf BGH GRUR 1962, 211 und BGH GRUR 1965, 495; a.A. offenbar ohne nähere Begründung LG Duisburg AfP 2004, 160, 161 bei Pressematerial von einem Fernsehsender für Programmzeitschriften.

[288] LG Hamburg AfP 2007, 385 – *Désirée Nick*; LG Frankfurt/M. AfP 2008, 417, 419 – *Jahrhundertmörder.*

[289] LG Hamburg AfP 2007, 385, 387 –*Désirée Nick.*

[290] LG Frankfurt/M. AfP 2008, 417, 419 – *Jahrhundertmörder.*

[291] BGH NJW 1980, 994, 995 – *Wahlkampfbroschüre.*

150 Selbst wenn der Fotograf oder eine Agentur eine Einwilligungserklärung vorlegt, kann im begründeten Einzelfall die Verpflichtung bestehen, diese Erklärung zu überprüfen. Das OLG Hamm[292] hat beispielsweise eine solche **Überprüfung** als erforderlich angesehen, weil die vom Fotografen vorgelegte Erklärung den beabsichtigten Verwendungszweck (Nacktfoto auf der Titelseite eines Erotikmagazins im Zusammenhang mit der Schlagzeile: „Sieben Tipps für den Mega-Orgasmus") nicht präzise abdeckte und zudem nicht eindeutig war, ob sich die vorgelegte Einwilligungserklärung auch auf die konkrete Aufnahme bezog. Das Argument, derartige Nachrecherchen seien in der Praxis unüblich und kaum durchführbar, ließ das Gericht nicht gelten:

> „Die vom ... (Fotografen) vorgespiegelte Einwilligung ist nicht mit der gebotenen Sorgfalt auf ihre Richtigkeit überprüft worden. Es mag sein, dass angesichts der Vielzahl der in jeder Ausgabe veröffentlichten Fotos die Überprüfung der jeweils erforderlichen Einwilligung im Einzelfall schwierig sein kann und es branchenunüblich ist, hinsichtlich zugesandter Nacktfotos nicht weiter zu recherchieren, (...). Solche allein aus der Sphäre des Beklagten (des Verlages) stammenden Schwierigkeiten können jedoch keinesfalls zu Lasten unbeteiligter Personen gehen und die ihnen gegenüber zur Gewährleistung des von Verfassungs wegen gebotenen Persönlichkeitsrechtsschutzes bestehenden Sorgfaltspflichten lockern. Auch eine mit den rechtlichen Geboten nicht in Einklang stehende Branchenübung vermag dies nicht zu ändern."

Dass **Branchen(un)sitten** kein rechtliches Argument geben, hat auch das KG Berlin bestätigt. Hinsichtlich der Prüfungspflichten von Fotos aus Bildarchiven führte der urteilende Senat aus:[293]

> „Es dürfte nach Auffassung des Senats keine großen organisatorischen Probleme bereiten, vor der Aufnahme von Personenbildnissen in ein Archiv regelmäßig die - Vorlage einer die Veröffentlichung deckenden Einwilligung zu prüfen, also Fotos nur mit beigefügter Einwilligung zu übernehmen und anderenfalls von deren Aufnahme abzusehen. Allein das heutige Massengeschäft rechtfertigt jedenfalls nicht die Inkaufnahme von schweren Persönlichkeitsrechtsverletzungen einzelner durch die Medien."

151 Ausnahmsweise kann die Pflicht zu eigenen Nachforschungen entfallen, wenn eine Aufnahme (fälschlich) mit einer ausdrücklichen Zusicherung des Verwendungszwecks übergeben wird und unter Berücksichtigung aller Umstände des Einzelfalls keine Veranlassung besteht, an der Richtigkeit dieser Angaben zu zweifeln. Der BGH hat in einem derartigen Fall einen Optiker von einer Sorgfaltspflichtverletzung frei gesprochen, der mit einer Aufnahme eines Talkmasters mit Brille unzulässig für sein Geschäft geworben hatte. Das Foto war dem Optiker von seinem Einkaufsverband ausdrücklich zur Pressearbeit übergeben worden. Auf der Rückseite des Fotos war der Auf-

---

[292] NJW-RR 1997, 1044 – *Sieben Tipps*.
[293] NJW-RR 1999, 1703, 1705 – *scharfe Slips*.

2. Veröffentlichung von Personenfotos

druck „Abdruck honorarfrei" angebracht. Gleichwohl verurteilte der
BGH den Optiker verschuldensunabhängig nach bereicherungsrechtlichen Grundsätzen zur Zahlung einer angemessenen Lizenz an den
abgebildeten Talkmaster.[294] Dieses Beispiel zeigt auf, dass die abschlie-
ßende Klärung der Zustimmung der Abgebildeten stets im Eigeninteresse des Nutzers liegt, auch wenn sie mitunter schwierig und zeitaufwändig sein kann.

In der Literatur haben sich einzelne Stimmen für eine Anwendung **152**
des im Presserecht zur **journalistischen Sorgfaltspflicht** entwickelten **„gleitenden Sorgfaltsmaßstabs"** ausgesprochen.[295] Diesem Gedanken kann nur mit erheblichen Einschränkungen gefolgt werden,
wenn man sich den Sinn und Zweck des „gleitenden Sorgfaltsmaßstabs" vor Augen hält: Im Bereich des Presserechts ist hinsichtlich der
journalistischen Sorgfaltspflicht bei der Textberichterstattung über
aktuelle Ereignisse anerkannt, dass sich die Anforderungen an die Re-
cherchepflicht „gleitend" daran orientieren, wie schwer das Ansehen
des Betroffenen im Falle einer falschen oder aus sonstigen Gründen
unzulässigen Berichterstattung beschädigt würde.[296] Die Medien müssen die Gefahr, etwas Falsches zu berichten, stets nach Kräften auszu-
schalten versuchen.[297] Gleichzeitig wäre eine tagesaktuelle Information
über gegenwärtige Geschehnisse oft unmöglich, wenn die Presse erst
dann berichten dürfte, wenn die Wahrheit feststeht. Eine Berichterstattung über Straftaten, die der Täter bestreitet, könnte z.B. erst dann
erfolgen, wenn eine rechtkräftige Verurteilung erfolgt ist. Deshalb
dürften die Medien mit der gebotenen Sachlichkeit und Zurückhaltung schon dann berichten, wenn ein Mindestbestand an Beweistatsa-
chen recherchiert wurde, aber letzte Zweifel verbleiben. Diese müssen
dann ebenfalls in der Berichterstattung wiedergegeben werden, damit
sich die Leser ein ausgewogenes Bild vom aktuellen Sachstand machen
können. Unter Berücksichtigung dieser Erwägungen kommt eine
Anwendung des „gleitenden Sorgfaltsmaßstabs" nur bei der Bildnisveröffentlichung im Zuge der aktuellen Medienberichterstattung über
aktuelle Ereignisse in Betracht, nicht aber bei sonstigen Verwertungshandlungen, z.B. im Bereich der Werbung. Auch im Bereich der
Medienberichterstattung wird die Informationsvermittlung in den
allermeisten Fällen auch ohne Veröffentlichung eines Personenfotos
sachgerecht erfolgen können, so dass kein sachlicher Grund für die

[294] BGH NJW 1992, 2084 ff.
[295] Wandtke/Bullinger/*Fricke,* UrhR, § 22 KUG Rn. 2; ähnlich *Prinz/Peters,* Rn. 841.
[296] Eingehend *Peters* NJW 1997, 1334, 1336 m. w. N.
[297] BGH NJW 1997, 1148, 1149 – *Chefarzt;* BGH NJW 1996, 1131, 1134 – *Lohn-killer.*

Anwendung des gleitenden Sorgfaltsmaßstabs besteht. Des weiteren dürfte in Fällen, in denen die Einwilligung des Abgebildeten nicht sicher geklärt werden kann, aber gleichwohl ein berechtigtes öffentliches Interesse an der Verbreitung eines Fotos besteht, die Vorschrift des § 23 Abs. 1 KUG anwendbar sein, wonach Personenfotos auch ohne Einwilligung des Abgebildeten veröffentlicht werden dürfen (hierzu Rn. 175 ff.).

153   Auch wenn somit eine **Haftungserleichterung** nach der Lehre vom „gleitenden Sorgfaltsmaßstab" nur in seltenen Ausnahmefällen denkbar ist, bleibt es umgekehrt richtig darauf hinzuweisen, dass im Umgang mit Fotos, die zu gravierenden Persönlichkeitsrechtsverletzungen führen können, besondere Sorgfalt angezeigt ist.[298] Hierbei handelt es sich im Wesentlichen um folgende Fallgruppen:
– Nacktfotos und Fotos im erotischen Kontext,
– Personenfotos in der kommerziellen Werbung,
– Personenfotos in der Werbung für politische oder weltanschauliche Ziele,
– Personenfotos, die zu einer Demütigung, Bloßstellung, grundloser Anprangerung oder Vorverurteilung des Abgebildeten führen können.

In diesen Fällen liegt die Einhaltung eines strengen Sorgfaltsmaßstabs schon im Eigeninteresse des Verwerters, da eine rechtswidrige Fotoveröffentlichung in diesen Bereichen in der Regel als schwere Persönlichkeitsrechtsverletzung angesehen wird, die einen Anspruch auf Geldentschädigung („Schmerzensgeld") begründen kann. Die Schwere der Verletzung – und damit mittelbar auch die Höhe der Zahlungsverpflichtung – hängt nach ständiger Rechtsprechung auch vom Grad des Verschuldens ab.[299]

dd) Reichweite der Einwilligung

154   Gerade in den Fällen der konkludenten Einwilligung stellt sich die Frage, auf welche Veröffentlichungen sich die Einwilligung bezieht. Hierzu wird zunächst auf Rn. 136 und die Rechtsprechungsnachweise in Rn. 137 ff. hingewiesen. Insbesondere ist in derartigen Fällen mangels klarer ausdrücklicher Regelungen häufig umstritten, ob das Foto nur aktuell im Zusammenhang mit dem Entstehungsanlass oder auch später als „Archivfoto" in anderen zeitlichen und/oder inhaltlichem Kontext veröffentlicht werden darf. Da nahezu jedes Foto archiviert wird und Bildagenturen und Fotografen ein Interesse an der Mehr-

---

[298] LG Nürnberg-Fürth AfP 2007, 496, 498 – *Mein Feind der Nachbar.*
[299] Vgl. BGH NJW 1995, 861.

fachverwertung haben, ist dieses Problem immer wieder von praktischer Relevanz.

Zur Reichweite einer Einwilligung in die Herstellung und Veröffentlichung eines Fotos und zum Umgang mit Archivfotos hat das OLG Hamburg ausgeführt:[300]

> „Der Inhalt und Umfang einer – auch stillschweigend erklärten – Einwilligung ist durch deren Auslegung zu ermitteln, wobei im Zweifel auch ohne ausdrückliche Erklärung des Einwilligenden eine Beschränkung ihrer Reichweite anzunehmen ist (grundlegend BGHZ 20, 346 – „Dahlke"). Dabei ist – in Anlehnung an die im Urheberrecht entwickelte Zweckübertragungslehre – im Grundsatz davon auszugehen, dass eine Einwilligung in der Regel nur soweit reicht, wie der mit ihrer Erteilung erfolgte Zweck (…). Demgemäß hat auch der BGH wiederholt entschieden, dass die Einwilligung zur Ablichtung anlässlich eines konkreten Ereignisses regelmäßig nur die Zustimmung zur Verbreitung im Zusammenhang mit der Berichterstattung über dieses Ereignis enthält (vgl. BGH GRUR 64, 196 (211) – „Hochzeitsbild"; BGH NJW 79, 2230 – „Fußballkalender"; zustimmend Wenzel, Das Recht der Wort- und Bildberichterstattung, Rn. 7.41)."

Mit dieser Begründung hat das OLG Hamburg in zahlreichen Fällen die erneute Veröffentlichung von Personenbildnissen, die im Zusammenhang mit öffentlichen Auftritten der Abgebildeten ohne deren ausdrückliche Einwilligungen entstanden waren, für spätere redaktionelle Zwecke verboten.

Aus der jüngeren Rechtsprechung des BVerfG und des BGH ergibt sich in derartigen Fällen der **redaktionellen Verwendung von Archivaufnahmen** für Berichterstattungszwecke eine in der Praxis bedeutsame Ausnahme. Die Veröffentlichung eines Archivfotos kann auch ohne Einwilligung des Betroffenen nach § 23 Abs. 1 Nr. 1 KUG zulässig sein, wenn ein älteres Foto ohne Bezug zu dem Entstehungsanlass zur Bebilderung eines zeitgeschichtlich relevanten Ereignisses veröffentlicht wird.[301] Zwar soll das Recht am eigenen Bild grundsätzlich vor einer beliebigen Verfügbarkeit des Bildnisses schützen, gerade auch im Hinblick auf die Gefahr der Verfälschung auf Grund Kontextverlustes. Gleichwohl ist nach Auffassung des BVerfG aus Gründen der Pressefreiheit die Veröffentlichung von **neutralen Archivfotos** grundsätzlich auch unabhängig von ihrem Entstehungsanlass zulässig, wenn die erneute Veröffentlichung der Bebilderung eines zeitgeschichtlichen Ereignisses dient. Nach der jüngsten Rechtsprechung des BGH wird die Beschränkung auf neutrale Portraits nicht mehr streng gehandhabt.[302] Der BGH erlaubte z.B. die Veröffentlichung von Urlaubsfotos im Zusammenhang mit einem Bericht über eine lebensbedrohliche Erkrankung des Vaters der Abgebildeten, des

155

---

[300] Urteile vom 11.3.1997, Az. 7 U 251/96, 7 U 242/96, 7 U 243/96.

[301] BVerfG NJW 2000, 1021 ff.; BVerfG NJW 2001, 1921, 1924.

[302] BGH NJW 2007, 1997 - *Abgestuftes Schutzkonzept I*; BGH NJW 2007, 1981.

Fürsten von Monaco. Zu prüfen ist in solchen Fällen, ob auch aktuelle Fotos (bzw. solche, die den Berichterstattungsanlass unmittelbar zeigen) hätten veröffentlicht werden dürfen (gem. § 23 Abs. 1 Nr. 1 KUG, siehe Rn. 174 ff.). Dann kann alternativ auch auf altes Archivmaterial oder aktuelle Bilder von anderen Anlässen zurückgegriffen werden, wenn es hierdurch nicht zu Verfälschungen kommt.

Dies gilt im Rahmen des § 23 Abs. 1 Nr. 1 KUG auch dann, wenn die Einwilligung des Abgebildeten die erneute Veröffentlichung nicht abdeckt. Zur Vermeidung von Verfälschungen ist in derartigen Fällen primär auf Aufnahmen zurückzugreifen, die den Abgebildeten wert- und kontextneutral in der Öffentlichkeit zeigen. Ferner muss der aktuelle Berichterstattungsanlass für die sachgerechte Information der Öffentlichkeit von Bedeutung sein, also ein zeitgeschichtlich relevantes Ereignis bebildert werden. Auch wenn dieses Ereignis auf dem Foto nicht zu sehen ist, sondern nur einer der Beteiligten, muss dieser nach § 23 Abs.1 Nr. 1 KUG die Veröffentlichung dulden. Die jüngere Rechtsprechung des BVerfG und des BGH ändert somit nicht die restriktive Auslegung der Reichweite von (konkludenten) Einwilligungserklärungen, sondern erweitert in bestimmten Fällen den Freiraum der Medien bei der einwilligungslosen Bildberichterstattung nach § 23 Abs. 1 Nr. 1 KUG.

156 Von unveränderter Gültigkeit ist deshalb die bisherige Rechtsprechung des BGH zur **engen Reichweite konkludenter Einwilligungen**, wie auch folgende Fälle zeigten: Eine konkludente Einwilligung durch Teilnahme an einem internationalem **Reitturnier** mit bekannter Anwesenheit von Pressefotografen erfasst **nur die aktuelle Berichterstattung über das Turnier**, nicht aber Beiträge mit allgemeinen Betrachtungen über eine dort teilnehmende Person, auch wenn der Beitrag an das Reitturnier als „Aufhänger" anknüpft.[303] Wer sich auf einem **Ball** oder anderen **Festen** fotografieren lässt, willigt damit nur konkludent in die Veröffentlichung dieser Fotos im Zusammenhang mit der Berichterstattung über das Fest ein.[304] Zur begrenzten Reichweite konkludenter Einwilligungen, wenn dem Abgebildeten das **Niveau** oder die **thematische Ausrichtung** der Sendung/Publikation nicht bekannt ist siehe oben Rn. 136.[305]

Der BGH hat schon in der Vergangenheit eine Begrenzung konkludenter Einwilligungen auf ihren Entstehungsanlass vorgenommen, insbesondere wenn es um die Verwertung des Fotomaterials für kommerzielle Zwecke ging. Dies verdeutlicht beispielhaft der **Talk-**

---

[303] BGH GRUR 2005, 74, 75 – *Charlotte II/Reitturnier*.
[304] LG München I ZUM 2005, 922, 933 – *Versace-Nichte*.
[305] OLG Karlsruhe NJW-RR 2006, 1196, 1199.

master-Fall aus dem Jahre 1992: Ein Schauspieler und Moderator ließ sich anlässlich einer Einweihung eines Modehauses mit einer Brille von Pressefotografen ablichten. Später wurde das Foto in einer Anzeige eines Optikergeschäfts veröffentlicht, was der BGH für unzulässig hielt. Die Nutzung der Fotos in der Werbung sei nur mit Einwilligung zulässig. Diese liege nicht bereits darin, dass sich der Talkmaster bei der Einweihungsfeier des Modehauses habe mit einer Brille fotografieren lassen. Darin könne zwar das Einverständnis gelegen haben, mit den Fotos für das Modehaus und dessen Produkte zu werben, nicht aber auch die Zustimmung zur werbemäßigen Nutzung der Fotos durch Kunden des Modehauses und andere Dritte.[306] Obwohl der BGH davon ausging, dass der Optiker auf Grund besonderer Umstände des Einzelfalls schuldlos gehandelt, also seine Sorgfaltspflicht gewahrt hatte, sprach der BGH dem Talkmaster nach bereicherungsrechtlichen Grundsätzen eine finanzielle Entschädigung in Höhe einer angemessenen Lizenzgebühr zu.

Ähnlich verhält es sich auch, wenn ein **Künstler** während eines **Engagements** seinem Veranstalter die Nutzung von Bildnissen zur Bewerbung der Veranstaltung gestattet. Dann ist der Veranstalter nach Beendigung des Engagements nicht mehr berechtigt, die Aufnahmen weiter zu **Werbezwecken** einzusetzen, soweit dies nicht ausdrücklich vereinbart wurde.[307]

Eine ähnlich strenge Begrenzung konkludenter Einwilligungen hat **157** der BGH im Jahre 1996 in der Entscheidung zur *Brandt-Gedenkmedaille* vorgenommen. Der frühere *Kanzler Brandt* hatte vor seinem Tode die Abbildung seines Portraits auf Gedenkmünzen in einer „Kanzler-Edition" zumindest stillschweigend geduldet und nur in einem Falle auf einen Fehler bei der Namensnennung aufmerksam gemacht. Nach seinem Tode wandte sich seine Witwe gegen eine „Abschiedsmedaille". Der BGH sah in der früheren Duldung und der Korrespondenz keine stillschweigende Einwilligung. Die Medaille sei aber trotzdem zulässig, da Brandt auch nach seinem Tode als absolute Person der Zeitgeschichte anzusehen sei und eine derartige Medaille hingenommen werden müsse. Die Medaille diene Informationsinteressen der Allgemeinheit und nicht nur kommerziellen Interessen des Herstellers.[308]

Auch bei **Studioaufnahmen** mit professionellen Fotografen findet **158** die Zweckübertragungslehre Anwendung. In der Beauftragung eines Fotografen zur Anfertigung von Portraitaufnahmen liegt deshalb keine

---

[306] BGH NJW 1992, 2084 ff.
[307] LG München I ZUM 2005, 848 *(Pantomime/Witzigmann)*.
[308] BGH NJW 1996, 593 ff.

Einwilligung in die unbeschränkte kommerzielle Verwertung dieser Bildnisse. Die gilt auch, wenn es sich bei den Abgebildeten nicht um unerfahrene Gelegenheitsmodells, sondern um Stars handelt[309]. Das OLG Hamburg verneinte in diesem Fall auch eine entsprechende Branchenübung und hielt die Verbreitung von Studioaufnahmen der Bandmitglieder in einem Starkalender ohne ausdrückliche Einwilligung für unzulässig.

159   Sofern die **Teilnahme an öffentlichen Veranstaltungen** (Umzüge, Demonstrationen, Paraden etc.) ausnahmsweise aufgrund eines besonders auffälligen Verhaltens als **konkludente Einwilligung** angesehen werden kann (hierzu oben Rn. 138) ist diese Einwilligung auf eine **Berichterstattung über die Veranstaltung**, bei welcher die Aufnahme gefertigt wurde, begrenzt. Ein Foto eines Teilnehmers am Christopher Street Day in Würzburg darf somit z. B. nicht als Symbolfoto für einen Beitrag „So leben Schwule und Leben in München" verwendet werden.[310] Sofern bei einer Veranstaltung eine **peinliche, unvorhergesehene Situation** eintritt (z. B. ein **sichtbarer Busen aufgrund eines verrutschten Kleides** beim Tanz auf einem Ball), erstreckt sich die konkludente Einwilligung nicht auf solche Fotos, auch wenn diese in unmittelbaren zeitlichen Zusammenhang mit dem Ball veröffentlicht werden.[311]

160   **Ausdrückliche (vertragliche) Einwilligungen** sind streng auf ihren Wortlaut begrenzt. Klar formulierte Beschränkungen sind **grundsätzlich keiner erweiternden Auslegung** zugänglich. Wenn z. B. eine Schauspielerin **Nacktaufnahmen** für den **Playboy** macht und zu Promotionszwecken in redaktionelle Vorabveröffentlichungen zwei Tage vor Erscheinen des Heftes einwilligt, ist eine Veröffentlichung vier Tage vorher unzulässig und kann Entschädigungsansprüche auslösen.[312] Ebenso wenig muss ein **Playboy**-Model dulden, dass ihre Bilder in ein **pornografisches Internetangebot** eingestellt werden.[313]

ee) Widerruf der Einwilligung

161   Grundsätzlich bindet eine einmal erteilte Einwilligung den Betroffenen. Eine Einwilligung kann deshalb nur unter besonderen Umständen widerrufen werden, gleichgültig, ob sie mündlich oder schriftlich, konkludent oder ausdrücklich, einseitig oder in schriftlicher Vertrags-

---

[309] Im entschiedenen Fall die Mitglieder der Popgruppe „Backstreet Boys", OLG Hamburg AfP 1999, 486,487 f.
[310] LG München I, Urteil vom 21. 7. 2005, Az. 7 0 4742/05, rechtskräftig, unveröffentlicht – *Christopher street day*.
[311] LG Hamburg AfP 2006, 197.
[312] LG Berlin AfP 2004, 455.
[313] LG München I ZUM-RD 2005, 38, 42.

form erklärt wurde.[314] Wann besondere **Widerrufsgründe** vorliegen wird von Literatur und Rechtsprechung nicht einheitlich beantwortet. Allgemein anerkannt ist jedoch, dass eine Einwilligung im begründeten Einzelfall widerruflich sein muss. Dies ergibt sich aus dem Selbstbestimmungsgedanken, welcher dem gesamten Persönlichkeitsschutz und damit auch dem Recht am eigenen Bild zu Grunde liegt.[315] Ein wirksamer **Widerruf** kommt somit grundsätzlich dann in Betracht, wenn die Beeinträchtigungen des Betroffenen bei einer Veröffentlichung unzumutbar wären. Hierzu ist eine einzelfallbezogene Güter- und Interessenabwägung zwischen den Informationsinteressen der Öffentlichkeit und dem Persönlichkeitsrecht des Abgebildeten erforderlich. Dabei kann für ein Widerrufsrecht sprechen, wenn es sich um Aufnahmen handelt, die den besonders geschützten Privat- oder Intimbereich betreffen und in einer Druck- oder Überrumpelungssituation entstanden sind, in welcher der Abgebildete die Folgen seiner Einwilligung nicht überblicken konnte. So hat z. B. das LG Hamburg ein Widerrufsrecht nach den Grundsätzen von Treu und Glauben (§ 242 BGB) sowie dem Rechtsgedanken aus §§ 312, 355 BGB anerkannt, nachdem eine Sozialhilfeempfängerin überraschend bei einem unangekündigtem Hausbesuch von Prüferinnen des Bezirksamtes in ihrer Wohnung von einem Kamerateam begleitet wurde, wobei u.a das unaufgeräumte Schlafzimmer und der Inhalt von Schränken gefilmt wurde.[316]

Vor der Prüfung eines Widerrufsgrundes ist zu prüfen, ob die ur- **162** sprünglich erteilte Einwilligung überhaupt künftige Veröffentlichungen erfasst. Bei strikter gedanklicher Trennung dieser beiden Aspekte zeigt sich häufig, dass überhaupt keine Einwilligung (mehr) vorliegt und sich die mitunter schwierige Beantwortung der Frage, ob hinreichende Widerrufsgründe vorliegen, erübrigt. Denn der zeitliche und thematische Umfang einer Einwilligung ist in entsprechender Anwendung der urheberrechtlichen **Zweckübertragungslehre** eng anhand des Entstehungszwecks des Fotos zu ermitteln. Deshalb ergibt sich z. B. aus dem Umstand, dass sich eine Person nackt für ein Biologiebuch fotografieren ließ nicht, dass die Nacktaufnahmen auch für andere Zwecke benutzt werden dürfen. Die Einwilligung umfasst noch

---

[314] Vgl. *Frömming/Peters* NJW 1996, 958, 959 m. w. N.; Wandtke/Bullinger/*Fricke*, UrhR, § 22 KUG Rn. 19 m. w. N.; *Soehring,* Rn. 19.48 m. w. N.; LG Bielefeld NJW-RR 2008, 715, 716 – *Super Nanny*.

[315] *Steffen* in: *Löffler,* § 6 LPG Rn. 127; BVerfG NJW 2000, 1021, 1022; BVerfG NJW 1973, 1226 ff.

[316] LG Hamburg NJW-RR 2005, 1357, 1358. In diesem Fall scheint allerdings schon das vorliegend einer konkludenten Einwilligung zweifelhaft, da der Betroffenen in der Überrumplungssituation Zweck und Art der Veröffentlichung nicht klar gewesen sein dürfte, s. o. Rn. 136.

nicht einmal eine erneute Veröffentlichung, die im engen thematischen Zusammenhang mit der Erstveröffentlichung steht.[317] Eines Widerrufs bedarf es in solchen Fällen nicht.

163 Die Antwort auf die Frage, ob und unter welchen Voraussetzungen eine Einwilligung widerrufen werden kann, ist davon abhängig, welche Rechtsnatur man der Einwilligungserklärung beimisst. Die Mindermeinung, welche Einwilligungen im Normalfall als **Realakt** ansieht, vertritt die Auffassung, dass eine erteilte Einwilligung jederzeit mit Wirkung für die Zukunft widerrufen werden kann.[318] Die Widerrufsbefugnis sei lediglich nach dem Grundsatz von Treu und Glauben (§ 242 BGB) eingeschränkt, wenn der Verwerter im Vertrauen auf die Einwilligung des Abgebildeten erhebliche Investitionen getätigt hat und der Abgebildete keine gewichtigen Gründe für den Widerruf hat. Wenn man mit der überwiegenden Meinung[319] die Einwilligung als rechtsgeschäftliche **Willenserklärung** ansieht, ist die Einwilligung nicht frei widerruflich, sondern rechtlich verbindlich gemäß § 130 BGB.[320] Ein Widerruf ist aber auch nach dieser Meinung im Einzelfall möglich, wenn gewichtige Gründe vorliegen.

164 Jedenfalls bei vertraglichen Einwilligungserklärungen, insbesondere wenn der Einwilligende hierfür eine Gegenleistung erhalten hat, ist ein Widerruf nur zulässig, wenn ein wichtiger Grund gegeben ist.[321] Aber auch in anderen Fällen verlangen zahlreiche jüngere Urteile für einen rechtswirksamen Widerruf das Vorliegen eines **wichtigen Grundes**.[322] Ein solcher wichtiger Grund kann vorliegen, wenn sich seit der Einwilligung die Umstände so gravierend verändert haben, dass die erneute Veröffentlichung des Fotos als Verletzung des allgemeinen Persönlichkeitsrechts anzusehen wäre. Argumentativ werden in solchen Fällen die Vorschriften in § 35 VerlagsG und § 42 UrhG analog herangezogen. Nach dieser urheberrechtlichen Vorschrift kann ein Urheber bei „**gewandelter Überzeugung**" ein Nutzungsrecht zurückrufen, wenn das Werk nicht mehr seiner Überzeugung entspricht und ihm die weitere Verwertung des Werkes deshalb nicht

---

[317] BGH NJW 1985, 1617, 1618 – *Sexualkundebuch*: Ausstrahlung im Rahmen einer Sendung über das inzwischen auf Grund behördlicher Weisung nicht mehr im Unterricht benutzte Lehrbuch.

[318] *Steffen* in: *Löffler,* § 6 LPG Rn. 127.

[319] S. o. Rn. 130.

[320] *Prinz/Peters,* Rn. 838; Wandtke/Bullinger/*Fricke,* UrhR, § 22 KUG Rn. 19; *Soehring,* Rn. 19.48; OLG München AfP 1989, 570, 571; LG Hamburg NJW-RR 2005, 1357, 1358.

[321] Wandtke/Bullinger/*Fricke,* UrhR, § 22 KUG Rn. 20; BGH GRUR 1987, 128 ff. – *Nena;* OLG München AfP 1989, 570, 571.

[322] OLG München NJW-RR 1990, 999, 1000; LG Köln AfP 1996, 186, 187; LG Bielefeld NJW-RR 2008, 715, 717 – *Super Nanny.*

mehr zumutbar ist.[323] Standardbeispiel ist das ehemalige Nacktmodell, welches seit mehreren Jahren unauffällig in einer katholischen Kleinstadt als Mutter und Ehegattin des konservativen Bürgermeisters lebt. Sie kann ihre Einwilligung widerrufen, weil die erneute Veröffentlichung ihrer „Jugendsünden" unverhältnismäßig in ihr Persönlichkeitsrecht eingreifen würde.

Allerdings ist in entsprechender Anwendung der Rechtsprechung **165** des BVerfG zum Schutz der Privatsphäre zu fordern, dass die gewandelte Überzeugung bzw. die **gewandelten Lebensumstände** „situationsübergreifend und konsistent zum Ausdruck gebracht werden".[324] Diese Einschränkung wird im Regelfall als Ausgleich für den mit einem Widerrufsrecht einhergehenden Verlust an Rechts- und Planungssicherheit auf Verwerterseite angemessen sein. Sie trägt ferner dem vom BVerfG in jüngerer Zeit formulierten Gedanken Rechnung, dass der Persönlichkeitsschutz dem Betroffenen keinen Anspruch darauf verleiht, von anderen nur so dargestellt zu werden, wie er sich selber sieht oder gesehen werden möchte.[325] Im Rahmen der **Verhältnismäßigkeit** muss sich ein Betroffener somit auch den **öffentlichen Spiegel seiner eigenen Vergangenheit** vorhalten lassen. In derartigen Fällen wird sich ohnehin oft ein berechtigtes öffentliches Interesse im zeitgeschichtlichen Zusammenhang erkennen lassen, weshalb eine Einwilligung gemäß § 23 Abs. 1 Nr. 1 KUG nicht erforderlich ist. Dann kann der Betroffene die Veröffentlichung schon aus diesem Grunde mit einem Widerruf seiner Einwilligung nicht verhindern.

Auch in der Vergangenheit haben die Gerichte an die Widerrufs- **166** gründe hohe Anforderungen gestellt: So hat das LG Köln einer Schauspielerin das Widerrufrecht abgesprochen, weil diese ihren inneren **Gesinnungswandel** nicht zur Überzeugung des Gerichts glaubhaft machen konnte. Die Schauspielerin hatte sich vor ihrer Schauspielkarriere auf Grund einer vertraglichen Vereinbarung aus dem Jahre 1987 als „Playmate des Monats" nackt fotografieren lassen und hierzu die Einwilligung zur Veröffentlichung im Playboy „ohne jede zeitliche, örtliche und inhaltliche Beschränkung" erteilt. Ab 1990 war sie schauspielerisch in Unterhaltungsfilmen und Fernsehserien tätig. Anfang 1995 lehnte sie eine erneute Playboy-Anfrage ab. Die Zeitschrift druckte daraufhin die alten Fotos nochmals ab. Hierauf erklärte die Schauspielerin den Widerruf ihrer Einwilligung aus dem Jahre 1988 und machte hierzu geltend, sie habe die zweite Playboy-Anfrage trotz

[323] *Frömming/Peters* NJW 1996, 958, 959 m. w. N.; *Soehring,* Rn. 19.49.
[324] BVerfG NJW 2000, 1021, 1023.
[325] BVerfG NJW 2000, 1021, 1022 m. w. N.

eines hohen Honorarangebots abgelehnt, weil sie als Schauspielerin besonderen Wert darauf lege, nicht nackt aufzutreten. Das LG Köln[326] hielt dies trotz des Zeitverlaufs für

„nicht geeignet, einen den Widerruf rechtfertigenden, die vertragliche Bindung außer Kraft setzenden grundlegenden Gesinnungswandel zu begründen."

Die Schauspielerin habe sich in mehreren Interviews seit 1990 bis in die jüngste Zeit positiv zu der Frage von erotischem Auftreten und Nacktaufnahmen geäußert, „diese jedenfalls keineswegs nachdrücklich zurückgewiesen, wie es (...) bei einem grundlegenden Gesinnungswandel zu erwarten gewesen wäre".

Ferner sei zu berücksichtigen, dass die ästhetischen, nicht pornografischen Aktaufnahmen die Schauspielkarriere nicht erheblich belasten und sie durch die Entgegennahme eines nicht unerheblichen **Honorars** einen **Vertrauenstatbestand** geschaffen habe.

167   Mit ähnlicher Begründung hat auch das OLG München den Widerruf einer anderen Schauspielerin wegen Aktfotos zwei Jahre nach der Herstellung der Fotos abgelehnt.[327] Die Abgebildete war nach der Vereinbarung mit 30 % an den **Verwertungserlösen beteiligt**. Bei einer solchen Konstellation könne das Vorliegen eines wichtigen Grundes erst nach grundlegenden Veränderungen im Leben der Abgebildeten und nach drei bis fünf Jahren in Betracht kommen.

Kein Widerrufsgrund liegt ferner vor, wenn eine Sportlerin bei einer Dopingprobe fotografiert wurde und sich zwischenzeitlich herausstellt, dass die Probe positiv war.[328]

168   Ein Widerrufsrecht kann bestehen, wenn der aus der Einwilligung Berechtigte die Aufnahme in rechtswidriger Weise veröffentlicht hat, z. B. wenn bei einer konkludenten Einwilligung eine Veröffentlichung ohne sachlichem Zusammenhang zum Entstehungsanlass vorgenommen wird, nachdem der Abgebildete mitgeteilt hatte, dass er mit der weiteren Verwendung seines Bildnisses nicht einverstanden ist.[329]

169   Die **Beweislast** für die Gründe des Widerrufs liegt beim Abgebildeten.[330] Der Verwerter ist seinerseits zur Darlegung und zum Beweis von etwaigen Hinderungsgründen, die einen schützenswerten Vertrauenstatbestand in die Aufrechterhaltung einer Einwilligung begründen können, verpflichtet.

---

[326] AfP 1996, 186, 187.

[327] OLG München NJW-RR 1990, 999, 1000.

[328] LG Bonn, Urteil vom 24.8. 2001, Az. 18 0 271/01, unveröffentlicht, zitiert nach Wandtke/Bullinger/*Fricke*, UrhR, § 22 KUG Rn. 20.

[329] OLG Hamburg, Urteile vom 11.3. 1997, Az. 7 U 251/96, 7 U 252/96, 7 U 253/96, 7 U 254/97, unveröffentlicht; *Schertz* in Handbuch des Urheberrechts, § 18, Rn. 10.

[330] *Steffen* in: *Löffler*, § 6 LPG Rn. 128.

Nach h. M. verpflichtet die Ausübung des Widerrufs den Betroffenen **170**
zum **Aufwendungsersatz** gemäß § 42 Abs. 3 UrhG analog bzw. zum
Schadensersatz gemäß § 122 BGB analog.[331] Die Höhe der Entschädigung umfasst jedenfalls die Produktionskosten der Aufnahmen, soweit
diese noch nicht durch Verwertungshandlungen vor dem Widerruf
abgedeckt sind.[332] Nach Auffassung des AG Charlottenburg[333] darf die
Ausübung eines Widerrufsrechts wegen des Stellenwertes des allgemeinen Persönlichkeitsschutzes nicht durch die Verpflichtung einer Entschädigung erschwert werden. Eine analoge Anwendung des § 42 Abs.
3 UrhG käme deshalb nicht in Betracht. Denkbar sei aber ein Ersatz des
Vertrauensschadens gemäß § 122 BGB analog. Das Gericht wies im
konkreten Fall die Klage einer Bildagentur auf Zahlung von rund €
3300 nach Widerruf einer Fotoserie durch eine Schauspielerin zurück.
Der **entgehende Gewinn** sei kein ersatzfähiger Schaden. **Ersatzfähig**
seien aber grundsätzlich die konkreten **Produktionskosten**, jedoch
abzüglich der **laufenden Betriebsausgaben**. Diese Position sei aber
bereits durch mit dem Fotomaterial erzielte Gewinne von rund DM
2100,– bis zum Widerruf ausgeglichen.

Kein Anspruch auf Schadens- oder Aufwendungsersatz besteht,
wenn eine Einwilligung widerrufen wird, die in einer Druck- oder
Überrumpelungssituation (siehe oben Rn. 163) erteilt wurde. Nach
der hier vertretenen Auffassung liegt in solchen Fällen überhaupt keine wirksame Einwilligung vor (s.o.), sodass dem „Widerruf" dann
allenfalls deklaratorische Bedeutung zukommt.

Da die aufgezeigten Streitpunkte zum Widerruf zu einer erhebli- **171**
chen Rechtsunsicherheit führen, kann für die Praxis nur die Empfehlung ausgesprochen werden, das Widerrufsrecht schon im Rahmen
einer schriftlichen Einwilligungserklärung ausdrücklich zu regeln.
Hierbei steht es den Parteien frei, das Widerrufsrecht völlig frei ohne
Gründe vorzubehalten, bzw. Widerrufsgründe vertraglich zu definieren.[334] Ein **völliger Ausschluss eines Widerrufsrechts** dürfte hingegen im Regelfall nicht zulässig sein. Dies würde dem Wesen des allgemeinen Persönlichkeitsrechts als Selbstbestimmungsrecht des
Menschen widersprechen. Es ist anerkannt, dass das Persönlichkeitsrecht ein dynamisches Grundrecht ist, welches sich der natürlichen
Entwicklung des Menschen während seiner verschiedenen Lebensperioden anpasst.[335] Jedenfalls bei zeitlich unbeschränkten Einwilligungen

---

[331] Wandtke/Bullinger/*Fricke,* UrhR, § 22 KUG Rn. 20 m. w. N.; *Steffen* in: *Löffler,*
§ 6 LPG Rn. 127; a. A. AG Charlottenburg AfP 2002, 172 f.
[332] Ähnlich: *Frömming/Peters* NJW 1996, 958, 959.
[333] AfP 2002, 172 f.
[334] *Prinz/Peters,* Rn. 838.
[335] Ähnlich *Helle,* S. 119 f.

muss daher die Möglichkeit erhalten bleiben, Einwilligungserklärungen durch Widerruf aus der Welt zu schaffen, wenn ein wichtiger Grund im zuvor erörterten Sinne vorliegt.

ff) Anfechtung wegen arglistiger Täuschung

172 Hält man mit der h. M. die Einwilligung für eine Willenserklärung, kommt eine **Anfechtung** wegen arglistiger Täuschung nur unter den Voraussetzungen des § 123 BGB in Betracht. Als **Anfechtungsfrist** gilt dann die Jahresfrist des § 124 BGB. Es muss eine **Täuschung** durch Vorspiegelung oder Entstellung von Tatsachen vorliegen. Als Beispiele werden hierzu genannt: falsche Angaben über den Sender oder die Zeitung, in der eine Aufnahme erscheinen soll, oder Täuschung eines Fotomodells, mit dem angeblich nur **Probeaufnahmen** oder Fotos für **Setcards** hergestellt werden.[336] In derartigen Fällen dürfte indes schon keine Einwilligung für die (verheimlichte) beabsichtigte Nutzung vorliegen, da sich die konkludente Einwilligung des Fotografierten nur auf die ihm mitgeteilte beabsichtigte Nutzung beziehen kann. Kein Anfechtungsgrund liegt vor, wenn eine Minderjährige über 7 Tage aktiv an Dreharbeiten in Kenntnis der Sendung, für welche die Aufnahmen erfolgen, es sich aber später anders überlegt und mit der Begründung, sie habe sich den Inhalt anders vorgestellt, ihre konkludente Einwilligung zurückziehen will.[337]

173 Die **Anfechtung einer Einwilligung nach KUG** wegen arglistiger Täuschung ist in der Praxis selten. Gerichtliche Entscheidungen, die einen Anfechtungsgrund bejahen, sind – soweit ersichtlich – nicht veröffentlicht. In der Praxis dürfte die Beweislast für die Täuschungshandlung viele Betroffene von der juristischen Durchsetzung ihres Anfechtungsrechts abschrecken. In derartigen Fällen ist schon aus diesem Grunde sorgfältig zu prüfen, ob die Einwilligungserklärung überhaupt die beabsichtigte Nutzung erfasst. Denn die Beweislast für die Einwilligung sowie deren Inhalt und Reichweite liegt beim Nutzer des Fotos. Somit können sich unterschiedliche prozessuale Ausgangslagen ergeben.

d) Die Ausnahmen des § 23 Abs. 1 KUG

174 Nach § 23 Abs. 1 KUG dürfen Aufnahmen in vier Fallgruppen, von denen die erste besonders praxisrelevant ist, auch ohne Einwilligung veröffentlicht werden:

– „Bildnisse aus dem Bereiche der Zeitgeschichte" (Nr. 1),

---

[336] *Prinz/Peters,* Rn. 838.
[337] LG Bielefeld NJW-RR 2008, 715, 716 – *Super Nanny.*

- „Bilder, auf denen die Personen nur als Beiwerk neben einer Landschaft oder sonstigen Öffentlichkeit erscheinen" (Nr. 2),
- „Bilder von Versammlungen, Aufzügen und ähnlichen Vorgängen, an denen die dargestellten Personen teilgenommen haben" (Nr. 3),
- „Bildnisse, die nicht auf Bestellung angefertigt sind, sofern die Verbreitung oder Schaustellung einem höheren Interesse der Kunst dient" (Nr. 4).

aa) Bildnisse aus dem Bereich der Zeitgeschichte (§ 23 Abs. 1 Nr. 1 KUG)

Ohne Zweifel ist die Vorschrift des § 23 Abs. 1 Nr. 1 KUG die in **175** der Praxis bedeutsamste Ausnahme von dem ansonsten umfassend geschützten Recht am eigenen Bild gemäß § 22 KUG. Nach dieser Vorschrift dürfen „Bildnisse aus dem Bereiche der Zeitgeschichte" ohne Einwilligung veröffentlicht werden. Vor allem Medienunternehmen können sich in vielen Fällen im Rahmen der **redaktionellen Berichterstattung** auf diese Vorschrift berufen. Einer Einwilligung der Abgebildeten bedarf es dann nicht. Beachtet werden müssen aber die sich aus § 23 Abs. 2 KUG ergebenden Einschränkungen, insbesondere der Schutz der Privat- und Intimsphäre (siehe Rn. 214 ff.).

Sinn der Vorschrift ist die Gewährleistung der bildlichen Informati- **176** on der Öffentlichkeit über zeitgeschichtliche Ereignisse einschließlich der daran beteiligten Hauptakteure. Der Begriff der Zeitgeschichte ist vom Informationsinteresse der Öffentlichkeit her zu bestimmen, wobei jedoch eine objektivierte Betrachtung geboten ist. Nicht alles, wofür sich die Menschen aus Langeweile, Neugier und Sensationslust interessieren, rechtfertigt einen Eingriff in die Selbstbestimmung der Abgebildeten über ihre visuelle Darstellung in der breiten Medienöffentlichkeit. Ebenso kommt es im Rahmen des § 23 Abs. 1 Nr. 1 KUG nicht allein auf die generelle Bedeutung, Funktion oder Bekanntheit der Abgebildeten an, sondern auf den Informationsinhalt des konkreten Vorgangs, über den berichtet wird. Die aktuelle Rechtsprechung der deutschen Gerichte dokumentiert ein grundsätzliches umdenken, welches durch die **Caroline-Entscheidung** des **Europäischen Gerichtshofes für Menschenrechte** (EGMR) in Straßburg vom **24. 6. 2004**[338] begründet ist. Der Gerichtshof hat dort die deutsche Rechtsprechungspraxis zu § 23 Abs.1 Nr. 1 KUG gerügt und die Bundesrepublik Deutschland aufgrund des unzureichenden Schutzes der Privatsphäre wegen Verletzung des Rechts auf Achtung des Privat- und Familienlebens (Art. 8 EMRK) verurteilt. Nach diesem Urteil rechtfertigt nicht allein die Bekanntheit oder Popularität einer

---

[338] EGMR NJW 2004, 2647.

Person eine Bildnisveröffentlichung ohne Einwilligung, wenn alltägliche Vorgänge des normalen Privatlebens abgebildet werden. Der EGMR sah daher in der einwilligungslosen Veröffentlichung von Aufnahmen Prominenter beim Einkaufen, beim Gang über öffentliche Strassen und beim Sport in der freien Natur eine Verletzung der nach Art. 8 EMRK umfassend geschützten **Privatsphäre**. Der BGH und das BVerfG hatten solche Aufnahmen für zulässig gehalten und die zeitgeschichtliche Bedeutung der Aufnahmen im Sinne von § 23 Abs. 1 Nr. 1 KUG schon darin begründet gesehen, dass eine so genannte „absolute Person der Zeitgeschichte" abgebildet war. Die Einzelheiten der **Bindungswirkung** des EGMR-Urteils für die deutschen Gerichte waren in Literatur und Rechtsprechung zunächst umstritten, zahlreiche Stimmen hatten sich bereits kurz nach der Entscheidung dafür ausgesprochen, die bisherigen Kategorien zu überdenken.[339]

Konsequenterweise war es geboten, sich zukünftig von der Abwägungshilfe der personenbezogenen Betrachtung im Sinne einer Klassifizierung von „absoluten" und „relativen Personen der Zeitgeschichte" (beruhend auf einem Aufsatz *Neumann-Duesbergs*[340]) zu lösen und stattdessen – wie es auch schon zuvor von Teilen der Literatur gefordert wurde – in jedem Einzelfall die **öffentliche Relevanz des Vorgangs** (nicht der Person) zu bewerten und mit dem Recht am eigenen Bild abzuwägen. Das abgebildete Ereignis steht im Mittelpunkt der Güterabwägung nach § 23 Abs. 1 Nr. 1 KUG, nicht allein die fotografierte Person.

177 Inzwischen hat auch der BGH diesen Schritt vollzogen und ist von seiner alten Rechtsprechung[341] abgekehrt. Die Klassifizierung zwischen absoluten und relativen Personen der Zeitgeschichte war nie mehr als eine „praktische Faustformel für eine Grobbewertung des schutzwürdigen Informationsinteresses", wie *Steffen*[342] bereits zuvor zutreffend klargestellt hatte. Das BVerfG hatte schon Urteil vom 15.12. 1999[343] darauf hingewiesen, dass die Anwendung dieser Klassifizierung nur dann als verfassungsrechtlich unbedenklich angesehen werden kann, „solange die **einzelfallbezogene Abwägung** zwischen dem Informationsinteresse der Öffentlichkeit und den berechtigten Interessen des Abgebildeten nicht unterbleibt". Diese wichtige Klarstellung wurde bestätigt durch das Urteil vom 26.4.

---

[339] Hierzu in der Vorauflage, Rn. 179 m.w.N.
[340] JZ 1960, 114 ff.
[341] BGH NJW 1996, 1128 ff.
[342] *Steffen* in: *Löffler*, § 6 LPG Rn. 130 f. (schon in den Vorauflagen); zustimmend BGH NJW 2004, 1795.
[343] NJW 2000, 1021, 1025.

2. Veröffentlichung von Personenfotos

2001.[344] Zur Bedeutung des Faktors der objektiven **Bekanntheit** führte das BVerfG dort aus:

> „Der **Bekanntheitsgrad** einer Person ist aber nur ein Anhaltspunkt eines zeit-geschichtlichen Interesses unter mehreren möglichen, der für sich allein schon des-halb nicht aussagekräftig ist, weil die Bekanntheit auch mit einem punktuellen Er-eignis verknüpft sein kann. Keinesfalls ist es verfassungsrechtlich geboten, sich allein am Bekanntheitsgrad einer Person zu orientieren. Deshalb sind (...) die Ergebnisse von Meinungsumfragen kein hinreichender Anhaltspunkt der Beurteilung. Im Üb-rigen kann aus dem Faktum der öffentlichen Bekanntheit noch nicht ein normativ schutzwürdiges Interesse an einer umfassenden Information über den Betroffenen folgen. Zwar ist von der Pressefreiheit das Recht der Presse gedeckt, nach publizis-tischen Kriterien zu entscheiden, was öffentliches Interesse beansprucht. Dieses Selbstbestimmungsrecht der Presse erfasst aber nicht auch die Entscheidung, wie das Informationsinteresse im Zuge der Abwägung mit kollidierenden Rechtsgütern einzuschätzen und der Ausgleich zwischen den betroffenen Rechtsgütern herzustel-len ist."

Der BGH[345] verzichtet nunmehr unter ausdrücklicher Billigung des **178** BVerfG[346] auf die Rechtsfigur der Person der Zeitgeschichte.[347] Unab-hängig von der „Prominenz" der abgebildeten Person kommt die Ausnahme des § 23 Abs. 1 Nr. 1 KUG (also eine Bildnisveröffentli-chung) ohne Einwilligung nur noch dann in Betracht, wenn die Be-richterstattung ein **Ereignis von zeitgeschichtlicher Bedeutung** betrifft.[348] Damit orientiert sich die Rechtsprechung zutreffender Wei-se wieder am Wortlaut der Vorschrift.

Im Begriff der Zeitgeschichte spiegelt sich in erster Linie die **Auf-gabe der Presse** wieder, die Öffentlichkeit frei und umfassend über das öffentlich bedeutsame Geschehen zu unterrichten – unter ange-messener Berücksichtigung der Persönlichkeitsrechte. Auch wenn in der Rechtsprechung des BVerfG anerkannt ist, dass auch Unterhal-tung zu den Aufgaben der Presse zählt,[349] darf nicht verkannt werden, dass die wesentliche **Funktion der Presse** in der freien individuellen und öffentlichen Meinungsbildung als Grundlage und Voraussetzung des demokratischen Willensbildungsprozesses liegt (Art. 5 GG). Aus Art. 5 GG ergibt sich nicht, dass die Presse schrankenlos auf Perso-nenbildnisse zugreifen darf, vielmehr sind von § 23 Abs. 1 Nr. 1 KUG bei verfassungskonformer Auslegung nur solche Bildnisse erfasst, die einen Beitrag zur öffentlichen Meinungsbildung leisten.[350] In Bezug auf Personenfotos und die Anwendung des § 23 Abs. 1 Nr. 1 KUG

---

[344] BVerfG NJW 2001, 1921, 1922.

[345] BGH NJW 2007, 1977, 1978 – *Abgestuftes Schutzkonzept.*

[346] BVerfG NJW 2008, 1793, 1798.

[347] So auch HH-Ko/MedienR/Kröner 34, 54.

[348] BGH NJW 2007, 1977, 1979 – *Abgestuftes Schutzkonzept.*

[349] BVerfG NJW 2000, 1021, 1024; 2008, 1793, 1794 (Rn. 42).

[350] BVerfG NJW 2008, 1793, 1797 (Rn. 73).

bedeutet dies, dass das maßgebliche Bewertungskriterium die Bedeutung der bildlichen Information für die umfassende Information des (Wahl-)Bürgers ist. Wenn dies bei der Güterabwägung hinreichend berücksichtigt wird, kann damit auch der Auffassung des **EGMR** hinreichend Rechnung getragen werden. Der EGMR hat gefordert, bei der Abwägung mit der Presse- und Meinungsfreiheit darauf abzustellen, ob die Presse ihre klassische Rolle als **„public watchdog"** wahrnimmt und zu einer Diskussion über eine Frage allgemeinen Interesses beiträgt (**„debate of general interest"**).[351]

179 Das BVerfG[352] führt hinsichtlich der Bildnisveröffentlichung in der **Medienberichterstattung** in seiner ersten und daher grundlegenden Entscheidung zu § 23 Abs. 1 Nr. 1 KUG seit der Rüge des EGMR dazu aus:

> „Soweit Medien sich in ihrer Berichterstattung mit prominenten Personen befassen, ist nach der Rechtsprechung des Bundesverfassungsgerichts nicht allein die Aufdeckung von Unstimmigkeiten zwischen öffentlicher Selbstdarstellung und privater Lebensführung von allgemeinem Interesse. Prominente Personen können auch Orientierung bei eigenen Lebensentwürfen bieten sowie **Leitbild- oder Kontrastfunktionen** erfüllen (vgl. BVerfGE 101, 361 [390] = NJW 2000, 1021). Der Kreis berechtigter Informationsinteressen der Öffentlichkeit wäre zu eng gezogen, würde er auf skandalöse, sittlich oder rechtlich zu beanstandende Verhaltensweisen begrenzt. Auch die **Normalität** des **Alltagslebens** oder in keiner Weise anstößige Handlungsweisen prominenter Personen dürfen der Öffentlichkeit vor Augen geführt werden, **wenn dies der Meinungsbildung zu Fragen von allgemeinem Interesse dienen kann** (vgl. BVerfGE 101, 361 [390] = NJW 2000, 1021)."[353]

Weiterhin stellte das BVerfG für die für jeden Einzelfall vorzunehmende Güter- und Interessenabwägung folgende Grundsätze auf:

> „Die Abwägung hat (...) das vom Schutzbereich des Art. 5 I 2 GG umfasste Recht der Presse zu berücksichtigen, nach ihren publizistischen Kriterien zu entscheiden, was öffentliches Interesse beansprucht (vgl. BVerfGE 101, 361 [392] = NJW 2000, 1021). Dieses Selbstbestimmungsrecht der Presse erfasst allerdings nicht auch die Entscheidung, wie das Informationsinteresse im Zuge der Abwägung mit kollidierenden Rechtsgütern zu gewichten und der Ausgleich zwischen den betroffenen Rechtsgütern herzustellen ist (...). Im Zuge der Gewichtung des **Informationsinteresses** haben die Gerichte allerdings von einer inhaltlichen Bewertung der betroffenen Darstellungen als wertvoll oder wertlos, als seriös und ernsthaft oder unseriös abzusehen und sind auf die Prüfung und Feststellung beschränkt, in welchem Ausmaß der Bericht einen Beitrag für den Prozess der **öffentlichen Meinungsbildung** zu erbringen vermag. Soweit das Bild nicht schon als solches eine für die öffentliche Meinungsbildung bedeutsame Aussage enthält, ist sein Informationswert im **Kontext** der dazugehörenden Wortberichterstattung zu ermitteln (...). So können Bilder einen Wortbericht ergänzen und dabei der Erweitung seines Aus-

---

[351] EGMR NJW 2004, 2647, 2649 f.
[352] NJW 2008, 1793, 1796 (Rn. 60).
[353] BVerfG NJW 2008, 1793, 1796 (Rn. 60).

sagegehaltes dienen, etwa der Unterstreichung der Authentizität des Geschilderten. Auch kann ein von Art. 5 I GG geschütztes Informationsanliegen darin liegen, durch Beigabe von Bildnissen der an dem berichteten Geschehen beteiligten Personen die Aufmerksamkeit des Lesers für den Wortbericht zu wecken. Wird die Nutzung von Bildern auch zugelassen, die außerhalb des berichteten Geschehens entstanden sind, kann dies dazu beitragen, die belästigenden Auswirkungen für die betroffenen Prominenten zu vermeiden, die eintreten, wäre die Bebilderung eines Berichts allein mit im Kontext des berichteten Geschehens gewonnenen Bildnissen zulässig (...). **Beschränkt sich der begleitende Bericht allerdings allein darauf, irgendeinen Anlass für die Abbildung einer prominenten Person zu schaffen, so lässt die Berichterstattung einen Beitrag zur öffentlichen Meinungsbildung nicht erkennen. Insofern ist es verfassungsrechtlich nicht angezeigt, dem Veröffentlichungsinteresse den Vorrang vor dem Persönlichkeitsschutz einzuräumen.**"[354]

Auch bekannte Persönlichkeiten, die früher sogenannten „Personen **180** der Zeitgeschichte", müssen deshalb im Rahmen des § 23 Abs. 1 Nr. 1 KUG nicht jede Aufnahme dulden. Da die konsequenterweise vom BVerfG und vom BGH eingeleitete Abkehr von dieser Terminologie gegenwärtig in der Instanzrechtsprechung noch nicht vollständig umgesetzt wird[355] und die in diesen Schlagworten immanente Bewertung der publizistischen Bedeutung einer Person zwar nicht mehr im Mittelpunkt der Abwägung steht, gleichwohl aber auch zukünftig noch eingeschränkt aufgrund der anerkannten Leitbildfunktion noch als ein Aspekt der Interessenabwägung eine Rolle spielen kann, wird nachfolgend die bisherige Rechtsprechung kurz dargestellt:

Nach der früheren Rechtsprechung handelte es sich bei den Spitzen aus allen gesellschaftlich relevanten Gruppen, insbesondere Politik, Wirtschaft, Kultur, Sport, um **absolute Personen der Zeitgeschichte**. Die Gerichte haben unter Berücksichtigung ihrer Funktion und ihrem öffentlichen Wirken zum Zeitpunkt der jeweiligen Entscheidung z. B. folgende Personen eingeordnet:

– **Politik:** *Bundeskanzler Schröder* (LG Berlin AfP 2003, 176 f.), *Außenminister Joschka Fischer* (KG Berlin AfP 2007, 573; LG Berlin, Urteil vom 18. 09. 2003, Az. 270406/03) und andere aktive in- und ausländische Spitzenpolitiker; ehemalige Spitzenpolitiker, auch nach ihrem Tode (vgl. BGH NJW 1996, 593, 594 – *Willy Brandt*); *Alexander Schalck-Golodkowski* (LG Berlin NJW 1996, 1142, 1143); *Erich Honecker, Erich Mielke, Willi Stoph, Heinz Kessler* (BVerfG NJW 1992, 3288, 3289), *Manfred Stolpe* (OVG Berlin NJW 1998, 257, 258); *Reichspräsident Ebert* und *Reichswehrminister Noske* (AG Ahrensbock DJZ 1920, 596); *Kaiser Wilhelm II* (KG Berlin JW 1928, 363);

---

[354] BVerfG NJW 2008, 1793, 1796 f. (Rd. 67 ff.)
[355] siehe z.B. LG Hamburg AfP 2008, 97, 98 – *Hansi Hinterseer*.

– **Wirtschaft:** Vorstandsvorsitzender der Hoechst AG (BGH AfP 1993, 736; BVerfG AfP 1999, 254 ff.), *Graf Zeppelin* (RGZ 74, 308, 312);
– **Kultur:** Künstler aller Sparten wie *Götz George* (KG Berlin, Urteil vom 27. 06. 2000, Az. 9 U 8609/99; LG München I, Urteil vom 5. 12. 1996, Az. 7 0 17955/96), *Thomas Gottschalk* (LG Berlin AfP 2007, 257, 258), *Günther Jauch* (LG Berlin, Urteil vom 16. 09. 2003, Az. 27 0 238/03), *Bob Dylan* (BGH NJW 1997, 1152 ff.), die „*Backstreet Boys*" (OLG Hamburg AfP 1999, 486, 488), *Marius Müller-Westernhagen* (OLG Hamburg WRP 1995, 124 f.), *Nena* (BGH GRUR 1987, 128 ff., LG Hamburg AfP 1995, 526, 527), die *Beatles* (OLG Frankfurt GRUR Int. 1993, 872 ff.), *Ann-Sophie Mutter* (OLG München AfP 1995, 658, 660), *Leonard Cohen* (OLG Frankfurt AfP 1987, 526 f.), *Roy Black* (OLG Hamburg AfP 1991, 437, 438), *Nina Hagen* (LG Berlin AfP 2001, 246), *Marlene Dietrich* (KG Berlin AfP 1997, 926, 927; BGH AfP 2002, 435 ff.), *Joachim Fuchsberger* (BGH NJW 1992, 2084 ff.), *Uschi Glas* (OLG München ZUM 1998, 1042, 1043), *Beatrice Richter* (OLG Hamburg AfP 1992, 159), *Michael Degen* (OLG Hamburg AfP 1995, 512 f.), *Rudi Carrell* (OLG Köln AfP 1982, 181, 183, OLG Stuttgart AfP 1981, 362 ff.), *Gustl Bayrhammer* (LG München AfP 1997, 559, 561), *Paul Dahlke* (BGH NJW 56, 1554 ff.), *Caterina Valente* (BGH NJW 1959, 1269 ff.); *Prince* (LG Berlin, Urteil vom 9.5.2006, Az. 16 O 235/05, JurPC Web-Dok. 90/2006; **nicht** jedoch der Volksmusikstar, Skifahrer und Moderator *Hansi Hinterseer* (LG Hamburg AfP 2008, 97).
– **Sport:** Sportler wie *Boris Becker* (OLG Frankfurt a. M. NJW 1989, 402; OLG Hamburg, AfP 1992, 576, 577), *Franz Beckenbauer* (BGH NJW 1979, 2203); *Jan Ullrich* (OLG Düsseldorf GRUR-RR 2003, 2002), *Katharina Witt* (OLG Frankfurt, NJW 2000, 594), *Berti Vogts* (LG Düsseldorf AfP 1998, 238), „alle Fußball-Bundesligaspieler" (BGH NJW 1968, 1091 ff., ähnlich BGH NJW 1979, 2205), *Paul Breitner* (OLG München Schulze OLGZ 1270), *Günter Netzer* (OLG Hamburg AfP 1985, 209, 210);
– **Adel und Gesellschaft („Society"):** *Prinzessin Caroline von Monaco* (BGH NJW 96, 1128, 1129), *Albert von Monaco* (OLG Karlsruhe NJW 2006, 617).

In der **Literatur** wurden auch bekannte Wissenschaftler[356], herausragende Straftäter und NS-Größen, Spitzenköche und Staranwälte[357] zu diesem Personenkreis gerechnet. Es kam aber schon immer auf eine Bewertung aller Umstände des Einzelfalls an. Keineswegs sind somit Angehörige bestimmter Berufsgruppen per se absolute Personen der Zeitgeschichte. Auch bei der Orientierung an den vorstehend aufge-

---

[356] *Soehring* Rn. 21. 3 b.
[357] *Steffen* in: *Löffler*, § 6 LPG Rn. 132.

zeigten Rechtsprechungsbeispielen ist Vorsicht angezeigt: Die Gerichte haben alle im Verfahren vorgetragenen Umstände aus der Vita des Betroffenen gewürdigt, auch solche, die möglicherweise gemeinhin nicht bekannt sind. Parallelen sollten daher nur nach sorgfältiger Analyse der jeweiligen Urteilsgründe gezogen werden. Ältere Urteile beruhen ferner oft auf einer besonderen Gewichtung des Kriteriums der Bekanntheit des Abgebildeten, was – wie vorstehend dargelegt – nicht mehr in Einklang mit der jüngeren Rechtsprechung des BVerfG, des BGH und des EGMR steht.

Da der Bekanntheitsgrad nur ein Kriterium bei der Bewertung der **181** zeitgeschichtlichen Bedeutung i.S.v. § 23 Abs. 1 Nr. 1 KUG ist, ergibt sich bei Personen mit einem besonders **öffentlichkeitswirksamen Beruf** eine spezielle Problematik. **Nachrichtensprecher, Moderatoren**, aber auch **Pressesprecher** von Unternehmen und Behörden sowie alle anderen Berufstätigen mit einer berufsbedingten hohen Medienpräsenz durften trotz ihres allein daraus resultierenden Bekanntheitsgrades nicht undifferenziert als absolute Person der Zeitgeschichte angesehen werden. Sie zählen nur dann zu diesem Personenkreis, wenn sie über ihren beruflichen Bereich hinaus das Interesse der Öffentlichkeit dauerhaft auf ihre Person, insbesondere ihr Privatleben, gelenkt haben, z.B. durch zahlreiche Interviews, Homestories und Auftritten in Personalityshows oder wiederholte spektakuläre öffentlichkeitswirksame Auftritte außerhalb der Berufsausübung. Das LG Berlin hat z.B. die *Moderatorin Ulla Kock am Brink* schon vor dem Urteil des EGMR vom 24. 6. 2004 trotz ihres „hohen Bekanntheitsgrades und der besonderen Popularität, die sie genießt" nicht als absolute Person der Zeitgeschichte angesehen. Im Zusammenhang mit dem Verbot von Aufnahmen, die sie in einem **Restaurant** auf Norderney zeigen, führte das LG Berlin aus:[358]

„… Die Öffentlichkeit kann ein berechtigtes Interesse daran haben, zu erfahren, ob solche Personen, die oft als Idole oder Vorbild gelten, funktionales und persönliches Verhalten überzeugend in Übereinstimmung bringen. Frau Kock am Brink hat sich als Fernsehmoderatorin aber nicht auf eine Art und Weise der Öffentlichkeit präsentiert, deren Wahrhaftigkeit sich in ihrem Privatleben verifizieren ließe. Die Leistung, die sie vollbracht hat, indem sie ihr Publikum amüsierte und unterhielt, hat keinen Bezug zu ihrem Privatleben. Was die Moderation einer Fernsehschau auszeichnet, ist beispielsweise der charmante Umgang mit den Teilnehmern der jeweiligen Show oder die Auswahl unterhaltsamer Themen. Wie sich die Moderatorin außerhalb ihrer Show verhält, ist für deren Gelingen jedoch ohne Bedeutung. Dies gilt jedenfalls solange, wie sich der Moderator nicht etwa zur Kultfigur stilisieren lässt. Ein solches Ausmaß an Popularität hat … (sie) nicht erreicht."

---

[358] Urteil vom 3. 4. 2003, Az. 27 0 1050/02, bestätigt durch KG Berlin, Urteil vom 23.1. 2004, Az. 9 U 149/03.

Aus ähnlichen Erwägungen waren bereits zuvor das LG Hamburg und das OLG Hamburg in älteren unveröffentlichten Entscheidungen zu der Auffassung gelangt, dass **Tagesschausprecher**[359] und bekannte **Moderatoren**[360] ebenfalls nicht als absolute Person der Zeitgeschichte anzusehen waren und nicht allein aufgrund ihrer beruflichen Bekanntheit in den Anwendungsbereich des § 23 Abs. 1 Nr. 1 KUG fallen. Nachdem das Kriterium der Bekanntheit in der jüngeren Rechtsprechung zutreffender Weise an Bedeutung verloren hat (da es auf den vorrangig Informationsgehalt des Ereignisses ankommt) erweist sich diese ältere Rechtsprechung auch heute als zutreffend. Der Gang eines populären Moderators auf der Strasse in einer Alltagssituation ist kein zeitgeschichtliches Ereignis im Sinne von § 23 Abs. 1 Nr. 1 KUG, wenn nicht ausnahmsweise besondere Umstände hinzutreten, die ein über Neugier hinausgehendes objektives Informationsinteresse begründen. Das BVerfG[361] führt hierzu aus:

> „Ferner ist zu berücksichtigen, dass aus dem Faktum der Prominenz oder öffentlichen Bekanntheit (…) allein noch nicht ein normativ schutzwürdiges Interesse an einer umfassenden Information der Öffentlichkeit über sein Verhalten folgt."

182 Auch die bloße **Abstammung** eines Menschen aus einer bekannten oder bedeutenden Familie sowie die Zugehörigkeit zum **Adel** begründen für sich genommen ebenfalls kein generelles berechtigtes Informationsinteresse, ebenso nicht eine Einordnung als absolute Person der Zeitgeschichte im Sinne der alten Lehre.[362] Ein (gerichts-) bekanntes Beispiel ist hier der „Welfenprinz" *Ernst August von Hannover,* der nicht nur von den Instanzgerichten, sondern ebenso vom BVerfG nicht als absolute Person der Zeitgeschichte angesehen wurde, auch nach seiner Heirat mit der ältesten Tochter des Fürsten von Monaco.[363]

183 **Angehörige** (Eltern, Geschwister, Ehepartner, Kinder usw.) von absoluten Personen der Zeitgeschichte im Sinne der inzwischen überholten Terminologie fallen nicht allein aus diesem Grunde unter § 23 Abs. 1 Nr. 1 KUG, da die familiäre Verbundenheit als solche keine

---

[359] LG Hamburg, Urteil vom 10. 10. 1997, Az. 324 O 440/97 – *Jan Hofer;* LG Hamburg, Urteil vom 5. 3. 1999, Az. 324 O 425/98 – *Eva Herman.*
[360] LG Hamburg, Urteile vom 28. 8. 1998, Az. 324 O 304/98 und 324 O 305/98; OLG Hamburg, Urteile vom 17. 11. 1998, Az. 7 U 117/98 und 7 U 118/98; so jetzt auch LG Hamburg AfP 2008, 97 – *Hansi Hinterseer.*
[361] BVerfG NJW 2006, 2835 (Rn. 11). – *Verkehrsverstoß.*
[362] BGH GRUR 2005, 74, 75 – *Charlotte II/Reitturnier;* Wandtke/Bullinger/*Fricke,* UrhR, § 23 KUG Rn. 10; *Prinz/Peters,* Rn. 848 a. E.
[363] LG Hamburg, Beschluss vom 2. 7. 2003, Az. 324 O 421/03; OLG Hamburg, Beschluss vom 18. 7. 2003, Az. 7 W 38/03; LG Hamburg ZUM-RD 2000, 200 m. w. N., OLG Hamburg, Urteil vom 31. 1. 2006, Az. 7 U 81/05, nicht rechtskräftig; BVerfG NJW 2001, 1921, 1022.

Leistung und kein Ereignis ist, die ein generelles öffentliches Informationsinteresse rechtfertigen kann.[364] Insbesondere **Kinder** von absoluten Personen der Zeitgeschichte hatten schon nach der alten Rechtsprechung vor der Rüge des EGMR ein Recht auf ein ungestörtes, kindgerechtes und „normales" Leben ohne öffentliche Beobachtung, wie das BVerfG ausdrücklich betont hatte.[365] Wenn prominente Eltern mit ihren Kindern abgebildet werden (sog. **Eltern–Kind–Situationen**) ist daher auch hinsichtlich der Eltern keine Abbildungsfreiheit gegeben.[366] Bereits zuvor hatte der BGH ausgeführt:[367]

> „Der Rechtsverlust, der für die Betroffenen mit der Anwendung des § 23 Abs. 1 Nr. 1 KUG verbunden ist, gebietet es, die Kinder von Personen der Zeitgeschichte nur dann in diesen Personenkreis einzubeziehen, wenn sie gleichfalls als Angehörige in der Öffentlichkeit auftreten oder im Pflichtkreis ihrer Eltern öffentliche Funktionen wahrnehmen".

Der besondere Schutz der **Eltern–Kind–Beziehung** setzt nicht voraus, dass die Kinder auf den Fotos mit abgebildet sind, es kommt vielmehr auf die Situation an. Ebenso ist nicht erforderlich, dass die Aufnahmen eine besondere Zuwendung der Eltern zu ihren Kindern dokumentieren.[368] Aufnahmen, die bei einem gemeinsamen Auftritt von Eltern mir ihren Kindern auf einer bedeutsamen Veranstaltung hergestellt wurden und daher ausnahmsweise als Bildnisse aus dem Bereiche der Zeitgeschichte angesehen werden können, dürfen nur für die Berichterstattung über diese Veranstaltung und nicht für allgemeine Betrachtungen verwendet werden.[369]

Die deutschen Gerichte bis hin zum BVerfG hatte Aufnahmen von 184 „absoluten Personen der Zeitgeschichte" in **Alltagssituationen**, z. B. beim **Einkaufen in der Stadt**, bei einem **Marktbummel**, beim Reiten in der freien Natur und anderen **sportlichen Aktivitäten**, beim Besuch eines öffentlich zugänglichen **Strandbades** und bei Besuchen von nicht völlig abgelegenen **Restaurants** für zulässig gehalten.[370] Der EGMR sah in dieser Rechtsprechung eine Verletzung des in Art. 8 EMRK garantierten Rechts auf Achtung des Privat- und Familienlebens, welches auch an öffentlichen Orten Schutz vor ständiger Medienbeobachtung bieten müsse. Einschränkungen des Privatsphärenschutzes, wie sie die deutsche Rechtsprechung bei „absoluten Personen der Zeitgeschichte" verursacht hatte, könnten allenfalls bei

---

[364] BGH NJW 1996, 985 f.
[365] BVerfG NJW 2000, 1021, 1023; BVerfG NJW 2005, 1857, 1859.
[366] BVerfG a. a. O.; OLG Hamburg AfP 2007, 558.
[367] NJW 1996, 985, 986; bestätigt durch BGH NJW 2004, 1795 – *Charlotte I.*
[368] OLG Hamburg AfP 2007, 558 – *Kanzler Schröder in Rom.*
[369] BGH NJW 2004, 1795, 1796 – *Charlotte I.*
[370] BGH NJW 1996, 1128, 1130 f.; BVerfG NJW 2000, 2192, 2193.

politischen Mandatsträgern in Ausübung ihrer Funktion begründet sein, oder wenn in sonstigen Fällen die Aufnahmen ein Thema von allgemeinem Interesse beträfen, was aber bei normalen Einzelheiten aus dem Privatleben in der Regel nicht der Fall sei.[371] Das in **Art. 8 EMRK** verankerte Recht auf Achtung des Privatlebens, über dessen Reichweite der EGMR für alle Mitgliedsstaaten verbindlich entscheidet, schränkt jedenfalls als **allgemeines Gesetz** im Sinne von Art. 5 Abs. 2 GG die Meinungs- und Pressefreiheit ein[372] und somit im Ergebnis auch die Reichweite des § 23 Abs. 1 Nr. 1 KUG. Gleichwohl verbleibt ein erheblicher Ermessensspielraum der Gerichte. Damit geht derzeit eine nicht unerhebliche Rechtsunsicherheit einher, da die Rechtsprechung, insbesondere die des BGH, noch keine einheitliche Linie erkennen lässt, wie die bisher ergangenen **Entscheidungen** zeigen:

185   Der BGH hielt ein Foto, welches eine bekannte **Fernsehjournalistin** (*Sabine Christiansen*) auf Mallorca beim **Einkaufen** in Begleitung ihrer **Putzfrau** zeigte, für unzulässig, da es keinerlei Orientierungsfunktion im Hinblick auf eine allgemein interessierende Sachdebatte habe.[373] Hingegen beurteilte der BGH die Veröffentlichung von Aufnahmen, die die ehemalige **Ministerpräsidentin** *Heide Simonis* am Tag nach ihrem Ausschied aus dem Amt beim Einkaufen in einem Kieler Einkaufszentrum zeigten („Danach ging Heide erst mal shoppen") für zulässig. Für Personen des politischen Lebens sei ein gesteigertes Informationsinteresse der Öffentlichkeit anzuerkennen, welches nicht unmittelbar mit dem Amtsverlust ende.[374] Diese Entscheidung erscheint unter mehreren Aspekten zweifelhaft: Zum einen waren die Fotos nach den Erkenntnissen der Vorinstanzen in einer Situation der langandauernden **Verfolgung** und **Belagerung** entstanden („**Observation**"). Das BVerfG hat zutreffender Weise darauf hingewiesen, dass derartige Umstände („**beharrliche Nachstellung**", „Ausnutzung von Heimlichkeit") in der Abwägung zugunsten des Betroffenen zu berücksichtigen sind.[375] Zum anderen waren die politischen Mandate zum Zeitpunkt der Herstellung und Veröffentlichung der Aufnahmen bereits beendet. Die ausgeschiedene Politikerin war als reine Privatperson damit beschäftigt, Gegenstände für ihren eigenen, nicht beruflichen Lebensbedarf auszuwählen oder sich auch nur zu zerstreuen. Irgendeine Hoheitsgewalt konnte sie nicht mehr ausüben. Daher ist es fragwürdig, worin das vom BGH angenommene öffentliche

---

[371] EGMR NJW 2004, 2647, 2650 f.
[372] BVerfG NJW 2008, 1793, 1795 (Rn. 52).
[373] BGH NJW 2008, 3138.
[374] BGH NJW 2008, 3134.
[375] BVerfG NJW 2008, 1793, 1797 (Rn. 69).

Informationsinteresse an ihrem Konsum- und Freizeitverhalten begründet sein soll, welches zudem so gewichtig sein müsste, dass es die Beeinträchtigungen der mindestens zweitägigen Überwachung durch Fotografen überwiegen kann.

Das LG Hamburg verbot zunächst eine Aufnahme zweier Adeliger (Prinzessin Caroline von Hannover, vormals von Monaco) im Urlaub auf belebter Strasse, die im Zusammenhang mit einem Bericht über die Vermietung einer Ferienvilla des Adeligen auf einer Insel vor Kenia veröffentlicht worden war.[376] Das OLG Hamburg[377] hob das Verbot wieder auf, der BGH stellte es zunächst wieder her, auf eine Verfassungsbeschwerde hin rügte das BVerfG jedoch, der BGH habe den Informationsgehalt des Artikels nicht hinreichend gewürdigt und verwies die Sache erneut an den BGH.[378] Der Bericht über die Vermietung der Ferienvilla an Dritte könne Anlass für sozialkritische Überlegungen der Leser sein. Die daraus resultierende Sachdebatte könne es rechtfertigen, den Vermieter des Anwesens im Bild darzustellen. Der BGH änderte darauf hin seine Auffassung und erklärte das Foto, welches des Anwesen nicht (auch) zeigte, mit einer entsprechenden Begründung für zulässig.[379] Auch dieses Urteil erscheint im Hinblick auf die Verhältnismäßigkeit und die Auffassung des EGMR zweifelhaft. Schon die Annahme, das angeblich gewandelte Konsumverhalten „der Schönen und Reichen" dürfe am konkreten Beispiel erörtert werden, weil es sich hierbei um ein Thema von öffentlicher Bedeutung handele, ist jedenfalls nicht zwingend. Vorrangig verdient das Urteil aber deshalb Kritik, weil eine derartige Berichterstattung auch ohne Hinzufügung der Aufnahme möglich gewesen wäre. Das beigefügte Foto zeigte den Betroffenen nicht im Zusammenhang mit seinem Anwesen, sondern in Begleitung seiner Ehefrau im Urlaub, also in einer privaten und schutzwürdigen Situation. Das Foto lieferte somit keine zusätzlichen Informationen. Es wäre daher geboten gewesen, allenfalls eine kontextneutrale, portraitartige Abbildung hinzuzufügen, soweit man überhaupt ein überwiegendes Interesse an der bildlichen Darstellung des Eigentümers zu erkennen vermag.

Urlaubsfotos, die ausschließlich im Zusammenhang mit dem Urlaub veröffentlicht werden, hält der **BGH**[380] in Übereinstimmung mit dem BVerfG[381] für unzulässig und zwar unabhängig davon, ob die

---

[376] LG Hamburg, Urteil vom 1.7.2005, Az. 324 O 869/04.

[377] OLG Hamburg, Urteil vom 31.1.2006, Az. 7 U 82/05.

[378] BVerfG NJW 2008, 1793, 1800 (Rn. 102 ff.)

[379] BGH NJW 2008, 3141; anders BGH, Urteil vom 14.10.2008, Az. VI ZR 256/06 zur Erkrankung des Prinzen.

[380] BGH NJW 2007, 1977 – *Abgestuftes Schutzkonzept.*

[381] BVerfG NJW 2008, 1793, 1799 (Rn. 90 ff.)

Bilder die urlaubenden Personen in einer örtlichen Abgeschiedenheit im Sinne der älteren Rechtsprechung oder an belebten Orten (Straßen, Plätze, Cafés etc.) zeigen. Derartige Urlaubsfotos dürfen nur ausnahmsweise nach § 23 Abs. 1 Nr. 1 KUG ohne Einwilligung veröffentlicht werden, wenn das Urlaubsverhalten Anlass für eine öffentliche Sachdebatte gibt und der Bericht im Zusammenhang mit einen zeitgeschichtlichen Ereignis steht. Der BGH und das BVerfG erlaubten solche Fotos, als über einen Urlaub während einer schweren Erkrankung des Vaters der Abgebildeten (des regierenden Fürsten von Monaco) berichtet wurde.[382] Kein zeitgeschichtliches Ereignis sah der BGH[383] hingegen bei **Urlaubsfotos** des seinerzeitigen **Nationaltorwarts** *Oliver Kahn* mit seiner Freundin auf der **Promenade** von **St. Tropez**. Dabei wurde berichtet, er sei in der Woche zuvor noch mit seiner Ehefrau auf Sardinien gewesen. Das OLG Hamburg[384] hatte in der Vorinstanz noch offen gelassen, ob der Spaziergang vor diesem Hintergrund als zeitgeschichtliches Ereignis im Sinne von § 23 Abs. 1 Nr. 1 KUG angesehen werden könne, die Fotos aber wegen der Verletzung berechtigter Interessen (Privatsphäre, § 23 Abs. 2 KUG, hierzu auch Rn. 224) verboten. Ebenso unzulässig war die Veröffentlichung von Aufnahmen *Herbert Grönemeyers* mit seiner neuen Lebensgefährtin in Freizeitkleidung in Rom in einem **Straßencafé** und einer **Fußgängerzone**, wie der BGH[385] in Übereinstimmung mit den Vorinstanzen entschied.

186   Weitere **Beispiele** aus der Rechtsprechung: Die Instanzgerichte haben in den letzten Jahren folgende Anlässe und Situationen als **zeitgeschichtliche Ereignisse** angesehen, wobei die Veröffentlichungen zugleich teilweise wegen entgegenstehender Interessen (§ 23 Abs. 2 KUG) gleichwohl als unzulässig beurteilt worden und die nachfolgend angeführten Entscheidungen teilweise noch nicht rechtskräftig sind:

– Die **Hochzeit** *Günther Jauchs* an bekannten historisch bedeutsamen Orten in Potsdam, die jedoch zu diesem Zeitpunkt nur für geladene Gäste zugänglich waren; das LG Hamburg[386] hielt gleichwohl berechtigte Interessen im Sinne von § 23 Abs. 2 KUG für verletzt, weil von außen heimlich in den abgesperrten Bereich hineinfotografiert wurde.

---

[382] BVerfG NJW 2008, 1793, 1799 (Rn. 94 ff.); BGH NJW 2007, 1977, 1800 f.

[383] BGH NJW 2008, 749, 751 (Rn. 13) – *Oliver Kahn / abgestuftes Schutzkonzept II*, ähnlich LG Berlin NJW-RR 2007, 923 zum Mallorca-Urlaub von *Lukas Podolski*.

[384] OLG Hamburg GRUR-RR 2006, 421.

[385] BGH NJW 2008, 3340, 3343 (Rn. 26) – *Grönemeyer/Rom*.

[386] LG Hamburg AfP 2008, 100, 102; aufgehoben durch OLG Hamburg, Urteil vom 21.10.2008, Az. 7 V 11/08.

2. Veröffentlichung von Personenfotos

- Die **Prozesstätigkeit** eines **Rechtsanwalts** („Prominentenanwalts") für zahlreiche bekannte Persönlichkeiten.[387]
- Den **Zungenkuss** zu später Stunde der Kabarettistin *Desirée Nick* mit dem regierenden Bürgermeister von Berlin *Klaus Wowereit* auf der **AIDS-Gala**.[388]
- Das KG Berlin[389] hielt ein **Alltagsfoto** des zum Zeitpunkt der Veröffentlichung aktuell aus dem Amt geschiedenen ehemaligen **Außenministers** und **Vizekanzlers** *Joschka Fischer* für zulässig nach § 23 Abs. 1 Nr. 1 KUG, obwohl es diesen auf seinem **Balkon** beim **Blumengießen** zeigt. Das Gericht begründete dies u.a. mit der „Symbolkraft" des Fotos und dem öffentlichen Informationsinteresse an den Lebensumständen nach dem plötzlichen Ausstieg aus der Politik. Der Balkon war ferner zu einem öffentlichen Gehweg einer Strasse in zentraler Lage gerichtet. Ebenso hielt das KG Berlin[390] ein Foto *Fischers* bei der **Ankunft** auf dem **Flughafen** in New York auf dem Weg zum Antritt seiner Dozentenstelle an der **Universität** Princeton für zulässig.
- Kein zeitgeschichtliches Ereignis war der Besuch einer **Sehenswürdigkeit** (der spanischen Treppe) in **Rom** des ehemaligen **Bundeskanzlers** *Schröder* im Januar 2006 im Rahmen eines Familienurlaubs[391], ein **Strandaufenthalt** des **Nationalspielers** *Lukas Podolski* während seines Urlaubs auf Mallorca.[392]

Die zeitgeschichtliche Bedeutung von bekannten Persönlichkeiten **187** war schon zu Zeiten der alten Rechtsprechung zu „absoluten Personen der Zeitgeschichte" an ihre Funktion gebunden und von **zeitlicher Dauer**. Dies gilt umso mehr, seitdem die Rechtsprechung bei der Bewertung des von § 23 Abs. 1 Nr. 1 KUG geschützten Informationsinteresses weniger auf die Person, als primär auf das berichtete Ereignis abstellt. Trotzdem ist die Aktualität eines Vorgangs noch immer einer der Faktoren, der in der Abwägung zu berücksichtigen ist. Wann das öffentliche Informationsinteresse an der bildlichen Darstellung einer Person endet, kann mangels gesetzlicher Definition nicht abstrakt – generell festgelegt werden. Ein vorrangig maßgebliches Kriterium ist die Aufgabe der Funktion, die den Betroffenen aus der Masse der Menschen herausgehoben hat. Wer dauerhaft aus dem

---

[387] KG Berlin, Verzichtsurteil vom 29.2.2008, Az. 9 U 52/07 nach einem entsprechenden Hinweis; a.A. zuvor im selben Fall LG Berlin NJW-RR 2007, 1270 – „Rächer der Genervten".

[388] LG Hamburg AfP 2007, 275, 276.

[389] KG Berlin AfP 2007, 573.

[390] KG Berlin AfP 2007, 375.

[391] OLG Hamburg AfP 2007, 558 (wobei die Begründung auf § 23 Abs. 2 KUG abstellt).

[392] LG Berlin NJW-RR 2007, 923.

Rampenlicht tritt – und damit ist nicht nur die Theaterbühne und das Fernsehstudio, sondern auch die Sportarena und das politische oder gesellschaftliche Leben gemeint – und sich ins Private zurückzieht, muss danach nur noch einen gewissen Zeitraum eine Beschränkung seines Rechts am eigenen Bild hinnehmen. Dies gilt auch für den Fall des Todes des Betroffenen. Der Zeitraum, in dem das berechtigte öffentliche Interesse an einem Menschen verblasst, hängt wiederum von der Funktion und Bedeutung ab, die die Person während ihrer aktiven Schaffensperiode bzw. zu Lebzeiten hatte.[393] Bei Staatsoberhäuptern und Spitzenpolitikern wird eine längere Fortdauer über mehrere Jahre in Betracht kommen, bei Stars aus dem kulturellen Bereich, die ihre über das übliche Maß hinausgehende Bedeutung nur „gerade eben" erreicht haben, erlischt ihr Status umso schneller nach Aufgabe der aktiven Karriere. Die politische Führungsschicht der ehemaligen DDR wurde z.B. auch zehn Jahre nach dem Ende der DDR noch als absolut zeitgeschichtlich angesehen, allerdings im Zusammenhang mit der rechtlichen Aufarbeitung ihres „Lebenswerkes"[394], *Willy Brandt* wurde vom BGH[395] jedenfalls noch drei Jahre nach seinem Tode als absolute Person der Zeitgeschichte angesehen. Der Filmdiva *Marlene Dietrich* hat der BGH noch im Jahre 1999 (sieben Jahre nach ihrem Tode) die Bedeutung einer absoluten Person der Zeitgeschichte zugesprochen.[396]

Auch nach dem Verblassen des generellen Informationsinteresses der Öffentlichkeit muss der ehemalige Prominente unter Umständen Bildnisveröffentlichungen dulden, die im Zusammenhang mit dem früheren Schaffen und Lebenswerk stehen und dieses bildlich dokumentieren. In solchen Fällen können auch nach dem Urteil des EGMR vom 24.6.2004 die Kriterien zur sogenannten „relativen Person der Zeitgeschichte" Anwendung finden, die nachstehend erläutert werden.

188   Als sogenannte **relative Personen der Zeitgeschichte** wurden solche Personen angesehen, die im **Zusammenhang mit einem besonderen Anlass** von öffentlicher Bedeutung sind.[397] Das berechtigte Informationsinteresse der Öffentlichkeit an der bildlichen Darstellung der Person folgt hier nicht allein aus der Person selbst, sondern aus einem Vorgang mit zeitgeschichtlicher Bedeutung, an welchem der Abgebildete beteiligt ist. In Umsetzung der Caroline-Entscheidung des EGMR und der danach ergangenen neuen Recht-

---

[393] Vgl. *Prinz/Peters*, Rn. 848 am Ende m.w.N.
[394] Vgl. BVerfG NJW 1992, 3288, 3289.
[395] NJW 1996, 593, 594.
[396] BGH in NJW 2000, 2195, 2200.
[397] *Steffen* in: *Löffler*, § 6 LPG Rn. 132; *Prinz/Peters*, Rn. 849.

2. Veröffentlichung von Personenfotos

sprechung des BVerfG[398] und des BGH[399] gibt es im Rahmen der Abbildungsfreiheit nach § 23 Abs. 1 Nr. 1 KUG nur noch „relative Personen der Zeitgeschichte" im Sinne der bisherigen Terminologie, da es immer darauf ankommt, ob die Berichterstattung eine Angelegenheit betrifft, die die Öffentlichkeit wesentlich berührt,[400] also zeitgeschichtliche Bedeutung hat. Das BVerfG hatte schon zuvor zur Rechtsfigur der relativen Person der Zeitgeschichte ausgeführt:[401]

> „Im Ausgangspunkt ist auch die von der Rechtsprechung weiter verwandte - Kategorie der sog. relativen Personen der Zeitgeschichte verfassungsrechtlich tragfähig. Auch hierbei handelt es sich um eine lediglich abkürzende Ausdrucksweise für eine nur im Grundsätzlichen vorgenommene, aber stets im Einzelfall zu überprüfende Interessenabwägung zwischen dem Informationsinteresse der Öffentlichkeit und dem allgemeinen Persönlichkeitsrecht des Abgebildeten. Hiernach wird das die Veröffentlichung eines Bildnisses rechtfertigende Informationsbedürfnis der Öffentlichkeit nicht wie bei der absoluten Person der Zeitgeschichte generell, sondern nur im Zusammenhang mit einem bestimmten zeitgeschichtlichen Vorgang anerkannt".

Als **zeitgeschichtlich relevanten Vorgang** hat das BVerfG in dieser Entscheidung einen tätlichen Angriff auf einen Kameramann angesehen, nicht jedoch eine spekulative Berichterstattung über eine angebliche gemeinsamen Asienreise zweier Adeliger, lange vor der späteren Heirat und auch vor den ersten gemeinsamen offiziellen Auftritten. Hingegen hielt das BVerfG die Veröffentlichung eines Bildnisses im Zusammenhang mit einem glossierenden Bericht über die Beziehung für zulässig. Das BVerfG billigte in diesen Zusammenhang die Veröffentlichung eines **Portraitfotos**. Im Anschluss daran hat auch der BGH die Verwendung von neutralen Portraitfotos aus früherer Zeit zur aktuellen Bebilderung eines zeitgeschichtlichen Vorgangs nach § 23 Abs. 1 Nr. 1 KUG gebilligt.[402] Das zeitgeschichtliche relevante Ereignis muss somit nicht zwingend auf den Aufnahmen mit abgebildet sein. Die hat nun auch das BVerfG nochmals bestätigt.[403]

Im Grundsatz ist es unerheblich, ob der Abgebildete freiwillig oder **189** unfreiwillig, „aktiv" oder „passiv" mit einem zeitgeschichtlich relevanten Ereignis verbunden ist. Bei Personen, die ohne ihr Zutun oder nur auf Grund der Ausübung ihres Berufs involviert sind (z. B. **Opfer von Straftaten** oder **Verkehrsunfällen, Polizisten** und **Journalisten am Tatort**) können aber um so eher berechtigte Interessen im

---

[398] BVerfG NJW 2008, 1793.

[399] BGH NJW 2007, 1977; NJW 2007, 3440; NJW 2008, 749; NJW 2008, 3134; NJW 2008, 3138; NJW 2008, 3141.

[400] BVerfG NJW 2008, 1793, 1796 (Rn. 59).

[401] BVerfG NJW 2001, 1921, 1922; siehe auch BGH NJW 2005, 595 – *Uschi Glas*.

[402] BGH NJW 2005, 595, 596 – *Uschi Glas*.

[403] BVerfG NJW 2008, 1793, 1796 f. (Rn. 68).

Sinne von § 23 Abs. 2 KUG einer Bildnisveröffentlichung entgegenstehen. Voraussetzung ist ohnehin stets, dass dem Vorgang eine zeitgeschichtliche Bedeutung zukommt, was bei **Alltagskriminalität, Verkehrsunfällen** und sonstigen **Unglücksfällen** ohne besondere zusätzliche Umstände nicht der Fall ist.[404] Zu einem **Arbeitsunfall** auf einer Baustelle (ein Arbeiter war in einer Baugrube verschüttet worden und erstickt) führte das OLG Düsseldorf aus:[405]

> „Der Tod (…) durch ein tragisches Unfallgeschehen auf einer Baustelle war kein irgendwie herausgehobenes Ereignis der Zeitgeschichte, hinsichtlich dessen die Öffentlichkeit ein berechtigtes Informationsinteresse hätte haben können. Der Unfall hatte keine zeitgeschichtliche Bedeutung, sondern stelle ein tragisches Vorkommnis dar, wie es sich leider immer wieder in der einen oder anderen Art ereignet."

Das Gericht hielt deshalb die Veröffentlichung eines Fotos des **Unfallopfers** bei dessen Bergung im Zusammenhang mit einem Zeitungsartikel über den Unfall für unzulässig. Auch ein **Selbstmord** wegen Liebeskummer fällt nicht unter § 23 Abs. 1 Nr. 1 KUG[406].

Ebenso unzulässig ist die bildliche Darstellung einer Frau, die **Opfer** einer **betrügerischen Modelagentur** geworden ist, auch wenn das Foto von der Internetseite des **Models** übernommen wurde.[407]

190 **Polizisten** und andere Amtsträger im Einsatz sind nur dann als relative Person der Zeitgeschichte entsprechend der alten Rechtsprechung anzusehen, wenn an ihrer Person (und nicht am Einsatz generell) ein berechtigtes öffentliches Informationsinteresse besteht. Dies kann z. B. dann der Fall sein, wenn ein Polizist selbst bei der Ausübung seines Amtes eine Straftat begeht, insbesondere unverhältnismäßige Gewalt ausübt.[408] In anderen Fällen ist die Veröffentlichung von Aufnahmen von Polizisten im Dienst in der Regel nach § 23 Abs. 1 Nr. 1 KUG erlaubt.[409]

191 **Allgemeine Dokumentationsinteressen** machen Abgebildete in der Regel auch dann nicht zu relativen Personen der Zeitgeschichte, wenn sie mit dem zu erörternden Vorgang in Verbindung stehen und als Beispiel dienen sollen. So ist z. B. die Abbildung eines unter Betreuung stehenden Schwerstpflegefalls (Wachkoma nach Herzinfarkt) im Zuge einer Reportage über Missstände im Betreuungswesen

---

[404] OLG Brandenburg NJW-RR 2003, 919, 920; *Prinz/Peters,* Rn. 852 ff. m. w. N.
[405] OLG Düsseldorf AfP 2000, 574, 575.
[406] OLG Jena NJW-RR 2005, 1566, 1568.
[407] LG Stuttgart, Urteil vom 31. 5. 2005, Az. 17 S 3/05; a. A. LG Frankfurt/Main, Urteil vom 10. 2. 2005, Az. 2/03 0 444/04.
[408] OVG Saarland AfP 2002, 545, 548; Wandtke/Bullinger/*Fricke,* UrhR, § 23 KUG Rn. 18.
[409] BerlVerfGH NJW-RR 2007, 1686.

unzulässig, auch wenn der konkrete Fall beispielhaft aufgegriffen werden soll.[410]

Im Zusammenhang mit **Ermittlungs- oder Strafverfahren** ist bei **192** Bildnisveröffentlichungen Zurückhaltung geboten. Nur selten sind die **Beschuldigten** als relative Personen der Zeitgeschichte anzusehen. Das OLG Celle[411] führte beispielsweise hinsichtlich der Berichterstattung über einen Polizisten, der sich u. a. wegen Förderung der Prostitution und Verletzung von Dienstgeheimnissen verantworten musste, aus:[412]

„Zu einer relativen Person der Zeitgeschichte kann auch ohne seinen Willen ein Straftäter, der eine das öffentliche Interesse weckende Tat begeht, werden. Ob der Ausnahmetatbestand des § 23 I Nr. 1 KUG bereits bei Berichten über Personen eingreift, gegen die ein Ermittlungsverfahren wegen dringenden Tatverdachts geführt wird, bedarf der **besonders sorgfältigen Prüfung** und hängt von den Umständen des Einzelfalls ab. Maßgebliche **Bewertungskriterien** sind hierbei etwa die Schwere der Straftaten (etwa Kapitalverbrechen) wegen derer ermittelt wird, eine Verhaftung sowie die öffentliche Stellung des Betroffenen (…). Dabei ist zu berücksichtigen, dass das Informationsbedürfnis der Allgemeinheit gerade auch an einer weitgehenden Identifizierung des Betroffenen durch Veröffentlichung seines Bildnisses überwiegen muss und dieser – gegen seinen Willen – seinen Schutz vor öffentlicher Anprangerung verliert (…).
  Diese Voraussetzungen sind hier nicht gegeben. Zwar handelt es sich beim Kläger um einen **Polizeibeamten**, dem erhebliche Straftaten, die öffentliches Aufsehen erregen, zur Last gelegt werden, und gegen den zum Zeitpunkt der Bildnisveröffentlichung wegen dieser Taten ein Haftbefehl vorlag. Gleichwohl war der Kläger keines **Verbrechens** oder einer **Straftat von besonderer Bedeutung** dringend verdächtig. Der Unrechtsgehalt der ihm vorgeworfenen Straftaten, die letztlich zu einer rechtskräftigen Verurteilung geführt haben, übertrifft für sich gesehen nicht etwa den Rahmen vergleichbarer Delikte. Sie gewinnen allein deshalb für die Öffentlichkeit Bedeutung, weil ein Amtsträger ihrer Begehung dringend tatverdächtig war. Dies rechtfertigt – wie dargelegt – zwar eine entsprechende Berichterstattung, nicht jedoch eine Bildveröffentlichung (…). Für eine Bildveröffentlichung ist insofern ein qualifiziertes öffentliches Interesse erforderlich."

Bei verurteilten **Straftätern** ist das **Resozialisierungsinteresse** zu berücksichtigen und zwar nicht erst bei der Entlassung, sondern schon zu Beginn der Strafverbüßung. Das Resozialisierungsinteresse ist mit der Bedeutung der Tat abzuwägen. Bei historisch bedeutsamen Taten, wie z.B. **Terroranschläge** der **RAF**, tritt das Resozialisierungsinteresse zurück, mit der Folge, dass nach § 23 Abs. 1 Nr. 1 KUG auch ältere Archiv- und Fahndungsfotos veröffentlicht werden dürfen, wenn über die Taten oder aktuelle Anlässe (z.B. eine bevor-

---

[410] Vgl. im Ergebnis OLG Karlsruhe NJW-RR 1999, 1699, 1700 – *Wachkomapatient,* allerdings dort ohne nähere Differenzierung zu § 23 KUG.
[411] NJW-RR 2001, 335, 336.
[412] OLG Celle NJW-RR 2001, 335, 336; a. A. beim Tatvorwurf des sexuellen Missbrauchs: LG Halle, AfP 2005, 188, 189.

stehende Haftentlassung oder Hafterleichterungen) berichtet wird.[413] Auch nach vollständiger Strafverbüßung kann eine Bildnisveröffentlichung nach § 23 Abs. 1 Nr. 1 KUG zulässig sein, wenn der Straftäter erneut das öffentliche Interesse auf sich zieht, sei es auch nur durch die Teilnahme an einer Diskussionsveranstaltung. Die gilt nach Auffassung des LG Berlin[414] auch dann, wenn bei der Veranstaltung ein Fotografierverbot bestand und anderes aktuelles Bildmaterial verwendet wird.

193 **Alltägliche Verfehlungen und Gesetzesverstöße** (Kleinkriminalität) sind in der Regel keine zeitgeschichtlich herausragenden Ereignisse, die den Bildnisschutz einschränken.[415] Das OLG Frankfurt a. M. hat hierzu ausgeführt:[416]

„Der Ast. ist aber nicht schon allein deshalb, weil in seinem Müllcontainer einmal eine zerrissene Steuerunterlage gefunden worden ist, zu einer ‚relativen‘ Person der Zeitgeschichte geworden. Denn **nicht jeder Verstoß gegen gesetzliche Vorschriften ist ein zeitgeschichtlicher Vorgang,** der die Abbildung des Betroffenen und die öffentliche Darstellung seiner Verfehlung rechtfertigt. Vielmehr setzt die Einschränkung des Rechts am eigenen Bild durch § 23 Abs. 1 Nr. 1 KUG voraus, dass eine zeitgeschichtliche Personendarstellung vorliegt, die nach Inhalt und Art der Darstellung objektiv geeignet und bestimmt ist, dem angesprochenen Verkehr als zeitgeschichtliche Dokumentation zu dienen, wobei der **Dokumentationszweck** erfordert, dass die sachliche Verbindung des Betroffenen zum Zeitgeschehen dem Betrachter durch die fragliche Darstellung erkennbar und illustriert wird (v. Gamm, a. a. O., Einführung Rdn. 115, 119). § 23 Abs. 1 Nr. 1 KUG erfordert ein durch ein echtes Informationsbedürfnis gerechtfertigtes Interesse der Allgemeinheit an der bildlichen Darstellung des Betroffenen (OLG Karlsruhe GRUR 1989, 823, 824 – Unfallfoto, mit weiteren Nachw.). Eine solche sachliche Verbindung des Dargestellten zum Zeitgeschehen weisen Rechtsbrecher auf, deren Tat oder Person in erheblichem Maße aus dem Rahmen des Alltäglichen fällt und allgemeines Aufsehen erregt (v. Gamm, a. a. O., Einführung Rdn. 118 mit Nachweisen). Einen solchen Bezug zum Zeitgeschehen weisen aber weder die Personen des Ast. noch das Auffinden einer nur halb zerrissenen Steuerunterlage im Müllcontainer eines Steuerberaters auf. Zwar mag diese Tat symptomatisch für einen laschen Umgang mit personenbezogenen Daten auch im Bereich der Steuerberater sein. **Handelt es sich aber um einen symptomatischen Vorgang, so fehlt ihm gerade das aus dem Alltäglichen Herausragende,** das den Betroffenen zu einer ‚relativen‘ Person der Zeitgeschichte machen könnte. Schon daraus folgt, dass selbst für den Fall der Einordnung des Ast. als ‚relative‘ Person der Zeitgeschichte seine Darstellung in der geplanten Veröffentlichung wegen überwiegender Interessen des Ast. zu untersagen ist (§ 23 Abs. 2 KUG). Denn durch die öffentliche Darstellung des Ast. als den Datenschutz vernachlässigenden Steuerberater würde dieser in seinem beruflichen Fortkommen schwer betroffen. Ein symptomatisches Ereignis würde zum Vorwand genommen, den Ast. sozusagen stellvertretend für den allge-

[413] KG Berlin NJW-RR 2008, 492; LG Frankfurt/M. AfP 2008, 417, 419 – *Jahrhundertmörder.*
[414] LG Berlin AfP 2008, 222.
[415] HH-Ko/MedienR/Kröner 34/56.
[416] GRUR 1991, 49, 50.

2. Veröffentlichung von Personenfotos

mein nachlässigen Umgang mit personenbezogenen Daten öffentlich an den Pranger zu stellen. Selbst wenn man daher ein gewisses an sich gerechtfertigtes Interesse an der Bildveröffentlichung des Ast. bejahen wollte, führt die nach § 23 Abs. 2 KUG erforderliche Interessenabwägung im Streitfall dazu, dass die Bildveröffentlichung als übermäßiger Zugriff auf die Personen des Ast. unzulässig ist."

Weitere Einzelfälle aus der jüngeren Rechtsprechung: **194**
– In einem besonders gelagerten Fall sah das LG Wiesbaden einen Serienstraftäter, der wegen neunfachen Einbruchdiebstahls in Schulen und Kindergärten zu mehrjähriger Freiheitsstrafe verurteilt wurde, als relative Person der Zeitgeschichte an. Die zahlreichen Taten fielen aus dem Rahmen der üblichen Kriminalitätsstruktur, ebenso die Tatsache, dass der 62-jährige Täter schon wegen vorangegangener Taten fast sein halbes Leben inhaftiert gewesen sei.[417]
– Nach Auffassung des OLG Hamburg war die Abbildung eines verurteilten Mörders und Erpressers, dessen Haftentlassung nicht absehbar war, in einer TV-Reportage über seine Tat rund acht Jahre nach seiner Verurteilung zulässig.[418]
– Zulässig nach § 23 Abs. 1 Nr. 1 KUG war nach Auffassung des LG Berlin[419] auch die Abbildung einer RAF-Terroristin, die sich im offenen Vollzug befand und kurz vor ihrer Entlassung stand, im Rahmen eines Zeitungsartikels, der sich mit der Begnadigung von RAF-Mitgliedern beschäftigte.
– Als unzulässig wurde hingegen vom KG Berlin die Abbildung eines wegen Betrugs verurteilten und im offenen Vollzug inhaftierten Schauspielers und Moderators während eines Freigangs beurteilt, weil die Aufnahmen bei einer dauernden Verfolgung und Belästigung entstanden waren.[420]
– Ein Bericht über die Festnahme eines „Unterweltkönigs", dem erhebliche Drogendelikte vorgeworfen wurden, durfte nach Ansicht des KG Berlin[421] mit einem Foto illustriert werden, welches ihn bei der Festnahme am Boden liegend zeigt.
– Im Rahmen eines Artikel unter der Überschrift „Die Akte H. Psychogramm eines Jahrhundert-Mörders" sah das LG Frankfurt/M.[422] die Veröffentlichung älterer Archivbilder eines mehrfach verurteilten Mörders auch rund 20 Jahre nach dessen letzter Verurteilung aufgrund der besonderen Bedeutung seiner Taten als zulässig an.

---

[417] LG Wiesbaden NJW-RR 2005, 1069.
[418] OLG Hamburg AfP 2008, 95.
[419] LG Berlin AfP 2007, 282.
[420] KG Berlin NJW 2007, 703; a.A. BGH, Urteil vom 28.10.2008, Az. VI ZR 307/07.
[421] KG Berlin NJW-RR 2007, 345.
[422] LG Frankfurt/M. AfP 2008, 417, 419 –*Jahrhundertmörder*.

– Ein zum Zeitpunkt der Erstveröffentlichung zulässig bebilderter Artikel über einen Straftäter darf auch über sechs Monate später noch (im Internet) veröffentlicht werden.[423]

– Bei der Verfilmung des Werdegangs der Bader-Meinhof-Gruppe dürfen die maßgeblichen Beteiligten (im konkreten Fall: die Tochter von Ulrike Meinhof) durch Schauspieler nachgestellt werden.[424]

195 Zeugen in strafrechtlichen Verfahren sind auch dann keine relativen Personen der Zeitgeschichte wenn das Verfahren ausnahmsweise zeitgeschichtliche Bedeutung hat, dürfen also auch dann nicht ohne Einwilligung abgebildet werden.[425] Hingegen erkennt das BVerfG[426] bei Richtern, Schöffen und Rechtsanwälten in besonderen Verfahren mit gehobener Relevanz für die Öffentlichkeit (z.B. Strafverfahren wegen Misshandlung von Rekruten bei der Bundeswehr, „Gammelfleisch-Skandale") ein Schutzbedürfnis nur an, wenn konkrete Anhaltspunkte für die Gefährdung ihrer Sicherheit bestehen. Im Regelfall dürfen Richter, Schöffen und Anwälte im Zuge der Berichterstattung über das Verfahren nach § 23 Abs. 1 Nr. 1 KUG gezeigt werden, wenn der verhandelte Fall zeitgeschichtliche Bedeutung hat.

196 **Ungewöhnliche, komische, peinliche oder belustigende Situationen,** wie z.B. eine Autofahrt mit einem Fuß aus dem Fenster, ein Stolpersturz am Strand oder ein „Busenunfall" durch ein freizügiges Ballkleid beim schwungvollen Tanz, sind für sich genommen noch keine zeitgeschichtlichen Ereignisse und machen somit den Abgebildeten nicht zur relativen Person der Zeitgeschichte, wenn nicht weitere Umstände hinzutreten.[427] Dies gilt nach Auffassung des OLG Hamburg auch dann, wenn der Abgebildete in der Öffentlichkeit nicht unbekannt ist. Absolute Personen der Zeitgeschichte mussten aber auch solche „peinlichen" Aufnahmen dulden, wenn nicht durch weitere Umstände im Einzelfall eine herabsetzende oder kränkende Bloßstellung hinzutritt, wie das BVerfG im Jahre 2000 entschied.[428] Nach dem Caroline-Urteil des EGMR (siehe oben Rn. 176 ff.) kann dieses nicht mehr gelten, da nicht allein die Bekanntheit einer Person einem solchen Vorgang die Qualität eines zeitgeschichtlichen Ereignisses zukommen lässt.

197 **Gerüchte** und **Spekulationen** begründeten schon nach der alten Rechtsprechung nicht die Stellung der davon Betroffenen als absolute

---

[423] OLG Frankfurt NJW-RR 2007, 989.
[424] OLG München AfP 2008, 75.
[425] LG Berlin AfP 2004, 68, 69; AfP 2004, 152, 153.
[426] BVerfG AfP 2007, 344; BVerfG NJW-RR 2007, 986.
[427] OLG Hamburg, Beschluss vom 18.7. 2003, Az. 7 W 38/03, unveröffentlicht; LG Hamburg AfP 2006, 197.
[428] BVerfG NJW 2000, 2192, 2193.

oder relative Person der Zeitgeschichte und auch nach neuer Rechtsprechung sind Spekulationen und Gerüchte kein zeitgeschichtliches
Ereignis im Sinne von § 23 Abs. 1 Nr. 1 KUG. Entsprechende Beiträge
dürfen nicht ohne Einwilligung mit Personenfotos bebildert werden.[429]
Ein Ereignis der Zeitgeschichte ist nicht der Bericht einer Zeitung,
sondern das darin Berichtete. Ist dieses nur spekulativer Natur, so rechtfertigt es nicht eine Beeinträchtigung des Rechts am Bildnis einer Person, auf die sonst kein hinreichendes Informationsinteresse gerichtet
ist.[430] So dürfen z.b. zu **Spekulationen** über eine **Hochzeit** *Fürst Alberts
von Monaco* keine Bilder seiner Freundin *Charlene Wittstock* veröffentlicht
werden, auch wenn das Foto bei einer größeren Veranstaltung aufgenommen wurde, der Artikel diesen Anlass aber nicht behandelt.[431]

Ebenso entschied das LG Berlin bereits vorher zur spekulative Berichterstattung über eine angebliche **Affäre** einer Frau mit *Boris Becker*
unter Veröffentlichung von Paparazzi-Fotos. Das LG Berlin sah die
Frau, die einige Male mit dem Tennisstar an Orten mit begrenzter
Öffentlichkeit zu sehen war (u. a. in einem Gastraum auf dem Oktoberfest, in einem Lokal und einem Londoner Taxi) nicht als Person
der Zeitgeschichte an.[432] Ähnlich entschied das LG Berlin einen Fall
der Veröffentlichung von Aufnahmen einer unbekannten Frau, die
Bundesaußenminister *Joschka Fischer* bei einem **Flohmarktbummel**
in Berlin begleitet hatte, da der Kontext der Bildnisveröffentlichung
auch in diesem Fall nur spekulativen Charakter hatte.[433] Nach einer
Entscheidung des KG Berlin durfte ein Artikel über angebliche **Ehe-
probleme** eines Moderators nicht mit einem Foto illustriert werden,
welches ihn vor der Gartentür seines Hauses zeigt.[434]

Schauspieler, Musiker und **Moderatoren**, die schon nach der 198
Rechtslage vor dem Caroline-Urteil des EGMR mangels öffentlicher
Bedeutung nicht zum Kreise der Personen der Zeitgeschichte zu zählen waren, können im Zusammenhang mit ihrem Auftreten in den
Medien relative Personen der Zeitgeschichte sein. Sie müssen dann
nach § 23 Abs. 1 Nr. 1 KUG nur solche Aufnahmen dulden, die sie in
ihrer Rolle oder Funktion zeigen und in einem thematischen Zusammenhang mit der beruflichen Tätigkeit stehen.[435] Wenn eine **Schauspielerin Nacktaufnahmen für den „Playboy"** macht, ist dies für

---

[429] KG Berlin AfP 2007, 366.

[430] So ausdrücklich BVerfG NJW 2001, 1921, 1926 a.E.; LG Berlin, Urteil vom
25.3. 2003, Az. 27 0 1049/02, unveröffentlicht; KG Berlin AfP 2007, 366.

[431] LG Berlin, Urteil vom 22.7.2008, Az. 27 O 602/08.

[432] LG Berlin, Urteil vom 25.3. 2003, Az. 27 0 1049/02, unveröffentlicht.

[433] LG Berlin, Urteil vom 16.09. 2003, Az. 27 0 238/03, unveröffentlicht.

[434] KG Berlin AfP 2007, 366.

[435] LG Berlin AfP 1999, 191, 192 bezüglich einer Schauspielerin aus der täglichen
Vorabendserie „Gute Zeiten, schlechte Zeiten"; LG Berlin AfP 2004, 455, 456.

sich genommen heutzutage kein zeitgeschichtliches Ereignis im Sinne von § 23 Abs. 1 Nr. 1 KUG.[436] Ebenso ist auch das Auftreten eines Künstlers in einer **Werbekampagne** kein zeitgeschichtliches Ereignis. Es ist daher unzulässig, ein Personenfoto aus einer fremden Werbeanzeige im Zuge eines eigenen Werbemotivs wiederzugeben, unabhängig davon, ob diese Werbeform wettbewerbsrechtlich erlaubt ist oder nicht.[437] Zudem kann in Fällen der fremdnützigen kommerziellen Nutzung eines Bildnisses § 23 Abs. 2 KUG zur Unzulässigkeit führen (hierzu Rn. 216).

199 Als Ereignisse der Zeitgeschichte (bzw. „relative Personen der Zeitgeschichte") haben die Gerichte bezogen auf **besondere Anlässe und Vorgänge** beispielsweise angesehen:

– Die Tochter *Caroline von Monacos* bei der Teilnahme an einem öffentlichen **internationalen Junioren-Reitturnier** und bei einem gemeinsamen Besuch mit ihrer Mutter auf einem **Gala-Abend im Pariser Rathaus** (BGH NJW 2004, 1795, 1796; BGH GRUR 2005, 74, 75; gleichzeitig wurde die Veröffentlichung aber in beiden Fällen nach § 23 Abs. 2 KUG verboten, weil die Aufnahmen zweckentfremdet wurden)

– Die Tochter *Oliver Kahns* bei der öffentlichen Meisterschaftsfeier des FC Bayern (Hans. OLG, Beschluss vom 27.2. 2006, Az. 7 W 8/06)

– Eine deutsche Prinzessin bei der Teilnahme an der „**Wiener Ballnacht**" (im Berliner Ritz-Carlton-Hotel) mit zahlreichen prominenten Gästen (LG Hamburg AfP 2006, 197)

– Die Beteiligten der **Ehekrise** einer bedeutenden **Schauspielerin** (*Uschi Glas*) mit anschließender Scheidung einschließlich der neuen Partnerin des Ehemanns, allerdings vor dem Hintergrund, dass die Trennung und Scheidung mit Interviews etc. von den Beteiligten aktiv in der Öffentlichkeit ausgetragen wurde und demgemäß ein breites Presseecho gefunden hatte (BGH NJW 2005, 594, 595 f.)

– Einen **Geschäftsführer** einer Vermögensverwaltung im Zusammenhang mit einer Berichterstattung über eine größere **Immobilienaffäre** in den neuen Bundesländern, seiner früheren Tätigkeit für das MfS und einem Strafverfahren, aber nur bis zu seinem Freispruch (OLG Brandenburg NJW-RR 2003, 919 ff., 920)

– Einen **Adeligen** im Zusammenhang mit der **Rückforderung enteigneten Familienvermögens** größeren Umfangs („Kloster Michaelstein", Kunstgegenstände etc.) in der ehemaligen DDR (LG Hamburg AfP 1999, 523, 524) und wegen eines **Verkehrsverstos-**

---

[436] LG Berlin AfP 2004, 455, 456; a. A. wohl OLG Frankfurt/Main AfP 2000, 185.
[437] LG München I AfP 2004, 295, 296; a. A. in einem etwas anderen Fall LG Frankenthal AfP 2004, 294, 295.

2. Veröffentlichung von Personenfotos

ses im Ausland, weil es sich um eine besonders hohe Geschwindig-
keitsübertretung handelte (81 km/h zu schnell) und er zuvor mehrfach wegen Gesetzesverstößen aufgefallen war (KG Berlin NJW
2005, 3637, 3639; bestätigt durch BGH NJW 2006, 599 und
BVerfG NJW 2006, 2835)

– Eine **Schauspielerin,** die eine tragende Rolle in einer **Welturauf-
führung** eines **Theaterstücks** gespielt hat (LG Saarbrücken NJW-
RR 2000, 1571 ff., 1571)

– Eine **Journalistin,** die sich vor dem Haus eines bekannten Enter-
tainers aufhielt und dort von diesem in stark alkoholisierten Zustand
eine **Ohrfeige** erhielt (OLG Düsseldorf NJW-RR 2001, 1623 f.)

– Eine Filmschauspielerin im Zusammenhang mit ihrer Mitwirkung
an einer **Plakataktion** gegen Alkohol am Steuer und dessen Verfremdung in einer Zeitschrift als **Satire** (OLG Zweibrücken AfP
1999, 362 ff., 363)

– Einen dringend **Tatverdächtigen,** der sich selbst als „**Unterwelt-
könig**" bezeichnet hatte, bei seiner Festnahme wegen des Vorwurfs
erheblicher **Drogendelikte** (KG Berlin NJW-RR 2007, 345)

– Den ehemaligen **Außenminister** *Joschka Fischer* bei seiner ersten
Ankunft auf dem Flughafen Newark während seiner Anreise zu
seiner Dozentenstelle an der Universität Princeton (KG Berlin AfP
2007, 375, 376) und kurz nach seinem Ausscheiden aus dem Amt
im privaten **Alltag** auf seinem straßenseitig einsehbaren Balkon
(KG Berlin AfP 2007, 573; ähnlich auch hinsichtlich *Heide Simonis*
kurz nach ihrem Ausscheiden aus dem Amt in einem Einkaufszentrum KG Berlin AfP 2006, 369, bestätigt durch BGH, NJW
2008, 3134.

Diese Beispiele verdeutlichen, wie vielfältig die Umstände sein
können, die die zeitgeschichtliche Bedeutung des Vorgangs begründen
und damit den Anwendungsbereich des § 23 Abs. 1 Nr. 1 KUG eröffnen. Kennzeichnend ist indes immer, dass es sich um einen Vorgang handeln muss, der aus dem Alltäglichen heraustritt und von allgemeiner Bedeutung ist und der Abgebildete in einer Weise mit
diesem Vorgang in Verbindung steht, die gerade auch ein berechtigtes
Interesse an seiner bildlichen Darstellung begründet. Zutreffenderweise hat deshalb das LG Berlin (schon vor dem Caroline-Urteil des
EGMR) einen **Flohmarktbummel** einer unbekannten Frau gemeinsam mit dem damaligen *Bundesaußenminister Fischer* in unauffälliger
Freizeitkleidung nicht als zeitgeschichtliches Ereignis im Sinne des
§ 23 Abs. 1 Nr.1 KUG angesehen.[438] Ebenso nicht den **Besuch einer
Großveranstaltung** im Berliner ICC („Echo-Gala") durch die min-

---

[438] LG Berlin, Urteil vom 18.09. 2003, Az. 27 0 406/03, unveröffentlicht.

derjährige Tochter von *Günther Jauch* im Kreise ihrer Familie im normalen Zuschauerraum ohne Teilnahme bei der anschließenden Party und nach Betreten des Gebäudes durch einen Hintereingang.

200 Nach der Rechtsprechung vor der Caroline – Entscheidung des EGMR vom 24.6. 2004 waren auch die sog. **„Begleitpersonen"** von absoluten Personen der Zeitgeschichte relative Personen der Zeitgeschichte, wenn sie als **„vertrauter Begleiter"** zusammen in der Öffentlichkeit auftreten.[439]

Die alte **„Begleitpersonenrechtsprechung"**[440] hat mit der Aufgabe der Rechtsfigur der absoluten Person der Zeitgeschichte ihre Grundlage verloren. Die bloße räumliche Nähe zu einer Person der Zeitgeschichte war schon nach alter Rechtsprechung nicht allein ausreichend, ein zeitgeschichtliches Interesse im Sinne von § 23 Abs. 1 Nr. 1 KUG zu begründen, insbesondere wenn sie nur beruflich begründet ist. **Fahrer, Bergführer, Leibwächter** oder **Journalisten** zählten deshalb beispielsweise nicht zum Kreise der „vertrauten Begleiter" und fielen nicht unter die „Begleitpersonenrechtsprechung". So hatte das OLG Hamburg Aufnahmen für unzulässig gehalten, die eine im Auftrag einer Sportillustrierten tätige Journalistin gemeinsam mit *Boris Becker* zeigte. Eine „berichtenswerte Beziehung" läge nicht vor, da die Frau den Tennisstar nur einen Tag lang und zur Ausübung ihres Berufes begleitet habe.[441] In einem weiteren Fall sah das LG Berlin eine Frau, der in spekulativer Weise eine Affäre mit *Boris Becker* zugeschrieben wurde und die einige Male mit diesem in der begrenzten Öffentlichkeit (u.a. in einem Lokal, einem Taxi und einem Gastraum beim Oktoberfest) zu sehen war, nicht als vertraute Begleiterin und somit nicht als relative Person der Zeitgeschichte an.[442]

201 **Begleitpersonen** müssen nach neuer Rechtslage nur dann Aufnahmen nach § 23 Abs. 1 Nr. 1 KUG dulden, wenn über ein Ereignis der Zeitgeschichte berichtet wird, wobei die Begleitung eines Prominenten für sich genommen kein derartiges Ereignis ist. Eine Aufnahme, die die **Privatsphäre** der bekannten Hauptperson verletzt, verletzt ebenso den Privatbereich des Begleiters.[443] Insoweit schlägt der erweiterte Schutz der Privatsphäre von Prominenten nach dem Caroline-Urteil des

---

[439] Vgl. OLG Hamburg AfP 1991, 437 – *Begleiterin von Roy Black;* LG Köln AfP 1994, 166 ff., 168 – *Lebensgefährtin von Harald Schmidt,* a. A. noch kurz zuvor LG Köln AfP 1994, 165; OLG Hamburg AfP 1995, 512 f., 513 – *Begleiterin von Michael Degen;* BVerfG NJW 2001, 1921 ff. – *Prinz von Hannover;* BGH NJW 2004, 1795, 1796 – *Charlotte I.*

[440] hierzu in der Vorauflage Rn. 201 ff.

[441] OLG Hamburg AfP 1991, 626 f.

[442] LG Berlin, Urteil vom 25. 3. 2003, Az. 27 O 1049/02, unveröffentlicht.

[443] LG Berlin, Urteil vom 3. 4. 2003, Az. 27 O 1050/02, unveröffentlicht; KG NJW 2005, 605, 606 f. – *Grönemeyer II;* BGH NJW 2007, 3440 – *Grönemeyer.*

2. Veröffentlichung von Personenfotos

EGMR (hierzu Rn. 176 ff.) auch auf die Begleitpersonen durch. Der Besuch eines **Straßencafes** und ein **Spaziergang** durch eine **Fußgängerzone** oder einen **Park** fällt nach den Kriterien des EGMR (und auch des BGH in die neueren Rechtsprechung) jedenfalls dann unter den Schutz der Privatsphäre, wenn sich die Abgebildeten dort „normal", d.h. unauffällig wie jedermann verhalten. Allein die Tatsache, dass eine Frau dort in Begleitung einer populären Person zu sehen ist, begründet keine zeitgeschichtliche Relevanz des Vorgangs im Sinne des § 23 Abs. 1 Nr. 1 KUG und ist jedenfalls gemäß § 23 Abs. 2 KUG wegen der Verletzung der Privatsphäre unzulässig.[444]

Aufnahmen von **Kindern** bekannter Persönlichkeiten durften **202** schon nach der alten Rechtslage nicht nach den Grundsätzen der Begleitpersonen-Rechtsprechung veröffentlicht werden. Es ist das natürliche Recht eines Kindes, von Vater oder Mutter zur Schule, zum Sport oder an andere Orte begleitet zu werden. Das BVerfG hat Kindern ausdrücklich einen besonderen Schutz ihrer Persönlichkeitsrechte zugesprochen, um ihnen ein **unbeobachtetes, kindgerechtes Aufwachsen** zu ermöglichen.[445] Kinder von Personen der Zeitgeschichte fallen nur dann ausnahmsweise unter § 23 Abs.1 Nr. 1 KUG, wenn es sich um einen hervorgehobenen Auftritt bei einer öffentlichen Veranstaltung gemeinsam mit den Eltern handelt, z.B. der Besuch auf der Ehrentribüne einer Sportveranstaltung. **Alltags- oder Urlaubssituationen** wie z.B. Spaziergänge oder Einkaufsbummel dürfen hingegen nicht bildlich fixiert und veröffentlicht werden, auch wenn die prominenten Eltern dabei sind.[446] Gleiches gilt, wenn eine Minderjährige im Kreise ihrer Familie an einer **Großveranstaltung** teilnimmt, hierbei jedoch nicht in besonderer Weise die Blicke der (Medien-)Öffentlichkeit auf sich zieht, sondern die Veranstaltung durch einen Hintereingang betritt und im normalen Zuschauerraum sitzt.[447] Auch **Kinder,** die bereits **erwachsen** sind oder kurz vor der Volljährigkeit stehen, fallen nicht allein aufgrund ihrer Verwandtschaft mit einer bekannten Person unter § 23 Abs. 1 Nr. 1 KUG, sofern sie nicht unabhängig von ihrer familiären Herkunft in einen Vorgang mit zeitgeschichtlicher Relevanz

---

[444] BGH NJW 2007, 3440 – *Grönemeyer*; KG NJW 2005, 605, 606 f. – *Grönemeyer II;* ähnlich BGH NJW 2005, 594, 596 – *Uschi Glas;* a.A. aufgrund von individuellen Umständen des Einzelfall hinsichtlich des neuen Lebenspartners von *Sabine Christiansen* KG Berlin, Urteil vom 4.5.2007, Az. 9 U 279/06.

[445] BVerfG NJW 2000, 1021, 1023; BVerfG NJW 2005, 1857.

[446] Vgl. OLG Hamburg AfP 2007, 558; OLG Hamburg AfP 1997, 535, 537; BGH NJW 1996, 985 f.

[447] LG Berlin, Urteil vom 16.09. 2003, Az. 27 O 238/03 – *Tochter Günther Jauchs bei der Echo-Gala im Berliner ICC.*

verwickelt sind.[448] Der Schutz der Kinder erstreckt sich auch auf die **Eltern**, die ebenfalls nicht nach § 23 Abs. 1 Nr. 1 KUG ohne Einwilligung abgebildet werden dürfen[449] (siehe hierzu auch Rn. 183). Kinderfotos sind auch dann unzulässig, wenn sie durch Augenbalken oder Pixelung anoymisiert werden.[450]

203 Aufnahmen von Begleitsituationen unterliegen einer engen **Zweckbindung** und dürfen (wenn sie überhaupt ausnahmsweise nach § 23 Abs. 1 Nr. 1 KUG erlaubt sind) in der Regel nur für die Berichterstattung über den Entstehungsanlass verwendet werden. Der BGH hat z. B. die Veröffentlichung von Fotos, die Caroline von Monaco mit Tochter Charlotte auf einem Galaabend im Pariser Rathaus zeigen, im Zuge eines Artikels, der sich nicht mit der Veranstaltung sondern dem Aussehen der Tochter beschäftigte („Charlotte Casiraghi – die ganze Welt feiert ihre Schönheit") verboten.[451]

204 Die **Darlegungs- und Beweislast** für die Voraussetzungen des § 23 Abs. 1 KUG trägt grundsätzlich derjenige, der die Veröffentlichung tätigt und sich auf diese Ausnahmevorschrift beruft. Nach der Rechtsprechung des BVerfG trägt der Verwerter dabei eine erweiterte Darlegungslast über die Umstände, unter denen das Foto entstanden ist. Er hat alle Umstände substantiiert vorzutragen, die es dem Gericht ermöglichen, zu prüfen, ob die Voraussetzungen des § 23 Abs. 1 vorliegen und berechtigte Interessen des Abgebildeten entgegen stehen (§ 23 Abs. 2 KUG).[452]

bb) „Bilder, auf denen die Personen nur als Beiwerk neben einer Landschaft oder sonstigen Örtlichkeit erscheinen" (§ 23 Abs. 1 Nr. 2 KUG)

205 Bilder, auf denen die Personen nur als **Beiwerk** neben einer Landschaft oder sonstigen Örtlichkeit erscheinen, dürfen gemäß § 23 Abs. 1 Nr. 2 KUG ohne Einwilligung des Betroffenen verbreitet werden. Voraussetzung für die Anwendung dieser Vorschrift ist, dass eine Person zwar noch erkennbar auf einem Foto abgebildet ist, diese Abbildung aber in der Aufmerksamkeit der Betrachter weitgehend in den **Hintergrund** tritt. Eine Person ist erst dann unbeachtliches „Beiwerk", wenn sie keinen Einfluss auf das Thema des Bildes ausübt.[453] Die Größe der

---

[448] BGH GRUR 2005, 74, 76 – *Charlotte II/Reitturnier* (Tochter von Caroline von Monaco); AG Hamburg NJW-RR 2004, 844 – *Sohn von „Saddams Giftmischer"*.

[449] OLG Hamburg AfP 2007, 558 – *Kanzler Schröder in Rom*.

[450] BVerfG ZUM 2007, 463.

[451] BGH NJW 2004, 1795, 1796 – *Charlotte I*.

[452] BVerfG NJW 2008, 1793, 1797 (Rn. 70); hierzu auch OLG Hamburg GRUR-RR 2006, 421, 422.

[453] Vgl. *Steffen* in: *Löffler*, § 6 LPG Rn. 137; Dreier, UrhR, § 23 KUG, Rn. 14; LG München I, Urteil vom 21. 7. 2005, Az. 7 O 4742/05, rechtskräftig – *CSD-Teilnehmer*.

Abbildung der Person ist dabei nicht alleinentscheidend. Auch ein kleines Personenbildnis am Rande des Fotos kann die Aufmerksamkeit der Betrachter auf sich ziehen. So ist z.b. eine Sonnenbadende auf einem Mittelmeerfoto kein „Beiwerk", auch wenn das Motiv weitgehend nur einen Strandabschnitt zeigt.[454] Sie muss ihre Einwilligung erteilen, soweit sie erkennbar abgebildet wird. Für die praktische Beurteilung, ob § 23 Abs. 1 Nr. 2 KUG einschlägig ist, bietet sich folgende **Kontrollfrage** an: Kann die Personenabbildung auch entfallen, ohne dass sich die Aussage und der Charakter des Bildes verändern würde?

Die Gerichte haben den Anwendungsbereich dieser Vorschrift stets **206** sehr eng ausgelegt. So wurde z. b. der Beiwerkscharakter verneint bei der o. g. Sonnenbadenden, bei einer **Radfahrergruppe** auf einer Straße[455], bei einer **Wandergruppe** im Gebirgspanorama[456], bei einem **Reiter** während einer Schleppjagd[457], bei einem **Unfallzeugen** zwischen anderen Personen am Unfallort[458] und bei einer Gruppe von acht nackten Münchnern im Englischen Garten.[459]

Sofern ausnahmsweise von einer Person als Beiwerk ausgegangen **207** werden kann, findet die Vorschrift keine Anwendung, wenn eine Person aus einem solchen Bildnis **herausgeschnitten** oder vergrößert wird, da sie dann nicht mehr gegenüber dem sonstigen Bildinhalt in den Hintergrund tritt oder sogar **der inhaltliche Bezug zur Landschaft oder Öffentlichkeit entfällt.**[460] So ist es z. B. nicht von § 23 Abs. 1 Nr. 2 KUG gedeckt, eine Aufnahme von einem **Demonstrationsteilnehmer** so zurechtzuschneiden, dass der Bezug zur konkreten Veranstalter völlig entfällt und das Foto als **Symbolfoto** zu einer allgemeinen Erörterung einzusetzen.

cc) „Bilder von Versammlungen, Aufzügen und ähnlichen Vorgängen, an denen die dargestellten Personen teilgenommen haben" (§ 23 Abs. 1 Nr. 3 KUG)

Dieser Ausnahmevorschrift des Bildnisschutzes liegt die Erwägung **208** zu Grunde, dass Aufnahmen von Veranstaltungen mit großen Teilnehmerzahlen auf Grund des Einwilligungserfordernisses des § 22 KUG praktisch unmöglich würden, wenn die Einwilligung eines jeden erkennbar Abgebildeten eingeholt werden müsste. Damit diese

---

[454] OLG Oldenburg AfP 1989, 556.

[455] LG Oldenburg GRUR 1986, 464, 465.

[456] OLG Frankfurt GRUR 1986, 614, 615.

[457] OLG Düsseldorf GRUR 1970, 615, 618.

[458] OLG Karlsruhe GRUR 1989, 823.

[459] OLG München NJW 1988, 915, 916.

[460] Vgl. Wandtke/Bullinger/*Fricke,* UrhR, § 23 Rn. 28 m. w. N.; LG München I, Urteil vom 21. 7. 2005, Az. 7 0 4742/05, rechtskräftig – *CSD-Teilnehmer.*

Ausnahmevorschrift jedoch nicht zu einer unverhältnismäßigen Einschränkung des Bildnisschutzes führt, muss der Anwendungsbereich dieser Vorschrift streng begrenzt werden. Die repräsentative **Abbildung der Veranstaltung muss im Vordergrund stehen, nicht die Heraushebung einzelner Teilnehmer**.[461] Der Anwendungsbereich der Vorschrift ist allerdings insoweit etwas weiter als derjenige der Ausnahmevorschrift der Veröffentlichungsfreiheit von Landschaftsbildern (§ 23 Abs. 1 Nr. 2 KUG), da auch solche Personen im Bildvordergrund erkennbar abgebildet werden dürfen, die den Charakter der Veranstaltung mitprägen und somit für die repräsentative Darstellung der Veranstaltung Symbolwert haben. Man denke hier z. B. an besonders auffällige „Raver" bei der Berliner Loveparade oder Teilnehmer einer Demonstration mit hohem Aufmerksamkeitswert und Symbolcharakter, z. B. Personen mit einem auffälligen Transparent, in Verkleidung etc. Auch dann ist jedoch die **isolierte Abbildung der einzelnen Person**, insbesondere in Form von **Portraitaufnahmen**, in der Regel nicht von § 23 Abs. 1 Nr. 3 KUG gedeckt.[462] Daher ist es nach dieser Vorschrift z. B. nicht erlaubt, die Braut einer Prominentenhochzeit alleine in einer nicht für die Hochzeit repräsentativen Situation abzubilden.[463] Nach einer von Teilen der Literatur vertretenen, umstrittenen Ansicht[464] dürfen jedoch einzelne Teilnehmer herausgehoben werden, wenn diese die Charakteristik der Veranstaltung, die bildlich dokumentiert wird, beispielhaft verdeutlichen (z. B. der Jubel eines Fußballfans beim Siegtor auf der Tribüne).

209   Die **Begriffe** „Versammlungen, Aufzüge und ähnlichen Vorgänge" sind weit zu verstehen.[465] Aus dem Merkmal der „Teilnahme" ergibt sich jedoch, dass nicht jede zufällige Menschenansammlung gemeint ist. Umfasst sind alle Ansammlungen von Menschen, die den kollektiven Willen haben, etwas gemeinsam zu tun.[466] Zufällige Ansammlungen vom Menschen, z.B. von **Sonnenbadenden** im Englischen Garten, sind deshalb keine Versammlung im Sinne dieser Vorschrift.[467]

---

[461] Vgl. auch Wandtke/Bullinger/*Fricke,* UrhR, § 23 KUG Rn. 29; Dreier, UrhR, § 23 KUG, Rn. 19; *Damm/Rehbock,* Rn. 251; LG Hamburg AfP 2008, 100, 102 – *Hochzeit Jauch*; LG München I, Urteil vom 21. 7. 2005, Az. 7 0 4742/05, rechtskräftig – *CSD-Teilnehmer.*

[462] *Steffen* in: *Löffler,* § 6 LPG, Rn. 138; OLG München NJW-RR 1996, 93; LG München I, Urteil vom 21. 7. 2005, Az. 7 0 4742/05, rechtskräftig – *CSD-Teilnehmer.*

[463] LG Hamburg AfP 2008, 100, 102, aufgehoben durch OLG Hamburg, Urteil vom 21.10.2008, Az. 7 V 11/08.

[464] *Steffen* a. a. O.; *Wenzel,* 8.Kap. Rn. 51; kritisch Wandtke/Bullinger/*Fricke,* UrhR, § 23 Rn. 31; ablehnend *Prinz/Peters,* Rn. 872.

[465] Vgl. *Fricke,* a. a. O.; Dreier, UrhR, § 23 KUG, Rn. 18; *Prinz/Peters,* Rn. 872.

[466] Vgl. *von Strobl-Albeg* in: *Wenzel,* Kap. 8, Rn. 50.

[467] OLG München NJW 1988, 915, 916; *Damm/Rehbock,* Rn. 251.

Ebenso wenig beispielweise eine Menschenmenge, die am Straßenrand auf den Bus wartet.

Als Vorgänge im Sinne dieser Vorschrift werden z. B. **Demonstrationen, Karnevalsumzüge, Tagungen** und größere **Sportveranstaltungen** angesehen.[468] Es müssen in jedem Falle Versammlungen sein, die in der Öffentlichkeit stattfinden.[469]

Im Grenzbereich liegen Feierlichkeiten mit tendenziell privatem **210** und familiärem Charakter wie z. B. **Hochzeiten**[470] und **Beerdigungen.** Wenn sie im engeren Familien- und Freundeskreis oder an nicht öffentlich zugänglichen Orten stattfinden, besteht keine Abbildungsfreiheit.[471] In anderen Fällen kann der Charakter einer Veranstaltung gegeben sein, allerdings ist sodann streng auf die Grenze des § 23 Abs. 2 KUG zu achten, wonach sich eine Heraushebung Einzelner verbieten kann, z. B. bei einer **Hochzeit**, wenn sich der Abgebildete im Moment der Aufnahme in einer örtlichen Abgeschiedenheit[472] befindet oder bei einer **Trauerfeier** aus Pietätsgründen. Das LG Köln hat Filmaufnahmen einer Beerdigung auf einem Lübecker Friedhof nach § 23 Abs. 1 Nr. 3 KUG im Zusammenhang mit einer sachlichen Dokumentationssendung („Die Stadt als Lebensraum") für zulässig gehalten. Im konkreten Einzelfall sah das Gericht auch keine „berechtigten Interessen" des Klägers (Sohn der im Wege des Freitods Verstorbenen) als verletzt an (§ 23 Abs. 2 KUG), weil er aus weiter Entfernung in nicht hervorgehobener Art und Weise gezeigt worden sei und die Trauerfeier ersichtlich nur als Beispiel für den Ablauf derartiger Vorgänge in der heutigen Gesellschaft zu dokumentarischen Zwecken genutzt wurden.[473] In einem anderen Fall hat das LG Köln[474] hingegen offengelassen, ob eine Trauerfeier am Grab eine Versammlung im Sinne des § 23 Abs. 1 Nr. 3 KUG darstellt und die Abbildung eines Angehörigen eines Verbrechensopfers am Grab (Vater eines ermordeten Minderjährigen) als schwere Persönlichkeitsrechtsverletzung angesehen.

Sofern bei Veranstaltungen einzelne Teilnehmer hervorgehoben **211** werden, ist dies unter Umständen auch nach § 23 Abs. 1 Nr. 1 KUG zulässig, wenn es sich nach den oben dargelegten Kriterien (siehe oben Rn. 175 ff.) um ein Ereignis mit zeitgeschichtlicher Bedeutung han-

---

[468] LG München I, Urteil vom 21.7. 2005, Az. 7 0 4742/05, rechtskräftig – *Christopher street day.*

[469] Wandtke/Bullinger/*Fricke,* UrhR, § 23 KUG Rn. 29; *Damm/Rehbock,* Rn. 251.

[470] Offen gelassen in LG Hamburg AfP 2008, 100, 102 – aufgehoben durch OLG Hamburg, Urteil vom 21.10.2008, Az. 7 V 11/08.

[471] Für Beerdigungen ebenso *Damm/Rehbock,* Rn. 253.

[472] LG Hamburg AfP 2008, 100, 102, aufgehoben durch OLG Hamburg, Urteil vom 21.10.2008, Az. 7 V 11/08.

[473] LG Köln AfP 1994, 246, 247.

[474] NJW 1992, 443.

delt. Dies kann insbesondere dann der Fall sein, wenn der Abgebildete sich bei einer Veranstaltung mit gehobenen Informationsinteresse der Öffentlichkeit in besonderer Weise aus der Masse der anderen Teilnehmer hervorhebt und damit das Interesse auf sich zieht.

212 **Geschehnisse am Rande einer Veranstaltung** mit wenigen Beteiligten fallen nicht unter § 23 Abs. 1 Nr. 3 KUG, weil derartige Aufnahmen nicht die Veranstaltung als Gesamtvorgang darstellen, also nicht repräsentativ sind. **Polizeibeamte**, die während einer **Demonstration** an einer Auseinandersetzung in der Zugspitze beteiligt sind, müssen daher nach Ansicht des OLG Celle[475] keine Aufnahmen dulden. Ansonsten sind Aufnahmen von Polizisten bei Veranstaltungen und Polizeieinsätzen im gleichen Umfange zulässig, wie Aufnahmen anderer Anwesender. Besondere Privilegien gibt es für sie nicht.[476] Polizisten müssen portraitartig hervorgehobene Einzelaufnahmen ihrer Person nicht nach § 23 Abs. 1 Nr. 3 KUG dulden, können aber unter § 23 Abs. 1 Nr. 1 KUG fallen, wenn sie an einem Vorgang von zeitgeschichtlicher Bedeutung beteiligt sind (z. B. rechtswidrige Übergriffe von Polizisten auf Demonstranten, siehe Rn. 190.).

dd) „Bildnisse, die nicht auf Bestellung angefertigt sind, sofern die Verbreitung oder Schaustellung einem höheren Interesse der Kunst dient" (§ 23 Abs. 1 Nr. 4 KUG)

213 Die letzte Ausnahmevorschrift des § 23 KUG hat in der Praxis kaum eine Bedeutung.[477] Mit dieser Vorschrift sollen – wie sich aus den Gesetzgebungsmaterialien ergibt – **künstlerische Bildnisstudien** ermöglicht werden.[478] Nach allgemeiner Ansicht bezieht sich diese Vorschrift nicht nur auf künstlerische Zeichnungen u. ä., sondern gilt auch entsprechend für künstlerische Fotografien.[479] Privilegiert ist nur die Verbreitung oder Veröffentlichung zu Zwecken der Kunst.[480] Wirtschaftliche, nicht-künstlerische Zwecke (z. B. in Werbemotiven) sind nicht erfasst, untergeordnete Einnahmen geringer Höhe, die sich unmittelbar aus dem künstlerischen Zweck ergeben (z. B. Eintrittsgelder von

---

[475] NJW 1979, 57 ff., 58.

[476] Vgl. *von Strobl-Albeg* in: *Wenzel,* 8.Kap., Rn. 52; Wandtke/Bullinger/*Fricke,* UrhR, § 23 KUG Rn. 32; Dreier, UrhR, § 23 KUG, Rn. 20; a. A. *Rebmann* AfP 1982, 189 ff., 193.

[477] Dreier, UrhR, § 23 KUG, Rn. 22; *Prinz/Peters,* Rn. 873, *Schertz* GRUR 2007, 558.

[478] Wandtke/Bullinger/*Fricke,* UrhR, § 23 Rn. 33; *Prinz/Peters,* Rn. 873.

[479] *Fricke,* a.a.O; Schricker/*Götting,* Urheberrecht, § 60 UrhG/§ 23 KUG Rn. 70; Dreier, UrhR, § 23 KUG, Rn. 22; OLG München ZUM 1997, 338.

[480] So schon die Gesetzesbegründung, zitiert bei *Schertz* GRUR 2007, 558, 560.

Ausstellungen) sind jedoch unschädlich.[481] In der jüngeren Literatur wird angeregt, **Satire** anhand des § 23 Abs. 1 Nr. 4 KUG zu beurteilen.[482] Die Rechtsprechung hat indessen satirische Bildnisse bisher immer anhand § 23 Abs. 1 Nr. 1 KUG (Bildnisse aus dem Bereiche der Zeitgeschichte) beurteilt[483], weil Satire in der Regel das Zeitgeschehen aufgreift. Ebenfalls in der jüngeren Literatur wird gefordert, den Anwendungsbereich des § 23 Abs. 1 Nr. 4 KUG über die künstlerischen Bildnisstudien hinaus u.a. auch auf **Darstellungen des Lebensbildes** im Film, auf der Bühne oder in der Literatur auszuweiten.[484]

Bildnisse, die auf Bestellung angefertigt wurden, sind ausdrücklich ausgenommen. Dies soll nach der Begründung des Entwurfs zum KUG das besondere Vertrauensverhältnis zwischen dem Künstler und dem Besteller, der sich abbilden ließ, berücksichtigen.[485]

Die bisher einzige veröffentlichte Entscheidung, in der eine Bildnisveröffentlichung nach § 23 Abs. 1 Nr. 4 KUG für zulässig gehalten wurde betrifft die Abbildung eines „Schwarzen Sherrifs", der auf einem Schwarz-weiss-Bild mit verschränkten Armen vor einer leeren Stuhlreihe und einem Schild „Geschlossene Gesellschaft" steht.[486] Der Anwendungsbereich der Vorschrift war dort durch die besondere Bildwirkung eröffnet. Fälle dieser Art dürften sehr selten sein.

e) Berechtigte Interessen im Sinne des § 23 Abs. 2 KUG

Die Veröffentlichung eines Personenbildnisses muss unterbleiben, **214** wenn einer nach § 23 Abs. 1 KUG auch ohne Einwilligung zulässigen Bildnisveröffentlichung ein **berechtigtes Interesse** des Abgebildeten entgegensteht. Auf dieser Ebene ist erneut eine Abwägung zwischen den Interessen des Abgebildeten und den Informationsinteressen der Öffentlichkeit an der visuellen Darstellung der Person geboten. Die generalklauselartige Formulierung des Gesetzes lässt Raum für die sachgerechte Beurteilung besonderer Einzelfälle. Umgekehrt führt sie aber auch zu erheblichen Rechtsunsicherheiten.

Die Gerichtsentscheidungen zu dieser Thematik lassen einige typi- **215** sche, immer wiederkehrende Fallgruppen erkennen. Berechtigte Interessen können einer Bildnisveröffentlichung insbesondere in folgenden Fällen entgegenstehen:

– Benutzung des Bildnisses zu kommerziellen Zwecken ohne redaktionellen Zusammenhang, insbesondere in der **Werbung**,

---

[481] Dreier, UrhR, § 23 KUG, Rn. 23.
[482] *Schertz* GRUR 2007, 558, 559.
[483] OLG Karlsruhe NJW 1982, 647.
[484] *Schertz* GRUR 2007, 558, 563.
[485] Schricker/*Götting*, Urheberrecht, § 60/§ 23 KUG Rn. 71.
[486] OLG München ZUM 1997, 338.

- Aufnahmen, die in die **Privatsphäre** eingreifen (insbesondere heimlich hergestellte Fotos aus dem Privatleben, sogenannte Paparazzi-Aufnahmen),
- Aufnahmen, die in die **Intimsphäre** des Abgebildeten eingreifen (Nacktaufnahmen und Aufnahmen in sexuellem Zusammenhang),
- Aufnahmen, die zu einer groben **Herabsetzung, Zurschaustellung, Verächtlichmachung** oder unzumutbaren **Anprangerung** eines Abgebildeten führen,
- Aufnahmen, die zu einer **Personengefährdung** führen können
- Aufnahmen, die in einer Verfolgungs- oder Belagerungssituation („Observation") entstanden sind.

Diese Aufzählung ist nicht abschließend. Auch außerhalb dieser Fallgruppen kann z. B. eine Veröffentlichung nach § 23 Abs. 2 unzulässig sein, wenn Aufnahmen, die im Zuge tagesaktueller Berichterstattung über ein zeitgeschichtlich relevantes Ereignis gemäß § 23 Abs. 1 Nr. 1 KUG veröffentlicht werden dürften, aus ihrem **Kontext** gerissen und **zweckentfremdet** werden. Die Tochter Caroline von Monacos konnte z. B. nach § 23 Abs. 2 KUG verbieten lassen, dass Aufnahmen von ihr, die während eines Gala-Abends im Pariser Schloss gefertigt wurden, zur Bebilderung eine Beitrags über ihre Schönheit verwendet wurden. Der BGH[487] führte hierzu aus:

> „Im Rahmen der Prüfung (des § 23 Abs. 2 KUG) ist die Bildberichterstattung grundsätzlich in ihrer **Gesamtheit** zu betrachten. Das bedeutet, dass sich die Unzulässigkeit der Bildnisveröffentlichung im Einzelfall auch allein oder im Wesentlichen aus dem **begleitenden Text** ergeben kann."

Mitunter wird auch die **Verletzung des Wahrheitsschutzes**, z. B. durch **manipulative Fotomontagen** (hierzu Rn. 247 ff.) oder **falsche Bildunterschriften**, als Fallgruppe des § 23 Abs. 2 KUG angesehen.[488] Da jedoch unwahre Informationen nicht von Art. 5 GG* geschützt sind, ist in solchen Fällen in der Regel schon § 23 Abs. 1 KUG nicht anwendbar, weshalb solche Veröffentlichungen auch ohne Rückgriff auf § 23 Abs. 2 KUG unzulässig sind.

Im Rahmen des § 23 Abs. 2 KUG kann auch berücksichtigt werden, ob schon die **Herstellung** des Fotos das Persönlichkeitsrecht verletzt hat.[489] Zur Rechtswidrigkeit der Herstellung von Personenfotos siehe oben Rn. 54 ff.).

Nachfolgend werden die wesentlichen Fallgruppen des „berechtigten Interesses" anhand der Rechtsprechung näher erläutert.

---

[487] BGH NJW 2004, 1795, 1796 – *Charlotte I*; ebenso BGH GRUR 2005, 74, 76 – *Charlotte II/Reitturnier*.
[488] Schertz in: Handbuch des Urheberrechts, § 18, Rn. 27.
[489] KG Berlin AfP 2008, 309, 312; KG Berlin NJW-RR 2007, 1196, 1198.

aa) Kommerzielle Nutzung/Werbung

Grundsätzlich ist die **kommerziellen Bildnisnutzung**, insbeson- **216** dere in der Werbung, nach ständiger Rechtsprechung von der Einwilligung des Abgebildeten abhängig, auch wenn es sich um bekannte Persönlichkeiten mit zeitgeschichtlicher Bedeutung handelt. Schon die ersten höchstrichterlichen Entscheidungen zum Bildnisschutz beschäftigten sich mit solchen Fällen. Im Jahre 1956 führte der BGH in Sachen des Schauspielers *Paul Dahlke,* der auf einem Motorroller abgebildet war, aus:[490]

> „Gestattet ein Künstler unentgeltlich die Veröffentlichung seines Bildnisses, so bezieht sich sein Einverständnis im Zweifel nicht auf dessen Verwertung für eine Warenreklame. Die für Personen der Zeitgeschichte vorgesehene Abbildungsfreiheit (§ 23 Abs. 1 Ziffer 1 KUG) erstreckt sich nicht auf Veröffentlichungen, die nicht einem berechtigten Informationsinteresse der Allgemeinheit, sondern allein den Geschäftsinteressen eines mit der Abbildung für seine Waren werbenden Unternehmens dienen. Durch derartige Veröffentlichungen werden berechtigte Interessen des Abgebildeten auch dann verletzt (§ 23 Abs. 2 KUG), wenn es sich um die Werbung einer angesehenen Firma für anerkannte Qualitätswaren handelt und die Abbildung als solche einwandfrei ist."

Kurz danach stellte der BGH klar, dass der umfassende Schutz gegen die einwilligungslose Bildnisverwendung in der Werbung nicht von der **Form der Darstellung** abhängig ist. Szenenfotos aus Fernsehfilmen dürfen auch dann nicht ohne Einwilligung der abgebildeten Schauspieler in Werbeprospekten für Fernsehgeräte verbreitet werden, wenn die Schauspieler zeitgeschichtliche Bedeutung i. S. d. § 23 Abs. 1 Nr. 1 KUG haben und in ihrer Rolle abgebildet werden, urteilte der BGH beispielsweise in der Entscheidung „Familie Schölermann".[491]

Diese **strengen Grundsätze** gelten bis zum heutigen Tage fort. So **217** konnte z. B. der **Musiker** *Bob Dylan* erfolgreich die Abbildung seines Fotos auf dem **Cover** einer von ihm nicht autorisierten CD verbieten lassen.[492] Es handelte sich um einen Tonträger, der im Rahmen einer urheberrechtlichen „Schutzlücke" auch ohne Genehmigung des Künstlers in urheberrechtlich zulässiger Weise veröffentlicht werden durfte. Das Foto zeigte *Bob Dylan* in einer Bühnenszene, womit ein inhaltlicher thematischer Zusammenhang zu dem Produkt hergestellt war. Der BGH verneinte gleichwohl ein berechtigtes Informationsinteresse der Öffentlichkeit mit folgenden Erwägungen:[493]

---

[490] BGH NJW 1956, 1554 ff.

[491] BGH NJW 1961, 588 ff.

[492] BGH NJW 1997, 1152, 1153; ebenso LG Berlin, Urteil vom 9.5.2006, Az. 16 O 235/05, JurPC Web-Dok.90/2006 – *Prince-DVD.*

[493] BGH NJW 1997, 1152, 1153.

II. Veröffentlichung von Fotos

„Es entspricht der allgemeinen Erfahrung und Übung, das Abbildungen auf Produkten zur Absatzförderung bestimmt sind und vom Verbraucher in dieser Weise verstanden werden. Dem steht nicht entgegen, dass (…) die Bilder in dem Zusammenhang, in dem sie verwendet werden, auch einen gewissen Informationsgehalt für die Öffentlichkeit aufweisen. Dies schließt nicht aus, dass sie auch – und zwar in erheblichem Maß – zugleich zur Werbung für ein Produkt der Beklagten verwendet werden. (…) (Es) ist zu bedenken, dass für den Durchschnittsbetrachter, auf dessen Beurteilung es ankommt (…), der Kläger durch die hier streitigen Abbildungen keineswegs nur „für seine Musik wirbt", sondern vor allem auch für die konkrete Tonträgeraufnahme, die von der Beklagten (…) vertrieben wird. Das Produkt, um das es wirtschaftlich in erster Linie geht, ist nicht „die Musik" des Klägers, sondern der konkrete Tonträger, der durch eine bestimmte Auswahl von Musiktiteln und eine gegebene technische Aufnahmequalität charakterisiert ist und von der Beklagten in der konkreten Gestaltung und Aufmachung mit den Bildnissen des Klägers auf den Markt gebracht wird. Dieses Produkt ist aber für den Kläger in dem Sinn fremd, dass er nicht nur wirtschaftlich hieran nicht beteiligt ist, sondern vor allem weder hinsichtlich der künstlerischen Auswahl und der technischen Aufnahmequalität noch bezüglich der Präsentation irgendeinen Einfluss ausüben kann."

Auch bekannte Persönlichkeiten müssen somit nicht dulden, dass „in eigener Sache" mit ihren Abbildungen geworben wird, solange es sich nicht um von ihnen genehmigte Produkte handelt.

218 Der Grundsatz, dass das Recht am eigenen Bild nicht nur dem Schutz ideeller, sondern auch kommerzieller Interessen der Persönlichkeit dient, wurde auch in der Entscheidung in Sachen „Marlene Dietrich" klargestellt.[494] Der BGH erkannte an, dass der Abbildung ebenso wie dem Namen oder sonstigen Merkmalen der Persönlichkeit einschließlich einer typischen rollenmäßigen Darstellung einer Person (hier: der „Blaue Engel") ein beträchtlicher **wirtschaftlicher Wert** zukommen kann, der im Allgemeinen auf der **Bekanntheit** und dem **Ansehen der Person** in der Öffentlichkeit beruht. Die Zivilrichter sprachen bekannten Persönlichkeiten ausdrücklich das Recht zu, ihre **Popularität** und ihr **Image** wirtschaftlich zu verwerten, indem sie gegen Entgelt Bildnisse, ihren Namen oder auch andere Merkmale der Persönlichkeit mit Wiedererkennungswert in der Werbung für Waren oder Dienstleistungen einsetzen. Durch eine unerlaubte Verwertung ihrer Persönlichkeitsmerkmale für Werbezwecke würden diese geschützten kommerziellen Interessen der Persönlichkeit verletzt. Diese vermögenswerten Bestandteile des Rechts am eigenen Bild erlöschen auch nicht mit dem Tode der Person, sondern gehen auf die **Erben** über[495], wobei der BGH die Schutzdauer auf 10 Jahre begrenzt.[496]

219 Das BVerfG steht dem **kommerziellen Schutz des Persönlichkeitsrechts** skeptisch gegenüber, soweit es um Mitteilungen aus der

---

[494] BGH NJW 2000, 2195, 2197.
[495] BGH a. a. O.
[496] BGH NJW 2007, 684 – kinski-klaus.de.

Privatsphäre geht. Nur rund vierzehn Tage nach dem obigen Urteil des BGH führte das Verfassungsgericht im Zusammenhang mit Eingriffen in die Privatsphäre durch Paparazzi-Aufnahmen in einer Randbemerkung aus, dass der verfassungsrechtliche Privatsphärenschutz nicht im Interesse einer Kommerzialisierung der eigenen Person gewährleistet sei. Wer – z. B. in Form von Exklusivverträgen – Einblicke in sein Privatleben gestattet, müsse einen reduzierten Schutz vor öffentlicher Kenntnisnahme hinnehmen.[497]

Der BGH billigt in seiner jüngeren Rechtsprechung der Werbung **220** das Recht zu, sich **satirisch** mit dem aktuellen **Tagesgeschehen** auseinanderzusetzen und dabei die maßgeblichen Akteure abzubilden. Anders als noch die Vorinstanzen erlaubte der BGH die Abbildung *Oskar Lafontaines* in Anzeigen eines Autovermieters. Auf dem Werbemotiv waren Portraits aller Mitglieder der damaligen Bundesregierung abgebildet. Das Portrait Lafontaines war durchgestrichen. Dazu hieß es: „S. verleast auch Autos für Mitarbeiter in der Probezeit". Die Anzeigen wurden anlässlich der Rücktritts Lafontaines veröffentlicht.[498]

Eine weitere **Ausnahme** vom strengen **Verbot der einwilligungslosen Bildnisveröffentlichung in der Werbung** stellt ein Urteil des OLG Düsseldorf in Sachen *Jan Ullrich* dar.[499] Der Radsportler war im Innenteil einer Werbebeilage zusammen mit einem anderen ehemaligen Radprofi, *Gerrit de Vries,* in einer Radsportszene bei einem Etappenstart abgebildet worden. *De Vries* war Werbepartner des werbenden Sportkleidungsherstellers. Das OLG Düsseldorf hielt angesichts der besonderen Umstände die Verwendung des Bildnisses von *Jan Ullrich* für zulässig. Weil er nur zusammen mit *de Vries* zu sehen sei und auf dem Foto die Kleidung eines anderen Herstellers trage sei ausgeschlossen, dass der Betrachter eine gedankliche Verbindung zwischen den beworbenen Produkten und *Ullrich* in der Weise herstelle, er habe sich für die Werbung zur Verfügung gestellt und setze sich für die beworbenen Produkte ein.

Unabhängig von solchen Sonderfällen halten die Gerichte unverändert nahezu jede Form der bildlichen Darstellung eines Prominenten in Werbeveröffentlichungen für unzulässig und sprechen den Abgebildeten hohe Beträge zu, wenn ihr „Werbewert" durch Vergleichsfälle belegt werden kann. Das OLG München hat z. B. die Firma Saturn wegen der Abbildung von *Boris Becker* in einem Werbeprospekt (Auflage 236 000 Exemplare) zu einer **Lizenzzahlung** in Höhe von DM

---

[497] BVerfG NJW 2000, 1021, 1023.
[498] BGH NJW 2007, 689, 691; ähnlich hinsichtlich der Namensnutzung in der Werbung BGH, Urteile vom 5.6.2008, Az. I ZR 223/05 und 96/07 (Zigarettenwerbung mit Prinz Ernst August von Hannover).
[499] GRUR-RR 2003, 1 f.

158 000,– verurteilt[500] (zur Höhe der fiktiven Lizenz siehe auch unter Rn. 285 ff.). *Becker* war hierbei nur auf dem Bildschirm eines beworbenen Fernsehers zu sehen. Das LG Düsseldorf hielt den Einsatz eines *Beckenbauer*-**Doppelgängers** in einem Telekom-Spot, der sich **in satirischer Form** mit dessen Werbetätigkeit für ein Konkurrenzunternehmen auseinander setzte, für unzulässig.[501] Auch bei **vergleichender Werbung**, in der fremde Werbemittel übernommen werden, ist eine ausdrückliche Einwilligung erforderlich. Dies gilt auch dann, wenn die vergleichende Werbung wettbewerbsrechtlich zulässig ist. Die Einwilligung einer Person zur Mitwirkung in der Werbung umfasst nicht auch die Wiedergabe in der Werbung des Konkurrenten.[502]

221 Schwierig ist mitunter die Abgrenzung von zulässigen und unzulässigen Bildnisveröffentlichungen bei Produkten, denen eine **Informationsfunktion** nicht schlechthin abgesprochen werden kann. Derartige Abgrenzungsprobleme kann es insbesondere bei **Büchern, Kalendern** und in der **Werbung für Presseveröffentlichungen** geben.

Das OLG Hamburg hat den Vertrieb von **Konzertfotos** des Musikers *Marius Müller-Westernhagen* als unzulässig angesehen. Da der Vertrieb von Fotos ohne konzeptionellen Informationshintergrund erfolge, verletze der Fotoverkauf berechtigte Interessen des Künstlers im Sinne von § 23 Abs. 2 KUG[503]. In der *Willy-Brandt*-Entscheidung hat der BGH die Herausgabe einer Gedenkmünze anlässlich des Todes des ehemaligen Kanzlers als zulässig angesehen. Auf der Gedenkmünze war neben einer Abbildung des früheren Kanzlers schlagwortartig dessen Historie aufgeführt, weshalb nach Auffassung des Gerichts der kommerzielle Charakter der Gedenkmünze als Kaufgegenstand gegenüber der Informationsfunktion zurücktrat. Eine Verletzung berechtigter Interessen im Sinne des § 23 Abs. 2 KUG sah der BGH in der **Gedenkmedaille** nicht.[504] Bereits zuvor hatte der BGH den Verkauf von Bildnissen bekannter Fußballspieler als **Sammelbilder** in verschlossenen Tüten zum Einkleben in Sammelalben als Verletzung des Rechts am eigenen Bild nach § 23 Abs. 2 KUG für unzulässig gehalten. Durch das Verkaufssystem (verschlossene Tüten mit je 3–4

---

[500] OLG München AfP 2003, 71 f.; s.a. LG München I AfP 2006, 382: € 1,2 Mio. (*Boris Becker*/FAS – Werbeanzeige).

[501] LG Düsseldorf AfP 2002, 64, 65.

[502] OLG München, Urteil vom 17.11.2005, Az. 6 U 1547/05; LG München I AfP 2004, 295, 296; a.A. LG Frankenthal AfP 2004, 294, 295.

[503] OLG Hamburg WRP 1995, 124, 125.

[504] BGH GRUR 1996, 195 ff.; anderer Ansicht bei einer Gedenkmedaille für *Franz Joseph Strauß*: OLG München NJW-RR 1990, 1327 ff.

Bildern, wobei bei Kauf nicht erkennbar war, welche Bilder sich in der Tüte befinden) würden die kommerziellen Interessen derart in den Vordergrund gerückt, dass auch bekannte Fußballspieler, an denen ein öffentliches Informationsinteresse bestehe, die Nutzung ihrer Bildnisse zugunsten fremder Gewinninteressen nicht dulden müssen.[505] Dem gegenüber wurde die Verbreitung von Fußballerbildnissen in Form eines **Wandkalenders** der „international bekanntesten deutschen Fußballspieler" für zulässig gehalten.[506] Die Darstellung der Spielszenen beruhe auf einem redaktionellen Konzept und begründe ein überwiegendes Informationsinteresse an der Verbreitung der Aufnahmen. Ausdrücklich hat der BGH aber in dieser Entscheidung darauf hingewiesen, dass er möglicherweise anders entschieden hätte, wenn die streitigen Aufnahmen als Postkarten verkauft worden wären oder die Person des Abgebildeten in anderer Weise ohne thematisches Konzept mit eigenem informativem Gewicht vermarktet worden wäre.[507] So lag ein weiterer Kalenderfall, der vom OLG Hamburg entschieden wurde. Da sich die Art der Darstellung in einer bloßen Aneinanderreihung der Bilder erschöpfte, wurde die Bildnisverbreitung für unzulässig gehalten. Das OLG Hamburg verbot die Verbreitung eines **Star-Kalenders** mit Motiven der *Backstreet-Boys*.[508] Die Abbildung von *Boris Becker* auf der Titelseite eines sachbezogenen **Tennislehrbuchs** war hingegen nach Auffassung des OLG Frankfurt[509] zulässig.[510]

Kundenzeitschriften rechnet die Rechtsprechung in der Regel **222** dem Bereich der zulässigen Presseveröffentlichungen zu, so dass darin enthaltene Bildnisveröffentlichungen nicht nach § 23 Abs. 2 KUG unzulässig sind[511], auch wenn sie als Blickfang auf der **Titelseite** eingesetzt werden[512]. In derartigen Fällen reichen schon kurze, inhaltsarme redaktionelle Beiträge über den Abgebildeten in der Kundenzeitschrift aus, um entgegenstehende berechtigte Interessen des Abgebildeten in den Hintergrund treten zu lassen. Gleiches gilt nach Auffassung des OLG Hamburg[513] auch für **Rätselhefte**. *Günther Jauch* klagte erfolglos gegen seine Abbildung auf der Titelseite des „SuperIllu Sonderhefts Rätsel und Quiz", welches sich inhaltlich nicht näher mit ihm beschäftigte. Auf der Titelseite heiß es zum Foto lediglich „J. zeigt mit ‚Wer wird Millionär', wie spannend Quiz sein kann".

---

[505] BGH NJW 1968, 1091 ff.

[506] BGH NJW 1979, 2203 ff.

[507] BGH NJW 1979, 2203, 2204.

[508] AfP 1999, 486 f.

[509] NJW 1989, 402 ff.

[510] Ausführlich zu der Abgrenzungsproblematik: *Beuthin/Hieke* AfP 2001, 353 ff.

[511] BVerfG NJW 2000, 1026 f., bestätigt BGH NJW-RR 1995, 789.

[512] OLG München AfP 1998, 409, 410.

[513] OLG Hamburg GRUR-RR 2007, 142; ebenso LG Hamburg AfP 2006, 391.

223 In der **Werbung für Medienprodukte** dürfen Personenbildnisse jedenfalls dann veröffentlicht werden, wenn die Aufnahmen in der beworbenen Publikation enthalten sind und dort ihrerseits in rechtlich zulässiger Weise veröffentlicht werden.[514] Das OLG München sah die Verwendung eines kurzen Ausschnitts aus der deutschen Wochenschau, der u. a. *Marlene Dietrich* zeigte in einem Werbespot der Bild-Zeitung für ihre Sonderveröffentlichung „50 Jahre Deutschland" als unzulässig an, weil die Aufnahmen nicht in der Sonderveröffentlichung enthalten waren.[515] Der BGH urteilte anders: Er hielt den thematischen Zusammenhang und die Umstände, dass andere Aufnahmen von *Marlene Dietrich* in der Sonderbeilage zulässigerweise enthalten waren, für ausreichend. Da auch die Werbung für Presseerzeugnisse vom Schutzbereich des Art. 5 Abs. 1 Satz 2 GG umfasst ist, seien in der Güterabwägung die Interessen der Abgebildeten nachrangig.[516] Nicht privilegiert sind jedoch nach Auffassung des OLG München[517] Bildnisse von Personen, die zur Bewerbung von Medienprodukten eingesetzt werden, ohne dass sie im redaktionellen Teil behandelt werden. Das OLG hielt die Abbildung **Boris Beckers** auf einem in der Werbung gezeigten **Dummy** (Testexemplar) der damals noch nicht erschienenen „Frankfurter Allgemeinen Sonntagszeitung" für unzulässig, weil der Artikel fiktiv war und nicht erschienen ist. Ebenso verbot das LG Hamburg[518] die verfremdete Wiedergabe von *Joschka Fischer* auf Werbemitteln zur Einführung der damals neuen Zeitung „Welt kompakt". In dieser Werbekampagne waren die Gesichtszüge bekannter Persönlichkeiten (so auch Fischer) elektronisch verändert worden, so dass sie wie junge Kinder wirkten („**Babyface**-Bilder"). Auch ein Prominenter, der sich für einen Werbespot zur Verfügung gestellt hat, muss die Nutzung eines ihn zeigenden Ausschnitts aus diesem Spot in der Eigenwerbung des ausstrahlenden Senders nicht dulden.[519]

bb) Privatsphäre

224 Im Rahmen des § 23 Abs. 2 KUG ist auch unter dem Aspekt des Schutzes der Privatsphäre zu prüfen, ob einer nach § 23 Abs. 1 KUG zulässigen Bildnisveröffentlichung berechtigte Interessen des Abgebildeten entgegenstehen.

---

[514] Vgl. kritisch Wandtke/Bullinger/*Fricke*, UrhR, § 23 KUG Rn. 46.
[515] OLG München AfP 1999, 507, 508.
[516] BGH AfP 2002, 435, 436 f.
[517] OLG München AfP 2007, 237, zuvor ebenso LG München I AfP 2006, 382.
[518] LG Hamburg NJW 2007, 691.
[519] LG München I AfP 2000, 473, 475; ähnlich LG München I AfP 2004, 295, 296; a. A. bei Wiedergabe im Rahmen vergleichender Werbung LG Frankenthal AfP 2004, 294, 295.

2. Veröffentlichung von Personenfotos

Bis 1995 war der **Begriff der Privatsphäre** von einem räumlichen Denken bestimmt. Der Privatsphäre wurden insbesondere Vorgänge zugerechnet, die im örtlich abgeschirmten häuslichen Bereich **(Wohnung, Haus, Garten)** stattfinden und in die nur die besonders befugten Personen Einsicht haben. In der „Spätheimkehrer-Entscheidung"[520] rechnete der BGH auch die **Geschäftsräume** einer Vermieterin zu Ihrer Privatsphäre und verbot Aufnahmen, die von ihr dort heimlich hergestellt worden waren. Die Nutzung dieser Aufnahmen zur Bebilderung eines redaktionellen Beitrags über die Weigerung der Vermieterin, einem Spätheimkehrer aus der Kriegsgefangenschaft den Einzug in die Mietwohnung seiner Frau zu gestatten, war unzulässig.

Das räumliche Verständnis des geschützten Privatbereiches führte **225** im Zusammenhang mit der mittlerweile überholten Rechtsprechung zu „absoluten Personen der Zeitgeschichte", bei welchen schon ein alltäglicher Gang über die Strasse bei Prominenten als „Ereignis der Zeitgeschichte" angesehen wurde (§ 23 Abs. 1 Nr. 1 KUG), dazu, dass bei diesen Personen **private Vorgänge**, die sich **an öffentlichen Orten** abspielten (Spaziergänge in der Natur, Einkaufbummel, sportliche Aktivitäten, Begleitung von Kindern zur Schule etc.) nicht der Privatsphäre zugerechnet wurden, weil sie öffentlich wahrnehmbar waren. Der BGH hatte 1995 zwar klargestellt, dass es eine geschützte Privatsphäre auch außerhalb der eigenen vier Wände gibt.[521] Allerdings machte der BGH dies vom Vorliegen enger Voraussetzungen abhängig. Geschützt sollten nur Situationen in einer „örtlichen Abgeschiedenheit" sein. Ferner müsse der Wille zum Alleinsein objektiv erkennbar sein und der Betroffene müsse sich in der konkreten Situation im Vertrauen auf die Abgeschiedenheit so verhalten, wie er es in der breiten Öffentlichkeit nicht tun würde.[522]

Das BVerfG hatte bei seiner Überprüfung dieser Entscheidung die **226** vom BGH entwickelten Kriterien im Wesentlichen bestätigt, aber zugleich klargestellt, dass nicht allein das räumliche Verständnis der Privatsphäre maßgeblich sein kann. Hierzu wurde ausgeführt:[523]

> „(Der Schutz der Privatsphäre bezieht sich) nicht speziell auf Abbildungen, sondern ist thematisch und räumlich bestimmt. Er umfasst zum einen Angelegenheiten, die wegen ihres Informationsinhalts typischerweise als privat eingestuft werden, weil ihre öffentliche Erörterung oder Zurschaustellung als unschicklich gilt, das Bekanntwerden als peinlich empfunden wird oder nachteilige Reaktionen der Umwelt auslösen, wie es etwa bei Auseinandersetzungen mit sich selbst in **Tagebü-**

---

[520] BGH NJW 1957, 1315, 1316; so auch LG Berlin ZUM 2004, 578 – *Autohaus.*
[521] NJW 1996, 1128 ff.
[522] NJW 1996, 1128.
[523] BVerfG NJW 2000, 1021, 1022.

chern, bei vertraulicher **Kommunikation** unter Eheleuten, im Bereich der **Sexualität,** bei sozial abweichenden Verhalten oder bei **Krankheiten** der Fall ist. (…) Zum anderen erstreckt sich der Schutz auf einen räumlichen Bereich, in dem der Einzelne zu sich kommen, sich entspannen oder auch gehen lassen kann. (…) Im Kern geht es (…) um einen Raum, in dem er die Möglichkeit hat, frei von öffentlicher Beobachtung und damit der von ihr erzwungenen Selbstkontrolle zu sein, auch ohne dass er sich dort notwendig anders verhielte als in der Öffentlichkeit. Bestünden solche **Rückzugsbereiche** nicht mehr, könnte der Einzelne psychisch überfordert sein, weil er unausgesetzt darauf achten müsste, wie er auf andere wirkt und ob er sich richtig verhält. (…) Ein derartiges Schutzbedürfnis besteht auch bei Personen, die auf Grund ihres Ranges oder Ansehens, ihres Amtes oder Einflusses, ihrer Fähigkeiten oder Taten besondere Beachtung finden. Wer, ob gewollt oder ungewollt, zur Person des öffentlichen Lebens geworden ist, verliert damit nicht sein Anrecht auf eine Privatsphäre, die den Blicken der Öffentlichkeit entzogen bleibt. Dies gilt auch für demokratisch gewählte **Amtsträger,** die zwar für ihre Amtsführung öffentlich rechenschaftspflichtig sind und sich in diesem Umfang öffentliche Aufmerksamkeiten gefallen lassen müssen, nicht aber für ihr Privatleben, sofern dieses die Amtsführung nicht berührt.“

227 Damit wurde ausdrücklich auch eine thematisch inhaltliche Definition der geschützten Privatsphäre anerkannt, die neben dem räumlich abgrenzbaren Privatbereich besteht. Zur Reichweite der räumlichen Privatsphäre merkte das BVerfG an:[524]

„Der **häusliche Bereich** stellt anerkanntermaßen eine solche geschützte Sphäre dar. Wegen des Bezugs auf die Entfaltung der Persönlichkeit darf der Rückzugsbereich jedoch nicht von vornherein auf ihn begrenzt werden. Das gilt schon deshalb, weil die Funktionen, denen er dient, nur erfüllt werden, wenn **er nicht an den Hausmauern oder Grundstücksgrenzen endet.** (…) Die notwendige **Erholung** von einer durch Funktionszwänge und Medienpräsenz geprägten Öffentlichkeit ist vielfach nur in der Abgeschiedenheit einer natürlichen Umgebung, etwa in einem **Ferienort,** zu gewinnen. Deswegen muss der Einzelne grundsätzlich die Möglichkeit haben, sich auch in der freien, gleichwohl abgeschiedenen Natur oder an Örtlichkeiten, die von einer breiten Öffentlichkeit deutlich abgeschieden sind, in einer von öffentlicher Beobachtung freien Weise zu bewegen. Das gilt gerade gegenüber solchen Aufnahmetechniken, die die räumliche Abgeschiedenheit überwinden, ohne dass der Betroffene dies bemerken kann. Wo die Grenzen der geschützten Privatsphäre außerhalb des Hauses verlaufen, lässt sich nicht generell und abstrakt festlegen. Sie können vielmehr nur auf Grund der jeweiligen Beschaffenheit des Ortes bestimmt werden, den der Betroffene aufsucht. Ausschlaggebend ist, ob der einzelne eine Situation vorfindet oder schafft, in der er begründetermaßen und somit auch für Dritte erkennbar davon ausgehen darf, den Blicken der Öffentlichkeit nicht ausgesetzt zu sein. Ob die Voraussetzungen der Abgeschiedenheit erfüllt sind, lässt sich nur situativ beurteilen. (…) Der Einzelne kann (…) Orte auch nicht durch sein Verhalten, das typischerweise nicht öffentlich zur Schau gestellt wurde, in seine Privatsphäre umdefinieren. Nicht sein Verhalten, ob allein oder mit anderen, konstituiert die Privatsphäre, sondern die objektive Gegebenheit der Örtlichkeit zur fraglichen Zeit.“

---

[524] BVerfG NJW 2000, 1021, 1022.

2. Veröffentlichung von Personenfotos

Das BVerfG erweiterte ferner den geschützten Bereich auf solche **228** Aufnahmen, die Personen der Zeitgeschichte beim **elterlichen Umgang** mit ihren **Kindern** zeigen.[525] Kinder, auch solche von Prominenten, sollen unbeobachtet und ungestört aufwachsen können. Deshalb umfasst der von Art. 6 GG geschützte elterliche Umgang mit den Kindern auch den Bereich der Privatsphäre der Eltern, soweit dies für ein ungestörtes („normales") Eltern-Kind-Verhältnis erforderlich ist. Dies ist z. B. der Fall, wenn prominente Eltern ihre Kinder zur Schule bringen, Ausflüge unternehmen oder sich mit diesen im Park oder auf Spielplätzen aufhalten.

Hinsichtlich der vom BGH vorgenommenen (und von BVerfG **229** bestätigten) Einschränkung des Schutzes der Privatsphäre von Prominenten wurde eine Menschenrechtsbeschwerde erhoben, die vor dem europäischen **Menschenrechtsgerichtshof (EGMR)** in Straßburg erfolgreich war.[526]

Der **EGMR** gelangte zu der Feststellung, dass die von den deutschen Gerichten entwickelten Kriterien keinen ausreichenden Schutz des Privatlebens gewährleisten. Insbesondere trat er der Lehre von „absoluten Personen der Zeitgeschichte" entgegen:[527]

„Der Gerichtshof kann der Auslegung des § 23 I KUG durch die deutschen Gerichte nur schwer folgen. Eine solche Einordnung mit ihrem sehr beschränkten Schutz des Privatlebens und des Rechts am eigenen Bild als Folge mag für Personen des politischen Lebens in Frage kommen, die amtliche Funktionen wahrnehmen. Für eine Privatperson wie die der Beschwerdeführerin, bei der das Interesse des breiten Publikums und der Presse einzig auf ihrer Zugehörigkeit zu einem regierenden Haus beruht, während sie selbst keine amtlichen Funktionen hat, lässt sich eine solche Einordnung nicht rechtfertigen. Jedenfalls ist unter diesen Voraussetzungen eine **einschränkende Auslegung des KUG erforderlich**, damit der Staat seiner positiven Verpflichtung zum Schutz des Privatlebens und des Rechts am eigenen Bild, wie sie sich aus der Konvention ergibt, nachkommt. (…) **Im vorliegenden Fall genügt es nicht, die Beschwerdeführerin als „absolute Person der Zeitgeschichte" einzustufen, um ein solches Eindringen in ihr Privatleben zu rechtfertigen.** Wie oben festgestellt, muss der entscheidende Umstand bei dem Ausgleich, der zwischen dem Schutz des Privatlebens und der Freiheit der Meinungsäußerung herzustellen ist, der Beitrag sein, den die veröffentlichten Fotoaufnahmen und Artikel zu einer Diskussion von allgemeinem Interesse leisten. Im vorliegenden Fall fehlt es aber an einem solchen Beitrag, da die Beschwerdeführerin keine offiziellen Aufgaben wahrnimmt und die umstrittenen Fotos und Artikel sich ausschließlich auf Einzelheiten ihres Privatlebens beziehen. **Die Öffentlichkeit hat trotz der allgemeinen Bekanntheit (…) kein berechtigtes Interesse daran, zu wissen, wo sie sich befindet und wie sie sich allgemein in ihrem Privatleben verhält, selbst wenn sie sich an Orten aufhält, die man nicht immer als abgeschieden bezeichnen kann.** Doch selbst wenn dieses Interesse der Öffentlichkeit bestünde und ebenso ein wirtschaftliches

---

[525] BVerfG NJW 2000, 1021, 1023.
[526] Beschwerde-Nr. 59320/00; EGMR NJW 2004, 2647, 2650 f.
[527] EGMR NJW 2004, 2647, 2650 f.

Interesse der Zeitschriften, die Fotoaufnahmen und Artikel veröffentlichen, müssten diese Interessen im vorliegenden Fall vor dem Recht der Beschwerdeführerin auf wirksamen Schutz ihres Privatlebens zurücktreten. **Letztendlich reichten die von den deutschen Gerichten entwickelten Kriterien nicht aus, das Privatleben wirksam zu schützen.**"

Nachdem die Instanzrechtsprechung zunächst unterschiedlich auf diese Vorgaben des EGMR reagiert hatte[528], hat der BGH inzwischen eine grundlegende Änderung der Rechtsprechung vorgenommen, im Zuge derer die Beschränkung des Schutzes der Privatsphäre Prominenter auf Situationen in einer „örtlichen Abgeschiedenheit" entfallen ist (siehe oben Rn. 177 ff.). **Aufnahmen, die nur die alltägliche Normalität an öffentlichen Orten** zeigen, haben auch dann keine zeitgeschichtliche Bedeutung im Sinne von § 23 Abs.1 Nr. 1 KUG zusprechen können, wenn bekannte Personen abgebildet sind. Jedenfalls stünde Fotoveröffentlichungen aber in solchen Fällen der **Schutz des Privatlebens nach § 23 Abs. 2 KUG** entgegen.[529]

230   Der Schutz der **Privatsphäre** hat im Hinblick auf die geänderte Rechtsprechung zu § 23 Abs. 1 Nr. 1 KUG (siehe Rn. 175 ff.) im Rahmen der Prüfung berechtigter Interessen im Sinne von § 23 Abs. 2 KUG in der Praxis an Bedeutung verloren, da Vorgänge des Privat- und Alltagslebens in der Regel nicht fotografisch fixiert und die Verbreitung schon nach § 22 KUG ohne Einwilligung unzulässig ist. Vorgänge aus der privaten, insbesondere familiären Seite des Lebens sind regelmäßig keine Ereignisse aus dem Bereiche der Zeitgeschichte, sodass der Erlaubnistatbestand des § 23 Abs. 1 Nr. 1 KUG in diesen Fällen nicht greift, ohne dass es auf entgegenstehende berechtigte Interessen (§ 23 Abs. 2 KUG), also ein unverhältnismäßigen Eingriff in die geschützte Privatsphäre, ankäme. Bekannte Persönlichkeiten („absolute Personen der Zeitgeschichte" im Sinne der alten Terminologie vor der Caroline-Entscheidung des EGMR, vgl. oben Rn. 175 ff.) sind insoweit dem Normalbürger (der eine Veröffentlichung von Szenen aus seinem alltäglichen Privatleben nicht dulden muss, schon weil die Voraussetzungen des § 23 Abs. 1 Nr. 1 KUG nicht vorliegen) gleichgestellt worden, ohne dass es eines Rückgriffs auf § 23 Abs. 2 KUG bedarf. Bildnisveröffentlichungen solcher Situationen sind zukünftig nur noch ausnahmsweise zulässig, wenn der Abgebildete dort — gleichgültig ob prominent oder unbekannt — in ein zeitgeschichtlich relevantes Ereignis verwickelt ist, er also nach alter Terminologie relative Person der Zeitgeschichte ist

---

[528] Hierzu in der 2. Auflage, Rn. 179 ff.

[529] KG Berlin NJW 2005, 605, 606 f. – *Grönemeyer II*; vgl.auch Dreier, UrhR, § 23 KUG, Rn. 29.

oder die Bebilderung einen Bericht über ein solches Ereignis sachgerecht und ohne Verfälschungen illustriert.

Auch wenn es nach der neueren Rechtsprechung für den Schutz **231** der Privatsphäre nicht mehr in erster Linie auf den Ort des Geschehens ankommt, kann dieser Aspekt gleichwohl in der Güterabwägung nach § 23 Abs. 2 KUG eine Rolle spielen, wenn über zeitgeschichtliche Ereignisse berichtet wird. So kann z.b. auch bei der Berichterstattung über Veranstaltungen, die aufgrund ihrer Bedeutung als zeitgeschichtliche Ereignisse im Sinne von § 23 Abs. 1 Nr. 1 KUG angesehen werden können, die Veröffentlichung von Personenfotos nach § 23 Abs. 2 KUG unzulässig sein, die die Abgebildeten abseits des Hauptgeschehens in einer Situation zeigen, in der sie davon ausgehen durften, sich nicht den Blicken der Öffentlichkeit auszusetzen, z.b. in Seitenräumen oder abgesperrten Bereichen („**örtliche Abgeschiedenheit**"), welche dem Rückzug und der Erholung dienen. Das LG Hamburg hielt z.b. berechtigte Interessen der Ehefrau *Günther Jauchs* verletzt, als diese während ihrer Hochzeit in einem abgesperrten Bereich heimlich fotografiert wurde.[530] Ein geschützter **Rückzugsbereich** setzt danach kein vollständiges Alleinsein voraus. Vielmehr muss der Ort nur von der breiten Öffentlichkeit abgeschieden sein. Kein geschützter Rückzugsbereich ist nach Auffassung des KG Berlin der straßenseitige Balkon einer Privatwohnung, der von Passanten ohne Hilfsmittel einsehbar ist[531] und die Ankunftshalle eines Internationalen Flughafens während einer Dienstreise.[532]

Der Grundsatz, dass **Kinder** frei von öffentlicher Beobachtung auf- **232** wachsen dürfen und Fotos daher regelmäßig unzulässig sind (siehe Rn. 183) wirkt sich auch auf die **Eltern** aus, wenn sie sich gemeinsam mit ihren Kindern in der Öffentlichkeit aufhalten. Daher stehen der Veröffentlichung solcher Fotos jedenfalls berechtigte Interessen entgegen (§ 23 Abs. 2 KUG). Dabei kommt es nicht darauf an, ob die Kinder auf den Fotos abgebildet sind oder sich die Eltern ihren Kindern in der bildlich fixierten Situation in besonderer Weise zuwenden.[533] In der Regel werden **Eltern-Kind-Situationen** schon keine Ereignisse der Zeitgeschichte im Sinne von § 23 Abs. 1 Nr. 1 KUG darstellen.

Der Veröffentlichung von **Jugendfotos** einer Person, die zu einem späteren Zeitpunkt in ein Ereignis der Zeitgeschichte verwickelt wird, werden regelmäßig berechtigte Interessen im Sinne von § 23 Abs. 2

---

[530] LG Hamburg AfP 2008, 100, 102 f.; aufgehoben durch OLG Hamburg, Urteil vom 21.10.2008, Az. 7 V 11/08.
[531] KG Berlin AfP 2007, 573, 575 – *Joschka Fischer beim Blumengießen auf seinem Balkon.*
[532] KG Berlin AfP 2007, 375, 376 – *Joschka Fischer bei der Ankunft auf dem Flughafen Newark.*
[533] OLG Hamburg AfP 2007, 558 – *Kanzler Schröder mit Kindern in Rom.*

KUG entgegenstehen. So entschied es z.b. das LG Berlin hinsichtlich der neuen Lebensgefährtin *Herbert Grönemeyers*.[534]

233 Zur Privatsphäre zählen grundsätzlich auch Aufnahmen bei **Beerdigungen**.[535] Das **Recht auf ungestörte Trauer** gehört zur Privatsphäre der Angehörigen und kann sich auch auf Fotos erstrecken, die nicht die Beerdigung unmittelbar zeigen.[536] Das OLG Hamburg hat Aufnahmen, die *Prinzessin Caroline* beim **Gebet** in einer von außen einsehbaren Freiluft-**Kirche** zeigen, der geschützten Privatsphäre zugeordnet.[537] In der selben Entscheidung wurden auch Aufnahmen, die sie beim Austausch von harmlosen **Zärtlichkeiten** an Deck einer **Yacht** zeigen, der geschützten Privatsphäre zugeordnet. Die Bilder wurden von einem Paparazzo heimlich aufgenommen, während das Schiff vor dem Hafen von Palma de Mallorca ankerte.

234 **Krankheiten** zählt das BVerfG[538] ausdrücklich zur Privatsphäre), mitunter werden sie sogar in den Bereich der **Intimsphäre** fallen.[539] Die bildliche Darstellung von **Kranken, Verletzten** und **Pflegebedürftigen** ist deshalb in der Regel unzulässig[540], auch wenn sie in ein Ereignis der Zeitgeschichte verwickelt sind. Der Schauspieler *Götz George* musste nach Auffassung des LG München keine heimlichen Aufnahmen dulden, die ihm nach einem Unfall auf Krücken beim Betreten eines Krankenhauses durch einen Seiteneingang zeigen.[541] Obwohl der Schauspieler einige Tage später ebenfalls auf Krücken bei einer öffentlichen Veranstaltung zu sehen war, sah das LG seine berechtigten Interessen, nicht im erkrankten Zustand auf dem Weg zu einer Behandlung gezeigt zu werden, als überwiegend an. Entscheidungserheblich war dabei, dass er den Seiteneingang genutzt hatte und sich versichert hatte, dass nach seiner Meinung keine Fotografen in der Nähe waren, als er aus dem direkt vor dem Eingang wartenden Auto stieg. Nach der geänderten Rechtsprechung zu § 23 Abs. 1 Nr. 1 KUG ist davon auszugehen, dass die Bildnisveröffentlichung in einem solchen Fall schon nach § 22 KUG unzulässig ist, da eine Krankheit bzw. eine Fahrt ins Krankenhaus kein Ereignis der Zeitgeschichte nach § 23 Abs. 1 Nr. 1 KUG ist.

---

[534] LG Berlin ZUM-RD 2004, 312, 315 (noch vor der neuen Rechtsprechung zu § 23 Abs. 1 Nr. 1 KUG).

[535] LG Köln NJW 1992, 443.

[536] OLG Jena NJW-RR 2005, 1566, 1568.

[537] OLG Hamburg OLG Report 2001, 139 ff.

[538] NJW 2000, 1021, 1022.

[539] LG München I ZUM 2005, 922 – *Nichte Versaces*.

[540] Vgl. auch OLG Karlsruhe NJW-RR 1999, 1699, 1700 bezüglich der Darstellung eines Wachkomapatienten in einem Pflegeheim; LG München I ZUM 2005, 922 – *Nichte Versaces*.

[541] LG München I, Urteil vom 5. 12. 1996, Az. 7 0 17955/96, unveröffentlicht.

2. Veröffentlichung von Personenfotos

Die Reichweite des Privatsphärenschutzes ist auch von individuel- **235**
len Umständen abhängig. Wenn eine Person freiwillig Teile ihres
Privatlebens der Öffentlichkeit präsentiert, etwa in dem sie sich im
Zuge von „Homestories" im Wohn- oder Schlafzimmer fotografieren
lässt oder Privatfotos an die Presse herausgibt, kann sie sich insoweit
nicht auf § 23 Abs. 2 KUG berufen, wenn andere entsprechende Veröffentlichungen tätigen. Niemand kann sich auf sein Recht auf Pri-
vatheit hinsichtlich solcher Aspekte seines Lebens berufen, die er selbst
der Öffentlichkeit preisgibt.[542] Allerdings ist in solchen Fällen stets
sorgfältig zu prüfen, wie weit die selbstbestimmte Öffnung des Privatbereiches reicht. Hierbei ist ein enger Maßstab anzulegen. Wer sich
z. B. einmal in seiner Privatwohnung von der Presse fotografieren
lässt, verliert damit nicht sein Recht, sich gegen heimliche Einblicke
in der Wohnung zu wehren. Nach dem Caroline – Urteil des EGMR
steht jedermann auch insoweit eine erweiterte Kontrollmöglichkeit
hinsichtlich der Berichterstattung über das Privatleben zu.[543]

cc) Intimsphäre

Die Rechtsprechung gewährt jedermann einen umfassenden Schutz **236**
der **Intimsphäre**.[544] In diesen Bereich fallen neben Darstellungen von
Krankheiten, Gesundheitsprobleme und Verletzungen[545] vor
allem Abbildungen des **nackten Körpers**. Die Intimsphäre ist auch
dann betroffen, wenn der Abgebildete sich einer begrenzten Öffentlichkeit unbekleidet gezeigt hat, z. B. in einem FKK-Gelände[546], in Form
von **Nacktfotos**[547] oder in einem **Sexvideo**[548], welches nicht an die
breite Öffentlichkeit gelangen sollte. Die Entscheidung über die
Verbreitung von Aufnahmen, die den nackten Körper zeigen, ist somit
grundsätzlich allein dem Abgebildeten vorbehalten. Daher ist einer
Entscheidung des LG Frankfurt[549] zuzustimmen, wonach ein rechtswidriger Eingriff in die Intimsphäre (im konkreten Fall: Veröffentlichung

---

[542] BVerfG NJW 2000, 1021, 1022; BGH NJW 2004, 762; BGH NJW 2005, 594, 595.

[543] vgl. auch Dreier, UrhR, § 23 KUG, Rn. 29.

[544] Vgl. BVerfG NJW 1973, 891, 892 – *Tonbandaufnahme;* BGH NJW 1991, 1552, 1553 – *Notfallarzt;* BGH NJW 1988, 1984, 1985 – *Telefonsex;* BGH NJW 1988, 1016, 1017; BGH NJW 1981, 1366 ff. – *Der Aufmacher II.*

[545] LG München I ZUM 2005, 922 – *Nichte Versaces;* siehe auch Rn. 232.

[546] BGH NJW 1985, 1617 ff. – *Nacktaufnahme;* LG Berlin AfP 2001, 246, 247; LG München I, NJW 2004, 617, 618.

[547] LG München I, Urteil vom 20. 4. 2005, Az. 7 O 24252/04, unveröffentlicht, in-soweit rechtskräftig; LG München I ZUM- RD 2005, 38, 42 – *Playboyfotos im Internet;* LG Kiel NJW 2007, 1002 - *Nacktfotos im Internet.*

[548] OLG Stuttgart NJW-RR 2004, 619, 623 – *Sexvideo im Landtag;* LG Frankfurt AfP 2006, 380.

[549] LG Frankfurt AfP 2006, 380.

eines Standfotos aus einem privaten Sexvideo, welches eine Frau beim Oralverkehr zeigt) schon dann vorliegt, wenn **keine Erkennbarkeit** oder **Identifizierbarkeit** gegeben ist (im konkreten Fall war das Gesicht mir einem **Augenbalken** versehen, was in der Regel ohnehin nicht zu einer ausreichenden **Anonymisierung** führt, siehe oben Rn. 126 ff.)

Auch bekannte Persönlichkeiten (nach älterer Terminologie „Personen der Zeitgeschichte") können sich bei ungenehmigten Eingriffen in die Intimsphäre auf § 23 Abs. 2 KUG berufen.[550] Die Gerichte rechnen auch Aufnahmen, auf denen der Abgebildete nicht gänzlich unbekleidet, aber weitgehend nackt zu sehen ist, zur Intimsphäre, auch wenn die „entscheidenden Stellen" verdeckt sind.[551] Auch Fotos einer **unfreiwilligen zeitweiligen Entblößung des Busens** aufgrund eines gewagten Ballkleides während eines schwungvollen Tanzes (**„Busenunfall"**) sind wegen Verletzung der Intimsphäre nach § 23 Abs. 2 KUG unzulässig. Dies gilt auch dann, wenn dies bei einem größeren Ball passiert, der als zeitgeschichtliches Ereignis angesehen wird[552], aber ausnahmsweise nach Auffassung des LG Hamburg nicht, wenn die Abgebildete selbst zuvor eine Reihe von Fotos veröffentlicht hat, die sie mit entblößter Brust oder in durchsichtigen Dessous zeigen.[553]

Der Eingriff in die Intimsphäre kann sich auch aus dem **Kontext** einer Fotoveröffentlichung ergeben, beispielsweise wenn eine Aufnahme zur Bebilderung in eine erfundene **Sexgeschichte** eingebunden wird[554] oder im Wege eines **„Zwangsoutings"** die **Homosexualität** eines Mannes durch die Veröffentlichung eines Fotos in **bekleidetem Zustand** im Rahmen eines Artikels mit der Überschrift „So leben Schwule und Lesben in München" preisgegeben wird.[555] Die Einbindung von für sich genommen eher harmlosen Nacktbildern in eine Veröffentlichung mit sexistischen Inhalten (z.B. einer Sex-Tausch- und Kontaktbörse im Internet) verstärkt den Eingriff in das Persönlichkeitsrecht und kann Ansprüche auf Geldentschädigung in empfindlicher Höhe begründen.[556]

Eingriffe in die Intimsphäre liegen auch dann vor, wenn nicht die tatsächliche Unbekleidetheit des Abgebildeten preisgegeben wird, weil

---

[550] OLG Hamburg NJW 1996, 1151, 1152.
[551] So z.B. KG Berlin NJW-RR 1999, 1703, 1704 im Falle eines „Unterhosenfotos"; ähnlich AG Berlin Charlottenburg NJW-RR 1999, 1546, 1547.
[552] LG Hamburg AfP 2006, 197.
[553] LG Hamburg AfP 2007, 385, 388 – *Désirée Nick*.
[554] Vgl. KG Berlin NJW-RR 1999, 1703, 1704.
[555] LG München I, Urteil vom 21.7. 2005, Az. 7 0 4742/05, unveröffentlicht, rechtskräftig, *CSD-Teilnehmer*.
[556] LG Kiel NJW 2007, 1002 – *Nacktfotos im Internet*.

ihm im Wege der **Fotomontage** ein fremder (nackter) Körper untergeschoben wird.[557] Auch die **Satire** rechtfertigt Eingriffe in die Intimsphäre durch unbekleidete Darstellungen in der Regel nicht.[558] Nach einem kritikwürdigen Urteil des OLG Frankfurt a. M. tritt ei- **237** ne „Öffnung" der Intimsphäre und ein Verzicht auf den Schutz ein, wenn jemand freiwillig **Nacktfotos** herstellen lässt und in deren Veröffentlichung in einem bestimmten Medium einverstanden ist.[559] Dies hat nach Meinung des Gerichts zur Folge, dass einem Nachdruck eines Playboy-Fotos im Zusammenhang mit der Berichterstattung über diese Fotos keine berechtigten Interessen der Abgebildeten im Sinne des § 23 Abs. 2 KUG entgegenstehen.[560] Der BGH hat hingegen die kurze Ausstrahlung (2 Sekunden) eines Nacktfotos in einer Fernsehsendung, welches aus einem Schulbuch entnommen wurde, als schwerwiegenden Eingriff in die Intimsphäre angesehen, obgleich sich der Fernsehbeitrag inhaltlich mit dem Schulbuch (welches auf Grund geänderter Richtlinien an bayerischen Schulen nicht mehr zu Unterrichtszwecken genutzt werden durfte) auseinandersetze.[561]

Derartige Fälle bedürfen einer äußerst differenzierten Betrachtung **238** anhand der besonderen Umstände des jeweiligen Einzelfalles. Hierbei ist insbesondere die **starke Intensität des optischen Eindrucks** von Fotos zu berücksichtigen, die es dem Betrachter erlauben, die körperlichen Begebenheiten des entblößten Abgebildeten ungestört über beliebige Dauer zu studieren. Zustimmung verdient deshalb ein Urteil des LG Saarbrücken[562], in welchem die Veröffentlichung eines Probenfotos aus einer Theateraufführung, in der eine Schauspielerin in einer Nacktszene auftrat, in mehreren Zeitungen als unzulässiger Eingriff in die Intimsphäre angesehen wurde. Die Veröffentlichung derartiger Nacktaufnahmen verletzt auch dann berechtigte Interessen der Schauspielerin gemäß § 23 Abs. 2 KUG, wenn die Fotos im Zusammenhang mit einer Berichterstattung über das Theaterstück veröffentlicht werden, weil der „flüchtige" Eindruck der Theaterzuschauer ein anderer ist, als die Einsichtnahmemöglichkeiten, die die Leserschaft der Zeitschriften auf Grund der gedruckten Standfotos gewinnt.

---

[557] LG Berlin AfP 2002, 249, 250.

[558] LG Berlin a. a. O.

[559] OLG Frankfurt a. M. NJW 2000, 594, 595.

[560] A. A. in ähnlich gelagerten Fällen z. B. BGH NJW 1985, 1617, 1618; LG Berlin AfP 2001, 246, 247; LG Hamburg, Urteil vom 12. 12. 2003, Az. 324 0 593/03 – unveröffentlicht; LG Berlin AfP 2004, 455, 456 f.; LG München I ZUM-RD 2005, 38, 42; kritisch zur Theorie „einmal nackt, immer nackt" unter Hinweis auf EGMR 2004, 2647 *Dreier*, UrhR, § 23 KUG, Rn. 27.

[561] BGH NJW 1985, 1617, 1618.

[562] NJW-RR 2000, 1571, 1572.

Auch der **Kontext** einer Nacktfotoveröffentlichung ist zu berücksichtigen. Eine **Studentin** muss beispielsweise nicht dulden, dass ihre **Playboy**-Fotos in eine pornografische **Internetseite** eingestellt werden.[563]

239 Eingriffe in die Intimsphäre begründen in den meisten Fällen nicht nur Unterlassungs- sondern auch **Zahlungsansprüche** (siehe unten Rn. 270). Im Umgang mit derartigen Aufnahmen ist somit höchste Sorgfalt geboten.

Rechtfertigungsgründe sind selten. So rechtfertigt auch der **politische Meinungskampf** im Rahmen einer **Landtagsitzung** keine Eingriffe in die **Intimsphäre**, wenn nicht die erörterte Thematik dies ausnahmsweise unausweichlich erfordert.[564] Auch in **zivilrechtlichen Verfahren vor Gericht oder in behördlichen Angelegenheiten** ist die Intimsphäre trotz des Rechtfertigungsgrundes der „**Wahrnehmung berechtigter Interessen**" (§ 193 StGB analog) absolut geschützt, wenn die Preisgabe nicht zur Beurteilung des Sachverhaltes zwingend erforderlich ist. So verbot z. B. das LG München u. a. die Verbreitung von Nacktaufnahmen, welche einer **Klageschrift** beigefügt waren, ohne zur zwecksprechenden Rechtsverfolgung erforderlich zu sein und sprach eine Geldentschädigung zu.[565] Erst Recht dürfen Nacktaufnahmen nicht aus **Rache** veröffentlicht werden.[566]

dd) Herabsetzung, Zurschaustellung, Verächtlichmachung oder Anprangerung des Abgebildeten

240 In diese Fallgruppe der berechtigten Interessen gemäß § 23 Abs. 2 KUG fallen solche Veröffentlichungen, in denen aus jeweils individuellen Gründen des Einzelfalls die gebotene Interessenabwägung zu einem Vorrang des Rechts am eigenen Bild führt. Die Fallgestaltungen lassen sich nicht im Vorwege definieren. Entschiedene Fälle können nur zur groben Orientierung dienen, da es immer auf alle Umstände des Einzelfalls ankommt. Für viele Fälle dieser Gruppe ist kennzeichnend, dass es sich um eine bildliche **Darstellung mit negativer Tendenz** handelt[567] oder die Fotoveröffentlichung zu einer **Bloßstellung** führt[568]

---

[563] LG München I, ZUM-RR 2005, 38, 42 – *Playboyfotos im Internet.*
[564] OLG Stuttgart NJW-RR 2004, 619, 622 f. – *Sexvideo im Landtag.*
[565] LG München I, Urteil vom 20. 4. 2005, Az. 7 0 24252/04, unveröffentlicht, insoweit rechtskräftig.
[566] LG Kiel NJW 2007, 1002 – *Nacktfotos im Internet.*
[567] Schricker/*Götting,* Urheberrecht, § 60/23 KUG Rn. 106.
[568] LG Hamburg AfP 2006, 197, 198; LG Kiel NJW 2007, 1002 – *Nacktfotos im Internet.*

2. Veröffentlichung von Personenfotos

Eine unzumutbare **Herabsetzung** liegt z. B. vor, wenn das Foto **241** eines Pfarrers im Zusammenhang mit einem Bericht über sexuelle Verfehlungen katholischer Priester veröffentlicht wird, obwohl der Abgebildete in keinem Zusammenhang zu den erörterten Vorgängen steht.[569] In solchen Fällen ist die Bildnisveröffentlichung allerdings schon nach § 22 KUG unzulässig, wenn der Abgebildete nicht in Zusammenhang mit einem Ereignis der Zeitgeschichte steht. Eine nach § 23 Abs. 2 KUG unzulässige **Bloßstellung** kann vorliegen, wenn auf einer Veranstaltung mit zeitgeschichtlicher Bedeutung ein Kleid verrutscht und so einen Blick auf den entblößten Busen zulässt.[570]

Eine unzulässige **Anprangerung** und **Zurschaustellung** sah das **242** LG Köln[571] in der Darstellung einer **geistig erkrankten Frau in Handschellen**, kurz nachdem diese unter dem Einfluss ihrer psychischen Erkrankung ihre achtzigjährige Mutter erschlagen hatte. Ein Kamerateam hatte die herbeigerufene Polizei an den Tatort begleitet. Das OLG Braunschweig[572] hielt indessen die **steckbriefartige Darstellung** eines **Neonaziführers** auf der Titelseite einer Tageszeitung trotz der **Prangerwirkung** für zulässig, weil dieser sich nach den Feststellungen des Gerichts selbst in hervorgehobener Weise in dieser Funktion betätigt und öffentlich präsentiert hatte.

Unter dem Aspekt der **Zurschaustellung** kann im Rahmen des § 23 Abs. 2 KUG auch berücksichtigt werden, ob schon die **Herstellung** des Fotos das Persönlichkeitsrecht verletzt hat.[573]

Fotos von peinlichen **Missgeschicken** können nach § 23 Abs. 2 **243** KUG unzulässig sein[574], insbesondere wenn sie in den Bereich der **Intimsphäre** eingreifen (zum „**Busenunfall**" siehe auch oben Rn. 236). Die Abbildung eines **Sturzes** über ein Hindernis an einem Strand in Badekleidung hat das OLG Hamburg allerdings als alltägliches Ereignis angesehen, das zu keiner Herabsetzung des Abgebildeten führt.[575]

---

[569] OLG Koblenz NJW 1997, 1375, 1376 – *Schweigen der Hirten*.

[570] LG Hamburg AfP 2006, 197, 198.

[571] AfP 2002, 343.

[572] AfP 2000, 588, 589.

[573] KG Berlin AfP 2008, 309, 312; KG Berlin NJW-RR 2007, 1196, 1198.

[574] Runtergerutschte Hose: OLG Hamburg ArchPR 1972, 150 ff.; „Busenunfall": LG Hamburg AfP 2006, 197.

[575] OLG Hamburg AfP 1999, 175, 176; bestätigt durch BVerfG in NJW 2000, 2192 f.; beide noch vor EGMR NJW 2004, 2647 aus der Erwägung, es handele sich um eine absolute Person der Zeitgeschichte (§ 23 I 1. KUG). Heute wäre dieser Fall schon nach § 22 KUG zu entscheiden.

244 Ein Fall der unzulässigen **Verächtlichmachung** lag nach Auffassung des OLG München[576] vor, als eine Fotoserie eines in Trachtenkleidung abgebildeten Bayern mit fiktivem satirischen Text in Sprechblasen in der „Stern"-Rubrik „Bonnbons" abgedruckt wurden. Die Aufnahmen waren auf dem Sommerfest der bayerischen Landesvertretung entstanden, als sich der Abgebildete dort mit dem damaligen *CSU-Vorsitzenden Waigel* unterhielt. In dem untergeschobenen Sprechblasentext wurde der abgebildete Bayer als neuer Generalsekretär der CSU vorgestellt, der genauso peinliche Statements wie sein Vorgänger abgebe, die aber „Gott sei Dank" keiner verstehe. Das OLG München sprach dem Abgebildeten deshalb sogar eine Geldentschädigung in Höhe von DM 10.000,– zu. Das BVerfG[577] hob dieses Urteil jedoch auf, weil das Gericht die **satirischen Elemente** nicht hinreichend gewürdigt hätte und deshalb die Meinungsfreiheit aus Art. 5 Abs. 1 GG verletzt worden sei.

245 Aufnahmen, die den Abgebildeten in besonders schutzwürdiger Situation zum Anschauungsobjekt herabwürdigen, können ebenfalls nach § 23 Abs. 2 KUG unter dem Aspekt der unverhältnismäßigen **Zurschaustellung** unzulässig sein. Beispiele sind hier Personenfotos bei **Gottesdiensten, Trauerfeiern**[578] und sonstigen Anlässen, die zwar typischerweise öffentlich zugänglich sind, aber von einer besonders vertraulichen und in sich gekehrten Stimmung gekennzeichnet sind. Auch **Angehörige** von **Verbrechensopfern** sind geschützt, selbst wenn über den **Strafprozess** berichtet wird und sie dort aktiv als Nebenkläger auftreten.[579] In einem besonders gelagerten Einzelfall hat das LG Köln die Abbildung eines Trauernden am Grab in einer Fernsehdokumentation für zulässig gehalten, weil der Trauernde aus weiter Entfernung und ohne Hervorhebung seiner Person im Rahmen einer sachlichen Dokumentation gleichsam als Teil einer symbolischen, typischen Trauersituation abgebildet wurde.[580] Dies ist aber ein besonderer Ausnahmefall. Auch Aufnahmen von Personen in **Schock- und Ausnahmesituationen,** wie z.B. an **Unfallorten,** bei **Katastrophen** oder nach der Bekanntgabe bewegender Nachrichten verletzen berechtigte Interessen, wenn sie nicht ausnahmsweise durch überwiegende Informationsinteressen gerechtfertigt sind. Da sich die berechtigten Informationsinteressen in der Regel auf das Ereignis und nicht einzelne Beteiligte beziehen kommt § 23 Abs. 2 KUG in diesen Fällen insbesondere dann in Betracht, wenn Einzelpersonen durch

---

[576] NJW-RR 1998, 1036 ff.
[577] NJW 2002, 3767, 3768.
[578] LG Köln NJW 1992, 443 f.
[579] LG Münster NJW-RR 2005, 1065, 1066.
[580] LG Köln AfP 1994, 246, 247.

besondere Heraushebung zur Schau gestellt werden. So können **Nahaufnahmen von Gesichtern**, die aus **Angst, Verzweiflung** oder **Schmerz** verzerrt sind auch dann unzulässig sein, wenn das auslösende Ereignis bildlich dokumentiert werden darf.[581] Gleiches gilt für **Verletzte** und ihre Wunden.

Erheblich **Betrunkene** und andere **Personen in hilfloser Lage**, z. B. Kranke im Krankenbett können sich ebenfalls im Einzelfall auf § 23 Abs. 2 KUG berufen, wenn keine weiteren besonderen Umstände hinzutreten, die ein überwiegendes Informationsinteresse gerade an der bildlichen Darstellung der Person überzeugend begründen.[582] In solchen Fällen kommen berechtigte Interessen gemäß § 23 Abs. 2 KUG, die einer Veröffentlichung entgegenstehen, auch unter dem Aspekt der **Privatsphäre** in Betracht, da sich der Privatsphärenschutz thematisch nach jüngerer Rechtsprechung auch auf Angelegenheiten erstreckt, deren öffentliche Zurschaustellung als unschicklich gilt, peinlich empfunden wird oder nachteilige Reaktionen der Umwelt auslöst.[583]

Aufnahmen von **Verstorbenen (Leichen)** sind in der Regel nach **246** § 23 Abs. 2 KUG unzulässig.[584] Die Veröffentlichung kann auch eine Verletzung der Persönlichkeitsrechte der Angehörigen zur Folge haben.[585]

Der Bildnisschutz besteht bei Verstorbenen auch für Fotos, die zu Lebzeiten gefertigt wurden. Das Recht am eigenen Bild endet gemäß § 22 Satz 3 KUG erst zehn Jahre nach dem Tode des Abgebildeten. Während dieser Zeit bedarf eine Bildnisveröffentlichung, die nicht kraft Gesetzes nach §§ 23, 24 KUG auch ohne Einwilligung zulässig ist, der Einwilligung der Angehörigen des Abgebildeten. Angehörige in diesem Sinne sind gemäß § 22 Satz 4 KUG
– der überlebende Ehegatte oder Lebenspartner
– die Kinder des Abgebildeten

---

[581] Vgl. auch *Prinz/Peters*, Rn. 877 sowie zu einem besonderen Fall (Opfer des Gladbecker Geiseldramas): OLG Hamburg AfP 2005, 76, 77 (dort aber Frist gemäß § 22 KUG bereits abgelaufen).

[582] OLG Karlsruhe NJW-RR 1999, 1699, 1700 – *Wachkomapatient*, allerdings ohne nähere Differenzierung zu § 23 Abs. 2 KUG in einem Fall, bei dem ein Schwerstpflegefall im Bett eines Pflegeheims gefilmt wurde.

[583] BVerfG NJW 2000, 1021, 1022.

[584] *Prinz/Peters*, Rn. 882 m. w. N.

[585] OLG Düsseldorf in AfP 2000, 574, 575 in einem Fall, bei dem das Foto eines bei einem Arbeitsunfall erstickten Mannes bei dessen Bergung in einer Zeitung veröffentlicht wurde. Kritisch hinsichtlich Geldentschädigung für Hinterbliebene in solchen Fällen OLG Jena NJW-RR 2005, 1566 (Foto eines Suizidtoten zu Lebzeiten); BGH NJW 2006, 605 (getötete Mutter).

– hilfsweise (wenn die Erstgenannten nicht vorhanden sind) die Eltern des Abgebildeten.

Das Gesetz lässt offen, ob alle Kinder und der Ehegatte einheitlich zustimmen müssen, oder ob die Zustimmung einer dieser Personen ausreicht. Es ist davon auszugehen, dass eine rechtsgültige Einwilligung nur einheitlich erteilt werden kann, also dass alle oben genannten Personen zustimmen müssen (also z. B. Ehegatte und alle Kinder).[586]

247 Der **Ablauf der Zehnjahresfrist** bedeutet nicht, dass die Verwendung eines Bildnisses eines Verstorbenen nach Fristablauf uneingeschränkt zulässig ist. Denn es ist mittlerweile anerkannt, dass es einen postmortalen Persönlichkeitsschutz gibt, der einer Bildnisveröffentlichung entgegensteht, wenn schwerwiegend in die Persönlichkeitsrechte des Verstorbenen eingegriffen würde. Dies ist bei groben Beeinträchtigungen der Fall. Es bietet es sich an, die hier dargestellten Fallgruppen zur Orientierung heranzuziehen, in denen auch bei Lebenden berechtigte Interessen im Sinne des § 23 Abs. 2 KUG einer Bildnisveröffentlichung entgegenstehen. Eine Verletzung des **postmortalen Persönlichkeitsrechts** liegt insbesondere in der Abbildung Verstorbener für Werbezwecke oder sonstige kommerzielle Nutzungen[587] sowie bei grob ehrverletzenden Darstellungen oder gravierenden Entstellungen des Lebensbildes[588]. Hingegen hat das OLG Hamburg die anlassbezogene Veröffentlichung eines dokumentarischen Fotos eines Geiselnahmeopfers während der Tat (Gladbecker Geiseldrama) nicht als Verletzung des postmortalen Persönlichkeitsrechts angesehen und auch nicht als Verletzung des Persönlichkeitsrechts der klagenden Mutter.[589]

Die Dauer des postmortalen Persönlichkeitsschutzes ist von der Bekanntheit und Bedeutung der Person des Verstorbenen abhängig, insbesondere auch, wie präsent der Verstorbene noch in der Erinnerung der Öffentlichkeit ist. In vielen Fällen wird man von der Schutzdauer einer Generation (25 bis 30 Jahre) ausgehen können.[590] Besonders herausragende Persönlichkeiten sind auch noch generationsübergreifend bekannt und schutzwürdig.

---

[586] Vgl. Schricker/*Götting,* Urheberrecht, § 60/23 KUG Rn. 58.

[587] BGH NJW 2000, 2195, 2197 f. – *Marlene Dietrich.*

[588] BVerfG NJW 2001, 2957, 2958 – *Kaisen.*

[589] OLG Hamburg AfP 2005, 76, 77 – *Silke Bischoff;* vgl. hierzu auch OLG Jena NJW-RR 2005, 1566; BGH NJW 2006, 605.

[590] Vgl. Wandtke/Bullinger/*Fricke,* UrhR, § 22 KUG Rn. 10.

ee) Personengefährdung

Mittlerweile höchstrichterlich anerkannt ist, dass bei der Güterab- **248** wägung gemäß § 23 Abs. 2 KUG einer Bildnisveröffentlichung berechtigte Interessen entgegenstehen, wenn diese zu einer **Personengefährdung** führt.[591] Dies kann insbesondere bei **Detektiven, Geheimagenten, Polizisten und anderen Sicherheitskräften** der Fall sein, die bei einer bildlichen Darstellung der Gefahr von Rache und Vergeltung ausgesetzt wären.[592] Auch bei Richtern, Rechtsanwälten, Schöffen und Zeugen, die an Verfahren mit zeitgeschichtlicher Bedeutung beteiligt sind (und daher nach § 23 Abs. 1 Nr. 1 KUG in diesem Zusammenhang gezeigt werden dürften) können Sicherheitsbedenken im Rahmen des § 23 Abs. 2 KUG berücksichtigt werden.[593] Bei **Angehörigen wohlhabender Familien**, die sonst nicht in der Öffentlichkeit bildlich bekannt sind, kann die visuelle Darstellung zu einer **Entführungsgefahr** führen. Solche Personen müssen allerdings ihr Verhalten der Gefährdungssituation anpassen, um den Schutz nach § 23 Abs. 2 KUG zu genießen, also angemessene Vorkehrungen treffen, um möglichst nicht im Bild öffentlich in Erscheinung zu treten.[594] Überzogene Anforderungen dürfen dabei nicht gestellt werden, da auch gefährdete Personen grundsätzlich berechtigt sind, sich unauffällig an öffentlichen Plätzen aufzuhalten und Feierlichkeiten zu besuchen. So hat das OLG Hamburg beispielsweise in der Vorinstanz zu der oben genannten Entscheidung des BVerfG wegen Sicherheitsbedenken nach § 23 Abs. 2 KUG ein Foto verboten, welches eine Tochter aus einer bedeutenden deutschen Unternehmerfamilie bei einem Kostümfest anlässlich des „verhüllten Reichstages" in Berlin zeigte.[595] Wer sich hingegen trotz bestehender Gefährdungen Fotografen aktiv zuwendet, z. B. bei einer Galaveranstaltung, kann sich nicht auf § 23 Abs. 2 KUG berufen.

ff) Verfolgungs- oder Belagerungssituation („Observation")

Bei der Gewichtung der Belange des Persönlichkeitsschutzes **249** kommt es auch auf die Umstände der Herstellung der Abbildung an.[596] So greifen beispielsweise Fotos, die durch Ausnutzung von Heimlichkeit oder beharrliche **Nachstellung** entstanden sind, intensiver in die

---

[591] BVerfG NJW 2000, 2194 – *Flick;* OLG München AfP 1991, 435 f.; *Prinz/Peters,* Rn. 880.
[592] *von Strobl-Albeg* in: *Wenzel,* Kap. 8, Rn. 83.
[593] BVerfG AfP 2007, 344; BVerfG NJW-RR 2007, 986.
[594] BVerfG NJW 2000, 2194.
[595] OLG Hamburg, Urteil vom 24. 9. 1996, Az. 7 U 2/96, unveröffentlicht.
[596] BVerfG NJW 2008, 1793, 1797 (Rn. 69).

Persönlichkeitsrechte ein, als andere.[597] Dieser Aspekt ist spätestens auf der Ebene des § 23 Abs. 2 KUG zu berücksichtigen. Dabei ist insbesondere zu prüfen, ob die berechtigten Informationsbelange der Öffentlichkeit auch ohne derartige Fotos oder mit anderem Bildmaterial (z.b. portraitartige Archivfotos) erfüllt werden können.

Das KG Berlin[598] hat beispielsweise die Veröffentlichung von Aufnahmen eines bekannten Moderators und Schauspielers, der wegen Betrugs zu einer Freiheitsstrafe verurteilt wurde, nach § 23 Abs. 2 KUG zunächst verboten. Die Fotos zeigten ihn bei einem Freigang und waren nach den Feststellungen des Gerichts „Resultat einer unerträglichen **Dauerbelästigung** und **Verfolgung**". Seit seinem Haftantritt würden ihn Fotografen beim Verlassen der Haftanstalt beobachten. Er könne dieser Situation nicht ausweichen.[599] Ähnlich beurteilte das KG Berlin auch eine **Dauerbeobachtung („Observation")** der ehemaligen Ministerpräsidentin Simonis nach ihrem Ausscheiden aus dem Amt.[600] Der BGH sah in diesem Fall aber das Informationsinteresse der Öffentlichkeit als überwiegend an, weil es bei Personen des politischen Lebens nicht unmittelbar mit der Amtsaufgabe Ende.[601]

gg) Fotomontagen

250 Das durch § 22 KUG geschützte Recht am eigenen Bild als Teil des Persönlichkeitsrechts gilt auch für Fotomontagen.[602] Eine Verwendung von Personenaufnahmen in Fotomontagen ist somit nur unter den Voraussetzungen des § 23 Abs. 1 KUG ohne Einwilligung zulässig. Kommt es dabei zu Verfälschungen oder sonstigen ernsthaften Beeinträchtigungen, kann auch dann noch § 23 Abs. 2 KUG entgegenstehen.

Im Bereich der redaktionellen Medienberichterstattung ist die Veröffentlichungen von **Fotomontagen** nur dann mit der Sorgfalts- und Wahrheitspflicht der Medien vereinbar, wenn diese deutlich gekennzeichnet werden.[603] Fotoveröffentlichungen werden von den Betrachtern grundsätzlich als Abbildung eines tatsächlichen Geschehens verstanden. Dies gilt auch für alle anderen Formen der **Manipulation** an Bildnissen, die durch die Möglichkeiten der **digitalen Bildbearbei-**

---

[597] BVerfG NJW 2008, 1793, 1797 (Rn. 69).
[598] KG Berlin NJW 2007, 703; a.A. KG Berlin AfP 2008, 309.
[599] A.A. jedoch später KG Berlin AfP 2008, 309 im selben Fall (Hauptsacheverfahren); bestätigt durch BGH, Urteil vom 28.10.2008, Az. VI ZR 307/07.
[600] KG Berlin AfP 2006, 369, 371.
[601] BGH NJW 2008, 3134.
[602] BVerfG GRUR 2005, 500 – *Ron Sommer;* OLG München, Beschluss vom 30.9. 2004, Az. 18 U 3694/04, unveröffentlicht; eingehend: *Kadner,* Die Vereinbarkeit von Fotomontagen mit dem Recht am eigenen Bild, 2004.
[603] BVerfG GRUR 2005, 500 – *Ron Sommer; Ernst* AfP 2006, 529, 531.

tung einfacher und vielfältiger geworden sind. Gerade wegen der hohen technischen Qualität solcher Veränderungen ist für den Betrachter ohne deutliche Kennzeichnung in der Regel nicht auszumachen, dass Veränderungen vorgenommen wurden und die Aufnahme somit kein Abbild der Realität mehr darstellt. Das BVerfG hat hierzu im Fall Ron Sommer/Wirtschaftswoche ausgeführt:[604]

> „Das allgemeine Persönlichkeitsrecht schützt auch vor der Verbreitung eines technisch manipulierten Bildes, das den Anschein erweckt, ein authentisches Abbild einer Person zu sein. (…) Das fotografische Abbild übermittelt ohne Verwendung von Worten Informationen über die abgelichtete Person. Fotos suggerieren Authentizität und die Betrachter gehen davon aus, dass die Abgebildete Person in Wirklichkeit so aussieht. Diese Annahme trifft aber bei einer das Aussehen verändernden Bildmanipulation, wie sie heute relativ einfach mit technischen Mitteln herbeigeführt werden kann, nicht zu. Der Träger des Persönlichkeitsrechts hat zwar kein Recht darauf, von Dritten nur so wahrgenommen zu werden, wie er sich selbst gern sehen möchte (…), wohl aber ein Recht, dass ein fotografisch erstelltes Bild nicht manipulativ entstellt wird, wenn es Dritten ohne Einwilligung des Abgebildeten zugänglich gemacht wird. Die Bildaussage wird jedenfalls dann unzutreffend, wenn das Foto über rein reproduktionstechnisch bedingte und für den Aussagegehalt unbedeutende Veränderungen hinaus verändert wird. Solche Manipulationen berühren das Persönlichkeitsrecht, einerlei, ob sie in guter oder in verletzender Absicht vorgenommen werden oder ob der Betrachter die Veränderung als vorteilhaft oder nachteilig für den Dargestellten bewerten. Stets wird die mitschwingende Tatsachenbehauptung über die Realität des Abgebildeten unzutreffend."

In Fotomontagen und sonstigen Bildbearbeitungen können somit falsche Sachaussagen liegen, die auch Gegendarstellungs- und Richtigstellungsansprüche auslösen können[605] (hierzu unten Rn. 291 ff.). Eine Bildnisveröffentlichung, die auf Grund von Veränderungen zu einer falschen Tatsachenbehauptung führt, ist aber auch gemäß § 23 Abs. 2 KUG unzulässig, da sich niemand gegen seinen Willen in einen falschen Kontext setzten lassen muss.[606] Dies wäre ein zu tiefgreifender Eingriff in das Recht auf Selbstbestimmung über die öffentliche Darstellung der eigenen Person, welches verfassungsrechtlich im allgemeinen Persönlichkeitsrecht gemäß Art. 2 Abs. 1 GG i.V.m. Art. 1 Abs. 1 GG verankert ist[607] und auch § 22 KUG zu Grunde liegt.

Ohnehin ist zu beachten, dass eine **Fotomontage** für sich genom- **251** men kein Ereignis der Zeitgeschichte im Sinne von § 23 Abs. 1 Nr. 1 KUG ist, da nicht das Foto, sondern nur das darin verkörperte tatsächliche Geschehen oder die besondere Bedeutung des Abgebildeten die zeitgeschichtliche Relevanz ausmachen. Die berechtigten Informati-

---

[604] BVerfG GRUR 2005, 500, 501, 502.
[605] LG München I AfP 2003, 373.
[606] OLG Hamburg, Beschluss vom 22.2.1993, Az. 3 W 37/93, unveröffentlicht.
[607] BVerfG NJW 1973, 1226, 1227 f. – *Lebach;* BVerfG NJW 1984, 419 ff.– *Volkszählung.*

onsinteressen der Öffentlichkeit müssen daher entsprechend der oben aufgezeigten Grundsätze hinsichtlich jeder abgebildeten Person begründet sein. Ist eine Person im konkreten Sachzusammenhang nicht von zeitgeschichtlicher Bedeutung, darf ihr Bildnis nicht für Fotomontagen verwendet werden.[608] Dies gilt auch bei solchen Fotomontagen, die (ausnahmsweise) nicht zu einer Irreführung der Öffentlichkeit führen (z. B. durch entsprechende Kennzeichnung als Montage). Eine etwaige Einwilligung muss sich ausdrücklich auf die Verwendung des Fotos in der Fotomontage oder auf die sonstige Veränderung beziehen, da derartige Veränderungen (Manipulationen) nicht von einer üblichen Einwilligungserklärung erfasst sind.

252 Auch in solchen Fällen, in denen eine Irreführung der Betrachter ausgeschlossen ist, weil es sich erkennbar um eine Montage handelt und die montierten Bildnisse für sich genommen zulässigerweise verbreitet werden dürfen, kann sich die Unzulässigkeit der Montage aus anderen Umständen ergeben. Dies ist z. B. bei Eingriffen in die **Intimsphäre** der Fall, die durch das Montieren eines Kopfes auf einen unbekleideten Körper begangen werden. Nach Ansicht des LG Berlin gilt dies auch bei ersichtlich **satirischen Darstellungen**, wenn sie unverhältnismäßig in die Menschenwürde eingreifen (dort: Kopf der Schweizer Botschafter-Gattin auf fremdem Körper in „oben ohne"-Pose in der Zeitschrift *Titanic*).[609] **Satirische Fotomontagen** genießen jedoch den Schutz der Meinungsfreiheit, ggf. sogar der Kunstfreiheit gemäß Art. 5 GG. Es bestehen daher weite Freiräume. Die Rechtsprechung bringt auf sie die gleichen Grundsätze zur Anwendung, die für Satire in Textform entwickelt wurden. Dabei muss der Aussagegehalt der Darstellung ermittelt und bewertet werden, der hinter der satirischen Einkleidung verborgen ist.[610] Der BGH sah z. B. eine Fotomontage einer Wirtschaftzeitung zu einem Artikel über den Zustand der Telekom, in welcher Ron Sommer auf einem übergroßen Telekom-Symbol saß, als zulässig an, obgleich auch am Gesicht Sommers Veränderungen vorgenommen worden waren. Obwohl diese zusätzlichen Veränderungen nicht gekennzeichnet oder erkennbar waren, sah der BGH die Montage in einer Gesamtbetrachtung als zulässige Satire an. Das **BVerfG** legte hingegen einen deutlich strengeren Maßstab an und trat der Auffassung des BGH mit folgenden Erwägungen entgegen:[611]

---

[608] LG Hamburg, Beschluss vom 26. 10. 1992, Az. 324 0 672/92, unveröffentlicht.

[609] LG Berlin AfP 2002, 249, 250; ähnlich KG Berlin AfP 2007, 596 – *Heide Simonis;* siehe auch BVerfG GRUR 2005, 500 und BGH GRUR 2006, 255 sowie OLG Hamburg AfP 2008, 82 – *Ron Sommer.*

[610] BVerfG GRUR 2005, 500; eingehend *von Becker,* GRUR 2004, 908.

[611] BVerfG GRUR 2005, 500, 501 – *Ron Sommer.* Der BGH (GRUR 2006, 255) hat die Sache daraufhin zur weiteren Sachaufklärung an das OLG Hamburg zurück-

2. Veröffentlichung von Personenfotos

„Die Auffassung des BGH führt letztlich dazu, dass Manipulationen der fotografischen Abbildung des Gesichts einer Person, die deren Identifizierbarkeit nicht ausschließen, niemals Persönlichkeitsrechtsverletzungen sein können, wenn sie zusammen mit anderen Darstellungen in einen satirischen Kontext gerückt werden. Damit würde der Schutz des Persönlichkeitsrechts gegenüber technischen Manipulationen, insbesondere nicht leicht erkennbaren Manipulationen, schon allein deshalb entfallen, weil die veränderte Abbildung in einen satirisch-verzerrenden Kontext gestellt wird. Die Rechtsprechung des BVerfG zur rechtlichen Beurteilung satirischer Darstellungen will jedoch die den Persönlichkeitsschutz in solchen Situationen nicht grundsätzlich beschränken oder gar ausschalten."

Auch bei **satirischen Bildbearbeitungen und Fotomontagen** sind deshalb Veränderungen, die für die Betrachter nicht erkennbar sind, unzulässig. Satirische Fotomontagen können im Einzelfall auch dann unzulässig sein, wenn die Veränderungen für die Betrachter erkennbar sind, soweit damit eine unwahre Behauptung illustriert wird und eine sachlich nicht gebotene Herabsetzung erfolgt (im konkreten Fall: die Darstellung der ehemaligen Ministerpräsidentin mit Maden auf dem Gesicht bzw. mit Jauche beschmiert sowie im Bikini auf einem Elektrobullen reitend unter der Überschrift „Heide Simonis jetzt ins Dschungelkamp?").[612]

Die Verwendung von Fotos in Montagen und sonstige Veränderungen kann auch die ausdrückliche Zustimmung der Fotografen voraussetzen, da die Veränderung des Motivs in vielen Fällen eine **urheberrechtlich relevante Bearbeitung** des Originalfotos darstellt (hierzu auch Rn. 411 ff.). Zur Vollständigkeit ist auch hier noch darauf hinzuweisen, dass auch Fotomontagen mit Sachaufnahmen in besonderen Konstellationen unzulässig sein können (hierzu oben Rn. 84). **253**

f) Aufnahmen im öffentlichen Interesse

Gemäß § 24 KUG dürfen Personenaufnahmen für Zwecke der Rechtspflege und der öffentlichen Sicherheit ohne Einwilligung vervielfältigt und veröffentlicht werden. Gemeint sind hier in erster Linie Fahndungsfotos der Strafverfolgungsbehörden, sowie die Suche nach Vermissten und die Identifizierung von aufgefundenen Toten.[613] Da für verdächtige Personen die **Unschuldsvermutung** gilt und mit der Veröffentlichung eines **Fahndungsfotos** eine erhebliche Prangerwirkung und Gefahr der Vorverurteilung entsteht, kommt eine Öffentlichkeitsfahndung mit Bild bei Bagatellvorwürfen nicht in Betracht. Vielmehr ergibt sich aus allgemeinen Verhältnismäßigkeitserwägungen, dass es sich um eine Fahndungsmaßnahme auf Grund einer **254**

---

verwiesen. Das OLG Hamburg hat die Montage nach Einholung eines Sachverständigengutachtens erneut verboten, AfP 2008, 82.

[612] KG Berlin AfP 2007, 569.

[613] Vgl. Wandtke/Bullinger/*Fricke*, UrhR, § 24 KUG Rn. 2.

schweren Straftat handeln muss, wegen der auch aus dem Aspekt des Schutzes der Bevölkerung ein gravierendes Interesse an der schnellen Ergreifung des mutmaßlichen Täters bestehen muss.[614] Ferner ist ein dringender Tatverdacht erforderlich. Umstritten ist, ob die strafprozessualen Voraussetzungen der Ausschreibung zur Festnahme (§ 131 StPO) vorliegen müssen.[615]

255 Unabhängig hiervon muss die Initiative zur Öffentlichkeitsfahndung mit Bild von der Behörde ausgehen. § 24 KUG berechtigt ausdrücklich nur **Behörden**. Dies hat zur Folge, dass Medien nicht aus eigenem Antrieb Personenfotos zu Fahndungsmaßnahmen veröffentlichen dürfen, aber auf Veranlassung und in Kooperation mit der Polizei.[616] Auch dürfen offizielle Fahndungsfotos nach § 24 KUG nicht zur Bebilderung späterer Ereignisse, z. B. bei der Prozessberichterstattung nach Ergreifung des Täters, genutzt werden. Eine Zulässigkeit kann sich insoweit aber aus § 23 Abs. 1 Satz 1 KUG ergeben, wenn im begründeten Einzelfall ein überwiegendes berechtigtes Interesse an der Veröffentlichung seines Bildnisses vor Klärung der Schuldfrage besteht.[617]

---

[614] Vgl. Wandtke/Bullinger/*Fricke*, UrhR, § 24 KUG Rn. 2; OLG Hamm NJW 1982, 458; OLG Frankfurt NJW 1971, 47, 49.

[615] Dafür *Prinz/Peters*, Rn. 883; LG Hamburg UFITA 64 (1972) 345, 351; dagegen *Fricke* a. a. O.

[616] LG Köln AfP 2004, 459, 460 – *heimliche Fahndungsaufnahmen*.

[617] Vgl. Wandtke/Bullinger/*Fricke*, UrhR, § 24 Rn. 3; LG Köln AfP 2004, 459, 460 – *heimliche Fahndungsaufnahmen*.

III. Rechtsfolgen der rechtswidrigen Herstellung oder Verbreitung von Fotos

Soweit nach den obigen Grundsätzen die Herstellung oder Verbrei- **256** tung von Aufnahmen rechtswidrig ist, hat der Betroffene unterschiedliche Möglichkeiten, juristische Schritte einzuleiten, um sich gegen Wiederholungen zu schützen oder eine finanzielle „Entschädigung" zu erhalten. Für Fotografen und Bildverwerter ist die Kenntnis dieser Ansprüche von Bedeutung, um das rechtliche Risiko ihrer Tätigkeit richtig einschätzen zu können und „Haftungsfälle" zu vermeiden.

1. Kein generelles Verwertungsverbot

Hinzuweisen ist zunächst darauf, dass sich aus der Rechtswidrigkeit **257** der Herstellung einer Aufnahme nicht automatisch die Unzulässigkeit der Veröffentlichung oder sonstigen Verwertung des Fotos ergibt. Dies gilt jedoch nur im Bereich der redaktionellen Berichterstattung. Denn das Medienrecht kennt kein grundsätzliches Verwertungsverbot hinsichtlich der „Früchte des verbotenen Baumes". Dies folgt aus Art. 5 GG. Vielmehr dürfen nach der Rechtsprechung rechtswidrig erlangte Informationen ausnahmsweise dann publiziert werden, wenn dies auf Grund überragender Informationsbelange der Öffentlichkeit geboten ist. Denkbar ist dies z.B. bei der Aufdeckung eines Korruptionsskandals, wenn mittels eines heimlich im Privatbereich gefertigten Fotos die Tathandlung belegt werden kann. Als Korrektiv ist jedoch auch in derartigen Fällen stets zu prüfen, ob die Aufgabe der Information der Öffentlichkeit auch ohne die bildliche Information ausreichend erfüllt werden kann, also ob die Bildnisveröffentlichung erforderlich ist. Ferner ist im Rahmen des § 23 Abs. 2 KUG zu prüfen, ob schon die **Herstellung** des Fotos das Persönlichkeitsrecht verletzt hat, was sich auf die Güterabwägung im Einzelfall auswirken kann.[618]
Das BVerfG hat sich in der Wallraff-Entscheidung für eine offene Güterabwägung hinsichtlich der Veröffentlichung widerrechtlich beschaffter Informationen ausgesprochen und ausgeführt:[619]

---

[618] KG Berlin AfP 2008, 309, 312; KG Berlin NJW-RR 2007, 1196, 1198.
[619] BVerfG NJW 1984, 1741 ff.

III. Rechtsfolgen der rechtswidrigen Herstellung oder Verbreitung von Fotos

„Die Veröffentlichung rechtswidrig beschaffter oder erlangter Informationen wird vom Schutz der Meinungsfreiheit (Art. 5 Abs.1 GG) umfasst. Auch insoweit kommt es jedoch auf die Schranken des Grundrechts an. In Fällen, in denen der Publizierende sich die Information widerrechtlich durch Täuschung in der Absicht verschafft hat, sie gegen den Betroffenen zu verwerten, hat die Veröffentlichung grundsätzlich zu unterbleiben. Eine Ausnahme gilt nur, wenn die Bedeutung der Information für die Unterrichtung der Öffentlichkeit und für die öffentliche Meinungsbildung eindeutig die Nachteile überwiegt, welche der Rechtsbruch für den Betroffenen und für die Rechtsordnung nach sich ziehen."

Allgemeine Missstände durchschnittlicher Art dürfen hingegen in der Regel nicht mit unerlaubt hergestellten Aufnahmen bebildert werden, mögen sie auch kritikwürdig sein. Das OLG Hamburg hat dem ZDF beispielsweise die Ausstrahlung heimlicher Aufnahmen, welche in **Pelztierfarmen** hergestellt wurden und zur Bebilderung eines kritischen Beitrags über die **Tierhaltung** eingesetzt wurden, verboten, da keine eindeutigen Verstöße gegen tierschutzrechtliche Bestimmungen aufgedeckt wurden. Rechtmäßige Zustände seien regelmäßig nicht als Missstände von erheblichem Gewicht einzuordnen, an deren Aufdeckung ein überragendes öffentliches Interesse bestehe.[620] Mit ähnlicher Begründung verbot das LG Hamburg die Veröffentlichung von Aufnahmen aus einem Schweinestall.[621] Heimliche Aufnahmen eines so genannten „**Hasspredigers**" in einer NDR-Reportage während einer **Predigt** hielt hingegen das LG Köln wegen der Bedeutung der unverfälschten Information für die Öffentlichkeit für zulässig.[622]

258 Ein Recht zur Veröffentlichung ursprünglich rechtswidrig erstellter Aufnahmen kann sich auch dann ergeben, wenn sich die **publizistische Bedeutung des Abgebildeten nach der Herstellung der Aufnahmen ändert**. Wird jemand in ein späteres Ereignis mit zeitgeschichtlicher Bedeutung verwickelt (siehe Rn. 175 ff.), besteht an einer bildlichen Darstellung ein berechtigtes öffentliches Informationsinteresse, kann auch **älteres „kontextneutrales" Bildmaterial** veröffentlicht werden, soweit es nicht sinnverfälschend verwendet wird.[623] Insbesondere portraitartig zurechtgeschnittene Teile älterer Fotos dürfen dann ungeachtet ihrer Herkunft und Entstehungsgeschichte genutzt werden. Erhält jemand z. B. ein öffentlich **bedeutendes Amt in Politik oder Wirtschaft**, können auch solche Fotos veröffentlicht werden, die bereits zu einer Zeit, als kein berechtigtes öffentliches Interesse an seiner Person bestand, ohne Einwilligung und damit (seinerzeit) rechtswidrig hergestellt wurden. Dies gilt nicht für Aufnah-

---

[620] OLG Hamburg, Urteil vom 23. 8. 2005, Az. 7 U 39/05.
[621] LG Hamburg ZUM 2008, 614, 615.
[622] LG Köln AfP 2005, 81, 83; bestätigt durch OLG Köln NJW 2005, 2554.
[623] hierzu BGH NJW 2005, 594 – *Uschi Glas*.

men, die in die **Privatsphäre** eingreifen (hierzu im Einzelnen unter
Rn. 224 ff.). Da jedoch die Reichweite des Privatsphärenschutzes
individuell vom eigenen Verhalten der Person abhängig ist, kann auch
eine spätere **Öffnung der Privatsphäre** durch den Betroffenen selbst
zur zukünftigen Zulässigkeit ursprünglich geschützter Aufnahmen
führen.[624]

2. Hausverbote

Grundsätzlich ist der Inhaber des Hausrechts befugt **Hausverbote**   259
auszusprechen und Fotografier- und Drehgenehmigungen zu versagen.[625] Im Hinblick auf die lange Dauer von gerichtlichen Unterlas-
sungsverfahren stellt die Aussprache eines Hausverbots gegen einen
Fotografen für den Betroffenen die schnellste und effektivste Möglichkeit dar, die zukünftige Anfertigung von Aufnahmen zu verhindern.
Mit einem Hausverbot kann jedoch nur das Betreten eines Grundstücks oder Gebäudes durch den betroffenen Fotografen verboten
werden. Es hindert den Fotografen nicht, den Betroffenen auf öffentlichem Grund abzulichten oder dessen Eigentum von einer einsehbaren Stelle außerhalb des Grundstücks zu fotografieren.

Handelt es sich um einen Fotografen, der für pressemäßige Berichterstattungszwecke fotografiert, hat im Hinblick auf die Belange der
Pressefreiheit eine Verhältnismäßigkeitsprüfung zu erfolgen, bevor ein
wirksames **Hausverbot durch eine öffentliche Stelle** ausgesprochen werden kann. So hat das VG Berlin ein gegen einen Journalisten
gerichtetes Hausverbot für die Liegenschaften des deutschen **Bundestages** aufgehoben.[626] Dieser hatte ohne Genehmigung mit einer Digi-
talkamera im nicht öffentlichen Teil des Bundestages auf Toiletten
Aufnahmen gefertigt, um so einen sog. „Wischtest" zum Nachweis
von Kokainkonsum zu dokumentieren. Die überwiegende Anzahl der
Tests war positiv, worüber in einer nachfolgenden Fernsehreportage
berichtet wurde. Das in der Folge vom Ältestenrat ausgesprochene
Hausverbot wurde mit einem Verstoß gegen die Hausordnung und
die Zugangs- und Verhaltensregeln begründet. Ferner stelle die heimliche Herstellung von Aufnahmen im Bundestag eine gravierende
Verletzung dar, da dieses Verhalten generell geeignet sei, den freien
Meinungsaustausch der Parlamentarier zu schaden. Das VG Berlin
erkannte zwar eine Verletzung der **Hausordnung** an, die auch nicht

---

[624] Vgl. BVerfG NJW 2001, 1921, 1924.
[625] Vgl. KG Berlin NJW 2000, 2210 ff.; BGH NJW 2006, 337, 379 – *Hörfunkrechte*.
[626] VG Berlin AfP 2001, 437 ff.

durch höhere Informationsinteressen der Öffentlichkeit gerechtfertigt sei. Es wies jedoch darauf hin, dass ein Hausverbot nicht als Sanktion verhängt werden dürfe, sondern nur, wenn eine hinreichend konkrete Wahrscheinlichkeit erneuter Verletzungen des Hausrechts gegeben sei. Zudem hätten bei der Ermessensausübung mildere Mittel erwogen werden müssen.

3. Unterlassung

260 Der am häufigsten geltend gemachte Anspruch im Zusammenhang mit rechtswidrigen Aufnahmen ist der Unterlassungsanspruch. Es liegt in der Natur der Sache, dass ein Betroffener, der sich gegen die rechtswidrige Herstellung von Aufnahmen oder deren Verbreitung wendet, in erster Linie erreichen will, dass der Fotograf keine weiteren Aufnahmen fertigt und vorhandene Aufnahmen nicht veröffentlicht werden. Hierzu kommt die Durchsetzung des allgemeinen zivilrechtlichen **Unterlassungsanspruchs** aus §§ 823, 1004 BGB in Betracht.

261 Der Unterlassungsanspruch ist **verschuldensunabhängig**. Dies begründet sich aus dem Umstand, dass der Unterlassungsanspruch nicht der „Bestrafung" dient, sondern lediglich zur Beseitigung eines rechtswidrigen Störungszustandes führen soll. Es geht somit bei der rechtswidrigen Herstellung von Fotos um die Beseitigung einer Beeinträchtigung des allgemeinen Persönlichkeitsrechts (Art. 2 Abs. 1 i. V. m. Art. 1 Abs. 1 GG), bei der rechtswidrigen Veröffentlichung von Fotos um die Verhinderung einer Verletzung des Rechts am eigenen Bild gemäß § 22 KUG. Aus welchen subjektiven Motiven der Verletzer gehandelt hat ist für den Unterlassungsanspruch irrelevant, ebenso kommt es nicht darauf an, ob die **Sorgfaltspflichten** (siehe hierzu Rn. 150 ff.) hinsichtlich der Prüfung des Bildmaterials eingehalten wurden. Der Unterlassungsanspruch besteht deshalb beispielsweise auch dann, wenn ohne Verletzungsabsicht gehandelt wurde (z. B. auf Grund unzutreffender Informationen über die Herkunft des Bildmaterials) oder ein schlichtes Versehen (z. B. eine Bildverwechslung) vorliegt. Auch ein Irrtum über die Rechtslage lässt den Unterlassungsanspruch unberührt.

262 Der Unterlassungsanspruch setzt eine **Wiederholungsgefahr** oder eine **Erstbegehungsgefahr** (d. h. den konkreten Nachweis einer unmittelbar bevorstehenden rechtswidrigen Handlung) voraus.[627] Die

---

[627] Vgl. *Prinz/Peters,* Rn. 893 ff., Wandtke/Bullinger/*Fricke,* UrhR, § 22 KUG Rn. 24 ff., jeweils m. w. N.

Wiederholungsgefahr ergibt sich nach ständiger Rechtsprechung aus der ersten rechtswidrigen Handlung. Auch ohne Hinzutreten weiterer Umstände wird dann vermutet, dass der Verletzer seine rechtswidrige Handlung wiederholen könnte. Insoweit gelten auch bei Fotoveröffentlichungen die allgemeinen Grundsätze des Medienrechts.[628] An den Wegfall dieser vermuteten Wiederholungsgefahr stellen die Gerichte hohe Anforderungen.

Grundsätzlich wird die Wiederholungsgefahr nur durch Abgabe ei- **263** ner strafbewehrten **Unterlassungsverpflichtungserklärung** beseitigt.[629] Es reicht somit im Regelfall nicht aus, wenn die Verletzungshandlung beendet wird (z. B. ein Foto aus einer Veröffentlichung genommen wird). Nach ständiger Rechtsprechung ist auch dann eine uneingeschränkte, bedingungslose und unwiderrufliche Unterlassungserklärung unter Übernahme einer angemessenen Vertragsstrafe für jeden Fall der Zuwiderhandlung erforderlich.[630] Eine solche Erklärung kann der Verletzer zu jedem Zeitpunkt abgeben, um den Unterlassungsanspruch zur Erledigung zu bringen, also z. B. unmittelbar freiwillig nach der Entdeckung des Fehlers, als Reaktion auf eine Abmahnung des Verletzten (Regelfall) oder auch noch im Prozess.

In anderer Weise als durch die Abgabe einer Unterlassungserklärung **264** lässt sich die Wiederholungsgefahr nur in sehr seltenen Einzelfällen ausräumen. Die Einzelheiten sind umstritten. Nach Auffassung von Teilen der Literatur kann die Wiederholungsgefahr z. B. im Einzelfall auch entfallen, wenn der Verletzer von sich aus vor der Einleitung rechtlicher Schritte eine Entschuldigung ausspricht und durch sein Verhalten unmissverständlich zum Ausdruck bringt, dass er sich zukünftig rechtstreu verhalten will.[631] Gerade im Zeitalter der digitalen Bildspeicherung erscheint es indes richtig, an den Wegfall der vermuteten Wiederholungsgefahr auch zukünftig hohe Anforderungen zu stellen und im Regelfall die Abgabe einer strafbewehrten Unterlassungserklärung zu fordern, da der Verletzer fast immer im Besitz einer digitalen Kopie des Fotos bleibt und somit weitere rechtswidrige Handlungen leicht begangen werden könnten.

Der Unterlassungsanspruch kann theoretisch auch im Wege des **265** **vorbeugenden Rechtsschutzes** mittels einer Abmahnung und eines

---

[628] Vgl. BGH AfP 1994, 295, 296 – *Verdeckte Behauptung I;* BGH GRUR 1994, 913, 915 – *IM-Liste;* BGH NJW 1987, 225, 227 – *Chemiegift;* BGH NJW 1986, 2503, 2505 – *Ostkontakte.*

[629] Vgl. BGH GRUR 1997, 379, 380 – *Wegfall der Wiederholungsgefahr II;* BGH GRUR 1996, 290, 291 – *Wegfall der Wiederholungsgefahr I;* BGH AfP 1994, 138, 139 – *Jahresabschluss.*

[630] BGH GRUR 1997, 379, 380 – *Wegfall der Wiederholungsgefahr II.*

[631] Wandtke/Bullinger/*Fricke,* UrhR, § 22 KUG Rn. 25; zum Streitstand siehe *Prinz/Peters,* Rn. 336 ff.; *Burkhardt* in: *Wenzel,* Kap. 12, Rn. 17 ff.

Antrags auf Erlass einer einstweiligen Verfügung geltend gemacht und durchgesetzt werden. In der Praxis bereitet dies jedoch oft nicht unerhebliche Schwierigkeiten. Dies liegt weniger an der dann typischerweise bestehenden Zeitnot, da zumindest Gerichte mit einer Kammer mit besonderer Zuständigkeit für Mediensachen (z. B. Zivilkammer 27 beim LG Berlin, Zivilkammer 24 beim LG Hamburg) in der Lage sind, derartige Eilanträge schnell zu bescheiden. Die Problematik besteht vielmehr im Wesentlichen in der Glaubhaftmachung der **Erstbegehungsgefahr**. Angesichts der hohen Anforderungen, die die Rechtsprechung allgemein an dieses Kriterium stellt, kann dies nur in seltenen Ausnahmefällen gelingen. Hierzu bedarf es der Darlegung konkreter, greifbarer Anhaltspunkte für einen drohenden Rechtsverstoß.[632] Die Herstellung von Aufnahmen, Medienanfragen und sonstige **Recherchetätigkeiten** begründen in der Regel nach h. M. keine Erstbegehungsgefahr hinsichtlich einer drohenden rechtswidrigen Veröffentlichung.[633] Insbesondere **Filmaufnahmen** stellen in der Regel nur das **Rohmaterial** im **Recherchestadium** dar, während die Entscheidung, ob und welche Teile ausgestrahlt werden, erst später nach Abschluss der Recherchen und deren journalistischer Ausarbeitung getroffen wird.[634]

266 Die Darlegung der Erstbegehungsgefahr ist hingegen möglich, wenn ein **druckfertiger Artikel** mit einem rechtswidrigen Foto im **Layout** vorgelegt werden kann, oder ein Sender die Ausstrahlung einer Sendung mit einem **Trailer** ankündigt, in dem bereits Ausschnitte aus rechtwidrigen Filmaufnahmen enthalten sind.[635] Im Einzelfall kann sich die Erstbegehungsgefahr auch aus anderen Umständen, wie z. B. Erklärungen beteiligter Personen ergeben. Einen solchen Fall hat das LG Hamburg[636] entschieden. Dort wurde die Begehungsgefahr im Zusammenhang mit der bevorstehenden Ausstrahlung eines aufgezeichneten Fernsehinterviews bejaht, weil Schreiben vorgelegt werden konnten, aus denen hervorging, dass das Interview auch nach außergerichtlichen Protesten im ZDF ausgestrahlt werden sollte. Eine Begehungsgefahr kann auch dann noch gegeben sein, wenn eine geplante Veröffentlichung zunächst wegen einer einstweili-

---

[632] BGH GRUR 1992, 404, 405; BGH GRUR 1990, 687, 688 m. w. N.; OLG Karlsruhe NJW-RR 1999, 1699 ff., 1701.
[633] Vgl. *Burkhardt* in: *Wenzel,* Kap. 12, Rn. 36 m. w. N.; *Steffen* in: *Löffler,* § 6 LPG, Rn. 269; Wandtke/Bullinger/*Fricke,* UrhR, § 22 KUG Rn. 24; OLG Hamburg AfP 2000, 188, 189; OLG Hamburg AfP 1990, 128, 129; LG Stuttgart AfP 2003, 471, 472; LG Frankfurt a. M. AfP 1991, 545, 546; a. A. *Prinz/Peters,* Rn. 331; OLG München AfP 1992, 78, 80.
[634] So OLG Hamburg AfP 2000, 188, 189; LG Stuttgart AfP 2003, 471, 472.
[635] Wandtke/Bullinger/*Fricke,* UrhR, § 22 KUG Rn. 24.
[636] NJW 2003, 1952, 1954.

gen Verfügung unterbleibt, aber konkrete Tatsachen vorliegen, die dennoch auf eine Veröffentlichungsabsicht hindeuten. Als solche wertete das OLG Karlsruhe bei einem Fernsehsender die Umstände, dass das Bildmaterial unter vorsätzlichem Rechtsbruch hergestellt wurde und der Moderator bei der Erstausstrahlung des Beitrags sein Bedauern zum Ausdruck gebracht hatte, dass die Aufnahmen wegen einer gerichtlichen Verfügung nicht gezeigt werden dürfen.[637]

Auf Unterlassung in Anspruch genommen werden kann jeder, der **267** „**Störer**" im rechtlichen Sinne ist. Die Rechtsprechung zieht den Kreis der **Mitstörer** weit. In der Ferienhaus-Entscheidung führt der BGH z. B. im Zusammenhang mit der Haftung einer **Presseagentur** aus:[638]

> „Der Unterlassungsanspruch wegen einer Presseveröffentlichung richtet sich zwar grundsätzlich gegen den Verleger der beanstandeten Veröffentlichung sowie gegen die verantwortlichen Redakteure. Als **(Mit)Schuldner** haftet – grundsätzlich unabhängig von Art und Umfang seines eigenen Tatbeitrags – aber auch jeder, der in irgendeiner Weise **willentlich und adäquat kausal** an der Herbeiführung der rechtswidrigen Beeinträchtigung **mitgewirkt** hat, wobei als **Mitwirkung auch die Unterstützung oder die Ausnutzung der Handlung eines eigenverantwortlich handelnden Dritten** genügt, sofern der in Anspruch genommene die rechtliche Möglichkeit zur Verhinderung dieser Handlung hatte. Dem negatorischen Unterlassungsbegehren steht auch nicht entgegen, dass dem in Anspruch genommenen die Kenntnis der die Tatbestandsmässigkeit und die Rechtswidrigkeit begründenden Umstände fehlen. Ebenso ist Verschulden nicht erforderlich (vgl. Senat, NJW 1976, 766, 800; BGH NJW-RR 1994, 872, 873; BGH NJW-RR 1991, 1258, 1259)."

Bei der rechtswidrigen Veröffentlichung von Fotos kommen als **passivlegitimierte Mitstörer** somit neben dem eigentlichen **Verbreiter** auch der **Fotograf** oder die **Agentur**[639], die das Foto zur Veröffentlichung zur Verfügung gestellt haben, in Betracht, im Bereich der Werbung neben dem werbenden Unternehmen z. B. auch die **Werbeagentur**. In der täglichen Praxis werden bei Presseveröffentlichungen in der Regel die **Verlage** in Anspruch genommen, weil damit die größte Breitenwirkung eines Unterlassungsbegehrens erreicht wird. Ferner erweist sich die „gerichtsfeste" Ermittlung weiterer Mitstörer oft als schwierig. Unterlassungsansprüche bei sonstigen rechtswidrigen Fotoveröffentlichungen richten sich in der Praxis meist ebenfalls gegen den unmittelbaren Verbreiter, also z. B. bei Werbemaßnahmen gegen das werbende Unternehmen.

Bei **Internetveröffentlichungen** kommt auch eine Passivlegitimation eines **Portalbetreibers** in Betracht, wenn dieser Prüfungs- und

---

[637] OLG Karlsruhe NJW-RR 1999, 1699, 1701.
[638] BGH NJW 2004, 762, 765 – *Ferienhaus/Luftaufnahme*.
[639] Einschränkend LG Frankfurt/M. AfP 2008, 417, 419 – *Jahrhundertmörder*.

Sorgfaltspflichten verletzt. Haftungsprivilegierungen nach dem TMG betreffen nicht den Unterlassungsanspruch.[640]

268 Bei der **Tenorierung** des **Unterlassungsgebotes** muss sich der Anspruchsinhaber grundsätzlich auf die konkrete Verletzungsform beschränken, also z.b. auf ein bestimmtes Foto (z.b. ... es zu unterlassen, das in X vom 30.9.2008 auf Seite 3 veröffentlichte Foto mit der Bildunterschrift ..., welches Herrn Z zeigt, erneut zu veröffentlichen ..."). Derartige Verbote sind im Falle des Verstoßes nach der „Kerntheorie" auszulegen, umfassen also nicht nur identische Veröffentlichungen, sondern auch solche, die im Kern gleichartig sind. Umgekehrt sind bei einer erneuten Veröffentlichung derart verbotener Fotos auch alle (ggf. neuen) Umstände des mutmaßlichen Verstoßes gegen das Verbot zu würdigen (z.b. eine dann vorliegende Einwilligung oder eine zeitgeschichtliche Relevanz im Sinne des § 23 Abs. 1 Nr. 1 KUG), weshalb es keiner weitergehenden Einschränkung des Verbotstenors Bedarf. Verpflichtet sich der Verletzer vorgerichtlich, ein Foto lediglich im Zusammenhang mit einem konkreten erschienenen Artikel nicht mehr zu veröffentlichen, lässt dies den Unterlassungsanspruch (die Wiederholungsgefahr) nicht entfallen, weil die Erklärung zu eng und für den Betroffenen weitgehend nutzlos ist.[641]

Ist eine Fotoveröffentlichung nur aus besonderen Gründen des Einzelfalls unzulässig, z. B. weil eine an sich zulässige zeitgeschichtliche Aufnahme zweckentfremdet wurde, kommt ausnahmsweise eine entsprechend einschränkende Formulierung des Unterlassungstenors in Betracht.[642] Verallgemeinernde Formulierungen mit präventiver Wirkung auch auf ähnliche Bilder, die (noch) nicht veröffentlicht wurden (z.b. „... es zu unterlassen, Bilder aus dem privaten Alltag zu veröffentlichen ...") hält der BGH für unzulässig.[643] Begründet wird dies damit, dass bei jeder einwilligungslosen Veröffentlichung eine individuelle Abwägung zwischen dem Informationsinteressen und dem Persönlichkeitsschutz zu erfolgen hat, wobei auch der jeweilige Berichterstattungsanlass und der Kontext zu berücksichtigen sind.

Verallgemeinernde Verbote kommen daher nur ausnahmsweise dann in Betracht, wenn bei realistischer Prognose keine Konstellation absehbar ist, in denen eine einwilligungslose Veröffentlichung nach

---

[640] Noch zum TDG: LG München I ZUM-RD 2005, 38, 43 – *Playboyfotos im Internet;* allgemein: BGH GRUR 2004, 860 – *Internetversteigerung.*

[641] Hierzu eingehend OLG Hamburg AfP 2008, 526.

[642] BGH NJW 2004, 1795, 1797 – *Charlotte I* mit Formulierungsbeispiel.

[643] BGH NJW 2008, 1593 mit Anmerkung *Wanckel;* hierzu *Lettl* NJW 2008, 2160; vorher bereits ähnlich KG Berlin NJW-RR 2007, 47; KG Berlin NJW-RR 2007, 109; KG Berlin AfP 2006, 479.

§ 23 KUG zulässig sein könnte. Die Rechtsprechung hat dies teilweise in der Vergangenheit z.b. beim Schutz von minderjährigen **Kindern** Prominenter angenommen. Auch nach dem Urteil des BGH vom 13.11.2008[644] hat das OLG Hamburg an seiner Rechtsprechung festgehalten und ein „Globalverbot" ausgesprochen, mit dem einem Verlag nach einer Kette von mindestens vier rechtswidrigen Veröffentlichungen verboten wurde, Fotos, die den minderjährigen Sohn eines bekannten Sportlers zeigen, „bis zum Eintritt von dessen Volljährigkeit zu veröffentlichen bzw. veröffentlichen zu lassen und/oder sonst zu verbreiten bzw. sonst verbreiten zu lassen."[645]

Derartig umfassende Verbote enthalten jedoch stets eine immanente Schranke zugunsten solcher Veröffentlichungen, die nicht rechtswidrig sind. So ist z.b. nach Auffassung des OLG Hamburg[646] die Veröffentlichung eines Fotos, welches die Tochter eines Fußballspielers auf einer öffentlichen Meisterschaftsfeier zeigt, kein Verstoß gegen ein zuvor erwirktes Unterlassungsurteil, welches pauschal die zukünftige Veröffentlichung von Fotos der Tochter untersagt hatte.

4. Zahlungsansprüche

Nach rechtswidrigen Fotoveröffentlichungen können Zahlungsansprüche des Betroffenen unter mehreren Aspekten begründet sein. Bei besonders schweren Persönlichkeitsrechtsverletzungen kann ein Anspruch auf **Geldentschädigung** zum Ausgleich immaterieller Einbußen bestehen. Umgangssprachlich wird in derartigen Fällen noch immer (auch nach der Grundsatzentscheidung des BGH[647]) juristisch unpräzise von **„Schmerzensgeld"** gesprochen. Dieser Anspruch hat den Vorteil, der Betroffene nicht den oft schwer zu führenden Nachweis eines materiellen Schadens, der kausal auf die Fotoveröffentlichung zurückgeht, zu führen braucht. Gleichwohl sprechen die Gerichte Geldentschädigungen nur in besonders gelagerten Fällen zu, in denen in anderer Weise kein ausreichender Ausgleich erreicht werden kann. Nicht jede rechtswidrige Fotoveröffentlichung begründet somit einen Anspruch auf Geldentschädigung. (Die Einzelheiten des Geldentschädigungsanspruchs werden nachfolgend unter Rn. 270 ff. erläutert.) **269**

---

[644] BGH NJW 2008, 1593 mit Anmerkung *Wanckel*; hierzu *Lettl* NJW 2008, 2160.

[645] OLG Hamburg, AfP 2008. 525; ähnlich OLG Hamburg AfP 2008, 526 und Urteil vom 14.10.2008, Az. 7 U 58, 08.

[646] OLG Hamburg AfP 2006, 369.

[647] NJW 1995, 861 ff.

Ferner können Zahlungsansprüche nach den Grundsätzen des **Bereicherungsrechts** (§§ 812 ff. BGB) gegeben sein, wenn eine rechtswidrige Fotoveröffentlichung erfolgt ist, die üblicherweise nur gegen Zahlung einer Lizenzgebühr getätigt werden darf. Solche Fälle der „fiktiven **Lizenzgebühr**" nach kommerziellen Bildrechtsverletzungen liegen insbesondere nach rechtswidrigen Bildnisnutzungen in der Werbung vor (hierzu unter Rn. 280 ff.). Auch **materielle Schadensersatzansprüche** nach allgemeinen zivilrechtlichen Grundsätzen können gegeben sein (hierzu Rn. 287 ff.). Die praktische Bedeutung solcher Ansprüche ist aber angesichts erheblicher Beweisschwierigkeiten vergleichsweise gering.

a) Geldentschädigung

270 Der Anspruch auf **Geldentschädigung** ist eine medienrechtliche Besonderheit und nicht ausdrücklich gesetzlich geregelt. Er leitet sich nach der Rechtsprechung des BGH unmittelbar aus dem Schutz des allgemeinen Persönlichkeitsrechts aus Art. 2 Abs. 1 i. V. m. Art. 1 Abs. 1 GG ab.[648] In früherer Zeit wurde der Anspruch noch aus § 847 BGB analog hergeleitet.[649] Diese Auffassung wurde aber nach anhaltender dogmatischer Kritik in der Literatur von der Rechtsprechung aufgegeben.[650] Damals wie heute begründet sich der Geldentschädigungsanspruch aus der Erwägung, dass ohne ihn der Rechtsschutz des Persönlichkeitsrechts lückenhaft wäre und auch schwerste, vorsätzliche Verletzungen ohne nennenswertes Risiko begangen werden könnten. Das BVerfG[651] hat den Geldentschädigungsanspruch bereits vor langer Zeit als verfassungsgemäß erachtet und unlängst ergänzend klargestellt, dass dieser medienrechtliche Zahlungsanspruch auf Grund seiner Funktion nicht mit zivilrechtlichen Schmerzensgeldern vergleichbar ist, weshalb es z. B. keine verfassungswidrige Ungleichbehandlung darstellt, wenn Geldentschädigungen bei „Medienopfern" höher sind, als Schmerzensgelder in anderen Fällen.[652]

271 Der Anspruch auf Geldentschädigung ist seinem Wesen nach auf besonders schwere Fälle von Persönlichkeitsrechtsverletzungen beschränkt und subsidiär. Er hat **Ausgleichsfunktion**, soll aber nach der jüngeren Rechtsprechung auch der **Prävention** dienen.[653] Ein einmaliger, einfacher Verstoß gegen § 22 KUG durch die Veröffentlichung eines Personenfotos ohne die erforderliche Einwilligung des Abgebil-

---

[648] BGH NJW 1995, 861, 864 – *Caroline I.*
[649] BGH NJW 1958, 827 – *Herrenreiter.*
[650] Vgl. zur Historie *Prinz/Peters,* Rn. 738 ff., 906 ff.
[651] NJW 1973, 1221 ff. – *Soraya.*
[652] BVerfG NJW 2000, 2187 f.
[653] BGH NJW 1996, 984, 985 – *Caroline II.*

deten begründet somit ohne das Hinzutreten weiterer Umstände noch keinen Anspruch auf Zahlung einer Geldentschädigung. So besteht nach der Rechtsprechung z.B. kein Anspruch, wenn ein Portraitfoto einer Studentin im Hörsaal ohne Einwilligung im Internet veröffentlicht wird[654] oder wenn ein zu Veröffentlichungszwecken gefertigtes Bild eines Gelegenheitsmodels in einem verfremdeten, aber nicht herabsetzenden Kontext abgedruckt wird.[655] Auch wenn weitere verletzende Umstände den Eingriff in das Persönlichkeitsrecht intensivieren, z. B. wenn der Abgebildete in einen unzutreffenden und herabsetzenden Zusammenhang gestellt wird, ist nach der Rechtsprechung stets zu prüfen, ob ein Ausgleich nicht durch andere Mittel geboten ist. Die **Voraussetzungen des Geldentschädigungsanspruchs** formuliert der BGH in ständiger Rechtsprechung wie folgt:[656]

> „(Dem) Opfer einer Verletzung des allgemeinen Persönlichkeitsrechts (steht) ein Anspruch auf eine Geldentschädigung zu, wenn es sich um einen **schwerwiegenden Eingriff** handelt und die **Beeinträchtigung nicht in anderer Weise befriedigend ausgeglichen** werden kann. Ob eine schwerwiegende Verletzung des Persönlichkeitsrechts vorliegt, die die Zahlung einer Geldentschädigung erfordert, hängt insbesondere von der **Bedeutung und der Tragweite des Eingriffs**, ferner von **Anlass und Beweggrund des Handelnden** sowie vom **Grad seines Verschuldens** ab."

Es sind somit alle objektiven und subjektiven Umstände des Einzel- **272** falls zu bewerten. Hierbei sind u. a. die Folgen, die die Persönlichkeitsrechtsverletzung für den Betroffenen gehabt hat und das Verhalten des Verletzers vor dem Eingriff (Einhaltung der Sorgfaltspflichten, redliches Bemühen der Vermeidung von rechtswidrigen Veröffentlichungen), aber auch nach dem Eingriff zu betrachten. So kann beispielsweise eine ungewollte Bildrechtsverletzung durch eine freiwillige öffentliche **Entschuldigung** und Zahlung einer Summe an eine gemeinnützige Einrichtung in Absprache mit dem Betroffenen angemessen ausgeglichen werden bevor es zu einer Geldentschädigungsklage kommt.[657] Werden indes nach der ersten Verletzung weitere rechtswidrige Veröffentlichungen vorgenommen, kann dies im Hinblick auf die Präventionsfunktion zu einer Erhöhung der Geldentschädigung führen **(Kumulationsgedanke)**. Eine freiwillige öffentliche **Richtigstellung** kann in Fällen der Bildverwechslung einen angemessenen Ausgleich darstellen und einen Geldentschädigungsanspruch reduzieren oder im Einzelfall sogar entfallen lassen. Richtigstellungen sind jedoch kein ausreichendes Ausgleichsmittel, wenn durch eine rechtswidrige Bildveröffentlichung die

---

[654] LG Bochum AfP 2007, 261.
[655] LG Köln NJW-RR 2007, 344 – *Heißblütiger Italiener*.
[656] BGH NJW 1995, 861, 864 – *Caroline I*.
[657] Ähnlich Wandtke/Bullinger/*Fricke*, UrhR, § 22 KUG Rn. 30.

Anonymität des Betroffenen aufgehoben oder in seine Privat- oder Intimsphäre eingegriffen wurde. Ist der Betroffene durch die Veröffentlichung gegen seinen Willen in das Scheinwerferlicht der Öffentlichkeit geraten, so verhilft ihm auch eine nachträgliche Richtigstellung nicht mehr in die Anonymität.[658] War hingegen ein Foto grundsätzlich mit Einwilligung des Abgebildeten zur Veröffentlichung vorgesehen, kann dies die Schwere der Verletzung bei einer unerlaubten Verwendung mindern.[659]

273 Trotz der hohen Anspruchsvoraussetzungen des Geldentschädigungsanspruchs sprechen die Gerichte im Zusammenhang mit rechtswidrigen Fotoveröffentlichungen in vergleichsweise vielen Fällen Geldentschädigungen zu, wenngleich auch in recht unterschiedlicher Höhe. Der BGH hat sich ausdrücklich dafür ausgesprochen, bei Bildnisfällen **keine überzogenen Anforderungen** an die Subsidiarität des Anspruchs zu stellen, aus folgendem Grund:[660]

> „Die Besonderheit einer Verletzung des Rechts am eigenen Bild besteht darin, dass dem Verletzten – anders als in den anderen Fällen, in denen er etwa den Widerruf oder die Richtigstellung einer sein Persönlichkeitsrecht beeinträchtigenden Äußerung verlangen kann – gegen eine solche Rechtsverletzung **keine anderen Abwehrmöglichkeiten** als ein Anspruch auf eine Geldentschädigung zu Gebote stehen. Daraus folgt, dass in einem solchen Fall an die Zubilligung eines Entschädigungsanspruchs **geringere Anforderungen** als in anderen Fällen einer Persönlichkeitsrechtsverletzung zu stellen sind."

274 In diesem Urteil hat der BGH auch entschieden, dass eine **wiederholte und hartnäckige Verletzung** des Rechts am eigenen Bild, die um des **wirtschaftlichen Vorteils Willen** erfolgt, eine schwere, einen Anspruch auf Geldentschädigung rechtfertigende Verletzung des allgemeinen Persönlichkeitsrechts des Betroffenen darstellt, auch wenn die einzelne Bildveröffentlichung – jeweils für sich betrachtet – nicht als schwerwiegend einzustufen ist. Diese Fallgruppe der sogenannten **„Wiederholungsveröffentlichungen"** ist insbesondere im Bereich der Bildnisveröffentlichungen in Illustrierten relevant, in welchem es noch immer vorkommt, dass in steter Folge Fotos von Personen veröffentlicht werden, die dies nicht wegen zeitgeschichtlicher Bedeutung hinnehmen müssen, obwohl keine Einwilligung vorliegt und der entgegenstehende Wille der Abgebildeten bekannt ist. In dem vom BGH entschiedenen Fall hatte ein Verlag in vier Ausgaben seiner Zeitschrift in einem Zeitraum von vier Monaten mehrere Aufnahmen des ältesten Sohnes von *Prinzessin Caroline von Monaco* veröffentlicht, gegen die der

---

[658] LG Berlin, Urteil vom 25. 3. 2003, Az. 27 O 1049/02, unveröffentlicht.
[659] LG Nürnberg-Fürth AfP 2007, 496, 498 – *Mein Feind der Nachbar;* LG Köln NJW-RR 2007, 344, 345 – *Heißblütiger Italiener.*
[660] BGH NJW 1996, 985, 986.

4. Zahlungsansprüche

Betroffene jeweils unverzüglich vorgegangen war. Eine Folge von rechtswidrigen Veröffentlichungen in nur zwei Zeitschriften eines Verlags innerhalb weniger Tage reicht indes nach Auffassung des LG München I nicht aus, um einen Anspruch auf Geldentschädigung unter dem Aspekt der Wiederholung und Hartnäckigkeit zu begründen.[661]

Eine weitere praxisrelevante Fallgruppe von schweren Bildrechts- **275** verletzungen ist die Verwendung von Personenfotos im **sexuellen Zusammenhang** und die Veröffentlichung von **Nacktfotos**. Die Gerichte sprechen in diesen Fällen Geldentschädigungen zu, weil mit der Verletzung des Rechts am eigenen Bild zugleich auch in die **Intimsphäre** des Abgebildeten eingegriffen wird oder er in einen anzüglichen, ehrenrührigen Zusammenhang gesetzt wird. Die Schwere der Verletzung ergibt sich in diesen Fällen oft nicht aus dem Foto allein, sondern im Zusammenspiel mit dessen redaktioneller Einbindung. Zudem stehen häufig auf Verletzerseite kommerzielle Motive im Vordergrund, wobei die Gerichte oft von Vorsatz oder zumindest grober Fahrlässigkeit ausgehen.

Schwerwiegende Verletzungen des Rechts am eigenen Bild können **276** auch vorliegen, wenn Bildnisse ohne Einwilligung in der **Werbung** oder für sonstige **kommerzielle Zwecke** eingesetzt werden, insbesondere wenn das beworbene Produkt für das Ansehen des Abgebildeten abträglich sein kann oder es im groben Widerspruch zu seiner Persönlichkeit und seinem Wirken steht.[662] Vorrangig kommen in Werbefällen aber bereicherungsrechtliche Ansprüche in Betracht (siehe Rn. 280).

Aber auch in anderen Fällen können sich aus den Umständen des Einzelfalls hinreichende Aspekte ergeben, die in ihrer Gesamtheit einen Anspruch auf Geldentschädigung mangels anderer Ausgleichsmöglichkeit begründen. Auch hier kann sich die Schwere der Beeinträchtigung aus dem Zusammenspiel zwischen Foto und Text ergeben. Die nachfolgenden Beispiele vermitteln einen Eindruck, welche Umstände relevant sein können.

Die Geldentschädigung steht grundsätzlich nur dem unmittelbar **277** Verletzten zu. **Fernwirkungen**, wie z. B. die erneute Konfrontation von **Angehörigen** mit dem Verlust eines **Verstorbenen** oder einer **Straftat**, begründen nach Auffassung des BGH keine schwere Persönlichkeitsrechtsverletzung und damit auch keinen eigenen Anspruch der Hinterbliebenen auf Geldentschädigung.[663]

---

[661] LG München I AfP 2008, 419.

[662] Vgl. BGH NJW 1958, 827 ff. – *Herrenreiter*; OLG Saarbrücken NJW-RR 2007, 112 – *Wahlplakat*.

[663] BGH NJW 2006, 605; OLG Jena NJW-RR 2005, 1566; LG Hamburg AfP 2007, 382.

278 Im Folgenden werden **Beispiele** aus der Rechtsprechung aufgezeigt, aus denen sich auch die Bandbreite der **Höhe der Geldentschädigungen** ersehen lässt. Die tragenden Gründe können nur verkürzt wiedergegeben werden. Vielfach sind die entschiedenen Sachverhalte komplex und die Begründungen vielschichtig. Es ist daher zu empfehlen, die Urteilsgründe einzusehen, bevor aus Urteilen in der nachfolgenden Übersicht Schlüsse für etwaige ähnlich gelagerte Fälle gezogen werden.

– **Keine Geldentschädigung** (Klagforderung DM 5000,–) erhielt eine Studentin, die als **Gelegenheitsmodell** bei einer **Modenschau Badebekleidung** vorgeführt hatte, wegen der Veröffentlichung eines dabei entstandenen Fotos in einer **Werbeanzeige.** Unter dem Gesichtspunkt der ungerechtfertigten Bereicherung sprach das OLG Koblenz (GRUR 1995, 771, 772) jedoch **DM 250,– als fiktive Lizenzgebühr** zu.

– Ebenfalls keine Geldentschädigung erhielt eine andere **Studentin,** die im Hörsaal einer Universität wissentlich fotografiert wurde und deren Bildnis später ohne ausdrückliche Einwilligung im Internet veröffentlicht wurde (LG Bochum AfP 2007, 261).

– Erfolglos blieb die Klage einer ehemaligen Ministerpräsidentin auf Geldentschädigung wegen einer satirischen **Fotomontage** (KG Berlin AfP 2007, 569).

– **Keine Geldentschädigung** erhielt auch ein sog. „Hassprediger" wegen **heimlicher Aufnahmen** während einer **Predigt** (OLG Köln NJW 2005, 2554).

– Das LG Nürnberg-Fürth (AfP 2007, 496) wies die Geldentschädigungsklage eines Mannes ab, der einen **Streit mit einem Nachbarn** gefilmt und dieses **Video** sodann gegen Honorar für eine Reportage („Mein Feind der Nachbar") freigegeben hatte. Danach wurden Ausschnitte des Videos ohne Zustimmung in die Sendung TV Total übernommen.

– Das LG Köln (NJW-RR 2007, 344) sprach einem Mann, der sich für eine „Fotocommunity" als **Gelegenheitsmodel** fotografieren ließ keine Geldentschädigung zu, als das Foto in einem Bericht über Klischees mit der Bildunterschrift „**Heißblütiger Italiener**" veröffentlicht wurde.

– Das LG Berlin wies auch eine Geldentschädigungsklage einer Frau ab, die sich in **Dessous** für eine Titelseite zum Thema „Erotik in Berlin" fotografieren ließ, deren Aufnahmen sodann aber unter der Überschrift „**Sex in Berlin, Das Leben der Huren**" veröffentlicht wurden, wobei jedoch unter dem Bild stand „Nur käuflich für Bilder" (LG Berlin AfP 2000, 393 f.).

4. Zahlungsansprüche

- Keine Geldentschädigung erhielt eine Prinzessin, der auf einem Ball das **Kleid** verrutscht war, sodass ein Teil des Busens zu sehen war, weil sie ich zuvor öfters in **gewagter Kleidung** öffentlich präsentiert hatte (LG Hamburg AfP 2006, 197).
- **Keine Geldentschädigung** wurde einer **Filmschauspielerin**, die sich für ein Plakat gegen Alkohol am Steuer abbilden ließ wegen einer satirischen Verfremdung dieses **Plakatmotivs** in einer Zeitschrift zugesprochen (OLG Zweibrücken AfP 1999, 362, 363).
- Erfolglos blieb auch eine Geldentschädigungsklage der **Eltern** eines 19 jährigen **Selbstmörders** wegen der Berichterstattung über den **Suizid** einschließlich eines Fotos in Feuerwehruniform (OLG Jena NJW-RR 2005, 1566). Ebenso versagte auch der BGH einem **Sohn** eine Geldentschädigung wegen eines **Filmberichts über die Tötung seiner Mutter durch seine psychisch kranke Schwester** (BGH NJW 2006, 605) und das LG Hamburg (AfP 2007, 382) der **Witwe** eines **Unfallopfers** wegen der Veröffentlichung eines Fotos des abgedeckten Leichnam.
- Das OLG Celle (NJW-RR 2001, 335 ff.) verwarf die Geldentschädigungsklage eines **Bordellbetreibers** gegen eine Berichterstattung über ein gegen ihn gerichtetes **Ermittlungsverfahren**, im Zuge derer ein Portraitfoto veröffentlicht wurde.
- Keine Geldentschädigung erhielt ein **Rechtsanwalt**, der bei einer **Durchsuchung** seiner **Kanzleiräume** im Zuge von Ermittlungen gegen seinen Sozius von außen durch ein vorhangloses Fenster fotografiert wurde, wobei das Bild danach bei einer redaktionellen Berichterstattung veröffentlicht wurde (OLG Karlsruhe GRUR 2006, 959).
- **Kein Geldentschädigungsanspruch** bestand nach Auffassung des OLG Frankfurt/Main (NJW-RR 2007, 1115) wegen einer reißerischen, aber auf zutreffenden Fakten beruhenden **Verdachtsberichterstattung** über eine **Mordanklage** und **Kannibalismus**vorwürfen. Das LG hatte noch € 20.000,– zugesprochen, Klagforderung waren € 50.000.
- Erfolglos blieb auch die Klage eines **Polizisten** wegen einer Berichterstattung über ein gegen ihn gerichtetes **Strafverfahren** wegen sexuellem Missbrauchs, welches am Ende gemäß § 153 StPO eingestellt wurde (Klagforderung war € 5000,–; LG Halle AfP 2005, 188).
- **Keine Geldentschädigung** erhielt eine Frau, von der aufgrund eines freizügigen und „gefahrträchtigen" **Abendkleids**, welches sie auf einem Ball mit Pressevertretern trug, ein Foto mit **entblößter Brustwarze** hergestellt werden konnte, das sodann veröffentlicht wurde (OLG Hamburg, Urteil vom 2.5.2006, 7 U 19/06).

- **Keine Geldentschädigung** (Klagforderung „mindestens" € 2000,–) erhielt ein **Polizist**, der in einer Stadtzeitung im Rahmen eines Artikels, welcher sich kritisch mit der **Berliner Reiterstaffel** auseinandersetzte. Der Polizist, selbst Mitglied der Reiterstaffel und in Reiterpose abgebildet, sah sich durch den Artikel persönlich angeprangert. Der Verlag hatte öffentlich klargestellt, dass sich der Text nicht auf den Kläger bezog und sich entschuldigt (LG Berlin, Urteil vom 14. 1. 2003, Az. 27 O 944/02, unveröffentlicht).

- Ebenfalls vom LG Berlin abgewiesen wurde die Geldentschädigungsklage eines pensionierten Oberstudienrates, dessen Bildnis auf Grund einer **Fotoverwechslung** in einer Lokalausgabe der Bild-Zeitung unter der Überschrift **„Die Schamlosen"** veröffentlicht wurde. Der Artikel behandelte die **Pensionsansprüche** der ehemaligen Funktionsträger der Bankgesellschaft Berlin, wobei dem Portrait des Klägers irrtümlich zugeschrieben wurde, er sei ein namentlich genannter „Ex-Vorstand" und erhalte eine Pension von „15 338,76 € pro Monat". Der Kläger war zwar ehemals Schulleiter einer Schule für Banken und Versicherungen aber niemals für die Bankgesellschaft Berlin tätig, von welcher er auch keinerlei Zahlungen erhielt. Das LG Berlin sah hier gleichwohl keine schwere Persönlichkeitsrechtsverletzung, u.a. weil die Zeitung am Tage nach der Veröffentlichung eine **Richtigstellung** gedruckt hatte. Damit sei die ohnehin nur bei wenigen Lesern anzunehmende Fehlvorstellung ausreichend ausgeglichen worden (LG Berlin, Urteil vom 19. 6. 2003, Az. 27 O 200/03, unveröffentlicht).

- In einem anderen Fall einer **Bildnisverwechslung**, in welchem ein Student unzutreffend in einem Fernsehbeitrag als **Neonazi** bezeichnet wurde, sprach das LG Berlin indessen trotz Richtigstellung **DM 10 000,–** als Geldentschädigung zu (NJW-RR 1998, 316 ff.).

- Nur **DM 1700,–** Geldentschädigung (Klagforderung DM 3500,–) erhielt eine junge Frau, die ihr Bildnis im Rahmen eines Vermittlungsauftrags an eine **Partnerschaftsagentur** übergeben hatte. Das Foto wurde sodann ohne ausdrückliche Einwilligung und mit einem **falschen Begleittext in einer Partnerschaftsanzeige** veröffentlicht. Die Agentur hatte die Verwechslung in einer weiteren Anzeige berichtigt (AG Nürnberg ZUM-RD 2000, 204 f.).

- **DM 2000,–** (Klagforderung DM 4000,–) sprach das AG Hamburg (GRUR 1990, 149, 151) einem verheiratetem Mann wegen der Veröffentlichung seines Fotos in einer Zeitschrift zu. Der Mann hatte sich „in fröhlicher Radlerrunde" fotografieren lassen. Gedruckt wurde das Bild im **Zusammenhang mit Nacktfotos** des „Mädchens Christine" im Rahmen der Reihe „Die schönsten Mädchen – die schönsten Inseln", wodurch nach Auffassung des Gerichts der Eindruck erweckt wurde, der Mann unterhalte eine **sexuelle Beziehung** zu dem Mädchen.

– **DM 2000,–** wurden wegen der ungenehmigten Verwendung eines Fotos mehrer Hotelgäste an einem Esstisch in einem **Werbeprospekt** für Küchenherde zugesprochen. Das Foto war für eine Reportage zum Thema Landleben in einer Feinschmeckerzeitschrift hergestellt worden (AG Frankfurt NJW 1996, 531 f.).

– **€ 1000,–** erhielt ein Gelegenheitsmodell wegen der unerlaubten Übernahme eines ihrer Fotos von einer Agenturhomepage im Zuge eines Berichts über „Möchtegern-Stars" und unseriöse Modellagenturen (LG Stuttgart, Urteil vom 28.6. 2005, Az. 17 S 3/05; das LG Frankfurt hielt hingegen in einem ähnlichen Fall die Veröffentlichung für zulässig: Urteil vom Urteil vom 27.01. 2005, Az. 2/03 O 444/04).

– **DM 3000,–** musste der Verlag einer Zeitschrift an einen Mann zahlen, der zusammen mit anderen Personen auf einem **Unfallfoto** im Rahmen eines Berichts über einen schweren Verkehrsunfall mit mehreren Toten nach einer Disconacht gezeigt wurde. Das OLG Karlsruhe (GRUR 1989, 825, 825) sah darin eine schwere Persönlichkeitsrechtsverletzung, weil der Eindruck entstehen könne, der Kläger sei Unfallbeteiligter, obwohl er nur Zeuge und Helfer war. Er sei damit „in einen gedanklichen Zusammenhang mit verantwortungslosen und lebensgefährdenden Verhaltensweisen" gebracht worden.

– **DM 4000,–** (Klagforderung DM 6000,–) erhielt eine Frau vom OLG Oldenburg (GRUR 1989, 344, 345) wegen der ungenehmigten Veröffentlichung eines **„oben-ohne"-Fotos aus ihrem Spanienurlaub** in einer Illustrierten.

– **€ 2500,–** (sowie weitere € 2500,– für ihr Kind) erhielt eine Mutter, die wissentlich gefilmt worden war und ein Interview gegeben hatte, als ihr Kind auf einem Campingplatz kurzfristig verloren gegangen worden war. Nach Ansicht des OLG Karlsruhe NJW-RR 2006, 1196) war sie dabei nicht ausreichend über das Niveau und das Thema der Unterhaltungssendung aufgeklärt worden.

– **DM 5000,–** wurden einer Studentin wegen des ungenehmigten Abdrucks eines **Werbefotos** in einer Illustrierten mit einer **erfundenen Untertitelung über einen** „**Quickie** einer Sachbearbeiterin aus M" zugesprochen (OLG Hamburg NJW-RR 1995, 220 ff.).

– **DM 5000,–** sprach das LG Saarbrücken (NJW-RR 2000, 1571 ff.) einer Schauspielerin zu, von welcher ein **Nacktfoto** aus einer unbekleideten Spielszene eines Theaterstücks ohne ihre Einwilligung in der Berichterstattung über das Stück veröffentlicht wurde.

– **DM 5000,–** erhielt auch ein angehender Lehrer, dessen Foto, auf welchem er „fast nackt in träumerischer Positur" abgebildet war, in einem **Homosexuellen-Reiseführer** in einer Discothekenanzeige abgedruckt wurde (AG Berlin Charlottenburg in NJW-RR 1999, 1546 f.). Das OLG Frankfurt a. M. (NJW-RR 2003, 553 f.) wies hingegen eine Geldentschädigungsklage wegen des Abdruck eines Männerfotos im Zusammenhang mit einer Zeitungsglosse über homosexuelle Paare ab.

- € 3000,– wurden einem **Besucher eines FKK-Geländes** zugesprochen, der ohne Einwilligung **sieben Sekunden lang in einem Wissenschaftsmagazin** zum Thema „Nacktheit und Scham" gezeigt wurde (LG München I NJW 2004, 617 ff.).
- € 3000,– erhielt auch ein **geschiedener Vater**, dem in einem Artikel bei Abdrucks eines Fotos vorgeworfen wurde, er kümmere sich nicht um seine **Kinder**, wobei er ein einer Bildunterschrift als „**Herzlos-Vater**" bezeichnet wurde (AG Bremen NJW-RR 2008, 1071).
- DM 7500,– wurden für die Abbildung eines **SPD-Mitglieds in einer CDU-Wahlkampfbroschüre** zugesprochen (BGH NJW 1980, 994, 995)
- DM 8000,– erhielt eine Frau wegen der unberechtigten Übernahme eines sie zeigenden Nacktfotos aus einem Erotikbildband in einen **Zeitschriftenartikel über Telefonsex** (OLG München in ZUM 1996, 160 ff.)
- DM 8000,– wurden einem **Vater** wegen eines Fotos am **Grab seines ermordeten Kindes** zugesprochen (LG Köln AfP 1991, 757).
- DM 10 000,– wurden für die Darstellung eines „**Wunderheilers**" und Wahrsagers als **Hochstapler** mit Bild und Namen in einer Zeitschrift vom OLG Karlsruhe (NJW-RR 1995, 477 ff.) ausgeurteilt. Maßgeblich war hierbei insbesondere, dass wahrheitswidrig suggeriert wurde, der Mann säße wegen des Verdachts der Hochstapelei in Untersuchungshaft.
- DM 10 000,– erhielt eine **Unternehmensberaterin** wegen der ungenehmigten Verwendung ihres Fotos und Namensnennung in einem **werbenden Beitrag** über die Wirkung von **Fischölkapseln** gegen Schuppenflechte (LG München, Urteil vom 24.7. 1990, Az. 21 U 17694/89).
- DM 10 000,– wurden auch der damaligen **Freundin des Sängers Leonhard Cohen** zugesprochen, von der ein älteres **Halbaktfoto** mit der Bildunterschrift „Auf der Insel A. entspannt er mit wechselnden Freundinnen" veröffentlicht wurde (OLG Frankfurt GRUR 1987, 195).
- Zu je € 5000,– Geldentschädigung wurde zwei Verlage vom OLG München (ZUM 2002, 744 ff.) verurteilt, weil sie ein **Aktfoto der verstorbenen *Marlene Dietrich*** ohne Zustimmung ihrer Tochter veröffentlicht hatten. Das OLG sprach hier von einer „besonderen **Entschädigung wegen Verletzung des postmortalen Würde-**

anspruchs" und leitete den Anspruch unmittelbar aus Art. 1 Abs. 1 GG i. V. m. § 823 Abs. 1 BGB her.

- € 5000,– erhielt (neben einer Lizenzentschädigung von zusätzlichen € 200,–) ein Versicherungsvertreter, dessen **Homosexualität** im Wege eines **"Zwangsoutings"** mit einem Foto vom **Christopher street day** 2002 in Würzburg in einem Beitrag über Schwule in München 2004 öffentlich gemacht wurde (LG München I, Urteil vom 21 7. 2005, Az. 7 0 4742/05, rechtskräftig).

- Ebenfalls € 5000,– wurden dem Sohn des ehemaligen irakischen Chemieexperten (**"Saddams Giftmischer"**) wegen einer Abbildung im Zuge eines reißerischen Beitrags über seinen Vater zugesprochen (AG Hamburg NJW-RR 2004, 844).

- Je € 5000,– erhielten zwei **Schornsteinfeger** wegen ihrer unerlaubten Abbildung auf **Wahlplakaten** einer Partei im Landtagswahlkampf (OLG Saarbrücken NJW-RR 2007, 112)

- DM 15 000,– sprach das OLG Karlsruhe einer jungen Frau zu, die **nackt** im Zusammenhang mit einem Bericht über **Brustvergrößerungen** gezeigt wurde (OLG Karlsruhe NJW-RR 1994, 95).

- Ebenfalls **DM 15 000,–** erhielt eine Tochter eines ugandischen Königs, Mannequin, Anwältin und Außenministerin, für die Veröffentlichung eines **Nacktfotos** zusammen mit der Behauptung, sie habe auf einer Flughafentoilette **Intimverkehr** mit einem weißen Mann gehabt und erwarte ein Kind von Idi Amin (OLG Hamburg AfP 1977, 351).

- DM 15 000,– erhielt ein Mann, der in einer Zeitung in zwei Veröffentlichungen als **"Berlins gierigster Lehrer** – er machte drei Jahre krank, baute seinen Doktor und will jetzt mehr Gehalt" mit Foto angeprangert wurde (LG Berlin NJW 1997, 1373, 1374).

- DM 15 000,– erhielt auch ein Geschäftsführer und Familienvater, dessen vor längerer Zeit für Modewerbung gefertigtes **"Unterhosenfoto"** in einem Zeitschriftenbeitrag veröffentlicht wurde, in dem suggeriert wurde, seine Freundin habe ihn aufgefordert, "doch mal **schärfere Slips**" zu tragen (KG Berlin NJW-RR 1999, 1703, 1704). Auch der Fotograf und eine beteiligte Agentur wurden zu je **weiteren DM 5000,–** verurteilt, da sie das Foto ohne die erforderliche Einwilligung weitergegeben hatten.

- DM 20 000,– sprach das OLG Koblenz einem **katholischen Pfarrer** zu dessen Foto auf Grund einer grob fahrlässigen **Verwechslung im Zusammenhang mit einem Bericht über sexuellen Missbrauchs Minderjähriger** in einer bundesweit erscheinenden Zeitschrift veröffentlicht wurde (OLG Koblenz NJW 1997, 1375f.).

- Ebenfalls **DM 20 000,–** wurden vom OLG Hamm (NJW-RR 1997, 1044 ff.) wegen der ungenehmigten Veröffentlichungen eines älteren privaten **Aktfotos auf der Titelseite eines Sexmagazins** mit der Überschrift „7 Tipps für den Mega-Orgasmus" festgesetzt.

- **DM 20 000,–** erhielt ein Gastwirt wegen eines Fotos mit verschiedenen Mädchen auf einem Straßenfest, welches als Illustration eines Romans über Mädchenhandel, Rauschgiftorgien und sexuelle Exzesse verwendet wurde (LG München I, Urteil vom 17.1. 1990, Az. 9 0 19626/89).

- **DM 30 000,–** wurden *Nina Hagen* wegen der Veröffentlichung eines kleinen Schwarzweißfotos in einer Zeitschrift vom LG Berlin (AfP 2001, 246, 247) zugesprochen. Das Foto zeigte sie **in hochschwangerem Zustand nackt unter der Dusche** und war zuvor in einem Buch veröffentlicht worden. Gegen diese Buchveröffentlichung was die Sängerin erfolgreich gerichtlich vorgegangen, worüber im Artikel berichtet wurde. In einem vergleichbaren Fall hat das OLG Frankfurt a. M. (NJW 2000, 594 ff.) **keine Geldentschädigung** zugesprochen, weil es die Wiedergabe eines Nacktfotos *Katharina Witts* im redaktionellen Zusammenhang mit einer Berichterstattung über ihre Playboy-Veröffentlichung nach § 23 Abs. 1 KUG für zulässig hielt.

- Eine Geldentschädigung in Höhe von € **20 000,–** (Klagforderung € 50 000,–) sprach das LG Berlin (Urteil vom 25.3. 2003, Az. 27 0 1049/02, unveröffentlicht) einer Frau zu, der in **sechs Veröffentlichungen** eines Verlages jeweils in spekulativer Weise eine **Affäre mit Boris Becker nachgesagt** wurde, wobei die Artikel jeweils mit heimlich aufgenommenen **Paparazzi-Fotos** illustriert wurden. Die besondere Schwere der Verletzung ergab sich für das LG auch aus der unberechtigten Namensnennung und aus falschen, „ins Blaue hinein" aufgestellten Behauptungen.

- **DM 50 000,–** erhielt ein niederländischer **Geschäftsmann** wegen der Behauptung in einem Fernsehbericht, er finanziere einen Rennstall mit **Drogengeldern.** Der Mann wurde hierbei mit einem Foto gezeigt (OLG Hamburg NJW-RR 1996, 90, 91).

- € **25 000,–** wurden einer Frau zugesprochen, deren Ex-Freund nach der Trennung aus Rache drei **Nacktfotos** in eine Internetplattform mit sexueller Ausrichtung und anzüglichem Text eingestellt hatte (LG Kiel NJW 2007, 1002 - *Nacktfotos im Internet*)

- € **25 000,–** wurden vom LG Hamburg festgesetzt, nachdem ein gepixeltes Foto der Zuschauerin einer **Hauptverhandlung** in einem Artikel veröffentlicht wurde, in dem der falsche Eindruck erweckt wurde, der Angeklagte habe **Nacktfotos** der Betroffenen ins Internet gestellt (LG Hamburg MMR 2007, 398)

- **DM 90 000,–** wurden einer Frau zugesprochen, deren gezeichnetes Bildnis in einem **Internet-Computerspiel** unter dem Slogan „Sex

in fünf Sekunden ... Klick die ..." verwendet wurde. Das Spiel
wurde im Onlineauftritt einer großen deutschen Tageszeitung angeboten und basierte auf Anspielungen auf eine angeblichen kurzen
sexuellen Begegnung mit *Boris Becker* (LG München I ZUM 2002,
318 ff.)
– **DM 100 000,–** (Klagforderung DM 500 000,–) setzte das LG Hamburg (ZUM 1998, 852 ff.) unter Bezugnahme auf den Kumulations-
gedanken des BGH (NJW 1996, 895 ff.) wegen einer **Kette von
fünfzehn rechtswidrigen Fotoveröffentlichungen** des Prinzen
von Hannover durch einen Verlag in ca. zwei Jahren fest, obwohl
es die einzelnen Fotos nicht als schwerwiegenden Eingriff ansah.
Hintergrund dieses Urteils waren langjährige juristische Auseinandersetzungen zwischen den Parteien wegen Persönlichkeitsrechtsverletzungen, währenddessen weitere rechtswidrige Veröffentlichungen vorgenommen wurden.
– **€ 70 000,–** erhielt eine 16-jährige **Schülerin**, die aufgrund ihres
verfänglichen Namens mehrfach in einer Satire-Sendung mittels eines kurzen Filmausschnitts („Mein Name ist Lisa Loch und ich bin
16 Jahre alt") in **anzüglicher Weise bloßgestellt** wurde (OLG
Hamm NJW-RR 2004, 919 – rechtskräftig).
– **DM 150 000,–** wurden der Schriftstellerin *Hera Lind* wegen der
Veröffentlichung einer Bilderstrecke von **fünfzehn heimlich hergestellten Paparazzifotos** in einer Illustrierten, die sie im Kreise
ihrer Familie bei einem **Badeaufenthalt** während eines Urlaubs an
einem abgelegenen Strand in **teilweise unbekleidetem Zustand**
zeigen, zugesprochen. Aufnahmen mit **nacktem Busen** wurden auch
auf der **Titelseite** der Zeitschrift mit einer Auflage von rund 330 000
Exemplaren veröffentlicht (LG Hamburg ZUM 2002, 68 ff.).
– **DM 150 000,–** erhielt auch die jüngste Tochter Caroline von Monacos wegen einer Kette von 9 Artikeln mit zahlreichen rechtwidrigen Fotos kurz nach ihrer Geburt (BGH NJW 2005, 215).
– **DM 200 000,–** sprach das OLG Hamburg (OLG Report 2001,
139 ff.) *Prinzessin Caroline von Monaco* wegen zwei Veröffentlichungen mit jeweils **mehreren Paparazzifotos** zu. Zum einen wurde
eine Serie von 36 Fotos veröffentlicht, die sie vor dem offiziellen
Bekanntwerden der Beziehung beim **Austausch von Zärtlichkeiten** an Bord einer Yacht zeigten, die vor dem Hafen von Palma de
Mallorca ankerte. Zum anderen wurden Aufnahmen veröffentlicht,
die sie **betend und beim Abendmahl in einer Freiluftkirche**
auf Jamaika zeigten.

Für die **Höhe der Geldentschädigung** ist neben der Schwere der 279
Persönlichkeitsrechtsverletzung insbesondere die **wirtschaftliche
Stellung des Verletzers** von Bedeutung. Dies folgt schon aus der

Präventionsfunktion der Geldentschädigung. Eine Entschädigung muss für den Verletzer spürbar sein. Bei besonders finanzstarken Verletzern kann ferner eine zu geringe, für ihn kaum wahrnehmbare Entschädigung keine Genugtuung für den Betroffenen bedeuten. Somit kann die Geldentschädigung z. B. bei großen finanziell gut ausgestatteten Verlagshäusern deutlich höher ausfallen, als bei einzelnen Journalisten oder kleinen Werbeagenturen, auch wenn eine Verletzung gleicher Schwere begangen wurde.

b) Fiktive Lizenzgebühr

280 Die aus § 22 KUG folgende Befugnis über die werbemäßige Verwertung seines Bildes selbst zu entscheiden, ist ein **vermögenswertes Ausschließlichkeitsrecht**, dessen Verletzung auch ohne Verschulden nach ständiger Rechtsprechung des BGH **Ansprüche aus ungerechtfertigter Bereicherung** auslösen kann.[664] Der BGH hat in Sachen *Marlene Dietrich* dazu ausgeführt:[665]

> „Das allgemeine Persönlichkeitsrecht und seine besonderen Erscheinungsformen wie das Recht am eigenen Bild und das Namensrecht dienen dem **Schutz nicht nur ideeller, sondern auch kommerzieller Interessen der Persönlichkeit**. Werden diese vermögenswerten Bestandteile des Persönlichkeitsrechts durch eine unbefugte Verwendung des Bildnisses, des Namens oder anderer kennzeichnender Persönlichkeitsmerkmale schuldhaft verletzt, steht dem Träger des Persönlichkeitsrechts unabhängig von der Schwere des Eingriffs ein Schadensersatzanspruch zu.“

281 Die vermögenswerten Bestandteile des Persönlichkeitsrechts bestehen nach dieser Entscheidung **auch nach dem Tode des Trägers** des Persönlichkeitsrechts fort und die entsprechenden Befugnisse gehen auf den **Erben** über. Der BGH sprach der Tochter und Erbin *Marlene Dietrichs* Zahlungsansprüche u. a. wegen der ungenehmigten Bildnisnutzung für ein Auto (Sondermodell „Marlene“), für Kosmetikwerbung und für Merchandising-Artikel im Zusammenhang mit einem Musical zu. Der BGH erklärte hierzu die im gewerblichen Rechtsschutz anerkannte **dreifache Schadensberechnungsmethode** auch auf diese Fälle für anwendbar und billigte ihr zu, den entstandenen Schaden entweder konkret oder nach der Lizenzanalogie zu berechnen oder den Verletzergewinn herauszuverlangen.[666] Nach Auffassung des BGH ist die **Schutzdauer** der vermögenswerten Bestandteile des postmortalen Persönlichkeitsrechts in entsprechender Anwendung des § 23 Satz 3 KUG auf zehn Jahre nach dem Tode begrenzt.[667]

---

[664] BGH NJW 1992, 2084, 2085 – *Talkmaster*.
[665] BGH NJW 2000, 2195 ff.
[666] BGH NJW 2000, 2195, 2201.
[667] BGH NJW 2007, 684 – *kinski-klaus.de*.

4. Zahlungsansprüche

Der bereicherungsrechtliche **Anspruch auf Zahlung einer fikti-** 282
ven Lizenz (Lizenzanalogie) ist die in der Praxis am häufigsten
vorkommende **Berechnungsmethode.** Sie bietet für den Betroffenen den Vorteil, dass er zur Bezifferung seiner Forderung weniger
Informationen aus der Sphäre des Verletzers über den Umfang der
Verletzungshandlung benötigt, als z. B. beim Anspruch auf Herausgabe
des Verletzergewinns.

Im Rahmen des **Bereicherungsausgleichs** ist der Vermögensvor-
teil herauszugeben, den der Verletzer des Persönlichkeitsrechts auf
Kosten des Abgebildeten erlangt hat.[668] Der Anspruch besteht somit im
Regelfall in der Zahlung einer nachträglichen Vergütung (fiktiven
Lizenzgebühr) in der Höhe, die auch hätte gezahlt werden müssen,
wenn der Verletzer die Einwilligung zur Veröffentlichung ordnungsgemäß vorher eingeholt hätte.[669] Der Verletzer muss sich hierbei vollständig an der von ihm geschaffenen Sachlage festhalten lassen. Er
kann sich hierbei nicht darauf berufen, zur Zahlung eines nachträglichen Honorars in der üblichen Höhe wirtschaftlich nicht in der Lage
zu sein.[670] Ebenso ist ihm der Einwand verwehrt, er hätte die rechtswidrige Nutzung nicht vorgenommen, wenn er die Lizenzhöhe ge-
kannt hätte.[671] Der rechtsgrundlose Vermögenszuwachs ist gleichwohl
bei ihm eingetreten. Da der bereicherungsrechtliche Anspruch verschuldensunabhängig greift, kann deshalb eine derartige Verletzungshandlung gravierende Konsequenzen für den rechtswidrigen Nutzer
haben. So sah sich z. B. der Inhaber eines Optikergeschäfts in einer
Kleinstadt einer Klage auf Zahlung von DM 120 000,– ausgesetzt, weil
er unter unglücklichen Umständen unverschuldet mit einer Aufnahme
des Schauspielers *Joachim Fuchsberger* sechsmal in einer örtlichen Zeitung geworben hatte. Die Aufnahme war ihm von seinem Einkaufsverband „für ihre Pressearbeit" überlassen worden. Das Foto war mit
den Worten „Abdruck honorarfrei" beschriftet.[672]

Der Anspruch auf fiktive Lizenzgebühr setzt jedoch voraus, dass es 283
sich um eine Aufnahme handelt, die kommerzialisierbar ist und die
Veröffentlichung zumindest auch **kommerziellen Charakter** hat.
Das OLG Hamburg[673] hat hierzu ausgeführt:

> „Ein aus § 812 Abs.1 S. 1, 1. Alt BGB herzuleitender Anspruch kommt dann in
> Betracht, wenn der in Anspruch Genommene auf Kosten des Verletzten einen
> vermögenswerten Vorteil erlangt hat. Voraussetzung eines Bereicherungsanspruchs

---

[668] LG Hamburg AfP 1995, 526, 527.
[669] Vgl. BGH NJW 1992, 2084, 2085.
[670] BGH a. a. O.
[671] *Prinz / Peters,* Rn. 901 m. w. N.
[672] BGH NJW 1992, 2084, 2085.
[673] OLG Hamburg, Urteil vom 2.5.2006, 7 U 19/06.

ist, dass die Nutzung des konkreten Bildes zu dem konkreten Zweck einen Vermögenswert hatte, so dass die Verwertung einen Eingriff in ein vermögenswertes Ausschließlichkeitsrecht darstellte. Dies ist insbesondere dann anzunehmen, wenn durch die rechtswidrige Veröffentlichung ein für die Nutzung normalerweise nach der Verkehrssitte zu entrichtendes Entgelt erspart wird (vgl. auch Wenzel, Das Recht der Wort- und Bildberichterstattung 5. Aufl. 14, Rn. 10 m.w.N.). In diesen Fällen ist das ersparte Honorar, von dem der Abgebildete die Erlaubniserteilung hätte abhängig machen können, herauszugeben. Entscheidend ist somit, ob aus der Bildveröffentlichung geldwerte Vorteile gezogen wurden, und ob dies nach der Verkehrsübung nicht hätte geschehen können, ohne den Abgebildeten an ihnen in Form eines Entgelts zu beteiligen (so BGH NJW 1979, 2205,2206). Ein solches vermögenswertes Nutzungsrecht ist regelmäßig bei der Verwendung von Aufnahmen zu Werbezwecke anzunehmen, für die üblicherweise eine Lizenz an den Abgebildeten gezahlt zu werden pflegt. Bei der rein publizistischen Verwendung einer Abbildung (...) kann dies hingegen allenfalls ausnahmsweise in Betracht kommen. Derartige Bilder verkörpern regelmäßig (...) keinen Vermögenswert für die abgebildete Person. Der (publizistische) Wert des vorliegenden Bildes erschöpft sich in der Darstellung des abgebildeten - wenngleich unbedeutenden - Ereignisses, (...).‟

Mit dieser Begründung wies das OLG Hamburg die Zahlungsklage einer Frau ab, die auf einem Ball mit Pressevertretern ein freizügiges Abendkleid getragen hatte, welches kurzfristig den fotografierten Blick auf eine entblößte Brustwarze freigab. Ebenso wies das LG Hamburg in einer umstrittenen und nicht rechtskräftigen Entscheidung eine Klage der Ehefrau Günther Jauchs wegen der Veröffentlichung ungenehmigter Fotos im Brautkleid anlässlich der Berichterstattung über ihre von den Medien abgeschirmten Hochzeit ab.[674]

Im besonderen Einzelfall können aber auch nach dem gegenwärtigen Stand der Rechtsprechung unbefugte **redaktionelle Veröffentlichungen** einen Anspruch auf Lizenzgebühren begründen, z.B. wenn eine Studioaufnahme, deren Veröffentlichung vom Abgebildeten nur gegen Honorar freigegeben wird, ohne Einwilligung als Blickfang und damit Kaufanreiz auf der Titelseite einer Zeitschrift abgedruckt wird.[675] Anderes gilt, wenn die Fotoveröffentlichung der Bebilderung eines redaktionellen Beitrags dient, die üblicherweise ohne Zahlung eines Honorars vorgenommen wird, so z.B. die Veröffentlichung eines Szenenfotos aus einem Theaterstück im Zuge der Besprechung der Aufführung[676]. Einem Foto eines **„Normalbürgers"** in einer **Alltagssituation** (im entschiedenen Fall: Anziehen eines Mantels nach einem Theaterbesuch) wurde im Zusammenhang mit einem redaktionellen Beitrag über ein Hamburger Theater der kommerzielle Wert abgesprochen und die Klage auf Lizenzgebühr abge-

---

[674] LG Hamburg AfP 2008, 100, 103; insoweit bestätigt durch OLG Hamburg, Urteil vom 28.10.2008, Az. 7 U 11/08.

[675] Wandtke/Bullinger/*Fricke*, UrhR, § 22 KUG Rn. 27; LG Hamburg AfP 1995, 526, 527.

[676] LG Saarbrücken NJW-RR 2000, 1571, 1573.

wiesen, obgleich das Gericht die Veröffentlichung für rechtswidrig hielt und klarstellte, dass der Bereicherungsanspruch im Wege der Lizenzanalogie nicht nur **Prominenten** zustehen könne.[677] Ebenso entschied das AG Hamburg[678] im Falle einer Frau, die häufig als Mannequin und Fotomodell tätig war, hinsichtlich der Veröffentlichung einer Aufnahme, die sie nicht in Ausübung ihrer Modelltätigkeit zeigte, in einem Bildband über die Hansestadt Hamburg (das Motiv zeigte sie beim Gang über den Gänsemarkt). Andererseits sprach das LG München I einem Mann, der bei einer Parade zum Christopher street day fotografiert wurde, eine Lizenzentschädigung zu, als das Foto zur Bebilderung eines redaktionellen Beitrags über die Homosexuellenszene eingesetzt wurde, allerdings nur in Höhe von € 200,–.[679]

Fotos, deren Verbreitung nach § 23 KUG auch ohne Einwilligung des Abgebildeten zulässig ist, also insbesondere Aufnahmen von öffentlichen Auftritten bei zeitgeschichtlichen Ereignissen, sind in der Regel bei redaktioneller Verwendung nicht kommerzialisierbar. Etwas anderes kann nur dann gelten, wenn es sich um exklusive gestaltete Studioaufnahmen handelt, die nur durch die aktive Mitwirkung des Abgebildeten entstehen konnten und von diesem nur gegen Entgelt zur Veröffentlichung freigegeben werden. Da auch bekannte Personen die kommerzielle Verwendung ihrer Fotos gemäß § 23 Abs. 2 KUG grundsätzlich nicht dulden müssen (hierzu oben Rn. 216 ff.), ist bei ungenehmigter **Werbung** mit dem Bildnis von Prominenten regelmäßig ein Anspruch auf fiktive Lizenzgebühr begründet.

284 Der Anspruch auf fiktive Lizenzgebühr ist auch dann gegeben, wenn der Abgebildete nicht bereit oder in der Lage gewesen wäre, die Vermarktung seines Bildnisses zu gestatten.[680] In der *Lafontaine-*Entscheidung hat sich der BGH der überwiegenden Meinung angeschlossen. Der bisher in diesem Punkt bestehende Meinungsstreit[681] ist damit für die Praxis erledigt.

285 Bei der Bemessung der **Höhe der Vergütung** kommt es auf den „Marktwert" des Abgebildeten an. Dieser wird in erster Linie daran ermittelt, welche Honorare der Abgebildete in der Vergangenheit in vergleichbaren Fällen vereinbart hat. Das Gericht kann gemäß § 287 ZPO auch eine Schätzung vornehmen, deren Ausgangspunkt auch hier die dargelegten Vergütungen des Abgebildeten oder vergleichba-

---

[677] AG Hamburg GRUR 1991, 910 f., 911.
[678] AfP 1995, 523.
[679] LG München I, Urteil vom 21. 7. 2005, Az. 7 O 4742/05, rechtkräftig. Das Gericht sprach zusätzlich € 5000,– Geldentschädigung zu, weil die Veröffentlichung zu einem Zwangsouting führte.
[680] BGH NJW 2007, 689, 690 – *Lafontaine.*
[681] Hierzu in der Vorauflage, Rn. 280, m.w.N.

rer Personen sind. Gegebenenfalls ist ein Sachverständigengutachten einzuholen. Im Rahmen des § 287 ZPO stellen die Gerichte beim Fehlen vergleichbarer konkreter Fälle darauf ab, welches Entgelt vernünftige Vertragspartner in der Lage der Parteien als angemessenes Honorar für die Verwertung des Fotos ausgehandelt hätten. Dabei sind alle Umstände des konkreten Falls zu berücksichtigen[682], also z. B. die **Bekanntheit** und **Werbewirksamkeit** des Abgebildeten[683], die **Auflagenstärke** und Verbreitung des Mediums[684], die Art und Gestaltung der Veröffentlichung[685] sowie die Werbewirkung der Bildveröffentlichung.[686] Handelt es um eine rechtswidrige **Zweitverwertung** von aufsehenerregenden Exklusivfotos ist ein Abschlag gegenüber dem Honorar vorzunehmen, welches für die Erstveröffentlichungsrechte gezahlt wurde.[687] Wird auf Honorarvereinbarungen in Vergleichsfällen Bezug genommen, ist zu prüfen, ob in den dortigen Honoraren anteilige Gagen für Arbeitsaufwand enthalten sind, z.B für die Mitwirkung an Fototerminen oder Dreharbeiten. Diese Gagen sind abzusetzen, da die Arbeitsleistung nicht erbracht wurde.[688] Nicht von Bedeutung ist hingegen, ob durch die Verwendung der Personenabbildung eine positive Ausstrahlungswirkung auf das beworbene Produkt ausgeht („endorsment") oder es nur um andere Faktoren, z. B. eine Aufmerksamkeitssteigerung geht („Eyecatcher").[689]

286   Einige **Beispielsfälle** aus der Rechtsprechung:
- Eine Lizenzentschädigung in Höhe von € 200,– erhielt ein Versicherungsvertreter, der beim Christopher street day fotografiert wurde. Das Foto wurde zwei Jahre später zur Illustration eines Beitrags über Schwule in München veröffentlicht. Da die Veröffentlichung zusätzlich zu einem Zwangsouting führte, wurde neben der Lizenzentschädigung eine Geldentschädigung von € 5000,– zugesprochen (LG München I, Urteil vom 21.7. 2005, Az. 7 0 4742/05, rechtskräftig).
- Die Abbildung *Boris Beckers* in einer unzulässigen **Werbeanzeige** für die Frankfurter Allgemeine Sonntagszeitung wurde nach Einholung eines Sachverständigengutachtens mit einer fiktiven Lizenz in Höhe von € **1,2 Millionen** bewertet (LG München I AfP 2006, 382; in der Berufung durch OLG München AfP 2007, 237 dem Grunde nach bestätigt, bzgl. der Höhe ohne Entscheidung, es wur-

---

[682] BGH NJW 1992, 2084, 2085.
[683] LG Berlin NJW 1996, 1142, 1143.
[684] OLG Hamburg AfP 1983, 282, 283 f.; OLG Karlsruhe NJW 1989, 401, 402.
[685] BGH NJW 1979, 2205, 2206.
[686] BGH GRUR 1961, 138, 140.
[687] LG Hamburg AfP 1995, 526, 527 – *Nena*.
[688] OLG Karlsruhe ZUM-RD 1998, 453, 455: DM 5000,– pro Drehtag.
[689] Vgl. OLG München NJW-RR 2003, 767, 768.

de ein weiteres Sachverständigengutachten angefordert; Grundurteile LG München I ZUM 2003, 416 und OLG München ZUM 2003, 787).

– *Joschka Fischer* wurden vom LG Hamburg € **200 000,–** wegen der unerlaubten Nutzung seines (zum Kindergesicht verfremdeten) Portraits in diversen **Werbemitteln** zur Einführung einer neuen Tageszeitung zugesprochen (LG Hamburg NJW 2007, 690; in der Berufung einigten sich die Parteien auf € **75 000,–**).

– Das LG München (ZUM 2002, 565 ff.), bestätigt durch OLG München (AfP 2003, 71 ff.), schätzte nach Einholung eines Sachverständigengutachtens die angemessene Lizenz für die **Abbildung Boris Beckers** in einem **Werbeprospekt** der Firma Saturn (verbreitete Auflage 237 000 Exemplare, wovon 236 000 einer Ausgabe der Süddeutschen Zeitung im Jahre 1999 beilagen) auf **DM 158 000,–**. Der Tennisspieler war auf dem Bildschirm eines beworbenen Fernsehers abgebildet.

– Wegen einer bundesweit im Jahre 1993 geschalteten **Werbeanzeige** mit einer nachgestellten Szene aus dem Film „**Der blaue Engel**" mit *Marlene Dietrich* in ihrer bekannten Rolle als Barsängerin kurz nach ihrem Tode für einen Toshiba-Fotokopierer wurde vom OLG München eine Lizenzgebühr in Höhe von € **70 000,–** festgesetzt (OLG München NJW-RR 2003, 767 ff.; Grundurteil BGH in NJW 2000, 2201 ff.).

– Der Lizenzwert des **Sängers Ivan Rebroff** wurde vom OLG Karlsruhe (ZUM-RD 1998, 453 ff.; Grundurteil AfP 1996, 282 ff.) auf **DM 155 000,–** geschätzt. Er wurde durch ein **Double in einem Fernsehspot** der Großmolkerei Müller nachgestellt, der Spot wurde bundesweit in mehreren Programmen zwischen Herbst 1990 und Sommer 1992 ausgestrahlt.

– **Oskar Lafontaine** wurden vom OLG Hamburg (AfP 2004, 566; erste Instanz ZUM 2004, 399) € **100 000,–** wegen der Verwendung eines Portraitfotos in einem **Anzeigenmotiv der Autovermietung Sixt** zugesprochen. Das Portrait war durchgestrichen, im Text hieß es „Sixt verleast auch Autos für Mitarbeiter in Probezeit" und war kurz nach dem Rücktritt Lafontaines als Finanzminister in zwei großen Tageszeitungen veröffentlicht worden. Die Höhe der Lizenz wurde hierbei nach § 287 ZPO von Gericht geschätzt. Das Urteil wurde jedoch vom **BGH** (NJW 2007, 689) **aufgehoben**, da in der Anzeige eine zulässige satirische Auseinandersetzung mit einem Tagesereignis gesehen wurde.

– Die **Sängerin Nena** erhielt vom LG Hamburg (AfP 1995, 526, 528) wegen der **Veröffentlichung eines Nacktfotos auf der Titelseite** der Zeitschrift Super Illu **DM 40 000,–** zugesprochen. Die

Aufnahme stammte aus einer **Studioproduktion** im Zuge einer „**Bodypainting**-Aktion" der Zeitschrift Max. *Nena* machte u. a. geltend, DM 96 000,– für ein exklusives einwöchiges Abdruckrecht an einem anderen Foto erhalten zu haben.

– *Alexander Schalck-Golodkowski* wurde vom LG Berlin wegen seiner Abbildung auf rund 1470 **City-Light-Plakaten** als Werbung für eine Zeitschrift **DM 10 000,–** zugesprochen (LG Berlin NJW 1996, 1142, 1143).

– **Keine fiktive Lizenz** (und auch keine Geldentschädigung) erhielt die **Eiskunstläuferin** *Katharina Witt* wegen des **Nachdrucks eines Playboy-Fotos** im Rahmen eines redaktionellen Beitrags, der sich ironisch mit ihrer damals aktuellen Playboy-Fotoveröffentlichung auseinandersetzte. Die Klage auf DM 20 000,– wurde abgewiesen, weil das OLG Frankfurt (AfP 2000, 185) die Veröffentlichung nach § 23 Abs. 1 Nr. 1 KUG für zulässig hielt. In einem ähnlichen Fall sprach das LG Berlin aber einer **Schauspielerin** eine fiktive Lizenzgebühr in Höhe von **€ 5000,–** zu (LG Berlin AfP 2004, 455). Eine Zeitung hatte **zwei Fotos aus einer Playboy-Produktion** vorzeitig abgedruckt, wäre aber auf Grund vertraglicher Vereinbarung erst frühestens zwei Tage später im Rahmen einer **Cross-Promotion** dazu berechtigt gewesen. Bei der Höhe berücksichtigte das Gericht mindernd, dass die Vorabveröffentlichung auch der Werbung für die damals aktuell im Verkauf befindliche Playboy-Veröffentlichung diente und die Klägerin einer kostenlosen Veröffentlichung der Fotos nur wenige Tage später zugestimmt hatte.

c) Materieller Schadensersatz in sonstigen Fällen

287 Der Anspruch auf **materiellen Schadensersatz** richtet sich auch bei Verletzungen des Rechts am eigenen Bild nach den allgemeinen zivilrechtlichen Vorschriften des BGB (§§ 823 ff., 249 ff. BGB). § 22 KUG ist ein **Schutzgesetz** im Sinne von § 823 Abs. 2 BGB.[690] Materieller Schadensersatz setzt eine schuldhafte Verletzung voraus. Anders als beim Anspruch auf Geldentschädigung ist jedoch keine schwerwiegende Beeinträchtigung erforderlich.[691] Eine fahrlässige Sorgfaltspflichtverletzung kann deshalb bereits ausreichend sein, um einen Schadensersatzanspruch zu begründen.

288 Problematisch ist oft der erforderliche Nachweis der **Kausalität** zwischen der haftungsbegründenden Bildrechtsverletzung und dem Schaden. Ein materieller Schaden liegt auch in Bildrechtsfällen vor, wenn der

---

[690] OLG München NJW 1988, 915, 916; *Prinz/Peters,* Rn. 904 m. w. N.
[691] *von Strobl-Albeg* in: *Wenzel,* Kap. 9, Rn. 7.

tatsächliche Wert des Vermögens des Betroffenen geringer ist als der Wert, den das Vermögen ohne das die Ersatzpflicht begründende Ereignis haben würde.[692] Der kausale Zusammenhang zwischen Schaden und einer unberechtigten Bildnisveröffentlichung lässt sich nur in seltenen Fällen beweisen, da auch in der Realität meist auch andere Faktoren zum Schadenseintritt führen. So wird der Schaden bei rechtswidrigen Medienberichten in der Regel aus einem Zusammenspiel von Bild und Text resultieren. In der „Chefarzt-Entscheidung" hat der BGH einem Arzt Schadensersatz wegen der Kündigung eines Belegarztvertrages zugesprochen. Hierbei ging es jedoch im Schwerpunkt um unzutreffende Sachaussagen über den betroffenen Arzt und nicht allein um dessen bildliche Darstellung.[693] Wenn aber z. B. jemand gegen seinen Willen in einem Zeitungsbericht nackt abgebildet wird und nur aus diesem Grund eine anstehende Beförderung ausgesetzt wird, kann auch allein aus einer Bildrechtsverletzung ein materieller Schadensersatzanspruch begründet sein.[694]

Der BGH hat in Fällen unberechtigten Bildnisnutzung mit kom- **289** merziellem Hintergrund (Werbung, Merchandising u. a.) die im gewerblichen Rechtsschutz vorbekannte dreifache **Schadensberechnungsmethode** (konkreter Schaden, Lizenzanalogie und Herausgabe des Verletzergewinns) ausdrücklich anerkannt[695] (siehe hierzu Rn. 281 f.). Die Schadensberechnung im Wege der Lizenzanalogie bildet hierbei in der Praxis den Hauptfall, da sie den Betroffenen von den oft bestehenden Beweisproblemen bei der Berechnung des konkreten Schadens entbindet.

Zum Schadensersatz nach § 823 BGB, § 22 KUG kann auch der Ersatz von außergerichtlichen **Anwaltskosten**, berechnet nach RVG, zählen, die dem Betroffenen im Zusammenhang mit der Rechtsverletzung notwendigerweise entstanden sind.[696] Auch Betroffene mit eigenen Kenntnissen der Rechtsmaterie oder Unternehmen mit eigener Rechtsabteilung sind grundsätzlich berechtigt, anwaltliche Hilfe in Anspruch zu nehmen.[697] Ein Erstattungsanspruch kann sich auch unter den Aspekten der **Geschäftsführung ohne Auf-**

---

[692] Wandtke/Bullinger/*Fricke,* UrhR, § 22 KUG Rn. 29; HH-Ko/MedienR/Wanckel 44/16 ff.

[693] BGH NJW 1997, 1148, 1150 – *Chefarzt.*

[694] OLG München NJW 1988, 915, 916.

[695] BGH NJW 2000, 2195, 2201 – *Marlene.*

[696] LG Berlin AfP 2001, 248; AG Charlottenburg NJW-RR 1999, 1546, 1547; LG Münster NJW-RR 2005, 1065; LG München I, Urteil vom 20. 4. 2005, Az. 7 0 24252/04; AG Hamburg NJW-RR 2005, 196; AG Charlottenburg, Urteil vom 2. 3. 2005, Az. 212 C 242/04; OLG Saarbrücken NJW-RR 2007, 112; *Prinz/Peters,* Rn. 928; näheres HH-Ko/MedienR/Wanckel 44/58ff.

[697] BGH NJW 2008, 2651.

trag oder des Verzugs ergeben. Umgekehrt besteht in der Regel kein Anspruch auf Ersatz eigener Anwaltskosten seitens des Fotografen oder einer Agentur, die sich einer unberechtigten Abmahnung ausgesetzt sehen.[698]

Ist die Schadensentwicklung noch nicht abgeschlossen und lässt sich die Schadenhöhe deshalb noch nicht beziffern ist eine **Feststellungsklage** möglich.[699] Hierfür muss jedoch die Wahrscheinlichkeit eines Schadenseintritts schlüssig dargelegt werden.

d) Verhältnis der Zahlungsansprüche zueinander

290 Nach h.M., die auch hier vertreten wird, können der Anspruch auf Geldentschädigung und der bereicherungsrechtliche Ausgleich auch nebeneinander bestehen.[700] Denn der Anspruch auf fiktive Lizenz richtet sich auf den Ausgleich einer unberechtigten Vermögensverschiebung, während die Geldentschädigung der Genugtuung für die immateriellen Beeinträchtigungen und der Prävention vor zukünftigen Verletzungen dient. Durch die Abschöpfung der Bereicherung wird die Persönlichkeitsrechtsverletzung nicht beseitigt. Es gibt aber auch Fälle, in denen eine rechtswidrige Bildnisveröffentlichung nicht die für den Geldentschädigungsanspruch erforderliche Schwere erreicht, wenn der Abgebildete nachweisbar gegen Honorar zu eben dieser Nutzung seines Bildnisses bereit gewesen wäre. Das LG Hamburg[701] hat der Sängerin *Nena* keine Geldentschädigung, aber eine fiktive Lizenzvergütung nach § 812 Abs. 1 BGB zugesprochen, weil eine Zeitschrift auf der Titelseite ein Nacktfoto nachgedruckt hatte, welches im Rahmen einer sogenannten Bodypainting-Aktion eines anderen Blattes hergestellt und veröffentlicht wurde. Umgekehrt kann bei redaktioneller Berichterstattung ein Anspruch auf fiktive Lizenzvergütung entfallen, wenn für die konkrete Veröffentlichung kein Lizenzwert feststellbar ist, aber zugleich eine schwerwiegende Persönlichkeitsrechtsverletzung vorliegen, die einen Anspruch auf Geldentschädigung begründet.[702]

Ansprüche auf **materiellen Schadensersatz** können stets neben einer Geldentschädigung begründet sein. So wird den Betroffen regelmäßig beispielsweise der Ersatz von begründeten **Rechtsverfol-**

---

[698] Ausführlich LG Hamburg AfP 2007, 385, 388 f. –*Désirée Nick.*

[699] *Prinz/Peters,* Rn. 905.

[700] Vgl. OLG München NJW-RR 1996, 539, 540 f. – *Telefonsex;* LG Hamburg AfP 2008, 100 – *Jauch Hochzeit;* LG München I, Urteil vom 21.7. 2005, Az. 7 0 4742/05, rechtskräftig; *von Strobl-Albeg* in: *Wenzel,* Kap. 9, Rn. 11; *Prinz/Peters,* Rn. 921, jeweils m.w.N.; a.A. LG Berlin, Urteil vom 3.6. 2003, Az. 27 0 109/03, unveröffentlicht.

[701] AfP 1995, 526, 527.

[702] LG Hamburg AfP 2008, 100 – *Jauch Hochzeit.*

gungskosten neben anderen medienrechtlichen Ansprüchen zugesprochen.

5. Gegendarstellung und Richtigstellung

Obwohl der Anspruch auf Veröffentlichung einer **Gegendarstel-** 291
lung als persönliches Erwiderungsrecht des Betroffenen auf ihn betreffende **Tatsachenbehauptungen** in Medien[703] naturgemäß in erster Linie bei Textveröffentlichungen gegeben ist, kommen auch Situationen vor, in welchen eine Gegendarstellung zu Fotoveröffentlichungen verlangt werden kann.[704] Der praktische Anwendungsbereich beschränkt sich aber auf **seltene Fälle**, in denen zunächst die allgemeinen Anspruchsvoraussetzungen des Gegendarstellungsrechts gegeben sein müssen. Ein Anspruch auf Veröffentlichung einer Gegendarstellung besteht nur auf einer besonderen gesetzlichen Grundlage. Solche Normen finden sich für periodische Druckwerke in den Landespressegesetzen, für Sendungen im Rundfunk in den jeweiligen Landesrundfunkgesetzen oder Staatsverträgen und für **Telemedien (z.B. Internetangebote)** in § 56 RfStV.[705]

In den meisten Fällen werden sich erwiderungsfähige Tatsachenbehauptungen nicht alleine aus einer Fotoveröffentlichung, sondern aus dem Begleittext (z.B. **Bildunterschriften**) ergeben. Dann kann nur in textlicher Form auf die Sachaussage erwidert werden. So wird z.B. im Falle einer **Bildverwechslung** und deshalb fehlerhafter Bildunterschrift mit einem falschen Namen nur eine textliche Gegendarstellung in Betracht kommen. Inhaltlich darf der Gegendarstellungsberechtigte dann öffentlich mitteilen, dass ihn das Foto nicht zeigt. Ein Anspruch auf Veröffentlichung eines „**Gegenfotos**" besteht nach herrschender Meinung nur, wenn sich die erwiderungsfähige Tatsachenbehauptung unmittelbar aus dem Foto ergibt und eine verständliche, sachgerechte Erwiderung nur durch eine weitere Fotoveröffentlichung erfolgen kann.[706] Wird z.B. über den Umfang eines Neubauvorhabens mittels einer **Fotomontage** berichtet, welche die Ausdehnung und das Aussehen der geplanten Bebauung unzutreffend wiedergibt, kommt im Rahmen des Gegendarstellungsanspruchs die Veröffentlichung einer weiteren Fotomontage mit den richtigen baulichen Verhältnissen entsprechend des Genehmigungs- und Planungsstandes in Betracht, da

---

[703] Grundlegend BVerfG NJW 1983, 1179 ff.

[704] Vgl. Wandtke/Bullinger/*Fricke,* UrhR, § 22 KUG Rn. 26; *Prinz/Peters,* Rn. 544.

[705] Ausführlich zur Gegendarstellung HH-Ko/MedienR/*Meyer* 41/1 ff.

[706] *Seitz/Schmidt/Schoener,* Rn. 218, 451, m.w.N.

nur durch eine derartige visuelle Erwiderung bei den Lesern eine hinreichende Vorstellung erreicht werden kann, die der Erstmitteilung im Sinne des gegendarstellungsrechtlichen **Gebots der „Waffengleichheit"**[707] gerecht wird.

292 Insbesondere Boulevard-Medien veröffentlichen des öfteren **Personengruppen** im Wege der **Fotomontage**, häufig zur Gestaltung von Titelseiten. Da Fotoveröffentlichungen vom Betrachter in der Regel ohne weiteres als Wiedergabe eines tatsächlichen Geschehens verstanden werden, können sich aus solchen Fotomontagen gegendarstellungsfähige Tatsachenbehauptungen ergeben. Dies ist nicht der Fall, wenn schon aus der Gestaltung der Fotomontage offensichtlich ist, dass es sich um eine Montage handelt, z. B. durch irreale Proportionen oder sichtbare Schnittkanten. Auch eine **deutliche Kennzeichnung** als Fotomontage kann eine Fehlvorstellung der Betrachter vermeiden, wobei diese Kennzeichnung unübersehbar auf derselben Seite angebracht sein muss. Eine Kennzeichnung im Inhaltsverzeichnis oder bei den sonstigen Bildnachweisen reicht nicht aus.[708] In diesem Fall legte das Gericht einer Illustrierten, die auf der Titelseite eine Fotomontage des Fußballers *Oliver Kahn,* seiner Frau und seiner angeblichen Geliebten veröffentlicht hatte, auf, ebenfalls auf der Titelseite die folgende Gegendarstellung zu veröffentlichen:

> „Gegendarstellung
> Auf der Titelseite von A. vom … ist ein Foto abgebildet, das Simone Kahn, Oliver Kahn und mich zeigt. Hierzu heißt es „Oliver Kahn zwischen Ehefrau Simone und Freundin V.K. (l.)".
> Hierzu stelle ich fest:
> Das Foto ist eine ohne mein Einverständnis hergestellte Fotomontage.
> V.K."

293 In derartigen Fällen kommt neben der Gegendarstellung als persönlichem Erwiderungsrecht der Abgebildeten auch ein Anspruch auf redaktionelle **Richtigstellung** in Betracht.[709] Während die Gegendarstellung im Namen des Abgebildeten erfolgt und von diesem formuliert wird, ist die Richtigstellung eine eigene Korrektur des Verlages oder Autoren, der die Falschbehauptung aufgestellt hat. Der **Richtigstellungsanspruch** ist im Presserecht als **äußerungsrechtlicher Folgenbeseitigungsanspruch** aus § 1004 BGB anerkannt und folgt auch in Bildnisfällen den allgemeinen Anspruchsvoraussetzungen.[710] Es muss ein Bedürfnis nach der Beseitigung eines Störungszustandes be-

---

[707] Vgl. BVerfG NJW 1998, 1381, 1382 ff.
[708] LG München I NJW 2004, 606, 607.
[709] So auch *Gamer* in: *Wenzel,* Kap. 13, Rn. 47.
[710] BGH NJW 1995, 861 ff., 862 – *Caroline I; ausführlich *Prinz/Peters,* Rn. 673 ff.; *Gamer* in: *Wenzel,* Kap. 13, Rn. 13 ff.

stehen, was dann der Fall ist, wenn eine durch eine Falschbehauptung erzeugte Fehlvorstellung noch im Raume steht, die als „Quelle einer **fortwirkenden Rufbeeinträchtigung**" wirkt. Ein **Verschulden ist nicht erforderlich.** Der Richtigstellungsanspruch kann durch entsprechende Zusätze beim Abdruck einer Gegendarstellung erledigt werden, z. B. durch die im Anschluss an eine Gegendarstellung deutlich hinzugesetzte Formulierung „V. hat Recht. Der Verlag." Es dürfen keine Zweifel an der Unrichtigkeit der Erstmitteilung offen bleiben.

6. Hilfsansprüche und sonstige Ansprüche

Neben den zuvor erörterten Ansprüchen auf Unterlassung, Zah- **294** lung, Gegendarstellung und Richtigstellung kann der Verletzte weitere Ansprüche geltend machen. Diese dienen in der Praxis entweder der Vorbereitung der Durchsetzung von Zahlungsansprüchen (Auskunftsanspruch) oder der Unterstützung und Absicherung des Unterlassungsanspruchs. Ferner stellt § 33 KUG die Verletzung des Rechts am eigenen Bild unter Strafe, eine Verschärfung des strafrechtlichen Bildnisschutzes ergibt sich auch aus § 201 a StGB, welcher die Verletzung des höchstpersönlichen Lebensbereichs durch Bildaufnahmen unter Strafe stellt (hierzu Rn. 308).

a) Auskunftsanspruch

Der **Auskunftsanspruch** wird wie im allgemeinen Zivilrecht auch **295** bei der Verletzung des Rechts am eigenen Bild aus dem Grundsatz von Treu und Glauben (§ 242 BGB) hergeleitet.[711] Geschuldet sind Auskünfte, die der Inanspruchgenommene unschwer erteilen kann, weil es sich um Informationen handelt, die in seiner Sphäre liegen (z. B. über den Umfang einer Verbreitungshandlung). Der Auskunftsanspruch besteht nur dann, wenn dem Verletzten die benötigten Informationen aus entschuldbaren Gründen selbst nicht vorliegen. Er dient nicht der Aufdeckung von Rechtsverstößen oder der Beweissicherung, sondern setzt dem Grunde nach einen berechtigten Anspruch voraus. Ein bloßer Verdacht reicht nicht aus.[712] Ein Auskunftsanspruch ist somit gegeben, wenn grundsätzlich ein Zahlungsanspruch, gleich aus welchem Rechtsgrund, besteht und der anspruchsbegründende Sachverhalt bereits feststeht, jedoch zur Bestimmung der Höhe der Zahlungsforderung noch

---

[711] Wandtke/Bullinger/*Fricke,* UrhR, § 22 KUG Rn. 39.
[712] *Steffen* in: *Löffler,* § 6 LPG Rn. 348.

Informationen erforderlich sind.[713] Es können solche Auskünfte verlangt werden, die zur Bezifferung von Zahlungsansprüchen nach einer der anerkannten Berechnungsmethode dienlich sind. Es handelt sich hierbei insbesondere um **Auskünfte über den Umfang der Verbreitung** eines Bildnisses einschließlich der **erzielten Erlöse.**

296   Ein ausführliches Beispiel zum Umfang und zur Formulierung des Auskunftsanspruchs nach der rechtswidrigen Verwendung eines Bildnisses im Zuge einer Werbemaßnahme enthält der Sachverhalt der BGH-Entscheidung „Der blaue Engel"[714]. Das werbende Unternehmen wurde dort verurteilt, Auskunft zu erteilen über die Werbekampagne, und zwar

> „durch Vorlage einer zeitlich und nach den jeweiligen Werbeträgern gegliederten Aufstellung, die genaue Angaben enthält über
> a) alle Werbeträger, deren Auflage und Verbreitung sowie die Größe, in der die Abbildung in den jeweiligen Werbeträgern abgedruckt oder auf sonstige Weise verbreitet worden ist;
> b) den Zeitpunkt bzw. die Zeitdauer der jeweiligen Werbemaßnahmen;
> c) die mit der jeweiligen Werbung verbundenen Kosten."

297   Bei Auskunftsansprüchen nach rechtwidrigen Bildnisveröffentlichungen in redaktionellen Beiträgen ist die **Pressefreiheit** (Art. 5 Abs. 1 Satz 2 GG) zu berücksichtigen. Die Pressefreiheit schützt im Interesse einer ungehinderten Informationsbeschaffung auch die **Vertraulichkeit zwischen der Presse und ihren Informanten,** zu welchen auch die Lieferanten von Bildern (**Bildagenturen, Fotografen** etc.) gezählt werden. Das BVerfG sah deshalb eine Verurteilung zur Auskunft über die Herkunft von rechtswidrig veröffentlichten Aufnahmen[715] als unverhältnismäßigen Eingriff in die Pressefreiheit an und hob das Urteil auf[716] (allerdings zum urheberrechtlichen Auskunftsanspruch nach § 101 a UrhG).

b) Beseitigungsanspruch

298   Der allgemeine aus § 1004 BGB folgende **Beseitigungsanspruch** hat in der Praxis nur eine geringe Bedeutung. Er setzt ein Fortwirken der Beeinträchtigung aus einer objektiv rechtswidrigen Verletzung voraus, aber kein schuldhaftes Verhalten.[717] Zur Erfüllung des Beseitigungsanspruchs müssen somit z.B. rechtswidrige Abbildungen aus Internetauftritten oder von Plakaten entfernt werden. Dies ergibt sich jedoch in der Praxis bereits aus dem Unterlassungsanspruch, da die weitere Veröffentlichung eines im Zuge des Unterlassungsanspruchs

---

[713] OLG München GRUR-RR 2003, 292, 293.
[714] NJW 2000, 2201 ff.
[715] OLG Hamburg NJW-RR 1999, 1204, 1206.
[716] BVerfG ZUM 1999, 633, 635 f. – *Heidemörder.*
[717] Schricker/*Götting,* Urheberrecht, § 60 UrhG/§§ 33–50 KUG Rn. 4.

verbotenen Fotos mit einer Personenabbildung auf einer Internetseite ein Verstoß gegen den Unterlassungstitel bedeuten würde und mit Ordnungsgeldern gemäß § 890 ZPO geahndet werden könnte.

c) Vernichtungs- und Herausgabeanspruch

Der Unterlassungsanspruch wird auch durch den in § 37 KUG aus- **299** drücklich geregelten **Vernichtungsanspruch** abgesichert. Gem. § 37 Abs. 1 Satz 2 KUG kann der Verletzte verlangen, dass die widerrechtlich verbreiteten oder öffentlich zur Schau gestellten Bildnisse und alle zu deren Vervielfältigung ausschließlich bestimmten Vorrichtungen vernichtet werden. Statt der Vernichtung kann der Verletzte gemäß § 38 KUG verlangen, dass ihm das Recht zuerkannt wird, die Exemplare oder Vorrichtung ganz oder teilweise gegen eine angemessene, höchstens dem Betrage der Herstellungskosten gleichkommende Vergütung zu übernehmen **(Herausgabeanspruch)**. Der Vernichtungs- und Herausgabeanspruch setzt keine Wiederholungsgefahr voraus.[718] Der Herausgabeanspruch wird als zivilrechtlicher Folgenbeseitigungsanspruch auch aus § 1004 BGB hergeleitet.[719] Er kann schon dann bestehen, wenn Fotos rechtswidrig hergestellt, aber noch nicht veröffentlicht wurden.[720]

Nach Auffassung des OLG Hamburg besteht der Herausgabean- **300** spruch (und der Vernichtungsanspruch) nur dann, wenn feststeht, dass die Verbreitung des Bildmaterials auch zukünftig zeitlich unbegrenzt unzulässig ist.[721] Nach dieser Ansicht verlieren diese Ansprüche erheblich an Bedeutung, da fast nie auszuschließen ist, dass Situationen auftreten, in denen eine Bildnisveröffentlichung nach § 23 Abs. 1 Nr. 1 KUG wegen zeitgeschichtlicher Relevanz zulässig wird, obgleich die Aufnahme in allen anderen Fällen nicht ohne Zustimmung des Abgebildeten veröffentlicht werden darf. Das OLG Hamburg hob mit der Erwägung, dass die Pressefreiheit auch das Recht auf Archivierung von Informationen und Aufnahmen zu Berichterstattungszwecken gehöre, die zuvor vom LG Hamburg[722] angeordnete Herausgabe von Fotos aus einem Bildarchiv auf, die den ältesten Sohn *Caroline von Monacos* zeigen. Dabei ging das Gericht allerdings entsprechend der damaligen Rechtsprechung davon aus, dass er „in nicht allzu ferner Zukunft" als „Person der Zeitgeschichte" die Veröffentlichung auch älterer Fotos hinzunehmen habe.

---

[718] BGH NJW 1961, 558 ff. – *Familie Schölermann;* Schricker/*Götting,* Urheberrecht, § 60 UrhG/§§ 33–50 KUG Rn. 7.

[719] LG Saarbrücken NJW-RR 2000, 1571,1573 – *Theaterfoto.*

[720] Wandtke/Bullinger/*Fricke,* UrhR, § 22 KUG Rn. 38; OLG München in AfP 1995, 658, 661.

[721] OLG Hamburg AfP 1997, 535, 536.

[722] Urteil vom 6. 5. 1994, Az. 324 0 803/93, unveröffentlicht.

301 Zur vorläufigen Absicherung des Unterlassungs-, Vernichtungs- und Herausgabeanspruchs kann im Wege des einstweiligen Rechtsschutzes nur die **Herausgabe** der streitigen Fotos an den **Gerichtsvollzieher** als **Sequester** verlangt werden.[723] Eine **Sicherstellung** oder **Beschlagnahme** von Foto- und Filmmaterialien durch die **Polizei** oder **Ordnungsbehörden** ist nur in seltenen Fällen zulässig. Eine solche Maßnahme beurteilt sich nach dem Polizei- und Ordnungsrecht der Länder und setzt eine gegenwärtige **Gefahr** für die **öffentliche Sicherheit und Ordnung** voraus. Bei der jeweiligen Ermessensentscheidung ist eine sachgerechte Gefahrenprognose anzustellen. Ferner ist die Pressefreiheit zu berücksichtigen. Es darf nach der Herstellung von Aufnahmen keine rechtswidrige Verwendung unterstellt werden. Aus der Herstellung von Aufnahmen bei einem **Polizeieinsatz** folgt z. B. noch nicht, dass diese Aufnahmen unter Verletzung des Rechts am eigenen Bild der abgebildeten Beamten veröffentlicht werden. Wegen der zivil- und strafrechtlichen Sanktion von unrechtmäßigen Veröffentlichungen ist vielmehr davon auszugehen, dass bei einer späteren Veröffentlichung die rechtlichen Grenzen eingehalten werden, z. B. durch eine hinreichende Anonymisierung der Abgebildeten.[724] Gleiches gilt für die behördliche **Einziehung** und **Vernichtung** von Bildmaterial auf Grund von polizeirechtlichen Vorschriften der Länder. Der VGH Baden-Württemberg hielt eine entsprechende Verfügung, die an einen Fotografen während einer Diskussionsveranstaltung mit behördlichen Teilnehmern ergangen war, für rechtswidrig.[725] Der VGH sah keine konkreten Anhaltspunkte für eine spätere Veröffentlichung der Bilder in rechtswidriger Weise. Ist hingegen ausnahmsweise die Sicherstellung rechtmäßig, weil eine unmittelbar bevorstehende Rechtsverletzung anzunehmen ist, ist hierzu in Gerichtsgebäuden der Vorsitzende Richter auf Grund seiner **sitzungspolizeilichen Befugnisse** (§ 176 GVG) auch in einer Verhandlungspause vor dem **Gerichtssaal** berechtigt.[726]

Nach Auffassung des OLG Frankfurt[727] hat die **Vollstreckung** eines Vernichtungsanspruchs nicht nach § 888 ZPO (Zwangsgeld/Zwangshaft), sondern nach §§ 887, 892 ZPO (Ermächtigung des Gläubigers zur Selbstvornahme mit Kostenerstattung, ggf. unter Beiziehung des Gerichtsvollziehers) zu erfolgen.

---

[723] OLG Celle AfP 1984, 236 ff.; *Prinz/Peters,* Rn. 925.

[724] OVG Saarland AfP 2002, 545, 547 ff.; anders VGH Baden-Württemberg AfP 2008, 539.

[725] VGH Baden-Württemberg AfP 1996, 193, 194.

[726] BGH NJW 1998, 1420, betreffend den Fall von Aufnahmen einer wartenden Zeugin während der Sitzungspause auf dem Gerichtsflur.

[727] NJW-RR 2007, 485.

Herausgabeansprüche können nach **Urheberrechtsverletzungen** 302
(z.b. rechtwidrige Vervielfältigungsstücke) und **Eigentumsverlet-**
zungen (z.b. geliehene, aber nicht zurückgegebene Dias) auch aus
§ 98 UrhG und § 985 BGB bestehen. Diese Ansprüche werden unten
unter Rn. 447 behandelt. Siehe dort auch zur **Bestimmtheit des**
Klagantrags bei Herausgabeansprüchen.

7. Urheberrechtliche Ansprüche (§§ 97 ff. UrhG)

Die vorstehend erörterten zivilrechtlichen Ansprüche bestehen auf- 303
grund der Verletzung des Rechts am eigenen Bild oder sonstiger Persönlichkeitsrechte wegen rechtswidriger Bildinhalte. Davon zu unterschieden sind die urheberrechtlichen Ansprüche des Fotografen, die
nach §§ 97 ff. UrhG begründet sein können, wenn fremdes Bildmaterial ohne Einwilligung genutzt wird (z.b. durch Vervielfältigung,
Verbreitung, Veröffentlichung, Bearbeitung). Die Ansprüche aus
§§ 97 ff. UrhG werden unten im Zusammenhang mit der Darstellung
des Urheberrechts an Fotos unter Rn. 427 ff. erläutert.

8. Strafrechtliche Konsequenzen
(§ 33 KUG, § 201 a StGB, §§ 106 ff. UrhG)

§ 33 KUG stellt die **unzulässige Verbreitung und Veröffentli-** 304
chung eines Bildnisses entgegen § 22, 23 KUG unter **Strafe**. Die
Herstellung von Personenfotos ist hingegen nicht von § 33 KUG
erfasst, ebenso nicht die Herstellung, Verbreitung und Veröffentlichung von **Aufnahmen von Sachen**. Derartige Handlungen können
zwar rechtswidrig sein (siehe Rn. 9 ff.; 53 ff.), unterliegen aber nicht
der Strafandrohung des § 33 KUG. Die Herstellung von Fotos aus
dem Privatbereich unterliegt aber jetzt der Strafandrohung des neuen
§ 201 a StGB (hierzu Rn. 306).

Die Strafandrohung für die unzulässige Verbreitung und Veröffent- 305
lichung beträgt gemäß § 33 KUG Freiheitsstrafe bis zu einem Jahr
oder Geldstrafe. Es handelt sich gem. § 33 Abs. 2 KUG jedoch um ein
Antragsdelikt. Strafanzeige und **Strafantrag** müssen bei der Staatsanwaltschaft, der Polizei oder dem Amtsgericht schriftlich gestellt
werden (§ 158 Abs. 2 StPO). Bei Gericht und Staatsanwaltschaft besteht auch die Möglichkeit, den Strafantrag zu Protokoll zu stellen.
Der Strafantrag muss binnen einer **Frist** von drei Monaten ab Kenntnis gestellt werden (§ 77 b StGB).

306   § 33 KUG ist gemäß § 374 Abs. 1 Nr. 8 StPO ein **Privatklagedelikt**. Dies bedeutet, dass der Verletzte die Verletzung seines Rechts am eigenen Bild auch in strafrechtlicher Hinsicht mit einer eigenen Klage verfolgen lassen kann, ohne dass zuvor die Staatsanwaltschaft eingeschaltet werden muss. Die Staatsanwaltschaft wird in derartigen Privatklagedelikten nur dann Klage erheben, wenn sie auf Grund besonderer Umstände des Einzelfalls ein öffentliches Interesse an der Strafverfolgung erkennt (§ 376 StPO). In der Regel wird sie den Verletzten auf den Privatklageweg verweisen, womit die für dieses Verfahren geltenden besonderen Vorschriften in §§ 374 ff. StPO Anwendung finden. Unter anderem kann der Privatkläger einen anwaltlichen Beistand einschalten (§ 378 StPO). Er muss dem Beschuldigen eine finanzielle Sicherheit in Höhe der voraussichtlichen Kosten des Verfahrens hinterlegen (§ 379 StPO).

307   § 33 KUG ist – neben dem neuen § 201 a StGB – die einzige Strafnorm, die Verletzungen des Rechts am eigenen Bild durch Personenfotos und andere Bildnisse betrifft. Bei rechtswidrigen Sachaufnahmen kommt eine Strafbarkeit nach den **urheberrechtlichen Straf- und Bußgeldvorschriften** in §§ 106 ff. UrhG in Betracht, wenn ein urheberrechtlich geschützter Gegenstand in unzulässiger Weise fotografiert wird. Hierzu näher unten unter Rn. 429. In diesen Fällen ist nicht erst die Verbreitung und Veröffentlichung des Fotos strafrechtlich relevant, sondern bereits dessen Herstellung, weil darin eine Vervielfältigungshandlung liegt, die ebenfalls tatbestandlich erfasst ist. Die Straftatbestände der §§ 106 ff. UrhG werden nur auf Antrag verfolgt (§ 109 UrhG), es sei denn, dass die Strafverfolgungsbehörden ein Einschreiten von Amts wegen für geboten halten.

308   Als Reaktion auf die neuen technischen Begebenheiten, insbesondere die sog. **Paparazzi**-Fotografie (heimliche Herstellung von Aufnahmen aus großer Entfernung oder aus dem Verborgenen mittels leistungsstarker Kameratechnik), Handys mit Fotofunktionen und andere Kameras im Kleinstformat, hat der Gesetzgeber im Jahre 2004 mit § 201 a StGB einen neuen Tatbestand ins Strafgesetzbuch aufgenommen, der den Schutz der Privat- und Intimsphäre in strafrechtlicher Hinsicht stärken soll.[728] § 201 a StGB bestraft Verletzungen der höchstpersönlichen Lebensbereiches durch Bildaufnahmen und ergänzt § 201 StGB (Verletzung der Vertraulichkeit des Wortes) hinsichtlich des Bildnisschutzes. Von besonderer Bedeutung ist, dass nach § 201 a StGB **schon die Herstellung von Aufnahmen in geschützten Bereichen unter Strafe gestellt** wurde, wobei es nicht

---

[728] § 201 a StGB einfügt durch das 36. Strafrechtsänderungsgesetz vom 30. 7. 2004, BGBl. I S. 2012.

darauf ankommt, ob die Aufnahmen dauerhaft gespeichert werden.[729]
Damit will der Gesetzgeber dem „Kameravoyeurismus" begegnen,
der vorher keine strafrechtliche Konsequenzen haben konnte (z. B.
Kameras in Damentoiletten oder Umkleidekabinen, in ärztlichen Be-
handlungsräumen und entsprechende Internetangebote). Der wegen
auslegungsbedürftiger Begriffe kritisierte **Wortlaut** entspricht dem
interfraktionellen Gesetzentwurf vom Februar 2004 (Bundestags-
Drucksache 15/2466):

> „§ 201 a Verletzung des höchstpersönlichen Lebensbereichs durch Bild-
> aufnahmen
>
> (1) Wer von einer anderen Person, die sich in einer Wohnung oder in einem ge-
> gen Einblick besonders geschützten Raum befindet, unbefugt Bildaufnahmen
> herstellt oder überträgt und dadurch deren höchstpersönlichen Lebensbereich
> verletzt, wird mit einer Freiheitsstrafe bis zu einem Jahr oder mit Geldstrafe
> bestraft.
>
> (2) Ebenso wird bestraft, wer eine durch eine Tat nach Absatz 1 hergestellte Bild-
> aufnahme gebraucht oder einem Dritten zugänglich macht.
>
> (3) Wer eine befugt hergestellte Bildaufnahme von einer anderen Person, die sich
> in einer Wohnung oder in einem gegen Einblick besonders geschützten Raum
> befindet, unbefugt gebraucht oder einem Dritten zugänglich macht und da-
> durch deren höchstpersönlichen Lebensbereich verletzt, wird mit einer Frei-
> heitsstrafe bis zu einem Jahr oder mit Geldstrafe bestraft.
>
> (4) Die Bildträger sowie Bildaufnahmegeräte oder andere technische Mittel, die
> der Täter oder Teilnehmer verwendet hat, können eingezogen werden. § 74 a
> ist anzuwenden."

Der neue Tatbestand des § 201 a StGB kennt keine Privilegierung **309**
für Pressefotografen. Aus diesem Grunde ist die Vorschrift umstritten,
weil nicht klar ist, wie schützenswerte öffentliche Informationsinteressen im Sinne der **Pressefreiheit** (Art. 5 GG) zu berücksichtigen sind,
z. B. bei der Aufdeckung bedeutender **Missstände** durch **investigati-
ve Journalisten**.[730] Es erscheint sachgerecht, derartige Fälle schon auf
Tatbestandsebene im Merkmal „und dadurch deren höchstpersönlichen Lebensbereich verletzt" unter angemessener Berücksichtigung
der Pressefreiheit zu würdigen, da Vorgänge mit echter zeitgeschichtlicher Relevanz nicht „höchstpersönlich" sind, auch wenn sie sich in
einer Wohnung o. ä. ereignen.

Anders als das Recht am eigenen Bild nach dem KUG erfasst
§ 201 a StGB **keine zeichnerischen Darstellungen**.[731]

„**Unbefugt**" sind Aufnahmen, die **ohne Einwilligung** des Abgebildeten hergestellt werden.[732] Eine Befugnis kann sich im Einzelfall auch

---

[729] Schönke/Schröder, § 201 a, Rn. 7.

[730] Vgl. zur Diskussion Schertz, AfP 2005, 421; Borgmann, NJW 2004, 2133; Hop-
pe, GRUR 2004, 990; Ernst, NJW 2004, 1277; Wendt, AfP 2004, 181; Kühl, AfP
2004, 191; Sauren, ZUM 2005, 425; Tröndle/Fischer, § 201 a, Rn. 14a.

[731] Schönke/Schröder, § 201 a, Rn. 4; Tröndle/Fischer, § 201 a, Rd. 4.

aus anderen gesetzlichen Vorschriften ergeben, z. B. aus § 100 c I 1 a StPO.

310 **In räumlicher Hinsicht** sind zunächst Aufnahmen aus **Wohnungen** vom Tatbestand erfasst, wozu in entsprechender Anwendung der Auslegung zu § 123 Abs. 1 StGB (Hausfriedensbruch) z. B. auch **Hotelzimmer** und andere angemietete oder zur Wohnnutzung überlassene Räumlichkeiten zählen können[733], sowie Krankenzimmer, Zelte und Wohnwagen.[734] Da nach der Formulierung bei Wohnungen anders als bei den dort ebenfalls genannten anderen „**gegen Einblick besonders geschützten Räumen**" keine Schutzmaßnahmen erforderlich sind, ist es unerheblich, ob die Wohnung frei einsehbar ist oder ein **Sichtschutz** vorhanden ist. Wohnungen sind absolut geschützt.[735] Daher kann sich auch eine Person, die sich befugt in einer Wohnung aufhält (z.B. ein Gast oder ein Familienmitglied) strafbar machen, wenn diese dort unerlaubt Aufnahmen herstellt.[736]

Ein „besonders gegen Einblicke geschützter Raum" im Sinne der Vorschrift (z. B. **Toiletten, Umkleidekabinen oder ärztliche Behandlungszimmer**) kann auch eine **Örtlichkeit im Freien** sein, z. B. Teile von **Gärten, Terrassen und Balkons.** Hier muss jedoch ein besonderer Sichtschutz bestehen,[737] der zur objektiv Abschirmung geeignet ist und daher für den Fotografen auch als Abschirmung erkennbar ist. Nach Auffassung des OLG Karlsruhe[738] ist es nicht nach § 201 a StGB strafbar, von einem Nachbargrundstück aus einen sich in seiner hell erleuchteten **Anwaltskanzlei** hinter einem vorhanglosen Fenster aufhaltenden Anwalt zu fotografieren. Dies dürfte entsprechend für alle **Büros** und **Geschäftsräume** gelten, die nicht durch einen Sichtschutz abgeschirmt sind.[739]

311 Während Abs. 1 der Vorschrift schon die **Herstellung** und die anschließende **Übertragung** derartiger Aufnahmen unter Strafe stellt, wird nach Abs. 2 die **Nutzung** (Gebrauch) oder die **Weitergabe an Dritte** solcher Aufnahmen ebenfalls unter Strafe gestellt.

Gemäß Abs. 3 können auch Aufnahmen, die zunächst befugt (also mit Zustimmung des Abgebildeten) in einem geschützten Raum aufgenommen worden sind, strafrechtlich relevant werden, nämlich dann, wenn sie wissentlich ohne Einwilligung einem Dritten zugäng-

---

[732] Schönke/Schröder, § 201 a, Rn. 8.
[733] Tröndle/Fischer, § 201 a, Rd. 7.
[734] Schönke/Schröder, § 201 a, Rn. 5.
[735] So auch Tröndle/Fischer, § 201 a, Rd. 7.
[736] Schönke/Schröder, § 201 a, Rn. 7.
[737] Schönke/Schröder, § 201 a, Rn. 5.
[738] GRUR 2006, 959.
[739] Schönke/Schröder, § 201 a, Rn. 5.

lich gemacht werden. Der Gesetzgeber hat hier an einen nachträglichen **Vertrauensbruch** gedacht, z. B. wenn der ehemalige Liebhaber Fotos seiner Exgeliebten aus dem Schlafzimmer weitergibt.

9. Notwehrrecht des Abgebildeten

Da gerichtliche Verbote in der Regel zu spät kommen, sind Betrof- **312** fene mitunter versucht, rechtswidrige Aufnahmen im Wege der Selbsthilfe durch eigenen Körpereinsatz faktisch zu verhindern. Das Instrumentarium reicht in bekannt gewordenen Fällen vom Zuhalten des Objektivs über das körperliche Abdrängen des Fotografen und der Entwendung der Kamera bis hin zum Einschlagen auf einen Kameramann. Dabei werden in der Regel strafrechtliche Tatbestände verwirklicht (Nötigung, Sachbeschädigung, Körperverletzung). Eine Rechtfertigung wegen **Notwehr,** § 32 StGB, kommt zwar grundsätzlich in Betracht, die tatbestandlichen Voraussetzungen der Notwehr sind aber nicht immer gegeben. Bei Körperverletzungsdelikten scheitert der Rechtsfertigungsgrund in der Regel bereits an der Verhältnismäßigkeit der Mittel („erforderliche Verteidigung" i. S. d. § 32 II StGB). Darüber hinaus ist in der konkreten Situation vor Ort regelmäßig nicht rechtssicher zu beurteilen, ob überhaupt ein „gegenwärtiger rechtswidriger Angriff" in Sinne des Notwehrrechts vorliegt, da – wie ausgeführt – die Anfertigung von Aufnahmen und deren spätere Verbreitung auch ohne Einwilligung zulässig sein kann und die Beurteilung eine umfassende Güterabwägung voraussetzt. Zu Recht wird daher in der Literatur von der Inanspruchnahme eines (vermeintlichen) Notwehrrechts oder anderer grundsätzlich in Betracht kommender Abwehrrechte (Notstand, § 34 StGB, §§ 228 ff. BGB) abgeraten.[740]

Unabhängig hiervon ist anerkannt, dass das allgemeine Persönlich- **313** keitsrecht ein **notwehrfähiges Rechtsgut** ist[741], ebenso das Recht am eigenen Bild gemäß § 22 KUG[742], welches als besonderes Persönlichkeitsrecht Teil des Persönlichkeitsschutzes ist.

Ein Fall zulässiger Notwehr lag nach einer Entscheidung des OLG **314** Düsseldorf[743] vor, als nach der ungenehmigten Herstellung von Aufnahmen in einer Wohnung eine Kamera zwecks **Sicherstellung des**

---

[740] Vgl. *Soehring,* Rn. 9.12 f. m. w. N.

[741] OLG Düsseldorf NJW 1994, 1971, 1972; *von Strobl-Albeg* in: *Wenzel,* Kap. 7, Rn. 37.

[742] *Lenckner/Perron* in: *Schönke/Schröder,* § 32 StGB, Rn. 5a, *Haberstroh* in: JR 1983, 314, 315.

[743] NJW 1994, 1971, 1972.

Filmes weggerissen wurde, wobei es auf Grund eines um das Handgelenk geschlungenen Tragriemens zu einer Verletzung gekommen war. Zuvor war erfolglos versucht worden, die Person aus der Wohnung zu verweisen und polizeiliche Hilfe heranzuholen. Zum Notwehrmerkmal der Erforderlichkeit vertrat das Gericht die Ansicht, dass nicht nur die Verhinderung weiterer Aufnahmen, sondern auch der Entzug des bereits belichteten Filmmaterials erforderlich sei, um den gegenwärtigen rechtswidrigen Angriff abzuwehren, da sonst von einer missbräuchlichen Verwendung der hergestellten Aufnahmen auszugehen sei. Der Angriff sei auch noch „gegenwärtig" im Sinne des Notwehrrechts, weil die notwehrfähige Verletzung des Persönlichkeitsrechts erst mit der Herstellung von Abzügen beendet sei.

315   Neben etwaigen Notwehrrechten wird in der Literatur[744] die Herleitung eines zivilrechtlichen Schutzes gegen aufdringliche **Nachstellungen durch Fotografen**, insbesondere in Fällen der ständigen Überwachung und Belagerung durch sogenannte **Paparazzi**, aus dem **Gewaltschutzgesetz** (GewSchG)[745] angeregt. Das GewSchG sieht in § 1 Abs. 2 Schutz gegen Belästigungen durch widerrechtliche Nachstellungen vor, der durch **Betretungs-, Näherungs- und Kontaktverbote** gewährleistet werden soll. Beharrliche Nachstellungen sind nach § 238 StGB auch strafbar. Derartige Taten werden im einfachen Fall jedoch nur auf Antrag verfolgt. In der Regel besteht die Möglichkeit der Privatklage.

---

[744] *Walter* ZUM 2002, 886 ff.
[745] BGBl. 2001 I S. 3513.

IV. Rechtsfragen zwischen Fotografen und Verwertern (Agenturen, Verlagen etc.)

Die Zusammenarbeit von Fotograf und Auftraggeber, meistens ei- **316** nem Verlag oder einer Agentur, berührt zahlreiche Rechtsgebiete. Während das Urheberrecht den Umgang mit den Fotos regelt (hierzu unten Rn. 369 ff.) gelten für fast alle sonstigen Rechtsfragen die allgemeinen Regeln des **Zivilrechts** im BGB. Wird beispielsweise ein Fotograf gegen Honorar mit der Herstellung bestimmter Motive beauftragt, liegt in der Regel ein **Werkvertrag** vor (der häufig auch als „**Produktionsvertrag**" oder „**Shooting-Vertrag**" bezeichnet wird) und es gelten die Vorschriften der §§ 631 ff. BGB. In diesem Buch werden nur solche typischen praxisrelevanten Probleme angesprochen, die sich aus den Besonderheiten des Fotorechts ergeben. Dazu zählt unter anderem die Frage, wann ein **Auftrag** ordnungsgemäß erfüllt und die Vergütung fällig ist, welche Rechte die Parteien auf Grund des Vertrages erwerben und welche Konsequenzen sich aus **Vertragsverstößen** ergeben, z. B. wann **Schadensersatz** geleistet werden muss.

1. Vertragliche Beziehungen

Verträge zwischen Fotografen und Verwertern werden durch zwei **317** übereinstimmende **Willenserklärungen** geschlossen und bedürfen keiner besonderen Form. Sie können somit schriftlich, mündlich oder durch konkludentes Handeln zustande kommen. Es gelten die allgemeinen Regeln des BGB. Allerdings bedarf ein **Vertrag über zukünftige Werke**, die überhaupt nicht näher oder nur der Gattung nach bestimmt sind, gemäß § 40 Abs. 1 UrhG der **Schriftform**, also beiderseitiger Unterschrift auf einer Urkunde (Vertrag). Da bei Auswertungsverträgen im Bereich der Fotografie die vertragsgegenständlichen Fotos in der Regel definiert werden oder schon vorhanden sind, ist die Vorschrift des § 40 Abs. 1 UrhG meistens nicht einschlägig. Auch Verträge, die Rechte für **unbekannte Nutzungsarten** regeln (hierzu Rn. 336), müssen nach § 31 a UrhG schriftlich niedergelegt werden, es sei denn, es wird lediglich ein unentgeltliches Nutzungsrecht für jedermann eingeräumt.

Unabhängig von den gesetzlichen Vorgaben zeigt die Praxis, dass schriftliche Verträge grundsätzlich dringend zu empfehlen sind. Oft ergeben sich Streitigkeiten erst längere Zeit später, z. B. über den zeitlichen und räumlichen Umfang der erlaubten Nutzung und das Eigentum. Da der Verwerter grundsätzlich im Streitfall für den Umfang seiner Nutzungsrechte die **Beweislast** trägt, liegt ein schriftlicher Vertrag in seinem Interesse. Aber auch der Fotograf hat ein Interesse an einer klaren schriftlichen Vertragslage, z. B. hinsichtlich der Höhe und Fälligkeit seiner Vergütung und der Festlegung des von ihm zu liefernden Materials. Auch wenn solche Verträge Zeit kosten sollten die gegenseitigen Rechte und Pflichten schriftlich fixiert werden. Häufig zeigt sich dabei auch, über welche Punkte sich die Vertragspartner mündlich noch nicht abschließend einig geworden sind, was dann noch rechtzeitig geklärt werden kann und spätere Auseinandersetzungen vermeidet.

Für die Ausgestaltung des Vertrages ist es von zentraler Bedeutung, ob ein Fotograf beauftragt wird, bestimmte Bilder herzustellen **(Produktionsvertrag oder Shootingvertrag)** oder ob Nutzungsrechte an bereits hergestellten Bildern übertragen werden sollen **(Lizenzvertrag oder Nutzungsrechtsvereinbarung)**. Letztere sind meist einfacher und kürzer, weil im wesentlichen nur der Umfang der erlaubten Nutzung und die Höhe der Vergütung festgelegt werden muss, während bei der Produktion neuer Fotos zu vereinbaren ist, wie das Material beschaffen sein soll und zudem alle Punkte der Herstellung nebst Kosten regelungsbedürftig sind. Die nachfolgenden Checklisten stellen nur eine grobe Zusammenfassung der wichtigsten üblichen Punkte dar:

318 Checkliste: Produktionsvertrag

– **Leistungspflicht des Fotografen:** Welche Bilder (Motive) sollen wo in welcher Menge auf welchem Material bis zu welchem Datum hergestellt werden? Wer erhält das Eigentum am Material?

– **Leistungspflicht des Verwerters:** Welche Vergütung wird für die Produktion bezahlt? Welche Mitwirkungspflichten bestehen (z. B. Anwesenheit beim shooting, Abnahmezeitpunkte, Beistellungen von Ausstattung)?

– **Kosten und Auslagen:** Wer trägt die anfallenden Produktionskosten (neben dem Fotografenhonorar und der Vergütung für die Nutzungsrechte), wie z. B. Reisekosten, Modelhonorare, Styling, - Assistenz, Miete für Location und Ausrüstung, Versicherungen, Steuern, Zölle und wie werden diese Kosten weiterberechnet (brutto/netto)?

– **Nutzungsrechtsübertragung:** Zu welchen Zwecken in welcher Form (Medien) dürfen die Fotos wo und wie lange genutzt werden? Soll eine Exklusivität bestehen?

- **Rechte Dritter:** Wer steht dafür ein, dass mit der Verwendung der Bilder keine Rechte Dritter (z. B. des abgebildeten Models) verletzt werden? Wer trägt die Kosten, wenn es doch zu einer Rechtsverletzung kommt?
- **Versicherung:** Sollen besondere Versicherungen abgeschlossen werden (sinnvoll bei aufwändigen teuren Produktion, insbesondere im Ausland)?
- **Urheberbezeichnung:** In welcher Weise wird der Fotograf bei Veröffentlichungen genannt?

Checkliste: Lizenzvertrag   319

- **Leistungspflicht des Fotografen:** Wie viele Bilder mit welchen Motiven/zu welchem Thema stellt der Fotograf dem Verwerter für welchen Zeitraum für welchen Zweck in welcher Form zur Verfügung? (Material bleibt in der Regel Eigentum des Fotografen)
- **Leistungspflicht des Verwerters:** Welche Vergütung ist für die ausgewählten Bilder zu zahlen? Wann ist die Zahlung fällig und wie erfolgt sie?
- **Nutzungsrechtsübertragung:** Zu welchen Zwecken in welcher Form (Medien) dürfen die Fotos wo und wie lange genutzt werden? Soll eine Exklusivität bestehen? (Bei Lizenzen an bestehendem Archivmaterial in der Regel nicht möglich) Darf der Verwerter das Material bearbeiten?
- **Sorgfaltspflichten des Verwerters:** Wie muss der Verwerter das Material vor Beschädigung und Verlust schützen? Wer trägt das Versandrisiko? Sollen Entschädigungen bei Beschädigung oder verspäteter Rücksendung vertraglich fixiert werden?
- **Rechte Dritter:** Wer steht dafür ein, dass mit der Verwendung der Bilder keine Rechte Dritter (z. B. des abgebildeten Models) verletzt werden? Wer trägt die Kosten, wenn es doch zu einer Rechtsverletzung kommt?
- **Urheberbezeichnung:** In welcher Weise wird der Fotograf bei Veröffentlichungen genannt?

a) Auftragserteilung und Vertragsschluss

Schriftliche Vereinbarungen sind dringend zu empfehlen, um späte- 320 re Meinungsverschiedenheiten über den Inhalt der Absprache zu vermeiden. In der Praxis kommen gleichwohl mündliche oder konkludent (d. h. durch schlüssiges Handeln) geschlossene Verträge oft vor, insbesondere in langjährigen Geschäftsbeziehungen zwischen Fotografen und Verwertern.

Kommt es dann doch zum Streit zwischen den Parteien, sind Beweisprobleme die Folge, die je nach Lage des Falles zu Lasten des Fotografen (z. B. bei der Höhe des Honorars) oder zu Lasten des Verwerters (z. B. beim Umfang der Nutzungsrechte) gehen. Es kommt dann häufig schon in der Frage zu Meinungsverschiedenheiten, ob überhaupt eine verbindliche Vereinbarung getroffen wurde, also ein Vertrag geschlossen wurde. Ausreichend kann schon ein **Telefonat** sein, in welchen ein Verwerter den Wunsch nach einem bestimmten Foto äußert. Sagt der Fotograf zu, dieses Bild zu einem bestimmten Preis herzustellen oder aus seinem Archiv zu liefern, ist damit ein Vertrag geschlossen, welcher allerdings nur die Hauptleistungspflichten regelt. Alles andere (z. B. Haftungsfragen, Fälligkeit der Vergütung) richtet sich dann nach den gesetzlichen Vorschriften im BGB und UrhG. Sind hingegen noch nicht einmal die gegenseitigen Hauptpflichten (Vertragsgegenstand und Vergütung) klar besprochen worden liegt kein mündlicher Vertrag vor, weil mindestens eine Einigung über die wesentlichen Vertragsbestandteile erforderlich ist. Bestehen bereits dauernde **Geschäftsbeziehungen** mit **festgelegten Vergütungssätzen**, kann ein Vertrag sogar zu Stande kommen, ohne dass über den Preis am Telefon noch einmal ausdrücklich geredet wird. Es gelten dann die Vergütungssätze aus den vorherigen Vereinbarungen.[1]

Auch in der Fotobranche ist ein Vertragsschluss durch das gewohnheitsrechtlich anerkannte **kaufmännische Bestätigungsschreiben** möglich. Dies setzt als erstes voraus, das sich die Parteien in mündlichen Verhandlungen über den Abschluss eines Vertrages verständigt haben. Fasst dann einer der Vertragspartner die wesentlichen Inhalte der Einigung in einem Brief noch einmal zusammen und übersendet diesen an die andere Partei, wird deren **Schweigen ausnahmsweise als Zustimmung** gewertet, in anderen Fällen gilt Schweigen als Ablehnung.[2] Bedingung ist allerdings, dass der Brief die mündliche Absprache zutreffend wiedergibt und in einem unmittelbaren zeitlichen Zusammenhang versendet wird. Die einzuhaltende Frist richtet sich nach den Umständen des Einzelfalls. Bis zu fünf Tagen sind regelmäßig unbedenklich, drei Wochen ist mit Sicherheit zu lang.[3]

Ein Vertragsschluss durch kaufmännisches Bestätigungsschreiben kann nur bei Geschäftspartnern stattfinden, die kaufmännisch am Geschäftsleben teilnehmen. Dieses Kriterium ist z. B. dann erfüllt, wenn beide Parteien Inhaber von eingetragenen Firmen sind oder aber sich ohne einen solchen Eintrag als Freiberufler im größeren Umfang am Markt betätigen. Sie müssen aber nicht sog. „Vollkaufleute" im Sinne

---

[1] LG Hamburg, Urteil vom 21.12. 2001, Az: 308 S 6/01, Seite 3/4; unveröffentlicht.
[2] *Heinrichs* in: *Palandt,* Einf. vor § 116 Rn. 10; § 148 Rn. 8.
[3] *Heinrichs* in: *Palandt,* § 148 Rn. 14.

des Handelsrechts sein.[1] Hauptberufliche Fotografen fallen somit unter diese Regelung, nur Gelegenheitsfotografen nicht, die ihren Lebensunterhalt aus anderen Tätigkeiten bestreiten.

Zudem ist ein Vertragsschluss auch möglich, indem der Fotograf – was immer wieder vorkommt – einem Verwerter **unverlangt Bilder zusendet**. Bedient sich die Agentur oder der Verlag aus diesem Fotomaterial, kommt dadurch ein konkludent geschlossener Vertrag zustande. Hat der Fotograf sein Preisverzeichnis oder seine Allgemeinen Geschäftsbedingungen beigelegt, werden diese Bestandteil des Vertrages. Ansonsten gelten die üblichen Preise (siehe dazu Rn. 344 ff.).

b) Auftragserfüllung und Bezahlung

Der Fotograf (Auftragnehmer) kann die Bezahlung seiner Leistung 321 fordern, wenn er seine Vertragspflichten erbracht und ordnungsgemäß in Rechnung gestellt hat. Die Rechnung muss den steuerlichen Anforderungen entsprechen. Wann die Vergütung fällig wird hängt von der ausdrücklichen Vereinbarung der Vertragspartner ab, ansonsten von der rechtlichen Einordnung des geschlossenen Vertrages.

Lizenzverträge oder Nutzungsrechtsvereinbarungen, bei denen nur Rechte an bereits vorhandenen Fotos eingeräumt werden, sind selbstständige Rechtsgeschäfte eigener Art. Bei ihnen besteht die **Vertragserfüllung** in der Einräumung des Nutzungsrechts und der Überlassung des Fotomaterials in der vereinbarten Qualität, z. B. als Datei, Abzug, Dia oder Negativ. Ist dieses erfolgt, kann der Fotograf die vereinbarte Vergütung in Rechnung und damit fällig stellen. Es kommt nicht darauf an, ob der Verwerter das Foto bereits genutzt hat. Häufig wird aber vertraglich geregelt, dass die Vergütung erst fällig wird, wenn das Foto erschienen ist. In solchen Fällen sollte der Fotograf aber ein Ausfallhonorar vereinbaren, wenn das Foto – aus welchen Gründen auch immer – dann doch nicht zum Einsatz kommt.

Produktionsverträge oder Shootingvereinbarungen, bei denen der Fotograf bestimmte noch nicht vorhandene Fotos herstellen soll, werden in der Regel als **Werkverträge** gemäß §§ 631 ff. BGB eingestuft.[2] Hier ist die Frage der ordnungsgemäßen Vertragserfüllung (und damit der Fälligkeit der Vergütung) häufig wesentlich schwieriger zu beurteilen. Gerade bei größeren Projekten ist es daher sinnvoll, die Fälligkeit ausdrücklich vertraglich zu regeln, wobei es sachgerecht ist, **Teilzahlungen** für einzelne abgegrenzte Teilleistun-

---

[1] *Heinrichs* in: *Palandt,* § 148 Rn 9.

[2] BGH MDR 1966, 496; LG Mainz NJW-RR 2005, 854 – *Auslandsjournal* (Fernsehbeitrag); OLG Karlsruhe GRUR 1984, 522, 533; *Nordemann,* in Loewenheim, § 73, Rn. 36.

gen zu vereinbaren (z.B. ein Drittel für Konzeption und Vorbereitung des shootings, ein Drittel nach Durchführung des shootings und das letzte Drittel nach Ablieferung des fertigen vereinbarungsgemäßen Materials). Ohne solche vertraglichen Vereinbarungen gelten die gesetzlichen Vorschriften, was hinsichtlich der Materie Fotografie aufgrund diverser Einordnungsschwierigkeiten für beide Seiten **Rechtsunsicherheit** schafft.

Da es sich bei Fotos um bewegliche Sachen handelt, finden gemäß § 651 BGB die **Vorschriften des Kaufrechts** Anwendung, sofern die Beschaffung des Fotomaterials nicht nur als vertragliche Nebenpflicht vereinbart wurde. In der Regel handelt es sich in der Praxis um reine Werkverträge, für die die Regelungen in § 631 ff. BGB gelten.[1] Findet hingegen § 651 BGB Anwendung ist der Fotograf gemäß § 433 Abs. 1 BGB verpflichtet, dem Besteller die Fotos zu übergeben und ihm das Eigentum daran zu verschaffen. Gemäß § 434 Abs. 1 BGB müssen die bestellten Bilder zudem die vereinbarte Beschaffenheit haben. Entsprechendes gilt bei reinen Werkverträgen nach § 633 Abs. 2 BGB. Entscheidend ist also immer was genau bei Vertragsschluss zwischen dem Fotografen und seinem Auftraggeber vereinbart war. Deshalb sollte bereits bei **Auftragserteilung** so klar wie möglich festgehalten werden, was genau gewünscht wird: Neben der **Anzahl der Fotos** sowie einer **Beschreibung der Motive** zählen dazu auch spezielle **Aufnahmetechniken** oder die **Verwendung besonderen Materials**. Der Auftraggeber kann dem Fotografen z.B. auch ganz bestimmte Blickwinkel vorschreiben und bei Personenaufnahmen natürlich auch das Model und dessen Ausstattung festlegen. Je genauer die Vorgaben, desto voraussehbarer ist für beide Seiten das gewünschte Ergebnis. Spätere Enttäuschungen und daraus resultierende Streitigkeiten werden vermieden. Der Fotograf ist grundsätzlich an die Vorgaben, auf die er sich eingelassen hat, gebunden. Hält er sie nicht ein, kann der Besteller sich weigern, die Fotografien als vertragsgemäße Leistung anzuerkennen.

322   Allerdings muss jedem Auftraggeber bewusst sein, dass bei Fotografen das **vertragliche Weisungsrecht** Grenzen hat. Zwar ist es kein großes Problem zu beschreiben, wie viele Bilder von welchem Motiv gewünscht sind, jedoch lassen sich Ausdruck und Stilrichtung eines Bildes abstrakt nur schwer festlegen. Im Ergebnis genießen Fotografen eine auch juristisch anerkannte **künstlerische Freiheit**.[2] Der Auftraggeber sollte sich deshalb vorab nach den Eigenarten des jeweiligen Fotografen erkundigen und Referenzen einsehen. Dies gilt auch bei

---

[1] *Nordemann*, in Loewenheim, § 73, Rn. 36.
[2] *Nordemann*, S. 95.

nicht originär künstlerischen, sondern redaktionellen Produktionen (Reportagen, Dokumentationen u. ä.), da auch dann einen inhaltliche Gestaltungsfreiheit besteht, wenn keine konkreten Vorgaben getroffen wurden.

Dazu führt das KG Berlin in einem Urteil über die **Abnahme eines Dokumentarfilms** wörtlich aus:[1]

> „Bei der Frage, ob in Fällen der vorliegenden Art ein Mangel vorliegt, ist zunächst zu berücksichtigen, dass ein mit einem Künstler auf Lieferung eines Kunstwerkes geschlossener Vertrag nicht schlechthin mit einem auf Leistung einer handwerklichen Arbeit gerichteten Vertrag gleichgestellt werden darf. Nach der Rechtsprechung des BGH (BGHZ 19, 382 ff.) genießt der künstlerisch Schaffende grundsätzlich im Rahmen eines Werk- oder Werklieferungsvertrages eine Gestaltungsfreiheit, die seiner künstlerischen Eigenart entspricht und es ihm erlaubt, in seinem Werk seiner individuellen Schöpferkraft und seinem Schöpferwillen Ausdruck zu verleihen. Wer einen Künstler mit der Herstellung eines Kunstwerkes beauftragt, muss sich vorher mit dessen künstlerischen Eigenarten und Auffassungen vertraut machen. Er darf die Abnahme des freigestellten Werkes nicht deshalb verweigern, weil es nicht seinem Geschmack entspricht. Der Gestaltungsfreiheit des Künstlers entspricht das Risiko des Bestellers, ein Werk abnehmen zu müssen, das ihm nicht gefällt. Das den vereinbarten Zweckgedanken und die tragende Idee zum Ausdruck bringende Kunstwerk stellt daher grundsätzlich das versprochene Werk im Sinne des § 631 BGB dar."

Aufgrund dieser Rechtsprechung wird jeder Auftraggeber vor Gericht nicht erfolgreich sein, wenn er die Bezahlung von bestellten Fotos ablehnt, weil ihm Stil oder Ausdruck nicht gefallen. Solange die Bilder den vereinbarten Zweck erfüllen können und die tragende Idee zum Ausdruck bringen, muss der Besteller sie als vertragsgemäße Leistung abnehmen – und bezahlen.[2]

Ansonsten gilt das **allgemeine Zivilrecht**. Gemäß §§ 651, 437 **323** BGB kann der Besteller die Beseitigung etwaiger Mängel oder die Lieferung mangelfreier Fotos verlangen. **Schadensersatz** oder ein **Rücktritt** vom Vertrag sind erst möglich, wenn zuvor eine angemessene **Frist zur Nachbesserung** gesetzt wurde. Bei reinen Werkverträgen ist der Fotograf gemäß § 633 BGB ebenfalls verpflichtet, die bestellten Fotos frei von Sach- und Rechtsmängeln zu liefern. Anderenfalls hat der Besteller die in § 634 BGB geregelten Rechte (z.B. Nacherfüllung, Rücktritt oder Minderung der Vergütung), jeweils unten den dort im einzelnen bestimmten Voraussetzungen.

---

[1] KG Berlin ZUM-RD 1999, 337; ähnlich im Ergebnis LG Mainz NJW-RR 2005, 854, 855.

[2] KG Berlin ZUM-RD 1999, 337, 339.

c) Inhaltliche Gestaltung von Fotoverträgen

324 Bei der inhaltlichen Gestaltung von Fotoverträgen gilt der **Grundsatz der Vertragsfreiheit**. Die Vertragsparteien können grundsätzlich alles vereinbaren, was ihrem gemeinsamen Willen entspricht, gleichgültig ob es üblich oder unüblich, sinnvoll oder nicht empfehlenswert, „gerecht" oder „ungerecht" ist. Es gelten nur die wenigen allgemeinen Beschränkungen der Vertragsfreiheit, die sich aus den zwingenden, also nicht vertraglich dispositiven („unabdingbaren") Vorschriften des BGB ergeben. Hierzu zählt neben dem Verbot **sittenwidriger Rechtsgeschäfte** (§ 138 BGB) auch die Vorschrift des § 134 BGB, wonach ein Rechtsgeschäft, das gegen ein **gesetzliches Verbot** verstößt, nichtig ist. Nichtig ist daher nach Auffassung des LG Hannover ein Vertrag über die Veröffentlichung von Fotos gegen Entgelt, wenn damit gegen das in den Landespressegesetzen verankerte Gebot der Trennung von redaktionellen Inhalten und Werbung verstoßen wird, also „**Schleichwerbung**" in Form von bezahlten Anzeigen in redaktionellem Gewand betrieben wird.[1]

Unabhängig von derartigen Sonderfällen gibt es einige Punkte, die bei der Vertragsgestaltung unbedingt beachtet werden sollten, um juristische Auseinandersetzungen zu vermeiden. Am wichtigsten ist hierbei der Umfang der **Rechtseinräumung** (hierzu aa) und bb)). Aber auch die Modalitäten der **Honorierung** (hierzu cc)) gehören dazu ebenso wie speziellere Regelungen z.B. über **Sperrfristen** und **Exklusivität** (hierzu dd)) sowie das **Eigentum** am Fotomaterial (ee)). Auch bei der Verwendung von **Allgemeinen Geschäftsbedingungen (AGB)** sind besondere Aspekte zu beachten (hierzu ff)).

aa) Rechtseinräumung

325 Bei allen Fotoverträgen – Produktion neuer Aufnahmen oder Lizenzen an vorhandenem Material – ist die Übertragung der Nutzungsrechte ein zentraler Punkt, denn davon ist abhängig, wie der Erwerber die Bilder verwenden darf. Das Gesetz unterscheidet in § 31 UrhG einfache und ausschließliche Nutzungsrechte. Ferner ist dort klargestellt, dass Nutzungsrechte räumlich, zeitlich und inhaltlich beschränkt werden dürfen. Dies gibt Fotografen die Möglichkeit, mit einer geschickten Aufteilung der vergebenen Nutzungsrechte optimale Verwertungserlöse zu erzielen, aber gleichzeitig auch die Kontrolle über den Umgang Dritter mit den eigenen Bildern zu behalten. Beides entspricht dem Sinn und Zweck des Urheberrechts, denn gemäß § 11 UrhG soll das Urheberrecht dem Urheber eine angemessene Vergütung für die Nutzung

---

[1] LG Hannover NJW-RR 2006, 910.

seines Werkes sichern und auch die geistigen und persönlichen Beziehungen zum Werk, also den Fotos. Um spätere Auslegungsprobleme zu vermeiden ist zu empfehlen, sich bei der Formulierung von Nutzungsrechtsvereinbarungen an die gesetzlich definierte Terminologie zu halten, also von „einfachen" oder „ausschließlichen" Nutzungsrechten zu sprechen.

Das **einfache Nutzungsrecht** berechtigt den Lizenznehmer nach **326** § 31 Abs. 2 UrhG dazu das Werk neben anderen (also nicht exklusiv) auf die ihm durch den Vertrag erlaubte Weise zu nutzen. Der Fotograf gestattet damit die Nutzung seiner Bilder im vereinbarten Umfang (der somit vertraglich definiert werden muss). Er darf die Fotos grundsätzlich nicht bearbeiten oder verändern, wenn ihm dies nicht ausdrücklich gestattet wird. Der „einfache" Lizenznehmer erwirbt nicht ohne weiteres auch das im Urheberrecht enthaltene Abwehrrecht[1]. Er kann nicht in eigenem Namen gegen etwaige rechtswidrige Nutzungen durch Dritte vorgehen. Etwas anderes gilt jedoch, wenn dem Erwerber des einfachen Nutzungsrechts im Lizenzvertrag ausdrücklich das Recht zur eigenen Rechtsverfolgung (im Wege der gewillkürten **Prozessstandschaft** erforderlichenfalls auch gerichtlich) eingeräumt wird. Das für die Prozessstandschaft notwendige eigene schützenswerte Interesse besteht nach der Rechtsprechung für Inhaber einfacher Nutzungsrechte, wenn die ihnen eingeräumten Nutzungsbefugnisse berührt sind.[2] Der Inhaber eines einfachen Nutzungsrecht ist nicht berechtigt, weitere einfache Nutzungsrechte (Unterlizenzen) zu vergeben oder sein Nutzungsrecht auf Dritte zu übertragen. Hierfür bedarf es der Zustimmung des Urhebers (§ 34 Abs. 1 UrhG) und einer gesonderten vertraglichen Vereinbarung. Werden trotzdem unberechtigterweise von einem Inhaber einfacher Nutzungsrechte ohne Absprache mit dem Urheber Rechte an Dritte vergeben, ist der Dritte nicht berechtigt, das Werk zu nutzen, auch wenn er das vereinbarte Honorar voll bezahlt hat. Denn es gibt keinen gutgläubigen Erwerb von Rechten.[3]

Die Vergabe einfacher Rechte ist für Fotografen eine sinnvolle Möglichkeit, effektive Erlöse im Wege der Mehrfachverwertung zu erzielen und zugleich die Herrschaftsbefugnis über die eigenen Fotos weitest möglich zu erhalten. Die Lizenzierung eines einfachen Abdruckrechts für eine einmalige Veröffentlichung eines Fotos in einer Werbeanzeige hindert den Fotografen z. B. nicht daran, dasselbe Foto auch für eine Buchveröffentlichung zu lizenzieren.

---

[1] Dreier/Schulze, § 31, Rn. 51.
[2] BGH GRUR 1961, 635, 636/637; Dreier/Schulze, § 31, Rn. 51.
[3] Dreier/Schulze, § 31 UrhG, Rn. 24 m. w. N.

327   Das **ausschließliche Nutzungsrecht** gewährt dem Erwerber hingegen eine wesentlich stärkere Rechtsstellung. Der Urheber wird weitgehend im Umgang mit seinem Foto eingeschränkt. Gemäß § 31 Abs. 3 UrhG berechtigt das **ausschließliche Nutzungsrecht** den Lizenznehmer das Werk unter Ausschluss aller anderen Personen einschließlich des Urhebers auf die ihm erlaubte Art zu nutzen. Es kann daher auch als **Exklusivrecht** bezeichnet werden. Die Exklusivität erstreckt sich aber nur auf den vereinbarten Verwendungszweck, der deshalb unbedingt vertraglich definiert und besonders sorgfältig formuliert werden sollte. Ein Fotograf, der an Bildern ausschließliche Nutzungsrechte vergibt, darf innerhalb der vereinbarten Nutzungsart keine Lizenzen mehr an andere vergeben und die Bilder noch nicht einmal mehr selbst nutzen, soweit dies mit dem vereinbarten Nutzungszweck kollidiert. Er sollte daher stets überlegen, ob er von der gesetzlichen Möglichkeit Gebrauch macht, sich die eigene Nutzung vertraglich vorzubehalten. Jedenfalls sollte sich die weite Nutzungsbefugnis, die der Erwerber ausschließlicher Rechte erhält, in der Höhe der Vergütung wiederspiegeln. § 32 UrhG schreibt die **Angemessenheit der Vergütung** vor. Vor diesem Hintergrund ist auch zu berücksichtigen, dass der Erwerber des ausschließlichen Rechts einfache Nutzungsrechte einräumen darf, also neben seiner eigenen Auswertung zusätzliche Erlöse aus der Vergabe von **Unterlizenzen** erzielen kann. Nach § 35 Abs. 1 Satz 1 UrhG ist für die Einräumung von weiteren Nutzungsrechten jedoch die Zustimmung des Urhebers notwendig. Obwohl mitunter die Auffassung vertreten wird, der Inhaber eines ausschließlichen Nutzungsrechts habe einen Anspruch gegen den Urheber auf Zustimmung, wenn „Treu und Glauben" (also gewichtige Gründe) nicht entgegenstehen, gilt im Grundsatz, dass keine Zustimmungspflicht seitens des Urhebers besteht.[1] Abweichende vertragliche Vereinbarungen sind allerdings zulässig und aus Sicht des Rechteerwerbers auch sinnvoll. Wenn die Verweigerung einer Zustimmung ausnahmsweise willkürlich ist, also keinerlei nachvollziehbarer Grund für die Verweigerung erkennbar ist und diese nur zu dem Zwecke geschieht, dem Vertragspartner zu schaden, kann im Ausnahmefall ein Anspruch auf Erteilung der Zustimmung bestehen. Hierbei ist jedoch stets die starke Rechtsstellung des Urhebers, die der Gesetzgeber u. a. in §§ 1, 11 UrhG niedergelegt hat, zu berücksichtigen.

Regelmäßig räumt der Urheber durch ein ausschließliches Nutzungsrecht nicht nur eine Recht zur Verwendung ein, sondern auch ein eigenes Abwehrrecht gegen unberechtigte Nutzungen durch an-

---

[1] Dreier/Schulze, § 35 UrhG, Rn. 12; LG München I ZUM 2003, 73, 76.

dere.[1] Allerdings bleibt auch der Urheber selber berechtigt, unerlaubte Nutzungen zu verfolgen, wenn diese ihn in seinem Urheberpersönlichkeitsrecht oder seine materiellen Interessen betreffen.[2]

Vor der Einräumung eines ausschließlichen Nutzungsrechts vergebene einfache Nutzungsrechte bleiben wirksam (§ 33 UrhG).

Sowohl beim einfachen als auch beim ausschließlichen Nutzungs- **328** recht hat der Urheber gemäß § 31 Abs. 1 UrhG die Möglichkeit, **die Rechtseinräumung inhaltlich, räumlich oder zeitlich zu beschränken**. So kann ein Fotograf z. B. vertraglich vereinbaren, dass seine Fotos nur in einer bestimmten Zeitschrift oder aber auf keinen Fall für Werbeanzeigen genutzt werden dürfen. Räumlich kann der Urheber die Nutzung auf ein Land oder einen Sprachraum einschränken. Schließlich sind auch zeitliche Beschränkungen möglich und üblich. So kann das Veröffentlichungsrecht auf einen festgelegten Tag oder auf einen Zeitraum, wie z. B. ein Jahr begrenzt werden.[3]

Im Bereich der inhaltlichen Beschränkung hat die Rechtsprechung die Vertragsfreiheit in einigen Punkten eingeschränkt. Anerkannt ist, dass eine Einschränkung auf einzelne Nutzungsrechte gemäß dem gesetzlichen Katalog in § 15 ff. UrhG erfolgen darf (hierzu auch unten Rn. 376 ff.), also z. B. Nutzungsrechte nur für den Bereich Internet (§ 19a UrhG) beschränkt gesondert eingeräumt werden können. Innerhalb der gesetzlich definierten Verwendungsformen sind Beschränkungen auf einzelne Nutzungsarten grundsätzlich ebenfalls zulässig, sinnvoll und üblich, müssen aber **klar abgrenzbar und von selbständiger wirtschaftlich – technischer Bedeutung** sein.[4] Bei **Printrechten** kann z. B. nicht nur zwischen **Zeitungen, Zeitschriften und Büchern**, sondern auch noch weiter zwischen **Taschenbüchern** und **Hardcoverausgaben** unterschieden werden, da die Abgrenzung klar ist und die unterschiedliche Aufmachung der Ausgaben jeweils eigenständige wirtschaftliche Bedeutung am Markt haben (unterschiedlicher Preis und Käuferkreis). In der **Werbung** stellt jede werbemäßige Nutzung eine eigenständige Nutzungsart dar, ein Fotograf kann also grundsätzlich verschiedene Firmen seine Bilder für unterschiedliche Produkte nutzen lassen, soweit er nicht (wie üblich) vertragliche Exklusivität zugesagt hat.

Eine weitere Beschränkung ist in § 40 UrhG geregelt: Gemäß § 40 **329** Abs. 1 UrhG bedürfen Verträge, die Nutzungsrechte an **künftigen Werken** regeln, die noch überhaupt nicht näher oder nur der Gattung

---

[1] So z. B. LG München I, Urteil vom 7. 5. 2003, Az. 21 O 5250/03, JurPC Web-Dok. 286/2003.
[2] Dreier/Schulze, § 31 UrhG, Rn. 59.
[3] *Rehbinder,* Urheberrecht, Rn. 567.
[4] BGH GRUR 1992, 310, 311 – *Taschenbuchlizenz*; Dreier/Schulze, § 31 Rn. 36.

nach bestimmt sind, der **schriftlichen Form**. Diese Vorschrift soll den Urheber vor zu weitgehenden Bindungen schützen.[1] Gleiches gilt für Vereinbarungen über unbekannte Nutzungsarten (siehe Rn. 336).

330   Bei der **Übertragung von Nutzungsrechten an Zeitungen** und **Zeitschriften** ist § 38 UrhG zu beachten, wobei zwischen diesen beiden Medien unterschieden werden muss, weil das Gesetz unterschiedliche Vorgaben macht. Nach § 38 Abs. 1 UrhG erwirbt der Verleger oder Herausgeber einer periodisch erscheinenden Sammlung, wie z.B. einer **Zeitschrift**, im Zweifel **immer ein ausschließliches Nutzungsrecht** zur Vervielfältigung und Verbreitung, allerdings nur für ein Jahr. Ein Jahr nach dem Erscheinen darf der Urheber sein Werk gleichwohl anderweitig vervielfältigen und verbreiten, wenn nichts Abweichendes vereinbart ist.

Der Verleger oder Herausgeber einer **Zeitung** erwirbt nach § 38 Abs. 3 UrhG hingegen im Zweifel immer nur ein **einfaches Nutzungsrecht**, d.h. der Fotograf darf sein Foto gleichzeitig auch auf andere Weise verwerten. Selbst wenn der Urheber ein ausschließliches Nutzungsrecht einräumt, ist er gleich nach dem Erscheinen seines Werkes berechtigt, dieses anderweitig zu vervielfältigen und zu verbreiten, wenn nichts anderes vereinbart ist. Die Exklusivität endet also auch dann mit der erstmaligen Veröffentlichung. Diese Bestimmungen sind allerdings dispositives Recht und können somit durch von den Parteien ausdrücklich vereinbarte andere Regeln ersetzt werden.[2]

Wenn es an einer eindeutigen vertraglichen Regelung fehlt, kann § 38 UrhG aber eine wichtige praktische Bedeutung erlangen, da dann die **gesetzlichen Auslegungsregeln** eingreifen. Neben Zeitschriften sind auch andere periodische Sammlungen von der Vorschrift erfasst, also alle fortlaufend erscheinenden Werke wie u.a. Kalender oder Jahrbücher. Wie häufig und regelmäßig die Werke erscheinen, spielt keine entscheidende Rolle.[3] Eine genaue Definition von Zeitung und Zeitschrift ist im UrhG leider nicht enthalten. Nach der überwiegenden Meinung handelt es sich bei **Zeitungen** um ein Printmedium, das der Übermittlung von Tagesneuigkeiten dient und in der Regel in kurzer, häufig täglicher Folge erscheint. Nach einer jüngeren Entscheidung des BGH[4] kommt es aber weniger auf den zeitlichen Zyklus an, sondern mehr auf den Inhalt. Zeitungen können somit auch wöchentlich oder monatlich erscheinen, wenn sie ihrem Inhalt nach der aktuellen Information dienen. **Zeitschriften**

---

[1] Schricker/*Schricker*, Urheberrecht, § 40 Rn. 2.
[2] Wandtke/Bullinger, UrhR, § 38 Rn. 1; Dreier/Schulze, § 38, Rn. 2.
[3] Wandtke/Bullinger, UrhR, § 38 Rn. 7.
[4] BGH AfP 2005, 356 zu § 49 UrhG.

sollen hingegen nicht in erster Linie der Nachrichtenübermittlung dienen und in aller Regel bundesweit verbreitet werden.[1] Aufgrund der sehr vielfältigen Erscheinungsformen ist eine klare Zuordnung nicht immer einfach. Auch aus diesem Grunde sind eindeutige schriftliche vertragliche Regelungen zu empfehlen, zumal § 38 UrhG auch abbedungen, d. h. durch anderslautende individuelle Vereinbarungen ersetzt werden kann.

Im Ergebnis bestehen somit für Fotografen und Verwerter umfas- **331** sende Gestaltungsmöglichkeiten bei der Abfassung von Nutzungsverträgen. Bei den Formulierungen ist höchste Sorgfalt hinsichtlich der Klarheit der Formulierung und der Vollständigkeit geboten, da ansonsten später bei auslegungsbedürftigen Regelungen für beide Seiten Rechtsunsicherheiten bestehen und die dann erforderliche Anwendung der gesetzlichen Vorschriften nicht selten zu unerwarteten Ergebnissen führt.

Die wichtigste Regel zur **Auslegung urheberrechtlicher Verträge** ergibt sich aus § 31 Abs. 5 UrhG. Danach bestimmt sich der Umfang des übertragenen Nutzungsrechts nach dem **Vertragszweck**. Im Zweifel ist davon auszugehen, dass der Urheber die Nutzungsrechte nur in dem Umfang überträgt, der unbedingt erforderlich ist, um den Vertragszweck zu erreichen[2], d. h. Verträge sind in Zweifelsfällen urheberfreundlich auszulegen. Nur was ausdrücklich vertraglich vereinbart wurde oder für die Erreichung des Vertragszweckes zwingend notwendig ist, steht dem Erwerber an Nutzungsrechten zu.[3]

Der BGH[4] hat dies in der Entscheidung zur Verwendung von Fotos auf der **Spiegel CD-ROM** wie folgt formuliert:

„Der **Zweckübertragungsgedanke**, der in § 31 V UrhG seinen gesetzlichen Niederschlag gefunden hat, besagt im Kern, dass der Urheber in Verträgen über sein Urheberrecht im Zweifel Nutzungsrechte nur in dem Umfang einräumt, den der Vertragszweck unbedingt erfordert (vgl. BGHZ 131, 8, 12 = NJW 1995, 3252 – pauschale Rechtseinräumung; BGHZ 137, 387 = NJW 1998, 3716 – Comic-Übersetzungen I). In dieser Auslegungsregel kommt zum Ausdruck, dass die urheberrechtlichen Befugnisse die Tendenz haben, soweit wie möglich beim Urheber zu bleiben, damit dieser in angemessener Weise an den Erträgnissen seines Werkes beteiligt wird (vgl. BGH NJW 1979, 2610 – White Christmas; (…)). Dies bedeutet, dass im Allgemeinen nur die jeweiligen Nutzungsrechte stillschweigend eingeräumt sind, durch welche die Erreichung des Vertragszwecks ermöglicht wird (BGHZ 137, 387, 392 f. = NJW 1998, 3716 – Comic-Übersetzungen I). Dabei kommt es nicht allein darauf an, ob es sich bei der fraglichen Nutzung um eine ei-

---

[1] Schricker/*Schricker*, Urheberrecht, § 38 Rn. 14.
[2] BGH NJW 2002, 896, 898 – *Spiegel-CD-ROM*; BGH NJW 2005, 151 (152) – *Comic-Übersetzungen III*.
[3] LG München ZUM-RD 1997, 249, 252.
[4] BGH NJW 2002, 896, 898 – *Spiegel-CD-ROM*; ebenso BGH NJW 2005, 151 (152) – *Comic-Übersetzungen III*.

genständige Nutzungsart handelt. Denn der Zweckübertragungsgedanke kommt gerade auch dann zum Zug, wenn es darum geht, die Grenzen des – sich in einer Nutzungsart haltenden – Nutzungsrechts zu bestimmen (…)."

Daher war nach Auffassung des BGH die Nutzung von Fotos auf der Spiegel CD-ROM nicht von den eingeräumten Printrechten abgedeckt.

Ein enger Sachzusammenhang der Nutzungen reicht in der Regel nicht aus. So darf z. B. ein Verwerter Fotos, die er ausdrücklich für ein „LP-Cover" erworben hat, später nicht für eine zusätzlich herausgegebene CD nutzen.[1] Eine stillschweigende Rechteerweiterung auch auf die Herausgabe der CD lehnt das OLG Hamburg unter Verweis auf die **Zweckübertragungstheorie** ab und führt dazu wörtlich aus:[2]

> „Der Schutzzweck der Zweckübertragungstheorie, nach der der Urheber im Zweifel keine weitergehenden Rechte eingeräumt hat, als dies der Zweck des Nutzungsvertrages unbedingt erfordert, wirkt sich in seiner restriktiven Tendenz bereits auf die Vorfrage aus, welcher Zweck dem betreffenden Vertrag im Zweifel überhaupt zu Grunde gelegt wurde. Folglich kann eine Rechtseinräumung nur so weit reichen, wie sich ein gemeinsam verfolgter Zweck zweifelsfrei ermitteln lässt. Dem Vertragszweck können dabei nur solche Nutzungen unterfallen, von denen die Parteien bei Abschluss des Vertrages nach objektiv nachvollziehbaren Kriterien mit Sicherheit ausgegangen sind.
>
> Nach diesen Grundsätzen hat der Kläger keine Nutzungsrechte für das CD-Cover übertragen. Es lässt sich nicht mit Sicherheit ermitteln, dass (…) nach den objektiven Empfängerhorizont des Klägers, (…) bei verständiger Würdigung der berechtigten Interessen der Parteien davon auszugehen ist, das Foto des Klägers habe auch als CD-Cover der Beklagten verwendet werden sollen."

Mit ähnlicher Begründung wie das OLG Hamburg hat das KG Berlin[3] dem Berliner Tagesspiegel-Verlag verboten, Zeitungsfotos auch für die Online-Ausgabe zu verwenden. Eine ausdrückliche Rechtseinräumung für das Internet fehlte, eine stillschweigende wurde vom Gericht verneint. Ebenso wurde wiederum vom OLG Hamburg ein weiterer Fall entschieden, in welchem es um die online-Nutzung von Inhalten einer Presseagentur ging[4] und vom AG Köln bezüglich der Nutzung einer Beitrags eines freien Journalisten im der Internetausgabe einer Zeitung („e-paper").[5]

332 Die Darlegungs- und **Beweislast** für die Einräumung von Nutzungsrechten trägt grundsätzlich der Verwerter.[6] Gleiches gilt für deren Umfang und Reichweite. Das Risiko fehlender oder unklarer Vereinbarungen geht deshalb in der Praxis oft zu seinen Lasten.

---

[1] OLG Hamburg GRUR 2000, 45, 46/47.
[2] OLG Hamburg GRUR 2000, 45, 46/47.
[3] GRUR 2002, 252 ff.
[4] OLG Hamburg NJW-RR 2001, 123 – *digitaz*.
[5] AG Köln GRUR-RR 2006, 396.
[6] OLG Hamburg ZUM-RD 1999, 80, 84.

1. Vertragliche Beziehungen

Kommt es aufgrund fehlender oder nicht beweisbarer Nutzungsrechte zu unzulässigen Veröffentlichungen, muss er auch für die vorher nicht vereinbarte Nutzung eine angemessene Vergütung zahlen.[1] Die Höhe berechnet sich nach einer der drei anerkannten **Berechnungsmethoden** bei rechtswidrigen Nutzungen: Fiktive Lizenzgebühr, Herausgabe des Verletzergewinns, Berechnung des entgangenen Gewinns (siehe Rn. 435 ff.).

Trotz dieser urheberfreundlichen Rechtsprechung haben auch Fotografen ein Interesse an eindeutigen Vereinbarungen, denn die Ermittlung des Vertragszwecks und der Auslegung durch Gerichte beinhaltet für beide Seiten stets ein Risiko. So hat z. B. das OLG Karlsruhe[2] Anfang der achtziger Jahre in einem Einzelfall entschieden, dass Fotos, die ein Verlag für eine seiner Zeitschriften fertigen lässt, auch von **anderen unternehmenseigenen Zeitschriften** verwendet werden dürfen. Dieser Rechteumfang entspreche einer Betrachtungsweise, die bei Auftragsarbeiten im lichtbildnerischen Bereich üblich seien. Da der Auftraggeber das volle wirtschaftliche Risiko trage, habe er auch einen Anspruch auf vollständige Verwertungsrechte, begründete das OLG Karlsruhe seine Entscheidung. Im konkreten Fall hatte der Fotograf für seine Arbeit einen (für die damalige Zeit vergleichsweise hohen) Tagessatz von 1200 DM zuzüglich Spesen und den Kosten für das Fotomaterial erhalten. Es darf jedoch bezweifelt werden, ob das Gericht einen vergleichbaren Fall heute noch ebenso entscheiden würde. Der BGH steht der Berücksichtigung von angeblichen **Branchenübungen oder Verkehrssitten** bei der Auslegung von individuellen Nutzungsvereinbarungen zurückhaltend gegenüber.[3] Eine über den erkennbaren Vertragszweck hinausgehende Nutzungsbefugnis kann sich aus der Branchenübung nur ausnahmsweise dann ergeben, wenn sie hinreichend fest umrissen ist, den Parteien bei Vertragsschluss nachweislich beiderseits bekannt gewesen ist und einen Anknüpfungspunkt in der Formulierung der konkreten Vereinbarung hat. Nur dann lassen sich Rückschlüsse auf einen entsprechenden objektivierten rechtsgeschäftlichen Erklärungswillen ziehen, wie sie der BGH in seiner jüngeren Rechtsprechung fordert.

Es ist auch wahrscheinlich, dass die sog. „Metaxa-Entscheidung" des BGH[4] aus dem Jahr 1986 heute anders ausfallen würde. Der BGH hat damals eine Klage eines Werbefotografen abgewiesen. Dieser hatte im Auftrag eines Spirituosenunternehmens einen Verkaufskarton für

333

334

---

[1] OLG Hamburg AfP 1998, 636, 637.
[2] GRUR 1984, 522 ff.
[3] BGH GRUR 2004, 938, 939 – *Comicübersetzungen III*; BGH NJW 2000, 140; BGH NJW 1998, 3716.
[4] BGH GRUR 1986, 885 ff.

den Weinbrand „Metaxa" bebildert. Damit bewarb sich die Firma erfolgreich um die Vertriebsrechte für Deutschland. Den vom Fotografen zu Präsentationszwecken gestalteten Karton benutzte sie ohne zusätzliche Vergütung auch als Verpackung der Verkaufsware. Der BGH hielt dies damals für zulässig: Aufgrund der **Branchenübung** würden durch die Zahlung eines **Festhonorars** üblicherweise die vollständigen Verwertungsrechte eingeräumt. In der jüngeren Rechtsprechung hat der BGH hingegen klargestellt, dass ein Pauschalhonorar nicht ohne weiteres zu einer Rechteeinräumung über den konkreten Vertragszweck hinaus führt, da damit der Rechtsgedanke des § 31 V UrhG (die Zweckübertragungsregel) unterlaufen würde.[1]

335 **Weitere Beispiele** zur Auslegung unklarer Nutzungsrechtseinräumungen durch Gerichte, jeweils unter Berücksichtigung aller besonderen Umstände der **Einzelfälle**:
– Eine fotografische Auftragsarbeit für einen **Ausstellungskatalog** darf nicht auch für eine **Buchveröffentlichung** des Katalogs genutzt werden.[2]
– Wird ein Foto zur Bewerbung eines **Kinofilms** lizenziert kann darin zugleich auch das Recht liegen, das Foto auf dem Cover von **Videokassetten** dieses Films zu nutzen.[3]
– Eine **exklusive** Nutzungsvereinbarung für einen **Bildband** belässt dem Fotografen das Recht die Fotos einzeln in anderen Projekten (nicht Bildbände) zu nutzen bzw. entsprechende Rechte vergeben.[4]
– Ein Fernsehsender, der von einem Auftragsproduzenten einen **Fernsehfilm** erworben hat (unbeschränkte ausschließliche Rechte) darf auch einzelne **Standbilder** aus der Produktion zur Information über den Film und dessen Bewerbung ins Internet stellen.[5]
– Fotos von einem KFZ - Sachverständigen in **Schadensgutachten**, die bei Versicherungen eingereicht werden, dürfen von der Versicherung nicht im Internet in eine **KFZ-Restwertbörse** eingestellt werden, auch wenn dies im Zuge der Schadensregulierung erfolgt.[6]
– In einem Fotostudio zu einem geringen Preis erstellte **Portraitfotos** dürfen ohne ausdrückliche Einwilligung nicht auf der beruflichen **Homepage** des Auftraggebers veröffentlicht werden, auch

[1] BGH GRUR 2004, 938, 939 – *Comicübersetzungen III.*
[2] LG München I ZUM 1995, 725, 726.
[3] OLG München ZUM 1995, 798, 800 – *Das Boot.*
[4] LG Köln ZUM-RD 2002, 307, 309.
[5] OLG Köln ZUM 2005, 235, 236 – *Standbilder im Internet.*
[6] OLG Hamburg GRUR-RR 2008, 378.

wenn dieser die Bilder gegen gesonderte Bezahlung auf CD-ROM ausgehändigt bekam.[1]

– Die dauerhafte **Überlassung von Dias** an einen Verlag gegen hohes Honorar (DM 3480,– für 6 Dias) kann auch ohne ausdrückliche Vereinbarung als Einräumung **ausschließlicher Nutzungsrechte** angesehen werden, wenn der Fotograf keine Kopien bei sich behält und die Dias auch nach der Veröffentlichung rund sechs Jahre nicht zurückfordert.[2]

bb) Rechtseinräumung für unbekannte Nutzungsarten

Das bisher bestehende gesetzliche Verbot (§ 31 Abs. 4 UrhG a.F.) **336** der Einräumung von Rechten für noch nicht bekannte Nutzungsarten ist zum 1.1.2008 durch das Zweite Gesetz zur Regelung des Urheberrechts in der Informationsgesellschaft („Korb II")[3] aufgehoben worden. Sinn und Zweck der alten Regelung war der Schutz des Urhebers, der bei noch unbekannten Nutzungsarten deren wirtschaftliche Tragweite nicht übersehen kann oder möglicherweise mit der neuen Nutzungsart grundsätzlich nicht einverstanden ist.[4] Demgegenüber führte die technische Entwicklung dazu, dass auf Verwerterseite oft nahezu unüberwindliche Hindernisse bestanden, die nachträgliche Zustimmung aller Urheber zu neuen Nutzungsarten zu erhalten. Der Gesetzgeber hat mit der neuen Vorschrift des § 31a UrhG versucht, einen praxistauglichen Kompromiss zu finden. Verträge über unbekannte Nutzungsarten sind jetzt zulässig, müssen aber schriftlich abgefasst sein (Beweis- und Warnfunktion). Der Nutzer muss dem Urheber die beabsichtigte neue Nutzung an die „ihm zuletzt bekannte Anschrift" **schriftlich** mitteilen. Der Urheber hat dann ein dreimonatiges **Widerrufsrecht**. Dieses Widerrufsrecht kann vertraglich nicht ausgeschlossen werden, auch diesbezügliche Regelungen über Vertragsstrafen oder pauschale Schadensersatz- oder Aufwandsersatzklauseln dürfen unzulässig sein.[5] Das Widerrufsrecht erlischt aber gemäß § 31 a Abs. UrhG, wenn eine angemessene Vergütung (§ 32 UrhG), auch in Form einer gemeinsamen Vergütungsregel, vereinbart wird.

Bei **Filmen** besteht nach derzeitiger Rechtslage kein Widerrufsrecht (§ 88 Abs. 1 Satz 2, § 89 Abs. 1 Satz 2 UrhG).[6]

---

[1] LG Köln ZUM 2008, 76, JurPC Web-Dok. 188/2007; ähnlich OLG Köln NJW-RR 2004, 692 – *Portrait im Internet*.
[2] LG München I ZUM 2008, 78.
[3] BGBl I 2007, 2513; hierzu *Spindler*, NJW 2008, 9.
[4] *Castendyk*, ZUM 2002, 332, 333.
[5] *Spindler*, NJW 2008, 9.
[6] *Spindler*, NJW 2008, 9, 10.

337   Der Gesetzgeber hat darauf verzichtet, den **Begriff der neuen Nutzungsart** im Sinne von § 31 a UrhG zu definieren. Es ist davon auszugehen, dass die Rechtsprechung die zu § 31 Abs. 4 UrhG a.F. entwickelten Kriterien übernehmen wird. Danach musste es sich um eine **technisch und wirtschaftlich eigenständige Verwendungsform** des Werkes handelt. Es müssen also beide Merkmale kumulativ vorliegen. Zudem reicht es nicht, dass die Nutzungsart klar abgrenzbar ist und Gegenstand einer selbständigen Nutzungsrechtseinräumung sein kann. Der BGH verlangt für das Kriterium der Eigenständigkeit, dass im nennenswerten Umfang **zusätzliche Absatzchancen** erschlossen werden und dadurch ein **neuer Markt** entsteht.[1] Eine intensivere Nutzung alleine soll nicht ausreichen, ebenso nicht eine neue (bessere) Technik, die eine Vorläufertechnologie ersetzt. Die Zweitverwertung eines Filmes auf DVD ist daher vom BGH nicht als neue Nutzungsart gegenüber der Videozweitauswertung angesehen worden. Dazu führt der BGH aus:[2]

> „Technische Neuerungen, die eine neue Verwendungsform kennzeichnen, ohne wirtschaftlich eigenständige Vermarktungsmöglichkeiten zu erschließen, reichen daher nicht aus, um eine neue Nutzungsart anzunehmen."

338   Die Auslegung des Begriffs der neuen eigenständigen Nutzungsart war in Rechtsprechung und Literatur umstritten. So sah das KG Berlin[3] in der **Musik-CD** gegenüber der **Schallplatte** eine neue Nutzungsart, obwohl dadurch kein neuer Markt entstanden ist, sondern lediglich ein technisch hochwertigeres neues Produkt ein älteres ersetzt hat. Das OLG Köln[4] hat dem KG Berlin widersprochen. Das LG München I[5] sah in der **DVD-Technik** eine neue Nutzungsart im Verhältnis zur herkömmlichen **Videokassette**. Das OLG München[6] beurteilte dies – wie jetzt auch der BGH – genau umgekehrt und argumentierte im Wesentlichen damit, dass kein neuer Markt entstanden sei, da die DVD die ältere Technik der Videokassette ersetze.

339   Rein **qualitative Verbesserungen** durch neue Technologien reichten dem BGH auch schon früher nicht für eine neue eigenständige Nutzungsart aus, z. B. wenn eine **Fernsehsendung** statt per Funk nunmehr **per Kabel** oder **Satellit** übertragen wird, wodurch sich die Qualität für den Zuschauer erhöhe.[7]

---

[1] BGHZ 95, 274, 283.
[2] BGH NJW 2005, 3354, 3356 – *Zauberberg*.
[3] MMR 1999, 727, 728/729.
[4] ZUM 2001, 166, 172.
[5] ZUM 2002, 71.
[6] NJW 2003, 675.
[7] BGH NJW 2001, 2402, 2405.

Nach überwiegender Ansicht von Rechtsprechung und Literatur **340** handelte es sich bei folgenden technischen Innovationen um eigenständige Nutzungsarten i. S. v. § 31 Abs. 4 UrhG a. F.:
– Internet
– CD-Rom
– Pay-TV
– Pay per view
– Video-on-demand

Zudem ist erforderlich, dass die Nutzungsart zum Zeitpunkt des **341** Vertragsschlusses noch **unbekannt** war. Entscheidend dafür ist nicht die Kenntnis von Experten oder der Vertragspartner, sondern die eines durchschnittlichen Urhebers der jeweiligen Werkgattung.[1] Der Kenntnisstand technisch informierter Fachkreise ist somit unerheblich.[2] Außerdem bedeutet **Bekanntheit** i. S. v. § 31 Abs. 4 UrhG, dass sich die Nutzungsart nicht nur als technisch möglich, sondern auch als wirtschaftlich relevant abzeichnet.[3] Zulässig sind nach Ansicht der Rechtsprechung allerdings Risikogeschäfte, wenn die Nutzungsart konkret benannt und ausdrücklich zum Vertragsgegenstand gemacht wird.[4] Dies setzt aber voraus, dass die Parteien die Nutzungsart zumindest kennen, auch wenn die wirtschaftliche Bedeutung noch unklar ist.[5]

Für Fotos und Filmwerke sind folgende Entscheidungen von be- **342** sonderer Bedeutung:
– CD-ROM: Nutzungsart für Fotos seit 1994/1995 bekannt (KG Berlin MMR 1999, 727 ff.; OLG Hamburg ZUM 1999, 78 ff.).
– Internet: Nutzungsart seit 1995 bekannt (OLG Hamburg NJW-RR 2001, 123 ff.).
– Pay-TV: Nutzungsart seit Anfang/Mitte der neunziger Jahre bekannt (Wandtke/Bullinger/*Wandtke/Grunert*, UrhR, § 31 Rn. 46 m. w. N.). Obergerichtliche Urteile sind noch nicht ergangen.
– Pay per view: Aufgrund fehlender wirtschaftlicher Bedeutung ungeklärt (Wandtke/Bullinger/*Wandtke/Grunert,* UrhR, § 31 Rn. 46)
– Video-on-Demand: Nutzungsart seit 1995 bekannt (OLG München ZUM 1998, 413 ff.)

Nach dem Willen des Gesetzgebers soll eine **„Öffnung der Ar- 343 chive"** im digitalen Zeitalter ermöglicht werden, ohne dass der Verwerter jeden einzelnen Urheber ausfindig machen muss.[6] Das Urhe-

---

[1] Schricker/*Schricker,* Urheberrecht, §§ 31 Rn. 27.
[2] OLG Hamburg NJW-RR 2001, 123, 123.
[3] BGH GRUR 1986, 62, 65.
[4] BGHZ 128, 336, 338.
[5] *Reber,* GRUR 1997, 162, m. w. N. und ausführlicher Wiedergabe des Diskussionstandes in Literatur und Rechtsprechung.
[6] *Spindler,* NJW 2008, 9, 10.

bergesetz enthält daher in der seit dem 1.1.2008 geltenden Fassung (etwas versteckt) in den **Übergangsregelungen** (§ 137 l UrhG) Vorschriften für **Altverträge,** die in der Zeit vom 1.1.1966 bis 31.12. 2007 geschlossen wurden. Hat ein Urheber in solchen Verträgen einem anderen alle wesentlichen Nutzungsrechte ausschließlich sowie räumlich und zeitlich unbegrenzt eingeräumt, gelten die zum Zeitpunkt des Vertragsschlusses unbekannten Nutzungsrechte ebenfalls als eingeräumt. Diese Regelung greift somit insbesondere bei „buy-out"-Verträgen (hierzu Rn. 327, 344), in denen der Urheber dem Vertragspartner alle Nutzungsrechte unbeschränkt übertragen hat, was insbesondere bei Auftragsproduktionen oft der Fall ist. Auch in diesen Fällen besteht zugunsten des Urhebers ein Widerrufsrecht, welches jedoch auf ein Jahr nach dem Inkrafttreten des Gesetzes[1], also bis zum 1.1.2009, begrenzt ist. Diese zeitliche Begrenzung des Widerrufsrechts gilt aber nur für Nutzungsarten, die am 1.1.2008 bereits bekannt waren (siehe oben Rn. 337 ff.). Für zukünftig auftretende neue Nutzungsarten gilt eine dreimonatige Frist ab Mitteilung des Verwerters entsprechend § 31 a UrhG. Hat der Verwerter zwischenzeitlich sämtliche ihm eingeräumten Nutzungsrechte an einen Dritten weiter übertragen, so fallen auch die Rechte an den neuen Nutzungsarten gemäß § 137 l Abs. 2 UrhG dem Dritten zu. Der Urheber hat einen Auskunftsanspruch gegen seinen alten Vertragspartner über die Identität des neuen Rechtsinhabers. Dieser Informationsanspruch ist von erheblicher praktischer Bedeutung, da der Widerruf in diesen Fällen an den neuen Rechtsinhaber zu richten ist.

Die neuen zusätzlichen Nutzungen sind in jedem Falle vergütungspflichtig. Der Anspruch kann aber nicht persönlich, sondern nur über eine Verwertungsgesellschaft geltend gemacht werden (§ 137 l Abs. 5 UrhG).

cc) Honorarhöhe (angemessene Vergütung, § 32 UrhG)

344   Genauso wie alle anderen Vertragsbedingungen ist auch die **Honorarhöhe** grundsätzlich frei vereinbar. Da jedoch im Urheberrecht strukturell bedingt häufig ein wirtschaftlich mächtiger Verwerter mit Nachfragemacht einem schwächeren Urheber als Vertragspartner gegenübersteht („David gegen Goliath"), was zu einer dauerhaften finanziellen Unterbewertung von Nutzungsrechten führen könnte, hat der Gesetzgeber den Anspruch auf eine **angemessene Vergütung** in § 32 UrhG festgeschrieben. Die Angemessenheit der Vergütung ist in § 32 Abs. 2 UrhG definiert, allerdings äußerst wenig konkret. Die Vergütung muss demnach daran orientiert sein, was im Geschäftsver-

---

[1] *Spindler,* NJW 2008, 9, 10.

kehr nach Art und Umfang der Nutzungsmöglichkeit unter Berücksichtigung aller Umstände üblicher- und redlicherweise zu zahlen ist. Durch die Merkmale der Üblichkeit und der Redlichkeit hat der Gesetzgeber verdeutlicht, dass es nicht allein auf die marktüblichen Honorare ankommt, die in vergleichbaren Fällen gezahlt werden. Denn insbesondere in Märkten oder Regionen mit einer einseitigen Nachfragemacht (z.b. weil es in einem Gebiet oder in einer Branche nur einen nennenswerten Auftraggeber/Lizenznehmer gibt), können Honorare üblich sein, die nicht redlich sind, weil sie dem Urheber kein adäquates Einkommen ermöglichen. Auch branchenübliche Honorare können unangemessen im Sinne des § 32 UrhG sein[1], z.b. wenn ein Verlag für die Erstveröffentlichungsrechte an einem Pressefoto ein Honorar von nur rund € 10 einschließlich des Herstellungsaufwands zahlt. Im Fotobereich bieten die **Honorarübersichten** der **Mittelstandsgemeinschaft Foto-Marketing (MFM)** Orientierungshilfe (siehe hierzu auch Rn. 437).[2]

In der Praxis ist die Anwendung der im Jahre 2002 eingeführten Vorschrift noch immer problematisch, da der Rechtsprechung keine einheitliche Linie zur Angemessenheit zu entnehmen ist und der Urheber im Streitfall für die Unangemessenheit und die Höhe der angemessenen Vergütung beweispflichtig ist.[3] Das LG München I[4] hat Ende 2005 entschieden, dass eine Pauschalvergütung, die nicht zwischen der Vergütung für die Herstellung des Werkes (werkvertragliches Element) und dem Honorar für die Nutzungsrechte unterscheidet und den Urheber trotz dauerhafter fortlaufender Werknutzung nicht am Verkaufserlös beteiligt, unangemessen sein kann (im konkreten Fall ging es um die Übersetzervergütung bei Büchern). **Pauschalhonorare („Buyout")** sind aber nicht in jedem Fall unangemessen.[5] Bei fotografischen Werken ist zu empfehlen, ggf. die Vergütung für die Herstellung (Produktion) der Fotos und das Nutzungshonorar im Vertrag gesondert auszuweisen und das Nutzungshonorar der Höhe nach variabel an den Umfang der Verwertung zu knüpfen, wie dies z.B. im Bereich der Autorenhonorare bei Büchern schon lange üblich ist. Anderenfalls bestehen hinsichtlich etwaiger Nachforderungen des Fotografen auf Seiten des Verwerters erhebliche wirtschaftliche Unwägbarkeiten.

---

[1] *Dreier/Schulze*, § 32 UrhG, Rn. 50.
[2] *Dreier/Schulze*, § 32 UrhG, Rn. 40.
[3] Ausführlich zur Problematik *von Becker/Wegner*, ZUM 2005, 695; die ersten veröffentlichten (aber nicht rechtskräftigen) Entscheidungen zur Angemessenheit betrafen die Übersetzervergütung: LG München I AfP 2005, 569; LG Berlin ZUM 2005, 901; LG Berlin ZUM 2005, 904.
[4] LG München I AfP 2005, 569, 572 ff.
[5] LG Berlin ZUM 2005, 901, 903.

Ist eine vereinbarte Vergütung im Hinblick auf den erlaubten Umfang der Nutzung unangemessen, können Fotografen nach § 32 Abs. 1 UrhG eine **Vertragsanpassung** verlangen. Ist versäumt worden, die Höhe der Vergütung vertraglich zu bestimmen, gilt die angemessene Vergütung kraft Gesetzes als vereinbart. Beide Vorschriften dürfen gemäß § 32 Abs. 3 UrhG nicht zum Nachteil des Urhebers umgangen oder abgeändert werden. Auch auf Ansprüche aus § 32 a UrhG kann der Urheber nicht im Voraus verzichten. Nach dieser Vorschrift, die den alten **„Bestsellerparagrafen"** § 36 UrhG a. F. ersetzt hat, darf der Urheber auch später bei unvorhergesehenen Verwertungserfolgen eine angemessene zusätzliche Vergütung verlangen. Voraussetzung ist, dass ein **„auffälliges Missverhältnis"** zwischen den Verwertungserlösen und sonstigen Vorteilen aus der Werknutzung und der vereinbarten Vergütung besteht. Hat ein Fotograf beispielsweise Fotos zur Illustration eines Fachbuches lizenziert und sich hierbei mit einem geringen Honorar zufrieden gegeben, weil es sich um ein Fachbuch zu einem Nischenthema mit einer geringen Auflage und Verkaufserwartung gehandelt hat, kann er nach § 32 a UrhG eine Zusatzvergütung fordern, wenn das Buch unerwartet zum Millionenbestseller wird.

345   Das bei **Produktionsverträgen** (also der Herstellung neuer Fotos im Kundenauftrag) in der Praxis häufig anzutreffende **Tagessatzprinzip** ist nach neuer Rechtslage (§ 32 UrhG, s. o.) nur dann unproblematisch, wenn mit dem Tagessatz lediglich die Werkleistung des Fotografen vergütet wird (also die handwerkliche Leistung und der Zeitaufwand bei der technischen Herstellung der Fotos) und für die Nutzungsrechte ein zusätzliches, verwertungsorientiertes Honorar gezahlt wird. Die **Höhe** des Tagessatzes ist u. a. abhängig vom Renommee des Fotografen und davon, ob und ggf. welche weiteren Kosten (z. B. Modelle, Fotomaterial, Reiseauslagen) mit dem Tagessatz pauschal abgegolten werden. Bei einem anerkannten Profifotografen mit mehrjähriger Berufserfahrung dürfte der übliche Tagessatz bei einem inländischen shooting nicht unter € 1000,– ohne Kostenerstattung und Nutzungsrechte liegen. Bei renommierten Spitzenfotografen, insbesondere im Mode-, Werbungs- und Kunstbereich liegen die Sätze deutlich darüber.

346   Das Honorar für die Nutzungsrechtseinräumung ist **abhängig vom inhaltlichen räumlichen und zeitlichen Umfang der Nutzungsbefugnis** und sollte nach neuer Rechtslage wegen §§ 32, 32 a UrhG an den Verwertungserfolg gekoppelt sein. Ein Fotograf kann für eine ausschließliche Nutzungsrechtseinräumung („Exklusivrecht", siehe Rn. 327 ff.) regelmäßig mehr verlangen als für ein einfaches Nutzungsrecht. Auch bei einfachen Rechten kommt es auf den er-

laubten Umfang an. Eine einmalige Zeitungsveröffentlichung ist z. B. günstiger als eine Buchveröffentlichung mit mehreren Auflagen und Neben- oder Sonderausgaben. Grundsätzlich sind die Honorare für kommerzielle Nutzungen (Werbung, PR usw.) deutlich höher als für redaktionelle Nutzungen.

Auch insoweit kann die **Honorarübersicht** der **Mittelstandsgemeinschaft Foto-Marketing (MFM)** als Orientierungshilfe herangezogen werden. Die jährliche MFM - Übersicht über die marktüblichen Vergütungen ist jedoch unverbindlich. Es ist also niemand gehindert, andere Honorare zu vereinbaren und dies kommt in der - Praxis auch vor. Für die Rechtsprechung ist die MFM-Tabelle eine wichtige Orientierungsgröße, insbesondere der Ermittlung üblichen Vergütung i. S. v. § 632 Abs. 2 BGB und bei der Schätzung von Schadenersatzansprüchen nach § 287 ZPO (siehe Rn. 437 ff.).

Ähnlich wie bei anderen Werkverträgen, z.B. mit Bauhandwerkern, **347** werden auch Fotografen vor der Vergabe eines Auftrages zur Produktion neuer Aufnahmen häufig aufgefordert, einen **Kostenvoranschlag** einzureichen, der − soweit keine Regelung getroffen wurde − gemäß § 632 Abs. 3 BGB vergütungsfrei zu erstellen ist. Wird der Vertrag später geschlossen, geschieht dies in der Regel auf der Grundlage des Kostenvoranschlages.

Allerdings haben Kostenvoranschläge im Regelfall lediglich die Bedeutung einer unverbindlichen Berechnung der voraussichtlichen Kosten. Übernimmt der Fotograf jedoch verbindlich die Gewähr für seine Kostenkalkulation, bekommt der Voranschlag den rechtlichen Charakter eines Festpreises, mit dem Ergebnis, dass der Fotograf nicht mehr als die veranschlagte Vergütung verlangen darf.

Aber auch ohne diesen verbindlichen Charakter hat der Kostenvoranschlag eine rechtliche Bedeutung: Durch ihn wird der Fotograf gemäß § 650 Abs. 2 BGB verpflichtet, jede wesentliche **Kostenüberschreitung** dem Besteller anzuzeigen. Als wesentlich beurteilen die Gerichte eine Überschreitung regelmäßig ab 15 bis 20 %.[1]

Nach der Anzeige einer solchen Überschreitung hat der Besteller gemäß § 650 Abs. 1 BGB das Recht, den Werkvertrag zu kündigen. Der Fotograf kann dann gemäß § 650 Abs. 1 i.V.m. § 645 Abs. 1 BGB nur die Leistungen und Auslagen in Rechnung stellen, die zum Zeitpunkt der Kündigung bereits erbracht waren.

Für den Fall einer **Kündigung** des Produktionsvertrages vor voll- **348** ständiger Vertragserfüllung gilt allgemeines Werkvertragsrecht: Gemäß § 649 Satz 1 BGB kann der Besteller bis zur Vollendung des Werkes - jederzeit ohne Angabe von Gründen kündigen. Es kommt auch nicht

---

[1] *Sprau* in: *Palandt,* § 650, Rn 2.

darauf an, ob behebbare oder endgültige Mängel vorliegen oder die Abnahme verweigert wurde. Eine Kündigung kann schon in der Weigerung des Auftraggebers, wegen angeblicher Mängel der Leistung weiter zusammenzuarbeiten, zu sehen sein.[1] Der Fotograf behält im Falle einer Kündigung jedoch nach § 649 Satz 2 BGB grundsätzlich den Anspruch auf die volle vereinbarte Vergütung, allerdings mit zwei Einschränkungen:

Der Fotograf muss sich auf den Vergütungsanspruch anrechnen lassen, was er durch die vorzeitige Aufhebung an Kosten spart. Enthielt die vereinbarte Vergütung z.B. unter anderem auch Kosten für die beabsichtigte Buchung eines Fotomodels, sind diese Aufwendungen abzuziehen, wenn sie aufgrund der **Stornierung** nicht mehr anfallen.

Des Weiteren muss sich der Fotograf anrechnen lassen, was er dadurch verdient, dass er durch den stornierten Auftrag freie Kapazitäten für andere Arbeiten hat. Diese Anrechnung erfolgt auch dann, wenn es der Fotograf böswillig unterlässt, andere Aufträge anzunehmen.

In der Praxis dürfte aber zumindest die zweite Anrechnungsvorschrift sehr selten zur Anwendung kommen. Da ein selbstständiger Fotograf in der Einteilung seiner Arbeitszeiten flexibel ist, kann er grundsätzlich jeden Auftrag ausführen. Somit wird die Arbeit, die er nach der vorzeitigen Kündigung eines Auftrages übernimmt, nur in ganz außergewöhnlichen Ausnahmefällen ein Geschäft sein, das er ohne die vorausgegangene Kündigung nicht hätte übernehmen können.

dd) Sperrfristen und Exklusivität

349   Die Nutzungsrechte an Bildern werden teilweise unter besonderen Bedingungen eingeräumt bzw. erworben. Zu den häufigeren Regelungen zählen Sperrfristen und Exklusivitätsvereinbarungen.

350   Bei **Sperrfristen** handelt es sich um Zusagen, von den erworbenen Nutzungsrechten erst zu einem vereinbarten Zeitpunkt Gebrauch zu machen. Solche Vereinbarungen sind im Regelfall wirksam. Der Fotograf hat grundsätzlich das Recht, die Bedingungen für die Veröffentlichung seiner Bilder frei auszuhandeln.[2] Dies folgt u. a. schon aus § 12 Abs. 1 UrhG, wonach der Urheber (Fotograf) bestimmen darf, wann und wie seine Werke (Fotos) erstmalig veröffentlicht werden, ferner auch aus § 31 Abs. 1 UrhG, wonach Nutzungsrechte räumlich, zeitlich oder inhaltlich beschränkt werden können. Um die Einhal-

---

[1] LG Mainz NJW-RR 2005, 854, 855 – *Auslandsjournal*; dort: Werkvertrag angenommen.
[2] *Soehring*, Rn. 9.36.

tung der Sperrfristen durchzusetzen, dürfen auch Vertragsstrafen vereinbart werden. Sinnvoll ist ferner die praktische Absicherung durch kurzfristige Übergabe des Materials erst kurz vor der erlaubten Veröffentlichung. Zudem kann bei der Verletzung einer Sperrfrist auch auf **Schadensersatz** geklagt werden. Voraussetzung ist allerdings, dass der Fotograf nachweist, dass ihm durch die vorzeitige Veröffentlichung ein konkreter Schaden entstanden ist. So besteht z. B. ein Anspruch, wenn ein Vertrag platzt, weil ein anderer Verlag entgegen getroffener Vereinbarungen eine Veröffentlichung vornimmt.[1] Das LG Hamburg gründete den Anspruch noch auf **positive Forderungsverletzung**, nach der Schuldrechtsreform sind §§ 280, 631 BGB einschlägig. Rechtlich zulässig ist es zudem, die Nutzungsrechte von vornherein einseitig mit der Bedingung zu übertragen, dass sie nicht vor einem bestimmten Zeitpunkt genutzt werden dürfen.[2]

Genauso zulässig wie die Vereinbarung von Sperrfristen ist die Ein- **351** räumung von **Exklusivitätsrechten**. Ein Exklusivvertrag verbietet es dem Fotografen, noch weiteren Medien Nutzungsrechte einzuräumen. Urheberrechtlich handelt es sich dann um ausschließliche Nutzungsrechte (§ 31 Abs. 3 UrhG, siehe Rn. 327). Solche Vereinbarungen sind grundsätzlich wirksam.[3] Auch ist es zulässig, zur Einhaltung von Exklusivitätsrechten **Vertragsstrafen** zu vereinbaren. Zudem besteht bei Verstößen die Möglichkeit, **Schadensersatz** geltend zu machen. Eine **Bindungswirkung** gegenüber Dritten entfalten Exklusivitätsverträge aber in aller Regel nicht. Andere Fotografen sind also grundsätzlich nicht gehindert, den Versuch zu unternehmen, das gleiche Motiv abzulichten und es dann zu veröffentlichen.[4] In Ausnahmefällen kann das Nachstellen von fremden Fotos urheberrechtlich problematisch sein, wenn nicht nur ein Motiv, sondern ein konkretes Foto nachgestellt wird (siehe hierzu Rn. 416 ff.). Das **Zitatrecht** nach § 51 UrhG (siehe Rn. 406 ff.) bleibt durch Exklusivverträge ebenfalls unberührt. Allerdings kann es **wettbewerbswidrig** sein, ein Motiv zu vermarkten, für dessen Arrangement ein anderer Fotograf Aufwendungen gehabt hat. So z. B. wenn eine große **Hochzeitsgesellschaft** auf einer extra errichteten Tribüne fotografiert wird. Hat ein Fotograf für den Bau der Bühne gezahlt, muss er nicht hinnehmen, dass bei dieser Gelegenheit ein konkurrierender Fotograf ebenfalls Bilder macht und versucht, diese an die Gäste der Hochzeitsfeier zu verkaufen.[5]

[1] LG Hamburg NJW-RR 1994, 1012, 1013.
[2] *Soehring,* Rn. 3.45.
[3] *Soehring,* Rn. 7.54 ff.; *von Strobl-Albeg* in: *Wenzel,* Kap. 5, Rn. 375–377.
[4] *Soehring,* Rn. 7.57; BGH GRUR 1968, 209 ff. – *Lengede.*
[5] OLG München ZUM 1991, 431 f. (noch zum alten UWG).

ee) Eigentum am Fotomaterial

352 Oft wird in der Praxis übersehen, auch die Eigentumslage am Bild-material, d. h. an den körperlichen Trägern (Filme, Negative, Abzüge, Dias etc.), zu regeln. Im Zuge der Digitalisierung der Fotografie ver-liert dieses Problem allerdings praktisch zunehmend an Bedeutung. Trotz der engen Verknüpfung sind rechtlich Nutzungsrechte und Eigentum zwei unterschiedliche Aspekte, die entsprechend bei Ver-trägen beide regelungsbedürftig sind.

Welcher Seite die **Eigentumsrechte** an dem **Fotomaterial** zuste-hen, hängt von der Ausgestaltung des Vertrages ab. Werden lediglich die Nutzungsrechte an bereits hergestellten Fotos übertragen (**Lizenzver-trag**), verbleibt das Eigentum an dem Fotomaterial regelmäßig beim Fotografen. Bei der zeitlich begrenzten Überlassung von Fotomaterial handelt es sich nach h. M. um einen **Leihvertrag** gemäß §§ 598 ff. BGB.[1] Somit ist der Verwerter der Fotos nach § 604 BGB verpflichtet, die von ihm entliehenen Bilder zurückzugeben. Ein Eigentumsüber-gang findet nicht statt.

353 Anders kann es sich jedoch verhalten, wenn ein Fotograf für einen Verwerter bestimmte Fotos überhaupt erst herstellt (**Produktions-vertrag**). Solche Vereinbarungen werden von der Rechtsprechung ganz überwiegend als **Werkverträge** gemäß §§ 631 ff. BGB einge-stuft.[2] Da es sich bei Fotos um bewegliche Sachen handelt, finden gemäß § 651 BGB die Vorschriften über das Kaufrecht Anwendung. Danach ist der Fotograf gemäß § 433 Abs. 1 Satz BGB verpflichtet, dem Besteller die hergestellten Bilder nicht nur zu übergeben, sondern ihm auch das Eigentum daran zu verschaffen.

354 Denkbar, aber in der Praxis wohl eher selten, ist auch, dass der Verwerter einem Fotografen Abzüge von Originalbildern abkauft, z. B. wenn diese Fotos dauerhaft ausgestellt oder archiviert werden sollen. Bei solchen Vereinbarungen handelt es sich um **Kaufverträge** gemäß §§ 433 ff. BGB. Hier ist der Fotograf als Verkäufer dann auch verpflichtet, dem Käufer die Bilder zu übergeben und ihm das Eigen-tum daran zu verschaffen. Die urheberrechtlichen Nutzungsrechte müssen gesondert geregelt werden, da mit dem Eigentum nicht die Nutzungsrechte „automatisch" übergehen.

Vereinzelt hatten die Gerichte schon dann eine Übereignung ange-nommen, wenn ein Fotograf einem Verwerter dauerhaft Bilder gegen ein Honorar zur Aufnahme in ein **Archiv** überlässt.[3] Der BGH hat

---

[1] So unter anderem BGH GRUR 2002, 282, 283; OLG Hamburg ZUM 1998, 663, 664.

[2] BGH MDR 1966, 496 ff.

[3] OLG Hamburg GRUR 1989, 912, 914; OLG München AfP 2004, 142.

mittlerweile hingegen entschieden, dass in solchen Fällen **in der Regel kein Eigentumsübergang** stattfindet.[1] Der dort entschiedene Sachverhalt weist allerdings einige Besonderheiten auf, sodass stets zu prüfen bleibt, ob die jeweiligen Fälle auch in den Details vergleichbar sind. Auch nach BGH ist es nicht völlig ausgeschlossen, dass in einer dauerhaften kostenpflichtigen Archivüberlassung ein Kaufvertrag zu sehen sein kann. Allerdings bedarf es hierzu klarer vertraglicher Verabredungen oder besonderer Anhaltspunkte. Es kommt bei fehlenden oder unklaren Vereinbarungen stets auf die individuellen Umstände des Einzelfalls an, wie auch ein vom LG München I[2] entschiedener Fall zeigt: Ein Fotograf hatte dort sechs Dias mit Motiven der Ehefrau eines früheren Fußballbundestrainers ohne nähere Vereinbarung gegen ein Honorar von DM 3480,– brutto an einen Verlag übergeben. Ein Foto wurde veröffentlicht. Später kam es über den Umfang der Nutzungsrechte und das Eigentum an den Dias zum Streit, worauf der Fotograf die Herausgabe der Dias verlangte. Das Gericht wertete die Höhe des Honorars auf Basis eines Sachverständigengutachtens als Umstand, der für eine Übereignung der Dias spricht, ebenso wie die Tatsache, dass der Fotograf die Dias über sechs Jahre lang nicht herausverlangt hatte. Die Herausgabeklage wurde abgewiesen, weil der Anspruch jedenfalls verwirkt sei.

Verliert der Fotograf durch Kaufverträge ausnahmsweise sein Eigentum an den übergebenen körperlichen Trägern (Dias, Abzüge, Ausdrucke, Datenträger etc.) berührt diese nicht seine urheberrechtlichen Ansprüche an den Fotos. Übereignet wird dann nur das Fotomaterial in seiner körperlichen Form. Der Fotograf darf über die urheberrechtlichen Nutzungsrechte weiter verfügen, sofern dies nicht anders vertraglich in Form einer Nutzungsrechtsvereinbarung geregelt wird. Allerdings kann nach der Rechtsprechung bei der Auslegung unklarer Vereinbarungen die Übertragung des Eigentums für die Einräumung ausschließlicher Nutzungsrechte sprechen, jedenfalls wenn der Fotograf keine Duplikate bei sich behält und die Originale mehrere Jahre lang nicht zurück verlangt.[3]

---

[1] BGH GRUR 2007, 693.
[2] LG München I ZUM 2008, 78.
[3] LG München I ZUM 2008, 78.

ff) Rückrufsrechte des Urhebers

355 Bei der Ausgestaltung von Nutzungsvereinbarungen ist zu berücksichtigen, dass gesetzliche Rückrufsrechte bestehen können, die jedoch in den vorgeschriebenen Grenzen vertraglich modifiziert werden können. Das UrhG regelt Widerrufsrechte bei Nichtausübung durch den Erwerber, gewandelter Überzeugung des Urhebers oder bei Unternehmensveräußerung.

(1) Rückrufsrecht wegen Nichtausübung (§ 41 UrhG)

356 Das Rückrufsrecht wegen Nichtausübung setzt nach § 41 Abs. 1 Satz 1 UrhG voraus, dass ein **ausschließliches Nutzungsrecht** übertragen wurde, welches der Erwerber dann aber überhaupt nicht oder nur unzureichend ausübt und dadurch berechtigte Interessen des Urhebers verletzt. Eine **unzureichende Ausübung des Nutzungsrechts** soll immer dann vorliegen, wenn der Nutzungsrechtsinhaber weniger Mittel einsetzt, als objektiv erforderlich sind und es der Üblichkeit nach Vertragszweck sowie Branchenübung entspricht.[1] Nach diesen Kriterien kann z.B. von einer Fotoagentur erwartet werden, dass sie versucht, ihr überlassende Bilder aktiv zu vermarkten und dazu ihr Angebot mit angemessenem Aufwand bewirbt. Mit Wirksamkeit des Rechterückrufs erlischt das Nutzungsrecht kraft Gesetz (§ 41 Abs. 5 UrhG). Der Urheber kann danach wieder frei über sein Recht verfügen, es also auch an einen anderen Verwerter vergeben.

Das Rückrufsrecht darf vertraglich nicht ausgeschlossen werden, da ein Verzicht im Voraus verboten ist. Es darf aber vereinbart werden, dass der Urheber sein Rückrufsrecht nicht vor maximal fünf Jahren ausübt (§ 41 Abs. 4 UrhG). Unabhängig von derartigen Vereinbarungen bestimmt das Gesetz, dass das Rückrufsrecht generell nicht vor Ablauf von zwei Jahren seit Ablieferung des Werkes und Übertragung des Nutzungsrechts ausgeübt werden darf (§ 41 Abs. 2 UrhG). Für **Zeitungen** und **Zeitschriften** gelten kürzere Fristen: Bei Zeitungen drei Monate, bei Zeitschriften sechs Monate bzw. ein Jahr, wenn die Zeitschrift weniger als einmal im Monat erscheint.

Weitere Voraussetzung für den Rückruf ist, dass die Nichtausübung die **berechtigten Interessen des Urhebers erheblich verletzt**, was in der Praxis aber impliziert wird, es sei denn, es handelt sich um geringfügige Versäumnisse des Verwerters.[2] Gemäß § 41 Abs. 1 Satz 2 UrhG ist der Rückruf ausgeschlossen, wenn die Nichtausübung oder die unzureichende Ausübung des Nutzungsrechts auf Umständen

---

[1] Wandtke/Bullinger/*Wandtke*, UrhR, § 41 Rn. 12 f.
[2] Schricker/*Schricker*, Urheberrecht, § 41 Rn. 15.

beruhen, deren Behebung dem Urheber zuzumuten ist. Bei Fotos kommen da vor allem kleinere **technische Mängel** in Betracht, die sich durch eine nachträgliche digitale Bearbeitung am Computer leicht beheben lassen.

Zudem muss der Urheber dem Inhaber des Nutzungsrechts gemäß § 41 Abs. 3 UrhG eine angemessene **Nachfrist** zur ausreichenden Ausübung des Nutzungsrechts setzen, ihm also eine zweite Chance geben. Dies entfällt nur dann, wenn eine Nachfrist überwiegende Interessen des Urhebers verletzt oder der Nutzungsrechtsinhaber die Ausübung verweigert bzw. sie ihm unmöglich ist.[1] Ein typischer Fall dürfte sein, dass z. B. eine Fotoagentur oder ein Verlag den Geschäftsbetrieb einstellt und deshalb überlassene Fotos nicht mehr verwerten kann.

Als Rechtsfolge des Rücktritts erlischt gemäß § 41 Abs. 5 UrhG das Nutzungsrecht. Dabei ist eine Auflösung ex nunc (also ab dem Zeitpunkt des Rücktritts) anzunehmen, weil ansonsten vorangegangene erlaubte Nutzungen nachträglich rechtswidrig würden.[2] Zudem ist der Urheber nach § 41 Abs. 6 UrhG verpflichtet, den Inhaber des Nutzungsrechts für den Rückruf nach Billigkeit zu **entschädigen**. Dabei ist u. a. von Bedeutung, wer die mangelnde Ausübung zu vertreten hat. Ist dies der Nutzungsrechtsinhaber, entfällt die **Entschädigungspflicht**[3], sodass üblicherweise keine Entschädigung zu zahlen ist.

(2) Rückrufsrecht wegen gewandelter Überzeugung (§ 42 UrhG)

Das Rückrufsrecht wegen **gewandelter Überzeugung** setzt nach 357 § 42 Abs. 1 UrhG als erstes voraus, dass dem Urheber eine Verwertung seines Werkes nicht mehr zugemutet werden kann, weil es seinen Auffassungen nicht mehr entspricht. Ein typischer Bereich ist der dauerhafte und konsequente **Überzeugungswandel** bei politischen oder wissenschaftlichen Werken. Daher sind Anwendungsfälle bei Fotos selten, aber nicht undenkbar, weil auch gewandelte künstlerische oder ästhetische Auffassungen berücksichtig werden können[4] . Denkbar wäre z. B., dass ein ehemaliger Erotikfotograf nicht mehr möchte, dass Bilder aus dieser Zeit veröffentlicht werden, weil er inzwischen einer Religion angehört, die dies verbietet. Wegen der vergleichbaren Interessenlage liegt es nahe, hierbei ebenso strenge Voraussetzungen zu fordern, wie beim Widerruf einer Einwilligung zur Nutzung des Rechts am eigenen Bild (§ 22 KUG, siehe oben Rn.

---

[1] Wandtke/Bullinger/*Wandtke,* UrhR, § 41 Rn. 23.
[2] Strittig, siehe Schricker/*Schricker,* Urheberrecht, § 41 Rn. 24.
[3] OLG München ZUM-RD 1997, 451, 453.
[4] Schricker/*Dietz,* Urheberrecht, § 42 Rn. 23.

161 ff.). Die gewandelte Überzeugung muss konsistent, dauerhaft und nachhaltig zum Ausdruck kommen. Der Urheber ist insoweit beweispflichtig. Obwohl auch ein Überzeugungswandel im künstlerischen Bereich relevant sein kann, reicht es nicht allein aus, wenn einem Künstler sein Werk nicht mehr gefällt.[1] Das Rückrufsrecht bei Überzeugungswandel kann nicht vertraglich ausgeschlossen werden (§ 42 Abs. 2 UrhG). Nach § 42 Abs. 3 Satz 1 UrhG hat der Urheber den Nutzungsrechtsinhaber bei einem wirksamen Rücktritt angemessen zu entschädigen. Gemäß § 42 Abs. 3 Satz 2 UrhG muss die Summe mindestens die Aufwendungen decken, die der Nutzungsrechtsinhaber bis zum Rückruf gemacht hat, wie z.B. Werbungskosten. Allgemeine Verwaltungskosten sollen allerdings nicht berücksichtigt werden.[2] Zudem bleiben nach § 42 Abs. 3 Satz 2 Halbsatz 2 UrhG Aufwendungen für bereits gezogene Nutzungen außer Betracht. Nach § 42 Abs. 3 Satz 3 UrhG wird der Rückruf aber erst wirksam, wenn der Urheber die Aufwendungen ersetzt oder Sicherheit dafür geleistet hat. Allerdings ist der Nutzungsrechtsinhaber verpflichtet, dem Urheber nach dem Rückruf binnen einer Frist von drei Monaten die Höhe der Aufwendungen mitzuteilen. Ansonsten wird der Rückruf gemäß § 42 Abs. 3 Satz 4 UrhG bereits mit Ablauf der Dreimonatsfrist wirksam.

(3) Rückrufsrecht wegen Unternehmensveräußerung (§ 34 Abs. 3 UrhG)

358 Nutzungsrechte dürfen grundsätzlich nur mit Zustimmung des Urhebers übertragen werden. Eine Ausnahme davon ergibt sich aus § 34 Abs. 3 Satz 1 UrhG. Danach ist eine Übertragung auch ohne die Einwilligung des Urhebers möglich, wenn dies im Rahmen der **Gesamtveräußerung eines Unternehmens** oder von Teilen eines Unternehmens geschieht. So wollte der Gesetzgeber verhindern, dass z.B. beim Verkauf eines Verlages die Zustimmung aller Autoren und Fotografen eingeholt werden muss.

Die betroffenen Urheber haben bei einer **Unternehmensveräußerung** aber nach § 34 Abs. 3 Satz 2 UrhG die Möglichkeit, das Nutzungsrecht zurückzurufen, wenn ihnen die Ausübung durch den Erwerber des Unternehmens nach Treu und Glauben nicht zuzumuten ist. Dieses Rückrufsrecht findet gemäß § 34 Abs. 3 Satz 3 UrhG auch dann Anwendung, wenn sich die **Beteiligungsverhältnisse** am Unternehmens so **wesentlich ändern**, dass sich negative Auswirkungen

---

[1] Dreier/Schulze, § 42 Rn. 16, 17.
[2] Wandtke/Bullinger/*Wandtke*, UrhR, § 42 Rn. 12.

für die Verwertung des Werkes des betroffenen Urhebers ergeben.[1]
Voraussetzung für beide Rückrufvarianten ist aber die Unzumutbar-
keit der weiteren Verwertung, die nur selten vorliegen dürfte. Denkbar ist u. a., dass sich die thematische Ausrichtung einer Bildagentur
durch den Inhaberwechsel stark ändert und sich z. B. eine frühere
Sportbild-Agentur auf erotische Fotografie spezialisiert. Das Rückrufsrecht aus § 34 Abs. 3 UrhG kommt auch in solchen Fällen in Betracht, in denen eine Bildagentur mit gehobenem Anspruch, die nur
wenige Spitzenfotografen vertritt und ausschließlich besonders hoch-
wertige Lichtbildwerke vertreibt, von einer weltweit tätigen Groß-
agentur ohne besondere thematische oder qualitative Beschränkungen
übernommen wird, der Fotograf seine Bilder also auf einmal im mit-
ten einer Masse von Allerweltsfotos angeboten sieht.

gg) Haftung bei Vertragsverstößen

Die Haftung bei Vertragsverstößen ergibt sich aus den schuldrecht- **359**
lichen Bestimmungen des BGB. Auf Produktionsvereinbarungen findet grundsätzlich Werkvertragsrecht Anwendung (§§ 631 ff. BGB,
siehe Rn. 321), bei Verträgen über noch herzustellende Bilder werden
gemäß § 651 BGB in der Regel die kaufrechtlichen Bestimmungen
anwendbar sein. Dann ist der Fotograf nach § 433 Abs. 1 BGB verpflichtet, die bestellten Bilder in der vertraglich vereinbaren Weise
(z. B. Anzahl, Material) herzustellen, sie dem Verkäufer zu übergeben
und ihm das Eigentum frei von Sach- und Rechtsmängeln zu verschaffen.

Frei von **Sachmängeln** ist ein Foto immer dann, wenn es bei der
Übergabe an den Besteller die vereinbarte Beschaffenheit hat. Entscheidend ist also, was der Fotograf und der Besteller bei Vertragsschluss verabredet hatten (siehe Rn. 321 ff.). Fehlt es an speziellen
Vereinbarungen, sind die Fotos nach § 433 Abs. 1 Satz 2 BGB frei
von Sachmängeln, wenn sie sich für **die nach dem Vertrag vor-
ausgesetzte oder die gewöhnliche Verwendung** eignen. Hierbei
ist zu berücksichtigen, dass Fotografen und Filmherstellern eine
künstlerische und inhaltliche Gestaltungsfreiheit zusteht, die nur
durch den vertraglichen Nutzungszweck und gegebenenfalls auch
durch konkrete Vorgaben im Vertrag eingeschränkt wird (siehe oben
Rn. 322). So hat z. B. das LG Mainz eine Reportage für das ZDF-
Auslandsjournal als mangelfreie vertragsgemäße Leistung angesehen,
nachdem ein **Sachverständigengutachten** zu der Auffassung gelangt

---

[1] Wandtke/Bullinger/*Wandtke/Grunert,* § 34 Rn. 27.

war, dass der Film jedenfalls durch leichte Bearbeitung für das Format sendefähig gewesen ist.[1]

Gemäß § 434 Abs. 3 BGB liegt ein Mangel vor, wenn der Fotograf eine zu geringe Menge an Bildern liefert. Geschuldet ist auch vorbehaltlich anderslautender Vereinbarung die Freiheit von **Rechtsmängeln** nach § 435 BGB/§ 633 BGB, was z.b. bedeutet, dass sichergestellt werden muss, das Dritte aufgrund der Fotos gegen den Besteller keine berechtigten Ansprüche durchsetzen können, z.b. wegen auf den Fotos abgebildeter Sachen oder Personen (siehe Rn. 77 ff., 118 ff.).

Liegen Sach- oder Rechtsmängel vor, kann der Besteller – wenn nach dem konkreten Vertragsverhältnis Kaufrecht Anwendung findet – nach seiner Wahl gemäß §§ 437 Nr. 1, 439 Abs. 1 BGB entweder deren Beseitigung oder die Lieferung einer mangelfreien Sache verlangen. **Schadensersatz, Minderung** oder ein **Rücktritt** vom Vertrag gemäß § 437 Nr. 2 und Nr. 3 BGB sind erst möglich, wenn der Besteller dem Fotografen zuvor eine angemessene **Frist zur Nachbesserung** setzt. Dies gilt aber nicht für Schadensersatzansprüche, die daraus resultieren, dass Dritte Rechte an bereits zum Abdruck gekommenen Fotos hatten. Für einen solchen Vermögensschaden, z.B. eines Verlages, haftet der Fotograf ohne vorherige **Nachfristsetzung.**[2] Findet Werkvertragsrecht Anwendung regeln sich die Ansprüche des Bestellers bei Mängeln nach § 634 BGB, wobei in der Regel ebenfalls eine Nachfristsetzung zur Behebung der Mängel erforderlich ist.

Für **Lizenzverträge** (z.B. reine Nutzungsrechtsvereinbarungen über bereits bestehendes Material), bei denen es sich um selbständige Rechtsgeschäfte eigener Art handelt, die keinem bestimmten Vertragstypus i.S.d. BGB zugeordnet werden können, gilt allgemeines Schuldrecht des BGB.

hh) Allgemeine Geschäftsbedingungen

360   Statt zeitaufwändig alle Bedingungen in jedem Einzelfall vertraglich zu regeln, können Fotografen und Agenturen in der Zusammenarbeit mit ihren Kunden **Allgemeine Geschäftsbedingungen (AGB)** verwenden, die mit dem Kunden nicht individuell ausgehandelt werden. Für solche AGB gelten die allgemeinen zivilrechtlichen Regeln über die Einbeziehung derartiger Bestimmungen und die dortigen Vorgaben zur (Un-)Wirksamkeit einzelner Klauseln, die den Vertragspartner unverhältnismäßig benachteiligen oder überraschen können (§§ 305 ff. BGB). Das LG Berlin erklärte AGB der Axel Springer AG

---

[1] LG Mainz NJW-RR 2005, 854, 855 – *Auslandsjournal.*
[2] BGH AfP 2003, 334, 335.

in einer einstweiligen Verfügung teilweise für unwirksam.[1] Eine rechtskräftige Entscheidung, die grundsätzliche Bedeutung haben wird, steht noch aus. Das LG Berlin hielt u.a. Klauseln für unzulässig, die Honorare für Mehrfachnutzungen von redaktionellen Beiträgen nicht eindeutig regeln, Honorare für werbliche Nutzungen redaktioneller Fotos in das Belieben des Verlags stellen und Ansprüche wegen fehlender Urheberbezeichnung ausschließen.

Um AGB handelt es sich auch dann, wenn sie nicht als **Anlage** zu einer Vereinbarung auf einem eigenen Formular stehen, sondern wie ein „**Textbaustein**" in eine Vereinbarung standardisiert integriert werden (§ 305 Abs. 1 Satz 2 BGB). Voraussetzung für ihre Wirksamkeit ist, dass sie überhaupt Vertragsbestandteil geworden sind. Dies ist nur dann der Fall, wenn der Vertragspartner vor Abschluss der Vereinbarung darauf hingewiesen wurde, dass AGB einbezogen werden sollen und er die **Möglichkeit zur Kenntnisnahme in zumutbarer Weise** hatte,[2] was z. B. bei ausschließlich mündlich/telefonisch geschlossenen Verträgen problematisch ist. Bei **Online-Angeboten** muss eine unmittelbare Verknüpfung der AGB mit dem Angebot und ein eindeutiger Hinweis zur Einbeziehung vorhanden sein.[3] Die AGB dürfen nicht „versteckt" sein oder leicht übersehen werden können. Sinnvollerweise ist die **Homepage** so zu programmieren, dass der Besteller die Kenntnisnahme der AGB ausdrücklich per „Mausklick" bestätigen muss, bevor die Bestellung versendet werden kann. Werden einem Verlag gemeinsam mit Fotos auch AGB im Vorfeld eines Vertrags übersandt (z. B. bei Ansichtssendungen) und wählt der Verlag dann einige Bilder aus, um sie zu veröffentlichen, so ist darin eine konkludente Vereinbarung zu sehen.[4]

Bedingung ist allerdings, dass es den verantwortlichen Personen beim jeweiligen Besteller auch wirklich möglich war, von den AGB Kenntnis zu nehmen. Dies soll nach überwiegender Meinung dann nicht der Fall sein, wenn die entsprechenden Klauseln lediglich auf dem **Rücksendeschein** oder dem **Lieferschein** abgedruckt sind. Nach einer BGH-Entscheidung[5] dienen diese Papiere nämlich in erster Linie dem Verkäufer und dem Spediteur zur Abwicklung. Das LG

---

[1] LG Berlin, Urteil vom 5.6.2007, Az. 16 O 106/07 – *Springer-AGB, nicht rechtskräftig*.

[2] *Heinrichs* in: *Palandt,* § 305, Rn. 25 ff.

[3] OLG Hamburg, Urteil vom 13. 6. 2002, Az. 3 U 168/00. Bei Online-Verträgen mit Verbrauchern sind ferner die besonderen Vorschriften des Fernabsatzrechts, § 312 b ff. BGB zu beachten.

[4] OLG Celle AfP 1998, 224, 225.

[5] NJW 1978, 2243 f.

Hamburg[1] hat dies in einem Urteil über verlorene Fotos ebenfalls bestätigt: Es verneinte die wirksame Einbeziehung von AGB, da diese nur auf dem Lieferschein und dem Rücksendeschein der klagenden Fotoagentur abgedruckt waren.

Im mitunter hektischen Tagesgeschäft werden Fotoverträge oft per wechselseitiger **emails** geschlossen oder das Bildmaterial wird nach telefonischer Besprechung der Konditionen elektronisch versendet. In solchen Fällen sind die AGB regelmäßig nur dann in den konkreten Vertrag eingebunden, wenn dem Vertragspartner diese aus vorangegangenen gemeinsamen Geschäften bekannt sind und für den konkreten Fall darauf Bezug genommen wurde. Nicht ausreichend ist es z.b. bei einem Vertragsschluss per email, wenn ein Fotograf seine AGB auf seiner Homepage hat, darauf aber nicht explizit Bezug nimmt. Der rechtssicherste Weg der Einbindung von AGB per Vertragsschlüssen per email dürfte sein, die AGB jeder email als Anhang hinzuzufügen (z.b. als pdf-Datei) und zumindest in der email, die zum Vertragsschluss führen soll, ausdrücklich auf die Anwendung dieser AGB hinzuweisen.

361 Folgende Regelungen werden häufig durch AGB getroffen:[2]

– **Urhebernennung:** Nach § 13 UrhG kann der Fotograf bestimmen, ob das Bild mit einer **Urheberbezeichnung** zu veröffentlichen ist und welche Bezeichnung verwendet werden soll. Davon machen Fotografen regelmäßig Gebrauch, da es sich um eine wichtige Werbemöglichkeit handelt. Zudem kann in zulässiger Weise vereinbart werden, dass bei einer unterlassenen Urhebernennung der Verlag einen **Schadensersatz** in Höhe eines vereinbarten Zusatzhonorares (z.B. 100 %) zu zahlen hat.[3] Aber auch ohne eine solche AGB-Klausel sprechen die Gerichte dem Urheber oft einen Aufschlag zu, zumal ein solcher auch in den Tarifen der MFM und der VG Bild-Kunst vorgesehen ist (siehe Rn. 442 ff.). AGB-Klauseln von Bildnutzern, die Ansprüche wegen eines Verstoßes gegen das Gebot der Urheberbezeichnung ausschließen, können unzulässig sein.[4]

– **Preisaufschläge:** Für den Fall der Verwendung eines Fotos als **Titelbild** für eine **Werbeanzeige** oder eine **PR-Broschüre** sehen

---

[1] Urteil vom 21.12. 2001, Az: 308 S 6/01; nicht veröffentlicht.

[2] Vgl. auch die „Liefer- und Geschäftsbedingungen für Lieferung von Bildmaterial in analoger und digitaler Form zur Vergabe von Nutzungsrechten" des BVPA, durch Bekanntmachung des Bundeskartellamtes veröffentlicht im Bundesanzeiger Nr. 194 vom 17.10. 1997, S.12964; Fassung Oktober 2004 auch veröffentlicht in „BVPA – Der Bildermarkt" 2008, S.122ff.

[3] KG Berlin, Urteil vom 17.10. 1995, Az.: 5 U 5057/94, zitiert nach *Mielke* 17.1ff.

[4] LG Berlin, Urteil vom 5.6.2007, Az 16 O 106/07 - *Springer*-AGB, nicht rechtskräftig.

die AGB von vielen Fotografen und Bildagenturen einen Preisaufschlag von 100 % vor. Solche Klauseln haben die Gerichte als rechtmäßig gebilligt und zwar auch dann, wenn sie lediglich auf entsprechende Preisempfehlungen von Berufsverbänden verweisen.[1]

- **Bearbeitungskosten:** Die Zusammenstellung von Bildmaterial zu einem bestimmten Thema oder mit einem bestimmten Motiv erfordert einen gewissen Arbeitsaufwand. Einige Fotografen und Agenturen berechnen bereits dafür einen Pauschalbetrag als **Bearbeitungsgebühr**. Die Rechtsprechung hat diese Praxis grundsätzlich gebilligt, die Gebühren aber der Höhe nach begrenzt. So darf nach einer Entscheidung des AG Berlin-Schöneberg für das Heraussuchen von 28 Motiven höchstens ein Betrag von 50 DM berechnet werden.[2]

- **Aufschläge für unberechtigte Nutzungen:** Wird von Fotografen oder Agenturen übersandtes Bildmaterial genutzt, ohne dass es zuvor zum Abschluss eines Nutzungsvertrages gekommen ist, enthalten viele AGB Klauseln, nach denen teilweise das Fünffache des üblichen Honorars gezahlt werden muss. Die Gerichte beurteilen diese Klauseln als zulässige Vertragsstrafenvereinbarungen, die den Urheber in erster Linie vor der unberechtigten Nutzung und Weitergabe seiner Bilder schützen soll.[3] Somit handelt es sich bei solchen Klauseln nicht um Schadenspauschalierungen, bei dem Verletzer der Nachweis eines geringeren Schadens ermöglicht werden müsste (§ 309 Nr. 5 b BGB). Zudem ist die Klausel nach Ansicht des OLG Frankfurt/Main[4] auch nicht überraschend und daher nicht unwirksam, da das Urhebergesetz davon ausgehe, dass Nutzungsrechte nur zweckbezogen übertragen werden. Vertragsstrafen für unberechtigte Nutzungen entsprächen somit dem Leitbild des Gesetzes. Ohne entsprechende vertragliche Vertragsstrafenregelung sprechen die Gerichte nur selten Aufschläge bei unberechtigten Nutzungen zu (siehe Rn. 441 ff.).

- **Beschädigungen von Schutzhüllen und Beschriftungen:** Das Bildmaterial wird von Fotografen oder Agenturen regelmäßig in Schutzhüllen und mit Beschriftungen, wie z. B. EDV-Etiketten übersandt. Für den Fall der Beschädigung sind in den AGB häufig Pauschalbeträge als Schadensersatz enthalten. Solche Regelungen sind grundsätzlich zulässig.[5] Danach kann pro beschädigter Verpa-

---

[1] OLG Frankfurt ZUM 1998, 662 ff., 663.
[2] AG Berlin-Schöneberg, Urteil vom 5.10. 1990, Az.: 5 C 318/90, zitiert nach *Mielke* 15.2 ff.
[3] OLG Celle AfP 1998, 224, 225.
[4] ZUM 1998, 662, 662.
[5] OLG München ZUM-RD 1998, 113, 114/115.

ckung z. B. ein Betrag zwischen 75–150 EUR berechnet werden, bei zerstörten Beschriftungen liegt die Summe zwischen zehn und fünfzehn EUR.

– **Verlust/Beschädigung/Verspätete Rückgabe** („**Blockierungskosten**"): Entsprechende Schadensersatzregelungen können wirksam getroffen werden (Einzelheiten siehe Rn. 365 ff.).

ii) Zusammenarbeit mit Dritten

362   Bei der Abwicklung von Produktionsverträgen benötigt der Fotograf häufig die Hilfe weiterer Personen oder Firmen, wie z. B. Stylisten oder Modellagenturen. Wenn der Fotograf diese Personen und Firmen auch selber auswählt und im eigenen Namen beauftragt, werden diese als seine **Subunternehmer** tätig und nicht als Beauftragte seines Kunden.

Als Auftraggeber haftet der Fotograf gemäß § 631 BGB für die Vergütung des Subunternehmers unabhängig davon, ob er seine Vergütung vom Kunden erhält.[1] Gleichzeitig muss der Fotograf für eine Schlechtleistung seines Subunternehmers gegenüber dem Kunden im gleichen Maße einstehen, wie für selbstverschuldete Mängel. Dies kann vermieden werden, wenn die hinzugezogenen Produktionskräfte und Mitwirkenden entweder direkt vom Kunden beauftragt werden oder sich der Fotograf vom Kunden gemäß §§ 164 ff. BGB bevollmächtigen lässt, die entsprechenden Verträge im Namen des Kunden und auf dessen Rechnung abzuschließen. Wenn der Kunde nicht bereit ist, direkt mit den Drittbeteiligten zu verhandeln, ist der Weg über die **Vollmachtserteilung** zu wählen, wenn ein Fotograf sein Risiko begrenzen möchte. Dabei gelten die allgemeinen Vollmachtsregeln des BGB: Voraussetzung ist somit als erstes die Erteilung einer Vollmacht gemäß § 167 BGB. Bei der Beauftragung muss der Fotograf dann aber auch klarstellen, dass er den Auftrag nicht im eigenen Namen, sondern im Namen des Kunden und auch für dessen Rechnung erteilt. Bei schriftlichen Verträgen ist dies auch in der Schriftform klar zu formulieren. Macht der Fotograf seine Vertreterstellung nicht erkennbar, bindet er sich gemäß § 164 Abs. 2 BGB selbst.[2]

363   Wenn ein Fotograf bei der Vermarktung die Leistungen einer **Agentur** in Anspruch nimmt, hat die Agentur Anspruch auf die vereinbarte Vergütung, die sich in der Regel prozentual an den durch die Agentur vermittelten Honoraren bemisst. In der Regel wir die Agentur dabei nicht als Handelvertreter im Sinne von § 84 HGB tätig,

---

[1] *Sprau* in: *Palandt*, § 631 Rn. 9.
[2] *Heinrichs* in: *Palandt*, § 164 Rn. 16.

weshalb nach der Beendigung des Agenturvertrages kein **Handelsvertreterausgleichsanspruch** nach § 89 b HGB besteht.[1]

d) Typische Probleme bei der Abwicklung von Fotoverträgen

In den schnelllebigen Geschäftsbeziehungen der Medienwelt sind **364** rechtliche Auseinandersetzungen auch dann nicht ausgeschlossen, wenn schriftliche vertragliche Vereinbarungen getroffen wurden. Einige besonders häufige Streitpunkte sollen nachfolgend erörtert werden: Die verspätete **Rückgabe** sowie der **Verlust** oder die **Beschädigung** von Fotos und **Fehler des Labors** bei der Entwicklung von Bildern. Alle diese Problemfelder verlieren aber im Zuge der **Digitalisierung** zunehmend an praktischer Bedeutung.

aa) Schadenersatz bei verspäteter Rückgabe von Fotos

Es entspricht der gängigen Geschäftspraxis von Fotografen und **365** Agenturen, dass sie auf Wunsch ihren Kunden Bilder **zur Ansicht** zur Verfügung stellen. Die Fotos werden dann in Form von Dias oder auch als digitale Dateien (in nicht druckfähiger Qualität) versandt und der Empfänger hat die Möglichkeit, aus den Motiven eine Auswahl zu treffen. Obwohl viele Fotografen und Bildagenturen **AGB** verwenden, nach denen die zur Verfügung gestellten Fotos in einem **Zeitraum** von **zwei bis vier Wochen** wieder zurückgegeben werden müssen, lassen sich die Verwerter damit häufig wesentlich mehr Zeit. Die Gerichte mussten sich daher mit der Frage beschäftigen, welche Rechtsfolgen sich aus einer **verspäteten Rückgabe** ergeben. Die sog. „**Blockierungskosten**" setzen immer voraus, dass dem Fotografen bzw. der Agentur eine Verwertung der Bilder unmöglich gemacht wird, weil die Bilder nicht zur Verfügung stehen, also in der Regel nur bei analogem Material und der Versendung von Originalen.

Blockierungskosten können nicht immer und automatisch erhoben werden, sondern bedürfen einer ausdrücklichen Vereinbarung. Fehlt es an einer solchen Regelung, können Schadenersatzansprüche nur geltend gemacht werden, wenn der Fotograf nachweist, dass er die Bilder innerhalb der Verzugsfrist anderweitig hätte verwerten können. Wirksam ist aber eine Regelung in den AGB des Fotografen, wonach pro Verspätungstag ein **Pauschalbetrag** erhoben wird. In den meisten AGB werden Beträge zwischen 0,50 und 1,50 EUR pro Tag und Foto verlangt und von den Gerichten auch überwiegend als zulässig erachtet, wenn es sich um Originalfotos handelt. Die Begründungen dafür sind aber – je nach Ausgestaltung der jeweiligen AGB – unterschiedlich: Während das OLG Hamburg die Blockierungskosten als

---

[1] OLG Hamburg GRUR 2006, 788 – *Werbefotograf.*

eine Vertragsstrafe betrachtet,[1] sieht das LG München I in ihnen einen Vertrag eigener Art, nach dem für die Nutzung über den vereinbarten Zeitpunkt hinaus, pro Bild und Tag ein bestimmter Betrag gezahlt werden muss[2]. Nach Ansicht des OLG München[3] kann es sich bei Blockierungskosten sogar um einen **Mietvertrag** handeln. In seinem Urteil verweist das OLG auf entsprechende Formulierung in den AGB, in denen mehrmals das Wort Miete verwendet wurde. Im Ergebnis sah das Gericht zwei DM pro Tag und Diapositiv angemessen an.

Bei einer entsprechenden Regelung in den AGB ist nach der Rechtsprechung eine vorherige **Mahnung** für die Geltendmachung von Blockierungskosten nicht erforderlich. So verweist das LG Hamburg[4] darauf, dass in einer fehlenden Mahnung kein Mitverschulden zu sehen ist. Schließlich sei aus den AGB ersichtlich, ab welchem Zeitpunkt und in welcher Höhe die Blockierungskosten anfallen würden. Allerdings ziehen die Gerichte auch Grenzen, insbesondere bei der Höhe der Blockierungskosten. Zwar hielt das LG Hamburg[5] einen Betrag von fünf DM pro Tag noch für zulässig. Das AG Hamburg[6] beurteilte eine Klausel, nach der bereits 50 DM pro angefangenen Verspätungsmonat fällig gewesen wäre, jedoch als rechtswidrig. Diese Regelung könne dazu führen, dass bereits ein Tag Fristüberschreitung eine Vertragsstrafe verursache, die in keinem Verhältnis mehr zum Gegenwert stehe, kritisierte das AG. Auch das LG Hamburg[7] hat gefordert, dass die in den entsprechenden AGB-Klauseln vorgesehenen Vertragsstrafen in einem angemessenen Verhältnis zum Erfüllungsinteresse stehen und zudem eine Obergrenze vorsehen müssen. Wörtlich führt das LG Hamburg dazu aus:[8]

„[…] die Vereinbarung einer Blockierungsgebühr ist im Grundsatz durchaus zulässig. Ihr Sinn und Zweck ist es, wirkungsvollen Druck in Richtung auf eine rechtzeitige Rückgabe des überlassenen Fotomaterials auszuüben. Rechtfertigung dafür ist das grundsätzlich berechtigte Interesse der Klägerin, mit ihren Originaldiamaterial als ihrem Geschäftskapital möglichst vollständig am Mark präsent zu sein […] Zwar ist für die Angemessenheit einer AGB-Vertragsstrafe nicht erforderlich, dass sich der Strafbetrag streng auf das wirtschaftliche Interesse des Verwenders beschränkt. Die Vertragsstrafe mag dieses Interesse übersteigen, um den berechtigten Erfüllungsdruck zu erreichen. Dies darf jedoch nicht dazu führen, dass die Vertrags-

---

[1] OLG Hamburg AfP 1986, 336, 338.
[2] LG München I, Urteil vom 13.11. 1991, Az.: 2 HKO 12776/91, zitiert nach *Mielke*, 16.11/16.12.
[3] ZUM-RD 1998, 113, 115.
[4] Urteil vom 17.7. 1987, Az.: 74 O 158/87, zitiert nach *Mielke*, 16.9.
[5] AfP 1996, 352, 353.
[6] Beschluss vom 17.5. 1991, Az.: 36 a C 28/91, zitiert nach *Mielke*, 16.17/16.18.
[7] LG Hamburg, Urteil vom 31.10. 2003, Az: 308 S 7/03; unveröffentlicht.
[8] LG Hamburg, Urteil vom 31.10. 2003, Az: 308 S 7/03; unveröffentlicht.

strafe zum Erfüllungsinteresse außer Verhältnis gerät und damit zu einer eigenen, bei wirtschaftlicher Betrachtung von der Durchführung des Vertrages losgelösten Einnahmequelle für den Verwender wird. Unangemessen ist daher eine Vertragsstrafe, wenn sie diejenigen Einnahmen, die die Klägerin vernünftigerweise während der Verspätungszeit aus dem geliehenen Material hätte erzielen können, um ein Vielfaches übersteigt.

Vorliegend steht die Blockierungsgebühr außer Verhältnis zum Erfüllungsinteresse der Klägerin. Zum einen bezieht sich die Klausel auf Farbdiapositive unabhängig davon, ob es sich um Originale oder kurzfristig und mit geringem Aufwand zu ersetzende Duplikate handelt [...] Zum anderen bezieht die Klausel auch Diapositive ein, deren ordnungsgemäße Verwertung der Klägerin. [...] gar keinen Gewinn bringen kann. So sieht der zwischen ihr und dem Fotografen [...] geschlossene „Verwertungsvertrag" vor, dass der Fotograf 100 % des Veröffentlichungshonorars abzüglich der umsatzanteiligen betrieblichen Kosten erhält. Danach ist die verspätete Rückgabe für die Klägerin [...] nicht mit einem Verlust eigener Einnahmen verbunden. Entscheidend ist jedoch, dass der Vertragsklausel jede Begrenzung, nämlich beispielsweise eine zeitliche oder betragsmäßige Obergrenze für die Blockierungsgebühr, fehlt."

Die Entscheidung macht deutlich, dass es für die Zulässigkeit der jeweiligen AGB-Klauseln darauf ankommt, welchen wirtschaftlichen Wert die nicht zurück gegebenen Fotos haben. Zudem dürfen bei verloren gegangenen Fotos die Blockierungsgebühren nicht zusätzlich zum Schadenersatz verlangt werden. Es empfiehlt deshalb, ausdrücklich in die AGB aufzunehmen, dass die Blockierungskosten immer durch die Höhe der **Verlustgebühren** begrenzt sind.

bb) Schadenersatz bei Verlust oder Beschädigung von Fotomaterial

Neben einer verspäteten Rückgabe von Fotos kommt es beim ana- **366** logen Bilderhandel auch immer wieder vor, dass Bilder verloren gehen oder beschädigt werden. Die Problematik, wer das **Versandrisiko** trägt und wie der Schaden ersetzt werden muss, verliert wegen der weit verbreiteten Umstellung auf digitales Material in der Praxis an Bedeutung. Es ist kaum vorstellbar, dass ein Fotograf das einzige „Original" einer Bilddatei versendet und diese beschädigt wird oder verloren geht. Sollte ein Fotograf doch so unvorsichtig sein, die einzige gespeicherte Datei aus der Hand zu geben, dürfte ihm im Verlustfalle ein deutliches **Mitverschulden** (§ 254 BGB) zuzurechnen sein, weil qualitativ gleichwertige Dateikopien leicht und fast ohne Kosten hergestellt werden können und in der Praxis kein Empfänger damit rechnen muss, das einzige „Original" zu erhalten.

Die Rechtsprechung ist in der Vergangenheit bei analogem Material weitgehend einheitlich wie folgt mit der Problematik des Verlustes und der Beschädigung umgegangen: Sofern wie gewöhnlich die übersandten Fotos im Eigentum des Fotografen bleiben sollen handelt es sich rechtlich um ein **Leihverhältnis** gemäß §§ 598 ff. BGB.[1] Dann trägt – wenn nichts anderes vereinbart ist – der versendende Fotograf das Risiko dafür, dass sein Material zum Kunden gelangt, während der jeweilige Verwerter für einen Verlust bei der **Rücksendung** haftet.[2] Dazu führt der BGH im Leitsatz seiner Entscheidung aus:[3]

> „Übersendet eine Bildagentur einem Kunden leihweise Original-Diapositive zur Auswahl und gegebenenfalls zur urheberrechtlichen Nutzung mit der Maßgabe, dass die Diapositive innerhalb einer bestimmten Frist zurückzugeben sind, ist Leistungsort für die Rückgabeverpflichtung des Kunden in der Regel der Sitz der Bildagentur. Dies hat zur Folge, dass der Kunde im Fall, dass die Diapositive im Zuge der Rücksendung verloren gehen, für ein Verschulden des Transportunternehmens nach § 278 BGB haftet und sich insofern nach § 280 Abs. 1, § 282 BGB entlasten muss."

Hinsichtlich der Höhe des Schadenersatzes, die sinnvollerweise bereits vorher im Vertrag (in den AGB) festgelegt werden sollte, setzt die Rechtsprechung einer pauschalierten Berechnung durch entsprechende AGB-Klauseln grenzen. So hat der BGH im gleichen Urteil entschieden, dass eine Klausel, nach der 3000 DM pro Bild verlangt werden können, gemäß § 9 AGBG (jetzt § 307 BGB) unwirksam ist.[4] Nach der grundsätzlichen Wertung des Gesetzgebers müsse eine **Schadenspauschale** in den AGB dem Vertragspartner den Einwand erlauben, dass in Wirklichkeit ein niedriger Schaden entstanden sein. Dies gelte auch im kaufmännischen Verkehr. Gegebenenfalls müsse durch ein **Sachverständigengutachten** ermittelt werden, welchen Wert die verlorenen Fotos hatten. Dies bedeutet allerdings nicht zwingend, dass der Schadensersatz niedriger ausfällt: Je nach Fotograf und den Motiven setzen die meisten Gerichte den Wert pro Bild zwischen 250 und 1 500 EUR an.[5] Von Bedeutung ist insoweit, ob die Fotos mit vertretbarem Aufwand erneut hergestellt werden können oder ob es sich um einmalige Aufnahmen besonderer Situationen handelt.

Wenn es sich um verlorene **Duplikate** handelt, ist der Schadensersatzanspruch auf deren Wiederherstellungskosten begrenzt, die bei rund 25 EUR pro Vorlage liegen. Es muss sich aber kein Fotograf im Wege des **Mitverschuldens** vorwerfen lassen, analoge Originale versandt zu haben. Nach einem Urteil des OLG Hamburg[6] hat der jeweilige Besteller mangels anderer Wünsche grundsätzlich ein Interesse,

---

[1] So unter anderem BGH GRUR 2002, 282, 283; OLG Hamburg ZUM 1998, 663, 664.

[2] BGH GRUR 2002, 282, 283/284.

[3] BGH GRUR 2002, 282 ff.

[4] BGH GRUR 2002, 282, 284.

[5] OLG Hamburg ZUM 1998, 663, 665.

[6] ZUM 1998, 665, 665.

schnell das beste Material zu erhalten und dies seien die Originaldias. Zudem sei kein Fotograf verpflichtet, vor der Versendung zur Sicherheit bei analogem Material Duplikate anfertigen zu lassen. Ein Mitverschulden durch den Versand von Originaldias lehnt auch der BGH ab und sieht dennoch mögliche Nachteile für den Fotografen:[1]

> „In dem Umstand, dass die Bildagentur weder Kopien noch Kontaktabzüge der übersandten Original-Diapositive zurückbehält, liegt kein mitwirkendes Verschulden an dem durch den Verlust eingetretenen Schaden. Doch wirkt sich die dadurch begründete Ungewissheit über die verloren gegangenen Bilder im Rahmen der Schätzung des Mindestschadens nach § 287 ZPO zu Lasten der Bildagentur aus."

Einen besonderen Einzelfall hatte das LG Berlin zu beurteilen: Wenn jemand (in konkreten Fall ein Regierungssprecher) aufgrund persönlicher Verbundenheit als „Freundschaftsdienst" den Transport einer Fotodiskette übernimmt, besteht kein Schadensersatzanspruch, auch wenn die Umstände des Verlustes ungewöhnlich erscheinen.[2]

Gehen Originale auf dem **Postwege** verloren, greifen die Haftungsbeschränkungen in den AGB der **Post** ein. So blieb z. B. die Klage eines Biologen, der wertvolle Filmrollen mit Antarktisfotos per Übergabe-Einschreiben mit Rückschein an ein Labor gesendet hatte, vor dem LG Hamburg erfolglos. Der Biologe machte Reisekosten in Höhe von über DM 10.000,– geltend, da er erneut in die Antarktis reisen müsse, um die Fotos erneut herzustellen. Hierfür sah das Gericht keine Anspruchsgrundlage, da es sich nicht um einen ersatzfähigen Vermögensschaden handele. Darüber hinaus sei die Haftung in den AGB der Post rechtswirksam auf maximal DM 61,90 beschränkt worden.[3]

cc) Sonderfall: Unverlangt übersandte Fotos

Um einen rechtlichen Sonderfall handelt es sich bei **unverlangt 367 übersandten Bildern**. Nach einem Urteil des OLG Celle[4] entsteht dadurch regelmäßig kein Leihvertrag gemäß §§ 598 ff. BGB und auch kein anderes nach dem Grundsätzen der Leihe zu behandelndes Rechtsverhältnis. Besteht aber zwischen dem Fotografen und dem Verwerter ein regelmäßiges Geschäftsverhältnis, richten sich die Rechtsbeziehungen bei Altfällen nach den Regeln der **culpa in contrahendo**. Seit dem Inkrafttreten der Schuldrechtsreform ist § 311 Abs. 2 BGB einschlägig. Die Rechtsfolgen sind aber identisch geblieben: Der Verwerter ist verpflichtet, bei der Rückgabe der Materialien die gleiche Sorgfalt walten zu lassen, wie der Fotograf bei der Versen-

---

[1] BGH GRUR 2002, 282, 285.
[2] LG Berlin AfP 2005, 564 zum Amtshaftungsanspruch nach § 839 BGB.
[3] LG Hamburg NJW-RR 2000, 653.
[4] AfP 2001, 402, 403.

dung. Im vorliegenden Fall des OLG Celle wählte der Verlag für die Rückgabe einen einfachen Brief, während der Fotograf die Bilder in einem Paket zugeschickt hatte. Für das OLG Celle ein Grund, dem Fotografen einen Schadenersatz von 500 DM pro Diapositiv zuzusprechen. Diese Entscheidung dürfte aber eher einen Ausnahmecharakter haben, denn grundsätzlich besteht bei unverlangt übersendetem Material ohne eine regelmäßige Geschäftsbeziehung keiner Pflicht zu einer bestimmten Art der Rücksendung. Bei einem Verlust unverlangt übersandter Fotos kann deshalb der Übersender in der Regel keinen Schadensersatzanspruch geltend machen.

dd) Laborhaftung

368   Außer einer Haftung der Fotoverwerter kommt es manchmal auch zu Fehlern von **Fotolaboren,** durch die z. B. Negativfilme mit den darauf befindlichen Fotos zerstört werden. Die Gerichte wenden bei diesen Sachverhalten Werkvertragsrecht gemäß §§ 631 ff. BGB an. Bei einem Verschulden des Labors kann der Fotograf Schadensersatz geltend machen. Auch eine Freizeichnung durch eine entsprechende AGB-Klausel ist zumindest einem Fachlabor für professionelle Fotografen nicht möglich: Nach einem Urteil des LG Hamburg[1] ist die falsche Entwicklung nämlich **grob fahrlässig,** so dass ein **Haftungsausschluss** keine rechtliche Wirkung hat.

Die Höhe des Schadensersatzes ist davon abhängig, welchen **Marktwert** die ordnungsgemäß entwickelten Bilder gehabt hätten, wofür der Fotograf beweispflichtig ist. In dem Fall des LG Hamburg konnte der Fotograf beweisen, dass er für die Bilder einen Preis von insgesamt rund 70 000 Euro hätte erzielen können. Es handelte sich um Fotos der Schauspielerin *Audrey Hepburn,* die kurze Zeit nach den Aufnahmen starb, was den Wert der Fotos erheblich erhöhte.

Um den Vorwurf des **Mitverschuldens** zu verhindern, sollten Berufsfotografen allerdings darauf hinweisen, dass sie professionell tätig sind und die Bilder verkaufen wollen oder vielleicht sogar schon verkauft haben. Das OLG Saarbrücken[2] hat eine Schadenersatzpflicht auf Grund eines fehlenden Hinweises auf das professionelle Handeln sogar gänzlich abgelehnt. Der entgangene Verdienstausfall sei nicht von der verletzten Vertragspflicht, die sich auf das fehlerfreie Entwickeln bloßer Amateurfilme beschränke, umfasst, argumentierte das OLG. Macht der Fotograf aber darauf aufmerksam, dass er beruflich tätig ist,

---

[1] Urteil vom 16. 1. 1996, Az.: 308 O 77/94, zitiert nach *Mielke,* 27.1 ff.
[2] NJW-RR 2003, 122, 123.

kann er neben dem Marktwert des Filmmaterials auch seinen entgangenen Gewinn als Schadenersatz geltend machen.[1]

Anderslautende AGB-Klauseln von Fotolaboren hat die Rechtsprechung als unzulässig eingestuft: So ist es nach einem Urteil des OLG Nürnberg[2] rechtwidrig, die Haftung für verlorene Filme und Bilder generell auf den Materialwert zu beschränken. Zumindest bei **Vorsatz** und **grober Fahrlässigkeit** müsse ein Labor mehr als nur den Materialwert von verlorenen oder zerstörten Fotos ersetzen. Als unzulässig beurteilte das OLG Nürnberg in seinem Urteil auch eine Klausel, nach der Fotomaterial innerhalb von drei Monaten vom jeweiligen Kunden abgeholt werden muss und danach vom Labor vernichtet werden darf. Eine Regelung, die keine Rücksicht darauf nehme, ob der Kunde die Verspätung verschuldet hat und zudem nicht zwischen wertvollen und weniger wertvollen Filmen unterscheide, sei unwirksam. Dies gilt nach dem Urteil des OLG Nürnberg ebenfalls für die Klausel, nach der die Rückgabe des Filmes nur gegen Vorlage des Abholscheines erfolgt. Nach Ansicht des Gerichts ist eine solche Bestimmung zu rigide, da sie nach ihrem Wortlaut selbst dann gelte, wenn das Eigentum des Kunden an dem Filmmaterial feststehe. Die Klausel schneide deshalb dem Kunden von vornherein die Möglichkeit ab, sein Besitzrecht an den zur Entwicklung hingegebenen Materialien auf anderem Wege zu beweisen. Eine solche Verschärfung der Beweisführung zum Nachteil des Kunden sei jedoch unzulässig.

2. Das Urheberrecht

Bereits oben wurde im Zusammenhang mit der Herstellung von **369** Aufnahmen dargestellt, welche Beschränkungen sich bei der Motivwahl aus fremden Urheberrechten ergeben können (siehe Rn. 85 ff.). Ebenfalls oben wurden die wichtigsten Aspekte des Urheberrechts erörtert, die sich im Zusammenhang mit der Gestaltung von Fotoverträgen ergeben (siehe Rn. 325 ff.), insbesondere die Übertragung von Nutzungsrechten.

Nachfolgend wird dargestellt, wie das **Urheberrecht** Fotografen schützt, wenn Dritte auf ihre Bilder zugreifen oder Motive nachstellen. Genau wie alle anderen Urheber müssen aber auch Fotografen in einem gewissen Umfang Nutzungen dulden, die gesetzlich erlaubt sind. Die Kenntnis dieser Grundzüge des Urheberrechts dient auch der optimalen Gestaltung von Fotoverträgen.

---

[1] *Wüstenberg* AfP 2003, 312, 313.
[2] Az. 3 U 4350/99; nicht veröffentlicht.

Gemäß § 11 UrhG schützt das Urheberrecht den Urheber in seinen geistigen und persönlichen Beziehungen zum Werk und in der Nutzung des Werkes. Das Urheberrecht dient zugleich der Sicherung einer angemessenen Vergütung für die Nutzung des Werkes. Im objektiven Sinne schützt damit das Urheberrecht zwar nicht die schöpferische Tätigkeit selbst, aber das Ergebnis kultureller Geistesschöpfungen. Somit steht nicht das Werk, sondern die Person des **Werkschöpfers** und seine kreative Geistesleistung im Vordergrund des Urheberrechts.[1] Gleichwohl setzen urheberrechtliche Ansprüche immer die Existenz eines Werkes voraus. Nicht die Idee ist geschützt, sondern ihre Umsetzung (die Schaffung des Werkes). Der urheberrechtliche Schutz des Fotografen kann daher nicht beginnen, bevor er auf den Auslöser gedrückt hat.

Fotos sind mit ihrer Schaffung kraft Gesetzes geschützt, ohne dass es irgendwelcher Formalien bedarf. Insbesondere ist keine Eintragung in ein öffentliches Register, ein Anmeldung o. ä. erforderlich. Auch das aus dem amerikanischen Bereich bekannte **Copyrightsymbol** © ist nach deutschem Urheberrecht nicht erforderlich, aber als Kennzeichnungsform weit verbreitet. Gemäß § 13 Abs. 2 UrhG hat der Urheber zwar das Recht, eine **Urheberbezeichnung** anzubringen, aber keine Pflicht. Trotzdem ist es für Fotografen nicht allein wegen der Werbewirkung sinnvoll, stets eine Urheberbezeichnung zu führen bzw. von Lizenznehmern zu fordern (§§ 10, 13 UrhG, hierzu Rn. 392 ff., 442 ff.). Eine bestimmte Form ist hierfür nicht vorgeschrieben.

370 In der Praxis bereitet es vor Gericht nicht selten Schwierigkeiten, die Urheberschaft zu beweisen. Der **Beweis der Urheberschaft** ist durch die Digitalfotografie, bei der es keine Negative oder „Originale" mehr gibt, sondern nur noch beliebig vervielfältigungsfähige Dateien auf verschiedenen Speichermedien, weiter erschwert worden. Liegen Vervielfältigungstücke vor, greift die **gesetzliche Vermutung der Urheberschaft** nach § 10 UrhG ein: Bis zum Beweis des Gegenteils gilt derjenige, der mit seinem Namen, Künstlernamen oder Künstlerkürzel auf dem Vervielfältigungsstück oder dem Original verzeichnet ist, als Urheber. Fotografen ist daher zu empfehlen, alle Abzüge, Dias, Daten- und sonstige Bildträger mit Namen zu versehen. Sind dabei auch Kontaktdaten angeben erleichtert dies lauteren Bildnutzern, die erforderlichen Nutzungsrechte zu erwerben. Fotografen sollten bei Digitalfotos auch auf eine vollständige und korrekte Programmierung der Kamera achten, damit die meist automatisch generierten **Bilddaten (EXIF-Daten)** den richtigen Urheber und den zutreffenden Aufnahmezeitpunkt ausweisen. Dies erleichtert zumin-

---

[1] Schricker/*Schricker*, Urheberrecht, § 1 Rn. 2.

dest im Streitfall die Darlegung vor Gericht, auch wenn die Rechtsprechung dem Beweiswert derartiger Dateiinformationen – ebenso
wie sog. „**Hotpixeln**" als verdeckte Kennzeichnung - aufgrund ihrer
Manipulierbarkeit kritisch gegenüber steht.[1] Unabhängig davon ist das
bloße Bestreiten der Urheberschaft vor Gericht in der Regel unbe-
achtlich. Zwar ist grundsätzlich der Fotograf für seine Urheberschaft
beweispflichtig, er muss dies Beweis nach den allgemeinen zivilprozes-
sualen Grundsätzen aber nur dann führen, wenn der Prozessgegner
seine Urheberschaft in substantiierter Art und Weise bestreitet, also
z.B. konkret vorträgt, wer denn die Fotos tatsächlich erstellt haben soll
oder warum eine Urheberschaft des Fotografen nicht vorliegen sein
kann (z.B. weil nur ausgewählte Personen zu einem Ort Zutritt hatten). Darüber hinaus gesteht die Rechtsprechung aufgrund der generell schwierigen Beweislage Fotografen einige **Beweiserleichterun-
gen**. So kann es als Anscheinbeweis gewertet werden, wenn ein
Fotograf die entsprechenden Fotodateien auf einem Speichermedium
selbst übergeben hat[2] und dieses Medium (z.B. eine CD-ROM) namentlich beschriftet war. Als weiterer Anscheinsbeweis hat das LG
München I[3] es gewertet, dass der Fotograf im Prozess sämtliche Bilder
einer Fotoserie vorlegen konnte. Ferner kann ein Fotograf gemäß
§ 448 ZPO als Partei von Amts wegen vor Gericht zu seiner Urheberschaft vernommen werden.[4]

a) Urheberrechtlicher Schutz von Fotos

Die schutzfähigen Werke sind in § 2 UrhG definiert. § 2 Abs. 2 **371**
UrhG definiert Werke im Sinne des Urhebergesetzes als „**persönliche
geistige Schöpfungen**", was verdeutlicht, dass es im Kern um den
Schutz der kreativen gedanklichen Leistung geht (zutreffenderweise
wird auch oft von „geistigem Eigentum" gesprochen), die jedoch in
einer Schöpfung (also einem körperlichen Werk) fixiert worden sein
muss. Gemäß § 2 Abs. 1 Nr. 5 UrhG gehören zu den geschützten
Werken des Urheberrechts auch „**Lichtbildwerke**, einschließlich der
Werke, die ähnlich wie Lichtbildwerke geschaffen werden". Schon
aus der Formulierung des Gesetzes ergibt sich, dass der **Begriff** des
Lichtbildwerkes weit auszulegen ist. Der Gesetzgeber wollte bewusst

---

[1] LG München I, Urteil vom 21.5.2008, 21 O 10753/07, JurPC Web-Dok.
95/2007, Rn. 56, 65.
[2] LG München I, Urteil vom 21.5.2008, 21 O 10753/07, JurPC Web-Dok.
95/2007, Rn. 46 ff.
[3] LG München I, Urteil vom 21.5.2008, 21 O 10753/07, JurPC Web-Dok.
95/2007, Rn. 51
[4] LG München I, Urteil vom 21.5.2008, 21 O 10753/07, JurPC Web-Dok.
95/2007, Rn.62 ff.

neue technische Verfahren einbeziehen. Auf die Art der Technik kommt es deshalb nicht an, ebenso wenig auf die Art der körperlichen Festlegung (Speicherung). Auch **Digitalfotos** sind geschützt.[1] Umstritten ist lediglich, ob Bilder, die vollständig am Computer mithilfe eines Grafikprogramms oder sonstiger Software hergestellt werden („Computerbilder") unter § 2 Abs. 1 Nr. 5 UrhG fallen.[2] Dabei kommt es auf die individuellen Umstände des Einzelfalls an. Häufig dürfte es sich in diesen Fällen um künstlerische Bildkompositionen handeln. Dann ist der urheberrechtliche Schutz jedenfalls nach § 2 Abs. 1 Nr. 4 UrhG als Werk der bildenden Kunst gegeben. Ein Schutz als Lichtbild oder Lichtbildwerk scheidet jedenfalls dann auch, wenn kein Gegenstand oder Person mittels Strahlung abgebildet wird, also noch nicht einmal in der Grundlage des Computerbildes eine Ablichtung der Realität erkennbar bleibt.[3] Das OLG Hamm hat im Fall einer programmierten **Computergrafik** zugleich auch den Schutz als Kunstwerk nach § 2 Abs. 1 Nr. 4 UrhG versagt, weil es sich lediglich um eine Entfremdung einer Fotografie ohne besondere künstlerische Gestaltungshöhe handelte.[4]

Durch § 2 Abs. 1 Nr. 5 UrhG auch Teile von Filmaufnahmen geschützt, wenn sie als Standbild aus einem Filmwerk entnommen werden, z. B. als **Screenshot**.[5]

Der Schutz eines gesamten Filmes ergibt sich hingegen aus § 2 Abs. 1 Nr. 6 UrhG. Danach gehören zu den besonders geschützten Werken alle Filmwerke, einschließlich der Werke, die ähnlich wie Filmwerke geschaffen werden (siehe Rn. 367). **Filmwerke** bestehen aus einer Bildfolge, die dem Betrachter den Eindruck von der Wiedergabe eines bewegten Geschehensablaufes vermittelt.[6]

aa) Unterscheidung: Lichtbildwerke und Lichtbilder

372 Voraussetzung für den Schutz als **Lichtbildwerk** ist gemäß § 2 Abs. 2 UrhG, dass es sich um eine **persönliche geistige Schöpfung** handelt. Persönlich kann immer nur ein von Menschen geschaffenes Werk sein. Rein maschinelle Erzeugnisse, wie das Foto aus einem Blitzapparat der Polizei sind somit gemäß § 2 Abs. 2 UrhG nicht geschützt. Das Merkmal der geistigen Schöpfung erfordert eine gewisse

---

[1] LG Kiel GRUR-RR 2005, 181 (nur Leitsatz) = ZUM 2005, 81; Schricker/*Loewenheim,* Urheberrecht, § 2 Rn. 175 f.; *Maaßen* ZUM 1992, 338, 339/340.

[2] Hierzu Dreier/Schulze, § 2 Rn. 200 m. w. N.

[3] OLG Hamm, Urteil vom 24. 8. 2004, Az. 4 U 51/04, veröffentlicht als JurPC Web-Dok. 260/2004.

[4] OLG Hamm, Urteil vom 24. 8. 2004, Az. 4 U 51/04, Abs. 20 ff.; veröffentlicht als JurPC Web-Dok. 260/2004.

[5] Wandtke/Bullinger/*Bullinger,* UrhR, § 2 Rn. 114.

[6] Wandtke/Bullinger/*Bullinger,* UrhR, § 2 Rn. 120.

Originalität und Individualität des Werkes, die häufig auch als künstlerische **Gestaltungshöhe** bezeichnet wird. Dabei spielt aber keine Rolle, ob das Foto von einem Amateur oder Profi aufgenommen wurde. Auch wer als Künstler anerkannt ist und damit seinen Lebensunterhalt verdient, fertigt somit nicht immer und automatisch Lichtbildwerke.[1] Umgekehrt ist auch die Erfahrung oder das **Alter des Fotografen** ebenfalls nicht allein entscheidend. So können auch die Aufnahmen eines 13-jährigen Jungen den Charakter von Lichtbildwerken haben. Zu welchem Zweck Aufnahmen gefertigt wurden oder dienen können, ist ebenfalls kein entscheidendes Kriterium. **Urlaubsfotos** können genauso Lichtbildwerke sein, wie professionelle Aufnahmen für eine Tageszeitung.[2]

Entscheidend für das Merkmal der geistigen Schöpfung ist hingegen, dass der Fotograf durch sein **kreatives Schaffen** dem Bild einen individuellen Charakter gibt, welches es aus der Masse der Bilder heraushebt. Das Kriterium der Gestaltungshöhe wird durch den gezielten Einsatz von **Ausdruckstechniken**, wie die Auswahl des **Bildausschnittes** oder der **Blende**, erfüllt. Auch die Auswahl des **Kameratyps**, des **Objektivs** und des **Filmes** sowie der **Feineinstellungen** können maßgeblich sein, wenn sie sich in der optischen Ausgestaltung des Fotos niederschlagen.[3] Dazu das OLG Hamburg hat ausgeführt:[4]

„Lichtbildwerke (§ 2 Abs.1 Nr. 5 UrhG) unterscheiden sich von bloßen Lichtbildern (§ 72 UrhG) dadurch, dass sie eine persönliche geistige Schöpfung darstellen. Insbesondere müssen sie Individualität und Gestaltungshöhe aufweisen. Sie müssen eine individuelle Betrachtungsweise und künstlerische Aussage des Fotografen zum Ausdruck bringen, die sich von der lediglich gefälligen Abbildung abhebt. Lichtbildwerke zeichnen sich im allgemeinen dadurch aus, dass sie über die gegenständliche Abbildung hinaus eine Stimmung besonders gut einfangen, in eindringlicher Aussagekraft eine Problematik darstellen, den Betrachter zum Nachdenken anregen. Das kann z. B. durch die Wahl des Motivs, des Bildausschnitts oder der Perspektive, durch die Verteilung von Licht und Schatten, durch Kontrastgebung, Bildschärfe oder durch die Wahl des richtigen Moments bei der Aufnahme geschehen."

Allerdings dürfen an das Merkmal der geistigen Schöpfung bei Fotos nach Meinung der Rechtsprechung keine zu hohen Anforderungen gestellt werden. So kann nach Ansicht des LG München[5] das **Durchschnittskönnen** eines Fotografen ausreichen, wenn das Foto gleichwohl im Ergebnis mehr **kreative Ausdruckskraft** hat, als ein

[1] OLG Düsseldorf ZUM 1997, 486, 489.
[2] Wandtke/Bullinger/*Bullinger,* UrhR, § 2 Rn. 118.
[3] LG Mannheim GRUR-RR 2007, 265 = BeckRS 2007, 00797.
[4] OLG Hamburg ZUM-RD 1999, 73, 74/75.
[5] AfP 1999, 521, 522; ähnlich LG Mannheim GRUR-RR 2007, 265 = BeckRS 2007, 00797.

ähnliches Bild mit gleicher Aufnahmetechnik. Nach einem Urteil des OLG Köln[1] kann sich die notwendige schöpferische Leistung im Einzelfall auch schon alleine aus der Wahl des Motivs ergeben. Auch der BGH fordert lediglich „ein **Mindestmaß** an persönlicher geistiger Leistung, wie es in der Regel schon bei einfachen Fotografien gegeben ist".[2]

Auch das LG Hamburg[3] hat in einer Entscheidung aus dem Jahr 2003 noch einmal betont, dass es „eines besonderen Maßes an schöpferischer Gestaltung" für den Schutz als Lichtbildwerk nicht bedarf. Beim dem streitgegenständlichen Foto handelte es sich um die Abbildung eines gerade aufgetauchten U-Bootes, von dessen Kommandoturm in stürmischer See Flaggenzeichen gegeben werden. Das LG Hamburg stellte in seinem Urteil darauf ab, dass die Aufnahme die bedrohliche Stimmung und die Härte des U-Bootkriegseinsatzes atmosphärisch dicht vermittelt. Ob die Darstellung inszeniert oder das Foto rein zufällig entstanden sei, befand die Kammer als nicht entscheidend. Im Ergebnis dürften somit die allermeisten Fotos die von § 2 Abs. 2 UrhG geforderte Gestaltungshöhe erreichen.

In der Praxis ist dieser Aspekt ohnehin in vielen Fällen ohne Bedeutung, da das UrhG auch auf Fotos, die das Kriterium der geistigen Schöpfung nicht erfüllen und deshalb als **einfache Lichtbilder** bezeichnet werden, erfasst. Gemäß § 72 Abs. 1 UrhG sind Lichtbilder und Erzeugnisse, die ähnlich wie Lichtbilder hergestellt werden, genauso geschützt wie Lichtbildwerke. Anders als bei den Lichtbildwerken ist nicht die schöpferisch Kreative, sondern bereits die **rein technische Leistung** geschützt.[4] Somit fallen unter das UrhG auch alle zufälligen „**Schnappschüsse**" sowie die rein handwerkliche **Gegenstandsfotografie**, bei der es ausschließlich darum geht, eine Vorlage möglichst naturgetreu wiederzugeben.[5] Begründet wurde dies damit, dass jede auch noch so unspektakuläre Aufnahme einen gewissen finanziellen und technischen Aufwand erfordere, was im Zeitalter der Digitalfotografie durchaus kritisch hinterfragt werden kann und Fotografen im Verhältnis zu anderen Kreativen (z. B. Grafikern) privilegiert.

373 Zusätzlich durch § 72 Abs. 1 UrhG geschützt sind sämtliche Erzeugnisse, die ähnlich wie Lichtbilder hergestellt werden, die also

---

[1] GRUR 2000, 43, 44.

[2] BGH NJW-RR 2000, 343, 344; weitere Beispiele aus der jüngeren Rechtsprechung bei Dreier/Schulze, § 2, Rn. 196.

[3] Urteil vom 12. 2. 2003, Az: 308 O 611/02; unveröffentlicht; bestätigt durch OLG Hamburg ZUM-RD 2004, 303.

[4] Wandtke/Bullinger/*Thum,* UrhR, § 72 Rn. 5.

[5] Dreier/Schulze, § 72, Rn. 3.

unter Nutzung von Strahlen produziert werden und damit zumindest teilweise einen Ausschnitt der Realität abbilden. Darunter fallen nach überwiegender Meinung u. a. **Satelliten-** und **Luftbildaufnahmen** sowie die **Standbilder** einer **Wetterkamera** und Fotos aus einem **Passbildautomaten,** aber z. B. nicht **Reproduktionsbilder,** da sie nur das Ergebnis einer speziellen Drucktechnik sind.[1] Teile der Rechtsprechung[2] und Literatur nehmen allerdings alle Fotos, die rein **automatisch gefertigt** werden, vom Schutz aus. Nach dieser Meinung umfasst § 72 Abs. 1 UrhG nur Bilder, deren Gestaltung von der persönlichen Leistung einer fotografierenden Person abhängt. Danach wären z. B. Radar- und automatische Satellitenfotos nicht vom Urheberrecht geschützt.

bb) Bedeutung der Unterscheidung zwischen Lichtbildwerken und Lichtbildern

Obwohl somit alle Fotos dem UrhG unterfallen, hat die gesetzgeberische Unterscheidung zwischen Lichtbildwerken und Lichtbildern aber eine praktische Bedeutung. So ist der Schutz gegen das **Nachstellen von Motiven** oder gegen das Bearbeiten von Fotos, die sogenannte **unfreie Bearbeitung** gemäß § 23 UrhG, bei Lichtbildwerken stärker ausgeprägt als bei Lichtbildern (siehe Rn. 414 ff.). Während einfache Lichtbilder nur gegen das identische Nachstellen geschützt sein können, kann bei einem Lichtbildwerk schon die Übernahme prägender Teile unzulässig sein.[3] **374**

Zudem unterscheiden sich die **Schutzfristen** ganz erheblich: So erlischt der Urheberrechtsschutz bei Lichtbildwerken nach § 64 Abs. 1 UrhG erst 70 Jahre nach dem Tod des Urhebers. Einfache Lichtbilder haben hingegen gemäß § 72 Abs. 3 UrhG eine Schutzdauer von 50 Jahren nach dem Erscheinen des Bildes bzw. dessen Herstellung. Danach werden Fotos „**gemeinfrei**" und dürfen ohne Zustimmung des Fotografen genutzt werden. Fristbeginn ist nach § 69 UrhG oder nach § 72 Abs. 3 Satz 2 UrhG i.V.m. § 69 UrhG der Ablauf des Kalenderjahres, in dem der Fotograf gestorben ist oder das Lichtbild erschienen bzw. hergestellt worden ist. Steht das Urheberrecht an Lichtbildwerken mehreren Urhebern zu, erlischt es gemäß § 65 Abs. 1 UrhG erst nach dem Tod des längstlebenden Urhebers. Bei Filmwerken ist auf Grund der Vielzahl der Urheber gemäß § 65 Abs. 2 UrhG nur der Tod des längstlebenden unter folgenden Werkschöpfern relevant: Hauptregisseur, Urheber des Drehbuchs,

---

[1] Wandtke/Bullinger/ *Thum,* UrhR, § 72 Rn. 9–13.
[2] LG Hamburg, Urteil vom 4. 4. 2003, Az: 308 O 515/02; unveröffentlicht.
[3] Ausführlich Hüper AfP 2004, 511.

Urheber der Dialoge und der Komponist der für das Filmwerk geschaffenen Musik.

Obwohl die Grundsätze der Schutzdauer damit feststehen, kann die konkrete **Berechnung der Schutzdauer** aufgrund zahlreicher Gesetzesänderungen sehr kompliziert sein. Nach dem ab dem 1.1.1966 bis zum 24.6.1985 geltenden § 68 UrhG hatten Fotos nur eine Schutzdauer von 25 Jahren nach Herstellung. Dies änderte der Gesetzgeber durch den am 10.11.1972 eingefügten § 135 a UrhG. Diese Norm verlegt den Fristbeginn nachträglich auf den 1.1.1966 als Tag des Inkrafttretens des UrhG. Voraussetzung dafür ist, dass die Schutzdauer des betreffenden Fotos durch § 68 verkürzt worden ist und der ursprüngliche Fristbeginn vor dem Inkrafttreten des UrhG lag. Zudem ist die Bestimmung des § 137 a UrhG zu beachten. Nach dieser Vorschrift ist auf alle Lichtbildwerke, die am 1.7.1985 noch nicht gemeinfrei waren, die auf 70 Jahre verlängerte Schutzfrist des § 64 UrhG anzuwenden. Mit der Gesetzesnovelle des Jahres 1985 wurde zudem der § 72 Abs. 2 UrhG in seiner bis zum 30.6.1995 geltenden Fassung eingeführt. Danach waren einfache Lichtbilder 25 Jahre und Dokumente der Zeitgeschichte 50 Jahre nach dem Erscheinen bzw. der Herstellung geschützt. Dies erstreckte sich auch auf alle Lichtbilder, die vor dem 1.7.1985 entstanden sind. Durch die Übergangsvorschrift des § 137f Abs. 1 Satz 2 UrhG wurde dann der Lichtbildschutz, für alle am 1.7.1995 noch geschützten Werke, generell auf 50 Jahre ausgedehnt.

Aufgrund dieser Gesetzesänderungen kann sich die Schutzdauer von Lichtbildern und Lichtbildwerken im Einzelfall deutlich verlängern: So hat das OLG Hamburg[1] Lichtbildwerken aus dem Jahr 1930 eine Schutzfrist bis zum Jahr 2036 zugesprochen. Die entsprechenden Lichtbilder sind immerhin bis zum Jahr 2016 geschützt. Entscheidend war hier der § 135 a UrhG, durch den für zahlreiche Werke die 50- bzw. 70jährige Schutzfrist erst ab dem Jahr 1966 zu laufen beginnt. In einem weiteren Fall wurde die Schutzfrist eines im Jahre 1943 erstmalig erschienenen Lichtbildwerkes, die ursprünglich zum 31.12.1968 ausgelaufen war, gemäß § 137 f Abs. 2 UrhG ab 1.7.1995 als wieder auflebend angesehen und die Frist des § 64 UrhG angewendet, weil das Foto zum Stichtag 1.7.1995 noch in Italien geschützt gewesen sei.[2]

---

[1] ZUM-RD 1999, 73 ff.
[2] OLG Hamburg ZUM-RD 2004, 303.

b) Urheberrechtlicher Schutz von Filmen
(§ 2 Abs. 1 Nr. 6 UrhG)

Der Schutz eines Filmes ergibt sich aus § 2 Abs. 1 Nr. 6 UrhG. Da- **375** nach gehören zu den besonders geschützten Werken alle Filmwerke, einschließlich der Werke, die ähnlich wie Filmwerke geschaffen werden. Darunter fallen sowohl aufgezeichnete Filme der unterschiedlichsten Art, als auch **Live-Aufnahmen**.[1] Die Aneinanderreihung von Einzelbildern, etwa bei einer **Diashow**, ist kein Filmwerk, da bei den Betrachtern nicht der Eindruck eines bewegten Geschehensablaufes entsteht.[2] Einzelbilder aus Filmen, z.B. sogenannte **Screenshots** sind als Lichtbilder oder Lichtbildwerke geschützt.[3] Voraussetzung ist aber auch hier, dass die Filmwerke die nach § 2 Abs. 2 UrhG notwendige Schöpfungshöhe erreichen. Bei **Kinoproduktionen** und **Fernsehspielen** ergibt sie sich aus den prägenden Filmkomponenten, wie z.B. Motiv- und Materialauswahl sowie Schnitt und Kameraführung.[4] Bei **Nachrichten-** und **Sportsendungen** sowie **Bilddokumentationen** fehlen diese kreativen Elemente aber regelmäßig. Sofern diese Sendungen lediglich ein bestimmtes Geschehen originalgetreu wiedergeben, ohne das ihre Produzenten eine eigene schöpferische Leistung erbringen müssen, sind sie nicht urheberrechtsfähig.[5] Dies gilt in aller Regel auch für **Privatvideos**, deren Sinn es meistens lediglich ist, Familienfeste oder ähnliche Ereignisse zu dokumentieren. Auch Dokumentationen und ähnliche Filme können aber trotz ihres Realitätsbezuges die erforderliche Schöpfungshöhe erreichen, wenn sie hinreichende individuelle Züge erkennen lassen. Somit kommt es immer auf den jeweiligen Film an und nicht darauf, welcher Gattung er angehört. Es lassen sich keine generellen Aussagen treffen.

Für Filmwerke gelten zusätzlich zu den allgemeinen Vorschriften des UrhG die besonderen Bestimmungen in §§ 88 ff. UrhG, welche u.a. dem **Filmhersteller** umfangreiche Rechte zusichern. Aufgrund der **Vielzahl der Mitwirkenden** an professionellen Filmproduktionen stellen sich häufig Probleme aus der **Miturheberschaft** (hierzu auch unter Rn. 426),[6] die im Vorfeld durch vertragliche Regelungen der Rechte und Pflichten der Mitwirkenden untereinander vermieden werden sollten.

---

[1] Schricker/*Loewenheim,* Urheberrecht, § 2 Rn. 181.
[2] Wandtke/Bullinger/*Bullinger,* UrhR, § 2 Rn. 120.
[3] *Bullinger* a.a.O.; LG Berlin NJW-RR 2001, 3054 f.
[4] BGHZ 90, 219 ff.
[5] Schricker/*Loewenheim,* Urheberrecht, § 2 Rn. 187.
[6] OLG Köln NJW-RR 2000, 709 – *Mischtonmeister;* zu Mitspracherechten einer Kamerafrau OLG Köln GRUR-RR 2005, 337.

Filmwerke ohne die notwendige Schöpfungshöhe sind Laufbilder gemäß § 95 UrhG, die einem eingeschränkten Schutz nach den dort genannten Vorschriften unterliegen. So hat z.b. nach §§ 95, 94 UrhG der Filmhersteller das ausschließliche Recht, den Bildträger zu vervielfältigen und zu verbreiten. Die Veröffentlichung von **Standbildern** aus Filmen auf einem Internetportal verletzt aber keine Rechte des Filmherstellers, sondern die Rechte der Lichtbildner (Kameraleute)[1], die jedoch ihre Rechte auf den Filmhersteller übertragen oder abtreten können.

c) Verwertungsrechte des Urhebers (§§ 15 ff. UrhG)

376   Die **Verwertungsrechte** des Urhebers sind in §§ 15 ff. UrhG gesetzlich definiert. Grundsätzlich darf der Urheber frei entscheiden, ob und wie er sein Werk verwertet, insbesondere zu welchen Konditionen er anderen die Nutzung gestattet. Eines der Ziele dieser Regelungen ist es, dem Urheber die wirtschaftliche Nutzung seines Werkes zu ermöglichen. Durch diese Entscheidungsbefugnis kann er potentiellen Verwertern Nutzungsrechte einräumen und dafür eine Vergütung verlangen. Dieses Recht besteht aber unabhängig davon, ob es sich um eine kommerzielle Auswertung handelt oder um eine Nutzung, die ohne Gewinnstreben erfolgt. Selbst wenn die Nutzung zu einem wirtschaftlichen Verlust führt, immer gilt der zentrale Grundsatz des Urheberrechts: Der Werkschöpfer bestimmt, was mit seinem „geistigen Eigentum" passiert. Folgerichtig ist das Urheberrecht als Ganzes zwar gemäß § 28 UrhG vererbbar, aber nach § 29 Satz 2 UrhG nicht übertragbar.[2] Nur die Nutzungsrechte können übertragen werden und zwar in Form von so genannten einfachen und ausschließlichen Nutzungsrechten (§ 31 UrhG, siehe Rn. 326 ff.)

Der Gesetzgeber hat die Verwertungsrechte in die allgemeine Bestimmung des § 15 UrhG und die darauf folgenden besonderen Verwertungsrechte der §§ 16–24 UrhG gegliedert.

aa) Allgemeines Verwertungsrecht (§ 15 UrhG)

377   Das allgemeine Verwertungsrecht des Urhebers ist in der Generalklausel des § 15 UrhG geregelt. Dort sind die wichtigsten Nutzungsmöglichkeiten aufgeführt. Diese Aufzählung ist jedoch nicht abschließend. Bereits aus dem Wortlaut des Gesetzes ist ersichtlich, dass die in § 15 UrhG aufgeführten Verwertungsrechte dem Urheber „insbesondere" zustehen.

---

[1] OLG München GRUR-RR 2008, 229, n.rkr.
[2] *Schricker/v.Ungern-Sternberg,* Urheberrecht, § 15 Rn. 4.

Die Generalklausel des § 15 UrhG gliedert sich in die körperliche Verwertung (§ 15 Abs. 1 UrhG) und die unkörperliche Wiedergabe (§ 15 Abs. 2 UrhG) sowie eine **Definition** des **Öffentlichkeitsbegriffes** (§ 15 Abs. 3 UrhG).

Nach § 15 Abs. 1 UrhG hat der Urheber das ausschließliche Recht sein Werk in körperlicher Form zu verwerten. Exemplarisch aufgeführt sind das **Vervielfältigungs-**, das **Verbreitungs-** und das **Ausstellungsrecht** (§§ 16, 17, 18 UrhG). Umfasst sind aber alle Verwertungsmöglichkeiten, bei denen das Werk körperlich festgelegt oder eine körperliche Festlegung der Öffentlichkeit zugänglich gemacht wird. Eine körperliche Festlegung liegt immer dann vor, wenn das Werk mittels eines körperlichen („anfassbaren") Trägers für die menschlichen Sinne wahrnehmbar ist.[1] Bei Fotos und Filmen fällt darunter jegliches Fertigen einer Kopie, daher z.B. auch eines Abzugs oder Printouts und natürlich ebenfalls das Verbreiten oder Ausstellen bereits vorhandener Kopien. In der Abgrenzung zu der körperlichen Wiedergabe sind unkörperliche Verwertungen z.B. die Sendung und die Aufführung eines Werkes, also u.a. die Abbildung eines Fotos in einer Fernsehsendung oder im Internet.

Gemäß § 15 Abs. 2 UrhG hat der Urheber zudem das ausschließliche Recht sein Werk in unkörperlicher Form öffentlich wiederzugeben. Darunter fällt ausdrücklich das **Vortrags-**, das **Aufführungs-** und das **Vorführungsrecht** (§ 19 UrhG), das **Recht der öffentlichen Zugänglichmachung** (§ 19a UrhG, „Internetrecht") sowie das **Senderecht** (§ 20 UrhG). Zusätzlich umfasst und im Gesetzestext aufgeführt sind das Recht der Wiedergabe durch Bild- und Tonträger (§ 21 UrhG) sowie der Wiedergabe von Funksendungen (§ 22 UrhG). In Literatur und Rechtsprechung besteht zudem Einigkeit, dass die Aufzählung im Gesetzestext nicht abschließend ist, sondern grundsätzlich alle nichtkörperlichen Wiedergabeformen erfasst sind.[2]

Nach allgemeiner Ansicht in Rechtsprechung und Literatur müssen neue technischen Möglichkeiten schon deshalb umfasst sein, weil ansonsten eine Schutzlücke entstünde. Die Absicht des Gesetzgebers sei aber gewesen, den Urheber vor jeder ungewollten Fremdverwertung seines Werkes zu schützen.[3] Im Ergebnis dürfen Fotos und Filme somit ohne eine Nutzungsrechtseinräumung in keiner unkörperlichen Form öffentlich wiedergegeben werden, soweit nicht eine der unten dargestellten Ausnahmevorschriften anwendbar ist (siehe

---

[1] Wandtke/Bullinger/*Heerma,* UrhR, § 15 Rn. 8.
[2] Schricker/*v.Ungern-Sternberg,* Urheberrecht, § 15 Rn. 48.
[3] LG München I ZUM 2000, 418, 422.

Rn. 400 ff.). Dies gilt allerdings nur, wenn die Wiedergabe des Werkes den **Öffentlichkeitsbegriff** des § 15 Abs. 3 UrhG erfüllt. Nach der dortigen **Definition** liegt eine öffentliche Wiedergabe immer dann vor, wenn sie für eine Mehrzahl von Mitgliedern der Öffentlichkeit bestimmt ist. Die Anforderungen an den Begriff der **Öffentlichkeit** im Sinne des Gesetzes sind gering. Die Anzahl der Personen ist dabei nicht allein entscheidend, es ist auch nicht erforderlich, dass die Personen das Werk tatsächlich wahrnehmen.[1] Durch eine 2003[2] leicht geänderte Definition wurde klargestellt, dass eine öffentliche Wiedergabe nur dann nicht vorliegt, wenn alle Personen durch gegenseitige Beziehung persönlich miteinander verbunden sind.[3] Somit kann sich ein Verwerter nicht darauf berufen, die Wiedergabe sei lediglich für einen begrenzten Teil der Personen „bestimmt" gewesen.[4] Auch auf eine gemeinsame Anwesenheit der Adressaten in einem Raum kommt es nicht an,[5] so dass auch beim Bereitstellen im Internet der Öffentlichkeitsbegriff erfüllt ist. Nach Ansicht der Rechtsprechung ist die sukzessive Abrufbarkeit durch eine unbestimmte Anzahl von Personen ausreichend.[6]

Lediglich bei einer **Abgrenzbarkeit des Personenkreises** und bei persönlicher Verbundenheit untereinander oder zum Veranstalter ist eine Wiedergabe nicht öffentlich im Sinne des Gesetzes. Rechtsprechung und Literatur stellen entscheidend darauf ab, ob es sich um eine **Privatveranstaltung** handelt: So ist nach Ansicht des BGH eine **Wiedergabe bei Betriebsfeiern** regelmäßig öffentlich. Zwar sei der Teilnehmerkreis begrenzt, aber (abgesehen von kleineren Firmen) bestünden regelmäßig keine engeren persönlichen Bindungen.[7] Es reicht somit nicht, dass die Personen sich kennen, sondern es müssen persönliche Beziehungen und eine Verbundenheit bestehen.[8] Bei Foto- oder Filmvorführungen dürfte dies, von rein privaten Veranstaltungen abgesehen, so gut wie nie der Fall sein, so dass es sich fast immer um eine öffentliche Wiedergabe handelt, bei der eine Erlaubnis des Urhebers vorliegen muss.

---

[1] AG Nürnberg NJW-RR 1996, 683; Wandtke/Bullinger/*Heerma*, § 15, Rn. 15.

[2] BGBl. I 2003 S. 1774.

[3] Amtliche Begründung in der Bundestagsdrucksache 15/38, 14, 17.

[4] Wandtke/Bullinger/*Heerma*, UrhR, § 15 Rn. 15.

[5] Schricker/*v.Ungern/Sternberg*, Urheberrecht, § 15 Rn. 70.

[6] LG Hamburg, Urteil vom 11.1.2002, Az.: 308 O 237/01, S.16, rechtskräftig; LG Hamburg, Urteil vom 27.3.2002, Az.: 308 O 179/01, S.19, rechtskräftig, unveröffentlicht.

[7] BGH GRUR 1955, 549, 551.

[8] Schricker/*v.Ungern-Sternberg*, Urheberrecht, § 15 Rn. 73 f.

bb) Vervielfältigungsrecht (§ 16 UrhG)

In § 16 UrhG wird das in § 15 Abs. 1 Nr. 1 UrhG erwähnte **Ver-** 378 **vielfältigungsrecht** definiert. Danach ist vervielfältigen das Herstellen weiterer Werkstücke, unabhängig von Verfahren und Zahl. Erfasst wird auch die Übertragung des Werkes auf Vorrichtungen zur wiederholten Wiedergabe, also z. B. auf Bild- oder Tonträger. Somit ist der Begriff der Vervielfältigung weit auszulegen und umfasst jede körperliche Festlegung, die geeignet ist, das Werk dem menschlichen Auge mittelbar oder unmittelbar zugänglich zu machen.[1] Darunter fällt bei Fotos neben dem Standartfall, dem Herstellen von **Fotoabzügen**, auch das manuelle Nachbilden eines Werkes, also z. B. das **Abfotografieren** eines Fotos oder eines anderen Werkes aber auch das **Abzeichnen** eines Fotos. Eine exakte Wiedergabe des Originals ist nicht erforderlich. Es reicht, dass das schöpferische Werk in seinem Kern übernommen wird.[2] Erst wenn durch **Bearbeitung, Umgestaltung** (§ 23 UrhG) oder **freie Benutzung** (§ 24 UrhG) ein neues Werk entsteht, handelt es sich nicht mehr um eine Vervielfältigung (siehe Rn. 411 ff.).

Ausreichend für den Vervielfältigungsbegriff i. S. v. § 16 UrhG ist also jegliche körperliche Fixierung des Werkes. Darunter fällt z. B. der Ausdruck des Bildes aus einem **Fotodrucker** oder das Erstellen einer Vergrößerung mit Hilfe eines Negativs.[3]

Da zudem auch Festlegungen, die nur mittelbar der Sinneswahrnehmung dienen, unter den Vervielfältigungsbegriff fallen, langt bereits die Herstellung von **Negativen** oder **Masterbändern**, um den Tatbestand des § 16 Abs. 2 UrhG zu erfüllen.[4] Auch das Aufnehmen oder Speichern von Werken auf **CD-Rom, Disketten, DVD** und **Video-** sowie **Tonbändern** ist eine Vervielfältigung i. S. v. § 16 Abs. 2 UrhG.[5] Dies gilt im Ergebnis ebenfalls für jede Form der digitalen Speicherung, wie z. B. das **Scannen** von Fotos oder das Runterladen auf eine **Festplatte** bzw. das Speichern in einer digitalen Bilddatei.[6] Ein Ausdruck des Fotos ist nicht erforderlich.[7] Auch die Veröffentlichung von Fotos im **Internet** ist ohne eine entsprechende Nutzungsrechtseinräumung als rechtswidrige Vervielfältigung untersagt worden.[8] Jedenfalls

---

[1] Wandtke/Bullinger/*Heerma*, UrhR, § 16 Rn. 2.
[2] KG Berlin NJW 2002, 621, 622; OLG Hamburg ZUM 1998, 938, 941.
[3] Schricker/*Loewenheim*, Urheberrecht, § 16 Rn. 17.
[4] Schricker/*Loewenheim*, Urheberrecht, § 16 Rn. 10.
[5] Wandtke/Bullinger/*Heerma*, UrhR, § 16 Rn. 8.
[6] *Maaßen* ZUM 1992, 338, 342/343.
[7] Fromm/Nordemann/*Nordemann*, Urheberrecht, § 16 Rn. 2 m.w.N; Schricker/*Loewenheim*, Urheberrecht, § 16 Rn. 16 f.
[8] KG Berlin AfP 2001, 406, 408.

unterfallen solche Veröffentlichungen dem 2003[1] neu eingeführten § 19 a UrhG, mit welchem der Gesetzgeber ausdrücklich klargestellt hat, dass das Urheberrecht auch gegen unerlaubte Veröffentlichungen im Internet schützt.

379 Ob bereits ein **Hyperlink** im Internet eine Vervielfältigung darstellen kann, war lange Zeit umstritten. Nach Ansicht des OLG Hamburg[2] ist der Tatbestand des § 16 Abs. 2 UrhG zumindest dann erfüllt, wenn der Link zu einer temporären Zwischenspeicherung im Arbeitsspeicher des Abrufenden führt (zu derartigen technischen Zwischenspeicherungen siehe jedoch jetzt § 44 a UrhG n. F.). Insgesamt ist die technisch geprägte Diskussion im Detail noch nicht abgeschlossen. Für die Praxis ist derzeit das Paperboy-Urteil des BGH[3] maßgeblich. Der BGH hat dort die Auffassung vertreten, dass ein Link auf urheberrechtliche geschützte Inhalte keine urheberrechtlich relevante Handlung darstellt und deshalb zulässig ist, soweit keine technischen Schutzvorkehrungen umgangen werden. Gegenstand der Entscheidung war ein Internet-Suchdienst mit dem Namen „**Paperboy**", der die Internetauftritte von zahlreichen Zeitungen auswertet. Auf Anfrage erhalten die Nutzer kostenlose Auflistungen von Veröffentlichungen und gelangen beim Anklicken des Links direkt auf den entsprechenden Artikel ohne über die Homepage (Startseite) des Informationsanbieters geführt zu werden. Die dagegen gerichtete Klage eines großen Verlagshauses blieb beim BGH ohne Erfolg. Eine Urheberrechtsverletzung liege schon deshalb nicht vor, weil der Link nur die Verbindung zu einem ohnehin öffentlich zugänglichen Text darstelle. Der BGH führt dazu aus:[4]

> „Ein Berechtigter, der ein urheberrechtlich geschütztes Werk ohne technische Schutzmaßnahmen im Internet zugänglich macht, ermöglicht dadurch bereits selbst die Nutzungen, die ein Abrufender vornehmen kann. Es ist seine Entscheidung, ob er das Werk trotz der Möglichkeit, dass nach dem Abruf auch rechtswidrige Nutzungen vorgenommen werden, weiter zum Abruf bereithält. Es wird deshalb grundsätzlich kein urheberrechtlicher Störungszustand geschaffen, wenn der Zugang zu dem Werk durch das Setzen von Hyperlinks (auch in der Form von Deep-Links) erleichtert wird. Die Gefahr rechtswidriger Nutzungen eines vom Berechtigten selbst im Internet öffentlich bereitgehaltenen Werkes wird durch Hyperlinks Dritter nicht qualitativ verändert, sondern nur insofern erhöht, als dadurch einer größeren Zahl von Nutzern der Zugang zum Werk eröffnet wird. Auch ohne Hyperlink kann ein Nutzer unmittelbar auf eine im Internet öffentlich zugängliche Dateien zugreifen, wenn ihm deren URL (Uniform Resource Locator), die Be-

---

[1] BGBl. I 2003 S. 1774.
[2] NJW-RR 2001, 1198, 1198.
[3] BGH GRUR 2003, 958 ff. – *Paperboy*; jetzt bezogen auf das KUG a. A. OLG München, Urteil vom 26.6.2007, 18 U 2067/07, JurPC Web-Dok. 147/2007 = K&R 2007.
[4] BGH GRUR 2003, 958 ff.

zeichnung ihres Fundorts im World Wide Web, genannt wird. Ein Hyperlink ver-
bindet mit einem solchen Hinweis auf die Datei, zu der die Verknüpfung gesetzt
wird, lediglich eine technische Erleichterung für ihren Abruf. Er ersetzt die sonst
vorzunehmende Eingabe der URL im Adressfeld des Webbrowsers und das Betätigen der Eingabetaste."

Der BGH verneinte somit einen Verstoß gegen § 16 UrhG und beurteilte den Link auch nicht als wettbewerbswidrig, da die Herkunft
der Artikel gegenüber dem Nutzer nicht verschleiert werde und keine
technischen Schutzvorkehrungen umgangen wurden.

Eine Entscheidung des LG Hamburg[1] zeigt allerdings, dass jeder **380**
Sachverhalt in seinen technischen Besonderheiten gewürdigt werden
muss und schon kleine technische Unterschiede zu einer anderen
rechtlichen Bewertung führen können: In diesem Fall klagte eine
deutsche Nachrichtenagentur gegen einen Internet-Dienst, der mit
Hilfe von automatischen Suchmaschinen aktuelle Presseberichte mit
den dazugehörenden Fotos aus dem World-Wide-Web zusammen-
stellte. Die Nutzer des Internet-Dienstes bekamen bei Eingabe von
ihren Suchbegriffen eine Linksammlung mit entsprechenden Angeboten zusammengestellt. Für den Nutzer unmittelbar sichtbar waren die
Überschrift des Presseberichtes, einzelne Textfragmente sowie eine
stark verkleinerte Form der gefundenen Fotos (so genannte **„thumbnails"**, in der Größe eines Daumennagels). Die Bilder hatten eine
geringe Auflösung, waren stark verkleinert und wurden bei Vergrößerung unscharf. Die Anzeige der „Thumbnails" erfolgte unabhängig
davon, ob das Original-Foto auf der verwiesenen Seite noch eingestellt war. Das LG Hamburg verbot diese Praxis und stellte in den
Entscheidungsgründen klar, dass eine Vervielfältigung i. S. v. § 16
Abs. 1 UrhG nicht nur bei einer identischen Wiedergabe vorliege,
sondern auch dann, wenn die Festlegung des Werkes in veränderter
Form, wie z. B. stark verkleinert, erfolge. In einer jüngeren Entscheidung hat indes das OLG Jena[2] offen gelassen, ob thumbnails in der
Bildersuche der Suchmaschine google das Recht aus § 16 Abs. 1 oder
§ 19 a UrhG verletzen. Das Gericht sah darin aber eine unzulässige
Bearbeitung im Sinne des § 23 UrhG. Gleichwohl könne die Durchsetzung eines Unterlassungsanspruchs nach § 242 BGB rechtsmiss-
bräuchlich sein, wenn die Internetseite, auf welche die Suchmaschine
hinweist, für den Zugriff der Suchmaschinen in technischer Hinsicht
optimiert worden sei (z.B. durch META-Befehle).

---

[1] LG Hamburg GRUR-RR 2004, 315 – *thumbnails*;.ähnlich LG Hamburg, Urteil
vom 14.10.2008, Az. 308 O 47/06 – *google Bildersuche*.
[2] OLG Jena GRUR-RR 2008, 223.

cc) Verbreitungsrecht (§ 17 UrhG)

381 Neben dem Vervielfältigungsrecht gemäß § 16 UrhG hat der Werkschöpfer zusätzlich ein selbständiges **Verbreitungsrecht** aus § 17 UrhG. Auch wenn häufig beide Rechte parallel eingeräumt werden, sind sie grundsätzlich unabhängig voneinander. Dies bedeutet, dass der Urheber aufgrund des ihm zustehenden Verbreitungsrechts selbst das in den Verkehr bringen rechtmäßig hergestellter Vervielfältigungen untersagen kann, wenn er der Verbreitung nicht zugestimmt hat oder sie nicht aus anderen Gründen erlaubt sind.[1]

Die Definition des in § 15 Abs. 1 Nr. 2 UrhG erwähnten Verbreitungsrechtes ergibt sich aus § 17 Abs. 1 UrhG. Das Verbreitungsrecht erfasst das in Verkehr bringen von Originalen bzw. von Vervielfältigungsstücken einschließlich des Anbietens in der Öffentlichkeit. Eines dieser beiden Tatbestandsmerkmale muss alternativ vorliegen. Das Tatbestandsmerkmal des **„Anbietens gegenüber der Öffentlichkeit"** ist dabei wirtschaftlich zu verstehen. Es reicht jegliche Form der Aufforderung zum Erwerb oder sonstigen Besitz oder Eigentumsübergang, z. B. Werbemaßnahmen. Das Merkmal des Anbietens ist etwa schon erfüllt, wenn eine Bildagentur einem Verlag leihweise Fotomaterial überlässt. Es genügt sogar schon ein einzelnes Foto, da es nicht auf die Anzahl der angebotenen Exemplare ankommt. Um nicht das Verbreitungsrecht des Urhebers zu verletzen, bedarf es schon dann der Einwilligung des Fotografen. Für einen Rechtsverstoß ist keine Offerte i. S. v. §§ 145 ff. BGB erforderlich.[2] Kein Anbieten (und auch kein in Verkehr bringen) liegt vor, wenn Fotografien als Wanddekoration in einem öffentlich zugänglichen Raum (z.B. einer Gaststätte) aufgehängt werden, weshalb dabei kein Eingriff in § 17 UrhG erfolgt.[3]

Nach der Rechtsprechung des BGH reicht zudem das Angebot an eine einzige Person.[4] Begründet wird dies mit der Parallele zum Tatbestandsmerkmal des in den Verkehr bringen, bei dem ebenfalls eine Person ausreicht. Auch wenn der Begriff der Öffentlichkeit in § 15 Abs. 3 UrhG anders definiert ist, überzeugt diese Rechtsprechung des BGH im Ergebnis. Es sollte keinen Unterschied machen, ob ein urheberrechtlich geschütztes Werk lediglich einer fremden Einzelperson oder mehreren gleichzeitig angeboten wird. Erfolgt das Angebot jedoch gegenüber einem einzelnen Bekannten oder Freund ist es ohnehin nicht öffentlich i. S. v. § 15 Abs. 3 UrhG. Im Ergebnis ist das Tat-

---

[1] Schricker/*Loewenheim*, Urheberrecht, § 17 Rn. 14.

[2] Wandtke/Bullinger/*Heerma*, UrhR, § 17 Rn. 7.

[3] LG Köln ZUM 2008, 707; ebenso liegt kein Eingriff in § 16 UrhG vor, sofern es sich nicht um selbst hergestellte Raubkopien handelt.

[4] BGHZ 113, 159, 161.

bestandsmerkmal des Anbietens gegenüber der Öffentlichkeit also auch erfüllt, wenn ein Foto gezielt nur einer einzelnen fremden Person offeriert wird.

Unter dem zweiten Tatbestandsmerkmal des **„in den Verkehr bringen"** ist jede Form der Übergabe an die Öffentlichkeit zu verstehen, also z. B. verkaufen, verleihen oder verschenken. Eine gewerbliche Absicht ist nicht erforderlich.[1] Es reicht bereits die Überlassung eines einzelnen Exemplars an eine einzelne dritte Person, wenn zu dieser keine privaten Beziehungen bestehen.[2]

Das Verbreitungsrecht ist genauso wie andere Nutzungsrechte vertraglich beschränkbar. **382** Allerdings ist nach überwiegender Meinung der Gerichte nur eine Aufteilung nach klar abgrenzbaren sowie wirtschaftlich und technisch einheitlichen und selbständigen Nutzungsarten zulässig.[3] So ist es bei der Lizenzierung von Filmen möglich, zwischen verschiedenen Nutzungsarten zu unterscheiden und z. B. die **Fernsehausstrahlung** und den Vertrieb von **DVDs/Videokassetten** völlig unabhängig voneinander zu regeln. Auch eine Aufteilung des **Vertriebsrechts** nach Verkauf und Vermietung ist zulässig.[4] Bei der Nutzungsrechtseinräumung an Verlage kann zwischen Buchgemeinschaften und dem Sortimentbuchhandel sowie zwischen Taschenbuch und Hardcover getrennt werden.[5]

Auch **zeitliche Beschränkungen** sind zulässig. Nach Ablauf des vertraglich festgelegten Zeitraums werden dadurch weitere Verbreitungshandlungen rechtswidrig. Bei räumlichen Eingrenzungen ist die Voraussetzung, dass es zu keiner Aufspaltung eines einheitlichen Staats- und Rechtsgebietes kommt. Somit kann das Verbreitungsrecht z. B. nur einheitlich für das gesamte Bundesgebiet eingeräumt werden, da dies dem Geltungsbereich des UrhG entspricht.

Zudem ist auch eine Kombination von unterschiedlichen Beschränkungen möglich und zulässig und in der Praxis auch anzutreffen. So kann z. B. ein Fotobuch nur als Paperback innerhalb der Bundesrepublik Deutschland lizenziert werden. Diese dinglichen Beschränkungen, die auch gegenüber Dritten wirken, können zusätzlich mit schuldrechtlichen Beschränkungen verbunden werden. Um eine schuldrechtliche Beschränkung handelt es sich z. B., wenn sich der Lizenznehmer verpflichtet, das Fotobuch nur gegen einen festen Preis zu veräußern. Dies bindet allerdings nur ihn selbst und ein Verstoß dage-

---

[1] Fromm/Nordemann/*Nordemann*, Urheberrecht, § 17 Rn. 4.
[2] Schricker/*Loewenheim*, Urheberrecht, § 17 Rn. 12.
[3] BGH GRUR 1992, 310, 311.
[4] Schricker/*Loewenheim*, Urheberrecht, § 17 Rn. 23 mit weiteren Beispielen zum Filmvertrieb.
[5] Schricker/*Loewenheim*, Urheberrecht, § 17 Rn. 21 f.

gen berührt auch nicht das Verbreitungsrecht. Zudem ist die kartellrechtliche Zulässigkeit solcher Vereinbarungen häufig ein Problem.

383 Ohnehin ist der praktische Nutzen von isolierten Beschränkungen des Verbreitungsrechts fraglich, denn das Verbreitungsrecht aus § 17 Abs. 1 UrhG wird durch den **Erschöpfungsgrundsatz** gemäß § 17 Abs. 2 UrhG begrenzt. Dieser Grundsatz besagt, dass sich das Verbreitungsrecht des Urhebers an einem Werkstück verbraucht, sobald er es innerhalb der EU in den Verkehr bringt. Danach ist gemäß § 17 Abs. 2 UrhG jedermann eine Weiterverbreitung dieses Originals bzw. der Vervielfältigungsstücke erlaubt, nicht aber weiterer Vervielfältigungen, die der Urheber nicht selbst in Verkehr gebracht hat. Die Erschöpfungswirkung tritt dabei unabhängig davon ein, wie der Urheber das Werk in Verkehr gebracht hat, z. B. durch Verkauf, Schenkung oder Tausch. Entscheidend ist, dass er die ihm zustehende Verfügungsmöglichkeit freiwillig und endgültig aufgibt.[1] Diese Regelung ist zwingendes Recht und kann somit vertraglich nicht abgeändert werden.[2] Ein Urheber kann deshalb im Ergebnis nicht verhindern, dass der von ihm herausgegebene Fotoband im Antiquariatsbuchhandel weiter verkauft wird oder auch die Videokassetten mit seinem Film als Gebrauchtware gehandelt werden. Auch Fotoabzüge, die mit Willen des Fotografen in den Verkehr gelangt sind, dürfen aufgrund der Erschöpfung des Verbreitungsrechts nach § 17 Abs. 2 UrhG frei weitergegeben oder verkauft werden. Nur die Vermietung ist nicht von der Erschöpfungswirkung erfasst. Zu beachten ist jedoch immer, dass die Erschöpfungswirkung nur hinsichtlich des jeweiligen körperlichen Werkstücks eintritt und nicht hinsichtlich der Werke insgesamt. Wenn z. B. eine **Foto-CD-ROM** mit Willen in den Verkehr gebracht wird, tritt die Erschöpfung an der CD als körperlichem Träger ein, nicht hinsichtlich der auf ihr gespeicherten Fotos.[3] Die **Darlegungs- und Beweislast** für die Erschöpfung an einem Werkstück trägt derjenige, der sich darauf beruft.[4] Aus diesem Grunde hatte z. B. ein Galerist, der von der Witwe des 1997 verstorbenen Fotografen *Günter Blum* wegen des Verkaufs von **Ausstellungsfotos** verklagte wurde, keinen Erfolg mit seiner Einwendung, diese seien ihm geschenkt worden, teilweise habe er sie auch angekauft, da er dies nicht beweisen konnte.

Auch gegen eine ungewollte Form der Vermarktung seines Produktes ist der Urheber regelmäßig machtlos, wenn er es zuvor in den Verkehr gebracht hat. So musste ein Fotodesigner akzeptieren, dass von ihm ihn den Verkehr gebrachte **Postkarten** gemeinsam mit Pra-

---

[1] Wandtke/Bullinger/*Heerma,* UrhR, § 17 Rn. 14.
[2] BGH NJW-RR 1986, 1183, 1183.
[3] OLG München, Urteil vom 27. 5. 2004, Az. 20 U 4990/03.
[4] BGH NJW 2005, 1581, 1583 – *Atlanta.*

linen vertrieben wurden. Die Postkarten dienten als **zusätzlicher Verkaufsanreiz,** da sie innerhalb der **Pralinenschachtel** durch ein Sichtfenster im Kartondeckel für potentielle Erwerber sichtbar waren und damit gleichzeitig die Verpackung zierten. Nach dem Öffnen konnte die nur mit zwei Laschen befestigte Karte dann dem Deckel entnommen werden. Eine gegen diese Vertriebsform gerichtete Klage des Fotodesigners blieb erfolglos. Er argumentierte, dass er die Rechte an seinen Dias nur zur Verwertung für Ansichtskarten und Kalender übertragen habe. Ohne seine Zustimmung seien die Postkarten dann in großer Zahl an den Pralinenhersteller veräußert wurden, um dessen Schachteln zu schmücken. Das KG Berlin[1] wies die Klage unter Verweis auf den Erschöpfungsgrundsatz zurück: Der Fotodesigner habe durch die Rechteeinräumung seinen Einfluss auf die weitere Nutzung der Postkarten verloren. Der Vertrieb gemeinsam mit den Pralinen ändere zudem nichts daran, dass die Karten noch als solche genutzt werden könnten.

Eine noch weitere Auslegung des Erschöpfungsgrundsatzes ergibt sich aus einem Urteil des OLG Hamburg[2]. In diesem Fall hatte eine Lautsprecherfirma **Kunstdrucke** von bekannten Malern wie *Pablo Picasso* und *Salvador Dali* dafür genutzt, um mit ihnen **Flachmembranlautsprecher** zu verzieren. Die erworbenen Nutzungsrechte bezogen sich aber lediglich auf Poster. Trotzdem beurteilte das OLG Hamburg diese Nutzung als zulässig und verwies darauf, dass die besonders flachen Lautsprecher genauso wie Poster als Wandschmuck genutzt werden könnten und bei dieser Gestaltung auf den ersten Blick überhaupt nicht als Boxen zu erkennen seien. Insofern handele es sich lediglich um einen weiteren Vertriebsweg, auf den der ursprüngliche Inhaber der Urheberrechte durch die erste Veräußerung jeden Einfluss verloren habe. Zumindest bei der Entscheidung des OLG Hamburg erscheint sehr fraglich, ob dies noch durch die BGH-Rechtsprechung zum **Erschöpfungsgrundsatz** gedeckt ist. Zwar verweist auch der BGH[3] darauf, dass der freie Warenverkehr nicht behindert werden dürfe und deshalb der Rechtsinhaber durch die erste Veräußerung den Einfluss auf den Weitervertrieb verlieren müsse. Dies bezieht sich aber nur auf die konkret in den Verkehr gebrachten Vervielfältigungsstücke, hier also Poster. Wenn solche **Poster** danach unerwartet als **Verzierung von Lautsprecherboxen** zweckentfremdet werden, erscheint die Anwendung des Erschöpfungsgrundsatzes als zu weitgehend.

---

[1] GRUR-RR 2002, 125, 126.
[2] NJW-RR 2002, 838, 840.
[3] NJW 2000, 3571 ff.

Die übrigen dem Urheber zustehenden Verwertungsrechte werden durch den Erschöpfungsgrundsatz nicht berührt.[1] Der Urheber behält also u. a. sein Vervielfältigungs- und sein Ausstellungsrecht. Begründet wird der Erschöpfungsgrundsatz vor allem mit dem Allgemeininteresse an klaren und übersichtlichen Verhältnissen im Rechtsverkehr. Rechtmäßig veräußerte Werkstücke sollen weiter vertrieben werden dürfen, ohne dass geprüft werden muss, ob daran Urheberrechte bestehen. Die Rechte des Werkschöpfers sollen dadurch gewahrt sein, dass er bei der ersten Verbreitungshandlung ein entsprechendes Entgelt verlangen kann.

Gemäß § 17 Abs. 2 UrhG sind von dem Erschöpfungsgrundsatz **Vermietungen** ausgenommen, für die somit immer eine Zustimmung des Urhebers erforderlich ist. Unter Vermietungen versteht das UrhG nach § 17 Abs. 3 Satz 1 UrhG jede zeitlich begrenzte Gebrauchsüberlassung zu Erwerbszwecken. Es braucht also kein Mietverhältnis gemäß §§ 535 ff. BGB vorzuliegen, sondern jede entgeltliche Gebrauchsüberlassung reicht aus. Ein **Erwerbszweck** liegt immer dann vor, wenn die Gebrauchsüberlassung den wirtschaftlichen Interessen des Vermieters dient.[2]

dd) Ausstellungsrecht (§ 18 UrhG)

384   Das in § 15 Abs. 1 Nr. 3 UrhG erwähnte **Ausstellungsrecht** ist in § 18 UrhG definiert. Danach hat der Urheber das alleinige Recht, unveröffentlichte Werke der bildenden Kunst sowie unveröffentlichte Lichtbildwerke öffentlich zur Schau zu stellen. Da sich § 18 UrhG nur auf unveröffentlichte Werke bezieht, ist seine praktische Bedeutung gering. Ab der ersten Veröffentlichung muss der Urheber eine Ausstellung seines Werkes dulden. Das Ausstellungsrecht ist daher nicht verletzt, wenn in einem öffentlich zugänglichen Raum (z.B. einem Restaurant) Drucke von bereits zuvor in Bildbänden veröffentlichten Fotos zu Dekorationszwecken aufgehängt werden, auch wenn die Herkunft der konkret ausgestellten Drucke ungeklärt ist.[3]

Von seinem Charakter her ist das Ausstellungsrecht somit eher ein Verbotsrecht, das § 12 UrhG ergänzt: Der Urheber kann frei bestimmen, ob und wie seine Werke veröffentlicht werden, auch eine Ausstellung seiner Werke muss er bis zur ersten Veröffentlichung nicht hinnehmen. Da in Ausstellungen in der Regel Vervielfältigungsstücke gezeigt werden, besteht aber insoweit auch nach der ersten Veröffentlichung noch Schutz aus § 16 UrhG. Selbstverständlich ist auch ein

---

[1] BGH NJW 2000, 3783, 3785.
[2] Schricker/*Loewenheim*, Urheberrecht, § 17 Rn. 32.
[3] LG Köln ZUM 2008, 707, 708.

Verkauf von Fotos im Zusammenhang mit Ausstellungen nicht ohne Zustimmung zulässig, soweit es sich nicht um Originale oder Vervielfältigungsstücke handelt, an denen die Rechte bereits erschöpft sind (siehe Rn. 383).Hinsichtlich der Wiedergabe von geschützten Fotos in der Werbung für Ausstellungen gilt § 58 UrhG (siehe Rn. 420).

ee) Vortrags-, Aufführungs- und Vorführungsrecht (§ 19 UrhG)

Die **Vortrags-, Aufführungs-** und **Vorführungsrechte** sind in **385** § 19 UrhG definiert. Für Fotografen und Filmschaffende ist nur § 19 Abs. 4 UrhG von Bedeutung. Danach handelt es sich beim **Vorführungsrecht** um das Recht, ein Lichtbildwerk oder ein Filmwerk durch technische Einrichtungen öffentlich wahrnehmbar zu machen. Ähnlich wie beim Ausstellungsrecht aus § 18 UrhG geht es also um die Präsentation des Werkes in der Öffentlichkeit, nur dass dies beim Vorführungsrecht mit Hilfe technischer Einrichtungen geschieht. Das Vorführungsrecht ist also z.b. betroffen, wenn Bilder, Dias oder Filme mit Hilfe eines Projektors oder Beamers gezeigt werden.[1] Aber auch das Zeigen von Fotos auf einem großen **Computermonitor** erfüllt den Tatbestand.[2] Unabhängig von der Technik ist somit jegliche Form der öffentliche Wiedergabe von der Zustimmung des Urhebers abhängig.

ff) Recht der öffentlichen Zugänglichmachung (§ 19 a UrhG)

Gemäß § 19 a UrhG hat der Urheber das Recht, sein Werk draht- **386** gebunden oder drahtlos der Öffentlichkeit in einer Weise zugänglich zu machen, so dass es Mitgliedern der Öffentlichkeit von Orten und zu Zeiten ihrer Wahl zugänglich ist. Der Gesetzgeber hat diese Vorschrift im Jahre 2003 ins UrhG aufgenommen um klarzustellen, dass der Inhaber des Urheberrechts auch das Recht hat, über die Veröffentlichung seines Werkes im **Internet** oder anderen Datennetzen zu entscheiden. Die technische Konfiguration dieser Netze ist dabei unbedeutend, da sowohl Funk- als auch Kabelnetzwerke unter § 19 a UrhG fallen. Da weder Rechtsprechung noch Literatur die Aufzählung der Verwertungsrechte in § 15 UrhG als abschließend betrachteten, entsprach es allerdings bereits zuvor der h. M., dass derartige Nutzungen das Recht der öffentlichen Wiedergabe (§ 15 Abs. 2 UrhG) betreffen. § 19 a UrhG dient somit in erster Linie der Verdeutlichung und der Beseitigung dogmatischer Unklarheiten.[3]

---

[1] Schricker/*v. Ungern-Sternberg,* Urheberrecht, § 19 Rn. 40 f.
[2] *Koch,* S. 50.
[3] Vgl. *Czychowski,* NJW 2003, 2409, 2410.

Kennzeichnend für § 19 a UrhG ist die zeitlich versetzte Kenntnisnahmemöglichkeit der Öffentlichkeit. Darunter fallen auch interaktive Abrufdienste. So ist z. B. ein Angebot, Fernsehprogramme zeitversetzt in digitaler Version via Internet auf dem Computer zu empfangen nach § 19 a UrhG (aber auch nach § 87 UrhG) nur mit Einwilligung der Rechteinhaber zulässig.[1]

387 Auch Bilder, die im Wege des **Framing** in eine Internetseite aufgenommen werden, unterfallen § 19 a UrhG. Das Framing darf somit nur mit Einwilligung des Urhebers erfolgen.[2] Dieser Rechtsprechung ist zuzustimmen. Es macht nur in der technischen Umsetzung, nicht aber in der öffentlichen Wahrnehmung und damit in der Nutzungsintensität einen rechtlich relevanten Unterschied, ob eine Bilddatei kopiert, in die Internetseite eingebunden und auf dem eigenen Server gespeichert wird, oder ob – wie beim Framing – auf die Bilddatei auf dem fremden Server zugegriffen wird ohne sie zu kopieren, aber in der Bildschirmdarstellung als Teil des eigenen Seite erscheint. Echten **Hyperlinks** hat der BGH hingegen eine urheberrechtliche Relevanz abgesprochen (siehe oben Rn. 379). Anders als Frames verletzen Links somit nach derzeitiger Rechtslage nicht das Recht der öffentlichen Zugänglichmachung nach § 19 a UrhG. Zu stark verkleinerten Darstellungen („**thumbnails**"), wie sie u.a. in **Suchmaschinen** verwendet werden, siehe oben, Rn. 380. Die Veröffentlichung von **Standbildern** aus **Filmwerken** im Internet fällt unter § 19 a UrhG, verletzt aber nicht die Rechte des Filmherstellers, sondern des Lichtbildners (Kameramanns).[3]

388 Im Zuge der immer noch wachsenden Bedeutung des Internet gewinnt auch das Recht aus § 19 a UrhG weiter an Gewicht. Um Auslegungs- und Abgrenzungsprobleme zu vermeiden, sollte die Internet-Nutzung von Fotos (also das Recht der öffentlichen Zugänglichmachung nach § 19 a UrhG) in Nutzungsrechtsvereinbarungen immer ausdrücklich geregelt werden. Dies verdeutlicht auch ein vom LG Köln[4] entschiedener Fall: Ein Anwalt hatte sich in einem Fotostudio portraitieren lassen und hierfür knapp € 80 bezahlt. Die Fotos bekam er auch auf CD-ROM ausgehändigt. Die Nutzung dieser Bilder auf der beruflichen Homepage des Anwalts sah das LG Köln als Verletzung des Rechts aus § 19 a UrhG an, da die Internetnutzung nicht

---

[1] OLG Köln GRUR-RR 2006, 5.
[2] LG München I, Urteil vom 10.1.2007, Az. 21 O 20028/05, CR 2007, 810; im Ergebnis bereits ebenso vor Inkrafttreten des neuen § 19 a UrhG (2003): LG Köln, Urteil vom 2.5.2001, Az. 28 O 141/01, JurPC Web.Dok. 211/2001; LG München I, Urteil vom 14.11.2002, Az. 7 O 4002/02, JurPC Web-Dok. 130/2003.
[3] OLG München GRUR-RR 2008, 228, n.rkr.
[4] LG Köln ZUM 2008, 76, JurPC Web-Dok. 188/2007.

ausdrücklich vereinbart wurde, der Anwalt dies jedenfalls nicht beweisen konnte. Eine weiteres Beispiel für die vertragliche Regelungsbedürftigkeit von Internetnutzungen bietet ein Urteil des OLG Hamburg[1], wonach Fotos, die ein KFZ-Sachverständiger für ein Schadensgutachten herstellt und bei der Versicherung eingereicht werden, von dieser nicht ohne seine Zustimmung und zusätzliche Vergütung in eine Internet-Autorestwertbörse eingestellt werden dürfen. Diese Beispiele aus der jüngeren Rechtsprechung entsprechen der Rechtsprechung des BGH zur Zweckübertragungslehre, wonach bei unklaren oder fehlenden Nutzungsrechtsvereinbarung im Zweifel Nutzungsrechte nur soweit eingeräumt sind, die der Vertragszweck unbedingt erfordert (siehe hierzu Rn. 331). Nutzungen nach § 19 a UrhG sind daher in den seltensten Fällen ohne ausdrückliche Regelung von Vereinbarungen erfasst, die primär auf körperliche (gedruckte) Vervielfältigungen zielen.

gg) Senderechte (§§ 20 ff. UrhG)

Die dem Urheber zustehenden **Senderechte** sind in den §§ 20 ff. **389** UrhG geregelt. Das Senderecht ist das Recht, das Werk durch Funk, wie Ton- und Fernsehrundfunk, Satellitenrundfunk, Kabelrundfunk oder ähnliche technische Mittel, der Öffentlichkeit zugänglich zu machen (§ 20 UrhG). Der Begriff des Senderechts orientiert sich dabei am Rundfunk. Danach handelt es sich um jede Übertragung von Zeichen, Tönen oder Bildern durch elektromagnetische Wellen, die am Empfangsort von einer beliebigen Zahl von Anlagen aufgefangen und zurück verwandelt werden kann.[2] Gegenstand des Senderechts können somit geschützte Werke der unterschiedlichsten Art sein. Auch wenn es vorrangig um den Schutz von **Filmwerken** geht, verletzt es natürlich auch das Senderecht eines Fotografen, wenn seine Bilder in einer Fernsehsendung gezeigt werden.[3] Auch Urheberrechtsverletzungen durch **Videotext** und **Datenrundfunk** werden durch § 20 UrhG erfasst.[4] Die Vertriebsform ist ebenfalls ohne Bedeutung: **Pay-TV** in allen seinen Formen ist genauso umfasst wie der große Bereich des **Free-TV**.[5]

Im Ergebnis hat es der Inhaber von Urheberrechten somit in der Hand, über die Ausstrahlung zu bestimmen. Auch Wiederholungssendungen sind zustimmungspflichtig.[6] Juristische Probleme für die be-

[1] OLG Hamburg GRUR-RR 2008, 378.
[2] Schricker/*v. Ungern-Sternberg*, Urheberrecht, § 20 Rn. 3.
[3] *Koch*, S. 50.
[4] Schricker/*v. Ungern-Sternberg*, Urheberrecht, vor §§ 20 ff. Rn. 9.
[5] Einzelheiten bei Wandtke/Bullinger/*Ehrhardt*, UrhR, §§ 20–20b Rn. 11 ff.
[6] *Rehbinder*, Urheberrecht, Rn. 360.

troffenen Film- und Fotoschaffenden entstehen dabei aber in aller Regel nicht, da ihre Rechte insoweit in der Regel von Verwertungsgesellschaften wahrgenommen werden.[1] Sehr viele der im Film- und Fotogeschäft Tätigen sind Mitglied bei der für ihre Berufsgruppe zuständigen Verwertungsgesellschaft (VG). Für Fotografen, Regisseure und Kameraleute ist dies die **VG Bild-Kunst.**

d) Urheberpersönlichkeitsrechte

390 Das Urheberrecht schützt nicht nur die wirtschaftlichen Belange des Urhebers, sondern auch seine geistigen und persönlichen Beziehungen zum Werk (§ 1 UrhG). Das so genannte **Urheberpersönlichkeitsrecht** ist eine besondere Ausprägung des allgemeinen Persönlichkeitsrechts und ist daher gemäß Art. 2 Abs. 1 GG i. V. m. Art. 1 Abs. 1 GG auch als Grundrecht von der Verfassung geschützt. Daher kann der Urheber bestimmen, ob und wann er überhaupt mit einem Werk in die Öffentlichkeit geht. Für Fotografen ist ferner das Recht auf **Anerkennung der Urheberschaft** wirtschaftlich bedeutsam. Es bestehen auch Abwehrrechte gegen **Entstellungen, Bearbeitungen** und **Umgestaltungen** seines Werkes.

aa) Veröffentlichungsrecht (§ 12 UrhG)

391 Nach § 12 Abs. 1 UrhG hat der Werkschöpfer das Recht zu bestimmen, ob und wie sein Werk zu veröffentlichen ist. „Veröffentlichen" ist gemäß der gesetzlichen Definition in § 6 Abs. 1 UrhG das Zugänglichmachen gegenüber der Öffentlichkeit mit Zustimmung des Berechtigten. Für die Öffentlichkeit i. S. v. § 6 UrhG kann auch schon eine kleinere Gruppe von Menschen ausreichend sein, wenn diese nicht durch feste Kriterien begrenzt ist. Wer Fotos nur seinem engeren Freundeskreis zeigt, veröffentlicht sie dadurch also nicht. Werden die Bilder hingegen bei einer **Dia-Show** einer beliebigen Anzahl von Bekannten vorgeführt, liegt darin eine Veröffentlichung.[2]

Für den Begriff des „Zugänglichmachen" reicht es, die **Möglichkeit der Wahrnehmung** zu eröffnen, etwa das willentliche Zeigen von Fotos oder das Vorführen eines Filmes außerhalb einer geschlossenen Gesellschaft oder einem privaten Kreis von Menschen. Aus § 6 Abs. 2 UrhG sowie § 12 Abs. 2 UrhG ergibt sich ausdrücklich, dass der Urheber das Recht hat, über die Veröffentlichung zu bestimmen. Auch Fotografen und Filmemachern steht es somit frei, ihre Werke für sich zu behalten. Dies schließt aber natürlich dann auch jede wirtschaftliche Verwertung aus.

---

[1] Wandtke/Bullinger/*Ehrhardt*, UrhR, §§ 20–20b Rn. 36 ff.
[2] weitere Bsp. bei Schricker/*Katzenberger,* Urheberrecht, § 6 Rn. 11 ff.

Der Anspruch auf Untersagung einer **Erstveröffentlichung** ist aus § 12 UrhG herzuleiten, jede weitere Verbreitung kann danach durch das Vervielfältigungsrecht aus § 16 UrhG und das Verbreitungsrecht nach § 17 UrhG sowie die weiteren Verwertungsrechte gemäß §§ 15 ff. UrhG verhindert werden.

bb) Anerkennung der Urheberschaft (§ 13 UrhG)

Als zentrales Urheberpersönlichkeitsrecht hat der Werkschöpfer ei- **392** nen Anspruch auf **Anerkennung seiner Urheberschaft** aus § 13 Satz 1 UrhG. Gemäß § 13 Satz 2 UrhG kann er zudem bestimmen, ob das Werk mit seiner **Urheberbezeichnung** zu versehen ist und welche Bezeichnung zu verwenden ist.

Das grundsätzliche Recht auf Anerkennung der Urheberschaft aus § 13 Satz 1 UrhG beinhaltet zum einem das Recht sich gegenüber anderen auf die Urheberschaft zu berufen, und gegen Dritte vorzugehen, die sich mit „fremden Federn" schmücken. Rechteinhaber ist immer die natürliche Person, die das Werk geschaffen hat oder ihr Rechtsnachfolger, aber niemals der Auftraggeber oder irgendeine andere juristische Person. Allen, die einen urheberrechtlich geschützten Werkbeitrag geleistet haben, steht grundsätzlich ein eigenständiger Anspruch auf Anerkennung zu. Dieser kann im Verletzungsfall auch gegenüber den anderen Miturhebern durchgesetzt werden.[1]

Voraussetzung für den Schutz des Urheberrechts ist in Deutschland **393** nicht, dass das jeweilige Foto mit einem **Copyright-Vermerk** („©") oder irgendeiner anderen Kennzeichnung versehen ist. Der urheberrechtliche Schutz entsteht kraft Gesetzes bei der Erschaffung des Werkes. Trotzdem ist es sinnvoll, Fotos und Filme mit einem Urhebervermerk zu versehen. Dies schützt vor Verwechselungen, die im Massengeschäft immer wieder vorkommen können, warnt vor ungenehmigten Nutzungen und hat auch eine rechtliche Bedeutung: Gemäß § 10 UrhG wird nämlich bis zum Beweis des Gegenteils derjenige als Urheber angesehen, der in einer üblichen Weise auf dem Werk als Urheber genannt ist. Wenn weitere Beweise zu der Frage fehlen, welcher Fotograf das Foto gemacht hat, kann dies im Streitfall von entscheidender Bedeutung sein.

Bei der Form des Urhebervermerkes sollte man sich aufgrund des Fehlens einer in Deutschland üblichen Regelung an den internationalen Gepflogenheiten orientieren. Nach Art. III Abs. 1 des **Welturheberrechtsabkommens** (WUA) sind Fotos vor ihrer ersten Veröffentlichung mit dem Begriff „Copyright" oder einfach einem großen C in einem Kreis zu versehen („©"). Zudem sollte die Jahreszahl der ersten

---

[1] Wandtke/Bullinger/*Bullinger*, UrhR, § 13 Rn. 4 ff.

Veröffentlichung sowie der vollständige Name des Urhebers mit einer Kontaktadresse ausgewiesen werden.

Bei **Digitalfotos** reicht es nach einem Urteil des LG Kiel[1] aus, wenn auf einer **CD-ROM** eine Textdatei mit den Angaben zum Urheber vorhanden ist. Jedenfalls dann, wenn auch dem Datenträger ausschließlich Fotos des einen Fotografen sind, ist es für die Vermutungsregel des § 10 UrhG nicht erforderlich, jede Datei (jedes Foto) einzeln mit einem Urhebervermerk zu kennzeichnen. Trotz dieser Entscheidung ist in der Praxis zu empfehlen, auch bei digitalen Medien die Kennzeichnung unmittelbar mit jeder einzelnen Fotodatei zu verbinden, da gerade in der digitalen Welt Dateien „flüchtig" sind und vielfach auch einzeln ohne körperlichen Träger weitergegeben werden (zum **Beweis der Urheberschaft** siehe auch oben Rn. 370).

394 Ob der Name auch bei der Veröffentlichung genannt werden muss, unterliegt dann wieder der freien Entscheidung des Urhebers. Gemäß § 13 Satz 2 UrhG hat der Urheber das Recht festzulegen, ob und mit welchen Urheberbezeichnungen sein Werk und die Vervielfältigungen zu versehen sind. Ihm steht somit auch das Recht auf **Anonymität** zu, und er kann sein Werk deshalb mit einem Künstlernamen, einem **Pseudonym** oder einer Abkürzung kennzeichnen.[2] In aller Regel geht es Fotografen und Filmschaffenden aber schon aus Werbegründen darum, mit richtigem Namen und **in eindeutig identifizierbarer und zuordenbarer Form** genannt zu werden. Dieser Anspruch ergibt sich auch für den einfachen Lichtbildner i.S.v. § 72 UrhG aus § 13 Satz 2 UrhG.[3] Fotografen müssen deshalb nicht hinnehmen, dass ihre Bilder lediglich mit dem Namen ihrer Vertriebsagentur oder unverständlichen Abkürzungen veröffentlicht werden[4], wenn dies nicht ausdrücklich vereinbart ist oder im Zuge einer langjährigen Zusammenarbeit stillschweigend geduldet wurde.

395 Zudem kann das **Namensnennungsrecht** als Kern des Urheberpersönlichkeitsrechts vertraglich auch nicht vollständig abbedungen werden. Selbst wenn der Urheber in einem konkreten Fall darauf verzichtet, dass sein Name genannt wird, hat er jederzeit die Möglichkeit, bei der nächsten Nutzung eine Urheberbezeichnung zu verlangen.[5] Zwar ist ein Unterbleiben der Urheberbezeichnung durch Branchenübung ausnahmsweise möglich, bedarf aber immer einer strengen

---

[1] LG Kiel GRUR-RR 2005, 181 (nur Leitsatz) = ZUM 2005, 81.
[2] Wandtke/Bullinger/*Bullinger,* UrhR, § 13 Rn. 10.
[3] OLG Düsseldorf NJW-RR 1999, 194, 195.
[4] LG Hamburg, Urteil vom 4. 4. 2003, Az: 308 O 515/02; unveröffentlicht.
[5] Wandtke/Bullinger/*Bullinger,* UrhR, § 13 Rn. 21.

Prüfung.[1] Gegenüber Tageszeitungen ist ein vertraglicher Verzicht auf die Namensnennung jedoch rechtlich zulässig. Dies bedeutet aber keineswegs, dass der Fotograf seinen Anspruch auf die Anerkennung seiner Urheberschaft völlig verliert. So bleibt ihm z. B. die Möglichkeit, eine Namensnennung wieder durchzusetzen, wenn das gleiche Bild später in einem Buch erscheinen soll.[2]

Neben dem Aspekt der Eigenwerbung hat das Recht aus § 13 UrhG eine weitere nicht wichtige wirtschaftliche Bedeutung: Bei einem Verstoß gegen das Namensnennungsrecht steht dem Urheber ein Schadenersatzanspruch gemäß § 97 UrhG i. V. m. § 13 UrhG zu. Viele Gerichte gewähren einen hundertprozentigen Aufschlag auf die vereinbarte oder übliche Lizenzgebühr, selbst dann, wenn eine Falschbenennung nachträglich korrigiert wird (siehe Rn. 442).

cc) Entstellung des Werkes (§ 14 UrhG)

Nach § 14 UrhG hat der Urheber ein Abwehrrecht gegen die **Ent-** 396 **stellung** seines Werkes. Danach kann der Urheber eine Entstellung oder eine andere Beeinträchtigung seines Werkes verbieten, wenn diese geeignet ist, seine berechtigten geistigen oder persönlichen Interessen am Werk zu gefährden. Niemand soll sich ein verändertes Werk unterschieben lassen müssen. Aber auch wenn dabei klargestellt wird, dass das Werk nachträglich von anderen verändert wurde kann § 14 UrhG eingreifen, da das Werkschaffen immer auch Ausdruck der Persönlichkeit ist.

Unter Entstellung oder Beeinträchtigung ist eine **Verfälschung** oder **Verstümmelung** zu verstehen. Das Werk muss in seiner Wirkung gehemmt oder eingeschränkt sein.[3] Ohne Bedeutung ist aber, ob das Werk vermeintlich besser oder schlechter geworden ist. Denn durch § 14 UrhG wird das Interesse des Urhebers geschützt, dass sein Werk nicht anders an die Öffentlichkeit gelangt, als er es geschaffen hat.[4] Daraus folgt aber auch, dass der Urheber einer Veränderung im privaten Kreis nicht entgegentreten kann. Dafür ist durch die Entstellung oder jegliche andere Beeinträchtigung eine Interessensgefährdung des Urhebers immer impliziert, ohne das es einer besonderer Darlegung bedarf.[5] Trotzdem muss der Urheber häufig Änderungen an seinem Werk hinnehmen, wenn er zum Zwecke der wirtschaftlichen Verwertung das Nutzungsrecht an einen Dritten überträgt. Der Er-

---

[1] Schricker/*Dietz*, Urheberrecht, § 13 Rn. 25.
[2] Wandtke/Bullinger/*Bullinger*, UrhR, § 13 Rn. 21.
[3] Wandtke/Bullinger/*Bullinger*, UrhR, § 14 Rn. 3.
[4] *Rehbinder*, Urheberrecht, Rn. 408.
[5] BGH NJW 2002, 3251 – *Bild im Rahmen*; OLG Hamm ZUM-RD 2001, 443 – *Skulptur auf Bauhof*.

werber des Nutzungsrechts wird sich dabei häufig **Änderungsbefugnisse** übertragen lassen, was auch gesetzlich zulässig ist (§ 39 UrhG).

397   Gemäß § 39 Abs. 2 UrhG kann der Nutzungsrechtserwerber zudem auch ohne entsprechende Vereinbarung an dem Werk Veränderungen vornehmen, die nach Treu und Glauben gerechtfertigt sind. Darunter fallen alle Änderungen, die als üblich oder unwesentlich anzusehen sind, wie z. B. eine Fotobearbeitung am Computer, um die technische Qualität der Aufnahme zu verbessern, nicht jedoch eine digitale Bildbearbeitung, die zu einer Veränderung des künstlerischen Ausdrucks des Fotos oder seines Aussagegehaltes führt. Dies folgt schon aus dem unterschiedlichen Sinn der Begriffe „Änderung" einerseits und „Entstellung" andererseits.

Eine Entstellung kann im Einzelfall auch dann vorliegen, wenn das Werk unverändert bleibt, aber in einen anderen Kontext gesetzt wird.[1] Solche Fälle können z. B. vorliegen, wenn ein Foto als Teil einer Kollage mit sinnverändernder Wirkung verwendet wird oder ein wissenschaftliches Bild ohne Sachzusammenhang in der Werbung genutzt wird.

Was genau wie intensiv geändert werden darf, ohne das Werk zu entstellen, ist stets das Ergebnis einer umfangreichen Interessenabwägung, bei der zahlreiche Faktoren berücksichtigt werden müssen: So spielt es eine Rolle, ob es sich um **Gebrauchskunst**, wie z. B. einen Filmbeitrag für eine Nachrichtensendung oder um eine künstlerische Aufnahme handelt. Auch von Bedeutung ist, ob das ursprüngliche Werk durch die Änderung für immer verloren geht und welche Auswirkungen die Änderungen auf das Ansehen des Werkschöpfers haben.[2] Das Ergebnis der Interessenabwägung läuft immer auf eine Einzelfallentscheidung hinaus. Je intensiver das Foto **Ausdruck der schöpferischen Kreativität** des Fotografen (und damit seiner Persönlichkeit) ist, umso eher kommt durch Veränderungen eine Entstellung in Betracht. So kann bei künstlerisch inszenierten Fotomotiven schon eine Veränderung des Bildausschnitts als Entstellung wirken, wenn das Werk hierdurch seinen Ausdruck verliert und zum beliebigen **Allerweltsbild** herabgesetzt wird. Andererseits ist bei Aufnahmen, die naturgemäß nur einen geringen Spielraum für kreative Einflüsse des Fotografen zulassen, z. B. im Bereich der Pressebildfotografie, bei dem es im Wesentlichen um technische Perfektion und die aktuelle authentische Wiedergabe der Realität geht, eine Entstellung nur bei gravierenden Eingriffen in den tatsächlichen Aussagegehalt denkbar, z. B. wenn Personen entfernt oder hinzugefügt werden

---

[1] LG Leipzig ZUM 2000, 331, 334.
[2] Wandtke/Bullinger/*Bullinger,* UrhR, § 14 Rn. 5–20.

oder ganze Szenen durch Bildmanipulationen an andere Örtlichkeiten verlegt werden. Da es sich bei Filmen oder Fotos überwiegend um **Gebrauchskunst** handelt und Änderungen durch die Nutzungsrechtserwerber auch üblich sind, müssen die Urheber in diesen Fällen sicher wesentlich stärkere Eingriffe akzeptieren, als etwa ein Skulpturenbildner. Zu beachten ist aber, dass auch Bearbeitungen, die nicht als Entstellung anzusehen sind, gemäß § 23 UrhG nur mit Einwilligung des Urhebers veröffentlicht oder verwertet werden dürfen (hierzu Rn. 411). Bei zu weitgehenden Änderungen haben die Urheber aber auch nach § 14 UrhG einen Unterlassungs- sowie einen Schadenersatzanspruch (§ 97 UrhG; hierzu Rn. 427 ff.).

Eine Sonderregelung beim Entstellungsschutz gilt für **Filmwerke.** **398** Gemäß § 93 UrhG kann der Urheber eines Filmwerkes nur gröbliche Entstellungen und andere gröbliche Beeinträchtigungen seines Werkes verbieten. Dadurch wird der Schutz des Urhebers gegen Veränderungen seines Werkes auch über § 14 UrhG hinaus stark eingeschränkt. Betroffen davon sind Kino- und Fernsehfilme aber auch alle anderen Fernsehwerke, wie z.B. aktuelle Reportagen oder Live-Berichterstattungen.[1] Im Ergebnis muss bei allen Bewegtbildern eine eigene Interessensabwägung vorgenommen werden, die auf einer kombinierten Auslegung von § 14 UrhG und § 93 UrhG beruht. Notwendig für ein Verbot der Werkänderung ist danach eine besonders starke Form der Entstellung oder einer anderen Beeinträchtigung. Die Einblendung des Logos eines Fernsehsenders reicht dafür nicht, anders kann es aber bei **Laufzeitänderungen** oder **Formatanpassungen** von Filmen aussehen.[2] Das KG Berlin hat jedoch die Kürzung eines Dokumentarfilm auf die Hälfte der Laufzeit nicht als Entstellung angesehen, weil der wesentliche Sinngehalt beibehalten wurde.[3]

Auch **Bearbeitungen** und **Umgestaltungen**, die nicht zur einer **399** Entstellung des Werkes führen, sind grundsätzlich nur mit Einwilligung des Urhebers (Fotografen) zulässig. Dies ist in § 23 UrhG ausdrücklich festgelegt und wird unten (siehe Rn. 411 ff.) im Zusammenhang mit dem Recht auf **freie Benutzung** fremder Werke (§ 24 UrhG) näher erläutert.

e) Schranken des Urheberrechts

Genauso wie das materielle Eigentum unterliegt auch das Urheber- **400** recht als Form geistigen Eigentums **sozialen Bindungen.** Die

---

[1] Schricker/*Dietz,* Urheberrecht, § 93 Rn. 11, Schricker/*Katzenberger,* Urheberrecht, § 95 Rn. 6 ff.
[2] eingehend Schricker/*Dietz,* Urheberrecht, § 93 Rn. 21 ff.
[3] KG Berlin GRUR 2004, 497.

Schutzrechte des Urhebers gelten deshalb nicht absolut. Auch Fotografen müssen daher – wie alle anderen Urheber – in gesetzlich bestimmten Fällen Nutzungen ihrer Werke ohne Einwilligung, teilweise sogar auch ohne Vergütung dulden. Diese Grenzen des Urheberrechts werden als **Schranken** bezeichnet und sind katalogartig in den §§ 45 ff. UrhG definiert. Keine dieser Schranken erlaubt jedoch eine fremdnützige kommerzielle Ausbeutung von geschützten Werken. Vielmehr handelt es sich bei den Vorschriften um Tatbestände, die – zusammenfassend gesagt – öffentliche Gemeininteressen schützen sollen, die der Gesetzgeber für besonders hochwertig ansieht. Dazu zählen insbesondere die Herstellung von Vervielfältigungsstücken für Gerichte und Behörden, die Privilegierung von Werken für den Kirchen-, Schul- oder Unterrichtsgebrauch sowie die vergütungsfreien Veröffentlichungsmöglichkeiten bei Tagesereignissen und das Zitatrecht. Die gesetzlichen Schrankenbestimmungen in §§ 45 ff. UrhG sind abschließend und eng, d. h. urheberfreundlich auszulegen. Wenn eine Nutzung nicht vom Wortlaut einer der Tatbestände erfasst ist, ist grundsätzlich keine erweiternde Auslegung zulässig.[1] Nachfolgend werden die im Zusammenhang mit Fotos bedeutensten Schranken des Urheberrechts erläutert.

aa) Sonderstellung von Gerichten und Behörden (§ 45 UrhG)

401 Gemäß § 45 Abs. 1 UrhG ist es zulässig, einzelne Vervielfältigungsstücke von Fotos zur Verwendung im Verfahren vor einem **Gericht**, einem **Schiedsgericht** oder einer **Behörde** herzustellen oder herstellen zu lassen. Nach § 45 Abs. 2 UrhG dürfen Gerichte und Behörden zudem für Zwecke der **Rechtspflege** und der **öffentlichen Sicherheit** Bilder vervielfältigen oder vervielfältigen lassen. Unter der gleichen Voraussetzung sind gemäß § 45 Abs. 3 UrhG zudem die Verbreitung, die öffentliche Ausstellung und die öffentliche Wiedergabe von Fotos zulässig. Die durch § 45 UrhG festgeschriebene Sonderstellung soll Gerichten und Behörden ermöglichen, ihre Aufgaben zu erfüllen, ohne durch urheberrechtliche Ansprüche behindert zu werden.[2]

Unter **Gerichten** i. S. v. § 45 UrhG sind alle Spruchorgane der rechtsprechenden Gewalt gemäß Art. 92 GG zu verstehen. Schiedsgerichte sind alle durch Gesetz oder privatrechtliche Vereinbarung geschaffenen Spruchkörper. **Behörde** ist jede Stelle, die Aufgaben der öffentlichen Verwaltung wahrnimmt.[3] **Dritte**, die mit Behörden und

---

[1] BGH GRUR 2004, 956 – *Bundesadler*.
[2] Wandtke/Bullinger/*Lüft*, UrhR, § 45 Rn. 1.
[3] Schricker/*Melichar*, Urheberrecht, § 45 Rn. 3.

Gerichten zusammenarbeiten, fallen in der Regel nicht unter § 45 UrhG. So kann sich z.b. nach Auffassung des LG Hamburg[1] ein privates Internetportal, auf welchem Zwangsversteigerungsobjekte mit gerichtlich bestellten **Wertgutachten** dargestellt werden (um die Gerichte von Einzelanfragen und der Kopienversendung an Bieter zu entlasten) nicht auf § 45 UrhG berufen.

Die erlaubnisfreie Herstellung von Bildern setzt voraus, dass die Fotos im Verfahren verwendet werden und die Verwendung erforderlich ist. Behörden und Gerichte sind also nur dann privilegiert, wenn sie sich mit einem konkreten, nach außen wirkenden Sachverhalt beschäftigen und auch eine entsprechende formelle Handlung, wie z.B. eine Antragstellung bereits erfolgt ist.[2] Hergestellt werden dürfen dann so viele Fotos, wie zur Abwicklung des Verfahrens erforderlich sind. Bei mehreren Verfahrensbeteiligten ist es zulässig für jeden eine Kopie zu ziehen. Ob das Foto oder ein anderes urheberrechtlich geschütztes Werk schon veröffentlicht ist, spielt dabei keine Rolle.[3] Eine Weitergabe an Dritte, wie z.B. Prozessbeobachter, ist aber durch § 45 Abs. 1 UrhG nicht gedeckt.

Für Abbildungen von Personen, also Bildnisse, ist das **Vervielfältigungsrecht** für **Zwecke der Rechtspflege und der öffentlichen Sicherheit** in § 45 Abs. 2 UrhG gesondert erlaubt. Typischer Anwendungsfall ist die Vervielfältigung von Fahndungsfotos, welcher der Fotograf somit nicht widersprechen kann. Gemäß § 45 Abs. 3 UrhG sind unter den gleichen Voraussetzungen wie die Vervielfältigung zudem auch die Verbreitung, die öffentliche Ausstellung und die öffentliche Wiedergabe von Fotos zulässig. Dies ermöglicht u.a. die Ausstrahlung von **Fahndungsfotos** im Fernsehen oder das Anbringen von **Fahndungsplakaten** in öffentlichen Gebäuden, wie z.B. Polizeiwachen ohne Zustimmung und ohne Honorierung des Fotografen. Wie bereits oben (Rn. 254) dargestellt ist auch das Recht am eigenen Bild des Abgebildeten in solchen Fällen gemäß § 24 KUG eingeschränkt.

bb) Sammlungen für den Kirchen-, Schul- und Unterrichtsgebrauch (§ 46 UrhG), öffentliche Zugänglichmachung für Unterricht und Forschung (§ 52a UrhG) und elektronische Leseplätze (§ 52 b UrhG)

Nach § 46 Abs. 1 UrhG ist eine Vervielfältigung, Verbreitung oder öf- **402** fentliche Zugänglichmachung (§§ 16, 17, 19a UrhG, zu den Begriffen

---

[1] LG Hamburg, Beschluss vom 22.11.2006, Az. 308 O 622/06, bestätigt durch OLG Hamburg, Beschluss vom 19.10.2007, Az. 5 U 235/06.
[2] Wandtke/Bullinger/*Lüft*, UrhR, § 45 Rn. 3.
[3] OLG Frankfurt am Main NJW-RR 2000, 119, 120.

siehe oben Rn. 378 ff.) von Bildern in **Sammlungen** für den **Kirchen-, Schul-** und **Unterrichtsgebrauch** zulässig. Dies gilt nur für solche Werke, die bereits veröffentlicht worden sind. Ausreichend ist dafür auch die Veröffentlichung in digitalen Online-Medien. Die Privilegierung setzt jedoch voraus, dass der Kirchen, Schul- oder Unterrichtsgebrauch der ausschließliche Zweck der Sammlung ist, selbst wenn sie grundsätzlich auch anderen Zwecken dienen könnte. Der Zweck muss deutlich angegeben sein (§ 46 Abs. 1 Satz 3 UrhG). Zudem muss die Sammlung die Werke einer größeren Anzahl von Urhebern in sich vereinigen.[1] Das Foto darf allerdings nicht nur Gestaltungszwecken dienen, sondern muss einen inhaltlichen Bezug zu der Sammlung haben.[2]

Nach § 46 Abs. 3 UrhG darf mit der Nutzung erst begonnen werden, wenn dem Urheberrechtsinhaber die Verwendungsabsicht zwei Wochen zuvor mitgeteilt wurde. Gemäß § 46 Abs. 4 UrHG hat der Urheber einen Anspruch auf eine angemessene Vergütung für die Nutzungen.

Die Vorschrift ist auf Sammlungen begrenzt. Schon damit wird deutlich, dass nicht jede Nutzung im Schul- oder Unterrichtsgebrauch erlaubnisfrei ist. Insbesondere gestattet § 46 UrhG es nicht, ganze **Schulbücher** zu digitalisieren und sie dann per Inter- oder Intranet ganzen Schulklassen zur Verfügung zu stellen. Dies ist ebenso unzulässig wie es eine manuelle Vervielfältigung per Kopie wäre. § 46 Abs. 1 Satz 2 UrhG stellt hierzu jetzt ausdrücklich klar, dass die öffentliche Zugänglichmachung eines für den Unterrichtsgebrauch an Schulen bestimmten Werkes stets der Einwilligung des Berechtigten Bedarf. Gleiches ist auch in § 52 a Abs. 2 UrhG geregelt, der die öffentliche Zugänglichmachung für Unterricht und Forschung regelt. Diese ist nur in den sehr engen Grenzen der Vorschrift erlaubt und immer vergütungspflichtig, wobei die Vergütung nur durch eine Verwertungsgesellschaft erhoben werden kann. Erlaubt ist es lediglich, Werke geringen Umfangs oder Teile aus größeren Werken sowie einzelne Beiträge aus Zeitungen und Zeitschriften zu übernehmen. Dies darf nur zur Veranschaulichung im Unterricht geschehen und muss auf den abgegrenzten Kreis der Unterrichtsteilnehmer beschränkt sein. Ferner muss die Übernahme durch den Unterrichtszweck geboten sein und darf nicht aus kommerziellen Motiven erfolgen, weshalb auch gewerbliche Einrichtungen der Aus- und Weiterbildung nicht von § 52 a UrhG erfasst sind.

---

[1] Wandtke/Bullinger/*Lüft*, UrhR, § 46 Rn. 4.
[2] Schricker/*Melichar*, Urheberrecht, § 46 Rn. 17.

Seit der letzten Novelle des UrhG zum 1.1.2008 ist in § 52 b UrhG die Wiedergabe von Werken an **elektronischen Leseplätzen** in öffentlichen **Bibliotheken, Museen** und **Archiven** gesetzlich geregelt. Diese Vorschrift betrifft auch Fotos, die in Büchern etc. enthalten sind. Elektronische Leseplätze sind ausschließlich in den Räumen der jeweiligen Einrichtung zulässig. Somit erlaubt die Vorschrift auch für Forschung und private Studien keinen Online-Zugriff von außen. Die Einrichtung darf weder unmittelbar noch mittelbar wirtschaftliche oder Erwerbszwecke verfolgen. Es gilt der Grundsatz der strengen **Bestandsakzessorietät**,[1] d.h. grundsätzlich dürfen nur so viele elektronische Zugriffe gleichzeitig zulässig sein, wie gedruckte Exemplare angeschafft wurden. Abweichende vertragliche Regelungen sind zulässig. Auch diese Nutzung ist vergütungspflichtig über Verwertungsgesellschaften.

Der **Kopienversand** auf Bestellung durch öffentliche Bibliotheken ist jetzt in § 53 a UrhG geregelt.[2]

cc) Berichterstattung über Tagesereignisse (§ 50 UrhG)

Nach § 50 UrhG ist es zulässig, für Berichterstattungszwecke Bilder **403** zu vervielfältigen, zu verbreiten oder öffentlich wiederzugeben, wenn diese im Zusammenhang mit **Tagesereignissen** wahrnehmbar werden. Die Regelung dient der Meinungs- und Pressefreiheit sowie dem Informationsinteresse der Öffentlichkeit. Sie soll die anschauliche Berichterstattung über aktuelle Ereignisse in den Fällen, in denen Journalisten die rechtzeitige Einholung der Einwilligungen nicht möglich oder unzumutbar ist, erleichtern.[3] Voraussetzung ist aber immer, dass es sich um eine Berichterstattung über ein Tagesereignis handelt. Es muss sich um ein aktuelles Geschehen handeln, an welchem die Öffentlichkeit ein berechtigtes Interesse an aktueller Berichterstattung hat.[4] Das geforderte **Maß an Aktualität** ist abhängig von der Erscheinungsweise des Mediums. So reicht es, wenn eine monatlich erscheinende Zeitschrift erst einige Wochen später in der nächsten Ausgabe berichtet. Beim Fernsehen oder in einer Tageszeitung beträgt die zulässige Frist hingegen nur einige Tage.[5] Zudem muss das jeweilige Foto im Verlauf des Tagesereignisses sichtbar geworden sein. Das Einblenden eines Bildes, welches überhaupt nicht gezeigt wurde, ist unzulässig.[6]

---

[1] *Spindler* NJW 2008, 9, 13.
[2] Hierzu *Spindler* NJW 2008, 9, 14; BGH NJW 1999, 1953.
[3] BGH NJW 2008, 2346 – *TV-Total*; hierzu *Klatt* AfP 2008, 350.
[4] BGH NJW 2008, 2346 – *TV-Total*.
[5] Wandtke/Bullinger/*Lüft*, UrhR, § 50 Rn. 4.
[6] Schricker/*Vogel*, Urheberrecht, § 50 Rn. 22.

404 Es darf in der Berichterstattung auch nicht ausschließlich um das Bild selber gehen, sondern das Foto muss im **Zusammenhang mit einem aktuellen Ereignis** stehen, über das berichtet wird. Außer Ausstellungseröffnungen und Präsentationen neuer Bilder sind auch andere Zusammenhänge denkbar. So druckte die Zeitschrift „Focus" ein Bild von *Verona Pooth (vormals Feldbusch)* mit blauem Auge, Pflaster und Verband. Das Foto war kurz zuvor in einem Bericht der BILD über Ehekrach im Hause *Bohlen/Feldbusch* erschienen. Auch der „Focus" nutzte das Foto, um einen weiteren Artikel über die Streitigkeiten zwischen *Dieter Bohlen* und *Verona Feldbusch* und deren Medienecho zu illustrieren, allerdings ohne zuvor Nutzungsrechte an dem Bild zu erwerben. Die Klage der BILD wies der BGH[1] ab und wertete den BILD-Artikel als tagesaktuelles Ereignis, in dessen Verlauf das abgedruckte Foto wahrnehmbar geworden sei. Dazu führte der BGH aus:[2]

> „Ein Tagesereignis ist jedes aktuelle Geschehen, das für die Öffentlichkeit von allgemeinem Interesse ist. Dies gilt unabhängig vom Gegenstand; es muss sich nicht um eine Begebenheit aus Politik, Kultur, Sport oder Wirtschaft handeln. Auch andere Ereignisse, an denen ein Interesse der Allgemeinheit besteht, kommen als Tagesereignisse im Sinne von § 50 UrhG in Betracht. Das Gesetz, das dem verfassungsrechtlich geschützten Informationsinteresse in engen Grenzen den Vorrang vor dem Ausschließlichkeitsrecht des Urhebers einräumt, bewertet dieses Interesse der Öffentlichkeit an aktueller Information nicht.[...] Ausreichend ist daher der Hinweis des Berufungsgerichtes darauf, dass die Auseinandersetzungen der Eheleute Bohlen und Feldbusch und damit auch die Anschuldigung in der „Bild"-Zeitung aufgrund der Medienpräsenz der Eheleute von allgemeinen Publikumsinteresse war [...] Ohne Erfolg wendet die Revision ein, der „Focus"-Artikel stelle keinen Bericht über ein Tagesereignis, sondern eine umfangreiche Hintergrundreportage mit deutlich ironischen Zügen dar. Entscheidend ist, dass in dem beanstandeten Artikel im „Focus" der Bericht über das aktuelle Tagesereignis eindeutig im Mittelpunkt steht und nicht lediglich als Aufhänger für eine durch das aktuelle Geschehen nicht veranlasste weiterreichende Darstellung dient. Bezieht ein Bericht jedoch die Hintergründe des aktuellen Geschehens ein, verlässt er damit noch nicht den Bereich der durch § 50 UrhG privilegierten Berichterstattung."

405 Umstritten ist häufig, in welchem Umfang urheberrechtlich geschützte Bilder gemäß § 50 UrhG verwertet werden dürfen. Wie jede Schrankenbestimmung des Urheberrechts ist auch § 50 UrhG eng auszulegen. Die Vorschrift verdeutlicht dies, da die Wiedergabe ausdrücklich nur „in einem durch den Zweck gebotenen **Umfang**" zulässig ist. § 50 UrhG darf somit nicht als Vorwand missbraucht werden, fremde Bilder ohne nachvollziehbaren redaktionellen Anknüpfungspunkt in der Tagesberichterstattung nachzudrucken oder Film-

---

[1] NJW 2002, 3473 ff.
[2] BGH NJW 2002, 3473 ff.

ausschnitte aus aktuellen Sendungen zu übernehmen.[1] Hinsichtlich **Größe und Anzahl** ist ebenfalls Zurückhaltung geboten. Es kann zulässig sein, mehr als nur ein Foto zu zeigen, wenn im Zuge des Tagesereignisses, über das berichtet wird, mehrere Fotos wahrnehmbar geworden sind. So hat der BGH[2] bei der Berichterstattung über die Neuerscheinung einer **Kunstband-Reihe** den Abdruck von zwei Bildern für zulässig erachtet, bei einer **Ausstellungseröffnung** durften sogar vier kleinere Schwarz-Weiß-Reproduktionen vergütungsfrei gedruckt werden.[3] Allerdings muss sich dies immer aus dem Berichterstattungsinteresse begründen und die Fotos dürfen nicht als großflächige „Seitenfüller" genutzt werden. Es ist nur eine Nutzung in dem durch den Zweck gebotenen Umfang zulässig.[4] Als Tagesereignisse im Sinne von § 50 UrhG hat das OLG Köln auch die Programmpunkte der großen Fernsehsender am Sendetag angesehen und deshalb die Verwendung einzelner Bilder aus diesen Sendungen im Rahmen eines elektronischen **Fernsehprogrammführers** für zulässig gehalten.[5] Hingegen hat OLG Frankfurt die Übernahme eines 20 Sekunden langen Ausschnitts aus einer Sendung des Hessischen Rundfunks über das Jodeln in eine ironische Auseinandersetzung im Rahmen der Sendung TV Total zwei Tage später nicht als Berichterstattung über ein Tagesereignis gemäß § 50 UrhG angesehen und auch nach sonstigen Vorschriften (§§ 24, 51 UrhG) nicht als zulässig angesehen.[6]

Gemäß § 63 Abs. 1 Satz 1 UrhG ist in allen Fällen von § 50 UrhG eine deutliche **Angabe der Bildquelle** erforderlich. Zudem gilt immer das **Änderungsverbot** des § 62 UrhG.

dd) Bild- und Filmzitate (§ 51 UrhG)

Nach § 51 UrhG ist es zulässig, auch Fotos in einem durch den Zi- **406** tatzweck gebotenen Umfang zu zitieren und dabei zu vervielfältigen, zu verbreiten oder öffentlich wiederzugeben. Die Neufassung der Vorschrift zum 1.1.2008 führt nach dem Willen des Gesetzgebers zu keiner Erweiterung der Zitierfreiheit, sondern hat rein redaktionellen Charakter, indem sie der Formulierung an die bisher zu § 51 UrhG ergangene Rechtsprechung anpasst.[7]

---

[1] BGH NJW 2008, 2346 – *TV-Total*.
[2] NJW 1983, 1199.
[3] BGHZ 85, 1, 7.
[4] Schricker/*Vogel,* Urheberrecht, § 50 Rn. 23.
[5] OLG Köln GRUR-RR 2005, 233 – *Fernsehprogrammführer.*
[6] OLG Frankfurt ZUM 2005, 477, bestätigt durch BGH NJW 2008, 2346 – *TV Total.*
[7] *Czychowski* GRUR 2008, 586, 589; *Spindler* NJW 2008, 9, 15.

Gemäß § 51 Nr. 1 UrhG dürfen einzelne Werke nach ihrem Erscheinen in ein selbständiges wissenschaftliches Werk aufgenommen werden (so genanntes **wissenschaftliches Großzitat**). Nach § 51 Nr. 2 UrhG dürfen in einem nichtwissenschaftlichen selbständigen Sprachwerk Stellen eines anderen Werkes nach dessen Veröffentlichung angeführt werden (so genanntes **Kleinzitat**). In der Rechtsprechungspraxis verschwimmt der Unterschied zwischen Groß- und Kleinzitat in wissenschaftlichen und nichtwissenschaftlichen Werken jedoch sehr stark. So können unter Berufung auf § 51 Nr. 2 UrhG auch komplette Fotos veröffentlicht werden und nicht nur Ausschnitte, wie sich aus dem Wortlaut folgern ließe.[1]

407 Entscheidende Voraussetzung für die Anwendung von § 51 UrhG ist aber, dass das Zitat eine **Beleg- oder Erörterungsfunktion** (den **Zitatzweck**) erfüllt.[2] Dies ist nur dann der Fall, wenn es eine **innere Verbindung** zwischen dem zitierten Bild und dem Text gibt und das Foto nicht lediglich dazu dient, ein eigenes Foto entbehrlich zumachen oder ein fremdes Sprachwerk zu illustrieren. So reicht z.B. ein **grober thematischer Zusammenhang** nicht aus, wie das OLG Hamburg anlässlich der Nutzung von Bildern des „Maschinenmenschen" aus dem Film „Metropolis" im Rahmen eines Artikels in SPIEGEL über Gentechnik nochmals klarstellte. Zwar braucht die **Erläuterungsfunktion** nicht der einzige Zweck zu sein, er muss aber gegenüber anderen Zwecken überwiegen.[3] Ein rein „associativer Zusammenhang" zwischen Text und Bild erfüllt die Erläuterungsfunktion nach dem Urteil des OLG Hamburg deshalb nicht.[4] In diesem Fall hatte der Spiegel einen Artikel über die philosophische Bewertung der medizinischen Möglichkeiten der Gentechnik mit Bildern des „Maschinenmenschen" aus dem Film „Metropolis" illustriert. In dem gesamten Artikel wird aber weder die Figur des „Maschinenmenschen" noch der Film „Metropolis" erwähnt, geschweige denn erörtert. Die Fotos erfüllten somit nur einen Schmuckzweck, der durch § 51 UrhG nicht gedeckt ist.

Ähnlich urteilte das OLG Hamburg bei Fotos, die angeblich die greise Schauspielerin *Marlene Dietrich* zeigen. Die Aufnahmen waren vom Axel-Springer-Verlag veröffentlicht worden, woraufhin andere Medien die Echtheit der Bilder diskutierten und dabei auch einige Fotos zum Abdruck kamen. Für das OLG Hamburg[5] waren diese Veröffentlichungen nicht durch § 51 UrhG gedeckt: Die Fotos wür-

---

[1] OLG Hamburg GRUR 1990, 36, 37.
[2] BGH NJW 2008, 2346 – *TV Total*.
[3] Wandtke/Bullinger/*Lüft*, UrhR, § 51 Rn. 4.
[4] OLG Hamburg NJW-RR 2003, 112, 116 – *Metropolis*.
[5] GRUR 1993, 666, 667.

den den Artikel lediglich in vorteilhafter Weise abrunden und vervollständigen sowie eigene Ausführungen ersparen. Dies reiche aber nicht zur Rechtfertigung eines Zitates.

Die gleichen Kriterien legen die Gerichte bei der Übernahme von Fernsehbildern in einen Zeitungs- oder Zeitschriftenbeitrag an. Diese so genannten **Screenshots** sind nur dann durch § 51 UrhG gedeckt, wenn sich der Text auch konkret mit dem Inhalt des Fernsehbeitrages auseinandersetzt und nicht nur dessen Thematik aufgreift.[1]

Zudem können Fotos nach Ansicht der Rechtsprechung nur zur Erläuterung eines fremden Werkes dienen, wenn eine selbständige unabhängige Leistung vorliegt. Das zitierende Werk muss somit einen inhaltlichen Gehalt haben, der unabhängig von dem „zitierten" Foto ist. Voraussetzung ist also, dass es sich um zwei selbständig voneinander bestehende urheberrechtlich geschützte Werke handelt, zwischen denen es eine innere Verbindung gibt.[2]

Gegenstand von gerichtlichen Auseinandersetzungen ist häufig auch **408** die **Anzahl** der abgedruckten Fotos. Nach § 51 UrhG ist eine Veröffentlichung nur in einem durch den Zweck gebotenen Umfang zulässig. Dies bedeutet aber nicht zwingend, dass höchstens ein Bild abgedruckt werden darf oder es eine andere feste Obergrenze gibt. Entscheidend ist hingegen, dass nicht das „zitierte" Foto im Mittelpunkt der Veröffentlichung steht, sondern der „zitierende" Text. Das Foto muss also eine **Nebensache zum besseren Verständnis des Textes** sein und der Text darf nicht umgekehrt nur der Erläuterung der Fotos dienen.[3] Dies ist nicht mehr der Fall, wenn die veröffentlichten Fotos den Beitrag ganz wesentlich tragen und dadurch auch prägen, so ein Urteil des OLG Hamburg[4]. In diesem Fall hatte die Zeitschrift „**NEW YORK**" sieben Bilder aus einem Fotoband auf einer Doppelseite veröffentlicht. Auf dieser Doppelseite befand sich zudem eine Rezension des Fotobandes. Nach Ansicht des OLG Hamburg hätten zur Erläuterung des Textes jedoch ein oder zwei repräsentativ ausgewählte Bilder genügt. Ähnlich urteilte das LG München[5] beim großflächigen Abdruck von 19 Fotos des Fotografen *Helmut Newton* in der Zeitschrift „**Emma**". Eine so große Anzahl von Bildern sei nicht erforderlich, um sich in einem Artikel kritisch mit der Arbeit von *Helmut Newton* auseinander zu setzen. Da der Text überhaupt nicht auf alle veröffentlichten Fotos Bezug nehme, hätte es ausgereicht, einige wenige Bilder zu veröffentlichen. Erschwerend

---

[1] NJW-RR 2001, 1054.
[2] OLG München AfP 2003, 553, 555.
[3] Schricker/*Schricker*, Urheberrecht, § 51 Rn. 17.
[4] GRUR 1990, 36, 37.
[5] AfP 1994, 326, 328.

wertete das LG München, dass der Artikel mit einer Doppel-Fotoseite begann und zudem die 19 Fotos einen größeren Raum einnahmen als der Text.

Im Ergebnis verurteilten deshalb sowohl das OLG Hamburg und auch das LG München die jeweils verklagte Zeitschrift zu Schadenersatz in Höhe einer nach § 287 ZPO festgesetzten **Lizenzgebühr**. Dabei wurde der Schadenersatz aber nicht auf den „überschießenden" Teil der Fotos beschränkt, sondern bezog alle veröffentlichten Fotos mit ein.[1]

409   Diese für Fotos entwickelten Grundsätze wendet die Rechtsprechung auch weitgehend deckungsgleich auf **Filme** an. Es kann somit zulässig sein, einzelne **Ausschnitte** aus Filmwerken als Zitate i. S. v. § 51 UrhG in andere Sendungen zu übernehmen.[2] Auch hier ist aber Voraussetzung, dass eine innere Verbindung zwischen beiden Filmwerken besteht und der zitierte Filmausschnitt als Grundlage für vorangegangene oder nachfolgende Erörterungen dient und es sich nicht lediglich um einen „Blickfang" oder eine „Dekoration" handelt.[3] So hat das LG Stuttgart[4] dem **„Spiegel TV-Magazin"** verboten, einen ca. 20 Sekunden langen Interviewausschnitt aus der **Tagesschau** zu übernehmen. Der Magazin-Beitrag sei auch ohne das Interview realisierbar gewesen und der gesendete Tagesschau-Ausschnitt diene lediglich der Ausschmückung der „Spiegel TV" Sendung, begründeten die Richter ihr Urteil.

In ähnlicher Weise lehnte auch das OLG Frankfurt[5] die Anwendung des Zitatrechts auf die Übernahme eines Ausschnitts aus einer Sendung des Hessischen Rundfunks in der Sendung **TV Total** ab und führte zur Begründung u. a. aus:

> „Die Verwendung der Sequenz ist nicht als Zitat in entsprechender Anwendung des § 51 Nr. 2 UrhG zulässig. Allerdings können entgegen dem Wortlaut dieser Bestimmung auch Filmzitate privilegiert sein (…). Voraussetzung (…) ist jedoch stets das Vorliegen eines Zitatzwecks und die Achtung der hierdurch gezogenen Grenzen. Entscheidend für dessen Vorliegen ist dabei grundsätzlich, dass der Vervielfältigung, Verbreitung oder Wiedergabe einer fremden geschützten Vorlage ein **Belegcharakter** für die referierenden oder eigenen Aussagen zukommt (…). Das Zitat muss beispielhaft oder hilfsweise zur Unterstützung oder Fortentwicklung eigener Gedankengänge oder auch zur kritischen Auseinandersetzung mit dem Übernommenen beitragen; erforderlich ist eine innere Verbindung von aufnehmendem und aufgenommenem Werk (…) Diese Voraussetzungen sind hier nicht gegeben.

---

[1] LG München AfP 1994, 326, 330.

[2] AG Köln AfP 2003, 377; OLG Frankfurt ZUM 2005, 477, 481, bestätigt durch BGH NJW 2008, 2346.

[3] OLG Köln NJW 1994, 1968, 1969.

[4] AfP 2003, 462 ff.

[5] OLG Frankfurt ZUM 2005, 477, 481 – *TV Total*, bestätigt durch BGH NJW 2008, 2346.

Es fehlt bereits an einem eigenständigen inhaltlichen Beitrag des Moderators *Raab,* zu dem die übernommene Sequenz in einen inneren Zusammenhang treten könnte. Es ist damit keine Aussage vorhanden, die durch die Sequenz in irgendeiner Weise belegt werden könnte. "

Der BGH bestätigte dieses Ergebnis und wies dabei nochmals darauf hin, dass es § 24 UrhG nicht erlaubt, ein fremdes Werk nur um seiner selbst willen zu übernehmen. Ebenso wenig gestatte es die Vorschrift, die „Zitate" in einer bloß äußerlichen, zusammenhangslosen Weise einzufügen. Vielmehr muss eine innere Verbindung mit den eigenen Gedanken hergestellt werden.[1]

410 Ist der Zitatzweck hingegen gewahrt, ist die für die erforderliche Belegfunktion **zulässige Häufigkeit** und die **Gesamtlänge** wie bei Fotos vom Einzelfall abhängig. So kann es bei einer Sendedauer von insgesamt 43 Minuten rechtmäßig sein, insgesamt fünf Minuten und 37 Sekunden aus einem anderen Filmwerk zu zitieren.[2] Werden die Grenzen des § 51 UrhG jedoch überschritten, hat der Urheberrechtsinhaber des zitierten Filmwerkes einen Schadenersatzanspruch, der nach der Lizenzanalogie berechnet und vom Gericht geschätzt werden kann.[3]

Zudem gilt selbst bei zulässigen Zitaten das Gebot der Quellenangabe nach § 63 Abs. 1 Satz UrhG und das Veränderungsverbot gemäß § 61 UrhG.

ee) Bearbeitungen, Umgestaltungen und freie Benutzung (§§ 23, 24 UrhG)

411 Gemäß § 23 Satz 1 UrhG dürfen **Bearbeitungen** und andere **Umgestaltungen** des Werkes nur mit Einwilligung des Urhebers veröffentlicht oder verwertet werden. Bei der **Verfilmung** eines Werkes ist nach § 23 Satz 2 UrhG bereits für das Herstellen der Bearbeitung die Einwilligung des Urhebers erforderlich. In beiden Fällen besteht somit im Grundsatz keine Einschränkung des umfassenden Urheberschutzes von Fotografien. Von dem allgemeinen Bearbeitungsverbot aus § 23 UrhG ist aber das **Recht auf freie Benutzung** (§ 24 UrhG) zu unterscheiden (siehe unten Rn. 414), welches in besonderen Fällen die Inspiration an fremden Fotos, niemals aber das simple Plagiat erlaubt. Anhand der §§ 23, 24 UrhG beurteilt sich auch die Frage, wann das **Nachstellen von Fotos** (ausnahmsweise) zulässig ist (hierzu unten Rn. 416).[4]

---

[1] BGH NJW 2008, 2346 – *TV Total.*
[2] BGH GRUR 1987, 362, 364.
[3] OLG Hamburg NJW-RR 2000, 1072; BGH NJW 2008, 2346 – *TV Total.*
[4] Hierzu auch Bullinger/Garbers GRUR 2008, 24.

Im Bereich der Fotografie ist die Thematik der Bearbeitung im Wesentlichen bei der **elektronischen Bildbearbeitung**, insbesondere bei **Fotomontagen**, relevant. Es ist empfehlenswert, das Recht der Bearbeitung bei Nutzungsvereinbarungen ausdrücklich vertraglich zu regeln. Häufig sind in der Praxis auch Fälle, in denen ein nicht berechtigter Nutzer versucht, mit geringen Veränderungen eines Fotos den Urheberschutz zu umgehen. Rechtlich betrachtet liegt dabei meist neben den Verletzungen der Verwertungsrechte des Urhebers (§§ 15 ff. UrhG, siehe Rn. 369 ff.) auch ein Verstoß gegen § 23 UrhG vor, evtl. sogar eine Entstellung (§ 14 UrhG, siehe Rn. 396).

Um eine **Bearbeitung** handelt es sich z. B. immer dann, wenn das Werk durch die Veränderungen einem neuen Verwendungszweck angepasst wird, z. B. bei der Umsetzung eines Romans in ein Theaterstück. Das dabei neu geschaffene Werk erreicht regelmäßig die nach § 3 UrhG notwendige Schöpfungshöhe für einen eigenen Urheberschutz.[1]

412 **Umgestaltungen** sind abhängige Nachschöpfungen, die regelmäßig wesentliche Züge des Originalwerkes übernehmen und deshalb auch keine eigene Schöpfungshöhe gemäß § 3 UrhG erreichen.[2] Darum kann es sich z. B. handeln, wenn von einem Foto nur ein Ausschnitt benutzt wird[3], die Anzahl der Pixel reduziert wird, um eine verkleinerte Darstellung als „**thumbnail**" zu ermöglichen[4] oder nur dass äußere Format eines Fotos verändert wird.

413 Sowohl bei Bearbeitungen als auch bei Umgestaltungen steht es dem Urheber frei zu entscheiden, ob er einer Verwertung des geänderten Werkes zustimmt. Willigt er ein, so bedeutet dies eine **Nutzungsrechtseinräumung** gemäß § 31 UrhG, die von einer Honorierung abhängig gemacht werden kann. Nach Ansicht des OLG Hamburg[5] kann es ohne Vergütungsregelung sogar an der notwendigen Rechteeinräumung fehlen: In dem entschiedenen Fall hatte der Inhaber der Urheberrechte einer Bearbeitung seines Werkes zugestimmt, ohne dass sich die Beteiligten über das dafür zu zahlende Entgelt geeinigt hatten. Das OLG lehnte deshalb eine Rechteeinräumung ab.

In den allermeisten Fällen dürfen geänderte oder umgestaltete Werke ohne Einwilligung des Urhebers nur nicht veröffentlicht und verwertet werden. Die **Veränderung** selber (z. B. für private Zwecke) ist aber erlaubt. Gemäß § 23 Satz 2 UrhG ist aber u. a. bei der Verfilmung von Werken bereits vor der Herstellung die Einwilligung des

---

[1] Wandtke/Bullinger/*Bullinger,* UrhR, § 23 Rn. 3.
[2] Schricker/*Loewenheim,* Urheberrecht, § 23 Rn. 3.
[3] LG München I AfP 1994, 239, 240.
[4] OLG Jena GRUR-RR 2008, 223 = ZUM 2008, 522.
[5] ZUM 2001, 507, 510.

Urhebers einzuholen. Gemeint ist damit die Verfilmung z. B. von Drehbüchern oder Romanen, aber nicht das bloße Abfilmen eines Theaterstücks, denn dabei erfolgt keine Veränderung des Originalwerkes.[1]

Mit der Sonderregelung für Filme bezweckt der Gesetzgeber zwei Ziele: Zum einen soll der Bearbeiter vor möglicherweise vergeblichen aber erheblichen finanziellen Investitionen geschützt werden, zum anderen wird in der Verfilmung eines Werkes ein besonders schwerwiegender Eingriff gesehen.[2]

Gemäß § 24 UrhG dürfen selbständige Werke in **freier Benutzung** 414 von anderen Werken geschaffen werden. Eine Veröffentlichung und Verwertung darf dann ohne Zustimmung des Urhebers des benutzten Werkes erfolgen. Jeder Urheber muss es somit hinnehmen, dass sein Werk anderen Urhebern als Anregung dient. Auch Fotografen dürfen sich im Rahmen des § 24 UrhG von anderen Fotos und Motiven inspirieren lassen, wenn sie eigene Fotos herstellen. Bloßes Abfotografieren eines Abzugs als Vorlage ist aber in keinen Fall nach § 24 UrhG erlaubt, sondern stellt eine unzulässige Vervielfältigung gemäß § 16 Abs. 1 UrhG dar.[3]

Die **Abgrenzung** der zulässigen **freien Benutzung** im Sinne des § 24 UrhG von erlaubnispflichtigen **Bearbeitungen** und anderen Umgestaltungen gemäß § 23 UrhG ist eine der schwierigsten und einzelfallabhängigen Fragen des Urheberrechts. Jedenfalls juristischen Laien dürfte die Abgrenzung schwer fallen. Gerade bei wirtschaftlich bedeutenden Projekten, z. B. der Gestaltung von Werbemotiven unter Verwendung fremder Fotos, ist daher regelmäßig die vorherige juristische Prüfung zu empfehlen.

Grundsätzlich legt die Rechtsprechung strenge Maßstäbe an. Die übernommenen Elemente müssen in dem neuen Werk aufgehen und dürfen es nicht prägen, sondern müssen angesichts der neuen Werkschöpfung verblassen.[4] Es muss ein neues, selbständiges Werk entstanden sein.[5] Somit liegt z.B. keine **freie Benutzung** vor, wenn aus einem Werk mehrere urheberrechtlich geschützte Elemente herausgegriffen und für ein anderes Werk lediglich neu kombiniert werden.[6] Auch das bloße Weglassen einzelner Teile oder einige kleinere Änderungen reichen für eine freie Benutzung nicht aus.[7] Somit wird es sich

---

[1] Schricker/*Loewenheim*, Urheberrecht, § 23 Rn. 9.
[2] Wandtke/Bullinger/*Bullinger*, UrhR, § 23 Rn. 13.
[3] *Hüper*, AfP 2004, 511.
[4] Wandtke/Bullinger/*Bullinger*, UrhR, § 24 Rn. 9.
[5] LG Mannheim GRUR-RR 2007, 265 = BeckRS 2007, 00797.
[6] OLG Köln NJW 1998, 1416, 1416.
[7] BGH GRUR 1965, 45, 47.

bei **elektronischen Bildbearbeitungen** am Computer fast immer um Bearbeitungen oder Umgestaltungen i. S. v. § 23 UrhG handeln, die also nur mit Einwilligung des jeweiligen Fotografen veröffentlicht und verbreitet werden darf.[1]

Die Gerichte prüfen in Streitfällen über die freie Bearbeitung nach § 24 UrhG, wie viele Elemente übernommen worden sind und ob diese das neue Bild vergleichbar prägen, wie das Ausgangsfoto. Wird dies bejaht, ist es irrelevant, wenn das Werk auch weitere abweichende Elemente enthält.[2] Berücksichtigt wird aber auch der **Schöpfungsgrad** des benutzten und des neu geschaffenen Werkes. Je ausgeprägter die Individualität des älteren Werkes ist, desto weniger wird es gegenüber dem neuen Werk verblassen. Hat das neue Werk hingegen eine starke eigene Individualität, wird das alte Werk umso eher verblassen.[3]

415 Auf **Filme** und auf **Fotos** bezogen bedeutet dies, dass es regelmäßig unzulässig ist, gemäß § 2 UrhG geschützte Bilder, die auf einem künstlerischen Arrangement des Fotografen beruhen, nachzustellen und mit kleinen Änderungen ein zweites Mal zu filmen oder zu fotografieren. Auch hier gilt ein strenger Maßstab: So hat das LG München I[4] entschieden, dass bereits ein Unterarm mit aufgekrempelten Hemd und geballter Faust Werkqualität i. S. v. § 2 Abs. 1 Nr. 5 UrhG haben kann. Nach dieser Entscheidung genießt Werkschutz jede Fotografie, „die Individualität dergestalt aufweist, dass sie über das rein handwerkliche Vermögen hinausgehend die persönliche „Handschrift" eines Fotografen trägt, ohne dass es der gesonderten Feststellung einer das Durchschnittskönnen eines Fotografen übersteigenden Schöpfungshöhe, die sich vom vorbekannten Formenschatz abhebt, bedürfte."

416 Das **Nachstellen eines Fotomotivs** kann somit Unterlassungs- und Schadenersatzansprüche auslösen, wenn die prägenden Elemente übernommen werden. In einem Fall, in dem ein bekanntes Foto (der „TV-MAN", die Hinterkopfansicht eines kahlköpfigen Mannes vor einem TV-Gerät, wodurch die Antennen scheinbar als Fühler aus dem Kopf wachsen) durch eine Werbeagentur nachgestellt wurde), führte das LG Düsseldorf[5] aus:

> „Die Fotografie des Klägers ist von der Beklagten in bearbeiteter Form unfrei (§ 23 UrhG) genutzt worden. Eine freie Benutzung liegt nicht vor. Eine Fotografie

---

[1] *Maaßen* in: ZUM 1992, 338, 346.
[2] Schricker/*Loewenheim,* Urheberrecht, § 24 Rn. 13.
[3] Schricker/*Loewenheim,* Urheberrecht, § 24 Rn. 10 m. w. N.
[4] AfP 1999, 521, 522.
[5] LG Düsseldorf, Urteil vom 8.3.2006, Az. 12 O 34/05 – *TV MAN;* bei *Bullinger/Garbers* GRUR 2008, 24, 25 sind die streitigen Fotos abgebildet.

kann auch dadurch in unzulässiger Weise vervielfältigt werden, dass das fotografierte Objekt nachgestellt und erneut fotografiert wird. Wird bei dem Nachstellen einer bereits vorhandenen Fotografie die bereits in der Vorlage verkörperte schöpferische Leistung übernommen, handelt es sich um eine Vervielfältigung in Form der Bearbeitung, die gemäß § 23 UrhG der Einwilligung des Urhebers des bearbeiteten Werkes bedarf. Eine solche unfreie Übernahme ist vorliegend geschehen. Alle Gestaltungselemente, die den Gesamteindruck des Bildes „TV-MAN" prägen und seine schöpferische Leistung ausmachen, sind im Werbefoto übernommen. Das Arrangement des Ausgangsbildes ist von der Beklagten übernommen. Die Übereinstimmungen zeigen sich nicht nur bei der Positionierung des Mannes vor dem Fernseher und bei der Kameraperspektive, sondern auch bei der Ausrichtung der beiden Fernsehantennen, die beiden Männern wie Fühler aus dem Kopf wachsen zu scheinen, und sogar bei der Tapete, die auf dem nachgestellten Foto ebenso wie auf dem Foto des Klägers einen grünen Untergrund aufweist und farbig gemustert ist. Aufgrund seiner Symmetrie (…) vermittelt das Bild der Beklagten einen „gestylten" Eindruck, eine Abweichung, die den Gesamteindruck indes unberührt lässt. Von den geschützten Elementen im Foto des Klägers ist nach allem Gebrauch gemacht worden; das Foto des Klägers erschient als Vorlage für das von der Beklagten geschaffene Bild."

Nach einem Urteil des OLG Köln kann schon in der Wahl eines besonderen Motivs eine geschützte persönliche geistige Schöpfung liegen. In diesem Fall handelte es sich um eine so genannte **„Klammerpose"**, bei der eine Frau einen männlichen Torso von vorne umklammert und dabei am Torso vorbei in die Kamera schaut. Das Motiv bestand somit im Wesentlichen aus einer männlichen Rückenansicht und dem Gesicht einer Frau, die einen Männerkörper mit Armen und Beinen umklammert. Beim zweiten Foto blieben dieses Motiv und der Bildausschnitt gleich, es schaute lediglich eine andere Frau mit anderer Kleidung an einer anderen Seite des Torsos vorbei in die Kamera. Das OLG Köln sah darin aber keine freie Benutzung des ersten Fotos, sondern eine Bearbeitung i. S. v. § 23 UrhG.[1] Auch das Argument einer **Doppelschöpfung**, also der voneinander völlig unabhängige Entstehung zweier in wesentlichen Teilen gleicher Werke, konnte das OLG Köln nicht überzeugen, denn nach der h. M. spricht ein Anscheinsbeweis immer dafür, dass der Urheber des später veröffentlichten Werkes das ältere Werk (Foto) bewusst oder unbewusst genutzt hat.[2] Im vorliegenden Fall konnte die Beklagte diesen Anscheinsbeweis nicht widerlegen.

Das es sich letztlich immer um Einzelfallentscheidungen handelt, zeigt aber ein Urteil des OLG Hamburg: Danach ist es zulässig, eine Opernaufführung nachzustellen, um eine bestimmte Szene ein weiteres Mal zu fotografieren. Aufgrund anderer Requisiten und des unter-

---

[1] OLG Köln GRUR 2000, 43 ff.
[2] Schricker/*Loewenheim*, Urheberrecht, § 23 Rn. 28; Wandtke/Bullinger/*Bullinger*, UrhR, § 23 Rn. 21; Hüper, AfP 2004, 511, 513.

schiedlichen Gesichtsausdruckes der Schauspielerinnen lag nach Ansicht des OLG eine freie Benutzung und keine reine Umgestaltung der vorangegangenen Fotografie vor.[1]

Besonders schwierig ist die Abgrenzung der zulässigen freien Benutzung (§ 24 UrhG) von der unzulässigen Bearbeitung und Umgestaltung (§ 23 UrhG) bei Motiven, die nicht gestellt sind (wie z.b. bei den oben erwähnten Fällen „TV-MAN" und „Klammerpose"), sondern auf einem Abbild der Realität (also z.b. einer Landschaft, einer Perspektive auf ein besonderes Gebäude) beruhen. Grundsätzlich sind öffentlich zugängliche Motive der Realität gemeinfrei, also nicht urheberrechtlich geschützt. Urheberschutz können derartiges Motive - ausnahmsweise - dann erlangen, wenn in der fotografischen Ausgestaltung des Fotos, die die besondere schöpferische Qualität und Kreativität des Fotografen dokumentiert und den Schutz als Lichtbildwerk begründen (siehe oben Rn. 372). Auch dann ist aber der Grundsatz der **Motivfreiheit** bei nicht gestellten, öffentlich zugänglichen Orten zu beachten[2]. Kritisch ist daher ein jüngeres Urteil des LG Mannheim[3] zur Fotografie der Silhouette des Freiburger Münster mit dem Karlssteg bei Gegenlicht zu betrachten. Das LG gab der Klage des Fotografen statt, obgleich beide Motive nur das Abbild der Realität in einer bestimmten Situation und Tageszeit waren. Die wesentlichen prägenden Merkmale der Motive[4] waren von der Natur vorgegeben, so zwei kleinere weitere Türme am linken Bildrand, das eigentümlich geschwungene Geländer des Karlsstegs und letztlich auch die Position zweier Menschen am oberen Ende der Treppe. Trotzdem sah das LG Mannheim das jüngere Foto als unzulässige Nachstellung an und monopolisierte damit letztlich eine bestimmte Perspektive und eine bestimmte tageszeitlich bedingte Lichtstimmung (Gegenlicht)[5], was die Gefahr unwissentlicher und ungewollter Urheberrechtsverletzungen durch andere Fotografen, die das erste Foto überhaupt nicht kennen, begründet.

417   Bei **Fotomontagen** ist es häufig sehr schwierig, freie Benutzungen von Bearbeitungen und anderen Umgestaltungen abzugrenzen. Voraussetzung für eine zulässige Nutzung von fremdem Bildmaterial ist zunächst, dass die Fotomontage eine neue persönliche geistige Schöpfung i. S. v. § 2 Abs.2 UrhG darstellt[6] , was bei rein technischen Zusammenstellungen regelmäßig nicht der Fall ist. Zudem darf das der

---

[1] OLG Hamburg ZUM-RD 1997, 217, 221.
[2] Eingehend zu dieser Problematik Bullinger/Garbers GRUR 2008, 25.
[3] LG Mannheim GRUR-RR 2007, 265 = BeckRS 2007, 00797.
[4] Die streitigen Fotos sind bei Bullinger/Garbers GRUR 2008, 25, 26 abgebildet.
[5] Kritisch auch Bullinger/Garbers GRUR 2008, 25, 29.
[6] Schricker/*Loewenheim,* Urheberrecht, § 24 Rn. 9.

Fotomontage zugrunde liegende Bildmaterial für das neue Werk nur
Anregungen geliefert haben. Es reicht also nicht, aus einem Foto einige Bildkomponenten zu entfernen oder leicht zu verändern. Voraussetzung für eine zulässige freie Bearbeitung gemäß § 24 UrhG ist somit, dass die alten Bilder in der neuen Fotomontage verblassen. Am
klarsten ist die Rechtslage, wenn die Ausgangsfotos überhaupt nicht
mehr zu identifizieren sind.

Die Überführung eines Fotos in eine **andere Werkform oder** 418
Kunstart führt nicht ohne weiteres zu einer Zulässigkeit nach § 24
UrhG als freie Bearbeitung. Um diese Abgrenzung geht es häufig bei
juristischen Auseinandersetzungen zwischen Fotografen und **Kunstmalern.** Ursache des Konfliktes sind dabei regelmäßig **Zeichnungen**
oder **Gemälde**, die von den Kunstmalern auf der Grundlage eines
Fotos gefertigt wurden.

Grundsätzliche Einigkeit besteht dabei, dass alleine die andere Ab-
bildungstechnik nicht ausreicht, um eine freie Benutzung gemäß § 24
UrhG anzunehmen. Somit prüfen die Gerichte auch hier, wie viele
Elemente übernommen wurden und ob die starke Individualität des
neuen **Gemäldes** das ältere Foto verblassen lässt. Ein Foto darf unter
Umständen als inspirierende Vorlage genutzt werden, keinesfalls aber
als „Unterlage", von der zeichnerisch „abgepaust" wird (z.B. durch
Projektion auf eine Leinwand).

Das OLG Hamburg[1] nahm im Gegensatz zur Vorinstanz eine zulässige freie Benutzung in einem Fall an, in dem zwar die Pose einer
Frau (von einem **Aktfoto** Helmut Newtons) auf Gemälde und Foto
fast identisch war, die Person selber aber durch eine stark veränderte
Farbgebung einen anderen Ausdruck hatte. Der Maler hatte zudem
ein abstraktes verfremdendes Element in sein Gemälde integriert. Da
die sich Charakteristika des Fotos in dem Gemälde gerade nicht wieder fänden, handele es sich um eine zulässige freie Benutzung gemäß
§ 24 UrhG, urteilte die Richter in zweiter Instanz und hoben ein
Verbot des Landgerichts auf.

In einem anderen Fall sah das LG München I[2] in einem Gemälde
hingegen die unfreie (somit unzulässige) Bearbeitung eines Fotos. Hier
hatte der Maler zwar ebenfalls neue Elemente eingeführt, die besonders charakteristische Körperhaltung von den beiden weiblichen Mo-
dellen auf dem Foto aber komplett übernommen. Das Gericht sah in
dem Gemälde lediglich eine Übersetzung des Fotos mit den Mitteln
der Malerei unter Beibehaltung der wesentlichen Bildaussagen. Dies
alleine reiche für die Schaffung eines neuen selbständigen Werkes aber

---

[1] OLG Hamburg NJW 1996, 1153 ff. – *Miss Livingstone I.*
[2] GRUR 1988, 36 ff. – *Hubschrauber mit Damen.*

nicht aus. Ähnlich eng beurteilte das LG München I in einer umstrittenen Entscheidung die Voraussetzungen der freien Nutzung nach § 24 UrhG in einem anderen Fall. Der Spiegel hatte auf seinem Titelblatt eine **satirische Zeichnung** veröffentlicht, die den damaligen Verteidigungsminister mit seiner neuen Lebensgefährtin beim Baden zeigte. Das Motiv basierte auf einem zuvor in der Zeitschrift Bunte veröffentlichtem Foto, welches beide in einem Swimmingpool zeigte. Bei der Zeichnung des Spiegel wurde (neben anderen Bearbeitungen) der Pool durch einen umgedrehten Soldatenhelm mit der Aufschrift „Make love not war" ersetzt, womit darauf angespielt wurde, dass der Verteidigungsminister sich im Pool amüsierte, während sich seine Soldaten im Auslandseinsatz befanden. Trotz dieser Verfremdung und dem satirischen Kontext hielt das LG München die Zeichnung nicht für zulässig, weil als freie Nutzung nach § 24 UrhG allenfalls die parodistische Befassung mit dem benutzten Bild selbst, nicht jedoch die Kritik an den Abgebildeten erlaubt sein könne.[1]

Auch Ausschnitte aus **Filmen** dürfen nicht beliebig in andere Sendungen übernommen werden. Das OLG Frankfurt hat z. B. die Übernahme eines 20 Sekunden langen Ausschnitts aus einem Fernsehbetrag des Hessischen Rundfunks über das „Spontan-Jodeln" in die Sendung **TV Total** als unzulässig angesehen und dabei unter anderem auch die Voraussetzungen des § 24 UrhG verneint, weil die kurze, oberflächliche **ironisch-satirische Auseinandersetzung** mit einer fremden Sendung alleine nicht ausreiche.[2] Der BGH hat dieses Urteil im Ergebnis bestätigt[3] und dabei nochmals darauf hingewiesen, dass nach § 24 UrhG der Zugriff auf fremde Werke nur dann erlaubt ist, wenn dies zu einer Bereicherung des kulturellen Gesamtguts durch eine neue eigenschöpferische Leistung führt. Auch geringfügige Eingriffe in fremde Werke setzen daher stets voraus, dass ein neues selbständiges Werk mit Schöpfungshöhe im Sinne des § 2 Abs. 2 UrhG entsteht. Diese Voraussetzung sah der BGH im Fall TV Total durch eine kurze Kommentierung des übernommenen Beitrags durch den Moderator als nicht erfüllt an. Dabei sei nicht auf die Gesamtsendung und ihr generelles Konzept, sondern konkret auf die Behandlung des übernommenen Ausschnitts abzustellen. Hingegen hat der BGH in einem anderen Fall die Übernahme von 58 Sekunden in einen 1,25 Minuten langen Betrag der parodistischen Sendung **„Kalkofes Mattscheibe"** für zulässig gehalten, weil er in der deutlichen satirischen Kritik ein neues selbständiges Werk sah.[4]

[1] LG München I AfP 2002, 444, 447 – *Scharping*.
[2] OLG Frankfurt ZUM 2005, 477, 480.
[3] BGH NJW 2008, 2346 – *TV Total*.
[4] BGH NJW 2001, 603, 605 – *Kalkofes Mattscheibe*.

ff) Privatgebrauch (§ 53 UrhG)

Gemäß § 53 Abs. 1 UrhG ist es zulässig, einzelne Vervielfältigungs- **419** stücke eines Werkes zum **privaten Gebrauch** herzustellen. Dies darf auch durch einen Dritten geschehen, wenn es unentgeltlich erfolgt oder die Vervielfältigung in einem klassischen fotomechanischen Verfahren auf Papier erfolgt, also nicht digital. Da das Recht auf **Privatkopie** aus § 53 UrhG bei eignen Vervielfältigungshandlungen auch bei digitalen Verfahren gilt, ist der Urheber seinerseits berechtigt, digitale Kopien durch technische Schutzmaßnahmen, auf die er hinweisen muss, zu unterbinden (siehe unten Rn. 450).[1] Die Vorschrift ermöglicht es also, zu rein privaten Zwecken in rechtmäßiger Weise ein Foto zu kopieren oder einen Abzug zu machen, ohne zuvor Nutzungsrechte zu erwerben. Der Vervielfältiger muss auch nicht Eigentümer des Originals oder eines Vervielfältigungsstückes sein, solange er nur rechtmäßig in den Besitz des Werkstückes gelangt ist[2] und er nicht von einer „offensichtlich rechtswidrig hergestellten oder öffentlich zugänglich gemachten Vorlage", also z. B. einer erkennbaren **Raubkopie** kopiert (§ 53 Abs. 1 Satz 1 UrhG). Trotzdem ist § 53 Abs. 1 UrhG für Fotos ohne große praktische Relevanz, da **keine Verbreitung der Privatkopien zulässig** ist, nur einige wenige Vervielfältigungsstücke ausschließlich für den privaten Gebrauch hergestellt werden und damit auch in keiner Form finanzielle Vorteile erzielt werden dürfen. Schon eine teilweise gewerbliche, berufliche oder in sonstiger Weise unmittelbar oder mittelbar gewinnorientierte Nutzung einer Privatkopie ist unzulässig.

Die Gerichte legen dabei strenge Maßstäbe an: So ist ein rein privater Gebrauch schon dann nicht gegeben, wenn der **Privatgebrauch** nicht klar von beruflichen Zwecken trennbar ist. Für den BGH[3] ist dies z. B. dann der Fall, wenn die hergestellten Fotos die berufliche Tätigkeit eines Menschen dokumentieren. In dem entschiedenen Fall hatte ein Theaterregisseur 18 Fotos einer seiner Aufführungen kopiert. Nach Ansicht des BGH ist bei einem solchen Sachverhalt ein berufliches Motiv zu vermuten.

Bei der **Anzahl** der Vervielfältigungsstücke wird § 53 Abs. 1 UrhG unter Verweis auf das Wort „einzelne" ebenfalls eng ausgelegt. Auch wenn es keine feste gesetzliche Obergrenze gibt, sind mehr als **sieben Vervielfältigungsstücke** höchstens ausnahmsweise zulässig.[4] In der Regel wird die zulässige Anzahl geringer sein.

[1] *Spindler* NJW 2008, 9, 11.
[2] Schricker/*Loewenheim,* Urheberrecht, § 53 Rn. 11.
[3] BGH GRUR 1993, 899, 900 – *Dia-Dublikate.*
[4] Wandtke/Bullinger/*Lüft,* UrhR, § 53 Rn. 12.

Ähnlich strenge Kriterien gelten auch bei Filmwerken: Das kommerzielle Aufzeichnen von **Fernsehsendungen** durch ein **Medienbeobachtungsunternehmen** ist durch § 53 Abs. 1 UrhG jedenfalls nicht gedeckt.[1]

Auch § 53 Abs. 2 UrhG hat für Fotografen lediglich eine geringe Bedeutung. Die Regelung erlaubt es, einzelne Vervielfältigungsstücke für den eigenen **wissenschaftlichen Gebrauch** oder für die Aufnahme in ein eigenes Archiv herzustellen oder herstellen zu lassen. Zudem dürfen per Funk gesendete Werke für die eigene Unterrichtung über Tagesfragen vervielfältigt werden; eine Regelung die es insbesondere Unternehmen ermöglichen soll, aktuelle **Fernsehsendungen** aufzunehmen, um sie ihren Mitarbeitern vorzuspielen.[2]

Die beiden ersten Ausnahmetatbestände betreffen hingegen auch Fotografen, praktische Anwendungsfälle dürften aber selten sein. Denn genau wie bei § 53 Abs. 1 UrhG erlaubt auch § 53 Abs. 2 UrhG nur eine Vervielfältigung für den eigenen Gebrauch. Ohne Nutzungsrechte zu erwerben, darf es also zu keiner zusätzlichen Verwertung von fremden Werken kommen. Die weiteren Absätze des umfangreichen § 53 UrhG betreffen ebenfalls ganz überwiegend Text- und Musikwerke und sind somit für Fotos und Filme ohne große praktische Bedeutung.

gg) Werbung für öffentlich zugängliche Werke (§ 58 UrhG)

420 Durch das 2003 in Kraft getretene Gesetz zur Regelung des Urheberrechts in der Informationsgesellschaft[3] wurde § 58 UrhG vollständig neu gefasst. Gemäß § 58 Abs. 1 UrhG dürfen öffentlich ausgestellte sowie zur öffentlichen Ausstellung oder zum öffentlich Verkauf bestimmte Lichtbildwerke durch den Veranstalter zur **Werbung** vervielfältigt, verbreitet oder öffentlich zugänglich gemacht werden, soweit dies zur Förderung der Veranstaltung erforderlich ist. Nach § 58 Abs. 2 UrhG ist ferner zulässig die Vervielfältigung und Verbreitung in Verzeichnissen, die von öffentlich zugänglichen **Bibliotheken, Bildungseinrichtungen** und **Museen** in einem inhaltlichen und zeitlichen Zusammenhang mit einer Ausstellung oder zur Dokumentation von Beständen herausgegeben werden und mit deren Verbreitung kein eigenständiger Erwerbszweck verfolgt wird.

Durch die Neufassung hat § 58 UrhG eine wesentliche Erweiterung erfahren. So bezieht § 58 Abs. 1 UrhG jetzt auch die öffentliche Zugänglichmachung mit ein. Damit ist nunmehr auch eine Verwertung

---

[1] KG Berlin ZUM-RD 1990, 340, 343.
[2] Amtliche Begründung in der Bundestagsdrucksache 4/270, S. 73.
[3] BGBl. I 2003 S. 1774.

auf **CD-ROM** zulässig.[1] Durch den neu hinzu gekommenen § 58 Abs. 2 UrhG werden zusätzlich **Kultureinrichtungen** privilegiert, die in der vorherigen Fassung des Gesetzestextes überhaupt nicht erwähnt waren. Jetzt wird diesen Einrichtungen aus kulturpolitischen Gründen die Möglichkeit eingeräumt, ohne den Erwerb entsprechender Nutzungsrechte urheberrechtlich geschützte Werke in ihren Verzeichnissen zu veröffentlichen. Voraussetzung ist allerdings immer ein Zusammenhang mit einer **Ausstellung** oder die Verwendung für die **Bestandsdokumentation** einer privilegierten Einrichtung und dass kein eigenständiger Erwerbszweck verfolgt wird.[2] Während § 58 UrhG a. F. nur Verzeichnisse, die im Zusammenhang mit Ausstellungen herausgegeben wurden erfasste, wird in § 58 Abs. 1 UrhG jegliche Werbung durch den Veranstalter privilegiert, soweit dies zur Förderung der Veranstaltung erforderlich ist. Somit ist auch eine Werkwiedergabe auf Ausstellungsplakaten möglich, was § 58 UrhG a. F. noch nicht zuließ.[3] Andererseits ist unklar, ob die durch § 58 UrhG a. F. privilegierten **Ausstellungskataloge** durch die neu gefasste Vorschrift noch erfasst sind, denn es erscheint fraglich, ob es sich bei ihnen um Werbemaßnahmen handelt.[4]

hh) Fotos von urheberrechtlich geschützten Werken (§§ 57, 59 UrhG)

Die hier erörterten Schranken des Urheberrechts begrenzen nicht **421** nur die Rechte des Fotografen an seinen Fotos, sondern gewähren ihm umgekehrt auch in einem gewissen Umfang das Recht, fremde urheberrechtlich geschützte Werke zu fotografieren und solche Aufnahmen zu verwerten. Die hierbei maßgeblichen Vorschriften (insbesondere §§ 57, 59 UrhG) sind unter Rn. 85 ff. erläutert.

ii) Bildnisse (§ 60 UrhG)

Gemäß § 60 Abs.1 UrhG darf der Besteller eines **Bildnisses** (also **422** eines Personenfotos) und sein Rechtsnachfolger dieses vervielfältigen oder unentgeltlich und zu nicht gewerblichen Zwecken verbreiten. Das gleiche Recht steht bei einem auf Bestellung geschaffenen Bildnis auch dem Abgebildeten oder nach dessen Tod seinen Angehörigen zu. Nach § 60 Abs. 2 UrhG sind Angehörige der Ehegatte oder der Lebenspartner und die Kinder; Eltern nur dann, wenn die Erstgenannten nicht vorhanden sind. Ist der Besteller nicht der Abgebildete und keine natürliche, sondern eine juristische Person (z. B. wenn eine Firma

---

[1] Amtliche Begründung in der Bundestagsdrucksache 15/38, S. 21.
[2] Amtliche Begründung in der Bundestagsdrucksache 15/38, S. 22.
[3] Fromm/Nordemann/*Nordemann*, Urheberrecht, § 58 Rn. 3.
[4] Wandtke/Bullinger/*Lüft*, UrhR, § 58 Rn. 8.

ihre Mitarbeiter fotografieren lässt) kann sich die juristische Person (Firma) nicht auf § 60 UrhG berufen.[1]

Sinn der Vorschrift ist es, den Bestellern oder den Abgebildeten zu ermöglichen, von Bildnissen **Erinnerungsstücke** herzustellen sowie Vervielfältigungen zu verschenken.[2] Um **Bildnisse** handelt es sich immer dann, wenn auf einem Foto eine oder mehrere Personen als alleiniger oder wesentlicher Gegenstand der Darstellung in erkennbarer Form abgebildet sind.[3] Zudem werden von § 60 UrhG nur Bildnisse erfasst, die auf **Bestellung** gefertigt wurden.

Liegen diese Voraussetzungen vor, darf der in § 60 UrhG privilegierte Personenkreis für sich selber Vervielfältigungsstücke fertigen. Zudem ist eine unentgeltliche und nicht zu gewerblichen Zwecken vorgenommene Verbreitung zulässig. Dies bedeutet, dass weder unmittelbar noch mittelbar Zahlungen erfolgen dürfen. Schon der Abdruck eines Portraitfotos in einer Zeitung ist nicht von § 60 UrhG gedeckt, da der Erwerb von Medien entweder Geld kostet oder diese zumindest Werbeeinnahmen erzielen.[4] Ebenso erlaubt § 60 UrhG dem Besteller **keine öffentliche Wiedergabe** des Fotos, also z. B. auch nicht die Verwendung seines Fotos im **Internet**.[5] Dies soll auch dann gelten, wenn das Portrait zur beruflichen Nutzung hergestellt wurde und das Foto dann auf der beruflichen Internetseite veröffentlicht wird (im entschiedenen Fall die Homepage eines Rechtsanwalts).[6]

Auch ansonsten ist § 60 UrhG eng auszulegen und gibt z. B. keinen Anspruch auf Herausgabe von **Negativen** gegenüber einem Berufsfotografen, der mit der Herstellung von Fotos einer Hochzeitsfeier beauftragt war. Da auch ohne das Negativ Duplikate von einem Foto gefertigt werden können, lässt sich aus dem Vervielfältigungsrecht des § 60 Abs. 1 UrhG kein **Eigentums- oder Besitzrecht an Negativen** ableiten.[7]

f) Urheber in Arbeits- oder Dienstverhältnissen (§ 43 UrhG)

423   Gemäß § 43 UrhG entstehen auch bei **Arbeitnehmern** Urheberrechte an den von ihnen in Erfüllung ihrer Verpflichtung aus dem Beschäftigungsverhältnisses gefertigten Fotos, soweit sich aus dem

---

[1] OLG Köln NJW-RR 2004, 692 – *Portrait im Internet.*
[2] Wandtke/Bullinger/*Lüft,* UrhR, § 60 Rn. 1.
[3] Schricker/*Vogel,* Urheberrecht, § 60 Rn. 16 .
[4] Schricker/*Vogel,* Urheberrecht, § 60 Rn. 28.
[5] OLG Köln NJW-RR 2004, 692 – *Portrait im Internet*; LG Köln ZUM 2008, 76, JurPC Web-Dok. 188/2007.
[6] LG Köln ZUM 2008, 76, JurPC Web-Dok. 188/2007.
[7] LG Wuppertal GRUR 1989, 54, 55.

Inhalt oder dem Wesen ihres Arbeits- oder Dienstverhältnisses nicht anderes ergibt. Somit ist auch der angestellte Fotograf der originäre Inhaber des Urheberrechts. Der Arbeitgeber kann die Bilder nur dann verwerten, wenn er sich die benötigten Nutzungsrechte vertraglich einräumen lässt.[1]

Eine umfassende Rechtseinräumung ist aber in den entsprechenden **Tarif-** und/oder **Arbeitsverträgen** fast immer enthalten.[2] Fehlt eine schriftliche Vereinbarung, geht die Rechtsprechung zudem von einer stillschweigenden Einräumung aus, wenn die Anfertigung der Werke zu den beruflichen Aufgaben zählt, die der Arbeitnehmer im Rahmen seiner Arbeitspflichten zu erbringen hat.[3] Dies ist bei **angestellten Fotografen in Agenturen** oder **Verlagen** fast immer der Fall. Eine Ausnahme kann bestehen, wenn z. B. ein ausgebildeter ehemaliger Fotograf ausdrücklich als **Bildredakteur** oder **Archivar** angestellt ist und sein Arbeitsplatz so strukturiert ist, dass er regelmäßig nicht selbst Fotos herstellt, sondern im reinen Innendienst nur mit angelieferten Fotos umgeht. Dann ist er wie andere Angestellte zu behandeln, die Inhaber sämtlicher Nutzungsrechte an selbst gefertigten Fotos bleiben, wenn sie diese außerhalb ihrer arbeitsvertraglichen Pflichten erstellen. Ob ein Foto innerhalb der Arbeitszeit oder am Arbeitsplatz gefertigt wird, ist dabei nicht alleinentscheidend. Wenn z. B. ein Buchhalter aus dem Fenster seines Büros mit seiner eigenen Kamera ein spektakuläres Geschehnis auf der Strasse fotografiert, bleibt er Urheber und Inhaber der Nutzungsrechte.

Das **Eigentum am Negativ** oder etwaigen **Abzügen** von Fotos, die der Arbeitnehmer in Erfüllung seiner Arbeitspflichten geschaffen hat, steht dem Arbeitgeber zu, wenn er diese Arbeitsmittel bereitgestellt hat.[4]

Probleme können entstehen, wenn strittig ist, ob der Fotograf das **424** Bild in Erfüllung seiner Verpflichtung aus dem Beschäftigungsverhältnis gefertigt hat. Entscheidend dafür sind nicht der Ort oder die Zeit der Aufnahme, sondern die betriebliche Funktion des jeweiligen Fotografen und die Verwendbarkeit der gefertigten Bilder für den Arbeitgeber.[5] Wer als angestellter Fotoreporter durch die Welt reist, fertigt seine Bilder auf Dienstreisen somit grundsätzlich in Erfüllung seiner Verpflichtungen aus dem Beschäftigungsverhältnis. Ob für den Fall, dass Fotos außerhalb der vereinbarten Arbeitsaufgabe gefertigt werden, eine **Anbietungspflicht an den Arbeitgeber besteht,**

---

[1] Schricker/*Rojahn,* Urheberrecht, § 43 Rn. 6.

[2] Beispiele bei Schricker/*Rojahn,* Urheberrecht, § 43 Rn. 103 ff.

[3] KG Berlin GRUR 1976, 264, 265.

[4] *Rehbinder,* Urheberrecht, Rn. 625.

[5] Schricker/*Rojahn,* Urheberrecht, § 43 Rn. 23 f.

wenn ein Zusammenhang mit dem Beschäftigungsverhältnis vorliegt ist noch nicht höchstrichterlich entschieden und umstritten.[1]

425 Problematisch ist zudem manchmal der Umfang der Urheberpersönlichkeitsrechte von abhängig beschäftigten Fotografen. Zwar steht das Recht auf **Anerkennung der Urheberschaft** und auf **Namensnennung** bei Veröffentlichung gemäß § 13 UrhG (siehe Rn. 392) auch angestellten Fotografen zu, kann aber schuldrechtlich durch - Arbeits- oder Tarifvertrag eingeschränkt werden. Fehlt es an ausdrücklichen Regelungen, gilt das **Betriebs-** oder **Branchenübliche** als stillschweigend vereinbart.[2] Im Bereich der Fotografie ist grundsätzlich auch bei solchen Medien von einer Pflicht zur Urheberbezeichnung auszugehen[3], wo sie für andere Urheber (z.b. Autoren) nicht generell besteht, so z.b. im **Zeitschriftenbereich** und bei **Tageszeitungen**.

In der **Werbebranche** ist eine Namensnennung hingegen unüblich.[4] Im Film- und Fernsehbereich existieren umfangreiche tarifrechtliche Regelungen, wonach die Hauptbeteiligten, wie z.b. Regisseure und Korrespondenten zu nennen sind.[5]

Auch die Frage welche **Änderungen** der Arbeitgeber vornehmen darf, ist häufig in Arbeits- oder Tarifverträgen geregelt und unterliegt ansonsten ebenfalls der Branchenüblichkeit und dem Zweck des Arbeitsverhältnisses.[6] Zu empfehlen sind auch unter diesem Aspekt stets ausdrückliche schriftliche Vereinbarungen, die auch das Rechte der Bearbeitung und Änderung der Fotos regeln sollten.

Für **freie Mitarbeiter** findet § 43 UrhG keine Anwendung. Es gelten somit die individuellen, vertraglichen Vereinbarungen. Fehlen diese oder sind sie ungenau, gilt die Zweckübertragungsregel (§ 31 Abs. 5 UrhG), bei Zeitungen und Zeitschriften auch § 38 UrhG, siehe Rn. 330 ff.

g) Miturheberschaft (§ 8 UrhG)

426 Gemäß § 8 Abs. 1 UrhG ist **Miturheber**, wer gemeinsam mit anderen ein Werk geschaffen hat, dessen Anteile sich nicht gesondert verwerten lassen. Als Konsequenz daraus dürfen nach § 8 Abs. 2 Satz 1 UrhG Miturheber das Werk nur gemeinsam veröffentlichen, verwerten oder verändern. Dazu darf allerdings laut § 8 Abs. 2 Satz 2 UrhG

---

[1] Wandtke/Bullinger/*Wandtke,* UrhR, § 43 Rn. 31.

[2] *Rehbinder,* Urheberrecht, Rn. 650.

[3] *Rehbinder,* Urheberrecht, Rn. 406.

[4] *Dreier/Schulze,* § 43, Rn. 36; Schricker/*Rojahn,* Urheberrecht, § 43 Rn. 82.

[5] Schricker/*Rojahn,* Urheberrecht, § 43 Rn. 82.

[6] Dreier/Schulze, § 43 Rn. 37; Wandtke/Bullinger/*Wandtke,* UrhR, § 43 Rn. 99 ff.

kein Miturheber die Einwilligung wider Treu und Glauben verweigern. Zudem ist gemäß § 8 Abs. 2 Satz 3 UrhG jeder Miturheber berechtigt, Ansprüche aus Verletzungen geltend zu machen, eventuelle Schadenersatzansprüche können jedoch nur als Leistung an alle Werkschöpfer gemeinsam gefordert werden. Nach § 8 Abs. 3 UrhG richtet sich der Anspruch jedes Miturhebers auf etwaige Verwertungserträge nach dem Umfang seiner schöpferischen Leistungen bei der Werkschaffung, soweit nichts anderes vereinbart ist.

Miturheberschaft führt somit zu einem engen und dauerhaften rechtlichen Band zwischen den Werkschöpfern. Aufgrund der von § 8 Abs. 1 UrhG geforderten Voraussetzungen dürften in Miturheberschaft gefertigte Fotos jedoch äußerst selten sein. Es reicht nämlich keinesfalls aus, wenn eine Person die Koordination, Organisation oder Produktion von Bildern übernimmt, während ein anderer die Fotos fertigt. Urheber der Fotos bleibt der Fotograf allein. Gefordert ist immer ein eigener schöpferischer Beitrag bei der Werkschaffung. Dieser Beitrag muss zudem über Ideen, Ratschläge oder Anweisungen deutlich hinausgehen.[1] **Material-** oder **Motivauswahl**, wie sie **Fotoredakteure** oder **Fotoassistenten** häufig vornehmen, führt somit nicht zur Miturheberschaft.[2] Auch andere Gehilfen, die nach Anweisung des Fotografen handeln oder auch kleinere selbständige Leistungen erbringen, werden dadurch nicht zum Miturheber. Miturheberschaft liegt nur vor, wenn bei der gewollten gemeinsamen Gestaltung eines Werkes mehrere einen eigenen schöpferischen Beitrag leisten, der auch in Inhalt und/oder Formgebung seinen Niederschlag findet.[3] Dies dürfte selbst bei sehr aufwendigen und komplexen Fotoproduktionen so gut wie nie der Fall sein. Denkbar ist eine Miturheberschaft nur dann, wenn neben dem Fotografen eine weitere Person, z. B. ein Fotoredakteur des beauftragenden Verlags, „hinter der Kamera" so intensiv an der Auswahl des Motivs und der konkreten Ausgestaltung der Fotos mitwirkt, dass es nahezu gleichgültig oder zufällig erscheint, wer zum Schluss den Auslöser betätigt hat. Solche Konstellationen sind aber, soweit ersichtlich, in der Praxis noch nicht Gegenstand einer gerichtlichen Klärung gewesen.

Durch eine **spätere Verbindung** von Fotos mit anderen urheberrechtlich geschützten Werken, wie z. B. anderen Bildern oder einem Text in einem **Bildband**, entsteht keine Miturheberschaft. Denn die einzelnen Beiträge eines Buches lassen sich i. S. v. § 8 Abs. 1 UrhG durchaus gesondert verwerten. Abzustellen ist nach Rechtsprechung

---

[1] *Rehbinder,* Urheberrecht, Rn. 256.

[2] Schricker/*Loewenheim,* Urheberrecht, § 8 Rn. 4.

[3] Wandtke/Bullinger/*Thum,* UrhR, § 8 Rn. 3.

und Literatur auf die selbständige Verkehrsfähigkeit der Beiträge und somit deren theoretische Verwertungsmöglichkeit. Völlig unerheblich ist, ob eine getrennte Verwertung tatsächlich wirtschaftlich möglich wäre.[1] Bei der Kombination von Fotos mit anderen Werkarten ist eine gesonderte Verwertung immer möglich, denn theoretisch kann jedes Bild alleine oder mit einem anderen Text verwertet werden. Werden Fotos und andere Werke, wie z. B. Texte aber aufgrund einer vertraglichen Vereinbarung zusammengefügt, kann es sich um ein verbundenes Werk i. S. v. § 9 UrhG handeln. Unabhängig von der rechtlichen Einordnung zeigt die Praxis, dass bei **Projekten**, in welchen Fotografen mit anderen Kreativen zusammenarbeiten (z. B. **Bildbände und Ausstellungen**) eine erhöhte Gefahr von Streitigkeiten über die inhaltliche Ausrichtung und Gestaltung besteht. Dies gilt insbesondere wenn Fotos mit fremden Texten kombiniert werden. Da in solchen Fällen bei Anwendung der gesetzlichen Vorschriften für alle Beteiligten erhebliche Rechtsunsicherheiten bestehen ist dringend zu empfehlen, die Rechte und Pflichten bei solchen Projekten im Vorfeld individuell vertraglich zu regeln.

h) Rechtsfolgen bei Urheberrechtsverletzungen (§§ 97 ff. UrhG)

427 **Urheberrechtsverletzungen** gehören im heutigen Mediengeschäft leider zum Alltag. Die **Digitalisierung** trägt dazu bei, dass Verstöße gegen das Urheberrecht leichter, schneller und oft auch „flüchtiger" vorgenommen werden können. Die Dunkelziffer unentdeckter Fälle, insbesondere im Internet, dürfte hoch sein. Der europäische Gesetzgeber hat nicht zuletzt deshalb mit der so genannten **Durchsetzungsrichtlichtlinie**[2] versucht, einheitliche Rahmenbedingungen zu schaffen, die es Urhebern europaweit ermöglichen sollen, ihre Rechte zu schützen und Ansprüche durchzusetzen. Der deutsche Gesetzgeber hat die Durchsetzungsrichtlinie mit dem **Gesetz zur Verbesserung der Durchsetzung von Rechten des geistigen Eigentums**[3] zum 1.9.2008 erst mit über zwei jähriger Verspätung ins deutsche Recht umgesetzt und dabei u.a. das Urhebergesetz geändert.

Auch innerhalb von Vertragsbeziehungen zwischen Fotografen und Verwertern, die zunächst unproblematisch verlaufen, kommt es mitunter zu Nutzungen, die nach Vertragslage nicht erlaubt sind. Der Urheber kann gegen den unrechtmäßigen Verwerter unabhängig voneinander sowohl Unterlassungs-, Schadenersatz- und auch Heraus-

---

[1] Schricker/*Loewenheim,* Urheberrecht, § 8 Rn. 5.
[2] Richtlinie 2004/48/EG des Europäischen Parlaments und des Rates zur Durchsetzung der Rechte des geistigen Eigentums vom 29.4.2004. AblEU Nr. L 195, S. 16.
[3] BGBl. I, 1191; hierzu *Kitz* NJW 2008, 2374.

gabe- sowie Vernichtungsansprüche geltend machen. Zudem hat der Nutzungsrechteinhaber die Möglichkeit, eine Beseitigung der Rechtsbeeinträchtigung gerichtlich durchzusetzen. Daneben drohen dem Urheberrechtsverletzer auch strafrechtliche Konsequenzen.

aa) Unterlassung (§ 97 Abs. 1 UrhG)

Der **Unterlassungsanspruch** ergibt sich aus § 97 Abs. 1 UrhG und **428** ist der wohl am häufigsten geltend gemachte Anspruch, da er vergleichsweise schnell und einfach durchgesetzt werden kann. Er setzt voraus, dass ein Urheberrecht widerrechtlich verletzt wurde und zudem eine **Wiederholungsgefahr** besteht. Hinsichtlich der Wiederholungsgefahr sind die Anforderungen nach ständiger Rechtsprechung niedrig. Sie wird grundsätzlich nach jeder rechtswidrigen Nutzung vermutet und kann regelmäßig nur durch eine strafbewehrte Unterlassungserklärung beseitigt werden (siehe Rn. 263 f.). Eine Urheberrechtsverletzung liegt immer dann vor, wenn ein Foto genutzt wird, ohne das der Verwerter die Rechte besitzt und auch keine gesetzlich zulässige Nutzung gemäß §§ 45 ff. UrhG vorliegt. Für beides ist der Verwerter im Streitfall darlegungs- und beweispflichtig. Ein **Verschulden** des Verletzers ist **nicht erforderlich**. Somit kann auch gegen den gutgläubigen unberechtigten Verwerter ein Unterlassungsanspruch geltend gemacht werden, z. B. gegen einen Verlag, der in gutem Glauben ein Foto von einer Agentur erworben hat, die ihrerseits aber nicht berechtigt war, Nutzungsrechte zu vergeben.

Anspruchsgegner ist grundsätzlich jeder, der in irgendeiner Weise **429** an einer Urheberrechtsverletzung willentlich adäquat kausal mitwirkt. Der Kreis der passivlegitimierten Störer und Mitstörer ist ähnlich weit, wie bei Verletzungen des Rechts am eigenen Bild (siehe Rn. 267). In Anspruch genommen werden kann also z. B. der Verlag, der ein Foto veröffentlicht, ohne zuvor die Rechte dazu erworben zu haben. Aber auch eine Bildagentur, die einer Zeitung Rechte einräumt, die sie überhaupt nicht hat, ist passiv legitimiert.[1] Aktiv legitimiert, also anspruchsberechtigt, ist der Urheber selber bzw. der Inhaber von ausschließlichen Nutzungsrechten. Der Nachweis der Rechteinhaberschaft muss vor Gericht erbracht werden können, was gerade bei mehreren Übertragungen und einer entsprechend langen **„Rechtekette"** nicht immer einfach ist.

§ 97 Abs. 1 Satz 2 UrhG stellt in der seit dem 1.9.2008 geltenden Fassung klar, dass ist es auch möglich ist, gegen den oder die Verletzer einen **vorbeugenden Unterlassungsanspruch** durchzusetzen. Dies entspricht der herrschenden Praxis der Rechtsprechung. Dafür muss

---

[1] Schricker/*Wild*, Urheberrecht, § 97 Rn. 35 ff.

allerdings die konkrete Gefahr einer erstmaligen Verletzung (**Erstbegehungsgefahr**) bestehen, wobei die Anforderungen der Gerichte
hier niedriger sind als im Presserecht (siehe auch Rn. 265). So kann es
z. B. ausreichen, wenn der Verwerter zuvor bereits eine andere Verletzungshandlung begangen hat, an deren Aufklärung aber nicht mitwirkt und zudem die Verletzung weiterer Werke nahe liegend erscheint.[1] Auch der Nachweis von **Vorbereitungshandlungen** und
eine objektiv wahrscheinliche Verletzung betrachtet die Rechtsprechung als hinreichenden Grund für einen vorbeugenden Unterlassungsanspruch.[2]

430   Aber auch bei einer bereits verwirklichten Urheberrechtsverletzung
ist es aus Sicht des Rechtsinhabers häufig sinnvoll, einen Unterlassungsanspruch durchzusetzen, um damit weiteren Rechtsverletzungen
entgegenwirken. Ferner zeigt die Praxis, dass die schnelle Durchsetzung eines Unterlassungsanspruchs mittels anwaltlicher **Abmahnung**
und gegebenenfalls auch gerichtlich im Wege einer **einstweiligen
Verfügung** oftmals dazu beiträgt, einen zunächst uneinsichtigen Verletzer zur Einsicht und damit zu einer abschließenden Einigung auch
hinsichtlich der Schadensersatzansprüche zu bringen. In Zweifelsfällen,
z. B. bei unklarer Vertragslage oder schwierigen Abgrenzungsfragen im
Bereich der freien Nutzung (§ 24 UrhG) und der Zitate (§ 51 UrhG)
kann die gerichtliche Durchsetzung des Unterlassungsanspruchs im
Verfügungsverfahren dazu dienen, eine erste (und vergleichsweise
schnelle wie kostengünstige) richterliche Beurteilung der Rechtslage
einzuholen, bevor über eine Schadensersatzklage entschieden wird.
Keinesfalls sollte hingegen ein gerichtliches Eilverfahren leichtfertig
anhängig gemacht werden bevor die Sach- und Rechtslage intensiv
geprüft worden ist, denn eine einstweilige Unterlassungsverfügung,
die später wieder aufgehoben wird, begründet einen Schadensersatzanspruch gegen den Antragssteller (§ 945 ZPO).

Nach § 97 a UrhG, in dem die Abmahnung jetzt ausdrücklich geregelt ist, soll der Verletzte den Verletzer vor Einleitung gerichtlicher
Schritte abmahnen und ihm Gelegenheit geben, den Streit durch Abgabe einer mit einer angemessenen Vertragsstrafe bewehrten Unterlassungsverpflichtungserklärung beizulegen. Die in der Praxis übliche
und sinnvolle anwaltliche Abmahnung ist also unverändert nicht
zwingend vorgeschrieben, der Verzicht auf eine Abmahnung kann
aber wie bisher nach § 93 ZPO die Folge haben, dass der Verletzte die
Prozesskosten zu tragen hat, wenn der Verletzer den Anspruch vor

---

[1] OLG Zweibrücken GRUR 1997, 827, 829; OLG Hamburg ZUM 1997, 97, 99.
[2] BGH GRUR 1964, 91, 92.

Gericht sofort anerkennt.[1] § 97 a UrhG n.F. bestimmt auch ausdrücklich, dass der Verletzer die **Abmahnkosten** einer berechtigten Abmahnung zu ersetzen hat. Dies werden in der Regel die Anwaltskosten sein. Grundsätzlich ist der Verletzte berechtigt, für die Abmahnung anwaltliche Hilfe in Anspruch zu nehmen. Dies gilt auch dann, wenn er eigene Kenntnisse der Materie hat oder es sich um ein Unternehmen mit eigener Rechtsabteilung handelt.[2]

Nach § 97 Abs. 2 UrhG n.F. ist der Erstattungsanspruch auf pauschal € 100 beschränkt ist, wenn es sich um die erstmalige Abmahnung in einem einfach gelagerten Fall mit einer nur unerheblichen Rechtsverletzung außerhalb des geschäftlichen Verkehrs handelt. Schon weil der Begriff des geschäftlichen Verkehrs nach der Gesetzesbegründung weit zu verstehen ist, dürfe der praktische Anwendungsbereich dieser neuen, begründeter Weise kritisierten[3] Kostenbeschränkung gering sein.[4] Hinsichtlich der Kosten können nur rein private Verletzungen geringen Ausmaßes privilegiert sein, wie z.B. ein unerlaubtes Foto auf einer Einladung zu einem Familienfest oder auf einer privaten Homepage ohne jedweden kommerziellen oder geschäftlichen Hintergrund. Schon ein Werbebanner auf einer privaten Homepage lässt das Kostenprivileg entfallen.[5]

Bei der **Prüfung** und Vorbereitung eines Unterlassungsanspruches können folgende Punkte als **Checkliste** dienen: **431**

1. **Urheberschaft an dem Foto:**
   - Nachweis der Urheberschaft
   - Falls Anspruchsteller nicht selber Urheber: Nachweis der Rechteinhaberschaft und der Aktivlegitimation
   - Geltendmachung innerhalb der Schutzdauer/Verjährung
2. **Widerrechtlicher Eingriff:**
   - Ist das Foto verwendet worden oder steht eine Verwertungshandlung i. S. d. §§ 15 ff. UrhG unmittelbar bevor?
   - Wer ist der Verletzer und damit der richtige Anspruchsgegner?
   - Hat der Gegner Nutzungsrechte an dem Foto oder sind gesetzliche Ausnahmen (§ 44 a ff. UrhG) einschlägig?
3. **Wiederholungsgefahr oder unmittelbare Begehungsgefahr:**
   - Vermutung der Wiederholungsgefahr bei eingetretener Rechtsverletzung ohne die Abgabe einer strafbewehrten Unterlassungserklärung trotz Abmahnung

---

[1] *Czychowski* GRUR-RR 2008, 265, 267.
[2] BGH NJW 2008, 2651.
[3] *Czychowski* GRUR-RR 2008, 265, 267 mwN.
[4] *Kitz* NJW 2008, 2374, 2377.
[5] *Kitz* NJW 2008, 2374, 2377.

– Vermutung der Begehungsgefahr beim Nachweis von Vorbereitungshandlungen und objektiv wahrscheinlicher Begehungsgefahr

bb) Beseitigung (§ 97 Abs. 1 Satz 1 UrhG)

432 Die Urheberrechtsverletzung kann zu einer fortdauernden Störung führen, die nur durch ein bloßes Unterlassen nicht beseitigt wird. In § 97 Abs. 1 UrhG wird deshalb auch ausdrücklich der **Beseitigungsanspruch** geregelt. Er setzt genauso wie der Unterlassungsanspruch eine widerrechtliche Urheberrechtsnutzung, aber **kein Verschulden** voraus. Anspruchsziel ist die Verhinderung weiterer Rechtsbeeinträchtigungen, aber nicht nur durch ein rein passives Unterlassen des Verletzers, sondern auch durch aktives Tun. Der Urheber kann so u. a. durchsetzen, dass Entstellungen seines Werkes beseitigt werden oder dass seine Urheberschaft gemäß § 13 UrhG durch Anbringung einer Namenszeile anerkannt wird. Im Bereich der Fotografie ist z. B. denkbar mit Hilfe des Beseitigungsanspruchs entstellende Bearbeitungen eines Fotos in einer Ausstellung oder der Folgeauflage eines Buches entfernen zu lassen.

Gefordert werden kann jedoch nur eine nach Art und Umfang verhältnismäßige Beseitigung. Dafür muss der Verletzer die Kosten tragen. Wenn der Nutzungsberechtigte die Störung selbst beseitigt, kann er die dadurch entstandenen Kosten als **Schadenersatzanspruch** gegen den Verletzer geltend machen. Aufgrund der in § 98 UrhG geregelten besonderen Ansprüche auf Vernichtung, Rückruf und Überlassung (siehe Rn. 447) hat der allgemeine Beseitigungsanspruch nach § 97 Abs. 1 UrhG in der Praxis nur eine vergleichsweise geringe Bedeutung.

cc) Anspruch auf Auskunft, Vorlage und Besichtigung (§§ 101, 101 a UrhG)

433 Da der Urheber das wahre Ausmaß der unberechtigten Nutzung häufig nicht kennt, benötigt er für ein wirksames Vorgehen sehr oft zusätzliche Informationen, wie z. B. die Auflagenhöhe der Publikation. Der Gesetzgeber hat den urheberrechtlichen Anspruch auf **Auskunft**, der zuvor an verschiedenen Stellen geregelt war, in der ab dem 1.9.2008 geltenden Fassung umfassend in § 101 UrhG geregelt. Voraussetzung ist danach stets, dass eine Urheberrechtsverletzung „**in gewerblichem Ausmaß**" vorliegt, wobei sich das gewerbliche Ausmaß aus der Anzahl der Rechtsverletzungen als auch aus der Schwere der Rechtsverletzung ergeben kann (§ 101 Abs. 1 Satz 2 UrhG n.F.). Der Verletzte kann aufgrund der Vorschrift Auskunft über die **Herkunft** und den **Vertriebsweg** verlangen (§ 101 Abs. 1 UrhG n.F.). Der Verpflichtete hat Auskunft zu gegen über Namen und Anschrift der Hersteller, Lieferanten und anderer Vorbesitzer, der Nutzer der Dienstleistung sowie der gewerblichen Abnehmer und Verkaufstellen. Er hat ferner Auskunft zu geben über die **Menge der Vervielfältigungsstücke** und die **Preise** (§ 101 Abs. 3 UrhG n.F.). Der Verpflichtete haftet bei vorsätzlichen oder grob fahrlässigen falschen oder unvollständigen Auskünften auf Schadensersatz (§ 101 Abs. 5 UrhG n.F.). Bei offensichtlichen Rechtsverletzungen kann der Auskunftsanspruch auch im Wege der einstweiligen Verfügung durchgesetzt werden (§ 101 Abs. 7 UrhG n.F.), sonst nur im Klageverfahren zur Hauptsache.

Darüber hinaus ist ein allgemeiner **Auskunftsanspruch** gemäß § 259 BGB in Verbindung mit § 242 BGB von der Rechtsprechung gewohnheitsrechtlich anerkannt,[1] dessen Inhalt und Reichweite sich an den berechtigten Umständen des Einzelfalls orientiert.

So hat z. B. das OLG München[2] auf Auskunftsklage einer Bildagentur, die ihre Fotos u. a. in Form von **CD-ROM-Bildarchiven** für ausschließlich private Zwecke vertreibt, einen **Webdesigner** dazu verurteilt, Auskunft zu erteilen, in welchen seiner Arbeiten er Lichtbilder von den CD-ROM's verwendet hat. Ein Varietéveranstalter, der unerlaubt mit einem Foto eines Pantomimen nach Beendigung dessen Engagements geworben hatte, wurde vom LG München I[3] zur Bezifferung des Lizenzschadensersatzanspruches auferlegt Auskunft zu erteilen über Auflage, Größe und Verbreitung der Werbeträger, die Zeitpunkte der Werbemaßnahmen sowie Kosten und Einnahmen.

Voraussetzung ist immer eine Rechtsverletzung, ein Verschulden ist für den Auskunftsanspruch nicht erforderlich.

Die Streichung des früher ausdrücklich in § 97 Abs. 1 Satz 2 UrhG a.F. geregelten **Rechnungslegungsanspruchs** soll nach der Gesetzesbegründung keine inhaltliche Änderung bewirken. Daher können sich solche Auskunfts- und Rechnungslegungsansprüche, die § 101 UrhG nicht ausdrücklich regelt, auch zukünftig aus den allgemeinen Vorschriften des BGB ergeben.[4]

Anspruchsinhalt können grundsätzlich alle Angaben sein, die für die **Schadensberechnung** notwendig sind. Der Auskunftsberechtigte kann verlangen, dass ihm die Daten in einer übersichtlichen und verständlichen Form zusammengestellt werden. Er kann alle Angaben fordern, die notwendig sind, um seinen Schaden nach jeder der drei möglichen Schadensarten (Herausgabe des Verletzergewinns, Berechnung des entgangenen Gewinns, fiktive Lizenzgebühr; siehe auch

---

[1] *Czychowski* GRUR-RR 2008, 265, 268 mwN; *Kitz* NJW 2008, 2374, 2375.
[2] OLG München, Urteil vom 27. 5. 2004, Az. 20 U 4990/03.
[3] LG München I, ZUM 2005, 848.
[4] *Czychowski*, GRUR-RR 2008, 265, 266.

unter Rn. 435) zu berechnen. Trotzdem ist der Anspruch keineswegs grenzenlos und berechtigt den Nutzungsberechtigten nicht, den Verletzer ohne berechtigtes Interesse auszuforschen, etwa über seine Kundenbeziehungen oder seine Preisstruktur.[1] Das OLG Hamburg begrenzt den Auskunftsanspruch zudem sehr eng auf Auskünfte zum konkreten Verletzungsfall und lehnt Auskunftsbegehren, die sich auf ähnliche, aber nicht kerngleiche Verletzungshandlungen beziehen, ab.[2]

Nach § 101 a UrhG n.F. kann bei hinreichender Wahrscheinlichkeit einer Urheberrechtsverletzung die **Vorlage von Urkunden** oder das Recht zur **Besichtigung von Sachen** verlangt werden, wenn dies nicht unverhältnismäßig ist und zur Begründung der Ansprüche erforderlich ist. Für die hinreichende Wahrscheinlichkeit reicht ein auf Tatsachen gestützter Anfangsverdacht.[3] Bei Verletzungen in gewerblichem Ausmaß kann sich der Anspruch nach § 101 a Abs. 1 Satz 2 UrhG n.F. auch auf **Bank-, Finanz-, oder Handelsunterlagen** erstrecken. Ergibt die Vorlage oder Besichtigung, dass keine Urheberrechtsverletzung drohte oder vorlag, bestehen nach § 101 a Abs. 5 UrhG n.F. Schadensersatzansprüche des vermeintlichen Verletzers.

dd) Schadensersatz (§ 97 Abs. 2 UrhG)

434　Wer in seinem Urheberrecht verletzt wurde, kann einen angemessenen Schadensersatz fordern. Urheberverletzungen dürfen sich nicht lohnen. Der unberechtigte Nutzer eines Fotos soll nicht besser gestellt werden, als ein rechtmäßiger Erwerber der Nutzungsrechte.

Der Anspruch auf **Schadensersatz** ist in § 97 Abs. 2 UrhG n. F. geregelt. § 102 a UrhG n. F. bestimmt, dass Ansprüche aus anderen gesetzlichen Vorschriften unberührt bleiben. Ein Schadensersatzanspruch kann sich somit auch nach der neuen Rechtslage seit dem 1.9.2008 auch aus dem BGB ergeben. Voraussetzung ist nach § 97 Abs. 2 UrhG eine fahrlässige oder vorsätzliche Urheberrechtsverletzung. Mindestens eine **Fahrlässigkeit** ist in vielen Verletzungsfällen gegeben, denn im Urheberrecht gilt ein strenger **Sorgfaltsmaßstab**. Der Verwerter hat eine umfassende **Prüfungspflicht** und muss sich lückenlos über die erforderlichen Rechte versichern. Sind diese z. B. mehrfach übertragen worden, darf sich der Verwerter hinsichtlich des Bestands und Umfangs nicht allein auf die Zusicherung Dritter verlassen. Er muss eigenständig die Kette der Übertragungen vollständig prüfen und sich hierzu die erforderlichen Unterlagen vorlegen lassen.[4] Bei schwierigen Rechtsfragen ist der Verwerter verpflichtet, qualifi-

---

[1] Schricker/*Wild,* Urheberrecht, § 97 Rn. 83.
[2] OLG Hamburg GRUR-RR 2008, 378.
[3] *Kitz* NJW 2008, 2374, 2376; BGH GRUR Int. 2002, 1046, 1049 – *Faxkarten.*
[4] BGH GRUR 1988, 373, 375.

zierten Rechtsrat einzuholen[1] und trägt auch das Risiko des Rechtsirrtums.[2] So gibt es z. B. keinen Vertrauensschutz bei unterschiedlichen Auffassungen in der Instanzrechtsprechung.[3] Bleiben Zweifel rechtlicher oder tatsächlicher Art, hat die beabsichtigte Nutzung zu unterbleiben. Da es im deutschen Recht keinen gutgläubigen Erwerb von Nutzungsrechten gibt, ist die Sorgfaltspflicht nicht allein durch entsprechende Zusagen oder Behauptungen erfüllt. Sollte tatsächlich einer der seltenen Fälle vorliegen, in denen ein unberechtigter Nutzer gutgläubig ist und ihm noch nicht einmal der Vorwurf der Fahrlässigkeit gemacht werden kann, verliert er seinen guten Glauben jedenfalls durch eine Abmahnung, die ihn auf die Rechtsverletzung aufmerksam macht. Setzt er seine Nutzung fort, handelt er spätestens dann schuldhaft im Sinne der Fahrlässigkeit und zwar unabhängig davon, ob der Abmahnende Beweise für seine behauptete Rechtsstellung vorlegt hat oder nicht.[4]

Es sollte nicht übersehen werden, dass wegen § **102 a UrhG** auch dann ein Anspruch auf Schadensersatz bestehen kann, wenn **kein Verschulden** vorliegt (hierzu Rn. 446).

Für die Berechnung des Schadenersatzes bei rechtswidrigen Nut- **435** zungen gibt es drei von der Rechtsprechung anerkannte Methoden:
– Herausgabe des Verletzergewinns
– Berechnung des entgangenen Gewinns
– Fiktive Lizenzgebühr

Der Gesetzgeber hat in § 97 Abs. 2 UrhG n.F. ausdrücklich klargestellt, dass bei der Bemessung des Schadensersatzes der Gewinn, den der Verletzer mit der rechtswidrigen Nutzung erzielt hat, berücksichtigt werden kann. Auch die Berechnungsmethode der fiktiven Lizenzgebühr hat in der Neufassung des § 97 UrhG jetzt eine gesetzliche Grundlage gefunden, denn dort ist bestimmt, dass der Schadensersatz auch auf der Grundlage des Betrags berechnet werden kann, den der Verletzer als angemessene Vergütung hätte entrichten müssen.

Der Verletzte hat zwischen diesen drei Methoden die freie Wahl. Er kann auch noch im Verlauf einer Schadensersatzklage von einer auf die andere Berechnungsart wechseln, um sich an eine neue Sachlage anzupassen, z. B. nachdem der Verletzer Informationen über die Verletzungshandlung gegeben hat. Dieses Wahlrecht erlischt erst, wenn der Anspruch nach einer der drei Methoden rechtskräftig zuerkannt

[1] BGHZ 38, 356, 368.
[2] BGHZ 64, 183, 190/191.
[3] BGHZ 8, 88, 97.
[4] Fromm/Nordemann, § 97, Rn. 35; Schricker/Wild, § 97, Rn. 55.

oder erfüllt wurde.[1] Welche der drei Methoden für den verletzten Nutzungsberechtigten die Beste ist, hängt vom konkreten Fall ab und sollte unter wirtschaftlichen und prozessualen Aspekten (z. B. Beweislast, Verschulden) entschieden werden.

Wenn der Verletzer durch die unberechtigte Nutzung des Urheberrechts einen besonders hohen **Gewinn** gemacht hat, bietet es sich natürlich an, diesen abzuschöpfen. Allerdings kann der Nutzungsrechtsinhaber nur den Reinerlöß des Verletzers nach Abzug dessen Selbstkosten verlangen. Aufgrund der Rechtsprechung des BGH dürfen dabei aber nur **Kosten** abgezogen werden, die den schutzrechtsverletzenden Gegenständen unmittelbar zugerechnet werden können, wie etwa die anteiligen Produktionskosten für einen Bildband. Feste Selbstkosten des Verletzers, wie z. B. Miete oder Abschreibungen für Betriebsvermögen, mindern den herauszugebenden Gewinn hingegen nicht. Dazu führt der BGH aus:[2]

> „Nach Sinn und Zweck des Anspruchs auf Herausgabe des Verletzergewinns ist es grundsätzlich gerechtfertigt, bei der Ermittlung des Verletzergewinns von den erzielten Erlösen nur die variablen (d. h. vom Beschäftigungsgrad abhängigen) Kosten für die Herstellung und den Vertrieb der schutzrechtsrelevanten Gegenstände abzuziehen, nicht auch Fixkosten, das heißt solche Kosten, die nicht von der jeweiligen Beschäftigung abhängig sind (z. B. Mieten, zeitabhängige Abschreibungen für Anlagevermögen).
>
> Würde dem Verletzer uneingeschränkt gestattet, von seinen Erlösen einen Gemeinkostenanteil abzusetzen, würde im Allgemeinen der aus der Rechtsverletzung stammende Gewinn nicht vollständig abgeschöpft. Dem Verletzer verbliebe vielmehr ein Deckungsbeitrag zu seinen Fixkosten. Die stünde im Widerspruch zu Sinn und Zweck des Schadensausgleichs in der Form der Herausgabe des Verletzergewinns und insbesondere zu dem Gedanken, dass der Verletzte durch die Herausgabe des Verletzergewinns so zu stellen ist, als hätte er ohne die Rechtsverletzung den gleichen Gewinn wie der Rechtsverletzer erzielt. Denn in diesem Fall hätte der Verletzte bei einem Einsatz des eigenen Unternehmens für die Herstellung und den Vertrieb einen Deckungsbeitrag zu seinen eigenen Gemeinkosten hätte erwirtschaften können.“

Durch diese Rechtsprechung hat die Herausgabe des **Verletzergewinns** für den Nutzungsrechteinhaber erheblich an Bedeutung gewonnen, zumal der Verletzer auch Schadensersatzzahlungen, die er unter Umständen an seine Kunden leisten muss (weil z. B. der Verkauf der Druckauflage eines Buches durch einen Unterlassungsanspruch gestoppt wurde), ebenfalls nicht von seinem Gewinn abziehen darf. Der Nutzungsrechteinhaber kann aber nur die Herausgabe des Gewinns fordern, der kausal auf die Rechtsverletzung zurückzuführen ist, was er auch zu beweisen hat.[3] Darin liegt im Fotorecht oft eine erheb-

---

[1] BGH GRUR 2000, 226, 227.
[2] BGH NJW 2001, 2173, 2174/2175.
[3] BGH GRUR 1959, 379, 380.

liche Problematik, wenn einzelne Fotos rechtswidrig in Werke mit umfangreichen anderen Werken aufgenommen werden. Somit ist diese Berechnungsmethode für den Inhaber des Urheberrechts nur dann sinnvoll, wenn der Verletzer gerade an der rechtswidrigen Nutzung eines Fotos besonders viel verdient hat und dies auch nachweisbar ist.

Macht der Nutzungsrechtsinhaber als Schadenersatz seinen **entgan-** **436** **genen Gewinn** geltend, muss er dazu Tatsachen vortragen, die es dem Gericht ermöglichen zu beurteilen, welcher Gewinn er erzielt hätte, wenn der Verletzer nicht in das Urheberrecht eingegriffen hätte. Auch wenn dieser Nachweis durch den Grundsatz der freien gerichtlichen Schadensermittlung nach § 252 Satz 2 BGB und § 287 ZPO erleichtert wird, fällt die Berechnung einer konkreten **Schadenshöhe** oft schwer. Im Ergebnis wählen deshalb nur wenige Nutzungsrechteinhaber diese Berechnungsmethode. Denkbar ist sie z.b. bei Exklusivfotos, hinsichtlich derer ausschließliche Nutzungsrechte an ein Medium verkauft werden sollten, das Geschäft jedoch platzt, weil ein rechtswidriger Nutzer vorher die beabsichtigte Exklusivität durchbrochen hat.

In den meisten Fällen erweist sich die Methode der **fiktiven Li-** **437** **zenzgebühr** (§ 97 Abs. 2 Satz 3 UrhG n. F.) als effektivste Form der Schadensberechnung. Nach dieser Berechnungsmethode soll der verletzte Urheberrechtsinhaber den Betrag bekommen, auf den sich die Vertragspartner verständigerweise geeinigt hätten, ohne dass es darauf ankommt, ob die rechtswidrige Nutzung einen Gewinn abgeworfen hat oder ob der Verletzer in Kenntnis der Honorarpflicht überhaupt bereit gewesen wäre, einen Lizenzvertrag abzuschließen.[1]

Der BGH hat hierzu in der o. g. Entscheidung ausgeführt:

„Die Schadensberechnung auf der Grundlage einer angemessenen Lizenzgebühr ist überall dort zulässig, wo die Überlassung von Ausschließlichkeitsrechten zur Benutzung durch Dritte gegen Entgelt rechtlich möglich und verkehrsüblich ist (BGHZ 44, 372, 374 1 – Meßmer-Tee II; 60, 206, 211 2 – Miss Petite). Sie beruht auf der **Erwägung, daß derjenige, der ausschließliche Rechte anderer verletzt, nicht besser dastehen soll, als er im Falle einer ordnungsgemäß erteilten Erlaubnis durch den Rechtsinhaber gestanden hätte** (st. Rspr., vgl. zuletzt BGH GRUR 1987, 37, 39 Videolizenzvertrag; BGH, Urt. v. 16. 11. 1989 – Raubkopien).

(...)

Der redliche Produzent hat die für die ihm eingeräumt rechtliche Nutzungsmöglichkeit vereinbarte pauschale Lizenzgebühr ungeachtet des Umfangs und des wirtschaftlichen Erfolges der Filmauswertung zu zahlen. Nichts anderes kann dann aber für die Schadensberechnung im Wege der Lizenzanalogie gelten, die auf einer Fiktion eines Lizenzvertrages der im Verkehr üblichen Art beruht. Andernfalls würde in Fällen der vorliegenden Art (...) das wirtschaftliche Risiko der Filmaus-

---

[1] BGH GRUR 1990, 1008, 1010 – *Lizenzanalogie;* BVerfG NJW 2003, 1655, 1656; LG Leipzig NJW-RR 2002, 619, 620.

wertung abweichend von der normalerweise üblichen Gestaltung mit auf den Rechtsinhaber übertragen."

In dem dort entschiedenen Fall wurde mit dieser Erwägung der Einwand des Verletzers verworfen, die von ihm rechtswidrig genutzten Musikstücke seien in einem Film verwendet worden, der nur einmal auf einer Präsentation gezeigt worden sei und keinen Gewinn erwirtschaftet habe. Der BGH hat dem Verletzten gleichwohl aus den obigen Gründen den vollen Lizenzbetrag zugesprochen, der für die Verwendung von Musikstücken in Filmen von regulären Lizenznehmern zu zahlen ist.

Diese **Lizenzhöhe** kann vom Gericht nach § 287 ZPO geschätzt werden.[1] Sie richtet sich in erster Linie in jedem Einzelfall nach den üblichen Vergütungen des klagenden Fotografen in vergleichbaren Fällen, wobei dieser darlegungs- und beweispflichtig ist, also ggf. andere Lizenzverträge offen legen muss. Anderenfalls kommt die Einholung eines Sachverständigengutachtens in Betracht, mit welchem die Gerichte eine Grundlage für ihre Schadensschätzung erhalten. Sachverständige orientieren sich in Fotofällen häufig an der **Honorarübersicht der Mittelstandsgemeinschaft Foto-Marketing (MFM)**, die jährlich eine Tabelle der marktüblichen Vergütungen für Bildnutzungsrechte zusammenstellt (siehe Anhang).[2] Ein großer Teil der Rechtsprechung zieht die **MFM-Honorarübersicht**, teils auch ohne Sachverständigengutachten, ebenfalls bei der Ermittlung der Schadenshöhe heran.[3] Da § 287 ZPO die Begutachtung durch einen Sachverständigen ausdrücklich in das Ermessen des Gerichts stellt, ist dies juristisch gut vertretbar und auch prozessökonomisch.[4] Insbesondere bei Gerichten mit Sonderzuständigkeit für das Urheberrecht bedarf es aufgrund eigener Sachkunde keines Sachverständigengutachtens, wenn die Kammer oder der Senat häufig mit der Bewertung von Fotos befasst ist.[5]

438 Der BGH[6] hat bestätigt, dass branchenübliche Vergütungen und Tarife als Maßstab herangezogen werden dürfen, wenn sich in dem entspre-

---

[1] OLG München NJW-RR 2003, 767.
[2] OLG München ZUM 1992, 152, 153; OLG Düsseldorf NJW-RR 1999, 194.
[3] OLG Hamburg, GRUR-RR 2008, 230, 234 – *Chefkoch;* OLG Düsseldorf GRUR-RR 2006, 393 und NJW-RR 1999, 194; LG Düsseldorf, Urteil vom 8.3.2006, Az. 12 O 34/05 – *TV MAN;* LG Kiel GRUR-RR 2005, 181 (nur Leitsatz) = ZUM 2005, 81, 84; LG Leipzig NJW-RR 2002, 619, 620; LG Berlin ZUM 1998, 673/674, OLG Hamburg ZUM 2002, 833, 836; LG Düsseldorf GRUR 1993, 664; LG Berlin GRUR 2000, 797, 798; LG Flensburg, Urteil vom 22.6.1995, Az. 1 S 30/95; Wandtke/Bullinger/*Thum*, § 72, Rn. 48, 61; Dreier/Schulze, § 97, Rn. 63.
[4] *Nordemann* ZUM 1998, 642, 645; *Nordemann,* in Loewenheim, § 73, Rn. 36.
[5] OLG Hamburg, GRUR-RR 2008, 230, 234 – *Chefkoch.*
[6] BGH GRUR 2006, 136, 138 – *MFM.*

chenden Zeitraum eine solche Übung herausgebildet hat. Macht der Verletzer im Einzelfall jedoch besondere Einwände gegen die Höhe geltend, die auf einem besonders gelagerten Sachverhalt beruhen und die entsprechende Nutzungsart nicht explizit in den MFM-Übersichten aufgeführt ist (im entschiedenen Fall eine Mantellieferung auf regionaler Ebene), darf ein Gericht nach Ansicht des BGH die Schadensschätzung gemäß § 287 ZPO nicht allein auf Basis der MFM-Übersicht vornehmen, sondern muss sich zuvor eigene Erkenntnisse über die Schätzungsgrundlagen des konkreten Falls verschaffen. In anderen Fällen kann wie bisher auf die MFM-Übersicht zurückgegriffen werden, wie z.b. im Fall der ungenehmigten Internetnutzung von Werbefotos durch das OLG Düsseldorf[1], in einem Fall des unzulässigen Nachstellens eines Fotos für eine Werbeanzeige durch das LG Düsseldorf[2], bezüglich der unberechtigten Fotoübernahme in einem Kochportal durch das OLG Hamburg[3] sowie hinsichtlich der Bewertung des Nutzungshonorars für eine Zweitverwertung durch das LG München I[4] (dort nach Einholung eines Sachverständigengutachtes, welches auf die Honorarsätze der MFM abstellte).

Bei der Lizenzanalogie ist ohne Bedeutung, ob der Verletzer bereit gewesen wäre, diesen Preis zu zahlen.[5] Auch wenn er nachweisen kann, dass es für gleichwertige Bilder einen preiswerteren Anbieter gegeben hätte, reduziert dies nicht seine Schadensersatzpflicht.[6] Er muss sich an dem von ihm geschaffenen Schadenszustand festhalten lassen. Im Rahmen der **Lizenzanalogie** ist es auch irrelevant, ob der Verletzer mit seiner unzulässigen Nutzung Umsatz oder Gewinn gemacht hat. Da ein Verletzer sein Unternehmerrisiko ebenso zu tragen hat wie ein rechtmäßiger Lizenznehmer, ist der Verletzer auch dann zur Zahlung der üblichen Lizenz in voller Höhe verpflichtet, wenn die rechtswidrige Handlung für ihn keinen wirtschaftlichen Erfolg gebracht hat.[7] Ein Abschlag ist selbst dann nicht vorzunehmen, wenn der Verletzer das Foto nur sehr kurz genutzt hat, z.B. weil er dann durch einen Unterlassungsanspruch des Rechtsinhabers gestoppt wurde. Nutzt etwa ein Verlag ein Foto nur für einen sehr kleinen Teil einer Buchauflage, muss er trotzdem die vollständige Lizenzgebühr als Schadenersatz leisten. Auch hier gilt der Grundsatz, dass ein Verletzer

---

[1] OLG Düsseldorf GRUR-RR 2006, 393, 394.
[2] LG Düsseldorf, Urteil vom 8.3.2006, Az. 12 O 34/05 – *TV MAN*.
[3] OLG Hamburg GRUR-RR 2008, 230, 234 – *Chefkoch*.
[4] LG München I ZUM 2008, 78, 80 f.
[5] BGH GRUR 1990, 1008, 1009 f.; LG Berlin GRUR-RR 2003, 97, 98.
[6] OLG Düsseldorf NJW-RR 1999, 194, 195.
[7] BGH GRUR 1990, 1008, 1009 f.; BVerfG NJW 2003, 1655, 1666.

nicht besser stehen soll, als ein rechtmäßiger Nutzer[1], der ja auch gezwungen ist, die vollständige Lizenz zu erwerben, selbst wenn er von dieser nur sehr kurz Gebrauch macht. Dazu führt der BGH in seinen Urteilsgründen aus:[2]

> „Das Berufungsgericht ist zu Recht davon ausgegangen, dass bei der Berechnung der angemessenen Lizenzgebühr rein objektiv darauf abzustellen ist, was bei einer vertraglichen Einräumung ein vernünftiger Lizenzgeber gefordert und ein vernünftiger Lizenznehmer gewährt hätte. [...] Denn auf den Umfang der tatsächlichen Filmauswertung – wie er sich bei der nachträglichen Betrachtung darstellt – kommt es in Fällen der vorliegenden Art nicht entscheidend an. Maßgebend ist insoweit, dass der Beklagte überhaupt urheberrechtliche Ausschließlichkeitsrechte, für deren Einräumung üblicherweise eine Lizenzgebühr zu zahlen ist, verletzt.“

439   Ausnahmsweise kann ein dem Grunde nach bestehender **Schadensersatzanspruch** auch im Wege der Berechnung nach der Lizenzanalogie der Höhe nach **entfallen**, wenn eine unerlaubte Nutzung erfolgt ist, deren Honorierung jedoch in ihrer konkreten Begehungsform nicht verkehrsüblich ist und der Verletzte auch nicht darlegen kann, für ebensolche Nutzungen in der Vergangenheit Honorar erhalten zu haben. Eine solche – seltene – Konstellation liegt nach Auffassung des LG Bielefeld[3] vor, wenn ein Foto in Daumennagelgröße als **„thumbnail“** in der Ergebnisliste eines **Suchmaschine** angezeigt wird. Ebenso liegt der Fall nach Auffassung des AG Berlin[4], wenn ein Produktfoto eines Internethändlers in einen lobenden Eintrag eines Kunden in einem **Internetforum** über das dargestellte Produkt übernommen wird.

440   Nach dem Willen des Gesetzgebers besteht im Einzelfall zum gerechten Schadensausgleich die Möglichkeit, den Schadensersatz höher als Lizenzgebühr zu bemessen.[5]

Für einen **höheren Schadenersatz** als die übliche Vergütung, insbesondere über der MFM-Tabelle, ist der Fotograf beweispflichtig.[6] Dies bedarf nach bisheriger Rechtsprechung jedoch einer besonderen Sachlage: So sprach z. B. das LG Hannover[7] einem Fotografen ein höheres Honorar für spezielle **Medizinaufnahmen** zu. Für die fotografisch festgehaltene Explosion eines Gallensteins gab es einen hundertprozentigen Zuschlag, 30 Prozent zusätzlich brachte die Modellaufnahme von

---

[1] BGH GRUR 1990, 1008, 1009.

[2] BGH GRUR 1990, 1008, 1009.

[3] LG Bielefeld, Urteil vom 8.11.2005, 20 S 49/05, JurPC Web-Dok. 106/2006.

[4] AG Berlin-Charlottenburg, Urteil vom 26.3.2008; Az. 203 C 547/07 – nicht rechtskräftig.

[5] *Kitz* NJW 2008, 2374 unter Hinweis auf die Begründung zum Regierungsentwurf in BT-Drucksache 16/5048, S. 96, 124.

[6] OLG Düsseldorf GRUR-RR 2006, 393, 394.

[7] Urteil vom 5. 3. 1996, Az.: 18 O 308/95, zitiert nach *Mielke,* 19.1 ff., 19.4.

einem Patienten im Moment der ärztlichen Behandlung. Das AG Düsseldorf[1] hielt einen hundertprozentigen Zuschlag für **Unterwasseraufnahmen** für gerechtfertigt und verwies darauf, dass auch die MFM-Honorarübersicht solche Zuschläge vorsieht.

Auch außerhalb solcher spezieller Motive bleibt dem Fotografen die Möglichkeit substantiiert darzulegen, dass er regelmäßig höhere Honorare als nach den MFM-Übersichten erzielt und dies durch die **Vorlage von konkreten Lizenzverträgen** belegen kann. Fotografen, die über den MFM-Sätzen arbeiten sollten daher auf eine schlüssige Honorarpolitik achten, am besten anhand einer eigenen Honorartabelle. Ferner sollten auch aus diesem Grunde stets schriftliche Lizenzvereinbarungen betroffen werden, die den Lizenzgegenstand und den Nutzungsumfang genau definieren, um sich im späteren Verletzungsfällen auf diese Beispiele berufen zu können. Ein Fotograf, der belegen konnte, dass er u. a. für Produktionen im „Playboy" und einen Kunstkalender wesentlich höhere Honorare als nach der MFM-Tabelle realisieren konnte, war damit z. B. vor dem OLG Hamburg[2] erfolgreich. Das Gericht berücksichtigte die Vergleichsfälle bei der Schadensberechnung und argumentierte zudem mit der Prominenz und der allgemeinen Anerkennung des Fotografen sowie der hohen Qualität und der großen Verbreitung seiner Bilder. Im Ergebnis wurde dem Kläger daher für sieben Fotos, die ein Verlag rechtswidrig aus einem Bildband entnommen hatte, ein Betrag von 20 000 DM zugesprochen.

(1) Verletzerzuschlag

Obwohl rechtspolitisch wünschenswert gewährt die Rechtsprechung **441** dem Urheber bisher nur in seltenen Fällen einen so genannten **Verletzerzuschlag**. Auch in den jüngsten Novellen des UrhG ist kein entsprechender gesetzlicher Anspruch normiert worden, obwohl dies diskutiert wurde. Die Forderung von Verletzerzuschlägen wird u. a. damit begründet, dass ohne einen solchen Zuschlag der Verletzer nur den Betrag zahlen müsse, der ihm auch bei einer rechtmäßigen Nutzung berechnet worden wäre. Da nicht jede unrechtmäßige Veröffentlichung bemerkt würde, bestünde dadurch ein Anreiz sich rechtswidrig zu verhalten. Außerdem würden Urheberrechtsverletzungen ohne Verletzerzuschlag kalkulierbar, gerade vorsätzliche Rechtsverletzer könnten es auf einen Versuch ankommen lassen und müssten selbst dann, wenn sie entdeckt wird nur die übliche Vergütung zahlen.

Derzeit sprechen die Gerichte einen zusätzlichen **Verletzerzuschlag** nur in Ausnahmefällen zu, z.B. wenn für die Aufspürung

---

[1] Urteil vom 23. 8. 1993, Az.: 29 C 14076/92, zitiert nach *Mielke,* 18.1/18.2.
[2] GRUR 1990, 36, 37.

von Verletzungshandlungen ein eigener Verwaltungsapparat mit den entsprechenden Fixkosten unterhalten wird wie es bei der GEMA für musikalische Aufführungsrechte der Fall ist.[1] Für die Verletzung fotografischer Urheberrechte existiert ein solcher Verwaltungsapparat aber nicht, so dass ein pauschalierter Verletzerzuschlag regelmäßig ausscheidet. Zur Begründung wird unter anderem auch darauf verwiesen, dass der BGH auch im Gebrauchsmuster- und Patentrecht keinerlei **Verletzerzuschläge** gewährt.[2] Bei einer besonders dreisten rechtswidrigen Fotoveröffentlichung hat das LG Düsseldorf[3] allerdings dem Nutzungsberechtigten die doppelte Lizenzgebühr zugesprochen. In diesen Fall hatte der Verletzer mehrmals versucht, die Erlaubnis zur Veröffentlichung zu erlangen. Nachdem ihm dieses nicht gelungen war, publizierte er die Fotos gegen den Willen des Fotografen und der Abgebildeten in einer Wochenzeitschrift. Von solchen besonderen Ausnahmefällen abgesehen gilt aber, dass der jeweils betroffene Urheber im Prozess seinen speziellen **Verfolgungsaufwand** darlegen muss. Nur dieser Betrag kann dann als zusätzlicher Schadenersatz geltend gemacht werden.[4] Unter Verweis auf die Rechtsprechung des BGH führt das OLG Düsseldorf[5] dazu in seinen Entscheidungsgründen aus:

> „Die Gewährung eines pauschalen Verletzerzuschlages durch Verdoppelung einer tariflichen Lizenzgebühr hat absoluten Ausnahmecharakter. Dieser Zuschlag ist in den Fällen der Verletzung musikalischer Aufführungsrechte nur der GEMA einzuräumen, wobei der maßgebende Grund für die Gewährung des doppelten Tarifbetrages in der leichten Verletzbarkeit dieser Rechte und in der Schwierigkeit liegt, die sich auf dem Gebiet der ungenehmigten öffentlichen Musikwiedergabe einer Aufdeckung von Rechtsverletzungen entgegenstellt und dazu führt, dass ständig und überall ein umfangreicher Kontrollapparat aufrecht erhalten werden muss. Dies ist auf andere Rechtsverletzungen und Inhaber von Verwertungsrechten grundsätzlich nicht übertragbar. Es ist allenfalls eine entsprechende Anwendung bei anderen Verwertungsgesellschaften als der GEMA in Betracht zu ziehen. Hierdurch wird der Verletzte nicht schutzlos gestellt. Die Kosten, die zur Ermittlung und Verfolgung der Rechtsverletzung aufgewendet werden müssen, können als konkreter Schaden geltend gemacht werden."

Anders kann die Rechtslage sein, wenn der Urheber in seinen AGB oder in einem Individualvertrag einen zusätzlichen Verletzerzuschlag ausdrücklich regelt, auch die Rechtsprechung solche Klauseln in allgemeinen Geschäftsbedingungen in der Vergangenheit als rechtswidrig angesehen hat[6]. Auch wenn der Gesetzgeber bis heute davon abgese-

---

[1] BGH GRUR 1990, 353, 355.
[2] LG München ZUM-RD 1997, 249, 255.
[3] GRUR 1993, 664, 665.
[4] OLG Düsseldorf NJW-RR 1999, 194, 195; LG Berlin ZUM 1998, 673, 674.
[5] OLG Düsseldorf NJW-RR 1999, 194, 195.
[6] *Mielke/Mielke* in: ZUM 1998, 646, 649.

hen hat einen besseren Schutz gegen Urheberrechtsverletzungen durch Verletzerzuschläge zu normieren, ist die Diskussion in der Literatur noch nicht beendet. Unter anderem wird vorgeschlagen, bei Verletzungen immer die doppelte Lizenzgebühr zu berechnen oder einen Verletzerzuschlag nach den individuellen Umständen des Einzelfalls zuzulassen.[1]

(2) Fehlende oder unzureichende Urheberbenennung

Trotz der klaren Vorschrift in § 13 UrhG (siehe Rn. 392), kommt **442** es immer wieder vor, dass Fotos entgegen dem Wunsch des Urhebers ohne dessen **Namensnennung** veröffentlicht werden. Da dies nicht nur einen eindeutigen Rechtsverstoß darstellt, sondern dem Urheber auch eine wichtige und zudem kostenlose Möglichkeit nimmt, auf sich und sein Werkschaffen aufmerksam zu machen, hält die Rechtsprechung in diesen Fällen einen zusätzlichen Schadenersatzanspruch für gerechtfertigt. Die Gerichte sprechen dem Urheber dann überwiegend einen hundertprozentigen Aufschlag zu, wobei der Anspruch teilweise auch als Verletzung des Urheberpersönlichkeitsrechts angesehen wird, mit der Folge, dass der Anspruch auf § 97 Abs. 2 UrhG gestützt wird.[2] Dies gilt auch dann, wenn die Urheber zwar genannt werden, sie aber den verschiedenen Fotos nicht eindeutig zuordenbar sind[3] oder gar eine Falschbenennung erfolgt. Im letzteren Fall schließt auch eine anschließende Richtigstellung den Entschädigungsanspruch nicht aus.[4] Auch bei **Filmwerken** ist eine Urheberbenennung erforderlich, wenn dies nicht ausdrücklich anders vereinbart ist. Der Regisseur *Paul Verhoeven* erhielt z. B. DM 20 000,– Entschädigung, weil in der Videoausgabe des Filmes „Das kalte Herz" der Vorspann mit dem Namen weggeschnitten wurde.[5] Die **Verdoppelung der Lizenzgebühr bei fehlender oder unzutreffendem Urhebervermerk** kann auch schon in zulässiger Weise vorher vertraglich (auch in den **AGB**) vereinbart werden (siehe

---

[1] Schricker/*Wild,* Urheberrecht, § 97 Rn. 70; *Bodewig/Wandtke* GRUR 2008, 220, 226 ff.; Wandtke/Bullinger/*v.Wolff,* § 97 Rn. 75 ff.

[2] OLG Düsseldorf GRUR-RR 2006, 393, 394; LG Düsseldorf, Urteil vom 8.3.2006, Az. 12 O 34/05 – *TV MAN;* LG Berlin GRUR 2006, 141; LG Berlin ZUM 1998, 673, 674; LG Münster NJW-RR 1996, 32, 33; AG Frankfurt/M., Urteil vom 10.9.2007, Az. 30 C 1806/07-75; LG Flensburg, Urteil vom 22.6.1995; Az. 1 S 30/95; a. A. LG Kiel GRUR-RR 2005, 181 (nur Leitsatz) = ZUM 2005, 81, 85 mit schwer nachvollziehbarer Begründung.

[3] LG München I ZUM 1995, 57, 58; *Spieker* GRUR 2006, 118 ff.

[4] LG Berlin GRUR 2006, 141; *Spieker* GRUR 2006, 118 ff.

[5] OLG München ZUM 2000, 61; weitere Beispiele (auch für Fotos) bei *Peters,* Fernseh- und Filmproduktion, Rn. 102.

hierzu auch Rn. 361).[1] Voraussetzung für den Schadenersatzanspruch ist dies jedoch nicht zwingend: Ohne ausdrückliche Regelung orientieren sich viele Gerichte an den Tarifen der **MFM** und der **VG Bild-Kunst**, die ebenfalls einen hundertprozentigen Aufschlag vorsehen (siehe Anhang).

Vereinzelt[2] wird die Höhe des Schadenersatzes von der Werthaltigkeit der Urhebernennung abhängig. Danach soll ein hundertprozentiger Aufschlag nur berechtigt sein, wenn der Urhebervermerk eine besondere Werbewirkung hat. Das LG Hamburg bejahte dies bei Fotos, die *Boris Becker* mit seiner vorübergehenden Freundin *Sabrina Setlur* zeigten. Die Annahme von **Branchenbräuchen**, nach denen eine Urheberbezeichnung unüblich ist und wegen derer daher kein Zuschlag fällig wird, darf nicht leichtfertig getroffen werden. Um Missbräuchen vorzubeugen, bedarf dies eine sorgfältige Prüfung im Einzelfall. Für die Nutzung von Werbefotos im Internet hat das OLG Düsseldorf[3] einen solchen Branchenbrauch nicht erkennen können und sprach den Zuschlag zu. Ohne vertiefende Begründung hat hingegen das OLG Hamburg[4] die Verdopplung des Honorars wegen eines fehlenden Bildquellennachweises in einem **Internetportal** (wo die rechtwidrigen Fotos von Dritten eingestellt worden waren) abgelehnt, weil der rechtswidrigen Nutzung „letztlich immanent" sei, dass der Portalbetreiber „nicht davon ausgegangen ist, ein solcher Nachweis sei überhaupt geschuldet."

ee) Immaterieller Schadenersatz (§ 97 Abs. 2 UrhG)

443   Zusätzlich zum materiellen Schadenersatz gewährt § 97 Abs. 2 UrhG auch ausdrücklich einen Anspruch auf **immateriellen Schadenersatz**. Allerdings nur „wenn und soweit es der Billigkeit entspricht", wie das Gesetz ausdrücklich einschränkt.

Bei diesem Anspruch handelt es sich um einen finanziellen Ausgleich für die Verletzung ideeller Interessen, nicht für einen Vermögensschaden. Es besteht insofern eine Vergleichbarkeit zum persönlichkeitsrechtlichen Geldentschädigungsanspruch, der nach der Rechtsprechung des BGH nur bei einem schweren und nachhaltigen Eingriff in Art. 2 Abs. 1 i. V. m. Art. 1 Abs. 1 GG gegeben ist. Voraussetzung ist dort, dass eine Genugtuung des Verletzten und ein angemessener Ausgleich nicht anders zu erreichen ist.[5] Ähnlich hohe Hürden gibt es beim immateriellen Schadenersatzanspruch nach § 97 Abs. 2 UrhG. Voraussetzung

---

[1] KG Berlin, Urteil vom 17. 10. 1995, Az.: 5 U 5057/94, zitiert nach *Mielke,* 17.1., 17.3.; LG Hamburg, Urteil vom 20.11.1988; Az. 74 O 68/87.
[2] So z. B. LG Hamburg, Urteil vom 4. 4. 2003, Az: 308 O 515/02.
[3] OLG Düsseldorf GRUR-RR 2006, 393, 395.
[4] OLG Hamburg, GRUR-RR 2008, 230, 234 – *Chefkoch.*
[5] BGHZ 26, 349, 355, BGHZ 128, 1, 12/13.

ist eine besonders schwerwiegende Verletzung des **Urheberpersön-lichkeitsrechts.** Ob ein solcher vorliegt hängt insbesondere von der **Bedeutung und Tragweite des Eingriffs sowie vom Anlass und Beweggrund des Handelnden, aber auch vom Grad seines Verschuldens** ab.[1] Danach scheidet ein Anspruch auf immateriellen Schadenersatz aus, wenn der Verwerter die Bilder lediglich veröffentlicht hat, ohne dazu berechtigt zu sein.[2] Es reicht auch z. B. nicht, dass ein Foto in einer esoterischen Zeitschrift abgedruckt wird, mit dessen Inhalt sich der Urheber nicht identifizieren kann.[3]

Für einen Anspruch auf immateriellen Schadenersatz kommen **444** somit nur Fälle in Betracht, die über das normale Maß einer Urheberrechtsverletzung deutlich hinausgehen, wie z.B. die **grobe Entstellung** eines Fotos und/oder eine **besonders dreiste Form der Urheberrechtsanmaßung.** So verurteilte der BGH[4] einen Verlag zu einer Geldentschädigung in Höhe von DM 5000, weil dieser das prämierte Photo eines bekannten Fotografen in verstümmelter Form auf einem Buchumschlag verwendet hatte. Dazu führt der BGH wörtlich aus:

> „Nach den Feststellungen des Berufungsgerichts handelt es sich um ein Lichtbildwerk von außergewöhnlich schöpferischer Eigenart, das in Fachkreisen weltweite Anerkennung gefunden hat und den Kläger als Vertreter der subjektiven Fotografie bekannt gemacht hat mit der weiteren Folge, dass der Kläger in die Liste der 400 hervorragenden Photografen der Welt aufgenommen worden ist. Bei dieser besonderen Sachlage hat das Berufungsgericht – in Übereinstimmung mit dem Sachverständigen – ohne Rechtsverstoß von einem erheblichen persönlichen Interesse und einer so starken Bindung des Klägers an seinem Werk ausgehen können, dass ihm die Missachtung seiner Entschließungsfreiheit über die Werkverwertung und die Form der anonymen Verwendung eines wesentlichen Teilausschnitts des Lichtbildwerks – nämlich der ausdrucksstarken fragenden Augenpartie des Mädchens – durch die Beklagte schwerwiegend in seinen urheberpersönlichkeitsrechtlichen Belangen getroffen hat. Das Berufungsgericht hat diese schwerwiegende Interessensverletzung rechtsfehlerfrei darin gesehen, dass der Kläger durch die Verwertung seines Lichtbildwerkes zur Ausgestaltung eines Buchumschlages, überdies in einer Verstümmelung gleichkommenden Weise, in den maßgebenden Fachkreisen in seinen künstlerischen Absichten und in seinem Ansehen als anerkannter Photograf beeinträchtigt sei; es sei allgemein der Eindruck entstanden, der Kläger habe sein bedeutendes Werk allein aus kommerziellen Erwägungen in einer solchen künstlerisch abwertenden Weise verwertet."

Auch die übrige Rechtsprechung orientiert sich stark an subjektiven Elementen: Ein Handeln aus rein kommerziellen Gründen sowie eine Veröffentlichung entgegen dem ausdrücklichen Willen des Rechtsin-

---

[1] BGH NJW 1995, 861, 864.
[2] OLG Hamburg ZUM 1998, 324, 325.
[3] OLG München NJW-RR 1997, 493/494.
[4] GRUR 1971, 525 ff.

habers sind gewichtige Argumente für eine besonders schwerwiegende Verletzung, die einen immateriellen Schadenersatz rechtfertigen können.[1]

Teilweise ergibt sich der Anspruch auf einen Honorarzuschlag bei **fehlender oder falscher Urheberbenennung** ebenfalls aus § 97 UrhG in Verbindung mit § 13 UrhG (siehe oben Rn. 442).

ff) Prüfschema Schadensersatz

445 Bei der Prüfung eines Schadensersatzanspruches können folgende Punkte als Checkliste dienen:

1. **Urheberschaft an dem Foto**
   - Nachweis der Urheberschaft
   - Falls Kläger nicht selber Urheber: Nachweis der Rechteinhaberschaft und der Aktivlegitimation
   - Geltendmachung innerhalb der Schutzdauer/Verjährung

2. **Widerrechtlicher Eingriff**
   - Ist in das Urheberrecht eingegriffen worden, zum Beispiel durch eine Veröffentlichung des Fotos?
   - Hat der Gegner Nutzungsrechte an dem Foto oder bestehen gesetzliche Ausnahmen?
   - Wer ist der Verletzer und damit der richtige Anspruchsgegner?

3. **Verschulden**
   - Liegt eine Sorgfaltspflichtverletzung vor (Vorsatz oder Fahrlässigkeit; strenger Sorgfaltsmaßstab)?
   - Kommt eine verschuldensunabhängige Anspruchsgrundlage in Betracht (siehe Rn. 446)?

4. **Schadensberechnung**
   - Ist dem Verletzer ein Schaden entstanden, den er nach einem der drei Berechnungsarten geltend machen kann?
     - Herausgabe des Verletzergewinns
     - Berechnung des entgangenen Gewinns
     - Fiktive Lizenzgebühr
   - Kann eine zusätzliche Entschädigung wegen fehlender Urheberbenennung, in Form eines Verletzerzuschlags oder immateriellen Schadenersatzes geltend gemacht werden?

---

[1] OLG Hamburg ZUM 1998, 324, 325.

gg) Ansprüche aus anderen Vorschriften (§ 102 a UrhG)

Aus § 102 a UrhG (früher § 97 Abs. 3 UrhG) ergibt sich ausdrück- **446** lich, dass Ansprüche aus anderen gesetzlichen Vorschriften unberührt bleiben. Besondere Bedeutung hat dabei der **Bereicherungsanspruch** gemäß §§ 812 ff. BGB, da er gegenüber dem Schadensersatzanspruch nach § 97 Abs. 2 UrhG **kein Verschulden** voraussetzt. Inhaltlich richtet sich der Bereicherungsanspruch auf den grundlosen Vermögenszuwachs beim Verletzer. Das Erlangte im Sinne von § 812 Abs. 1 Satz 1 BGB ist aber nicht die Lizenzgebühr, sondern der Gebrauch des Urheberrechts. Dadurch greift der Verletzer in die Nutzungsbefugnis des Rechteinhabers ein. Da dies jedoch seiner Natur nach nicht herausgegeben werden kann, hat der Verletzer gemäß § 818 Abs. 2 BGB den Wert zu ersetzen. Auf den Wegfall der Bereicherung kann sich der Verletzte nicht berufen, da das Erlangte – der Gebrauch des Urheberrechts – nicht mehr entfallen kann. Im Ergebnis entspricht der Bereicherungsanspruch somit der Schadensersatzhaftung, wenn der Nutzungsberechtigte die Berechnungsmethode der **Lizenzanalogie** wählt. Das LG Hamburg[1] hat hierzu ausgeführt:

> „Die Klägerin ist aktivlegitimiert (hierzu 2.) wegen der unberechtigten Nutzung (hierzu 3.) von der Beklagten sowohl im Wege des Schadensersatzes nach § 97 Abs. 11 UrhG als auch im Wege des bereicherungsrechtlichen Ausgleichs in Form der Eingriffskondiktion gemäß §§ 812 Abs. 1, 818 Abs. 2 BGB die Zahlung einer angemessenen Lizenz in Höhe von (…) beanspruchen zu können (…).
> Da die Klägerin hier die angemessene Lizenz für die Nutzung verlangt, führen beide Anspruchsgrundlagen zu demselben Ergebnis. Der Höhe nach schuldet die Beklagte die Zahlung von DM (…). Die angemessene Lizenz ist derjenige Betrag, den „bei vertraglicher Einräumung ein vernünftiger Lizenzgeber gefordert und ein vernünftiger Lizenznehmer gewährt hätte, wenn beide die im Zeitpunkt der Entscheidung gegebene Sachlage gekannt hätten" (Möhring/Nicolini/Lütje, a. a. O., § 97 Rdn. 185 m. w. N.). Die Kammer gelangt im Wege der Schätzung unter Anwendung des § 287 ZPO zu dem oben genannten Betrag. Ausgangspunkt der Schätzung sind dabei die Vergütungen, die den im Internet veröffentlichten Allgemeinen Vertragsbedingung der Klägerin zu entnehmen sind, und die der Kammer grundsätzlich als angemessen für ein Kartenwerk wie das der Klägerin erscheinen. Dass sich das gegebene Preisniveau in einem angemessenen Rahmen bewegt, belegen im übrigen auch die in den Allgemeinen Vertragsbedingungen beispielhaft genannt Firmenanwendungen. Ebenso wie es der Klägerin verwehrt ist, mit Erfolg einzuwenden, sie gebe keine Rabatte, ist der Beklagten der Einwand versagt, zu einem solchen Preis hätte sie einen Vertrag nicht abgeschlossen. Ebenso wenig kommt es darauf an, welche Vergütung konkrete einzelne andere Anbieter für andere Nutzungszeiträume verlangen."

---

[1] LG Hamburg, Urteil vom 27. 3. 2002, Az. 308 0 179/01 – rechtskräftig.

hh) Vernichtung, Rückruf und Überlassung (§ 98 UrhG)

447   Nach § 98 UrhG kann der Urheberrechtsinhaber auch verlangen, dass ihm rechtswidrig hergestellte **Vervielfältigungsstücke** überlassen werden oder der Verletzer diese Stücke vernichtet. Dieser Anspruch steht selbständig neben § 97 UrhG und seine Durchsetzung hat somit auf die Höhe des Schadenersatzes keinen Einfluss. Anders als bei den Schadenersatzansprüchen ist für den **Herausgabe- oder Vernichtungsanspruch** nach § 98 UrhG kein Verschulden des Verletzers erforderlich. Voraussetzung ist lediglich, dass sich rechtswidrig hergestellte, verbreitete oder zur rechtswidrigen Verbreitung bestimmte Vervielfältigungsstücke im Besitz oder Eigentum des Verletzers befinden. Die Norm findet somit keine Anwendung auf Originale oder rechtmäßig hergestellte Kopien.

Der Verletzte kann nach § 98 Abs. 1 UrhG verlangen, dass alle Vervielfältigungsstücke vernichtet werden. Alternativ hat der Rechtsinhaber nach § 98 Abs. 3 UrhG einen Herausgabeanspruch. Macht er diesen geltend, kann der Verletzer im Gegenzug allerdings eine angemessene Vergütung verlangen, welche die Herstellungskosten aber nicht überschreiten darf.

Nach § 98 Abs. 2 UrhG besteht ferner ein Anspruch auf **Rückruf** von rechtswidrig hergestellten, verbreiteten oder zur rechtswidrigen Verbreitung bestimmten Vervielfältigungsstücken.

Eingeschränkt wird der Vernichtungs-, Überlassungs- und Rückrufsanspruch durch § 98 Abs. 4 und § 100 UrhG. Nach § 98 Abs. 4 UrhG sind die Ansprüche ausgeschlossen, wenn ihre Durchsetzung im Einzelfall unverhältnismäßig wäre. An die Unverhältnismäßigkeit sind jedoch hohe Anforderungen zu stellen, damit die gesetzlichen Ansprüche aus § 98 Abs. 1–3 UrhG nicht völlig ins Leere laufen. Wirtschaftliche Belastungen, die nach ihrem Wesen typischerweise auf Seiten des Verletzers durch eine Vernichtung etc. entstehen, reichen allein nicht aus. Auch sind die berechtigten Interessen des verletzten Urhebers in die Prüfung einzubeziehen. Nach einem Urteil des OLG Hamburg[1] muss kein Urheber hinnehmen, dass gegen seinen Willen auf den ersten Blick nicht unterscheidbare Vervielfältigungsstücke neben das Original treten. In Fällen der Urheberrechtsverletzung durch die rechtswidrige Nutzung von Fotos kommt eine Unverhältnismäßigkeit nach § 98 Abs. 4 UrhG somit nur in äußerst seltenen Fällen in Betracht, z.B. wenn in einem aufwändig und in hoher Auflage produzierten Buch nur ein eher unbedeutendes Bild rechtswidrig abgedruckt wurde.

Unter den besonderen Voraussetzungen des § 100 UrhG ist dem Verletzer zu gestatten, die Ansprüche durch eine finanzielle Entschä-

---

[1] ZUM 1998, 938, 942.

digung abfinden. Dies setzt jedoch voraus, dass dem Verletzer ein unverhältnismäßig großer Schaden entstehen würde und er weder vorsätzlich noch fahrlässig gehandelt hat.

Neben dem Überlassungsanspruch aus § 98 UrhG kann auch auf vertraglicher oder allgemeiner zivilrechtlicher Grundlage (§ 985 BGB) ein Herausgabeanspruch bestehen, wenn Fotos auf körperlichen Trägern (z.B. Dias), die im **Eigentum** des Fotografen stehen (zum Eigentum am Fotomaterial siehe oben Rn. 352), vom Nutzer nicht zurückgegeben werden. Der zivilrechtliche Herausgabeanspruch kann aber verwirkt sein, wenn die Herausgabe über mehrere Jahre nicht verlangt worden ist und der Besitzer daher in schutzwürdiger Weise davon ausgehen durfte, die Fotos behalten zu dürfen. Nach einer Entscheidung des LG München I kann die **Verwirkung** nach 6 Jahren eintreten, auch wenn noch keine Verjährung eingetreten ist.[1]

Wenn ein Herausgabeanspruch geltend gemacht wird, müssen die betroffenen Fotos dabei präzise bezeichnet werden. Dies bereitet in der Praxis mitunter Schwierigkeiten, wenn dem Anspruchsteller keine Kopien vorliegen. In solchen Fällen reicht es für einen **bestimmten Klagantrag** im Sinne von § 253 Abs. 2 Nr. 2 ZPO aus, die Anzahl der herausverlangten Bildträger (z.B. Dias) zu nennen, den Bildinhalt grob zu beschreiben und zu erklären, dass sie sich zum Zeitpunkt der Rechtshängigkeit der Klage im Besitz des Anspruchsgegners befunden haben sollen.[2]

ii) Urteilsveröffentlichung (§ 103 UrhG)

Ein Anspruch auf **Urteilsveröffentlichung** setzt nach dem Wortlaut von § 103 UrhG ausdrücklich ein berechtigtes Interesse des Rechtsinhabers voraus. In Frage kommen somit nur schwerere und umfangreiche Urheberrechtsverletzungen. Außerdem muss die Veröffentlichung auch erforderlich und geeignet sein, den betreffenden Teil der Öffentlichkeit zu erreichen und aufzuklären. Diese Voraussetzungen dürften bei einer rechtswidrigen Nutzung von Fotos nur sehr selten vorliegen. **448**

jj) Strafrechtliche Konsequenzen (§§ 106 ff. UrhG)

Neben den zivilrechtlichen Ansprüchen kann die Verletzung von Urheberrechten auch strafrechtliche Konsequenzen haben. So wird die unerlaubte Verwertung urheberrechtlich geschützter Werke gemäß § 106 Abs. 1 UrhG mit **Freiheitsstrafe** bis zu drei Jahren oder mit **Geldstrafe** bestraft. Nach § 106 Abs. 2 UrhG ist auch der Ver- **449**

---

[1] LG München I ZUM 2008, 78.
[2] LG München I ZUM 2008, 78.

such strafbar. Bei gewerblichem Handeln erhöht sich das Strafmaß auf bis zu fünf Jahre (§ 108 a UrhG). Allerdings handelt es sich mit Ausnahme der gewerbsmäßigen Verwertung nach § 108 a UrhG bei den Strafvorschriften des Urheberrechtsgesetzes um relative Antragdelikte gemäß § 109 UrhG. Voraussetzung ist somit immer ein **Strafantrag** des Rechtsinhabers, es sei denn die Staatsanwaltschaft bejaht ein besonderes öffentliches Interesse, was sehr selten der Fall sein dürfte. Und selbst wenn ein Strafantrag vorliegt, erhebt die Staatsanwaltschaft gemäß §§ 376, 374 StPO nur Anklage, wenn dies im öffentliche Interesse liegt und verweist ansonsten auf den **Privatklageweg**.

In der Praxis ist die strafrechtliche Bedeutung der §§ 106 ff. UrhG gering. Wenn die Staatsanwaltschaft allerdings Ermittlungen einleitet, kann dies genutzt werden, um die Beweislage für die Durchsetzung zivilrechtlicher Ansprüche zu verbessern, denn es besteht ein Akteneinsichtsrecht gemäß § 406e StPO.

i) Technische Schutzvorkehrungen

450 Die Digitalisierung der Medienwelt hat auch im Bereich der Fotografie zu einer erhöhten Verletzbarkeit des Urheberrechts geführt. Bilddateien können ohne Aufwand und ohne Qualitätsverlust kopiert und versendet werden. Missbräuchliche Nutzungen sind oftmals nur durch Zufall auffindbar. Selbst dann bestehen nicht selten Beweisprobleme oder andere formelle Schwierigkeiten, die einer effektiven Durchsetzung von Ansprüchen entgegenstehen.

Es liegt daher im Interesse der Fotografen und ihrer Agenturen, Urheberrechtsverletzungen schon im Vorfeld durch **technische Schutzvorkehrungen** zu verhindern und die **Beweislage** (hierzu auch oben Rn. 370) zu verbessern.

Mit Hilfe **digitaler Wasserzeichen** können Bilddateien gekennzeichnet werden, um die Herkunft eines Fotos nachvollziehen zu können und damit die Verfolgung von Urheberrechtsverletzungen zu erleichtern. Hierfür werden in der Regel unsichtbare oder binäre Wasserzeichen eingesetzt. Binäre Wasserzeichen verändern den nicht sichtbaren Teil einer Bilddatei, können aber mit einer entsprechenden Software jederzeit wieder ausgelesen werden. Sichtbare Wasserzeichen sind hingegen Namen oder Zeichen (wie z.B. das Copyright ©), welche unverdeckt in ein Foto fest eingebunden werden, um es für unerlaubte Nutzungen unbrauchbar zu machen und vor Urheberrechtsverletzungen abzuschrecken. Solche sichtbaren Wasserzeichen sind in der Praxis z.B. bei online-Ansichtsdatenbanken Einsatz. Es gibt auch andere technische Möglichkeiten zu verhindern oder zumindest zu erschweren, dass Ansichtsbilder ohne Zustimmung kopiert und heruntergeladen werden.

Das Urhebergesetz lässt technische Schutzvorkehrungen im Rah- **451** men der §§ 95 a ff. UrhG ausdrücklich zu und stellt die Umgehung derartiger Schutzmaßnahmen in § 108 b UrhG unter **Strafe**, ebenso die Manipulation oder Entfernung von Urheberinformationen (z. B. Wasserzeichen), sofern beides nicht ausschließlich zum privatem Gebrauch erfolgt. Auch nach der Novellierung des UrhG zum 1.1.2008 („Korb II") ist es zulässig, technische Schutzvorkehrungen gegen digitale Privatkopien (§ 53 UrhG) einzurichten.[1] Gemäß § 95 b UrhG ist beim Einsatz solcher Technologien ansonsten sicherzustellen, dass die gesetzlichen Beschränkungen des Urheberrechts eingehalten werden, also den Berechtigten in den in § 95 b definierten Fällen einwilligungslose Nutzungen im Rahmen der Schranken des Urheberrechts ermöglicht werden.

Das **Umgehungsverbot** in §§ 95 a, 108 b UrhG gilt nur für „wirksame" technische Maßnahmen. Nach gesetzlicher Definition in § 95a Abs. 2 UrhG sind technische Schutzmaßnahmen **wirksam**, wenn durch sie die Nutzung des geschützten Werkes durch eine Zugangskontrolle, einen Schutzmechanismus wie Verschlüsselung, Verzerrung oder sonstige Umwandlung oder durch einen Mechanismus zur Kontrolle der Vervielfältigung, die die Erreichung des Schutzzieles sicherstellen, unter Kontrolle gehalten wird. Diese − in der Praxis auslegungsbedürftige − Formulierung basiert auf den Vorgaben der zu Grunde liegenden EU-Richtlinie. Erfasst werden z. B. auch Systeme zum **Digital rights management** (DRM), die nur eine bestimmte Anzahl an Vervielfältigungen zulassen oder den Kreis der Zugriffsberechtigten regulieren. Es kann sich um **Hard- oder Softwarelösungen**, auch in **Kombination** handeln. Erforderlich ist keine absolute Unüberwindbarkeit, sondern nur, dass es sich um technische Maßnahmen handelt, die nicht schon von jedermann mit allgemein verfügbarer Software einfach und schnell umgangen werden können.[2] Aufgrund der ständigen technischen Fortentwicklung wird hierbei ein sich fortlaufender anpassender Standard erforderlich sein. Einschlägige Rechtsprechung fehlt noch. Schon aus tatsächlichen Gründen ist zu empfehlen, stets die sicherste technische Variante zu wählen und deren Wirksamkeit regelmäßig zu prüfen, wenn technische Schutzmaßnahmen eingesetzt werden.

Wenn technische Schutzmaßnahmen eingesetzt werden, ist dies gemäß § 95 d UrhG **unter Angabe von Namen, Firma und Adresse kenntlich** zu machen.

---

[1] *Spindler* NJW 2008, 9, 11.
[2] Dreier/Schulze, § 95 a, Rn. 15.

Anhang

1. Honorarübersichten

a) Honorarübersichten der Mittelstandsgemeinschaft Foto-Marketing

Die Mittelstandsgemeinschaft Foto-Marketing (MFM) ermittelt jährlich Honorarhöhen auf der Basis der von Fotografen und Agenturen am Markt erzielten Preise. Die Höhe der Honorare sind nach Mediengattungen und Intensität der Nutzung untergliedert. Die Tabellen unterscheiden u. a. zwischen Kunden- und Publikumszeitschriften, Tageszeitungen, Taschenbüchern, Bildbänden sowie Internet- und Fernsehnutzung. Auch Firmenzeitschriften, Warenkataloge und Reiseprospekte haben eigene Honorartabellen.

Innerhalb der unterschiedlichen Gruppen wird dann nach Größe des Fotos sowie der Verbreitungshäufigkeit, also z.b. Auflage bei Printmedien oder aber Nutzungsdauer bei Internetdiensten, differenziert.

Einige Beispiele aus der MFM-Tabelle 2006: Für ein halbseitiges Foto in einer **Publikumszeitschrift** mit einer Auflage von 250 000 bis 500 000 Exemplaren beträgt das Honorar 225 € (**Kundenzeitschrift** 300 €). Handelt es sich um eine ganze Seite, erhöht sich das Honorar bei gleicher Auflage auf 350 € (Kundenzeitschrift 480 €, DIN A4), für ein Titelfoto auf 700 € (Kundenzeitschrift 960 €).

Bei **Tageszeitungen** fallen die Honorare nach der MFM-Tabelle hingegen deutlich geringer aus. So wird ein Seitenaufmacher bei einer Auflage zwischen 250 000 und 500 000 Exemplaren mit 125 € vergütet, bei einem einspaltigen Foto sind gerade einmal 70 € vorgesehen.

Bei redaktioneller Nutzung im **Fernsehen (Vollprogramm)** werden für eine Einblendung von bis zu zehn Sekunden 135 € angegeben. Bei einer redaktionellen Verwendung in einer nicht kostenpflichtigen **Online-Zeitung im Internet** sieht der Honorarkatalog für eine sechsmonatige Nutzung 120 € vor, bei kostenpflichtigen Online-Zeitungen 175 €.

Dies alles gilt aber nur bei der redaktionellen Verwendung von Bildern. Sobald Fotos für **Werbezwecke** genutzt werden, steigen die Tarife deutlich an. Im **Internet** gibt es dann etwa bei einer sechsmonatigen Nutzung bereits 180 €, handelt es sich um mehrsprachige Werbung oder in Englisch steigt der Betrag auf 325 €. Bei **Prospekten, Broschüren** und ähnlichen Werbemitteln beträgt das Honorar bei einem Foto bis Format DIN A4 je nach Auflage € 225 (1000 Exemplare) bis € 1460 (10 Mio.).

Zudem gibt es ein komplexes System von **Zuschlägen und Nach-lässen**, welches z. B. einen Zuschlag von 100 % für besondere Motive (z. B. Luft- oder Unterwasseraufnahmen) und bei einer unterlassenen Urhebernennung vorsieht.

Aufgrund des sehr differenzierten Honorarsystems ist für die Ermittlung eines konkreten Honorares für ein Foto die jährlich neu erscheinende MFM-Broschüre einzusehen.

b) Tarifkatalog der Verwertungsgesellschaft Bild-Kunst

Auch der Tarifkatalog der Verwertungsgesellschaft (VG) Bild-Kunst ist sehr stark nach unterschiedlichen Medien, wie u. a. Zeitungen, Broschüren, Kalendern und deren Druckauflage untergliedert. Das Tarifsystem unterscheidet sich zudem von den MFM-Übersichten. So gibt es bei der VG Bild-Kunst für ein halbseitiges Foto in einer Publikumszeitschrift mit einer Auflage von 250 000 bis 500 000 Exemplaren ein Honorar von 229 € (s/w) bzw. 347 € (farbig). Eine ganze Seite wird mit 308 € (s/w) bzw. 468 € (farbig) honoriert. Für Titelfotos und für Abbildungen in Kundenzeitschriften sind jeweils Zuschläge von 100 % vorgesehen. Ein solcher Zuschlag wird auch bei einer unterlassenen Urhebernennung angesetzt. Für Veröffentlichungen in Kunstzeitschriften oder Schulbüchern wird hingegen ein Nachlass von 25 % gewährt.

Auch der Tarifkatalog der VG Bild-Kunst ist so differenziert, dass sich ein konkreter Preis für ein Foto nur mit Hilfe der entsprechenden tabellarischen Auflistungen ermitteln lässt. Im Gegensatz zu den MFM-Tabellen ist der Tarifkatalog der VG Bild-Kunst aber im Internet abrufbar (www.bildkunst.de).

2. Kunsturheberrechtsgesetz (KUG)

Gesetz betreffend das Urheberrecht an Werken der bildenden Künste und der Photographie (Kunsturheberrechtsgesetz – KUG) vom 9. Januar 1907 (RGBl. S. 7) (BGBl. III 440-3)

Das Gesetz wurde durch §141 Nr. 5 Urheberrechtsgesetz vom 9.9.1965 (BGBl. I S. 1273) mit Wirkung vom 1.1.1966 aufgehoben, soweit es nicht den Schutz von Bildnissen betrifft. Nachstehend werden deshalb nur noch die Vorschriften zum Schutz von Bildnissen wiedergegeben. Der kursiv gesetzte Text ist nur noch in Kraft, soweit er sich auf Bildnisse bezieht.

§ 22. *Bildnisse dürfen nur mit Einwilligung des Abgebildeten verbreitet oder öffentlich zur Schau gestellt werden. Die Einwilligung gilt im*

Zweifel als erteilt, wenn der Abgebildete dafür, daß er sich abbilden ließ, eine Entlohnung erhielt. Nach dem Tode des Abgebildeten bedarf es bis zum Ablauf von 10 Jahren der Einwilligung der Angehörigen des Abgebildeten. Angehörige im Sinne dieses Gesetzes sind der überlebende Ehegatte und die Kinder des Abgebildeten, und wenn weder Ehegatte noch Kinder vorhanden sind, die Eltern des Abgebildeten.

§ 23. (1) Ohne die nach § 22 erforderliche Einwilligung dürfen verbreitet und zur Schau gestellt werden:

1. Bildnisse aus dem Bereich der Zeitgeschichte;
2. Bilder, auf denen die Personen nur als Beiwerk neben einer Landschaft oder sonstigen Örtlichkeit erscheinen;
3. Bilder von Versammlungen, Aufzügen und ähnlichen Vorgängen, an denen die dargestellten Personen teilgenommen haben;
4. Bildnisse, die nicht auf Bestellung angefertigt sind, sofern die Verbreitung oder Schaustellung einem höheren Interesse der Kunst dient.

(2) Die Befugnis erstreckt sich jedoch nicht auf eine Verbreitung und Schaustellung, durch die ein berechtigtes Interesse des Abgebildeten oder, falls dieser verstorben ist, seiner Angehörigen verletzt wird.

§ 24. Für Zwecke der Rechtspflege und der öffentlichen Sicherheit dürfen von den Behörden Bildnisse ohne Einwilligung des Berechtigten sowie des Abgebildeten oder seiner Angehörigen vervielfältigt, verbreitet und öffentlich zur Schau gestellt werden.

§ 33. (1) Mit Freiheitsstrafe bis zu einem Jahr oder mit Geldstrafe wird bestraft, wer entgegen §§ 22, 23 ein Bildnis verbreitet oder öffentlich zur Schau stellt.

(2) Die Tat wird nur auf Antrag verfolgt.

§ 37. (1) Die widerrechtlich hergestellten, verbreiteten oder vorgeführten Exemplare und die zur widerrechtlichen Vervielfältigung oder Vorführung ausschließlich bestimmten Vorrichtungen, wie Formen, Platten, Steine, unterliegen der Vernichtung. Das gleiche gilt von den widerrechtlich verbreiteten oder öffentlich zur Schau gestellten Bildnissen und den zu deren Vervielfältigung ausschließlich bestimmten Vorrichtungen. Ist nur ein Teil des Werkes widerrechtlich hergestellt, verbreitet oder vorgeführt, so ist auf Vernichtung dieses Teiles und der entsprechenden Vorrichtungen zu erkennen.

(2) Gegenstand der Vernichtung sind alle Exemplare und Vorrichtungen, welche sich im Eigentum der an *der Herstellung,* Verbreitung,

der Vorführung oder der Schaustellung Beteiligten sowie der Erben dieser Personen befinden.

(3) Auf die Vernichtung ist auch dann zu erkennen, wenn *die Herstellung,* die Verbreitung, *die Vorführung* oder die Schaustellung weder vorsätzlich noch fahrlässig erfolgt. *Das gleiche gilt, wenn die Herstellung noch nicht vollendet ist.*

(4) Die Vernichtung hat zu erfolgen, nachdem dem Eigentümer gegenüber rechtskräftig darauf erkannt ist. Soweit die Exemplare oder die Vorrichtungen in anderer Weise als durch Vernichtung unschädlich gemacht werden können, hat dies zu geschehen, falls der Eigentümer die Kosten übernimmt.

§ 38. Der Verletzte kann statt der Vernichtung verlangen, daß ihm das Recht zuerkannt wird, die Exemplare und Vorrichtungen ganz oder teilweise gegen eine angemessene, höchstens dem Betrage der Herstellungskosten gleichkommende Vergütung zu übernehmen.

§ 42. Die Vernichtung der Exemplare und der Vorrichtungen kann im Wege des bürgerlichen Rechtsstreits oder im Strafverfahren verfolgt werden.

§ 43. (1) Auf die Vernichtung von Exemplaren oder Vorrichtungen kann auch im Strafverfahren nur auf besonderen Antrag des Verletzten erkannt werden. Die Zurücknahme des Antrags ist bis zur erfolgten Vernichtung zulässig.

(2) Der Verletzte kann die Vernichtung von Exemplaren oder Vorrichtungen selbständig verfolgen. In diesem Fall finden *§§ 477 bis 479 [jetzt: §§ 430–432)]* der Strafprozeßordnung mit der Maßgabe Anwendung, daß der Verletzte als Privatkläger auftreten kann.

§ 44. Die §§ 42, 43 finden auf die Verfolgung des im § 38 bezeichneten Rechtes entsprechende Anwendung.

§ 48. (1) *Der Anspruch auf Schadensersatz und die Strafverfolgung wegen widerrechtlicher Verbreitung oder Vorführung eines Werkes sowie* die Strafverfolgung wegen widerrechtlicher Verbreitung oder Schaustellung eines Bildnisses verjähren in drei Jahren.

(2) Die Verjährung beginnt mit dem Tage, an welchem die widerrechtliche Handlung zuletzt stattgefunden hat.

§ 50. Der Antrag auf Vernichtung der Exemplare und der Vorrichtungen ist so lange zulässig, als solche Exemplare oder Vorrichtungen vorhanden sind.

3. Gesetz über Urheberrecht und verwandte Schutzrechte (Urheberrechtsgesetz)

Vom 9. September 1965
(BGBl. I S. 1273; zuletzt geänd. durch FGG-Refomgesetz –
FGG-RG v. 22. 12. 2008,
BGBl. I S. 2586)

(Auszug)

Erster Teil. Urheberrecht
Erster Abschnitt. Allgemeines

§ 1 Allgemeines. Die Urheber von Werken der Literatur, Wissenschaft und Kunst genießen für ihre Werke Schutz nach Maßgabe dieses Gesetzes.

Zweiter Abschnitt. Das Werk

§ 2 Geschützte Werke. (1) Zu den geschützten Werken der Literatur, Wissenschaft und Kunst gehören insbesondere:
1. Sprachwerke, wie Schriftwerke, Reden und Computerprogramme;
2. Werke der Musik;
3. pantomimische Werke einschließlich der Werke der Tanzkunst;
4. Werke der bildenden Künste einschließlich der Werke der Baukunst und der angewandten Kunst und Entwürfe solcher Werke;
5. Lichtbildwerke einschließlich der Werke, die ähnlich wie Lichtbildwerke geschaffen werden;
6. Filmwerke einschließlich der Werke, die ähnlich wie Filmwerke geschaffen werden;
7. Darstellungen wissenschaftlicher oder technischer Art, wie Zeichnungen, Pläne, Karten, Skizzen, Tabellen und plastische Darstellungen.
(2) Werke im Sinne dieses Gesetzes sind nur persönliche geistige Schöpfungen.

§ 3 Bearbeitungen. [1]Übersetzungen und andere Bearbeitungen eines Werkes, die persönliche geistige Schöpfungen des Bearbeiters sind, werden unbeschadet des Urheberrechts am bearbeiteten Werk wie selbständige Werke geschützt. [2]Die nur unwesentliche Bearbeitung eines nicht geschützten Werkes der Musik wird nicht als selbständiges Werk geschützt.

327

§ 4 Sammelwerke und Datenbankwerke. (1) Sammlungen von Werken, Daten oder anderen unabhängigen Elementen, die aufgrund der Auswahl oder Anordnung der Elemente eine persönliche geistige Schöpfung sind (Sammelwerke), werden, unbeschadet eines an den einzelnen Elementen gegebenenfalls bestehenden Urheberrechts oder verwandten Schutzrechts, wie selbständige Werke geschützt.

(2) [1]Datenbankwerk im Sinne dieses Gesetzes ist ein Sammelwerk, dessen Elemente systematisch oder methodisch angeordnet und einzeln mit Hilfe elektronischer Mittel oder auf andere Weise zugänglich sind. [2]Em zu Schaffung des Datenbankwerkes oder zur Ermöglichung des Zugangs zu dessen Elementen verwendetes Computerprogramm (§ 69 a) ist nicht Bestandteil des Datenbankwerkes.

§ 5 Amtliche Werke. (1) Gesetze, Verordnungen, amtliche Erlasse und Bekanntmachungen sowie Entscheidungen und amtlich verfaßte Leitsätze zu Entscheidungen genießen keinen urheberrechtlichen Schutz.

(2) Das gleiche gilt für andere amtliche Werke, die im amtlichen Interesse zur allgemeinen Kenntnisnahme veröffentlicht worden sind, mit der Einschränkung, daß die Bestimmungen über Änderungsverbot und Quellenangabe in § 62 Abs. 1 bis 3 und § 63 Abs. 1 und 2 entsprechend anzuwenden sind.

(3) [1]Das Urheberrecht an privaten Normwerken wird durch die Absätze 1 und 2 nicht berührt, wenn Gesetze, Verordnungen, Erlasse oder amtliche Bekanntmachungen auf sie verweisen, ohne ihren Wortlaut wiederzugeben. [2]In diesem Fall ist der Urheber verpflichtet, jedem Verleger zu angemessenen Bedingungen ein Recht zur Vervielfältigung und Verbreitung einzuräumen. [3]Ist ein Dritter Inhaber des ausschließlichen Rechts zur Vervielfältigung und Verbreitung, so ist dieser zur Einräumung des Nutzungsrechts nach Satz 2 verpflichtet.

§ 6 Veröffentlichte und erschienene Werke. (1) Ein Werk ist veröffentlicht, wenn es mit Zustimmung des Berechtigten der Öffentlichkeit zugänglich gemacht worden ist.

(2) [1]Ein Werk ist erschienen, wenn mit Zustimmung des Berechtigten Vervielfältigungsstücke des Werkes nach ihrer Herstellung in genügender Anzahl der Öffentlichkeit angeboten oder in Verkehr gebracht worden sind. [2]Ein Werk der bildenden Künste gilt auch dann als erschienen, wenn das Original oder ein Vervielfältigungsstück des Werkes mit Zustimmung des Berechtigten bleibend der Öffentlichkeit zugänglich ist.

Dritter Abschnitt. Der Urheber

§ 7 Urheber. Urheber ist der Schöpfer des Werkes.

§ 8 Miturheber. (1) Haben mehrere ein Werk gemeinsam geschaffen, ohne daß sich ihre Anteile gesondert verwerten lassen, so sind sie Miturheber des Werkes.

(2) ¹Das Recht zur Veröffentlichung und zur Verwertung des Werkes steht den Miturhebern zur gesamten Hand zu; Änderungen des Werkes sind nur mit Einwilligung der Miturheber zulässig. ²Ein Miturheber darf jedoch seine Einwilligung zur Veröffentlichung, Verwertung oder Änderung nicht wider Treu und Glauben verweigern. ³Jeder Miturheber ist berechtigt, Ansprüche aus Verletzungen des gemeinsamen Urheberrechts geltend zu machen; er kann jedoch nur Leistung an alle Miturheber verlangen.

(3) Die Erträgnisse aus der Nutzung des Werkes gebühren den Miturhebern nach dem Umfang ihrer Mitwirkung an der Schöpfung des Werkes, wenn nichts anderes zwischen den Miturhebern vereinbart ist.

(4) ¹Ein Miturheber kann auf seinen Anteil an den Verwertungsrechten (§ 15) verzichten. ²Der Verzicht ist den anderen Miturhebern gegenüber zu erklären. ³Mit der Erklärung wächst der Anteil den anderen Miturhebern zu.

§ 9 Urheber verbundener Werke. Haben mehrere Urheber ihre Werke zu gemeinsamer Verwertung miteinander verbunden, so kann jeder vom anderen die Einwilligung zur Veröffentlichung, Verwertung und Änderung der verbundenen Werke verlangen, wenn die Einwilligung dem anderen nach Treu und Glauben zuzumuten ist.

§ 10 Vermutung der Urheber- oder Rechtsinhaberschaft. (1) Wer auf den Vervielfältigungsstücken eines erschienenen Werkes oder auf dem Original eines Werkes der bildenden Künste in der üblichen Weise als Urheber bezeichnet ist, wird bis zum Beweis des Gegenteils als Urheber des Werkes angesehen; dies gilt auch für eine Bezeichnung, die als Deckname oder Künstlerzeichen des Urhebers bekannt ist.

(2) ¹Ist der Urheber nicht nach Absatz 1 bezeichnet, so wird vermutet, daß derjenige ermächtigt ist, die Rechte des Urhebers geltend zu machen, der auf den Vervielfältigungsstücken des Werkes als Herausgeber bezeichnet ist. ²Ist kein Herausgeber angegeben, so wird vermutet, daß der Verleger ermächtigt ist.

(3) [1]Für die Inhaber ausschließlicher Nutzungsrechte gilt die vermutung des Absatzes 1 entsprechend, soweit es sich um Verfahren des einstweiligen Rechtsschutzes handelt oder Unterlassungsansprüche geltend gemacht werden. [2]Die Vermutung gilt nicht im Verhältnis zum Urheber oder zum ursprünglichen Inhaber des verwandten Schutzrechts.

Vierter Abschnitt. Inhalt des Urheberrechts

1. Allgemeines

§ 11 Allgemeines. [1]Das Urheberrecht schützt den Urheber in seinen geistigen und persönlichen Beziehungen zum Werk und in der Nutzung des Werkes. [2]Es dient zugleich der Sicherung einer angemessenen Vergütung für die Nutzung des Werkes.

2. Urheberpersönlichkeitsrecht

§ 12 Veröffentlichungsrecht. (1) Der Urheber hat das Recht zu bestimmen, ob und wie sein Werk zu veröffentlichen ist.

(2) Dem Urheber ist es vorbehalten, den Inhalt seines Werkes öffentlich mitzuteilen oder zu beschreiben, solange weder das Werk noch der wesentliche Inhalt oder eine Beschreibung des Werkes mit seiner Zustimmung veröffentlicht ist.

§ 13 Anerkennung der Urheberschaft. [1]Der Urheber hat das Recht auf Anerkennung seiner Urheberschaft am Werk. [2]Er kann bestimmen, ob das Werk mit einer Urheberbezeichnung zu versehen und welche Bezeichnung zu verwenden ist.

§ 14 Entstellung des Werkes. Der Urheber hat das Recht, eine Entstellung oder eine andere Beeinträchtigung seines Werkes zu verbieten, die geeignet ist, seine berechtigten geistigen oder persönlichen Interessen am Werk zu gefährden.

3. Verwertungsrechte

§ 15 Allgemeines. (1) Der Urheber hat das ausschließliche Recht, sein Werk in körperlicher Form zu verwerten; das Recht umfaßt insbesondere
1. das Vervielfältigungsrecht (§ 16),
2. das Verbreitungsrecht (§ 17),
3. das Ausstellungsrecht (§ 18).

(2) Der Urheber hat ferner das ausschließliche Recht, sein Werk in unkörperlicher Form öffentlich wiederzugeben (Recht der öffentlichen Wiedergabe). [2]Das Recht der öffentlichen Wiedergabe umfasst insbesondere

1. das Vortrags-, Aufführungs- und Vorführungsrecht (§ 19),
2. das Recht der öffentlichen Zugänglichmachung (§ 19 a),
3. das Senderecht (§ 20),
4. das Recht der Wiedergabe durch Bild- oder Tonträger (§ 21),
5. das Recht der Wiedergabe von Funksendungen und von öffentlicher Zugänglichmachung (§ 22).

(3) [1]Die Wiedergabe ist öffentlich, wenn sie für eine Mehrzahl von Mitgliedern der Öffentlichkeit bestimmt ist. [2]Zur Öffentlichkeit gehört jeder, der nicht mit demjenigen, der das Werk verwertet, oder mit den anderen Personen, denen das Werk in unkörperlicher Form wahrnehmbar oder zugänglich gemacht wird, durch persönliche Beziehungen verbunden ist.

§ 16 Vervielfältigungsrecht. (1) Das Vervielfältigungsrecht ist das Recht, Vervielfältigungsstücke des Werkes herzustellen, gleichviel ob vorübergehend oder dauerhaft, in welchem Verfahren und in welcher Zahl.

(2) Eine Vervielfältigung ist auch die Übertragung des Werkes auf Vorrichtungen zur wiederholbaren Wiedergabe von Bild- oder Tonfolgen (Bild- oder Tonträger), gleichviel, ob es sich um die Aufnahme einer Wiedergabe des Werkes auf einen Bild- oder Tonträger oder um die Übertragung des Werkes von einem Bild- oder Tonträger auf einen anderen handelt.

§ 17 Verbreitungsrecht. (1) Das Verbreitungsrecht ist das Recht, das Original oder Vervielfältigungsstücke des Werkes der Öffentlichkeit anzubieten oder in Verkehr zu bringen.

(2) Sind das Original oder Vervielfältigungsstücke des Werkes mit Zustimmung des zur Verbreitung Berechtigten im Gebiet der Europäischen Union oder eines anderen Vertragsstaates des Abkommens über den Europäischen Wirtschaftsraum im Wege der Veräußerung in Verkehr gebracht worden, so ist ihre Weiterverbreitung mit Ausnahme der Vermietung zulässig.

(3) [1]Vermietung im Sinne der Vorschriften dieses Gesetzes ist die zeitlich begrenzte, unmittelbar oder mittelbar Erwerbszwecken dienende Gebrauchsüberlassung. [2]Als Vermietung gilt jedoch nicht die
1. Überlassung von Originalen oder Vervielfältigungsstücken von Bauwerken und Werken der angewandten Kunst oder

2. im Rahmen eines Arbeits- oder Dienstverhältnisses zu dem ausschließlichen Zweck, bei der Erfüllung von Verpflichtungen aus dem Arbeits- oder Dienstverhältnis benutzt zu werden.

§ 18 Ausstellungsrecht. Das Ausstellungsrecht ist das Recht, das Original oder Vervielfältigungsstücke eines unveröffentlichten Werkes der bildenden Künste oder eines unveröffentlichten Lichtbildwerkes öffentlich zur Schau zu stellen.

§ 19 Vortrags-, Aufführungs- und Vorführungsrecht. (1) Das Vortragsrecht ist das Recht, ein Sprachwerk durch persönliche Darbietung öffentlich zu Gehör zu bringen.

(2) Das Aufführungsrecht ist das Recht, ein Werk der Musik durch persönliche Darbietung öffentlich zu Gehör zu bringen oder ein Werk öffentlich bühnenmäßig darzustellen.

(3) Das Vortrags- und das Aufführungsrecht umfassen das Recht, Vorträge und Aufführungen außerhalb des Raumes, in dem die persönliche Darbietung stattfindet, durch Bildschirm, Lautsprecher oder ähnliche technische Einrichtungen öffentlich wahrnehmbar zu machen.

(4) [1]Das Vorführungsrecht ist das Recht, ein Werk der bildenden Künste, ein Lichtbildwerk, ein Fllmwerk oder Darstellungen wissenschaftlicher oder technischer Art durch technische Einrichtungen öffentlich wahrnehmbar zu machen. [2]Das Vorführungsrecht umfaßt nicht das Recht, die Funksendung oder öffentliche Zugänglichmachung solcher Werke öffentlich wahrnehmbar zu machen (§ 22).

§ 19 a Recht der öffentlichen Zugänglichmachung. Das Recht der öffentlichen Zugängllchmachung ist das Recht, das Werk drahtgebunden oder drahtlos der Öffentlichkeit in einer Weise zugänglich zu machen, dass es Mitgliedern der Öffentlichkeit von Orten und zu Zeiten ihrer Wahl zugänglich ist.

§ 20 Senderecht. Das Senderecht ist das Recht, das Werk durch Funk, wie Ton- und Fernsehrundfunk, Satellitenrundfunk, Kabelfunk oder ähnliche technische Mittel, der Öffentlichkeit zugänglich zu machen.

§ 20 a Europäische Satellitensendung. (1) Wird eine Satellitensendung innerhalb des Gebietes eines Mitghedstaates der Europäischen Union oder Vertragsstaates des Abkommens über den Europäischen Wirtschaftsraum ausgeführt, so gilt sie ausschließlich als in diesem Mitgliedstaat oder Vertragsstaat erfolgt.

(2) [1]Wird eine Satellitensendung im Gebiet eines Staates ausgeführt, der weder Mitgliedstaat der Europäischen Union noch Vertragsstaat des Abkommens über den Europäischen Wirtschaftsraum ist und in dem für das Recht der Satellitensendung das in Kapitel II der Richtlinie 93/83/EWG des Rates vom 27. September 1993 zur Kordinierung bestimmter Urheber- und leistungsschutzrechtllcher Vorschriften betreffend Satellltenrundfunk und Kabelweiterverbreitung (ABl. EG Nr. L 248 S. 15) vorgesehene Schutzniveau nicht gewährleistet ist, so gilt sie als in dem Mitgliedstaat oder Vertragsstaat erfolgt,

1. in dem die Erdfunkstation hegt, von der aus die programmtragenden Signale zum Satelliten geleitet werden, oder

2. in dem das Sendeunternehmen seine Niederlassung hat, wenn die Voraussetzung nach Nummer 1 nicht gegeben ist.

[2]Das Senderecht ist im Fall der Nummer 1 gegenüber dem Betreiber der Erdfunkstation, im Fall der Nummer 2 gegenüber dem Sendeunternehmen geltend zu machen.

(3) Satellitensendung im Sinne von Absatz 1 und 2 ist die unter der Kontrolle und Verantwortung des Sendeunternehmens stattfindende Eingabe der für den öffentlichen Empfang bestimmten programmtragenden Signale in eine ununterbrochene Übertragungskette, die zum Satelliten und zurück zur Erde führt.

§ 20 b Kabelweitersendung. (1) Das Recht, ein gesendetes Werk im Rahmen eines zeitgleich, unverändert und vollständig weiterübertragenen Programms durch Kabelsysteme oder Mikrowellensysteme weiterzusenden (Kabelweitersendung), kann nur durch eine Verwertungsgesellschaft geltend gemacht werden. [2]Dies gilt nicht für Rechte, die ein Sendeunternehmen in bezug auf seine Sendungen geltend macht.

(2) [1]Hat der Urheber das Recht der Kabelweitersendung einem Sendeunternehmen oder einem Tonträger- oder Filmhersteller eingeräumt, so hat das Kabelunternehmen gleichwohl dem Urheber eine angemessene Vergütung für die Kabelweitersendung zu zahlen. [2]Auf den Vergütungsanspruch kann nicht verzichtet werden. [3]Er kann im voraus nur an eine Verwertungsgesellschaft abgetreten und nur durch eine solche geltend gemacht werden. [4]Diese Regelung steht Tarifverträgen, Betriebsvereinbarungen und gemeinsamen Vergütungsregeln von Sendeunternehmen nicht entgegen, soweit dadurch dem Urheber eine angemessene Vergütung für jede Kabelweitersendung eingeräumt wird.

§ 21 Recht der Wiedergabe durch Bild- oder Tonträger. [1]Das Recht der Wiedergabe durch Bild- oder Tonträger ist das Recht,

Vorträge oder Aufführungen des Werkes mittels Bild- oder Tonträger öffentlich wahrnehmbar zu machen. [2]§ 19 Abs. 3 gilt entsprechend.

§ 22 Recht der Wiedergabe von Funksendungen und von öffentlicher Zugänglichmachung. [1]Das Recht der Wiedergabe von Funksendungen und der Wiedergabe von öffentlicher Zugänglichmachung ist das Recht, Funksendungen und auf öffentlicher Zugängllchmachung beruhende Wiedergaben des Werkes durch Bildschirm, Lautsprecher oder ähnliche technische Einrichtungen öffentlich wahrnehmbar zu machen. [2]§ 19 Abs. 3 gilt entsprechend.

§ 23 Bearbeitungen und Umgestaltungen. [1]Bearbeitungen oder andere Umgestaltungen des Werkes dürfen nur mit Einwilligung des Urhebers des bearbeiteten oder umgestalteten Werkes veröffentlicht oder verwertet werden. [2]Handelt es sich um eine Verfilmung des Werkes, um die Ausführung von Plänen und Entwürfen eines Werkes der bildenden Künste, um den Nachbau eines Werkes der Baukunst oder um die Bearbeitung oder Umgestaltung eines Datenbankwerkes, so bedarf bereits das Herstellen der Bearbeitung oder Umgestaltung der Einwilligung des Urhebers.

§ 24 Freie Benutzung. (1) Ein selbständiges Werk, das in freier Benutzung des Werkes eines anderen geschaffen worden ist, darf ohne Zustimmung des Urhebers des benutzten Werkes veröffentlicht und verwertet werden.

(2) Absatz 1 gilt nicht für die Benutzung eines Werkes der Musik, durch welche eine Melodie erkennbar dem Werk entnommen und einem neuen Werk zugrunde gelegt wird.

4. Sonstige Rechte des Urhebers

§ 25 Zugang zu Werkstücken. (1) Der Urheber kann vom Besitzer des Originals oder eines Vervielfältigungsstückes seines Werkes verlangen, daß er ihm das Original oder das Vervielfältigungsstück zugänglich macht, soweit dies zur Herstellung von Vervielfältigungsstücken oder Bearbeitungen des Werkes erforderlich ist und nicht berechtigte Interessen des Besitzers entgegenstehen.

(2) Der Besitzer ist nicht verpflichtet, das Original oder das Vervielfältigungsstück dem Urheber herauszugeben.

§ 26 Folgerecht. (1) [1]Wird das Original eines Werkes der bildenden Künste oder eines Lichtbildwerkes weiterveräußert und ist hieran ein Kunsthändler oder Versteigerer als Erwerber, Veräußerer oder Vermittler beteiligt, so hat der Veräußerer dem Urheber einen Anteil des Veräußerungserlöses zu entrichten. [2]Als Veräußerungserlös im Sinne des Satzes 1 gilt der Verkaufspreis ohne Steuern. [3]Ist der Veräußerer eine Privatperson, so haftet der als Erwerber oder Vermittler beteiligte Kunsthändler oder Versteigerer neben ihm als Gesamtschuldner; im Verhältnis zueinander ist der Veräußerer allein verpflichtet. [4]Die Verpflichtung nach Satz 1 entfällt, wenn der Veräußerungserlös weniger als 400 Euro beträgt.

(2) Die Höhe des Anteils des Veräußerungserlöses beträgt:

1. 4 Prozent für den Teil des Veräußerungserlöses bis zu 50 000 Euro,
2. 3 Prozent für den Teil des Veräußerungserlöses von 50 000,01 bis 200 000 Euro,
3. 1 Prozent für den Teil des Veräußerungserlöses von 200 000,01 bis 350 000 Euro,
4. 0,5 Prozent für den Teil des Veräußerungserlöses von 350 000,01 bis 500 000 Euro,
5. 0,25 Prozent für den Teil des Veräußerungserlöses über 500 000 Euro.

[2]Der Gesamtbetrag der Folgerechts Vergütung aus einer Weiterveräußerung beträgt höchstens 12 500 Euro.

(3) Das Folgerecht ist unveräußerlich. [2]Der Urheber kann auf seinen Anteil im Voraus nicht verzichten.

(4) Der Urheber kann von einem Kunsthändler oder Versteigerer Auskunft darüber verlangen, welche Originale von Werken des Urhebers innerhalb der letzten drei Jahre vor dem Auskunftsersuchen unter Beteiligung des Kunsthändlers oder Versteigerers weiterveräußert wurden.

(5) [1]Der Urheber kann, soweit dies zur Durchsetzung seines Anspruchs gegen den Veräußerer erforderlich ist, von dem Kunsthändler oder Versteigerer Auskunft über den Namen und die Anschrift des Veräußerers sowie über die Höhe des Veräußerungserlöses verlangen. [2]Der Kunsthändler oder Versteigerer darf die Auskunft über Namen und Anschrift des Veräußerers verweigern, wenn er dem Urheber den Anteil entrichtet.

(6) Die Ansprüche nach den Absätzen 4 und 5 können nur durch eine Verwertungsgesellschaft geltend gemacht werden.

(7) [1]Bestehen begründete Zweifel an der Richtigkeit oder Vollständigkeit einer Auskunft nach Absatz 4 oder 5, so kann die Verwertungsgesellschaft verlangen, dass nach Wahl des Auskunftspflichtigen ihr oder einem von ihm zu bestimmenden Wirtschaftsprüfer oder vereidigten Buchprüfer Einsicht in die Geschäftsbücher oder sonstige Urkunden so weit gewährt wird, wie dies zur Feststellung der Richtigkeit oder Vollständigkeit der Auskunft erforderlich ist. [2]Erweist sich

die Auskunft als unrichtig oder unvollständig, so hat der Auskunftspflichtige die Kosten der Prüfung zu erstatten.

(8) Die vorstehenden Bestimmungen sind auf Werke der Baukunst und der angewandten Kunst nicht anzuwenden.

§ 27 Vergütung für Vermietung und Verleihen. (1) ¹Hat der Urheber das Vermietrecht (§ 17) an einem Bild- oder Tonträger dem Tonträger- oder Filmhersteller eingeräumt, so hat der Vermieter gleichwohl dem Urheber eine angemessene Vergütung für die Vermietung zu zahlen. ²Auf den Vergütungsanspruch kann nicht verzichtet werden. ³Er kann im voraus nur an eine Verwertungsgesellschaft abgetreten werden.

(2) ¹Für das Verleihen von Originalen oder Vervielfältigungsstücken eines Werkes, deren Weiterverbreitung nach § 17 Abs. 2 zulässig ist, ist dem Urheber eine angemessene Vergütung zu zahlen, wenn die Originale oder Vervielfältigungsstücke durch eine der Öffentlichkeit zugängliche Einrichtung (Bücherei, Sammlung von Bild- oder Tonträgern oder anderer Originale oder Vervielfältigungstücke) verliehen werden. ²Verleihen im Sinne von Satz 1 ist die zeitlich begrenzte, weder unmittelbar noch mittelbar Erwerbszwecken dienende Gebrauchsüberlassung; § 17 Abs. 3 Satz 2 findet entsprechende Anwendung.

(3) Die Vergütungsansprüche nach den Absätzen 1 und 2 können nur durch eine Verwertungsgesellschaft geltend gemacht werden.

Fünfter Abschnitt. Rechtsverkehr im Urheberrecht

1. Rechtsnachfolge in das Urheberrecht

§ 28 Vererbung des Urheberrechts. (1) Das Urheberrecht ist vererblich.

(2) ¹Der Urheber kann durch letzt willige Verfügung die Ausübung des Urheberrechts einem Testamentsvollstrecker übertragen. ²§ 2210 des Bürgerlichen Gesetzbuchs ist nicht anzuwenden.

§ 29 Rechtsgeschäfte über das Urheberrecht. (1) Das Urheberrecht ist nicht übertragbar, es sei denn, es wird in Erfüllung einer Verfügung von Todes wegen oder an Miterben im Wege der Erbauseinandersetzung übertragen.

(2) Zulässig sind die Einräumung von Nutzungsrechten (§ 31), schuldrechtllche Einwilligungen und Vereinbarungen zu Verwertungsrechten sowie die in § 39 geregelten Rechtsgeschäfte über Urheberpersönlichkeitsrechte.

§ 30 Rechtsnachfolger des Urhebers. Der Rechtsnachfolger des Urhebers hat die dem Urheber nach diesem Gesetz zustehenden Rechte, soweit nichts anderes bestimmt ist.

2. Nutzungsrechte

§ 31 Einräumung von Nutzungsrechten. (1) ¹Der Urheber kann einem anderen das Recht einräumen, das Werk auf einzelne oder alle Nutzungsarten zu nutzen (Nutzungsrecht). ²Das Nutzungsrecht kann als einfaches oder ausschließliches Recht sowie räumlich, zeitlich oder inhaltlich beschränkt eingeräumt werden.

(2) Das einfache Nutzungsrecht berechtigt den Inhaber, das Werk auf die erlaubte Art zu nutzen, ohne dass eine Nutzung durch andere ausgeschlossen ist.

(3) ¹Das ausschließliche Nutzungsrecht berechtigt den Inhaber, das Werk unter Ausschluss aller anderen Personen auf die ihm erlaubte Art zu nutzen und Nutzungsrechte einzuräumen. ²Es kann bestimmt werden, dass die Nutzung durch den Urheber vorbehalten bleibt. ³§ 35 bleibt unberührt.

(4) *(aufgehoben).*

(5) ¹Sind bei der Einräumung eines Nutzungsrechts die Nutzungsarten nicht ausdrücklich einzeln bezeichnet, so bestimmt sich nach dem von beiden Partnern zugrunde gelegten Vertragszweck, auf welche Nutzungsarten es sich erstreckt. ²Entsprechendes gilt für die Frage, ob ein Nutzungsrecht eingeräumt wird, ob es sich um ein einfaches oder ausschließliches Nutzungsrecht handelt, wie weit Nutzungsrecht und Verbotsrecht reichen und welchen Einschränkungen das Nutzungsrecht unterliegt.

§ 31 a Verträge über unbekannte Nutzungsarten. (1) ¹Ein Vertrag, durch den der Urheber Rechte, für unbekannte Nutzungsarten einräumt oder sich dazu verpflichtet, bedarf der Schriftform. ²Der Schriftform bedarf es nicht, wenn der Urheber unentgeltlich ein einfaches Nutzungsrecht für jedermann einräumt. ³Der Urheber kann diese Rechtseinräumung oder die Verpflichtung hierzu widerrufen. ⁴Das Widerrufsrecht erlischt nach Ablauf von drei Monaten, nachdem der andere die Mitteilung über die beabsichtigte Aufnahme der neuen Art der Werknutzung an den Urheber unter der ihm zuletzt bekannten Anschrift abgesendet hat.

(2) ¹Das Widerrufsrecht entfällt, wenn sich die Parteien nach Bekanntwerden der neuen Nutzungsart auf eine Vergütung nach § 32c Abs. 1 geeinigt haben. ²Das Widerrufsrecht entfällt auch, wenn die

Parteien die Vergütung nach einer gemeinsamen Vergütungsregel vereinbart haben. [3]Es erlischt mit dem Tod des Urhebers.

(3) Sind mehrere Werke oder Werkbeiträge zu einer Gesamtheit zusammengefasst, die sich in der neuen Nutzungsart in angemessener Weise nur unter Verwendung sämtlicher Werke oder Werkbeiträge verwerten lässt, so kann der Urheber das Widerrufsrecht nicht wider Treu und Glauben ausüben.

(4) Auf die Rechte nach den Absätzen 1 bis 3 kann im Voraus nicht verzichtet werden.

§ 32 Angemessene Vergütung. (1) [1]Der Urheber hat für die Einräumung von Nutzungsrechten und die Erlaubnis zur Werknutzung Anspruch auf die vertraglich vereinbarte Vergütung. [2]Ist die Höhe der Vergütung nicht bestimmt, gilt die angemessene Vergütung als vereinbart. [3]Soweit die vereinbarte Vergütung nicht angemessen ist, kann der Urheber von seinem Vertragspartner die Einwilligung in die Änderung des Vertrages verlangen, durch die dem Urheber die angemessene Vergütung gewährt wird.

(2) Eine nach einer gemeinsamen Vergütungsregel (§ 36) ermittelte Vergütung ist angemessen. [2]Im Übrigen ist die Vergütung angemessen, wenn sie im Zeitpunkt des Vertragsschlusses dem entspricht, was im Geschäftsverkehr nach Art und Umfang der eingeräumten Nutzungsmöglichkeit, insbesondere nach Dauer und Zeitpunkt der Nutzung, unter Berücksichtigung aller Umstände üblicher- und redlicherweise zu leisten ist.

(3) [1]Auf eine Vereinbarung, die zum Nachteil des Urhebers von den Absätzen 1 und 2 abweicht, kann der Vertragspartner sich nicht berufen. [2]Die in Satz 1 bezeichneten Vorschriften finden auch Anwendung, wenn sie durch anderweitige Gestaltungen umgangen werden. [3]Der Urheber kann aber unentgeltlich ein einfaches Nutzungsrecht für jedermann einräumen.

(4) Der Urheber hat keinen Anspruch nach Absatz 1 Satz 3, soweit die Vergütung für die Nutzung seiner Werke tanfvertragllch bestimmt ist.

§ 32 a Weitere Beteiligung des Urhebers. (1) [1]Hat der Urheber einem anderen ein Nutzungsrecht zu Bedingungen eingeräumt, die dazu führen, dass die vereinbarte Gegenleistung unter Berücksichtigung der gesamten Beziehungen des Urhebers zu dem anderen in einem auffälligen Miss verhältnis zu den Erträgen und Vorteilen aus der Nutzung des Werkes steht, so ist der andere auf Verlangen des Urhebers verpflichtet, in eine Änderung des Vertrages einzuwilligen, durch die dem Urheber eine den Umständen nach weitere angemessene Beteiligung gewährt wird. [2]Ob die Vertragspartner die Höhe der erzielten Erträge oder Vorteile vorhergesehen haben oder hätten vorhersehen können, ist unerheblich.

(2) [1]Hat der andere das Nutzungsrecht übertragen oder weitere Nutzungsrechte eingeräumt und ergibt sich das auffällige Missverhältnis aus den Erträgnissen oder Vorteilen eines Dritten, so haftet dieser dem Urheber unmittelbar nach Maßgabe des Absatzes 1 unter Berücksichtigung der vertraglichen Beziehungen in der Lizenzkette. [2]Die Haftung des anderen entfällt.

(3) [1]Auf die Ansprüche nach den Absätzen 1 und 2 kann im Voraus nicht verzichtet werden. [2]Die Anwartschaft hierauf unterliegt nicht der Zwangsvollstreckung; eine Verfügung über die Anwartschaft ist unwirksam. [3]Der Urheber kann aber unentgeltlich ein einfaches Nutzungsrecht für jedermann einräumen.

(4) Der Urheber hat keinen Anspruch nach Absatz 1, soweit die Vergütung nach einer gememsamen Vergütungsregel (§ 36) oder tarifvertraglich bestimmt worden ist und ausdrücklich eine weitere angemessene Beteiligung für den Fall des Absatzes 1 vorsieht.

§ 32 b Zwingende Anwendung. Die §§ 32 und 32 a finden zwingend Anwendung,
1. wenn auf den Nutzungsvertrag mangels einer Rechtswahl deutsches Recht anzuwenden wäre oder
2. soweit Gegenstand des Vertrages maßgebliche Nutzungshandlungen im räumlichen Geltungsbereich dieses Gesetzes sind.

§ 32 c Vergütung für später bekannte Nutzungsarten. (1) [1]Der Urheber hat Anspruch auf eine gesonderte angemessene Vergütung, wenn der Vertragspartner eine neue Art der Werknutzung nach § 31 a aufnimmt, die im Zeitpunkt des Vertragsschlusses vereinbart, aber noch unbekannt war. [2]§ 32 Abs. 2 und 4 gilt entsprechend. [3]Der Vertragspartner hat den Urheber über die Aufnahme der neuen Art der Werknutzung unverzüglich zu unterrichten.

(2) [1]Hat der Vertragspartner das Nutzungsrecht einem Dritten übertragen, haftet der Dritte mit der Aufnahme der neuen Art der Werknutzung für die Vergütung nach Absatz 1. [2]Die Haftung des Vertragspartners entfällt.

(3) [1]Auf die Rechte nach den Absätzen 1 und 2 kann im Voraus nicht verzichtet werden. [2]Der Urheber kann aber unentgeltlich ein einfaches Nutzungsrecht für jedermann einräumen.

§ 33 Weiterwirkung von Nutzungsrechten. [1]Ausschließliche und einfache Nutzungsrechte bleiben gegenüber später eingeräumten Nutzungsrechten wirksam. [2]Gleiches gilt, wenn der Inhaber des Rechts, der das Nutzungsrecht eingeräumt hat, wechselt oder wenn er auf sein Recht verzichtet.

§ 34 Übertragung von Nutzungsrechten. (1) [1]Im Nutzungsrecht kann nur mit Zustimmung des Urhebers übertragen werden. [2]Der Urheber darf die Zustimmung nicht wider Treu und Glauben verweigern.

(2) Werden mit dem Nutzungsrecht an einem Sammelwerk (§ 4) Nutzungsrechte an den in das Sammelwerk aufgenommenen einzelnen Werken übertragen, so genügt die Zustimmung des Urhebers des Sammelwerkes.

(3) [1]Im Nutzungsrecht kann ohne Zustimmung des Urhebers übertragen werden, wenn die Übertragung im Rahmen der Gesamtveräußerung eines Unternehmens oder der Veräußerung von Teilen eines Unternehmens geschieht. [2]Der Urheber kann das Nutzungsrecht zurückrufen, wenn ihm die Ausübung des Nutzungsrechts durch den Erwerber nach Treu und Glauben nicht zuzumuten ist. [3]Satz 2 findet auch dann Anwendung, wenn sich die Beteiligungsverhältnisse am Unternehmen des Inhabers des Nutzungsrechts wesentlich ändern.

(4) Der Erwerber des Nutzungsrechts haftet gesamtschuldnerisch für die Erfüllung der sich aus dem Vertrag mit dem Urheber ergebenden Verpflichtungen des Veräußerers, wenn der Urheber der Übertragung des Nutzungsrechts nicht im Einzelfall ausdrücklich zugestimmt hat.

(5) [1]Der Urheber kann auf das Rückrufsrecht und die Haftung des Erwerbers im Voraus nicht verzichten. [2]Im Übrigen können der Inhaber des Nutzungsrechts und der Urheber Abweichendes vereinbaren.

§ 35 Einräumung weiterer Nutzungsrechte. (1) [1]Der Inhaber eines ausschließlichen Nutzungsrechts kann weitere Nutzungsrechte nur mit Zustimmung des Urhebers einräumen. [2]Der Zustimmung bedarf es nicht, wenn das ausschließliche Nutzungsrecht nur zur Wahrnehmung der Belange des Urhebers eingeräumt ist.

(2) Die Bestimmungen in §34 Abs. 1 Satz 2, Abs. 2 und Absatz 5 Satz 2 sind entsprechend anzuwenden.

§ 36 Gemeinsame Vergütungsregeln. (1) [1]Zur Bestimmung der Angemessenheit von Vergütungen nach § 32 stellen Vereinigungen von Urhebern mit Vereinigungen von Werknutzern oder einzelnen Werknutzern gemeinsame Vergütungsregeln auf. [2]Die gemeinsamen Vergütungsregeln sollen die Umstände des jeweiligen Regelungsbereichs berücksichtigen, insbesondere die Struktur und Größe der

Verwerter. [3]In Tarifverträgen enthaltene Regelungen gehen gemeinsamen Vergütungsregeln vor.

(2) Vereinigungen nach Absatz 1 müssen repräsentativ, unabhängig und zur Aufstellung gemeinsamer Vergütungsregeln ermächtigt sein.

(3) [1]Ein Verfahren zur Aufstellung gemeinsamer Vergütungsregeln vor der Schlichtungsstelle (§ 36 a) findet statt, wenn die Parteien dies vereinbaren. [2]Das Verfahren findet auf schriftliches Verlangen einer Partei statt, wenn

1. die andere Partei nicht binnen drei Monaten, nachdem eine Partei schriftlich die Aufnahme von Verhandlungen verlangt hat, Verhandlungen über gemeinsame Vergütungsregeln beginnt,

2. Verhandlungen über gemeinsame Vergütungsregeln ein Jahr, nachdem schriftlich ihre Aufnahme verlangt worden ist, ohne Ergebnis bleiben oder

3. eine Partei die Verhandlungen endgültig für gescheitert erklärt hat.

(4) [1]Die Schllchtungsstelle hat den Parteien einen begründeten Einigungsvorschlag zu machen, der den Inhalt der gemeinsamen Vergütungsregeln enthält. [2]Er gilt als angenommen, wenn ihm nicht innerhalb von drei Monaten nach Empfang des Vorschlages schriftlich widersprochen wird.

§ 36 a Schlichtungsstelle. (1) Zur Aufstellung gemeinsamer Vergütungsregeln bilden Vereinigungen von Urhebern mit Vereinigungen von Werknutzern oder einzelnen Werknutzern eine Schlichtungsstelle, wenn die Parteien dies vereinbaren oder eine Partei die Durchführung des Schlichtungsverfahrens verlangt.

(2) Die Schlichtungsstelle besteht aus einer gleichen Anzahl von Beisitzern, die jeweils von einer Partei bestellt werden, und einem unparteiischen Vorsitzenden, auf dessen Person sich beide Parteien einigen sollen.

(3) [1]Kommt eine Einigung über die Person des Vorsitzenden nicht zustande, so bestellt ihn das nach § 1062 der Zivilprozessordnung zuständige Oberlandesgericht. [2]Das Oberlandesgericht entscheidet auch, wenn keine Einigung über die Zahl der Beisitzer erzielt wird. [3]Für das Verfahren vor dem Oberlandesgericht gelten die §§ 1063, 1065 der Zivilprozessordnung entsprechend.

(4) Das Verlangen auf Durchführung des Schlichtungsverfahrens gemäß § 36 Abs. 3 Satz 2 muss einen Vorschlag über die Aufstellung gemeinsamer Vergütungsregeln enthalten.

(5) [1]Die Schlichtungsstelle fasst ihren Beschluss nach mündlicher Beratung mit Stimmenmehrheit. [2]Die Beschlussfassung erfolgt zunächst unter den Beisitzern; kommt eine Stimmenmehrheit nicht zustande, so nimmt der Vorsitzende nach weiterer Beratung an der

erneuten Beschlussfassung teil, benennt eine Partei keine Mitglieder oder bleiben die von einer Partei genannten Mitglieder trotz rechtzeitiger Einladung der Sitzung fern, so entscheiden der Vorsitzende und die erschienenen Mitglieder nach Maßgabe der Sätze 1 und 2 allein. [4]Der Beschluss der Schlichtungsstelle ist schriftlich niederzulegen, vom Vorsitzenden zu unterschreiben und beiden Parteien zuzuleiten.

(6) [1]Die Parteien tragen ihre eigenen Kosten sowie die Kosten der von ihnen bestellten Beisitzer. [2]Die sonstigen Kosten tragen die Parteien jeweils zur Hälfte. [3]Die Parteien haben als Gesamtschuldner auf Anforderung des Vorsitzenden zu dessen Händen einen für die Tätigkeit der Schlichtungsstelle erforderlichen Vorschuss zu leisten.

(7) Die Parteien können durch Vereinbarung die Einzelheiten des Verfahrens vor der Schlichtungsstelle regeln.

(8) Das Bundesministerium der Justiz wird ermächtigt, durch Rechtsverordnung ohne Zustimmung des Bundesrates die weiteren Einzelheiten des Verfahrens vor der Schlichtungsstelle zu regeln sowie weitere Vorschriften über die Kosten des Verfahrens und die Entschädigung der Mitglieder der Schlichtungsstelle zu erlassen.

§ 37 Verträge über die Einräumung von Nutzungsrechten.

(1) Räumt der Urheber einem anderen ein Nutzungsrecht am Werk ein, so verbleibt ihm im Zweifel das Recht der Einwilligung zur Veröffentlichung oder Verwertung einer Bearbeitung des Werkes.

(2) Räumt der Urheber einem anderen ein Nutzungsrecht zur Vervielfältigung des Werkes ein, so verbleibt ihm im Zweifel das Recht, das Werk auf Bild- oder Tonträger zu übertragen.

(3) Räumt der Urheber einem anderen ein Nutzungsrecht zu einer öffentlichen Wiedergabe des Werkes ein, so ist dieser im Zweifel nicht berechtigt, die Wiedergabe außerhalb der Veranstaltung, für die sie bestimmt ist, durch Bildschirm, Lautsprecher oder ähnliche technische Einrichtungen öffentlich wahrnehmbar zu machen.

§ 38 Beiträge zu Sammlungen.

(1) [1]Gestattet der Urheber die Aufnahme des Werkes in eine periodisch erscheinende Sammlung, so erwirbt der Verleger oder Herausgeber im Zweifel ein ausschließliches Nutzungsrecht zur Vervielfältigung und Verbreitung. [2]Jedoch darf der Urheber das Werk nach Ablauf eines Jahres seit Erscheinen anderweit vervielfältigen und verbreiten, wenn nichts anderes vereinbart ist.

(2) Absatz 1 Satz 2 gilt auch für einen Beitrag zu einer nicht periodisch erscheinenden Sammlung, für dessen Überlassung dem Urheber kein Anspruch auf Vergütung zusteht.

(3) [1]Wird der Beitrag einer Zeitung überlassen, so erwirbt der Verleger oder Herausgeber ein einfaches Nutzungsrecht, wenn nichts

anderes vereinbart ist. ²Räumt der Urheber ein ausschließliches Nutzungsrecht ein, so ist er sogleich nach Erscheinen des Beitrags berechtigt, ihn anderweit zu vervielfältigen und zu verbreiten, wenn nichts anderes vereinbart ist.

§ 39 Änderungen des Werkes. (1) Der Inhaber eines Nutzungsrechts darf das Werk, dessen Titel oder Urheberbezeichnung (§ 10 Abs. 1) nicht ändern, wenn nichts anderes vereinbart ist.

(2) Änderungen des Werkes und seines Titels, zu denen der Urheber seine Einwilligung nach Treu und Glauben nicht versagen kann, sind zulässig.

§ 40 Verträge über künftige Werke. (1) ¹Ein Vertrag, durch den sich der Urheber zur Einräumung von Nutzungsrechten an künftigen Werken verpflichtet, die überhaupt nicht näher oder nur der Gattung nach bestimmt sind, bedarf der schriftlichen Form. ²Er kann von beiden Vertragsteilen nach Ablauf von fünf Jahren seit dem Abschluß des Vertrages gekündigt werden. ³Die Kündigungsfrist beträgt sechs Monate, wenn keine kürzere Frist vereinbart ist.

(2) ¹Auf das Kündigungsrecht kann im voraus nicht verzichtet werden. ²Andere vertragliche oder gesetzliche Kündigungsrechte bleiben unberührt.

(3) Wenn in Erfüllung des Vertrages Nutzungsrechte an künftigen Werken eingeräumt worden sind, wird mit Beendigung des Vertrages die Verfügung hinsichtlich der Werke unwirksam, die zu diesem Zeitpunkt noch nicht abgeliefert sind.

§ 41 Rückrufsrecht wegen Nichtausübung. (1) ¹Übt der Inhaber eines ausschließlichen Nutzungsrechts das Recht nicht oder nur unzureichend aus und werden dadurch berechtigte Interessen des Urhebers erheblich verletzt, so kann dieser das Nutzungsrecht zurückrufen. ²Dies gilt nicht, wenn die Nichtausübung oder die unzureichende Ausübung des Nutzungsrechts überwiegend auf Umständen beruht, deren Behebung dem Urheber zuzumuten ist.

(2) ¹Das Rückrufsrecht kann nicht vor Ablauf von zwei Jahren seit Einräumung oder Übertragung des Nutzungsrechts oder, wenn das Werk später abgeliefert wird, seit der Ablieferung geltend gemacht werden. ²Bei einem Beitrag zu einer Zeitung beträgt die Frist drei Monate, bei einem Beitrag zu einer Zeitschrift, die monatlich oder in kürzeren Abständen erscheint, sechs Monate und bei einem Beitrag zu anderen Zeitschriften ein Jahr.

(3) ¹Der Rückruf kann erst erklärt werden, nachdem der Urheber dem Inhaber des Nutzungsrechts unter Ankündigung des Rückrufs

eine angemessene Nachfrist zur zureichenden Ausübung des Nutzungsrechts bestimmt hat. [2]Der Bestimmung der Nachfrist bedarf es nicht, wenn die Ausübung des Nutzungsrechts seinem Inhaber unmöglich ist oder von ihm verweigert wird oder wenn durch die Gewährung einer Nachfrist überwiegende Interessen des Urhebers gefährdet würden.

(4) [1]Auf das Rückrufsrecht kann im voraus nicht verzichtet werden. [2]Seine Ausübung kann im voraus für mehr als fünf Jahre nicht ausgeschlossen werden.

(5) Mit Wirksamwerden des Rückrufs erlischt das Nutzungsrecht.

(6) Der Urheber hat den Betroffenen zu entschädigen, wenn und soweit es der Billigkeit entspricht.

(7) Rechte und Ansprüche der Beteiligten nach anderen gesetzlichen Vorschriften bleiben unberührt.

§ 42 Rückrufsrecht wegen gewandelter Überzeugung.

(1) [1]Der Urheber kann ein Nutzungsrecht gegenüber dem Inhaber zurückrufen, wenn das Werk seiner Überzeugung nicht mehr entspricht und ihm deshalb die Verwertung des Werkes nicht mehr zugemutet werden kann. [2]Der Rechtsnachfolger des Urhebers (§ 30) kann den Rückruf nur erklären, wenn er nachweist, daß der Urheber vor seinem Tode zum Rückruf berechtigt gewesen wäre und an der Erklärung des Rückrufs gehindert war oder diese letztwillig verfügt hat.

(2) [1]Auf das Rückrufsrecht kann im voraus nicht verzichtet werden. [2]Seine Ausübung kann nicht ausgeschlossen werden.

(3) [1]Der Urheber hat den Inhaber des Nutzungsrechts angemessen zu entschädigen. [2]Die Entschädigung muß mindestens die Aufwendungen decken, die der Inhaber des Nutzungsrechts bis zur Erklärung des Rückrufs gemacht hat; jedoch bleiben hierbei Aufwendungen, die auf bereits gezogene Nutzungen entfallen, außer Betracht. [3]Der Rückruf wird erst wirksam, wenn der Urheber die Aufwendungen ersetzt oder Sicherheit dafür geleistet hat. [4]Der Inhaber des Nutzungsrechts hat dem Urheber binnen einer Frist von drei Monaten nach Erklärung des Rückrufs die Aufwendungen mitzuteilen; kommt er dieser Pflicht nicht nach, so wird der Rückruf bereits mit Ablauf dieser Frist wirksam.

(4) Will der Urheber nach Rückruf das Werk wieder verwerten, so ist er verpflichtet, dem früheren Inhaber des Nutzungsrechts ein entsprechendes Nutzungsrecht zu angemessenen Bedingungen anzubieten.

(5) Die Bestimmungen in § 41 Abs. 5 und 7 sind entsprechend anzuwenden.

§ 42 a Zwangslizenz zur Herstellung von Tonträgern. (1) ¹Ist einem Hersteller von Tonträgern ein Nutzungsrecht an einem Werk der Musik eingeräumt worden mit dem Inhalt, das Werk zu gewerblichen Zwecken auf Tonträger zu übertragen und diese zu vervielfältigen und zu verbreiten, so ist der Urheber verpflichtet, jedem anderen Hersteller von Tonträgern, der im Geltungsbereich dieses Gesetzes seine Hauptniederlassung oder seinen Wohnsitz hat, nach Erscheinen des Werkes gleichfalls ein Nutzungsrecht mit diesem Inhalt zu angemessenen Bedingungen einzuräumen; dies gilt nicht, wenn das bezeichnete Nutzungsrecht erlaubterweise von einer Verwertungsgesellschaft wahrgenommen wird oder wenn das Werk der Überzeugung des Urhebers nicht mehr entspricht, ihm deshalb die Verwertung des Werkes nicht mehr zugemutet werden kann und er ein etwa bestehendes Nutzungsrecht aus diesem Grunde zurückgerufen hat. ²§ 63 ist entsprechend anzuwenden. ³Der Urheber ist nicht verpflichtet, die Benutzung des Werkes zur Herstellung eines Filmes zu gestatten.

(2) Gegenüber einem Hersteller von Tonträgern, der weder seine Hauptniederlassung noch seinen Wohnsitz im Geltungsbereich dieses Gesetzes hat, besteht die Verpflichtung nach Absatz 1, soweit in dem Staat, in dem er seine Hauptniederlassung oder seinen Wohnsitz hat, den Herstellern von Tonträgern, die ihre Hauptniederlassung oder ihren Wohnsitz im Geltungsbereich dieses Gesetzes haben, nach einer Bekanntmachung des Bundesministeriums der Justiz im Bundesgesetzblatt ein entsprechendes Recht gewährt wird.

(3) Das nach den vorstehenden Bestimmungen einzuräumende Nutzungsrecht wirkt nur im Geltungsbereich dieses Gesetzes und für die Ausfuhr nach Staaten, in denen das Werk keinen Schutz gegen die Übertragung auf Tonträger genießt.

(4) Hat der Urheber einem anderen das ausschließliche Nutzungsrecht eingeräumt mit dem Inhalt, das Werk zu gewerblichen Zwecken auf Tonträger zu übertragen und diese zu vervielfältigen und zu verbreiten, so gelten die vorstehenden Bestimmungen mit der Maßgabe, dass der Inhaber des ausschließlichen Nutzungsrechts zur Einräumung des in Absatz 1 bezeichneten Nutzungsrechts verpflichtet ist.

(5) Auf ein Sprachwerk, das als Text mit einem Werk der Musik verbunden ist, sind die vorstehenden Bestimmungen entsprechend anzuwenden, wenn einem Hersteller von Tonträgern ein Nutzungsrecht eingeräumt worden ist mit dem Inhalt, das Sprachwerk in Verbindung mit dem Werk der Musik auf Tonträger zu übertragen und diese zu vervielfältigen und zu verbreiten.

(6) ¹Für Klagen, durch die ein Anspruch auf Einräumung des Nutzungsrechts geltend gemacht wird, sind, sofern der Urheber oder im

Falle des Absatzes 4 der Inhaber des ausschließlichen Nutzungsrechts im Geltungsbereich dieses Gesetzes keinen allgemeinen Gerichtsstand hat, die Gerichte zuständig, in deren Bezirk das Patentamt seinen Sitz hat. [2]Einstweilige Verfügungen können erlassen werden, auch wenn die in den §§ 935 und 940 der Zivilprozessordnung bezeichneten Voraussetzungen nicht zutreffen.

(7) Die vorstehenden Bestimmungen sind nicht anzuwenden, wenn das in Absatz 1 bezeichnete Nutzungsrecht lediglich zur Herstellung eines Filmes eingeräumt worden ist.

§ 43 Urheber in Arbeits- oder Dienstverhältnissen. Die Vorschriften dieses Unterabschnitts sind auch anzuwenden, wenn der Urheber das Werk in Erfüllung seiner Verpflichtungen aus einem Arbeits- oder Dienstverhältnis geschaffen hat, soweit sich aus dem Inhalt oder dem Wesen des Arbeits- oder Dienstverhältnisses nichts anderes ergibt.

§ 44 Veräußerung des Originals des Werkes. (1) Veräußert der Urheber das Original des Werkes, so räumt er damit im Zweifel dem Erwerber ein Nutzungsrecht nicht ein.

(2) Der Eigentümer des Originals eines Werkes der bildenden Künste oder eines Lichtbildwerkes ist berechtigt, das Werk öffentlich auszustellen, auch wenn es noch nicht veröffentlicht ist, es sei denn, daß der Urheber dies bei der Veräußerung des Originals ausdrücklich ausgeschlossen hat.

Sechster Abschnitt. Schranken des Urheberrechts

§ 44 a Vorübergehende Vervielfältigungshandlungen. Zulässig sind vorübergehende Vervielfältigungshandlungen, die flüchtig oder begleitend sind und einen integralen und wesentlichen Teil eines technischen Verfahrens darstellen und deren alleiniger Zweck es ist,
1. eine Übertragung in einem Netz zwischen Dritten durch einen Vermittler oder
2. eine rechtmäßige Nutzung
eines Werkes oder sonstigen Schutzgegenstands zu ermöglichen, und die keine eigenständige wirtschaftliche Bedeutung haben.

§ 45 Rechtspflege und öffentliche Sicherheit. (1) Zulässig ist, einzelne Vervielfältigungsstücke von Werken zur Verwendung in Verfahren vor einem Gericht, einem Schiedsgericht oder einer Behörde herzustellen oder herstellen zu lassen.

(2) Gerichte und Behörden dürfen für Zwecke der Rechtspflege und der öffentlichen Sicherheit Bildnisse vervielfältigen oder vervielfältigen lassen.

(3) Unter den gleichen Voraussetzungen wie die Vervielfältigung ist auch die Verbreitung, öffentliche Ausstellung und öffentliche Wiedergabe der Werke zulässig.

§ 45 a Behinderte Menschen. (1) Zulässig ist die nicht Erwerbszwecken dienende Vervielfältigung eines Werkes für und deren Verbreitung ausschließlich an Menschen, soweit diesen der Zugang zu dem Werk in einer bereits verfügbaren Art der sinnlichen Wahrnehmung auf Grund einer Behinderung nicht möglich oder erheblich erschwert ist, soweit es zur Ermöglichung des Zugangs erforderlich ist.

(2) ¹Für die Vervielfältigung und Verbreitung ist dem Urheber eine angemessene Vergütung zu zahlen; ausgenommen ist die Herstellung lediglich einzelner Vervielfältigungsstücke. ²Der Anspruch kann nur durch eine Verwertungsgesellschaft geltend gemacht werden.

§ 46 Sammlungen für Kirchen-, Schul- oder Unterrichtsgebrauch. (1) ¹Nach der Veröffentlichung zulässig ist die Vervielfältigung, Verbreitung und öffentliche Zugänglichmachung von Teilen eines Werkes, von Sprachwerken oder von Werken der Musik von geringem Umfang, von einzelnen Werken der bildenden Künste oder einzelnen Lichtbildwerken als Element einer Sammlung, die Werke einer größeren Anzahl von Urhebern vereinigt und die nach ihrer Beschaffenheit nur für den Unterrichtsgebrauch in Schulen, in nichtgewerblichen Einrichtungen der Aus- und Weiterbildung oder in Einrichtungen der Berufsbildung oder für den Kirchengebrauch bestimmt ist. ²Die öffentliche Zugänglichmachung eines für den Unterrichtsgebrauch an Schulen bestimmten Werkes ist stets nur mit Einwilligung des Berechtigten zulässig. ³In den Vervielfältigungsstücken oder bei der öffentlichen Zugänglichmachung ist deutlich anzugeben, wozu die Sammlung bestimmt ist.

(2) Absatz 1 gilt für Werke der Musik nur, wenn diese Elemente einer Sammlung sind, die für den Gebrauch im Musikunterricht in Schulen mit Ausnahme der Musikschulen bestimmt ist.

(3) ¹Mit der Vervielfältigung oder der öffentlichen Zugänglichmachung darf erst begonnen werden, wenn die Absicht, von der Berechtigung nach Absatz 1 Gebrauch zu machen, dem Urheber oder, wenn sein Wohnort oder Aufenthaltsort unbekannt ist, dem Inhaber des ausschließlichen Nutzungsrechts durch eingeschriebenen Brief mitgeteilt worden ist und seit Absendung des Briefes zwei Wochen verstrichen sind. ²Ist auch der Wohnort oder Aufenthaltsort des Inhabers des

ausschließlichen Nutzungsrechts unbekannt, so kann die Mitteilung durch Veröffentlichung im Bundesanzeiger bewirkt werden.

(4) Für die nach den Absätzen 1 und 2 zulässige Verwertung ist dem Urheber eine angemessene Vergütung zu zahlen.

(5) ¹Der Urheber kann die nach den Absätzen 1 und 2 zulässige Verwertung verbieten, wenn das Werk seiner Überzeugung nicht mehr entspricht, ihm deshalb die Verwertung des Werkes nicht mehr zugemutet werden kann und er ein etwa bestehendes Nutzungsrecht aus diesem Grunde zurückgerufen hat (§ 42). ²Die Bestimmungen in § 136 Abs. 1 und 2 sind entsprechend anzuwenden.

§ 47 Schulfunksendungen. (1) ¹Schulen sowie Einrichtungen der Lehrerbildung und der Lehrerfortbildung dürfen einzelne Vervielfältigungsstücke von Werken, die innerhalb einer Schulfunksendung gesendet werden, durch Übertragung der Werke auf Bild- oder Tonträger herstellen. ²Das gleiche gilt für Heime der Jugendhilfe und die staatlichen Landesbildstellen oder vergleichbare Einrichtungen in öffentlicher Trägerschaft.

(2) ¹Die Bild- oder Tonträger dürfen nur für den Unterricht verwendet werden. ²Sie sind spätestens am Ende des auf die Übertragung der Schulfunksendung folgenden Schuljahres zu löschen, es sei denn, daß dem Urheber eine angemessene Vergütung gezahlt wird.

§ 48 Öffentliche Reden. (1) Zulässig ist
1. die Vervielfältigung und Verbreitung von Reden über Tagesfragen in Zeitungen, Zeitschriften sowie in anderen Druckschriften oder sonstigen Datenträgern, die im Wesentlichen den Tagesinteressen Rechnung tragen, wenn die Reden bei öffentlichen Versammlungen gehalten oder durch öffentliche Wiedergabe im Sinne von § 19 a oder § 20 veröffentlicht worden sind, sowie die öffentliche Wiedergabe solcher Reden,
2. die Vervielfältigung, Verbreitung und öffentliche Wiedergabe von Reden, die bei öffentlichen Verhandlungen vor staatlichen, kommunalen oder kirchlichen Organen gehalten worden sind.

(2) Unzulässig ist jedoch die Vervielfältigung und Verbreitung der in Absatz 1 Nr. 2 bezeichneten Reden in Form einer Sammlung, die überwiegend Reden desselben Urhebers enthält.

§ 49 Zeitungsartikel und Rundfunkkommentare. (1) ¹Zulässig ist die Vervielfältigung und Verbreitung einzelner Rundfunkkommentare und einzelner Artikel sowie mit ihnen im Zusammenhang veröffentlichter Abbildungen aus Zeitungen und anderen lediglich Tagesinteressen dienenden Informationsblättern in anderen Zeitungen und

Informationsblättern dieser Art sowie die öffentliche Wiedergabe solcher Kommentare, Artikel und Abbildungen, wenn sie politische, wirtschaftliche oder religiöse Tagesfragen betreffen und nicht mit einem Vorbehalt der Rechte versehen sind. ²Für die Vervielfältigung, Verbreitung und öffentliche Wiedergabe ist dem Urheber eine angemessene Vergütung zu zahlen, es sei denn, daß es sich um eine Vervielfältigung, Verbreitung oder öffentliche Wiedergabe kurzer Auszüge aus mehreren Kommentaren oder Artikeln in Form einer Übersicht handelt. ³Der Anspruch kann nur durch eine Verwertungsgesellschaft geltend gemacht werden.

(2) Unbeschränkt zulässig ist die Vervielfältigung, Verbreitung und öffentliche Wiedergabe von vermischten Nachrichten tatsächlichen Inhalts und von Tagesneuigkeiten, die durch Presse oder Funk veröffentlicht worden sind; ein durch andere gesetzliche Vorschriften gewährter Schutz bleibt unberührt.

§ 50 Berichterstattung über Tagesereignisse. Zur Berichterstattung über Tagesereignisse durch Funk oder durch ähnliche technische Mittel, in Zeitungen, Zeitschriften und in anderen Druckschriften oder sonstigen Datenträgern, die im Wesentlichen Tagesinteressen Rechnung tragen, sowie im Film, ist die Vervielfältigung, Verbreitung und öffentliche Wiedergabe von Werken, die im Verlauf dieser Ereignisse wahrnehmbar werden, in einem durch den Zweck gebotenen Umfang zulässig.

§ 51 Zitate. ¹Zulässig ist die Vervielfältigung, Verbreitung und öffentliche Wiedergabe eines veröffentlichten Werkes zum Zweck des Zitats, sofern die Nutzung in ihrem Umfang durch den besonderen Zweck gerechtfertigt ist. ²Zulässig ist dies insbesondere, wenn
1. einzelne Werke nach der Veröffentlichung in ein selbständiges wissenschaftliches Werk zur Erläuterung des Inhalts aufgenommen werden,
2. Stellen eines Werkes nach der Veröffentlichung in einem selbständigen Sprachwerk angeführt werden,
3. einzelne Stellen eines erschienenen Werkes der Musik in einem selbständigen Werk der Musik angeführt werden.

§ 52 Öffentliche Wiedergabe. (1) ¹Zulässig ist die öffentliche Wiedergabe eines veröffentlichten Werkes, wenn die Wiedergabe keinem Erwerbszweck des Veranstalters dient, die Teilnehmer ohne Entgelt zugelassen werden und im Falle des Vortrages oder der Aufführung des Werkes keiner der ausübenden Künstler (§ 73) eine besondere Vergütung erhält. ²Für die Wiedergabe ist eine angemessene Vergütung zu zahlen. [3]Die Vergütungspflicht entfällt für Veranstaltungen der Jugendhilfe, der Sozialhilfe, der Alten- und Wohlfahrtspflege, der Gefangenenbetreuung sowie für Schulveranstaltungen, sofern sie nach ihrer sozialen oder erzieherischen Zweckbestimmung nur einem bestimmt abgegrenzten Kreis von Personen zugänglich sind. [4]Dies gilt nicht, wenn die Veranstaltung dem Erwerbszweck eines Dritten dient; in diesem Fall hat der Dritte die Vergütung zu zahlen.

(2) Zulässig ist die öffentliche Wiedergabe eines erschienenen Werkes auch bei einem Gottesdienst oder einer kirchlichen Feier der Kirchen oder Religionsgemeinschaften, jedoch hat der Veranstalter dem Urheber eine angemessene Vergütung zu zahlen.

(3) Öffentliche bühnenmäßige Darstellungen, öffentliche Zugänglichmachungen und Funksendungen eines Werkes sowie öffentliche Vorführungen eines Filmwerkes sind stets nur mit Einwilligung des Berechtigten zulässig.

§ 52 a Öffentliche Zugänglichmachung für Unterricht und Forschung. (1) Zulässig ist,

1. veröffentlichte kleine Teile eines Werkes, Werke geringen Umfangs sowie einzelne Beiträge aus Zeitungen oder Zeitschriften zur Veranschaulichung im Unterricht an Schulen, Hochschulen, nichtgewerblichen Einrichtungen der Aus- und Weiterbildung sowie an Einrichtungen der Berufsbildung ausschließlich für den bestimmt abgegrenzten Kreis von Unterrichtsteilnehmern oder

2. veröffentlichte Teile eines Werkes, Werke geringen Umfangs sowie einzelne Beiträge aus Zeitungen oder Zeitschriften ausschließlich für einen bestimmt abgegrenzten Kreis von Personen für deren eigene wissenschaftliche Forschung

öffentlich zugänglich zu machen, soweit dies zu dem jeweiligen Zweck geboten und zur Verfolgung nicht kommerzieller Zwecke gerechtfertigt ist.

(2) [1]Die öffentliche Zugänglichmachung eines für den Unterrichtsgebrauch an Schulen bestimmten Werkes ist stets nur mit Einwilligung des Berechtigten zulässig. [2]Die öffentliche Zugänglichmachung eines Filmwerkes ist vor Ablauf von zwei Jahren nach Beginn der üblichen regulären Auswertung in Filmtheatern im Geltungsbereich dieses Gesetzes stets nur mit Einwilligung des Berechtigten zulässig.

(3) Zulässig sind in den Fällen des Absatzes 1 auch die zur öffentlichen Zugänglichmachung erforderlichen Vervielfältigungen.

(4) Für die öffentliche Zugänglichmachung nach Absatz 1 ist eine angemessene Vergütung zu zahlen. [2]Der Anspruch kann nur durch eine Verwertungsgesellschaft geltend gemacht werden.

§ 52 b Wiedergabe von Werken an elektronischen Leseplätzen in öffentlichen Bibliotheken, Museen und Archiven. [1]Zulässig ist, veröffentlichte Werke aus dem Bestand öffentlich zugänglicher Bibliotheken, Museen oder Archive, die keinen unmittelbar oder mittelbar wirtschaftlichen oder Erwerbsweck verfolgen, ausschließlich in den Räumen der jeweiligen Einrichtung an eigens dafür eingerichteten elektronischen Leseplätzen zur Forschung und für private Studien zugänglich zu machen, soweit dem keine vertraglichen Regelungen entgegenstehen. [2]Es dürfen grundsätzlich nicht mehr Exemplare eines Werkes an den eingerichteten elektronischen Leseplätzen gleichzeitig zugänglich gemacht werden, als der Bestand der Einrichtung umfasst. [3]Für die Zugänglichmachung ist eine angemessene Vergütung zu zahlen. [4]Der Anspruch kan nur durch eine Verwertungsgesellschaft geltend gemacht werden.

§ 53 Vervielfältigungen zum privaten und sonstigen eigenen Gebrauch. (1) [1]Zulässig sind einzelne Vervielfältigungen eines Werkes durch eine natürliche Person zum privaten Gebrauch auf beliebigen Trägern, sofern sie weder unmittelbar noch mittelbar Erwerbszwecken dienen, soweit nicht zur Vervielfältigung eine offensichtlich rechtswidrig hergestellte oder öffentlich zugänglich gemachte Vorlage verwendet wird. [2]Der zur Vervielfältigung Befugte darf die Vervielfältigungsstücke auch durch einen anderen herstellen lassen, sofern dies unentgeltlich geschieht oder es sich um Vervielfältigungen auf Papier oder einem ähnlichen Träger mittels beliebiger photomechanischer Verfahren oder anderer Verfahren mit ähnlicher Wirkung handelt.

(2) Zulässig ist, einzelne Vervielfältigungsstücke eines Werkes herzustellen oder herstellen zu lassen

1. zum eigenen wissenschaftlichen Gebrauch, wenn und soweit die Vervielfältigung zu diesem Zweck geboten ist und sie keinen gewerblichen Zwecken dient,
2. zur Aufnahme in ein eigenes Archiv, wenn und soweit die Vervielfältigung zu diesem Zweck geboten ist und als Vorlage für die Vervielfältigung ein eigenes Werkstück benutzt wird,
3. zur eigenen Unterrichtung über Tagesfragen, wenn es sich um ein durch Funk gesendetes Werk handelt,
4. zum sonstigen eigenen Gebrauch,
   a) wenn es sich um kleine Teile eines erschienenen Werkes oder um einzelne Beiträge handelt, die in Zeitungen oder Zeitschriften erschienen sind,
   b) wenn es sich um ein seit mindestens zwei Jahren vergriffenes Werk handelt.
[2]Dies gilt im Fall des Satzes 1 Nr. 2 nur, wenn zusätzlich

1. die Vervielfältigung auf Papier oder einem ähnlichen Träger mittels beliebiger photomechanischer Verfahren oder anderer Verfahren mit ähnlicher Wirkung vorgenommen wird oder
2. eine ausschließlich analoge Nutzung stattfindet oder
3. das Archiv im öffentlichen Interesse tätig ist und keinen unmittelbar oder mittelbar wirtschaftlichen oder Erwerbszweck verfolgt. [3]Dies gilt in den Fällen des Satzes 1 Nr. 3 und 4 nur, wenn zusätzlich eine der Voraussetzungen des Satzes 2 Nr. 1 oder 2 vorliegt.

(3) [1]Zulässig ist, Vervielfältigungsstücke von kleinen Teilen eines Werkes, von Werken von geringem Umfang oder von einzelnen Beiträgen, die in Zeitungen oder Zeitschriften erschienen oder öffentlich zugänglich gemacht worden sind, zum eigenen Gebrauch
1. zur Veranschaulichung des Unterrichts in Schulen, in nichtgewerblichen Einrichtungen der Aus- und Weiterbildung sowie in Einrichtungen der Berufsbildung in der für die Unterrichtsteilnehmer erforderlichen Anzahl oder
2. für staatliche Prüfungen und Prüfungen in Schulen, Hochschulen, in nichtgewerblichen Einrichtungen der Aus- und Weiterbildung sowie in der Berufsbildung in der erforderlichen Anzahl
herzustellen oder herstellen zu lassen, wenn und soweit die Vervielfältigung zu diesem Zweck geboten ist. [2]Die Vervielfältigung eines Werkes, das für den Unterrichtsgebrauch an Schulen bestimmt ist, ist stets nur mit Einwilligung des Berechtigten zulässig.

(4) Die Vervielfältigung
a) graphischer Aufzeichnungen von Werken der Musik,
b) eines Buches oder einer Zeitschrift, wenn es sich um eine im wesentlichen vollständige Vervielfältigung handelt,
ist, soweit sie nicht durch Abschreiben vorgenommen wird, stets nur mit Einwilligung des Berechtigten zulässig oder unter den Voraussetzungen des Absatzes 2 Satz 1 Nr. 2 oder zum eigenen Gebrauch, wenn es sich um ein seit mindestens zwei Jahren vergriffenes Werk handelt.

(5) [1]Absatz 1, Absatz 2 Satz 1 Nr. 2 bis 4 sowie Absatz 3 Nr. 2 finden keine Anwendung auf Datenbankwerke, deren Elemente einzeln mit Hilfe elektronischer Mittel zugänglich sind. [2]Absatz 2 Satz 1 Nr. 1 sowie Absatz 3 Nr. 1 finden auf solche Datenbankwerke mit der Maßgabe Anwendung, dass der wissenschaftliche Gebrauch sowie der Gebrauch im Unterricht nicht zu gewerblichen Zwecken erfolgen.

(6) [1]Die Vervielfältigungsstücke dürfen weder verbreitet noch zu öffentlichen Wiedergaben benutzt werden. Zulässig ist jedoch, rechtmäßig hergestellte Vervielfältigungsstücke von Zeitungen und vergriffenen Werken sowie solche Werkstücke zu verleihen, bei denen kleine beschädigte oder abhanden gekommene Teile durch Vervielfältigungsstücke ersetzt worden sind.

(7) Die Aufnahme öffentlicher Vorträge, Aufführungen oder Vorführungen eines Werkes auf Bild- oder Tonträger, die Ausführung von Plänen und Entwürfen zu Werken der bildenden Künste und der Nachbau eines Werkes der Baukunst sind stets nur mit Einwilligung des Berechtigten zulässig.

§ 53 a Kopienversand auf Bestellung. (1) ¹Zulässig ist auf Einzelbestellung die Vervielfältigung und Übermittlung einzelner in Zeitungen und Zeitschriften erschienener Beiträge sowie kleiner Teile eines erschienenen Werkes im Wege des Post- oder Faxversands durch öffentliche Bibliotheken, sofern die Nutzung durch den Besteller nach § 53 zulässig ist. ²Die Vervielfältigung und Übermittlung in sonstiger elektronischer Form ist ausschließlich als grafische Datei und zur Veranschaullchung des Unterrichts oder für Zwecke der wissenschaftlichen Forschung zulässig, soweit dies zur Verfolgung nicht gewerblicher Zwecke gerechtfertigt ist. ³Die Vervielfältigung und Übermittlung in sonstiger elektronischer Form ist ferner nur dann zulässig, wenn der Zugang zu den Beiträgen oder kleinen Teilen eines Werkes den Mitgliedern der Öffentlichkeit nicht offensichtlich von Orten und zu Zeiten ihrer Wahl mittels einer vertraglichen Vereinbarung zu angemessenen Bedingungen ermöglicht wird.

(2) ¹Für die Vervielfältigung und Übermittlung ist dem Urheber eine angemessene Vergütung zu zahlen. ²Der Anspruch kann nur durch eine Verwertungsgesellschaft geltend gemacht werden.

§ 54 Vergütungspflicht. (1) Ist nach der Art eines Werkes zu erwarten, dass es nach § 53 Abs. 1 bis 3 vervielfältigt wird, so hat der Urheber des Werkes gegen den Hersteller von Geräten und von Speichermedien, deren Typ allein oder in Verbindung mit anderen Geräten, Speichermedien oder Zubehör zur Vornahme solcher Vervielfältigungen benutzt wird, Anspruch auf Zahlung einer angemessenen Vergütung.

(2) Der Anspruch nach Absatz 1 entfällt, soweit nach den Umständen erwartet werden kann, dass die Geräte oder Speichermedien im Geltungsbereich dieses Gesetzes nicht zu Vervielfältigungen benutzt werden.

§ 54 a Vergütungshöhe. (1) ¹Maßgebend für die Vergütungshöhe ist, in welchem Maß die Geräte und Speichermedien als Typen tatsächlich für Vervielfältigungen nach § 53 Abs. 1 bis 3 genutzt werden. ²Dabei ist zu berücksichtigen, inwieweit technische Schutzmaßnahmen nach § 95 a auf die betreffenden Werke angewendet werden.

(2) Die Vergütung für Geräte ist so zu gestalten, dass sie auch mit Blick auf die Vergütungspflicht für in diesen Geräten enthaltene Speichermedien oder andere, mit diesen funkionell zusammenwirkende Geräte oder Speichermedien insgesamt angemessen ist.

(3) Bei der Bestimmung der Vergütungshöhe sind die nutzungsrelevanten Eigenschaften der Geräte und Speichermedien, insbesondere die Leistungsfähigkeit von Geräten sowie die Speicherkapazität und Mehrfachbeschreibbarkeit von Speichermedien, zu berücksichtigen.

(4) Die Vergütung darf Hersteller von Geräten und Speichermedien nicht unzumutbar beeinträchtigen; sie muss in einem wirtschaftlich angemessenen Verhältnis zum Preisniveau des Geräts oder des Speichermediums stehen.

§54 b Vergütungspflicht des Händlers oder Importeurs. (1) Neben dem Hersteller haftet als Gesamtschuldner, wer die Geräte oder Speichermedien in den Geltungsbereich dieses Gesetzes gewerblich einführt oder wiedereinführt oder wer mit ihnen handelt.

(2) [1]Einführer ist, wer die Geräte oder Speichermedien in den Geltungsbereich dieses Gesetzes verbringt oder verbringen lässt: [2]Liegt der Einfuhr ein Vertrag mit einem Gebietsfremden zugrunde, so ist Emführer nur der im Geltungsbereich dieses Gesetzes ansässige Vertragspartner, soweit er gewerblich tätig wird. [3]Wer lediglich als Spediteur oder Frachtführer oder in einer ähnlichen Stellung bei dem Verbringen der Waren tätig wird, ist nicht Einführer. [4]Wer die Gegenstände aus Drittländern in eine Freizone oder in ein Freilager nach Artikel 166 der Verordnung (EWG) Nr. 2913/92 des Rates vom 12. Oktober 1992 zur Festlegung des Zollkodex der Gemeinschaften (ABI. EG Nr. L 302 S. 1) verbringt oder verbringen lässt, ist als Einführer nur anzusehen, wenn die Gegenstände in diesem Bereich gebraucht oder wenn sie in den zollrechtlich freien Verkehr übergeführt werden.

(2) DieVergütungspilicht des Händlers entfällt,

1. soweit ein zur Zahlung der Vergütung Verpflichteter, von dem der Händler die Geräte oder die Speichermedien bezieht, an einen Gesamtvertrag über die Vergütung gebunden ist oder

2. wenn der Händler Art und Stückzahl der bezogenen Geräte und Speichermedien und seine Bezugsquelle der nach § 54 h Abs. 3 bezeichneten Empfangsstelle jeweils zum 10. Januar und 10. Juli für das vorangegangene Kalenderhalbjahr schriftlich mitteilt.

§ 54 c Vergütungspflicht des Betreibers von Ablichtungsgeräten. (1) Werden Geräte der in § 54 Abs. 1 genannten Art, die im Weg der Ablichtung oder in einem Verfahren vergleichbarer Wirkung vervielfältigen, in Schulen, Hochschulen sowie Einrichtungen der Be-

rufsbildung oder der sonstigen Aus- und Weiterbildung (Bildungseinrichtungen), Forschungseinrichtungen, öffentlichen Bibliotheken oder
in Einrichtungen betrieben, die Geräte für die entgeltliche Herstellung
von Ablichtungen bereithalten, so hat der Urheber auch gegen den
Betreiber des Geräts einen Anspruch auf Zahlung einer angemessenen
Vergütung.

(2) Die Höhe der von dem Betreiber insgesamt geschuldeten Vergütung bemisst sich nach der Art und dem Umfang der Nutzung des
Geräts, die nach den Umständen, insbesondere nach dem Standort
und der üblichen Verwendung, wahrscheinlich ist.

§ 54 d Hinweispflicht. Soweit nach § 14 Abs. 2 Satz 1 Nr. 2 Satz 2
des Umsatzsteuergesetzes eine Verpflichtung zur Erteilung einer
Rechnung besteht, ist in Rechnungen über die Veräußerung oder ein
sonstiges Inverkehrbringen der in § 54 Abs. 1 genannten Geräte oder
Speichermedien auf die auf das Gerät oder Speichermedium entfallen-
de Urhebervergütung hinzuweisen.

§ 54 e Meldepflicht. (1) Wer Geräte oder Speichermedien in den
Geltungsbereich dieses Gesetzes gewerblich einführt oder wiedereinführt, ist dem Urheber gegenüber verpflichtet, Art und Stückzahl der
eingeführten Gegenstände der nach § 54 h Abs. 3 bezeichneten Empfangsstelle monatlich bis zum zehnten Tag nach Ablauf jedes Kalen-
dermonats schriftlich mitzuteilen.

(2) Kommt der Meldepflichtige seiner Meldepflicht nicht, nur unvollständig oder sonst unrichtig nach, kann der doppelte Vergütungssatz verlangt werden.

§ 54 f Auskunftspflicht. (1) [1]Der Urheber kann von dem nach § 54
oder § 54 b zur Zahlung der Vergütung Verpflichteten Auskunft über
Art und Stückzahl der im Geltungsbereich dieses Gesetzes veräußerten
oder in Verkehr gebrachten Geräte und Speichermedien verlangen.
[2]Die Auskunftspfllcht des Händlers erstreckt sich auch auf die Benen-
nung der Bezugsquellen; sie besteht auch im Fall des § 54 b Abs. 3
Nr. 1. [3]§ 26 Abs. 7 gilt entsprechend.

(2) Der Urheber kann von dem Betreiber eines Geräts in einer Einrichtung im Sinne des § 54 c Abs. 1 die für die Bemessung der Vergütung erforderliche Auskunft verlangen.

(3) Kommt der zur Zahlung der Vergütung Verpflichtete seiner
Auskunftspfllcht nicht, nur unvollständig oder sonst unrichtig nach, so
kann der doppelte Vergütungssatz verlangt werden.

§ 54 g Kontrollbesuch. [1]Soweit dies für die Bemessung der vom Betreiber nach § 54 c geschuldeten Vergütung erforderlich ist, kann der Urheber verlangen, dass ihm das Betreten der Betriebs- und Geschäftsräume des Betreibers, der Geräte für die entgeltliche Herstellung von Ablichtungen bereithält, während der üblichen Betriebs- oder Geschäftszeit gestattet wird. [2]Der Kontrollbesuch muss so ausgeübt werden, dass vermeidbare Betriebsstörungen unterbleiben.

§ 54 h Verwertungsgesellschaften; Handhabung der Mitteilungen. (1) Die Ansprüche nach den §§ 54 bis 54 c, 54 e Abs. 2, §§ 54 f und 54 g können nur durch eine Verwertungsgesellschaft geltend gemacht werden.

(2) [1]Jedem Berechtigten steht ein angemessener Anteil an den nach den §§ 54 bis 54 c gezahlten Vergütungen zu. [2]Soweit Werke mit technischen Maßnahmen gemäß § 95 a geschützt sind, werden sie bei der Verteilung der Einnahmen nicht berücksichtigt.

(3) [1]Für Mitteilungen nach § 54 b Abs. 3 und § 54 e haben die Verwertungsgesellschaften dem Deutschen Patent- und Markenamt eine gemeinsame Empfangsstelle zu bezeichnen. [2]Das Deutsche Patent- und Markenamt gibt diese im Bundesanzeiger bekannt.

(4) [1]Das Deutsche Patent- und Markenamt kann Muster für die Mitteilungen nach § 54 b Abs. 3 Nr. 2 und § 54 e im Bundesanzeiger oder im elektronischen Bundesanzeiger bekannt machen. [2]Werden Muster bekannt gemacht, sind diese zu verwenden.

(5) Die Verwertungsgesellschaften und die Empfangsstelle dürfen die gemäß § 54 b Abs. 3 Nr. 2, den §§ 54 e und 54 f erhaltenen Angaben nur zur Geltendmachung der Ansprüche nach Absatz 1 verwenden.

§55 Vervielfältigung durch Sendeunternehmen. (1) [1]Ein Sendeunternehmen, das zur Funksendung eines Werkes berechtigt ist, darf das Werk mit eigenen Mitteln auf Bild- oder Tonträger übertragen, um diese zur Funksendung über jeden seiner Sender oder Richtstrahler je einmal zu benutzen. [2]Die Bild- oder Tonträger sind spätestens einen Monat nach der ersten Funksendung des Werkes zu löschen.

(2) [1]Bild- oder Tonträger, die außergewöhnlichen dokumentarischen Wert haben, brauchen nicht gelöscht zu werden, wenn sie in ein amtliches Archiv aufgenommen werden. [2]Von der Aufnahme in das Archiv ist der Urheber unverzüglich zu benachrichtigen.

§ 55 a Benutzung eines Datenbankwerkes. [1]Zulässig ist die Bearbeitung sowie die Vervielfältigung eines Datenbankwerkes durch den Eigentümer eines mit Zustimmung des Urhebers durch Veräußerung in Verkehr gebrachten Vervielfältigungsstücks des Datenbankwerkes, den in sonstiger Weise zu dessen Gebrauch Berechtigten oder denjenigen, dem ein Datenbankwerk aufgrund eines mit dem Urheber oder eines mit dessen Zustimmung mit einem Dritten geschlossenen Vertrags zugänglich gemacht wird, wenn und soweit die Bearbeitung oder Vervielfältigung für den Zugang zu den Elementen des Datenbank werkes und für dessen übliche Benutzung erforderlich ist. [2]Wird aufgrund eines Vertrags nach Satz 1 nur ein Teil des Datenbankwerkes zugänglich gemacht, so ist nur die Bearbeitung sowie die Vervielfältigung dieses Teils zulässig. [3]Entgegenstehende vertragliche Vereinbarungen sind nichtig.

§ 56 Vervielfältigung und öffentliche Wiedergabe in Geschäftsbetrieben. (1) In Geschäftsbetrieben, in denen Geräte zur Herstellung oder zur Wiedergabe von Bild- oder Tonträgern, zum Empfang von Funksendungen oder zur elektronischen Datenverarbeitung vertrieben oder instand gesetzt werden, ist die Übertragung von Werken auf Bild-, Tonoder Datenträger, die öffentliche Wahrnehmbarmachung von Werken mittels Bild-, Ton- oder Datenträger sowie die öffentliche Wahrnehmbarmachung von Funksendungen und öffentliche Zugänglichmachungen von Werken zulässig, soweit dies notwendig ist, um diese Geräte Kunden vorzuführen oder instand zu setzen.

(2) Nach Absatz 1 hergestellte Bild-, Ton- oder Datenträger sind unverzüglich zu löschen.

§ 57 Unwesentliches Beiwerk. Zulässig ist die Vervielfältigung, Verbreitung und öffentliche Wiedergabe von Werken, wenn sie als unwesentliches Beiwerk neben dem eigentlichen Gegenstand der Vervielfältigung, Verbreitung oder öffentlichen Wiedergabe anzusehen sind.

§ 58 Werke in Ausstellungen, öffentlichem Verkauf und öffentlich zugänglichen Einrichtungen. (1) Zulässig ist die Vervielfältigung, Verbreitung und öffentliche Zugänglichmachung von öffentlich ausgestellten oder zur öffentlichen Ausstellung oder zum öffentlichen Verkauf bestimmten Werken der bildenden Künste und Lichtbildwerken durch den Veranstalter zur Werbung, soweit dies zur Förderung der Veranstaltung erforderlich ist.

(2) Zulässig ist ferner die Vervielfältigung und Verbreitung der in Absatz 1 genannten Werke in Verzeichnissen, die von öffentlich zugänglichen Bibliotheken, Bildungseinrichtungen oder Museen in inhaltlichem und zeitlichem Zusammenhang mit einer Ausstellung oder zur Dokumentation von Beständen herausgegeben werden und mit denen kein eigenständiger Erwerbszweck verfolgt wird.

§ 59 Werke an öffentlichen Plätzen. (1) ¹Zulässig ist, Werke, die sich bleibend an öffentlichen Wegen, Straßen oder Plätzen befinden, mit Mitteln der Malerei oder Graphik, durch Lichtbild oder durch Film zu vervielfältigen, zu verbreiten und öffentlich wiederzugeben. ²Bei Bauwerken erstrecken sich diese Befugnisse nur auf die äußere Ansicht.

(2) Die Vervielfältigungen dürfen nicht an einem Bauwerk vorgenommen werden.

§ 60 Bildnisse. (1) ¹Zulässig ist die Vervielfältigung sowie die unentgeltliche und nicht zu gewerblichen Zwecken vorgenomme Verbreitung eines Bildnisses durch den Besteller des Bildnisses oder seinen Rechtsnachfolger oder bei einem auf Bestellung geschaffenen Bildnis durch den Abgebildeten oder nach dessen Tod durch seine Angehörigen oder durch einen im Auftrag einer dieser Personen handelnden Dritten. ²Handelt es sich bei dem Bildnis um ein Werk der bildenden Künste, so ist die Verwertung nur durch Lichtbild zulässig.

(2) Angehörige im Sinne von Absatz 1 Satz 1 sind der Ehegatte oder der Lebenspartner und die Kinder oder, wenn weder ein Ehegatte oder Lebenspartner noch Kinder vorhanden sind, die Eltern.

§ 61 *(aufgehoben)*

§ 62 Änderungsverbot. (1) ¹Soweit nach den Bestimmungen dieses Abschnitts die Benutzung eines Werkes zulässig ist, dürfen Änderungen an dem Werk nicht vorgenommen werden. ²§ 39 gilt entsprechend.

(2) Soweit der Benutzungszweck es erfordert, sind Übersetzungen und solche Änderungen des Werkes zulässig, die nur Auszüge oder Übertragungen in eine andere Tonart oder Stimmlage darstellen.

(3) Bei Werken der bildenden Künste und Lichtbildwerken sind Übertragungen des Werkes in eine andere Größe und solche Änderungen zulässig, die das für die Vervielfältigung angewendete Verfahren mit sich bringt.

(4) ¹Bei Sammlungen für Kirchen-, Schul- oder Unterrichtsgebrauch (§ 46) sind außer den nach den Absätzen 1 bis 3 erlaubten Änderungen solche Änderungen von Sprachwerken zulässig, die für den Kirchen-, Schul- oder Unterrichtsgebrauch erforderlich sind. ²Diese Änderungen bedürfen jedoch der Einwilligung des Urhebers, nach seinem Tode der Einwilligung seines Rechtsnachfolgers (§ 30), wenn dieser Angehöriger (§ 60 Abs. 2) des Urhebers ist oder das Urheberrecht auf Grund letztwilliger Verfügung des Urhebers erworben hat. ³Die Einwilligung gilt als erteilt, wenn der Urheber oder der

Rechtsnachfolger nicht innerhalb eines Monats, nachdem ihm die beabsichtigte Änderung mitgeteilt worden ist, widerspricht und er bei der Mitteilung der Änderung auf diese Rechtsfolge hingewiesen worden ist.

§ 63 Quellenangabe. (1) [1]Wenn ein Werk oder ein Teil eines Werkes in den Fällen des § 45 Abs. 1, der §§ 45 a bis 48, 50, 51, 53 Abs. 2 Satz 1 Nr. 1 und Abs. 3 Nr. 1 sowie der §§ 58 und 59 vervielfältigt wird, ist stets die Quelle deutlich anzugeben. [2]Bei der Vervielfältigung ganzer Sprachwerke oder ganzer Werke der Musik ist neben dem Urheber auch der Verlag anzugeben, in dem das Werk erschienen ist, und außerdem kenntlich zu machen, ob an dem Werk Kürzungen oder andere Änderungen vorgenommen worden sind. [3]Die Verpflichtung zur Quellenangabe entfällt, wenn die Quelle weder auf dem benutzten Werkstück oder bei der benutzten Werkwiedergabe genannt noch dem zur Vervielfältigung Befugten anderweit bekannt ist.

(2) [1]Soweit nach den Bestimmungen dieses Abschnitts die öffentliche Wiedergabe eines Werkes zulässig ist, ist die Quelle deutlich anzugeben, wenn und soweit die Verkehrssitte es erfordert. [2]In den Fällen der öffentlichen Wiedergabe nach den §§ 46, 48, 51 und 52 a ist die Quelle einschließlich des Namens des Urhebers stets anzugeben, es sei denn, dass dies nicht möglich ist.

(3) [1]Wird ein Artikel aus einer Zeitung oder einem anderen Informationsblatt nach § 49 Abs. 1 in einer anderen Zeitung oder in einem anderen Informationsblatt abgedruckt oder durch Funk gesendet, so ist stets außer dem Urheber, der in der benutzten Quelle bezeichnet ist, auch die Zeitung oder das Informationsblatt anzugeben, woraus der Artikel entnommen ist; ist dort eine andere Zeitung oder ein anderes Informationsblatt als Quelle angeführt, so ist diese Zeitung oder dieses Informationsblatt anzugeben. [2]Wird ein Rundfunkkommentar nach § 49 Abs. 1 in einer Zeitung oder einem anderen Informationsblatt abgedruckt oder durch Funk gesendet, so ist stets außer dem Urheber auch das Sendeunternehmen anzugeben, das den Kommentar gesendet hat.

§ 63 a Gesetzliche Vergütungsansprüche. [1]Auf gesetzliche Vergütungsansprüche nach diesem Abschnitt kann der Urheber im Voraus nicht verzichten. [2]Sie können im Voraus nur an eine Verwertungsgesellschaft oder zusammen mit der Einräumung des Verlagsrechts dem Verleger abgetreten werden, wenn dieser sie durch eine Verwertungsgesellschaft wahrnehmen lässt, die Rechte von Verlegern und Urhebern gemeinsam wahrnimmt.

Siebenter Abschnitt. Dauer des Urheberrechts

§ 64 Allgemeines. Das Urheberrecht erlischt siebzig Jahre nach dem Tode des Urhebers.

§ 65 Miturheber, Filmwerke. (1) Steht das Urheberrecht mehreren Miturhebern (§ 8) zu, so erlischt es siebzig Jahre nach dem Tode des längstlebenden Miturhebers.

(2) Bei Filmwerken und Werken, die ähnlich wie Filmwerke hergestellt werden, erlischt das Urheberrecht siebzig Jahre nach dem Tod des Längstlebenden der folgenden Personen: Hauptregisseur, Urheber des Drehbuchs, Urheber der Dialoge, Komponist der für das betreffende Filmwerk komponierten Musik.

§ 66 Anonyme und pseudonyme Werke. (1) [1]Bei anonymen und pseudonymen Werken erlischt das Urheberrecht siebzig Jahre nach der Veröffentlichung. [2]Es erlischt jedoch bereits siebzig Jahre nach der Schaffung des Werkes, wenn das Werk innerhalb dieser Frist nicht veröffentlicht worden ist.

(2) [1]Offenbart der Urheber seine Identität innerhalb der in Absatz 1 Satz 1 bezeichneten Frist oder läßt das vom Urheber angenommene Pseudonym keinen Zweifel an seiner Identität zu, so berechnet sich die Dauer des Urheberrechts nach den §§ 64 und 65. [2]Dasselbe gilt, wenn innerhalb der in Absatz 1 Satz 1 bezeichneten Frist der wahre Name des Urhebers zur Eintragung in das Register anonymer und pseudonymer Werke (§ 138) angemeldet wird.

(3) Zu den Handlungen nach Absatz 2 sind der Urheber, nach seinem Tode sein Rechtsnachfolger (§ 30) oder der Testamentsvollstrecker (§ 28 Abs. 2) berechtigt.

§ 67 Lieferungswerke. Bei Werken, die in inhaltlich nicht abgeschlossenen Teilen (Lieferungen) veröffentlicht werden, berechnet sich im Falle des § 66 Abs. 1 Satz 1 die Schutzfrist einer jeden Lieferung gesondert ab dem Zeitpunkt ihrer Veröffentlichung.

§ 68 *(aufgehoben)*

§ 69 Berechnung der Fristen. Die Fristen dieses Abschnitts beginnen mit dem Ablauf des Kalenderjahres, in dem das für den Beginn der Frist maßgebende Ereignis eingetreten ist.

Achter Abschnitt. Besondere Bestimmungen für Computerprogramme

§ 69 a Gegenstand des Schutzes. (1) Computerprogramme im Sinne dieses Gesetzes sind Programme mjeder Gestalt, einschließlich des Entwurfsmaterials.

(2) ¹Der gewährte Schutz gilt für alle Ausdrucksformen eines Computerprogramms. ²Ideen und Grundsätze, die einem Element eines Computerprogramms zugrunde liegen, einschließlich der den Schnittstellen zugrundeliegenden Ideen und Grundsätze, sind nicht geschützt.

(3) ¹Computerprogramme werden geschützt, wenn sie individuelle Werke in dem Sinne darstellen, daß sie das Ergebnis der eigenen geistigen Schöpfung ihres Urhebers sind. ²Zur Bestimmung ihrer Schutzfähigkeit sind keine anderen Kriterien, insbesondere nicht qualitative oder ästhetische, anzuwenden.

(4) Auf Computerprogramme finden die für Sprachwerke geltenden Bestimmungen Anwendung, soweit in diesem Abschnitt nichts anderes bestimmt ist.

(5) Die Vorschriften der §§ 95 a bis 95 d finden auf Computerprogramme keine Anwendung.

§ 69 b Urheber in Arbeits- und Dienstverhältnissen. (1) Wird ein Computerprogramm von einem Arbeitnehmer in Wahrnehmung seiner Aufgaben oder nach den Anweisungen seines Arbeitgebers geschaffen, so ist ausschließlich der Arbeitgeber zur Ausübung aller vermögensrechtlichen Befugnisse an dem Computerprogramm berechtigt, sofern nichts anderes vereinbart ist.

(2) Absatz 1 ist auf Dienstverhältnisse entsprechend anzuwenden.

§ 69 c Zustimmungsbedürftige Handlungen. Der Rechtsinhaber hat das ausschließliche Recht, folgende Handlungen vorzunehmen oder zu gestatten:
1. die dauerhafte oder vorübergehende Vervielfältigung, ganz oder teilweise, eines Computerprogramms mit jedem Mittel und in jeder Form. Soweit das Laden, Anzeigen, Ablaufen, Übertragen oder Speichern des Computerprogramms eine Vervielfältigung erfordert, bedürfen diese Handlungen der Zustimmung des Rechtsinhabers;
2. die Übersetzung, die Bearbeitung, das Arrangement und andere Umarbeitungen eines Computerprogramms sowie die Vervielfältigung der erzielten Ergebnisse. Die Rechte derjenigen, die das Programm bearbeiten, bleiben unberührt;

3. jede Form der Verbreitung des Originals eines Computerprogramms oder von Vervielfältigungsstücken, einschließlich der Vermietung. Wird ein Vervielfältigungsstück eines Computerprogramms mit Zustimmung des Rechtsinhabers im Gebiet der Europäischen Gemeinschaften oder eines anderen Vertragsstaates des Abkommens über den Europäischen Wirtschaftsraum im Wege der Veräußerung in Verkehr gebracht, so erschöpft sich das Verbreitungsrecht in bezug auf dieses Vervielfaltigungsstück mit Ausnahme des Vermietrechts;
4. die drahtgebundene oder drahtlose öffentliche Wiedergabe eines Computerprogramms einschließlich der öffentlichen Zugänglichmachung in der Weise, dass es Mitgliedern der Öffentlichkeit von Orten und zu Zeiten ihrer Wahl zugänglich ist.

§ 69 d Ausnahmen von den zustimmungsbedürftigen Handlungen. (1) Soweit keine besonderen vertraglichen Bestimmungen vorliegen, bedürfen die in § 69 c Nr. 1 und 2 genannten Handlungen nicht der Zustimmung des Rechtsinhabers, wenn sie für eine bestimmungsgemäße Benutzung des Computerprogramms einschließlich der Fehlerberichtigung durch jeden zur Verwendung eines Vervielfältigungsstücks des Programms Berechtigten notwendig sind.

(2) Die Erstellung einer Sicherungskopie durch eine Person, die zur Benutzung des Programms berechtigt ist, darf nicht vertraglich untersagt werden, wenn sie für die Sicherung künftiger Benutzung erforderlich ist.

(3) Der zur Verwendung eines Vervielfältigungsstücks eines Programms Berechtigte kann ohne Zustimmung des Rechtsinhabers das Funktionieren dieses Programms beobachten, untersuchen oder testen, um die einem Programmelement zugrundeliegenden Ideen und Grundsätze zu ermitteln, wenn dies durch Handlungen zum Laden, Anzeigen, Ablaufen, Übertragen oder Speichern des Programms geschieht, zu denen er berechtigt ist.

§ 69 e Dekompilierung. (1) Die Zustimmung des Rechtsinhabers ist nicht erforderlich, wenn die Vervielfältigung des Codes oder die Übersetzung der Codeform im Sinne des § 69 c Nr. 1 und 2 unerläßlich ist, um die erforderlichen Informationen zur Herstellung der Interoperabilität eines unabhängig geschaffenen Computerprogramms mit anderen Programmen zu erhalten, sofern folgende Bedingungen erfüllt sind:
1. Die Handlungen werden von dem Lizenznehmer oder von einer anderen zur Verwendung eines Vervielfältigungsstücks des Programms berechtigten Person oder in deren Namen von einer hierzu ermächtigten Person vorgenommen;

2. die für die Herstellung der Interoperabilität notwendigen Informationen sind für die in Nummer 1 genannten Personen noch nicht ohne weiteres zugänglich gemacht;

3. die Handlungen beschränken sich auf die Teile des ursprünglichen Programms, die zur Herstellung der Interoperablltät notwendig sind.

(2) Bei Handlungen nach Absatz 1 gewonnene Informationen dürfen nicht

1. zu anderen Zwecken als zur Herstellung der Interoperablltät des unabhängig geschaffenen Programms verwendet werden,

2. an Dritte weitergegeben werden, es sei denn, daß dies für die Interoperabilität des unabhängig geschaffenen Programms notwendig ist.

3. für die Entwicklung, Herstellung oder Vermarktung eines Programms mit im wesentlichen ähnlicher Ausdrucksform oder für irgendwelche anderen das Urheberrecht verletzenden Handlungen verwendet werden.

(3) Die Absätze 1 und 2 sind so auszulegen, daß ihre Anwendung weder die normale Auswertung des Werkes beeinträchtigt noch die berechtigten Interessen des Rechtsinhabers unzumutbar verletzt.

§ 69 f Rechtsverletzungen. (1) [1]Der Rechtsinhaber kann von dem Eigentümer oder Besitzer verlangen, daß alle rechtswidrig hergestellten, verbreiteten oder zur rechtswidrigen Verbreitung bestimmten Vervielfältigungsstücke vernichtet werden. [2]§ 98 Abs. 3 und 4 ist entsprechend anzuwenden.

(2) Absatz 1 ist entsprechend auf Mittel anzuwenden, die allein dazu bestimmt sind, die unerlaubte Beseitigung oder Umgehung technischer Programmschutzmechanismen zu erleichtern.

§ 69 g Anwendung sonstiger Rechtsvorschriften; Vertragsrecht. (1) Die Bestimmungen dieses Abschnitts lassen die Anwendung sonstiger Rechtsvorschriften auf Computerprogramme, insbesondere über den Schutz von Erfindungen, Topographien von Halbleitererzeugmssen, Marken und den Schutz gegen unlauteren Wettbewerb einschließlich des Schutzes von Geschäfts- und Betriebsgeheimnissen, sowie schuldrechtllche Vereinbarungen unberührt.

(2) Vertragliche Bestimmungen, die in Widerspruch zu § 69 d Abs. 2 und 3 und § 69 e stehen, sind nichtig.

Zweiter Teil. Verwandte Schutzrechte

Erster Abschnitt. Schutz bestimmter Ausgaben

§ 70 Wissenschaftliche Ausgaben. (1) Ausgaben urheberrechtlich nicht geschützter Werke oder Texte werden in entsprechender Anwendung der Vorschriften des Teils 1 geschützt, wenn sie das Ergebnis wissenschaftlich sichtender Tätigkeit darstellen und sich wesentlich von den bisher bekannten Ausgaben der Werke oder Texte unterscheiden.

(2) Das Recht steht dem Verfasser der Ausgabe zu.

(3) [1]Das Recht erlischt fünfundzwanzig Jahre nach dem Erscheinen der Ausgabe, jedoch bereits fünfundzwanzig Jahre nach der Herstellung, wenn die Ausgabe innerhalb dieser Frist nicht erschienen ist. [2]Die Frist ist nach § 69 zu berechnen.

§ 71 Nachgelassene Werke. (1) [1]Wer ein nicht erschienenes Werk nach Erlöschen des Urheberrechts erlaubterweise erstmals erscheinen läßt oder erstmals öffentlich wiedergibt, hat das ausschließliche Recht, das Werk zu verwerten. [2]Das gleiche gilt für nicht erschienene Werke, die im Geltungsbereich dieses Gesetzes niemals geschützt waren, deren Urheber aber schon länger als siebzig Jahre tot ist. [3]Die §§ 5 und 10 Abs. 1 sowie die §§ 15 bis 24, 26, 27, 44 a und 88 sind sinngemäß anzuwenden.

(2) Das Recht ist übertragbar.

(3) [1]Das Recht erlischt fünfundzwanzig Jahre nach dem Erscheinen des Werkes oder, wenn seine erste öffentliche Wiedergabe früher erfolgt ist, nach dieser. [2]Die Frist ist nach § 69 zu berechnen.

Zweiter Abschnitt. Schutz der Lichtbilder

§ 72 Lichtbilder. (1) Lichtbilder und Erzeugnisse, die ähnlich wie Lichtbilder hergestellt werden, werden in entsprechender Anwendung der für Lichtbildwerke geltenden Vorschriften des Teils 1 geschützt.

(2) Das Recht nach Absatz 1 steht dem Lichtbildner zu.

(3) [1]Das Recht nach Absatz 1 erlischt fünfzig Jahre nach dem Erscheinen des Lichtbildes oder, wenn seine erste erlaubte öffentliche Wiedergabe früher erfolgt ist, nach dieser, jedoch bereits fünfzig Jahre nach der Herstellung, wenn das Lichtbild innerhalb dieser Frist nicht erschienen oder erlaubterweise öffentlich wiedergegeben worden ist. [2]Die Frist ist nach § 69 zu berechnen.

§§ 73–87 e (Schutz des ausübenden Künstlers; Schutz des Herstellers von Tonträgern; Schutz des Sendeunternehmens; Schutz des Datenbankherstellers) hier nicht abgedruckt.

Dritter Teil. Besondere Bestimmungen für Filme

Erster Abschnitt. Filmwerke

§ 88 Recht zur Verfilmung. (1) [1]Gestattet der Urheber einem anderen, sein Werk zu verfilmen, so hegt dann im Zweifel die Einräumung des ausschließlichen Rechts, das Werk unverändert oder unter Bearbeitung oder Umgestaltung zur Herstellung eines Filmwerkes zu benutzen und das Filmwerk sowie Übersetzungen und andere filmische Bearbeitungen auf alle Nutzungsarten zu nutzen. [2]§ 31 a Abs. 1 Satz 3 und 4 und Abs. 2 bis 4 findet keine Anwendung.

(2) [1]Die in Absatz 1 bezeichneten Befugnisse berechtigen im Zweifel nicht zu einer Wiederverfilmung des Werkes. [2]Der Urheber ist im Zweifel berechtigt, sein Werk nach Ablauf von zehn Jahren nach Vertragsabschluß anderweit filmisch zu verwerten.

§ 89 Rechte am Filmwerk. (1) [1]Wer sich zur Mitwirkung bei der Herstellung eines Filmes verpflichtet, räumt damit für den Fall, daß er ein Urheberrecht am Filmwerk erwirbt, dem Filmhersteller im Zweifel das ausschließliche Recht ein, das Filmwerk sowie Übersetzungen und andere filmische Bearbeitungen oder Umgestaltungen des Filmwerkes auf alle Nutzungsarten zu nutzen. [2]§ 31a Abs. 1 Satz 3 und 4 und Abs. 2 bis 4 finden keine Anwendung.

(2) Hat der Urheber des Filmwerkes das in Absatz 1 bezeichnete Nutzungsrecht im voraus einem Dritten eingeräumt, so behält er gleichwohl stets die Befugnis, dieses Recht beschränkt oder unbeschränkt dem Filmhersteller einzuräumen.

(3) Die Urheberrechte an den zur Herstellung des Filmwerkes benutzten Werken, wie Roman, Drehbuch und Filmmusik, bleiben unberührt.

(4) Für die Rechte zur filmischen Verwertung der bei der Herstellung eines Filmwerkes entstehenden Lichtbilder und Lichtbildwerke gelten die Absätze 1 und 2 entsprechend.

§ 90 Einschränkung der Rechte. ¹Die Bestimmungen über die Übertragung von Nutzungsrechten (§ 34) und über die Einräumung weiterer Nutzungsrechte (§ 35) sowie über das Rückrufrecht wegen Nichtausübung (§ 41) und wegen gewandelter Überzeugung (§ 42) gelten nicht für die in § 88 Abs. 1 und § 89 Abs. 1 bezeichneten Rechte. ²Satz 1 findet bis zum Beginn der Dreharbeiten für das Recht zur Verfilmung keine Anwendung.

§ 91 *(aufgehoben)*

§ 92 Ausübende Künstler. (1) Schließt ein ausübender Künstler mit dem Filmhersteller einen Vertrag über seine Mitwirkung bei der Herstellung eines Filmwerks, so liegt dann im Zweifel hinsichtlich der Verwertung des Filmwerks die Einräumung des Rechts, die Darbietung auf eine der dem ausübenden Künstler nach § 77 Abs. 1 und 2 Satz 1 und § 78 Abs. 1 Nr. 1 und 2 vorbehaltenen Nutzungsarten zu nutzen.

(2) Hat der ausübende Künstler im Voraus ein in Absatz 1 genanntes Recht übertragen oder einem Dritten hieran ein Nutzungsrecht eingeräumt, so behält er gleichwohl die Befugnis, dem Filmhersteller dieses Recht hinsichtlich der Verwertung des Filmwerkes zu übertragen oder einzuräumen.

(3) § 90 gilt entsprechend.

§ 93 Schutz gegen Entstellung; Namensnennung. (1) ¹Die Urheber des Filmwerkes und der zu seiner Herstellung benutzten Werke sowie die Inhaber verwandter Schutzrechte, die bei der Herstellung des Filmwerkes mitwirken oder deren Leistungen zur Herstellung des Filmwerkes benutzt werden, können nach den §§ 14 und 75 hinsichtlich der Herstellung und Verwertung des Filmwerkes nur gröbliche Entstellungen oder andere gröbliche Beeinträchtigungen ihrer Werke oder Leistungen verbieten. ²Sie haben hierbei aufeinander und auf den Filmhersteller angemessene Rücksicht zu nehmen.

(2) Die Nennung jedes einzelnen an einem Film mitwirkenden ausübenden Künstlers ist nicht erforderlich, wenn sie einen unverhältnismäßigen Aufwand bedeutet.

§ 94 Schutz des Filmherstellers. (1) ¹Der Filmhersteller hat das ausschließliche Recht, den Bildträger oder Bild- und Tonträger, auf den das Filmwerk aufgenommen ist, zu vervielfältigen, zu verbreiten und zur öffentlichen Vorführung, Funksendung oder öffentlichen Zugänglichmachung zu benutzen. ²Der Filmhersteller hat ferner das Recht, jede Entstellung oder Kürzung des Bildträgers oder Bild- und

Tonträgers zu verbieten, die geeignet ist, seine berechtigten Interessen an diesem zu gefährden.

(2) ¹Das Recht ist übertragbar. ²Der Filmhersteller kann einem anderen das Recht einräumen, den Bildträger oder Bild- und Tonträger auf einzelne oder alle der ihm vorbehaltenen Nutzungsarten zu nutzen. ³§ 31 und die §§ 33 und 38 gelten entsprechend.

(3) Das Recht erlischt fünfzig Jahre nach dem Erscheinen des Bildträgers oder Bild- und Tonträgers oder, wenn seine erste erlaubte Benutzung zur öffentlichen Wiedergabe früher erfolgt ist, nach dieser, jedoch bereits fünfzig Jahre nach der Herstellung, wenn der Bildträger oder Bild- und Tonträger innerhalb dieser Frist nicht erschienen oder erlaubterweise zur öffentlichen Wiedergabe benutzt worden ist.

(4) § 10 Abs. 1 und die §§ 20 b und 27 Abs. 2 und 3 sowie die Vorschriften des Abschnitts 6 des Teils 1 sind entsprechend anzuwenden.

Zweiter Abschnitt. Laufbilder

§ 95 Laufbilder. Die §§ 88, 89 Abs. 4, 90, 93 und 94 sind auf Bildfolgen und Bild- und Tonfolgen, die nicht als Filmwerke geschützt sind, entsprechend anzuwenden.

Vierter Teil. Gemeinsame Bestimmungen für Urheberrecht und verwandte Schutzrechte

Erster Abschnitt. Ergänzende Schutzbestimmungen

§ 95 a Schutz technischer Maßnahmen. (1) Wirksame technische Maßnahmen zum Schutz eines nach diesem Gesetz geschützten Werkes oder eines anderen nach diesem Gesetz geschützten Schutzgegenstandes dürfen ohne Zustimmung des Rechtsinhabers nicht umgangen werden, soweit dem Handelnden bekannt ist oder den Umständen nach bekannt sein muss, dass die Umgehung erfolgt, um den Zugang zu einem solchen Werk oder Schutzgegenstand oder deren Nutzung zu ermöglichen.

(2) Technische Maßnahmen im Sinne dieses Gesetzes sind Technologien, Vorrichtungen und Bestandteile, die im normalen Betrieb dazu bestimmt sind, geschützte Werke oder andere nach diesem Gesetz geschützte Schutzgegenstände betreffende Handlungen, die vom Rechtsmhaber nicht genehmigt sind, zu verhindern oder einzuschränken, technische Maßnahmen sind wirksam, soweit durch sie die Nut-

zung eines geschützten Werkes oder eines anderen nach diesem Gesetz geschützten Schutzgegenstandes von dem Rechtsmhaber durch eine Zugangskontrolle, einen Schutzmechanismus wie Verschlüsselung, Verzerrung oder sonstige Umwandlung oder einen Mechanismus zur Kontrolle der Vervielfältigung, die die Erreichung des Schutzziels sicherstellen, unter Kontrolle gehalten wird.

(3) Verboten sind die Herstellung, die Einfuhr, die Verbreitung, der Verkauf, die Vermietung, die Werbung im Hinblick auf Verkauf oder Vermietung und der gewerblichen Zwecken dienende Besitz von Vorrichtungen, Erzeugnissen oder Bestandteilen sowie die Erbringung von Dienstleistungen, die

1. Gegenstand einer Verkaufsförderung, Werbung oder Vermarktung mit dem Ziel der Umgehung wirksamer technischer Maßnahmen sind oder

2. abgesehen von der Umgehung wirksamer technischer Maßnahmen nur einen begrenzten wirtschaftlichen Zweck oder Nutzen haben oder

3. hauptsächlich entworfen, hergestellt, angepasst oder erbracht werden, um die Umgehung wirksamer technischer Maßnahmen zu ermöglichen oder zu erleichtern.

(4) Von den Verboten der Absätze 1 und 3 unberührt bleiben Aufgaben und Befugnisse öffentlicher Stellen zum Zwecke des Schutzes der öffentlichen Sicherheit oder der Strafrechtspflege.

§ 95 b Durchsetzung von Schrankenbestimmungen. (1) ¹Soweit ein Rechtsmhaber technische Maßnahmen nach Maßgabe dieses Gesetzes anwendet, ist er verpflichtet, den durch eine der nachfolgend genannten Bestimmungen Begünstigten, soweit sie rechtmäßig Zugang zu dem Werk oder Schutzgegenstand haben, die notwendigen Mittel zur Verfügung zu stellen, um von diesen Bestimmungen in dem erforderlichen Maße Gebrauch machen zu können:

1. § 45 (Rechtspflege und öffentliche Sicherheit),
2. § 45 a (Behinderte Menschen),
3. § 46 (Sammlungen für Kirchen-, Schul- oder Unterrichtsgebrauch), mit Ausnahme des Kirchengebrauchs,
4. § 47 (Schulfunksendungen),
5. § 52 a (Öffentliche Zugängllchmachung für Unterricht und Forschung),
6. § 53 (Vervielfältigungen zum privaten und sonstigen eigenen Gebrauch)
   a) Absatz 1, soweit es sich um Vervielfältigungen auf Papier oder einen ähnlichen Träger mittels beliebiger photomechanischer Verfahren oder anderer Verfahren mit ähnlicher Wirkung handelt,

b) Absatz 2 Satz 1 Nr. 1,

c) Absatz 2 Satz 1 Nr. 2 in Verbindung mit Satz 2 Nr. 1 oder 3,

d) Absatz 2 Satz 1 Nr. 3 und 4 jeweils inVerbindung mit Satz 2 Nr. 1 und Satz 3,

e) Absatz 3,

7. § 55 (Vervielfältigung durch Sendeunternehmen). ²Vereinbarungen zum Ausschluss der Verpflichtungen nach Satz 1 sind unwirksam.

(2) Wer gegen das Gebot nach Absatz 1 verstößt, kann von dem Begünstigten einer der genannten Bestimmungen darauf in Anspruch genommen werden, die zur Verwirklichung der jeweiligen Befugnis benötigten Mittel zur Verfügung zu stellen. Entspricht das angebotene Mittel einer Vereinbarung zwischen Vereinigungen der Rechtsinhaber und der durch die Schrankenregelung Begünstigten, so wird vermutet, dass das Mittel ausreicht.

(3) Die Absätze 1 und 2 gelten nicht, soweit Werke und sonstige Schutzgegenstände der Öffentlichkeit auf Grund einer vertraglichen Vereinbarung in einer Weise zugänglich gemacht werden, dass sie Mitgliedern der Öffentlichkeit von Orten und zu Zeiten ihrer Wahl zugänglich sind.

(4) Zur Erfüllung der Verpflichtungen aus Absatz 1 angewandte technische Maßnahmen, einschließlich der zur Umsetzung freiwilliger Vereinbarungen angewandten Maßnahmen, genießen Rechtsschutz nach § 95 a.

§ 95 c Schutz der zur Rechtewahrnehmung erforderlichen Informationen. (1) Von Rechtsinhabern stammende Informationen für die Rechtewahrnehmung dürfen nicht entfernt oder verändert werden, wenn irgendeine der betreffenden Informationen an einem Vervielfältigungsstück eines Werkes oder eines sonstigen Schutzgegenstandes angebracht ist oder im Zusammenhang mit der öffentlichen Wiedergabe eines solchen Werkes oder Schutzgegenstandes erscheint und wenn die Entfernung oder Veränderung wissentlich unbefugt erfolgt und dem Handelnden bekannt ist oder den Umständen nach bekannt sein muss, dass er dadurch die Verletzung von Urheberrechten oder verwandter Schutzrechte veranlasst, ermöglicht, erleichtert oder verschleiert.

(2) Informationen für die Rechtewahrnehmung im Sinne dieses Gesetzes sind elektronische Informationen, die Werke oder andere Schutzgegenstände, den Urheber oder jeden anderen Rechtsmhaber identifizieren, Informationen über die Modalitäten und Bedingungen für die Nutzung der Werke oder Schutzgegenstände sowie die Zahlen und Codes, durch die derartige Informationen ausgedrückt werden.

(3) Werke oder sonstige Schutzgegenstände, bei denen Informationen für die Rechtewahrnehmung unbefugt entfernt oder geändert wurden, dürfen nicht wissentlich unbefugt verbreitet, zur Verbreitung eingeführt, gesendet, öffentlich wiedergegeben oder öffentlich zugänglich gemacht werden, wenn dem Handelnden bekannt ist oder den Umständen nach bekannt sein muss, dass er dadurch die Verletzung von Urheberrechten oder verwandter Schutzrechte veranlasst, ermöglicht, erleichtert oder verschleiert.

§ 95 d Kennzeichnungspflichten. (1) Werke und andere Schutzgegenstände, die mit technischen Maßnahmen geschützt werden, sind deutlich sichtbar mit Angaben über die Eigenschaften der technischen Maßnahmen zu kennzeichnen.

(2) [1]Wer Werke und andere Schutzgegenstände mit technischen Maßnahmen schützt, hat diese zur Ermöglichung der Geltendmachung von Ansprüchen nach § 95 b Abs. 2 mit seinem Namen oder seiner Firma und der zustellungsfähigen Anschrift zu kennzeichnen. [2]Satz 1 findet in den Fällen des § 95 b Abs. 3 keine Anwendung.

§ 96 Verwertungsverbot. (1) Rechtswidrig hergestellte Vervielfältigungsstücke dürfen weder verbreitet noch zu öffentlichen Wiedergaben benutzt werden.

(2) Rechtswidrig veranstaltete Funksendungen dürfen nicht auf Bild- oder Tonträger aufgenommen oder öffentlich wiedergegeben werden.

Zweiter Abschnitt. Rechtsverletzungen

Unterabschnitt 1. Bürgerlich-rechtliche Vorschriften; Rechtsweg

§ 97 Anspruch auf Unterlassung und Schadenersatz. (1) [1]Wer das Urheberrecht oder ein anderes nach diesem Gesetz geschütztes Recht widerrechtlich verletzt, kann von dem Verletzten auf Beseitigung der Beeinträchtigung, bei Wiederholungsgefahr auf Unterlassung in Anspruch genommen werden. [2]Der Anspruch auf Unterlassung besteht auch dann, wenn eine Zuwiderhandlung erstmalig droht.

(2) [1]Wer die Handlung vorsätzlich oder fahrlässig vornimmt, ist dem Verletzten zum Ersatz des daraus entstehenden Schadens verpflichtet. [2]Bei der Bemessung des Schadensersatzes kann auch der Gewinn, den der Verletzer durch die Verletzung des Rechts erzielt hat, berücksichtigt werden. [3]Der Schadensersatzanspruch kann auch auf der Grundla-

ge des Betrages berechnet werden, den der Verletzer als angemessene Vergütung hätte entrichten müssen, wenn er die Erlaubnis zur Nutzung des verletzten Rechts eingeholt hätte. Urheber, Verfasser wissenschaftlicher Ausgaben (§ 70), Lichtbildner (§ 72) und ausübende Künstler (§ 73) können auch wegen des Schadens, der nicht Vermögensschaden ist, eine Entschädigung in Geld verlangen, wenn und soweit dies der Billigkeit entspricht.

§ 97 a Abmahnung. (1) ¹Der Verletzte soll den Verletzer vor Einleitung eines gerichtlichen Verfahrens auf Unterlassung abmahnen und ihm Gelegenheit geben, den Streit durch Abgabe einer mit einer angemessenen Vertragsstrafe bewehrten Unterlassungsverpflichtung beizulegen. ²Soweit die Abmahnung berechtigt ist, kann der Ersatz der erforderlichen Aufwendungen verlangt werden.

(2) Der Ersatz der erforderlichen Aufwendungen für die Inanspruchnahme anwaltlicher Dienstleistungen für die erstmalige Abmahnung beschränkt sich in einfach gelagerten Fällen mit einer nur unerheblichen Rechtsverletzung außerhalb des geschäftlichen Verkehrs auf 100 Euro.

§ 98 Anspruch auf Vernichtung, Rückruf und Überlassung. (1) ¹Wer das Urheberrecht oder ein anderes nach diesem Gesetz geschütztes Recht widerrechtlich verletzt, kann von dem Verletzten auf Vernichtung der im Besitz oder Eigentum des Verletzers befindlichen rechtswidrig hergestellten, verbreiteten oder zur rechtswidrigen Verbreitung bestimmten Vervielfältigungsstücke in Anspruch genommen werder. ²Satz 1 ist entsprechend auf die im Eigentum des Verletzers stehenden Vorrichtungen anzuwenden, die vorwiegend zur Herstellung dieser Vervielfältigungsstücke gedient haben.

(2) Wer das Urheberrecht oder ein anderes nach diesem Gesetz geschütztes Recht widerrechtlich verletzt, kann von dem Verletzten auf Rückruf von rechtswidrig hergestellten, verbreiteten oder zur rechtswidrigen Verbreitung bestimmten Vervielfältigungsstücken oder auf deren endgültiges Entfernen aus den Vertriebswegen in Anspruch genommen werden.

(3) Statt der in Absatz 1 vorgesehenen Maßnahmen kann der Verletzte verlangen, dass ihm die Vervielfältigungsstücke, die im Eigentum des Verletzers stehen, gegen eine angemessene Vergütung, welche die Herstellungskosten nicht übersteigen darf, überlassen werden.

(4) ¹Die Ansprüche nach den Absätzen 1 bis 3 sind ausgeschlossen, wenn die Maßnahme im Einzelfall unverhältnismäßig ist ²Bei der Prüfung der Verhältnismäßigkeit sind auch die berechtigten Interessen Dritter zu berücksichtigen.

(5) Bauwerke sowie ausscheidbare Teile von Vervielfältigungsstücken und Vorrichtungen, deren Herstellung und Verbreitung nicht rechtswidrig ist, unterliegen nicht den in den Absätzen 1 bis 3 vorgesehenen Maßnahmen.

§ 99 Haftung des Inhabers eines Unternehmens. Ist in einem Unternehmen von einem Arbeitnehmer oder Beauftragten ein nach diesem Gesetz geschütztes Recht widerrechtlich verletzt worden, hat der Verletzte die Ansprüche aus § 97 Abs. 1 und § 98 auch gegen den Inhaber des Unternehmens.

§ 100 Entschädigung. [1]Handelt der Verletzer weder vorsätzlich noch fahrlässig, kann er zur Abwendung der Ansprüche nach den §§ 97 und 98 den Verletzten in Geld entschädigen, wenn ihm durch die Erfüllung der Ansprüche ein unverhältnismäßig großer Schaden entstehen würde und dem Verletzten die Abfindung in Geld zuzumuten ist. [2]Als Entschädigung ist der Betrag zu zahlen, der im Fall einer vertraglichen Einräumung des Rechts als Vergütung angemessen wäre. [3]Mit der Zahlung der Entschädigung gilt die Einwilligung des Verletzten zur Verwertung im üblichen Umfang als erteilt.

§ 101 Anspruch auf Auskunft. (1) [1]Wer in gewerblichem Ausmaß das Urheberrecht oder ein anderes nach diesem Gesetz geschütztes Recht widerrechtlich verletzt, kann von dem Verletzten auf unverzügliche Auskunft über die Herkunft und den Vertriebsweg der rechtsverletzenden Vervielfältigungsstücke oder sonstigen Erzeugnisse in Anspruch genommen werden. [2]Das gewerbliche Ausmaß kann sich sowohl aus der Anzahl der Rechtsverletzungen als auch aus der Schwere der Rechtsverletzung ergeben.

(2) [1]In Fällen offensichtlicher Rechtsverletzung oder in Fällen, in denen der Verletzte gegen den Verletzer Klage erhoben hat, besteht der Anspruch unbeschadet von Absatz 1 auch gegen eine Person, die in gewerblichem Ausmaß

1. rechtsverletzende Vervielfältigungsstücke in ihrem Besitz hatte,
2. rechtsverletzende Dienstleistungen in Anspruch nahm,
3. für rechtsverletzende Tätigkeiten genutzte Dienstleistungen erbrachte oder
4. nach den Angaben einer in Nummer 1, 2 oder Nummer 3 genannten Person an der Herstellung, Erzeugung oder am Vertrieb solcher Vervielfältigungsstücke, sonstigen Erzeugnisse oder Dienstleistungen beteiligt war,

es sei denn, die Person wäre nach den §§ 383 bis 385 der Zivilprozessordnung im Prozess gegen den Verletzer zur Zeugnisverweigerung berechtigt. ²Im Fall der gerichtlichen Geltendmachung des Anspruchs nach Satz 1 kann das Gericht den gegen den Verletzer anhängigen Rechtsstreit auf Antrag bis zur Erledigung des wegen des Auskunftsanspruchs geführten Rechtsstreits aussetzen. ³Der zur Auskunft Verpflichtete kann von dem Verletzten den Ersatz der für die Auskunftserteilung erforderlichen Aufwendungen verlangen.

(3) Der zur Auskunft Verpflichtete hat Angaben zu machen über

1. Namen und Anschrift der Hersteller, Lieferanten und anderer Vorbesitzer der Vervielfältigungsstücke oder sonstigen Erzeugnisse, der Nutzer der Dienstleistungen sowie der gewerblichen Abnehmer und Verkaufsstellen, für die sie bestimmt waren, und

2. die Menge der hergestellten, ausgelieferten, erhaltenen oder bestellten Vervielfältigungsstücke oder sonstigen Erzeugnisse sowie über die Preise, die für die betreffenden Vervielfältigungsstücke oder sonstigen Erzeugnisse bezahlt wurden.

(4) Die Ansprüche nach den Absätzen 1 und 2 sind ausgeschlossen, wenn die Inanspruchnahme im Einzelfall unverhältnismäßig ist.

(5) Erteilt der zur Auskunft Verpflichtete die Auskunft vorsätzlich oder grob fahrlässig falsch oder unvollständig, so ist er dem Verletzten zum Ersatz des daraus entstehenden Schadens verpflichtet.

(6) Wer eine wahre Auskunft erteilt hat, ohne dazu nach Absatz 1 oder Absatz 2 verpflichtet gewesen zu sein, haftet Dritten gegenüber nur, wenn er wusste, dass er zur Auskunftserteilung nicht verpflichtet war.

(7) In Fällen offensichtlicher Rechtsverletzung kann die Verpflichtung zur Erteilung der Auskunft im Wege der einstweiligen Verfügung nach den §§ 935 bis 945 der Zivilprozessordnung angeordnet werden.

(8) Die Erkenntnisse dürfen in einem Strafverfahren oder in einem Verfahren nach dem Gesetz über Ordnungswidrigkeiten wegen einer vor der Erteilung der Auskunft begangenen Tat gegen den Verpflichteten oder gegen einen in § 52 Abs. 1 der Strafprozessordnung bezeichneten Angehörigen nur mit Zustimmung des Verpflichteten verwertet werden.

(9) ¹Kann die Auskunft nur unter Verwendung von Verkehrsdaten (§ 3 Nr. 30 des Telekommunikationsgesetzes) erteilt werden, ist für ihre Erteilung eine vorherige richterliche Anordnung über die Zulässigkeit der Verwendung der Verkehrsdaten erforderlich, die von dem Verletzten zu beantragen ist. ²Für den Erlass dieser Anordnung ist das Landgericht, in dessen Bezirk der zur Auskunft Verpflichtete seinen Wohnsitz, seinen Sitz oder eine Niederlassung hat, ohne Rücksicht auf den Streitwert ausschließlich zuständig. ³Die Entscheidung trifft die Zivilkammer. ⁴Für das Verfahren gelten die Vorschriften des Gesetzes

über das Verfahren in Familiensachen und in den Angelegenheiten der freiwilligen Gerichtsberkeit entsprechend. [5]Die Kosten der richterlichen Anordnung trägt der Verletzter. [6]Gegen die Entscheidung des Landgerichts ist die Beschwerde statthaft. [7]Die Beschwerde ist binnen einer Frist von zwei Wochen einzulegen. [8]Die Vorschriften zum Schutz personenbezogener Daten bleiben im Übrigen unberührt.

(10) Durch Absatz 2 in Verbindung mit Absatz 9 wird das Grundrecht des Fernmeldegeheimnisses (Artikel 10 des Grundgesetzes) eingeschränkt.

§ 101 a Anspruch auf Vorlage und Besichtigung. (1) [1]Wer mit hinreichender Wahrscheinlichkeit das Urheberrecht oder ein anderes nach diesem Gesetz geschütztes Recht widerrechtlich verletzt, kann von dem Verletzten auf Vorlage einer Urkunde oder Besichtigung einer Sache in Anspruch genommen werden, die sich in seiner Verfügungsgewalt befindet, wenn dies zur Begründung von dessen Ansprüchen erforderlich ist. [2]Besteht die hinreichende Wahrscheinlichkeit einer in gewerblichem Ausmaß begangenen Rechtsverletzung, erstreckt sich der Anspruch auch auf die Vorlage von Bank-, Finanz- oder Handelsunterlagen. [2]Soweit der vermeintliche Verletzer geltend macht, dass es sich um vertrauliche Informationen handelt, trifft das Gericht die erforderlichen Maßnahmen, um den im Einzelfall gebotenen Schutz zu gewährleisten.

(2) Der Anspruch nach Absatz 1 ist ausgeschlossen, wenn die Inanspruchnahme im Einzelfall unverhältnismäßig ist.

(3) [1]Die Verpflichtung zur Vorlage einer Urkunde oder zur Duldung der Besichtigung einer Sache kann im Wege der einstweiligen Verfügung nach den §§ 935 bis 945 der Zivilprozessordnung angeordnet werden. [2]Das Gericht trifft die erforderlichen Maßnahmen, um den Schutz vertraulicher Informationen zu gewährleisten. [3]Dies gilt insbesondere in den Fällen, in denen die einstweilige Verfügung ohne vorherige Anhörung des Gegners erlassen wird.

(4) § 811 des Bürgerlichen Gesetzbuchs sowie § 101 Abs. 8 gelten entsprechend.

(5) Wenn keine Verletzung vorlag oder drohte, kann der vermeintliche Verletzer von demjenigen, der die Vorlage oder Besichtigung nach Absatz 1 begehrt hat, den Ersatz des ihm durch das Begehren entstandenen Schadens verlangen.

§ 101 b Sicherung von Schadensersatzansprüchen. (1) [1]Der Verletzte kann den Verletzer bei einer in gewerblichem Ausmaß begangenen Rechtsverletzung in den Fällen des § 97 Abs. 2 auch auf Vorlage von Bank-, Finanz- oder Handelsunterlagen oder einen geeigneten Zugang zu den entsprechenden Unterlagen in Anspruch nehmen, die sich in der Verfügungsgewalt des Verletzers befinden und die für die Durchsetzung des Schadensersatzanspruchs erforderlich sind, wenn ohne die Vorlage die Erfüllung des Schadensersatzanspruchs fraglich ist. [2]Soweit der Verletzer geltend macht, dass es sich um vertrauliche Informationen handelt, trifft das Gericht die erforderlichen Maßnahmen, um den im Einzelfall gebotenen Schutz zu gewährleisten.

(2) Der Anspruch nach Absatz 1 ist ausgeschlossen, wenn die Inanspruchnahme im Einzelfall unverhältnismäßig ist.

(3) [1]Die Verpflichtung zur Vorlage der in Absatz 1 bezeichneten Urkunden kann im Wege der einstweiligen Verfügung nach den §§ 935 bis 945 der Zivilprozessordnung angeordnet werden, wenn der Schadensersatzanspruch offensichtlich besteht. [2]Das Gericht trifft die erforderlichen Maßnahmen, um den Schutz vertraulicher Informationen zu gewährleisten. [3]Dies gilt insbesondere in den Fällen, in denen die einstweilige Verfügung ohne vorherige Anhörung des Gegners erlassen wird.

(4) § 811 des Bürgerlichen Gesetzbuchs sowie § 101 Abs. 8 gelten entsprechend.

§ 102 Verjährung. [1]Auf die Verjährung der Ansprüche wegen Verletzung des Urheberrechts oder eines anderen nach diesem Gesetz geschützten Rechts finden die Vorschriften des Abschnitts 5 des Buches 1 des Bürgerlichen Gesetzbuchs entsprechende Anwendung. [2]Hat der Verpflichtete durch die Verletzung auf Kosten des Berechtigten etwas erlangt, findet § 852 des Bürgerlichen Gesetzbuchs entsprechende Anwendung.

§ 102 a Ansprüche aus anderen gesetzlichen Vorschriften. Ansprüche aus anderen gesetzlichen Vorschriften bleiben unberührt.

§ 103 Bekanntmachung des Urteils. [1]Ist eine Klage auf Grund dieses Gesetzes erhoben worden, so kann der obsiegenden Partei im Urteil die Befugnis zugesprochen werden, das Urteil auf Kosten der unterliegenden Partei öffentlich bekannt zu machen, wenn sie ein berechtigtes Interesse darlegt. [2]Art und Umfang der Bekanntmachung werden im Urteil bestimmt. [3]Die Befugnis erlischt, wenn von ihr nicht innerhalb von drei Monaten nach Eintritt der Rechtskraft des Urteils Gebrauch gemacht wird. [4]Das Urteil darf erst nach Rechtskraft bekannt gemacht werden, wenn nicht das Gericht etwas anderes bestimmt.

§ 104 Rechtsweg. [1]Für alle Rechtsstreitigkeiten, durch die ein Anspruch aus einem der in diesem Gesetz geregelten Rechtsverhältnisse geltend gemacht wird (Urheberrechtsstreitsachen), ist der ordentliche Rechtsweg gegeben. [2]Für Urheberrechtsstreitsachen aus Arbeitsoder Dienstverhältnissen, die ausschließlich Ansprüche auf Leistung einer vereinbarten Vergütung zum Gegenstand haben, bleiben der Rechtsweg zu den Gerichten für Arbeitssachen und der Verwaltungsrechtsweg unberührt.

§ 105 Gerichte für Urheberrechtsstreitsachen. (1) Die Landesregierungen werden ermächtigt, durch Rechtsverordnung Urheberrechtsstreitsachen, für die das Landgericht in erster Instanz oder in der Berufungsinstanz zuständig ist, für die Bezirke mehrerer Landgerichte einem von ihnen zuzuweisen, wenn dies der Rechtspflege dienlich ist.

(2) Die Landesregierungen werden ferner ermächtigt, durch Rechtsverordnung[1] die zur Zuständigkeit der Amtsgerichte gehörenden Urheberrechtsstreitsachen für die Bezirke mehrerer Amtsgerichte einem von ihnen zuzuweisen, wenn dies der Rechtspflege dienlich ist.

(3) Die Landesregierungen können die Ermächtigungen nach den Absätzen 1 und 2 auf die Landesjustizverwaltungen übertragen.

(4) *(aufgehoben)*

(5) *(aufgehoben)*

---

[1] **Baden-Württemberg:** VO vom 7.9.1998 (GBl. S.561) und § 13 VO v. 20. 11. 1998 (GBl. S. 680). **Bayern:** § 24 VO v. 2. 2. 1988 (GVBl. S. 6). **Berlin:** VO v. 15. 11. 1965 (GVBl. S. 1711) und VO v. 4. 12. 1972 (GVBl. S. 2301), zuletzt geänd. durch VO v. 22.12.1980 (GVBl. S. 2654). **Brandenburg:** GenchtszuständigkeitsVO – GerZustV v. 3. 11. 1993 (GVBl. II S. 689), zuletzt geänd. durch VO v. 5. 4. 1995 (GVBl. II S. 370). **Hamburg:** VO v. 1. 9. 1987 (GVBl. S. 172), zuletzt geänd. durch VO vom 4 7. 1995 (GVBl. S.154). **Hessen:** VO v. 17. 10. 1996 (GVBl. I S. 466), zuletzt geänd. durch VO v. 21.3.2000 (GVBl.1 S.158) und VO v. 30. 9. 1974 (GVBl.I S. 467). **Mecklenburg**-Vorpommern: VO v. 28. 3. 1994 (GVOBl. S. 514), zuletzt geänd. durch VO v. 14.11.1997 (GVOBl. S.758). **Niedersachsen:** VO v. 29. 8.1997 (GVBl. S. 400, 429), zuletzt geänd. durch VO v. 28.2.2001 (GVBl. S. 76) und §13 VO v. 22.1.1998 (GVBl. S. 66). **Nordrhein-Westfalen:** VO v. 11. 1. 1966 (GV NW. S. 6), geänd. durch VO v. 23. 11. 1971 (GV NW S. 358), sowie VO v. 12. 8. 1996 (GV NW S. 348). **Rheinland-Pfalz:** LandesVO v. 15. 12. 1982 (GVBl. S. 460), zuletzt geänd. durch VO v. 29.8. 2000 (GVBl. S. 315) und § 3 LandesVO v. 19. 1. 1999 (GVBl. S. 18) sowie LandesVO vom 22. 11. 1985 (GVBl. S. 267), zuletzt geänd. durch Art. 149 G v. 12. 10. 1999 (GVBl. S. 325). **Sachsen-Anhalt:** § 1 VO v. 1. 9. 1992 (GVBl. S. 664). **Thüringen:** VO v. 12. 8. 1993 (GVBl. S. 563), geänd. durch Verordnung vom 1. 12. 1995 (GVBl. S. 404).

Unterabschnitt 2. Straf- und Bußgeldvorschriften

§ 106 Unerlaubte Verwertung urheberrechtlich geschützter Werke. (1) Wer in anderen als den gesetzlich zugelassenen Fällen ohne Einwilligung des Berechtigten ein Werk oder eine Bearbeitung oder Umgestaltung eines Werkes vervielfältigt, verbreitet oder öffentlich wiedergibt, wird mit Freiheitsstrafe bis zu drei Jahren oder mit Geldstrafe bestraft.

(2) Der Versuch ist strafbar.

§ 107 Unzulässiges Anbringen der Urheberbezeichnung. (1) Wer

1. auf dem Original eines Werkes der bildenden Künste die Urheberbezeichnung (§ 10 Abs. 1) ohne Einwilligung des Urhebers anbringt oder ein derart bezeichnetes Original verbreitet,

2. auf einem Vervielfältigungsstück, einer Bearbeitung oder Umgestaltung eines Werkes der bildenden Künste die Urheberbezeichnung (§ 10 Abs. 1) auf eine Art anbringt, die dem Vervielfältigungsstück, der Bearbeitung oder Umgestaltung den Anschein eines Originals gibt, oder ein derart bezeichnetes Vervielfältigungsstück, eine solche Bearbeitung oder Umgestaltung verbreitet,

wird mit Freiheitsstrafe bis zu drei Jahren oder mit Geldstrafe bestraft, wenn die Tat nicht in anderen Vorschriften mit schwererer Strafe bedroht ist.

(2) Der Versuch ist strafbar.

§ 108 Unerlaubte Eingriffe in verwandte Schutzrechte. (1) Wer in anderen als den gesetzlich zugelassenen Fällen ohne Einwilligung des Berechtigten

1. eine wissenschaftliche Ausgabe (§ 70) oder eine Bearbeitung oder Umgestaltung einer solchen Ausgabe vervielfältigt, verbreitet oder öffentlich wiedergibt,

2. ein nachgelassenes Werk oder eine Bearbeitung oder Umgestaltung eines solchen Werkes entgegen § 71 verwertet,

3. ein Lichtbild (§ 72) oder eine Bearbeitung oder Umgestaltung eines Lichtbildes vervielfältigt, verbreitet oder öffentlich wiedergibt,

4. die Darbietung eines ausübenden Künstlers entgegen den § 77 Abs. 1 oder Abs. 2 Satz 1, § 78 Abs. 1 verwertet,

5. einen Tonträger entgegen § 85 verwertet,

6. eine Funksendung entgegen § 87 verwertet,

7. einen Bildträger oder Bild- und Tonträger entgegen §§ 94 oder 95 in Verbindung mit § 94 verwertet,

8. eine Datenbank entgegen § 87 b Abs. 1 verwertet,

wird mit Freiheitsstrafe bis zu drei Jahren oder mit Geldstrafe bestraft.
(2) Der Versuch ist strafbar.

§ 108 a Gewerbsmäßige unerlaubte Verwertung. (1) Handelt der
Täter in den Fällen der §§ 106 bis 108 gewerbsmäßig, so ist die Strafe
Freiheitsstrafe bis zu fünf Jahren oder Geldstrafe.
(2) Der Versuch ist strafbar.

**§ 108 b Unerlaubte Eingriffe in technische Schutzmaßnahmen
und zur Rechtewahrnehmung erforderliche Informationen.**
(1) Wer
1. in der Absicht, sich oder einem Dritten den Zugang zu einem nach
   diesem Gesetz geschützten Werk oder einem anderen nach diesem
   Gesetz geschützten Schutzgegenstand oder deren Nutzung zu ermöglichen, eine wirksame technische Maßnahme ohne Zustimmung des Rechtsinhabers umgeht oder
2. wissentlich unbefugt
   a) eine von Rechtsinhabern stammende Information für die Rech-
      tewahrnehmung entfernt oder verändert, wenn irgendeine der
      betreffenden Informationen an einem Vervielfältigungsstück eines
      Werkes oder eines sonstigen Schutzgegenstandes angebracht ist
      oder im Zusammenhang mit der öffentlichen Wiedergabe eines
      solchen Werkes oder Schutzgegenstandes erscheint, oder
   b) ein Werk oder einen sonstigen Schutzgegenstand, bei dem eine
      Information für die Rechtewahrnehmung unbefugt entfernt oder
      geändert wurde, verbreitet, zur Verbreitung einführt, sendet, öf-
      fentlich wiedergibt oder öffentlich zugänglich macht
   und dadurch wenigstens leichtfertig die Verletzung von Urheberrechten oder verwandten Schutzrechten veranlasst, ermöglicht, erleichtert oder verschleiert,
wird, wenn die Tat nicht ausschließlich zum eigenen privaten Gebrauch des Täters oder mit dem Täter persönlich verbundener Personen erfolgt oder sich auf einen derartigen Gebrauch bezieht, mit Freiheitsstrafe bis zu einem Jahr oder mit Geldstrafe bestraft.
(2) Ebenso wird bestraft, wer entgegen § 95 a Abs. 3 eine Vorrichtung, ein Erzeugnis oder einen Bestandteil zu gewerblichen Zwecken
herstellt, einführt, verbreitet, verkauft oder vermietet.
(3) Handelt der Täter in den Fällen des Absatzes 1 gewerbsmäßig, so
ist die Strafe Freiheitsstrafe bis zu drei Jahren oder Geldstrafe.

§ 109 Strafantrag. In den Fällen der §§ 106 bis 108 und des § 108 b
wird die Tat nur auf Antrag verfolgt, es sei denn, daß die Straf-
verfolgungsbehörde wegen des besonderen öffentlichen Interesses an

der Strafverfolgung ein Einschreiten von Amts wegen für geboten hält.

§ 110 Einziehung. [1]Gegenstände, auf die sich eine Straftat nach den §§ 106, 107 Abs. 1 Nr. 2, §§ 108 bis 108 b bezieht, können eingezogen werden. [2]§ 74 a des Strafgesetzbuches ist anzuwenden. [3]Soweit den in § 98 bezeichneten Ansprüchen im Verfahren nach den Vorschriften der Strafprozeßordnung über die Entschädigung des Verletzten (§§ 403 bis 406 c) stattgegeben wird, sind die Vorschriften über die Einziehung nicht anzuwenden.

§ 111 Bekanntgabe der Verurteilung. [1]Wird in den Fällen der §§ 106 bis 108 b auf Strafe erkannt, so ist, wenn der Verletzte es beantragt und ein berechtigtes Interesse daran dartut, anzuordnen, daß die Verurteilung auf Verlangen öffentlich bekanntgemacht wird. [2]Die Art der Bekanntmachung ist im Urteil zu bestimmen.

§ 111 a Bußgeldvorschriften. (1) Ordnungswidrig handelt, wer
1. entgegen § 95 a Abs. 3
   a) eine Vorrichtung, ein Erzeugnis oder einen Bestandteil verkauft, vermietet oder über den Kreis der mit dem Täter persönlich verbundenen Personen hinaus verbreitet oder
   b) zu gewerblichen Zwecken eine Vorrichtung, ein Erzeugnis oder einen Bestandteil besitzt, für deren Verkauf oder Vermietung wirbt oder eine Dienstleistung erbringt,
2. entgegen § 95 b Abs. 1 Satz 1 ein notwendiges Mittel nicht zur Verfügung stellt oder
3. entgegen § 95 d Abs. 2 Satz 1 Werke oder andere Schutzgegenstände nicht oder nicht vollständig kennzeichnet.
(2) Die Ordnungswidrigkeit kann in den Fällen des Absatzes 1 Nr. 1 und 2 mit einer Geldbuße bis zu fünfzigtausend Euro und in den übrigen Fällen mit einer Geldbuße bis zu zehntausend Euro geahndet werden.

Unterabschnitt 3. Vorschriften über Maßnahmen der Zollbehörde

§ 111 b Verfahren nach deutschem Recht. (1) [1]Verletzt die Herstellung oder Verbreitung von Vervielfältigungsstücken das Urheberrecht oder ein anderes nach diesem Gesetz geschütztes Recht, so unterliegen die Vervielfältigungsstücke, soweit nicht die Verordnung (EG) Nr. 1383/2003 des Rates vom 22. Juli 2003 über das Vorgehen der Zollbehörden gegen Waren, die im Verdacht stehen, bestimmte

Rechte geistigen Eigentums zu verletzen, und die Maßnahmen gegenüber Waren, die erkanntermaßen derartige Rechte verletzen (ABI. EU Nr. L 196 S. 7), in ihrer jeweils geltenden Fassung anzuwenden ist, auf Antrag und gegen Sicherheitsleistung des Rechtsinhabers bei ihrer Einfuhr oder Ausfuhr der Beschlagnahme durch die Zollbehörde, sofern die Rechtsverletzung offensichtlich ist. [2]Dies gilt für den Verkehr mit anderen Mitgliedstaaten der Europäischen Wirtschaftsgemeinschaft sowie mit den anderen Vertragsstaaten des Abkommens über den Europäischen Wirtschaftsraum nur, soweit Kontrollen durch die Zollbehörden stattfinden.

(2) [1]Ordnet die Zollbehörde die Beschlagnahme an, so unterrichtet sie unverzüglich den Verfügungsberechtigten sowie den Antragsteller. [2]Dem Antragsteller sind Herkunft, Menge und Lagerort der Vervielfältigungsstücke sowie Name und Anschrift des Verfügungsberechtigten mitzuteilen; das Brief- und Postgeheimnis (Artikel 10 des Grundgesetzes) wird insoweit eingeschränkt. [3]Dem Antragsteller wird Gelegenheit gegeben, die Vervielfältigungsstücke zu besichtigen, soweit hierdurch nicht in Geschäfts- oder Betriebsgeheimnisse eingegriffen wird.

(3) Wird der Beschlagnahme nicht spätestens nach Ablauf von zwei Wochen nach Zustellung der Mitteilung nach Absatz 2 Satz 1 widersprochen, so ordnet die Zollbehörde die Einziehung der beschlagnahmten Vervielfältigungsstücke an.

(4) [1]Widerspricht der Verfügungsberechtigte der Beschlagnahme, so unterrichtet die Zollbehörde hiervon unverzüglich den Antragsteller. [2]Dieser hat gegenüber der Zollbehörde unverzüglich zu erklären, ob er den Antrag nach Absatz 1 in bezug auf die beschlagnahmten Vervielfältigungsstücke aufrechterhält.

1. Nimmt der Antragsteller den Antrag zurück, hebt die Zollbehörde die Beschlagnahme unverzüglich auf.

2. Hält der Antragsteller den Antrag aufrecht und legt er eine vollziehbare gerichtliche Entscheidung vor, die die Verwahrung der beschlagnahmten Vervielfältigungsstücke oder eine Verfügungsbeschränkung anordnet, trifft die Zollbehörde die erforderlichen Maßnahmen.

[3]Liegen die Fälle der Nummern 1 oder 2 nicht vor, hebt die Zollbehörde die Beschlagnahme nach Ablauf von zwei Wochen nach Zustellung der Mitteilung an den Antragsteller nach Satz 1 auf; weist der Antragsteller nach, daß die gerichtliche Entscheidung nach Nummer 2 beantragt, ihm aber noch nicht zugegangen ist, wird die Beschlagnahme für längstens zwei weitere Wochen aufrechterhalten.

(5) Erweist sich die Beschlagnahme als von Anfang an ungerechtfertigt und hat der Antragsteller den Antrag nach Absatz 1 in bezug auf die beschlagnahmten Vervielfältigungsstücke aufrechterhalten oder

sich nicht unverzüglich erklärt (Absatz 4 Satz 2), so ist er verpflichtet, den dem Verfügungsberechtigten durch die Beschlagnahme entstandenen Schaden zu ersetzen.

(6) [1]Der Antrag nach Absatz 1 ist bei der Bundesfinanzdirektion zu stellen und hat Wirkung für ein Jahr, sofern keine kürzere Geltungsdauer beantragt wird; er kann wiederholt werden. [2]Für die mit dem Antrag verbundenen Amtshandlungen werden vom Antragsteller Kosten nach Maßgabe des § 178 der Abgabenordnung erhoben.

(7) [1]Die Beschlagnahme und die Einziehung können mit den Rechtsmitteln angefochten werden, die im Bußgeldverfahren nach dem Gesetz über Ordnungswidrigkeiten gegen die Beschlagnahme und Einziehung zulässig sind. [2]Im Rechtsmittelverfahren ist der Antragsteller zu hören. [3]Gegen die Entscheidung des Amtsgerichts ist die sofortige Beschwerde zulässig; über sie entscheidet das Oberlandesgericht.

§ 111 b Verfahren nach der Verordnung (EG) Nr. 1383/2003.

(1) Setzt die zuständige Zollbehörde nach Artikel 9 der Verordnung (EG) Nr. 1383/2003 die Überlassung der Waren aus oder hält diese zurück, unterrichtet sie davon unverzüglich den Rechtsinhaber sowie den Anmelder oder den Besitzer oder den Eigentümer der Waren.

(2) Im Fall des Absatzes 1 kann der Rechtsinhaber beantragen, die Waren in dem nachstehend beschriebenen vereinfachten Verfahren im Sinn des Artikels 11 der Verordnung (EG) Nr. 1383/2003 (EG) vernichten zu lassen.

(3) [1]Der Antrag muss bei der Zollbehörde innerhalb von zehn Arbeitstagen nach Zugang der Unterrichtung nach Absatz 1 schriftlich gestellt werden. [2]Er muss die Mitteilung enthalten, dass die Waren, die Gegenstand des Verfahrens sind, ein nach diesem Gesetz geschütztes Recht verletzen. [3]Die schriftliche Zustimmung des Anmelders, des Besitzers oder des Eigentümers der Waren zu ihrer Vernichtung ist beizufügen. [4]Abweichend von Satz 3 kann der Anmelder, der Besitzer oder der Eigentümer die schriftliche Erklärung, ob er einer Vernichtung zustimmt oder nicht, unmittelbar gegenüber der Zollbehörde abgeben. [5]Die in Satz 1 genannte Frist kann vor Ablauf auf Antrag des Rechtsinhabers um zehn Arbeitstage verlängert werden.

(4) [1]Die Zustimmung zur Vernichtung gilt als erteilt, wenn der Anmelder, der Besitzer oder der Eigentümer der Waren einer Vernichtung nicht innerhalb von zehn Arbeitstagen nach Zugang der Unterrichtung nach Absatz 1 widerspricht. [2]Auf diesen Umstand ist in der Unterrichtung nach Absatz 1 hinzuweisen.

(5) Die Vernichtung der Waren erfolgt auf Kosten und Verantwortung des Rechtsinhabers.

(6) [1]Die Zollstelle kann die organisatorische Abwicklung der Vernichtung übernehmen. [2]Absatz 5 bleibt unberührt.

(7) Die Aufbewahrungsfrist nach Artikel 11 Abs. 1 zweiter Spiegelstrich der Verordnung (EG) Nr. 1383/2003 beträgt ein Jahr.

(8) Im Übrigen gilt § 111 b entsprechend, soweit nicht die Verordnung (EG) Nr. 1383/2003 Bestimmungen enthält, die dem entgegenstehen.

§§ 112–143 UrhG hier nicht abgedruckt.

4. Adressen

Bundesverband der Pressebild-Agenturen und Bildarchive e.V.
Lietzenburger Strasse 91
10719 Berlin
Telefon 0 30 / 3 24 99 17
Telefax 0 30 / 3 24 70 01
www.bvpa.org

FreeLens
Verein der Fotojournalistinnen
und Fotojournalisten e.V.
Steinhöft 5
20459 Hamburg
Telefon 0 40 / 30 06 64-0
Telefax 040/30 06 64-20
www.freelens.com

Künstlersozialkasse
Gökerstrasse 14
26384 Wilhelmshaven
Telefon 0 44 21 / 7 54 39
Telefax 0 44 21 / 7 54 35 86
www.kuenstlersozialkasse.de

Mittelstandsgemeinschaft
Foto-Marketing (MFM)
c/o BVPA
Lietzenburger Strasse 91
10719 Berlin
Telefon 0 30 / 3 24 99 17
Telefax 0 30 / 3 24 70 01
www.foto-marketing.org
www.bvpa.org

Verwertungsgesellschaft
Bild-Kunst r.V.
Weberstrasse 61
53113 Bonn
Telefon 02 28 / 91 53 40
Telefax 02 28 / 9 15 34 39
www.bildkunst.de

Sachregister

(Die Zahlen beziehen sich auf die jeweiligen Randnummern)